A History of Chinese Thought
in Han Dynasty

社 科 学 术 文 库
LIBRARY OF ACADEMIC WORKS OF SOCIAL SCIENCES

金春峰◉著

汉代思想史

（修订增补第四版）

中国社会科学出版社

图书在版编目(CIP)数据

汉代思想史：修订增补第四版 / 金春峰著 . —4 版（修订本）. —北京：中国社会科学出版社，2018.12
ISBN 978-7-5203-2728-2

Ⅰ.①汉… Ⅱ.①金… Ⅲ.①思想史-研究-中国-汉代
Ⅳ.①B234.05

中国版本图书馆 CIP 数据核字（2018）第 137460 号

出 版 人	赵剑英
特约编辑	胡国秀等
责任编辑	陈 彪
责任校对	蒋海军
责任印制	郝美娜
出 版	中国社会科学出版社
社 址	北京鼓楼西大街甲 158 号
邮 编	100720
网 址	http://www.csspw.cn
发 行 部	010-84083685
门 市 部	010-84029450
经 销	新华书店及其他书店
印 刷	北京君升印刷有限公司
装 订	廊坊市广阳区广增装订厂
版 次	2018 年 12 月第 4 版
印 次	2018 年 12 月第 1 次印刷
开 本	710×1000 1/16
印 张	38.75
插 页	2
字 数	614 千字
定 价	158.00 元

凡购买中国社会科学出版社图书，如有质量问题请与本社营销中心联系调换
电话：010-84083683
版权所有　侵权必究

出版说明

以出版哲学社会科学各类学术著作为主的本社，自1978年6月成立以来，沐浴着"实事求是"与"思想解放"的时代春风，伴随着日显生机和日益活跃的社会科学的发展而发展，十数年来出版了大量的各类哲学社会科学研究著作，积累了一批有影响、有分量的高层次学术图书。为使其中具有精品性质的图书更好地服务于社会和发挥更大的效用，我们从中遴选出若干种组编为"社科学术文库"。

"社科学术文库"从本社已出版的各类社会科学研究著作中拔优选萃，选收那些在各个学科领域里选题重大、研究深入、见解扎实和学风严谨的专著性著作；作者老、中、青兼顾，重名家名作，亦重新人力作。

"社科学术文库"分辑推出，每辑10种，将陆续出版。

中国社会科学出版社
1996年11月20日

修订增补第四版序

2001年，我正在台湾华梵大学教书。此年11月22日美籍华裔学者、"中央研究院"院士何炳棣老先生应邀来台湾担任"肖公权学术讲座"主讲人，讲题是《中国思想史上一项基本性的翻案：〈老子〉辩证思维源于〈孙子兵法〉的论证》。何老院士1917年出生于天津市，先后任教于加拿大及美国各著名大学，1966年获选为"中央研究院"院士，1975—1976年任美国亚洲学会会长，1979年获选为美国艺文与科学院（American Academy of Arts and Sciences）院士。治学兴趣广泛，气魄宏伟，严谨精审，享誉海内外，晚年研究中国传统文化，其讲题即是其积数年研究之功所得的结果。本其一贯严谨精审的治学态度，讲演广引国内著名学者有关研究成果，亦引到拙著《汉代思想史》，谓：

> 笔者年前始获金春峰《汉代思想史》修订本，深觉其多维周密的考订——《老子道德经河上公章句》无疑是西汉作品，不但解决了《老子》历代注疏中一大疑案，更大有益于加深了解《老子》本书的性质和重心。论证中最醒目的是比较《河上公注》和魏晋间王弼（公元226—249）《老子注》后而作的综结："王弼泛指一般人的地方，《河上注》都解释为人君。"随即举出十五个例子。由于王弼的《老子注》对当代哲学史界影响过巨，本文把十五个例子全部征录：
>
> 十五章："古之善为士者，"《河上注》："士"，"得道之君也。"
>
> 十七章："太上下知有之。"《河上注》："太上"，"太古无名

之君也。"

十八章："智慧出。"《河上注》："智慧之君。"

……

列举以上诸例之后，金春峰还做了具有说服力的另一综括：'王弼注为学术思想之《老子》，《河上注》则为养身与治国相结合之《老子》。换言之，《河上注》的诠释与西汉初年黄老推广治身之道以治国，如司马谈《论六家要旨》所述者，完全相同。'"

文中"年前始获"云云是出版正式稿的措辞，老先生当场讲演的措辞是，"去年我到大陆，有幸买到了金春峰先生《汉代思想史》"。"有幸"在老先生口中说出，这在听众中引起了惊异。一些朋友会后立即打电话告诉我，似乎是很大的学术荣誉。我并无此想，但却感到，这本书确是名扬海内外了。

何老先生买到的是本书1996年出的修订增补第二版。此后2006年出了修订增补第三版。2012年重印了一次。赖读者青睐和出版社热心，现在增补第四版和读者见面了。这对我的学术工作是很大的鼓励。

2008年，台湾"中研院"史语所庆祝成立八十周年，出版一套《中国史新论》，分十个分册，作为献礼，如《古代文明的形成》《生活与文化》《美术考古》等，其中《思想史》分册由陈弱水教授主编，邀请余英时先生等国内外学者撰稿。汉代部分由我执笔。（分册2002年由台湾"中研院"及联经出版公司出版）我写的论文，题为《汉代经学哲学的确立及其历史意义》，内容即本书增补第三版序的扩充。

2015年，河北衡水学院董子学院揭牌仪式暨董仲舒思想国际高端学术论坛在该院举办并出版专刊。我提供的论文是《董仲舒思想研究的几个问题》。考虑到这些问题实很重要，而学界仍存在诸多混乱和错误认识，有其针对性，故稍作增补，作为附录收入。

本书初版原有附录二《〈月令〉图式和董仲舒的目的论及其对宋明理学的影响》，应读者的建议，仍恢复作为本版附录。

本书正文则一仍其旧。

司马迁有言，世事沧桑，"三十年一小变，五十年一大变"。自本书1987年初版到现在，三十年间世界风向和国内文化氛围已经大变。中国传统文化受到极大重视，民族文化复兴正随民族伟大复兴而兴起。三十年前本书对汉代及董仲舒思想的热情赞颂和分析，当时尚属异议和冒尖，今天则恰与时代精神完全合拍，这是我感到很欣慰的。

《诗·大雅·文王》有云："周虽旧邦，其命维新。"回顾我国历史，大汉声威，流光溢彩，确历久而弥新。马克思说："思想、学说的命运随其满足时代与国家之需要而定。"汉代思想是这一名言的极好见证。本书亦有幸如此。

风云际会。今年恰逢中国社会科学出版社成立四十周年。四十年来，出版社同仁为促进中国社会科学繁荣兴旺，兢兢业业，辛勤耕耘，贡献巨大。谨以本版作为对它的祝贺与献礼，谨向全社同仁及社长赵剑英、总编魏长宝及编审陈彪先生表示衷心感谢。

金春峰
于风度柏林寓所
2018年9月10日

修订增补第三版序
——汉代经学哲学的产生与特点

任何一个时代的思想与文化，其灵魂或指导思想，必定是哲学。汉代，居思想主导地位的是儒家、是经学。那么，它有否哲学思想？其哲学思想的性质与特征为何？是许多朋友常常提出的问题。下面试把我对这些问题的看法作一简述。这些看法在本书各有关章节中已经做了论述，这里只是让它更集中、简明。也以之作为第三版的序言。

一 时代的新问题与需要

以往学界比较有代表性的看法，是认为汉人讲阴阳五行、天人感应，或者是神学的讲法，或者是具体经验的讲法，故只有宗教神学与科学，没有哲学。本书认为，汉人有自己的哲学思想，并成功地以之指导社会，解决了当时社会、国家面临的时代性的大问题。哲学虽然是人的精神与思想自由与自由运思之产物；但社会与政治的需要，常常是刺激其产生的力量与催生剂。汉代哲学——作为支配性的经学哲学，更是如此。

汉代哲学的中心或主题，用汉武帝及董仲舒《天人三策》的话来说，是"究天人之际，通古今之变"。"究天人之际"是讲天人关系；"通古今之变"是讲古今关系，两者都是具整体性、普遍性——即世界观的大问题。天人关系本来是先秦以来各家哲学所讲的问题。孔、孟、荀、《易》、老、庄，其思想体系可以说莫不以天人关系为中心；"通古今之变"亦是如此，而法家尤具代表性。这两大问题在武帝即位时，都有其新的时代尖锐性、迫切性。哲学如果不想脱离生活，不想成为僵死无力的教条，就必须回答这两大问题。而汉代以董仲舒为代表的经学哲学正是在成功地解决这两大问题中建立起来的。它如此成功，以致支配了汉代整整四百年的时间，成为此时期学术、政治、社会伦理道德的指导思想。

就天人关系言，汉初所呈现的是一种新的危机，其集中表现是：

（一）信仰的失落；

（二）人的失落，人的尊严与地位的丧失。

殷周有传统的上帝与天命信仰。王权的神圣性与合法性都建立于这一神权、天命之上。经过春秋以来理性的发展，文化的提升，人文思想的涌现，系统性哲学思想的诞生，上帝、天命信仰被严重打击、毁坏。

孔子制礼作乐，维护传统信仰，并把它理性化而引向人文与道德教育的方向，为中国文化树立真正新的基础；同时为人的尊严与地位，从天人关系的哲学高度，提供有力的论证。但儒家思想在孟子以后迅速遭到削弱、围攻，郁而不彰。孔子死后，儒分为八。荀子在战国末期，成为儒学代表，但荀子的"天道"观，摈弃传统，摈弃信仰，建立在道家自然论基础上。其礼乐文教、道德伦理思想，以人性恶为前提；彰显与突出了"理性"的作用。按荀子的学说：人之能成为人，依赖于圣王的"化性起伪"。人成为完全被动的受教育与被改造者。法家源于黄老刑名，视人为一自然物。当韩非把它运用到政治领域时，认为对人的统治，一如对牛马的驾驭，仅须赏罚两手。人的尊严与地位彻底丧失。汉初流行的《黄老帛书》对人的看法，即是这种思想。"夫民之生也，规规生食与继。不会（交配）不继，无与守地；不食不人，无与守天。"（《十六经·观》）人的主要特征和任务，被认为是生育和提供衣食。对人的统治也只须刑德两手。所以，在汉代初期，文化道德的危机，其性质和根源，不是贵族腐化堕落的问题，而是指导思想、哲学思想的问题，而其核心即是天人关系中所蕴涵的对人的看法问题。这一问题不解决，一切都不可能走上正轨。

就古今之变言，它的尖锐性表现为：新的官僚制的中央集权建立了，种种人际关系、政治关系，如君臣关系，臣民关系，父子关系，夫妇关系等，必须有新的思想予以规范；而旧的包括孔孟在内的传统学说、思想以及秦人奉行的法家思想，或者过时了，或者失败了，都不能适应新的政治需要。

孔孟的政治伦理学说是适应宗法分封亲亲的诸侯国家这种情况的。孔子讲"正名"，讲"惟孝友于兄弟，施于有政。是亦为政；奚其为为政"，讲"子欲善而民善矣"，"礼乐征伐自天子出"，"庶人不议"。孟子讲"为政不难，不得罪于巨室。""国人皆曰可杀，然后察之；见可杀焉，然后杀之。""推恩足以保四海"，等等，都是以宗法亲亲制的国家制度为基础的。士与诸侯的关系，也是"用之则行，舍之则藏"，是自愿帮忙、帮办的关系。新的大一统皇朝建立后，天子居至尊无上的地位，并掌握至高无上、生杀予夺的权力。君臣关系，中央地方关系，完全是政治关系。"亲亲"情恩的原则已不能成为关系的基础。法家完全排斥宗法仁恩，而一律诉诸于法。实践证明，是不适合社会长治久安的需要的。那么，仁恩宗法与法令、法治如何协调、兼顾、平衡？"君""臣""民"三者的关系何以"定位"？如何建立适当的关系？关系的本质是什么？具体如何规范？如何吸收融合先秦各家思想，特别是在社会和政治领域拥有重大影响与势力的阴阳家思想，建构新的思想理论，以符合新政治形势的需要，成为时代的迫切问题。董仲舒建立的新经学哲学就是适应这一时代任务而出现的。

二　经学哲学的基本性质与内容

董仲舒建立的哲学体系，称为经学哲学，因为在其答武帝诏问的《天人三策》（见《汉书·董仲舒传》）中提出的"罢黜百家，独尊儒术"被汉武帝接受了。儒家的五部经典：《诗》《书》《易》《礼》《春秋》，从此成为官学——太学博士生员的基本教材，成为社会、政治、人伦、道德与天人关系的根本指导思想，有如《圣经》《可兰经》《佛经》之称为经，这五部著作也成了五部经书。《圣经》《可兰经》《佛经》称为经，在于解决人生之价值与归宿问题。《诗》《书》《易》《礼》《春秋》五经则不仅解决这一问题，还政教合一，解决国家政治之根本方针问题，是所有企图进身官僚统治阶层的人所必须修习掌握的。

汉代经学，后人特别是清人，称之为汉学，以为其性质、内容是名物训诂。实际上，它的主要特质与特征，是义理之学与哲学，主要是哲学。这个哲学的根本内容是天人关系、古今关系，而核心是重新树立天的权威与信仰，重新确立人的尊严与地位，重新综合已往的政治与历史之经验教训，以确立适应大一统中央集权之新的政治与社会之需要的新指导思想。

战国后期，天人关系，盛行的是阴阳家的阴阳五行、天人感应与邹衍的终始五德思想。在《吕氏春秋》的"十二纪"中，它与人君的起居饮食、施政及人们的生产生活及祭祀民俗结为一体，而以神秘的天人感应为核心。秦朝的统治者信奉这一学说，汉朝的统治者也信奉这一学说。而因其与占星术相结合，与天文时律历法相结合，并成为中医学的理论基础，在民间亦享有巨大的影响与力量，因此是任何一个企图居于主导地位的新哲学所必须面对、认真吸收与消化的。由于秦的"焚书坑儒"，易学在秦汉、汉初特别流行。马王堆帛书中，除《老子》《经法》等黄老著作，《周易》及《易传》《易》说资料是最有分量的部分。"《易》以道阴阳。"所以阴阳家与儒家在秦汉之际这一时期，可以说早已合流了。董的哲学以阴阳五行为基础，是由这些情况决定的。

但董的思想体系并非简单地继承与照搬阴阳五行，而是将这一学说的精神与关注点，由神学的以吉凶祸福为内容的天人感应，转变为以人为中心的道德目的论和人文主义思想。在古今之变上，则以《公羊春秋》学为基本的指导方针，古为今用，有如司马迁引董仲舒所说："《春秋》上明三王之道，下辨人事之纪，别嫌疑，明是非，定犹豫，善善恶恶，贤贤贱不肖，存亡国，继绝世，补敝起废，王道之大者也。""有国有家者不可以不知春秋，前有谗而不见，后有贼而不知。为人臣者不可以不知春秋，守经事而不知其宜，遭变事而不知其权。为人君父者而不通于春秋之义者，必蒙首恶之名。为人臣子而不通于春秋之义者，必陷篡弑诛死之罪。……故《春秋》者，礼义之大宗也。"（《汉书·司马迁传》）实际上使春秋学演变为解决当时政治、社会、伦理、道德问题的指导著作。

董的思想体系，以阴阳五行为基础，吸收法家、墨家、名家、道家黄老思想，形成综合与扬弃各家的一大思想体系，在整个汉代四百年间，覆盖与支配了《易》学、《诗》学、《尚书》学等各学术思想领域，成为一时代性的思想与思潮。没有这一体系的建立，仅靠政治的力量，"罢黜百家，独尊儒术"，是绝不可能成功的。

三　儒家人文思想的重新确立

董的哲学，就其核心价值与精神而言，乃一道德目的论的哲学思想。它集中表现于下列命题：

> 天覆育万物，既化而生之，有（又）养而成之，事功无已，终而复始。凡举归之以奉人。（《春秋繁露·王道通三》）
> 莫精于气，莫富于地，莫神于天。天地之精所以生万物者，莫贵于人。（〈人副天数〉）
> 人之形体化天数而成，人之德行化天理而义。

就是说，人，只有人是目的，其他万物以及阴阳五行的运行，或是为了满足人的需要，或是体现一关爱人的精神。由此确立起"天地之性人为贵"（《汉书·董仲舒传》）的思想。而人之贵，则在于其仁义道德，所谓"天生之以孝弟，地养之以衣食，人成之以礼乐"。"人受命于天，固超然异于群生，入有父子兄弟之亲，出有君臣上下之谊，繁然有文以相接，欢然有恩以相爱，此人之所以贵也。"（《汉书·董仲舒传》）不仅在新的时代条件下恢复了孔孟人为贵的人文传统；而且以开阔的胸怀与远大的视野，综合各家特别是有势力的阴阳家思想，予以消化，而重新树立起儒家人文思想的权威与独尊的地位。

这里，"人为贵"指的是人的"类"或作为"类"的人，而不是个人，也可以说，这里的"人"是一集体名词。因此它并非个人尊严或与人权有关的思想，把它现代化是不对的；但在古代，在董仲舒的时代，这仍然是与人的幸福、利益密切相关的思想。根据这一思想，董指出："天之生民非为王也，而立王以为民也，故德足以安乐民者，天予之；其恶足以贼害民者，天夺之。"（《春秋繁露·尧舜不擅移，汤武不专杀》）"天生民性，有善质而未能善，于是为之立王以善之。此天意也。"（《春秋繁露·深察名号》）"王者上谨于承天意，以顺命也；下务明教化民，以成性也。正法度之宜，别上下之序，以防欲也，修此三者而大本举矣。"（《天人三策》）强调君民一体，君的职责不在于赏罚与统治，而是教化："天生之，地载之，圣人教之。""君者，民之心也，民者，君之体也。心之所好，体必安之。君之所好，民必从之。故君民者，贵孝弟而好礼义，重仁廉而轻财利……故曰：先王见教之可以化民也。此之谓也。"（《春秋繁露·为人者天》）因此，有一系列的转变。董的"立太学"、兴教育、举贤良、"除奴婢"、"去专杀之威"、"开放盐铁"、政府不与民争利及主张禅让、革命，等等；这些在当时居于时代前列的进步的社会政治思想，可以说都是在这哲学思想的指导下提出的。它被确立为指导思想，从而使汉代思想在经过战国至秦汉长时期的儒学衰落和混乱以后，能又一次确立起人文思想的大方向，并使儒学传统得以承传不断。

由此，阴阳五行的所谓气化论宇宙图式在董的体系中被改变了性质，成为由上述目的所支配的思想，所谓"察于天之意，无穷极之仁也"（《春秋繁露·王道通三》）。"仁之美者在于天。天，仁也。"（《春秋繁露·王道通三》）"仁，天心。"（《春秋繁露·俞序》）阴阳五行的有规律的运行成为道德化的自然，或蕴涵道德的自然，其全部运行皆为仁——对人的爱所支配，从而保证了宇宙的和谐，使万物生长收藏，生生不息，而人得以有其和乐的生活。"天地之行美也，是以天高其位而下其施，藏其形而显其光，序列星而近至精，考阴阳而降霜露。高其位所以为尊也，下其施所以为仁也，藏其形所以为神也，见其光所以为明也。"（《春秋繁露·天地之行》）天，它高高在上，显得极为尊严；但它下施雨露，使万物畅顺生长，充满着对人的仁爱。它无形无象，有光亮照耀，使大地光明。一切都体现出道德的目的。

故不能因为未讲孟子式的心学，就否定其为儒学与儒学的新发展。

不能因为未讲柏拉图式的理型论思想，就否认其为哲学思想。它与亚里士多德的目的论思想是同类的，而更具鲜明的人文思想特征。

可以设想，在汉代前期这样的时代条件下，继续在孔孟心性论与强调宗法血缘的政治伦理道德思想的框子内打转儿，儒家思想是不可能有其活力、生命力的，更遑论其可以"罢黜百家"而使儒学独尊，建立起大汉一代的完整而全面的新经学，而真正成为社会文化、学术与政治的指导思想了。

四　汉代经学哲学与政治

经学哲学，在汉代，它的基本性格是政治的，主要特点是：

（一）经学哲学本身是政治的。政治性是其最本质、最根本的特性。它是政治的指导思想。与政治的内在结合、政教合一，是汉代经学哲学成功的政治基础。汉武帝对董《天人三策》的重视、采纳，是经学确立的决定性条件。

（二）经学哲学——被视为大经大法，普遍、永恒真理。它对各门学术之指导与统帅性，是经学哲学的又一特性。故在汉代，不论《易》、《诗》、《书》、《礼》，都由统一的经学哲学所指导。因此《诗》不是文学作品，而是以"三百篇当谏书"。《春秋》不是历史记事，而是"礼义之大宗"。《易》不是占卜术与普通哲学，而是天道，天人之道的根本。对经学的研究不是学术考证，名物训诂，而是为政治、为伦理道德服务。经学哲学作为载道卫道的著作，道德、教化性是其本质的根本的特性。"罢黜百家"，是它的内在要求。

（三）经书本身的神圣化，被神化为神书，是经学成为经学的必要条件。故在汉代，孔子被认为是素王，受有天命，为汉制法。没有这一条件，经书本身不能超出于其他学术典籍之上，不能具有永恒性与指导意义。故"名号以达天意"，"观五行之本末顺逆，所以观天意也"，成为它的方法论和理论基础。以后，孔子更被神化而有谶纬的出现。但这种通过诠释以建立经学的企图，是成功的，又是不成功的。不成功，不仅因为《诗》《书》《易》《礼》《春秋》原本不是"天书"、"神书"，孔子原本不是神，也因为即便成为"经"以后，对它的阐释仍是多元的、异义的，无法消弭其学术性、人间性。虽然皇帝跻身经学，成为经学的最高权威，宣帝有石渠阁会议，裁决经义，东汉有白虎观会议，《白虎通》成为法典式的典籍，但经义的讨论及今文经学和古文经学的分歧、矛盾，始终不断，并终于成为促使经学走向瓦解和消亡的因素与力量。

（四）由于政权独尊儒学，立五经博士，到元成之际，宰辅、大臣皆为经学之士，一切政事以经义为准，经学之士成为新的士族与巨大社会政治力量。巨大的土地资产、政治权势，门生故吏结成的经学帮派，及经学知识的垄断权，使这一群人成为社会之政治、经济、思想三位一体的中坚力量，新的社会主要基础。这种皇权与经学士族相互依存结合的情况，左右了西汉后期的政治变化。王莽，由士族拥戴而登位，又由士族的离心而垮台；东汉光武由士族拥戴而登位。灵献以后，亦终于由党锢之祸迫害士族而亦亡于士族。袁绍集团、曹魏集团及司马氏集团，都是士族或依附士族的。以后，又演变为晋以后的门阀世族，造成"王与马共天下"的局面。经学哲学之影响可谓空前矣！

（五）当汉代经学和谶纬合流，种种迷信荒诞思想盛行，思想界被弄得乌烟瘴气的时候，道家思想成为有力的清醒剂。扬雄以道入玄，造作《太玄》，企图取《周易》而代之；王充则自觉地以黄老之自然观为哲学基础，发展出批判神学与崇尚实知、知实的理性思想。郑玄引老注《易》，引进自生、自长、自养、无为的思想范畴，开王弼以老注《易》的先河。汉末的批判思潮也与道家思想相互呼应，终于在魏晋，发展出以王弼为首的新思想，由道家占居统治地位，而结束了汉代经学哲学。

本版最后一章论经学哲学的终结，增加了许慎《说文解字》、《五经异义》与郑玄遍注群经三节，使两汉经学哲学的终结过程，得到更完整的阐述。

本书顺利出版，张树相总编和二编室陈彪编审及有关同志付出了大量辛劳与心力，在此谨表示衷心感谢。

金春峰 2005 年 4 月 15 日
稿于台湾礁溪佛光大学

修订增补版序

1990年，来普林斯顿大学东亚系访问，1991年，接到剑桥一位学者来信，他正在研究中国汉代思想，要求寄赠或代买拙著《汉代思想史》，说是一位台湾教授向他推荐的。1994年又接到老同学高宣扬教授来信，说在东吴大学兼课讲汉代思想史的一位教授告诉他，讲课时采用的教材是我的《汉代思想史》。1995年上半年，台湾国立政治大学李增教授来普大访问，他说暑假将为辅仁大学汉代思想史博士班讲课，决定采用我的《汉代思想史》作教材，向我索要两本。一本我请他审阅，提出宝贵的指导意见。一本他说供学生复印、阅读。这边普林斯顿大学东亚系主任彼得森先生也推荐这本著作给他的一位研究汉代文化思想的博士研究生作为参考书阅读。想到这本著作能为青年学生的成长贡献一点绵薄之力，内心十分欣慰，也得到了最大的鞭策和鼓励的力量。所以我就把它修订重版了。

全书基本上保持原样，但增加了两章，一是孟喜京房的易学，一是刘歆与西汉正统经学的结局。后一章主要讨论刘歆的经学思想，也提到了《周官》。《周官》在王莽当政时，成为显学，引起人们重视；亦与学界所谓古文经学与今文经学的斗争直接相关。本章的内容，除论述《周官》成书的时代，亦对汉代是否有今古文两学派的对立与西汉经学的政治化所导致的恶果，做了论述。这对于了解西汉末年思想的趋向是有意义的。关于孟喜京房易学的基本内容，过去已出版的著作，特别是朱伯崑先生的《易学哲学史》，有详尽论述。我增写的孟京易学这一章，参阅了前人的研究成果，但主要是补充和提出了我的一些新的看法，即：孟喜易学是董仲舒阴阳五行思想在易学中的推广与运用，因而是西汉董仲舒建立的今文经学之阴阳思想的一个有机组成部分。京房易学是在孟喜易的基础上建立的，其基本贡献是在使全部"周易"包括卦的排列及每卦卦义的解释都以阴阳二气的矛盾运动为基础，予以统一的解释，从而使全部"周易"阴阳化，凸显了"一阴一阳之谓道"这一"易"的基本主题。飞伏、互体、卦变这几种阴阳互变以解释"易"的义理的方法的提出，则为汉易的象数之学奠定了基础，开辟了道路。故由于这两章的增加，西汉的思想与学术的全貌，就更为全面而完整了。

本书能够重版，是中国社会科学出版社郑文林先生、陈彪先生和黄德志女士热心推动和促进的结果。在"出版即是赔钱"的情况下，他们却仍愿意赔钱以支持本书的修订重版，这份为繁荣文化学术而尽心尽意的热情和奉献精神，对我个人是极大的支持和鼓励。借此重版之际，谨表达对他们和中国社会科学出版社全体同仁的衷心的谢意。

金春峰

1996 年 5 月 25 日定稿

序

丁伟志

对于金春峰同志，我是先识其文，后识其人的。但这中间并没有多长的间隔，读过他的一篇论文之后，就急于识荆了。这大约是1980年夏秋间事。

我一向固执地认为，文章既是写给人看的，那就必须动人。不管是动之以理、以事、以情、以辞，还是以什么别的，反正要能打动人。如果把话说绝，那我是宁肯去读激人动气之作，也不愿意咀嚼那种淡而无味、过后连点渣滓都剩不下的东西。

五年前初读金春峰同志论董仲舒之作而有所感者，就是一下子被他拨动了心弦。

我于董仲舒，从无专门研究，况且大难之后，学事荒疏，在我的头脑里，有关董仲舒的，大体上也只残存些"天不变道亦不变"、"三年不窥园"之类，对于金春峰同志的专论，何敢妄议短长。但是我毕竟作为一个读者，而有动于衷了。动，当然首先就是为他提出董仲舒思想在西汉历史条件下具有积极意义的大胆论断所动。浅薄之如我，在未对董仲舒进行独立研究之前，自然不能也不想贸然把自己划归此论的支持者或反对者的行列中去，这正像后来看到对此论持异议的论文时也不敢贸然表示赞成或反对一样。不过，我的态度也有明朗之处，那就是支持对这样性质的学术问题，进行公开的平等的讨论。当然这也算得上是一种倾向了，即倾向于不赞成禁止这种讨论。坦白地说，这几年我对于重要的学术问题，确有唯恐天下不"争"的心情，这大约就像足球比赛的热心观众那样，绝不希望看到的仅是一支球队在没有任何对手的情况下大踢空门。

至于何以会觉得董仲舒思想在历史上是否起过积极作用的问题，

是一个应当允许讨论而且值得讨论的问题，这倒是和自己积年的思虑有关。年轻时节，学习诸大师整理分析中国思想史的煌煌巨编，服膺而步履趋之。可是时日稍久，又不免对流行论述产生了不甚满足的窃念。时有所思，渐渐地积淀成疑。我的疑问在于：悠久丰满、多彩多姿的中国思想史，为什么在有些学者手上，却状若枰上棋子，黑白分明，呈现为色调简单的图像？最令人百思不得其解的是，为什么把历史一旦划分成或长或短的若干段落之后，在每一段落上居然准有分别统率相互对立之营垒的思想家出现，并且是那样冰炭不容而又旗鼓相当？我曾经胡思乱想：西汉东汉，幸而都算是刘汉天下，得以划成一代，倘若分成两个朝代，麻烦可就不小，王充岂不就不能和董仲舒捉对儿厮杀了吗？这当然是故作戏言，但认真地讲，我们思想史的研究中，恐怕也不能说没有人竭精殚思地为某一时代的某一营垒"发掘"与"培养"主帅的事。历史上某位在世无大作为、身后湮没无闻、学术思想又无甚建树的平庸之辈，经我们的研究者之手"提拔"起来，从而雄踞思想史上显赫地位的事例，也的确可以举出几个来。就拿学术史上的大匠巨擘来说吧，往往也会把他们的思想加以"净化"，或贬抑而诟詈，或推崇而颂歌。善则纯善，恶则纯恶，而且似乎都是禀性天成，一成不变。意识形态领域中事，本是很复杂的，抹煞内在矛盾，剔除一切"杂质"，明快固然明快了，漏洞往往也就更显露出来。赫赫之如孔子，虽曾被尊到至圣先师的地位上，不是也并没有掩盖得住其思想中固有的某些理论混杂和逻辑紊乱吗？不错，我们容或也借诸"朴素性"之衣衫、"局限性"之靴帽，对某些古人的思想稍事缀饰，以求平抑溢美过甚的调门。这样做得好的，当然不乏其例，可是多数似乎并不太成功，常常叫人觉得像是勉强打上了几块补丁。

人物记传，自是治史的一种方法、一种体裁，有它存在的价值和长处。对于重大思想家进行专题研究，当然也是值得称道的，无可厚非。不过，对于思想史的研究来说，即把思想作为发展过程拿来进行历史的研究这样性质的课题来说，恐怕就不是记传体所能胜任的了。所以，我每当读到中外哲学史著作时，回萦于脑际的一个问题就是：仅仅以人物为单位，去做简单化的"批"和"捧"的品评，难道能够算是研究思想史的科学方法吗？

还是在"文化大革命"之前,我就带着诸如此类的模模糊糊的一些疑问和念头,仰望于从事思想史研究的诸师友,盼着他们的研究工作能够突破鉴定式人物述评的樊篱,把中国思想史的研究真正变成思想史的研究。也就是说,我希望研究者们能把眼光从人物品评、排队上移开一点,转向着重研究思潮的来龙去脉、跌宕起伏。这样,当然就需要具体而深入地研究各种思想流派(不管是同时的还是不同时的)之间和各个思想流派之内的种种关系的产生,纠葛,分合,冲突,演化与消逝,具体而深入地探讨历史上各种思潮的成因、演变及其对后世思潮的影响,并且从各种角度来观察和衡量它在历史上所起的各种实际作用。经过这样一些工作,也许就能够不再囿困于那种学案式或评传式的格局中,真正写出新型的科学的中国思想史来,从而把我国思想史的研究推进到一个新高度。当然这不是一件举手投足间便可成功的事,它需要进行多次尝试,冒一些失败的风险。作为进行这样科学研究的前提条件,最重要的就是要有一批能够掌握马克思主义科学方法的、敢于带头打破旧模式的"求索"志士。

文如其人,人如其文,金春峰同志为学的精神,和他当年写董仲舒论文时所显露的风格,是一致的。正因此,往日生机盎然的株苗,如今已长成枝叶茂密的乔木。一部《汉代思想史》终于大功告成了。尽管它还不可能在所有方面都摆脱习惯的研究方法和研究结论,尽管它还包含着若干值得进一步探讨的问题,但是它在我国思想史的研究中不失为是一次有意义的新尝试,是一次富有启发性的新探索。

惭愧的是,几年来我于汉代思潮的认识,一无长进。承命作序,愈加惶恐。将就成文,也仍如当年一样,没有资格评论此书的得失。不过聊以解嘲的是,还是像当年那样,我仍然抱着支持一家之言的态度。况且我的确为这样一部从新的角度探讨中国文化史上一个重要时期思潮演变的著作得以问世,而欢欣雀跃。我祝贺它的诞生,更预期它的诞生能引起关于汉代思想史的更深入的研究。

1985年6月25日于北京西郊

序

李泽厚

金春峰同志要我为这本书写序，我非常痛快地答应了。我愿意写这个序。

之所以愿意，原因之一大概由于这本书对汉代思想的一些基本看法与自己的观点不约而同，大体接近。当然，也有许多不相同的地方，例如，我对《淮南子》的评价很高，老金却恰好相反：评价甚低。

大家都承认，汉代是中国历史上一个非常重要的时代。但几十年来对汉代思想却研究得很少。徐复观有三本《两汉思想史》的论著，大陆学人很少见到。徐书有好些可取之处。它对汉代专制政权摧残知识分子详加发掘，大书特书，证明文字狱由来已久，为前人所未道或语焉不详者；但由于这些论证似乎总有某种另外因素蕴藏其中，就不免显得片面或偏颇。特别是对汉代作为绵延数百年的统一大帝国在思想史上投影的积极方面重视太不够了——而这，毕竟是事情的主要方面。

不是吗？中华民族之有今天，10亿人口，广大疆域，共同文化……难道不正是由汉代奠定其稳固基础的吗？物质文明是这样，精神文明方面，例如中华民族的文化心理结构，不也是基本形成在这个时期吗？所以我不同意大多数哲学史著作对汉代主流思想低估轻视、一笔带过或横加抹煞的流行看法，便写了篇《秦汉思想简议》发表了。

但我那篇文章是一种粗线条的轮廓勾画，非常粗糙简略；虽然自己还想继续做些过细的探究，但看来如同想做别的过细研究一样，是不大可能了。如今看到春峰同志开始做我想做而未能做的工作，并且根据大量材料得出的基本结论与我相似。例如经验论的理论思维水平、阴阳五行的普遍模式、以儒家为主干的吸收过程和儒道互补等等，似足证吾道不孤，当然很高兴而愿意写这个序。

中国文史哲领域近来似乎著作不少，相当热闹；其实陈陈相因的东西仍然太多，而未开垦的荒地到处都是。我们这一代知识分子大概都下乡劳动过，很多人垦过荒，都知道开荒是不容易、要费大力气的。但也都知道，开荒之后，播种灌溉，就会有丰硕的收成。处女地常常特别肥沃。

于是，我盼望着秋收。在秋收时当然不应忘记这本书的开荒和春播。

我愿再一次呐喊春天，呐喊能播下各种学术种籽的希望的季节。

1985 年 6 月

自 序

哲学是时代精神的精华，是思潮，是运动。它从不静止，像奔腾向前的江河，汇聚着不断发展的民族的智慧和认识成果，凝聚着哲人们的沉思和心血。它不断更换内容而又万古长新。哲学史上留下的某些先哲的遗产似乎是静止的、僵死的陈迹，但却曾经活跃着灵魂和智慧的喧嚣。哲学史研究的任务，应该是透过历史陈迹，把曾经活跃在其中的活的思想运动，它的发展和演变再现出来，让人们看到它在产生时的千姿百态和生机勃勃的力量，看到民族智慧的灿烂的光彩。

哲学不是从天上掉下来的，也不是人们头脑主观自生的。哲学的蓬勃向前的发展，无不受着思想发展和社会发展规律的制约。它作为一种精神劳作的产品，既是自由的，又是不自由的。它是自由的，因为没有任何力量能强制一个头脑把真正的思想产生出来。但是它又是不自由的，它受必然性的支配和制约。它的自由正在于和这种必然及社会前进的要求相符合。它反映这种必然性和要求，以之作为自己的使命和良心，因此它也就是自由的。哲学史研究的任务应该是把这种自由和必然的关系解剖出来。

哲学史不能停留于说清楚一个哲学家说了什么（这是基本的），而应该进一步阐明其为什么这样说，这样说的所以然，即其深刻的认识根源和社会的根源。

哲学需要阶级分析，但绝不能把它当作一个死板的模式和框框。在整个封建社会，基本的阶级矛盾和结构，是农民和地主的矛盾。但是矛盾的双方是在不断变化的。如汉初的强宗豪族和汉代中后期就不相同，在独尊儒术以前和独尊儒术以后就不相同。"尊儒"使豪强逐渐和经学、知识相联系，产生了"士族"。正是"士族"这种特定力量决定了汉代中后期思想领域的变化和政权组成的变化；决定了经学在永平时期享受空前的荣誉；又决定它必然和皇权发生尖锐矛盾而遭受打击，从而使皇权和士族的联盟破裂，东汉皇朝灭亡，由新的士族取而代之。停留于一般的豪族概念，就会看不清汉代政权和社会阶级的变化，就不能阐明汉代经学及其思想的发展、没落和演变。

哲学的形态表现为哲学范畴的发展和演变。每一哲学有一起主导作用的范畴，并围绕它而展开着一个体系。哲学史研究的任务，应该从繁多的范畴中，找出支配一个哲学体系的主导范畴，并找出支配整个时代全部哲学的基本问题及其独特表现形式。在汉代，这个基本问题是天人关系，基本形态是以阴阳五行为模式的天人同类、天人相与、天人相副，这是自然论与目的论的对立与相互影响。这个基本形态决定了它的认识论的经验主义与方法论的重系统和结构的特征，也决定了各种具体哲学形态的特点。所以哲学史研究和哲学一样，应该是十分丰富、多彩多姿的。如同哲学是时代精神的表现一样，好的哲学史也应该是时代精神的表现。

两汉思想过去被认为贫乏、低下，其实恰恰相反，它充满着矛盾、活力，高潮迭起。它无奇不有，雄浑、粗犷。既是先秦百家思想的汇集与综合，又是魏晋思想的温床与源头。正是经过汉人的努力，中国这统一的民族和疆域才固定下来，中国哲学思想的基本特征、性格才固定下来。犹如"万里长城"，汉人的建树，无论在事功和思想方面，都为中华民族打下了根基，树立了屹立于世界民族之林而绝不会没落消失的牢固的基础。

对于汉代哲学思想，我们的态度无疑不是轻蔑而是赞佩；不是全盘否定而是一分为二的批判、继承。它是民族文化和智慧不断前进的里程碑，是祖先留下的丰富文化思想成果之一。

本书对汉代思想的研究，是在前辈和同行们的基础上所做的一点努力。心大而力薄，眼高而手低。所想和所做的，所做和所预期的，常常隔着很大的距离。但是目标既已定下，方向既已明确，就坚持着走下去。于是有这奉献于读者面前的不成熟的著作。它是一些足迹，自勉着在时代的激流中走下去，走下去的一些不断探索足迹。如果还有点什么可以肯定的话，那就是在时代精神激励下这种用以自勉的坚持求索的态度和精神。

金春峰

1985 年 4 月 12 日

目　录

修订增补第四版序 …………………………………… 金春峰（1）
修订增补第三版序 …………………………………… 金春峰（1）
修订增补版序 ………………………………………… 金春峰（9）
序 ……………………………………………………… 丁伟志（11）
序 ……………………………………………………… 李泽厚（14）
自　序 ………………………………………………… 金春峰（16）

绪　论 ………………………………………………………（1）
第一章　帛书《黄帝四经》的思想和时代 ………………（16）
　一　帛书《黄帝四经》和《老子》思想的关系 ………（17）
　二　帛书关于道、天、理的思想 ………………………（18）
　三　辩证法思想 …………………………………………（23）
　四　刑德思想 ……………………………………………（28）
　五　刑名法术思想 ………………………………………（31）
　六　黄老刑名(法)是一个思想体系 ……………………（33）
　七　帛书产生的年代 ……………………………………（36）
第二章　汉初黄老思想的政治实质及其在学术领域的
　　　　影响 ………………………………………………（42）
　一　汉初黄老思想的政治实质 …………………………（42）
　二　汉初黄老思想对陆贾、贾谊的影响 ………………（49）
　三　韩婴、董仲舒思想中的黄老影响 …………………（53）
　四　黄老影响不能夸大 …………………………………（58）
　五　《论六家要旨》对黄老思想的赞誉 ………………（61）

六	黄老思想的退位	（65）
第三章	汉初儒家思想的复起及其儒法融合的特点	（67）
一	陆贾"仁义为本"的思想	（67）
二	贾谊的礼治思想	（75）
三	贾谊对黄老无为思想的批判	（78）
四	贾谊融合儒法的思想特点	（83）
五	贾谊的唯物主义认识论和辩证法思想及其矛盾	（86）
六	韩婴的儒家思想	（88）
七	汉初儒家思想的特征和历史地位	（92）
第四章	汉代自然科学方法论及其与哲学的相互影响	（94）
一	秦汉自然科学成果	（94）
二	天人相应、天人一体的基本观念	（98）
三	认识论的经验主义与信息思想	（103）
四	系统观念和辩证法思想	（110）
五	哲学与自然科学在内容上的相互渗透	（115）
第五章	董仲舒思想的特点及其历史地位	（121）
一	"天论"及其特点和矛盾	（122）
二	目的论思想剖析	（130）
三	天人感应思想的矛盾及其积极意义	（138）
四	认识论的经验主义与理性因素	（146）
五	形而上学体系和局部的辩证法思想	（151）
六	人性论思想分析	（155）
七	伦理思想的特点	（159）
八	社会政治思想	（165）
九	《公羊春秋》学的基本精神	（173）
十	董仲舒思想的历史地位	（177）
第六章	《淮南子》的思想特点及其政治上的消极倾向	（180）
一	天人对立的消极思想	（181）
二	宇宙图式及自然论思想	（185）
三	人性和人的价值观	（190）
四	认识论	（193）

五　辩证法思想及其对祸福转化的矛盾态度 …………（197）
　　六　社会政治思想的特点 …………………………………（203）
　　七　《修务训》的儒家思想及其意义 ……………………（210）
　　八　神仙方术思想及思辨因素 …………………………（214）
　　九　《淮南子》思想的评价 ………………………………（222）
第七章　《史记》在历史观方面的杰出贡献及其反映的
　　　　时代精神 ……………………………………………（225）
　　一　《史记》与史学传统及孔子《春秋》 ………………（226）
　　二　究天人之际 …………………………………………（229）
　　三　通古今之变 …………………………………………（232）
　　四　人性论的历史观 ……………………………………（234）
　　五　《史记》与时代精神（《史记》、《汉书》比较）……（239）
第八章　《盐铁论》所反映的汉代中期思想领域的变化
　　　　和孟子思想的崛起 …………………………………（245）
　　一　法家思想在武帝时期的实际统治 …………………（245）
　　二　孟子思想的崛起 ……………………………………（250）
　　三　汉代思想的两次转折 ………………………………（255）
　　四　双方代表的社会阶级利益及"文学"社会政治
　　　　批评兴起的条件 ……………………………………（260）
第九章　宣成时期今文经学统治地位的确立 ………………（267）
　　一　阴阳灾异和经学之士的兴起 ………………………（268）
　　二　石渠阁会议与《穀梁春秋》的兴起 ………………（272）
　　三　礼教向社会的扩大和深入 …………………………（276）
　　四　孟喜、京房易学的灾异思想 ………………………（277）
　　五　刘向《洪范五行传论》的灾异思想 ………………（281）
　　六　儒学确立统治地位的社会阶级背景 ………………（282）
第十章　孟喜京房易学思想的特点及其影响 ………………（286）
　　一　孟喜易学的卦气思想 ………………………………（286）
　　二　京房的阴阳象数易学 ………………………………（292）
　　三　京房注《易》的几种方法 …………………………（297）
　　四　《易》与五行的结合 ………………………………（298）
　　五　京房易学的影响 ……………………………………（302）

第十一章 谶纬在哀平时期的泛滥及其思想意义 …… (305)
- 一 谶纬和政治 …… (305)
- 二 谶纬和宗教 …… (309)
- 三 谶纬的元气思想和宇宙生成论 …… (312)
- 四 "八卦为体"的新观念 …… (316)
- 五 谶纬对象数思想的发展 …… (318)
- 六 "河图"、"洛书"数图释义 …… (322)
- 七 名词定义与象数模式 …… (326)
- 八 社会理想 …… (330)
- 九 谶纬的评价 …… (333)

第十二章 《老子河上公章句》的时代和思想特点 …… (334)
- 一 《河上注》非葛洪所作 …… (334)
- 二 《河上注》是汉代作品 …… (338)
- 三 《河上注》出于西汉 …… (343)
- 四 哲学和社会政治思想 …… (348)

第十三章 《道德指归》的自然思想和社会政治思想 …… (351)
- 一 《指归》的自然思想 …… (352)
- 二 生成论与本体论 …… (357)
- 三 经验论和思辨因素 …… (361)
- 四 社会政治思想 …… (366)
- 五 《指归》版本的几个问题 …… (369)

第十四章 扬雄思想的成功、失败及其经验教训 …… (373)
- 一 《法言》的理性精神 …… (374)
- 二 《太玄》对《周易》的模仿及其失败 …… (381)
- 三 《法言》、《太玄》的经验教训 …… (389)
- 四 扬雄思想在汉代和中国思想史上的影响 …… (392)

第十五章 刘歆与西汉正统经学的结局 …… (395)
- 一 刘歆的经学思想 …… (395)
- 二 刘歆与《左传》及《周官》 …… (400)
- 三 经学投靠政治的恶果 …… (405)

第十六章 《白虎通》与两汉神学经学的思想方式 …… (409)
- 一 白虎观会议的召开和《白虎通》的产生 …… (409)

二　《白虎通》的学术性质 …………………………………… (414)
　三　关于"三纲"的思想 ……………………………………… (417)
　四　哲学范畴及其特点 ………………………………………… (419)
　五　神学、经学的思想方式 …………………………………… (426)
　六　白虎观会议的历史命运 …………………………………… (429)

第十七章　王充思想剖析 …………………………………………… (432)
　一　元气自然论剖析 …………………………………………… (433)
　二　"实知"、"知实"的理性精神 …………………………… (438)
　三　无神论的经验教训 ………………………………………… (443)
　四　命定论的逻辑推演 ………………………………………… (450)
　五　黄老自然思想与儒家伦理思想的矛盾 …………………… (456)
　六　"定贤"辩论的时代和思想意义 ………………………… (458)
　七　王充哲学提出的两个问题 ………………………………… (463)
　八　寒门细族的知识分子代表的典型意义 …………………… (467)
　九　王充哲学的历史地位 ……………………………………… (471)

第十八章　《太平经》的思想特点及其与道教的关系 …………… (473)
　一　关于《太平经》成书的情况 ……………………………… (473)
　二　神道理论 …………………………………………………… (477)
　三　神学体系的内在矛盾 ……………………………………… (482)
　四　社会政治思想 ……………………………………………… (483)
　五　谶纬向宗教的转化 ………………………………………… (487)
　六　《太平经》与方士化的儒生 ……………………………… (491)
　七　黄老道与《老子想尔注》 ………………………………… (496)
　八　《太平经》何以成为道教经典 …………………………… (499)

第十九章　汉末经学的衰落与党锢之祸 …………………………… (501)
　一　皇权与士族的矛盾 ………………………………………… (502)
　二　皇权与宦官 ………………………………………………… (506)
　三　士族反宦官外戚的斗争 …………………………………… (508)
　四　党锢之祸与经学的没落 …………………………………… (511)

第二十章　汉末社会批判思潮的兴起及其与魏晋思想的
　　　　　联系 …………………………………………………… (516)
　一　王符的社会批判思想 ……………………………………… (516)

  二　崔寔的社会批判思想 …………………………………………（523）
  三　仲长统的社会批判思想 ………………………………………（526）
  四　"本末"、"名实"与魏晋思想 …………………………………（530）
第二十一章　许慎、郑玄、虞翻与两汉经学的终结 …………………（534）
  一　《说文解字》与经学 ……………………………………………（535）
  二　《五经异义》……………………………………………………（538）
  三　郑玄的遍注群经 ………………………………………………（539）
  四　郑玄《易》注的理性因素 ………………………………………（541）
  五　引《老》注《易》的开始 …………………………………………（546）
  六　虞翻象数易学的特征 …………………………………………（548）
  七　儒通互补与汉末风尚 …………………………………………（552）

附　录
  一　《月令》图式和董仲舒的目的论及其对宋明理学
    的影响 …………………………………………………………（555）
  二　董仲舒思想研究的几个问题 …………………………………（572）

后　记 ……………………………………………………………………（588）

绪　论

一

本书所论述的思想时代，是我国历史上的英雄时代（特别是它的初期）。承前启后，这个时代对我们民族的发展，具有重要的意义。结束先秦列国的长期纷争、分裂之后，一个版图辽阔、幅员广大、人口众多的封建中央集权的统一帝国，屹立于世界东方。经过七十多年的休养生息，民族的精神、活力，得到了充分的恢复。社会欣欣向荣，到处一派生机。勤劳的人民，安定的环境，自由而开放的经济政策，使关中和北方广大的原野上，到处是牛、羊、骡、马。"渭川千亩竹"，"齐鲁千亩桑麻"，"千亩卮茜"，"千畦姜韭"，"其人皆与千户侯等"[①]。农业生产取得了重大的发展。虽然社会贫富贵贱的对立依然如故，地主和农民的对抗性矛盾不可调和，但建立不久，处于上升阶段的封建生产关系[②]，给所有阶层都带来了利益，包括下层在内，从而造成了全国前所未有的团结统一的局面。

这是一个英雄的时代。武帝时期，长达三十九年的大规模连续不断的反匈奴侵扰的战争，没有使民族被吓倒，被屈服，被拖垮。人们团结一致，前仆后继，经受着巨大的痛苦和牺牲，终于赢得了战争与和平。

这是一个英雄的时代。无数建功立业、豪武英发、才气非凡的人

[①]《史记·货殖列传》。
[②] 汉代是封建生产方式，田地农耕的劳动者民与奴婢身份职务有别。《太平经合校》卷四十二说："凡民职在理草木五谷；奴婢职在理财货。"奴婢是最低等级，在田间耕种的是民，民是税赋的负担者，不是奴隶。

物，在青年或老年中涌现出来。陈胜揭竿而起；项羽气力盖世；刘邦豁达大度；韩信足智多谋；张骞远通西域；班超投笔从戎；苏武牧羊，十九年守节在苦寒的北海之滨；李广"数奇"六十余岁而陷阵冲锋，老当益壮；司马相如身为文人秀士，肩负重任、出使巴蜀，略定西南夷，胆识出众；司马迁则南游江淮，上会稽，探禹穴，窥九疑，浮于沅湘，北涉文泗，讲业齐鲁之都，观孔子之遗风，乡射邹、峄，厄困鄱、薛、彭城，收罗天下遗文佚事，年龄只有二十多岁。

这是一个英雄的时代。地主统治集团的杰出代表——汉武帝，雄才大略。平氐、羌、昆明、南越，定东瓯，反击匈奴侵扰。广土斥境，提封万里，"遂畴咨海内，举其茂俊，与之立功"，"兴太学，修郊祀，改正朔。定历数，协音律，作诗乐，号令文章，焕焉可述"①。在中国历史上，建立了空前的功业。

温暖的气候②，繁茂的水草，到处密布的森林和清新的空气，使人们强健有力。按时令进行的大规模狩猎活动，结合以威严雄壮的军事检阅，"车骑雷起，惊天动地"。"搏射狼，手熊罴，足野羊，蒙鹖苏，跨白虎，被斑文，跨野马，陵三峻之危，下碛历之坻，径峻赴险，越壑厉水"③，真是把人们的豪武之气，表现得栩栩如生。直至班固的《两都赋》还描写有这样壮观的场面："元戎竟野，戈铤慧云，羽旄扫霓，旌旗拂天。焱焱炎炎，扬光飞文，吐焰生风，吹野燎山。日月为之夺明，丘陵为之振摇。遂集乎中囿，陈师案屯，骈部曲，列校队，勒三军，誓将帅，高烽伐鼓，以命三驱，轻车霆发，骁骑电惊，游基发射，范氏施御，弦不失禽，辔不诡遇，飞者未及翔，走者未及去。指顾倏忽，获车已实。"

在这样的时代，人们生产、生活、狩猎、锻炼，全力追求事功、财富，朴实而豪爽，远没有为沽名钓誉的虚伪之风和皓首穷经的书呆子习气所腐蚀。广阔的心胸，雄浑、粗犷的气势、力量，使汉代的哲学、文学、美学、绘画，无不反映出天人合一、天人相与、人神不

---

① 《汉书·武帝纪》。
② 东周至西汉，是我国历史上的第二温暖期。当时的物候要比清初早三个星期。故齐鲁有桑，渭川有竹。参阅柳又春、陆正华《漫话气候变迁》，江苏科学技术出版社1981年版。
③ 《上林赋》。

分、人兽竞力的场景，奠定在天人一体的巨大规模与基础之上。

正如汉代的画像石和大赋，把"远古传统的原始活力和野性充分地保存和延续下来"，充满着人神不分的浪漫幻想，充满着运动、古拙、粗豪的情调和力量，是人征服神，而不是神奴役人一样①，汉代哲学的主题和基调，同样是人的强大有力和对天（神）的征服。在天人关系中，形式上是天支配、主宰人，实质上是人支配天。人的力量与作用，既可以破坏阴阳五行的平衡，又可以调理阴阳，使风调雨顺，国泰民安。陈平的名言："宰相者，上佐天子理阴阳，顺四时，下育万物之宜"②，成为公认的天人关系的信条。

所以在汉人思想中，天不是人的异己的对立的冷漠隔绝的力量，相反，是人的智慧、理性可以求知的对象。屈原《天问》提出的一系列问题："遂古之初，谁传道之？上下未形，何由考之？……"在汉人看来，是人的智慧完全可以弄清的问题。在汉代，不论唯物主义哲学家或唯心主义哲学家，没有人认为人不应知天，不可以知天，不可以反作用于天并调理天！一直到汉末宗教神学的《太平经》还呼喊着"兴衰由人"的响亮口号。

在汉人思想中，人是天地的产物，但它与天地是并立而为三的。它的形体、德性是化天而成的。人是天的副本，是宏大宇宙的一部分。在汉易中，人是三才之道的中间环节。在董仲舒思想中，人是宇宙的目的与中心。"举凡一切，皆归之以奉人。""天、地、阴、阳、木、火、土、金、水、九，与人而十者，天之数毕也。"人"下长万物，上参天地"，具有巨大的力量。在扬雄心目中，"通天地人之谓儒"。扬雄不仅认为他自己就是这样的儒，而且认为他的著作《太玄》，由于掌握了"玄"的根本规律，能"知阴知阳，知止知行，知晦知明"。在王充哲学中，人的理性不仅可以批判谶纬散布的神学迷信，求得实知、真知，而且由于人具有这种智慧而使自己高出于万物之上。

在汉人看来，人真正是天的骄子，是真、善、美的完满的统一。它是真，因为它具有智慧，能知天，是真理和知识的占有者；它是

---

① 李泽厚：《美的历程》，文物出版社1981年版。
② 《史记·陈丞相世家》。

善，因为有道德，知诗书，明礼义，懂人伦；它是美，因为它由天地中和之气而生，而中和是美的本质的特征。在汉代，人的观念是如此突出，主题是如此明确，以至即便在谶纬中，它仍然是被新奇地想象的对象。有如现代科学幻想小说一样，谶纬对人的形体、气质、功能做了多样性的描绘。如"奇肱氏能为飞车，从风远行。汤时西风吹，奇肱车至于豫州，汤破其车，不以示民。十年西风至，乃复使作车遣归，去玉门四万里"①，等等。所以汉末王符《潜夫论》反复咏叹的"天工人其代之"，可以说，所反映的正是汉代哲学的根本精神。作为一种客观的力量和规律，与人对立的"天工"，其使命正是由人代表和完成的。"天工"惟有通过人才是现实的，因而现实的一切，包括社会的文明、文化和人化了的自然在内，无不是人的产物，无不打上人的强有力的印记！

二

汉代哲学以其雄浑的气魄和阔大的模式，结束了先秦百家争鸣，诸子蜂起、"道术将为天下裂"的局面。殊途同归，百川汇海，以更高的形态，融合吸收先秦各派思想于自己的体系之中，从而为以后中国哲学的发展，奠定了基础与方向。

历史证明，在中国古代，作为民族精神与文化的既相互对立而又相互补充的独立思想体系，只有儒家与道家。儒家的人文主义与道家的自然主义；儒家的宗法伦理、入世精神和道家的反人文主义及其出世理想；儒家的富有、日新、阳刚、行健和道家的空无、恬退、阴柔，作为两种相互对立而又相互补充的思想，真正影响着调剂着中国古代的文化、智慧、理想、情趣，达两千多年之久。直到现在，我们还可以看到它的深远的影响和力量。

在汉代，先秦六家中的墨家、法家、阴阳家、名家等，或者被儒家吸收肢解了，或者被道家、黄老吸收肢解了。墨子的"天志"、"明鬼"，以变相的形式融合在董仲舒的天人体系之中。"天者百神之大君也"，与其说来源于儒家，不如说来源于墨家。甚至"天出灾异

---

① 《河图·括地象》。

谴告",其最初的表达形式,也是由《墨子》提供的。而"上同"则在统一的中央封建集权中,成为生活的现实。这样,墨子思想的根基就被扬弃了。它消失了又没有真正的消失。至于"节用","非攻",作为一些具体的政治社会主张,既在道家思想,又在儒家思想中,在各种政论中,被反复论述,成了人们普通的常识。

法家思想呢?它和黄老本来就是一个体系。汉初的黄老思想,就是与清静无为相结合的法家思想;而在儒家体系中,法家重刑名法治的主张,也作为德治的一种补充被吸收和肯定。

名家思想作为一种政治思想,同样被汉人吸收着,既可以在道家黄老思想中看到它,又可以在儒家的"正名"、严格"等级制度"和"考事功"等名目中,看到它的"身影"。作为"名理"思想,则董仲舒的名号理论是它的发展。

阴阳家则是汉代儒家思想和黄老的重要基础。

因此,先秦六家在汉代真正被综合了。墨家和名、法、阴阳家作为一种独立的学派、思想体系,确实消失了,不复存在了,但实质上则被继承和保留着。正如黑格尔指出的:那后起的体系,总是把先前的哲学发展的成果作为它的一个部分,一个方面。因此那先前的体系只是形式上消失了,实质上则以扬弃的形式,成为新体系的要素与组成部分。因此,汉代的"罢黜百家,独尊儒术",从学术上看,不仅不是百家争鸣消失的原因,相反,正是结束纷争而建立综合性的思想体系的历史要求与愿望的反映与自觉。汉人完成了这一任务,正是汉代思想高明与宏大的表现。

在汉代,黄老是被罢黜的首要目标,但它的声势之浩大,影响之深远,连韩愈也不能不为之感叹。"火于秦","黄老于汉",被认为是儒家思想遭遇的两大历史厄运。为什么"罢黜"不能对黄老奏效呢?原因正在于它是立足于中国社会及民族根基之上,有见于天人关系的一个方面的真正独立的思想体系。与道家对立的儒家思想,在秦朝被置于死地,但它在汉代不仅恢复了青春,还享有独尊的地位。这里的原因,不只是有政治权力的支持,不只是由于符合巩固大一统的中央集权的需要,主要的原因也在于它反映了中国社会和中国民族性格的根本特征,在中国源远流长的宗法伦理中,有深厚的根基。

因此在汉代哲学思想中,正如唯物主义与唯心主义的对立、矛盾与相互影响是支配全过程的基本矛盾一样，儒家与黄老思想的对立、矛盾及其相互融合、影响，也是支配全过程的基本历史现象。

儒道思想的斗争和互补，它的发展经历了几个阶段。

第一阶段，先秦和汉初。儒道作为两种体系完全外在地对立着。"世之绌老子者，则非儒学，儒学亦非老子。道不同，不相为谋。"两者的斗争，有时甚至达到"你死我活"的白热化程度，如窦太后之与辕固生，赵绾、王臧之被罢黜等，但同时也发生了相互影响，例如陆贾、贾谊、韩婴、董仲舒，就都吸取了黄老刑名法治的思想，提出了不少儒道结合的命题。虽然如此，在总体上他们却是对黄老清静无为和崇尚法治的思想进行批判的。所以这一阶段可以称之为外在对立的阶段。

第二阶段，在儒学定于一尊以后。虽然黄老和儒学的对立更加尖锐，但两者相互吸收融合的倾向却在继续发展。如《淮南子》的许多思想和命题、司马迁的许多思想观点，《道德指归》关于"天心"的观念等等。

第三阶段，儒家思想吸收黄老的基本观念，成为自己体系的基石，而使儒学本身发生了重大变化。这阶段的代表人物有王充、郑玄，而扬雄是它的开端。扬雄的《太玄》式的宇宙图式，其"玄"的观念，就是来自老子的。所以《太玄》能傲然独立于当时的谶纬迷信思潮而为崇尚自然，开辟出影响深远的道路。接着是王充，自觉地引进黄老的自然观念，作为天道观的基石，从而不仅否定了儒学的天神、天命思想，也破坏了儒家宗法伦常赖以存在的哲理基础。到郑玄注《乾凿度》时，则系统地引进老子的自生、自彰、自通，从无入有、以无为本的思想，使易学思想发生了根本变化。从而为引老注易，在经学内部实现儒道融合，奠定了道路与基础。以后王弼的易学，不过是郑玄思想与这一方向的进一步发展而已。

汉代黄老思想和儒家思想的对立，表现在各个方面，但核心是目的论与自然论的对立。

以董仲舒为代表的目的论体系，是对自然论的否定。这一否定，形式上表现为对荀子"天人相分"思想的倒退，从实质上看，则标志着思想的重大进展。正如古希腊由恩培多克勒、赫拉克利特的自然论进展到苏格拉底和柏拉图的目的论一样，中国哲学由此也把对自然因果系列的无限追求，归结为人是宇宙的尺度与根本的目的及原因。

目的论思想虽然强调文化和人的实践和创造活动的价值，但它的立足点是有神论或变相的有神论。因此它不能正确理解人与文化的本质，也不可能正确理解自然的本质，理解人与自然的真实的关系。它虽然为文化、伦理、道德、人的实践活动建立了一个宇宙观基础，肯定了文化、道德和社会对人的发展的决定性的意义，但由于它赋予这些以神学和目的论的解释，阻碍了人们对真实的自然关系和社会关系的理解，使理性不能正常健康的发展，因此它对于社会的前进和人的健全发展，包括对科学发展所起的作用是十分消极的。

自然论思想以《淮南子》、《道德指归》和《论衡》为代表，它否认目的，认为一切都是由机械的因果律或纯粹的偶然性决定的，不存在神，也不存在"目的"。由此它发展了理性的批判成分，对神学目的论及谶纬进行了有力的批判。但它过分强调机械的因果性，往往否认人的主观能动性而陷入宿命论，又往往片面强调偶然性而陷入神秘主义，终于在魏晋时期产生出郭象那样的独化论思想。

目的、自然、必然、偶然，是一直支配人类哲学思想的重大问题。普列汉诺夫称之为斯芬克斯之谜。汉代哲学围绕这个"谜"进行了深入的多方面的讨论。从这一点来看，两汉哲学比先秦，无疑是大大前进了。在先秦，庄子的思想归结为"物物者无物"，"尤其有物也，尤其有物也无已"，或"以有涯随无涯殆矣"。荀子的思想归结为"天人相分"，"不求知天"。对于因果系列之无限而又有限的辩证关系；对于自由与必然，必然与偶然，机械论与目的论这些如此深刻对立而又统一的问题，这些大思想家没有以理论范畴的形式提出，更不要说以此为轴心来建立自己的理论体系了。惟有两汉哲学才以范畴的形式提出并探讨了这些问题，以之作为体系的中心。所以汉代哲学在中国哲学的发展上，就其内在的深刻性来说，无疑达到了一个新的阶段。

三

汉代认识论思想的基调是经验主义。正如冯友兰先生《新原道》指出的，汉人的思想是积极的、不知道抽象的玄思。汉人作为哲学中心问题加以探讨的宇宙生成论问题，从今天来看，不过是一实证自然科学的问题。

"天地之气，合而为一，分为阴阳，散为四时，判为五行。""道始于虚廓，虚廓生宇宙，宇宙生元气。"如同康德的星云说一样，属于天文学领域。但是汉人却在这样的基地上构造天人体系和哲学建筑的大厦。因此汉人的思想方法是实证自然科学的方法。在汉代，居于领先地位的自然科学，包括医学、天文学和音律学，在认识论上都是经验主义。它在丰富的观察资料之上，经由归纳、类比、统计而得出规律性的结论。这种方法，给予哲学的重大影响，就是使经验主义在汉代认识论中，占据了主导的地位。"由昭昭察冥冥"，"由近知远"，"由我知彼"，"推援事类"等等，这些基本上属于经验主义的认识方法，成为汉人认识论的基本内容。

在汉代，凡是先秦或魏晋驰骋过抽象玄思的地方，哲人们都给予了实际的经验主义的答案。而凡是和实证自然科学接近，能由经验方法加以解决的问题，则做了重大发展。例如老子的"无"，本来有玄思的意义。"无"指抽象的绝对、大全，亦即关于世界的抽象概念，但在汉人看来，"无"却不过是视之不见、听之不闻的混沌状态的气。老子说"不出户，知天下"，"其出弥远，其知弥少"，"为道日损，损之又损，以至于无为"，本来是讲"玄览"，即理性直观或超理性的神秘主义认识方法，在汉人的理解中，它的神秘意味却完全没有了，成了极为实际的"在家观家，在乡观乡，在国观国，以天下观天下"，即以我度人，将心比心的小生产经验主义认识方法。老子关于有无的抽象讨论，被汉人基本取消了。庄子关于"未始有乎未始有始者，俄而有始矣……"这一从相对主义和主观唯心主义认识论提出的宇宙是否有始的问题，在汉代成了实实在在的宇宙演化的程序，丝毫不存在不可知的神秘、困惑之感。至于名家"白马非马"之辩，"坚白同异"之争，在汉人看来更是莫名其妙了。

在汉代占统治地位的学术形态，不论是今文经学或古文经学，都弥漫着经验主义的治学方法。如奉天法古，墨守师法、家法；如咬文嚼字，名物训诂等等。把这种方法用之于"公羊学"，是把一切历史事件，牵强附会地和灾异相联系，由此引出现实的政治结论，因而"观天意"成为最基本的方法。用之于治"易"则认为一切易象的变化，都是天文气象变化的表征，从而由气象的失常，可以推论政治的得失；或者像虞翻那样，把所有卦爻辞的义理都还原为具体的可感可见的卦象。

由于汉人的思想方法局限于经验和直观，因此汉人用以整理和归纳认识成果的最基本的范畴，不是类似亚里士多德提出的实体、数量、性质、关系、时间、地点、姿态等等，也不是康德提出的纯时间和空间，或种种知性、理性范畴如因果关系等等，而是和阴阳五行相结合的具体的时间和空间。汉人用阴阳五行作为认识模式，把一切经验资料都归入其中，由这个模式去进行推演、运算，如东方、木、生风、木味酸，在人为肝，在色为青。南方，生热，为火，味苦，在人为心，色为赤，等等。阴阳五行之间的生克关系，决定了所有经验要素之间的联系。因此，只要把一定的经验观察资料，输入这个模式之中，就能推出相应的结论。这种"推论"不是由感性上升到理性，让思想摆脱经验直观的局限，不过是感性经验经过"类比"、"推类"，而被阴阳五行模式所吸收覆盖而已，总之，经学把经验主义的认识方法发展到了它的极限。

当然，事情也有它矛盾的一面。在发展经验主义的认识方法的同时，在汉代，理性以及在理性基础上的思辨也仍然得到了发展。在《淮南子》、《道德指归》、《法言》以及《论衡》中，我们可以看到出色的理性成分和思辨因素；甚至董仲舒也发展了辨名析理的理性主义方法而使名理之学得到了发展。在《春秋繁露》中，不仅给出了更多的关于名的定义，还用辨名析理的方法，给出了人性善恶问题的新答案。在《淮南子》、《道德指归》和郑玄的《乾凿度注》中，关于"无"的解释，既不是绝对的虚无，也不是气的"视之不见"的状态，而是包含着"规律"、"所以然"、"本根"、"本体"等多种含义的抽象概念。关于有与无的关系，不是有生于无的生成论，而是本体或本质与现象的关系，是物的本然状态与物在运动变化中所呈现的现象之间的关系，是抽象的名或概念与实存、实物的关系，从而为魏晋本体论思辨，做了相当的酝酿与准备。

人们对汉代哲学估计不足，视其为思维水平贫乏低下，那是研究不够或只强调它的经验主义方面而忽视了其思辨方面的结果。只要真正把握住了汉代认识论的上述两个方面，就一定会改正我们的看法，而获得新的印象和结论。

四

汉代儒家哲学的奠基形态是董仲舒以天人感应为核心的目的论体系。它的基本著作《春秋繁露》，虽然并不是正规的解经形式，但无疑又为汉代经学哲学的发展规定了基本的格局。"罢黜百家，独尊儒术"，确定了今文经学唯我独尊的官方学术和政治指导思想的地位，从此经学直接与政治结合，为政治服务。这不仅对经学的发展产生了决定性的影响，对汉代全部社会、政治、经济结构及政权组成，也发生了重大的影响。

汉代经学神学的理论之一是董仲舒关于"名号以达天意"的理论。根据这种理论，儒家经典的每句话，每个字，特别是《春秋公羊》的每句话，每个字，都是圣人表达天意的符号。这就预定了经学哲学的两种发展方向。一是不断神化圣王，神化孔子。因为只有这样，孔子说的和写的，才能是"天意"的表达。否则，圣王和孔子的话，如何能字字句句是"真理"，是"天意"呢？一是神化儒家经典，并使经学走上教条化、繁琐化和神秘化的道路。从这两方面来看，董仲舒经学神学的建立，实质上也是今文经学作为学术和哲学的生命的结束。既然已经发现了圣王所表达的天意，经学家还能有什么事情好干呢？所以从学术来说，董仲舒的名号理论实质上是宣布了经学哲学的死亡。它剩下的惟一可走的道路是变成赤裸裸的神学和迷信，所以继《春秋繁露》之后，出现谶纬这种粗糙荒唐的神学，绝不是偶然的。这里有着必然性和规律性。因此谁要重复董仲舒的这种名号理论，以为经书上所讲的句句是天意，经书的字句之外，再没有新事物，没有新智慧，没有治国的新法宝，那就必然走上谶纬的道路，把民族的认识引入迷途，并把国家政治引向灾难的深渊。

董仲舒"名号以达天意"的理论，"天意"的另一重含义是指阴阳五行，即"天道之大经"，这又使阴阳五行成为一种构造体系和解答问题的思维模式。不管任何问题，哪怕是一个普通名词的定义，都要由这种模式做出解答。这就严重地妨碍了认识的正常发展。在谶纬和《白虎通》中，可以看到：何谓羊？何谓马？何谓山？何谓水？

何谓土？火何以能烧死人？水何以能淹死人？等等，经学家全都是用阴阳五行作为套子去套出的。其答案既不需实际地研究这些事物，又不需拿到实践和生活中去进行验证，而答案的空洞、无聊、荒谬，则是十分显然的。然而一直要等到这种经学的思维方式被埋葬以后，人们才能发现它的荒谬、空洞和无聊。这里的经验教训，是多么深刻沉痛啊！

虽然如此，汉代思想家的智慧，终究是伟大而杰出的，人们并没有全部被经学的这套思想方法所网罗。在董仲舒前后，不仅有《淮南子》，也有司马迁的《史记》，以后有《道德指归》和《太玄》，有《论衡》，有郑玄的《乾凿度注》。最后有王符、仲长统为代表的社会批判思潮。他们反对着或部分地突破了经学的这套思想方法的禁锢，另辟认识的新路，终于在汉代开出了智慧之花。与经学的思想方法相对照，它们更加光辉灿烂。

五

汉代哲学是在矛盾中进展的，在各个具体领域，它都既有落后的成分，又取得了巨大的成就。

在历史著作方面，以《史记》为代表，不仅为中国史学在全部文化中的地位及其发展模式奠定了基础，也提供了在封建社会十分先进的观察历史的指导思想和方法。《史记》的人性论的而不是神学的历史观，辩证进展而不是庸俗进化的发展论，充分反映人民和国家生活各个方面，而不是仅仅为帝王将相作家谱的广阔历史视线；人文主义的胸怀、情操和世界性的眼光以及史识和文彩相结合的写作风貌，无不为后代树立了楷模。汉代史学的成就，作为人类和民族的瑰宝，是永垂不朽的。

在哲学范畴上，汉人提出了许多新的东西，如天，被赋予了三种含义，并大大发展了道德之天（或义理之天）和自然之天的内涵。在荀子《天论》中极为简略描述的阴阳、风雨等等，在汉人的深思下，成为由宇宙生成论和阴阳五行等"天道之大经"所充实的宇宙图式；而对雷、电、风、雨等气象变化，也由自然之天本身做出了解释。对道德之天的充分强调，则为由神灵之天向宋代义理之天的过渡打下了基础。宋人关于"帝者理也","在天为元、亨、利、贞,在人为仁义礼智"等宇宙至善的思想,实质上不过是汉人关于义理之天和宇宙和谐的目的论思想的演变而已。

关于自然和目的的范畴,关于必然(经)和偶然(或权)的范畴,关于自由和必然(人和神的自由意志与阴阳五行的固有运行规律的关系;命定与人为的关系)的范畴,都是汉代哲学充分提出和探讨的。

对于人本身的认识也大大丰富和发展了。不再停留于一般地提出人性善或恶,或无善无恶,而是进一步探索了善、恶的根源,思考了性和情的内涵及其区别和联系。在天人关系的高度和广阔视野上,对人的地位,人的力量,人的特征,人性完善的道路与归宿,做出了回答。

汉代哲学还深化和丰富了自生、自彰、自为、自动自得的概念,不仅使老子的自然概念大大深化了,而且提出了"以无为本"的思想和本体的概念,开始由生成论向本体论过渡。

在有神论和无神论的斗争中,王充集中发展的许多无神论方法和论据,不仅在汉代无神论史上大放异彩,对整个中国无神论的发展及世界无神论的思想宝库,也增加了珍贵的思想财富。

在社会政治思想上,王符、仲长统发挥的社会批判思想,其全面、尖锐、深刻的程度,也为后世树立了榜样。由此而提出的"废封建",实行"井田"的主张,则一直是进步思想家立论的蓝本。

总之,汉代思想的建树是多方面的,可谓博大而宏富。正如汉人在事功上的阔大、富有、日新、豪武、进取一样,在精神上、哲学上,汉人也是阔大、雄浑、宏富,充满着追索和知天的进取精神的。经学的僵死的形式,压抑不了朝气蓬勃,富于才气和智慧的巨大民族无穷无尽的求知的欲望和精力。它繁花怒放,结出了丰硕的果实,同时留下了深刻的思维经验教训,永远值得人们思索和研究,从中受到鼓舞和教益。

六

本书对汉代思想的叙述,遵循社会意识和哲学思想归根结底是由经济基础和社会物质生活条件所决定的原则,采历史与逻辑相结合的方法进行。因此不是孤立地分析思想本身的含义而务期阐明每一时期哲学观点由以形成的社会思潮,决定此社会思潮的社会物质生活条件与阶级结构、政治需要以及它们的变化。在汉代,自然科学对哲学的基本面貌有重大甚至决定的影响,但基本面貌确定以后,哲学思想内部的推移和变化,主要是由社会阶级、政治、经济状况,由国家、民族或统治集团某一时期的需要所决定的。

汉代,西汉初年占统治地位的是黄老思想。代表这种思想的基本著作是《老子》和《黄帝四经》[①]。由于黄老思想适合休养生息,恢复经济,缓和矛盾,巩固统治和政治上继续秦代法治的需要,它成了这一时期的统治思想。黄老思想的影响在当时扩展到各个领域,它的声誉在司马谈的《论六家要旨》中达到了高峰。

武帝的尊儒是中国历史上的大事,其影响远远超出学术文化以外,亦远远超出西汉和东汉。"独尊儒术",既代表一种思想和学术的指导方针,又代表一新的对知识分子的政策。从此以后,经学迅猛发展,"明经之士"在社会和政治上的力量急剧扩张,形成了"士族"这一标志社会、经济、政治和文化相结合的力量,[②] 成了地主阶级的骨干,从而在宣元以后,一直影响和支配着汉代政权和政治的命运。

武帝时期,尊儒的政策虽然确立了,但由于对匈奴的全国性战争,国家实际转入战时体制,[③] 因而在政权组成成分和政策指导思想上,不仅儒术没有独尊,相反被指名"罢黜"的申商韩非之言,倒成了政治的指导思想,儒学被扫进了"无权"的角落。

宣元时期才是真正的转折。经学经过几十年的发展,加上和平的到来,稽古礼文的需要,士族成为社会上的巨大力量,这就使儒学在宣元时期取得了统治地位。经过石渠阁会议,政教合一,经学的地位达到了极高点,而同时又使它成了政治的附庸。在哀平之际,迅速蜕化为谶纬这种粗俗、荒诞的赤裸裸的神学。

---

① 长沙马王堆 1973 年汉墓出土。
② 参看余英时《中国知识阶层史论》(古代篇),台湾联经出版事业公司出版。唐长孺《魏晋南北朝史论拾遗》,中华书局出版。
③ 参阅徐复观《两汉思想史》,台湾学生书局。

"独尊儒术"并没有使黄老的正宗在社会上销声匿迹。宣成以前有《河上公老子章句》,成帝之世又有严遵的《道德指归》和《老子注》问世,政治上仍然继续着汉初黄老的传统,哲学上则着力发展崇尚自然和以无为本的思想,认识上对抗神学经学,发展了清醒的理性成分,为汉代哲学的发展做出了巨大贡献。

由于严遵的影响,扬雄的《太玄》可以视为西汉以儒家为主而儒道结合的新的思想产品,既是儒家思想反谶纬化倾向的胜利,又是儒家思想与老子相结合的尝试。

东汉初年,思想学术领域的形势是谶纬、今文经学、古文经学三足鼎立,而古文经学日益得势。白虎观会议就是在这种情况下召开的。为了调和三者的矛盾,并建立统一的经学,章帝亲临会议裁决。但它既没有能结束三者的斗争,又没有能建立统一的经学而重振经学的权威。相反,正是这次会议,标志着经学的没落。由于皇权和士族联姻的结束,两者矛盾的剧烈发展,官方经学很快就凋零枯萎了。王充的批判体系建立于这一时期,黄老的影响和无神论思潮,也勃兴于这一时期。王充以后,谶纬与神仙方术及社会救世成分相结合,孕育了《太平经》。[①] 黄老则变为道教而为统治者所提倡和农民所崇敬。

今文经学,由于东汉末年宦官的专权,政治的黑暗腐败,发展出大量的社会政治批判成分,出现了王符为代表的社会批判思潮。又进一步经过黄老的洗礼,而孕育出仲长统的出世理想及激进的社会历史批判。经学的古文传统则在郑玄的"易注"中达到了高峰,但它一方面把经学哲学的繁琐、支离及其经验主义结束了,一方面却引老注易而为整个经学哲学指出了新的发展出路,从而为以王弼为代表的魏晋玄学做好了思想和学术的准备。

两汉哲学就是这样地结束、瓦解了,又是这样地为自己准备了新的形态,而完成了自己的发展历程。

支配这一过程的既有社会经济、政治、阶级的力量和需要,又有思想自身演变发展的规律。两者是统一的,又是独立的。虽然归根结底,经济是支配的因素,但经济对思想的影响是通过思想自身的矛盾

---

① 参阅汤用彤《往日杂稿·读〈太平经〉书所见》,载《汤用彤学术论文集》之三,中华书局1983年版。

演变，遵循思想本身的辩证发展规律而完成的。由于思想没有独立的历史，思想本身发展的规律和逻辑，终归是由经济和客观物质的因素力量所决定，所以对两汉思想的分析，使我们又一次发现：社会存在决定社会意识的原理和规律，是指导思想史成为科学的指路明灯。离开这个基本的研究方法，思想史不可能成为科学，至多只能剖析树木，而不能展现森林；是个别思想的解剖陈列，或一个接替一个的走马灯，而不会是按规律发展的完整思想历程。

第一章

帛书《黄帝四经》的思想和时代

汉初，从惠帝至武帝以前，约七十年的时间，黄老思想一直是政治的指导思想，在社会上居于支配地位。惠帝时曹参为齐相，接受黄老学者盖公的意见："治道贵清静而民自定"，"其治要用黄老术，相齐九年，齐国安集，大称贤相"①。萧何死，曹参代萧何为相，"一遵萧何约束"，举事无所变更。百姓歌之曰："萧何为法，顜若画一；曹参代之，守而勿失。载其清净，民以宁一。"② 惠帝以后，文帝、景帝及窦太后都尊崇黄老。《史记·儒林列传》说："孝文帝本好刑名之言。及至孝景，不任儒者，而窦太后又好黄老之术，故诸博士具官待问，未有进者。"《史记·外戚世家》说："窦太后好黄帝老子言，帝及太子、诸窦，不得不读黄帝、老子言，尊其术。"研究汉代思想的发展，首先需要研究汉初黄老思想的实质及其在各方面的影响。

所谓"黄老"，"老"指老子，其著作为《老子》五千言。"黄"指黄帝，但托名黄帝的著作甚多，包括有各家各派的思想。所谓"黄老"思想的"黄"，主要著作是什么，过去不清楚。1973年12月，长沙马王堆汉墓出土帛书《老子》甲卷和乙卷本，乙卷本前有《经法》、《十六经》、《称》、《道原》四篇古佚书。书避邦字讳，不避惠帝刘盈讳，抄写年代在惠帝至文帝初年。墓的主人是軚侯利仑之妻。它和《老子》放在一起，证明帛书在西汉初年和《老子》一样，

---

① 《史记·曹相国世家》。
② 同上。

深受贵族和统治集团重视。学术界一致认为，可作为研究西汉黄老思想的资料。论述西汉黄老思想，首先应该分析帛书《经法》、《十六经》、《称》、《道原》四篇的思想。现在学界称这四篇帛书为《黄帝四经》，本著简称为帛书。

一　帛书《黄帝四经》和《老子》思想的关系

在先秦，儒家和道家是两种根本对立的思想体系①。儒家思想强调"天人合一"，肯定社会的伦理、道德、文化的价值与作用。"天生之，地养之，人成之。"认为人不仅是自然物；人之所以为人，人的本性是社会、历史和人自己所创造的文化、道德、伦理的结果，是社会关系的产物。"天命之谓性，率性之谓道，修道之谓教"，人和自然是和谐统一的，天人关系不是对立的。在春秋末年的变革时期，儒家对历史经验教训的总结和反思所达到的结论，是重新肯定社会文化伦理的价值与作用，并予以哲学的概括与论证。《老子》思想则恰恰相反。《老子》历记成败、祸福、得失，在春秋战国之交的重大社会历史变革面前，面对旧制度和社会秩序的急剧崩溃，价值和是非观念的急剧变化，得出的恰恰是反人文主义的结论。"失道而后德，失德而后仁，失仁而后义，失义而后礼，礼者忠信之薄而乱之首。"社会的礼制、文化、教育、政治、道德，在《老子》看来，都是极有害于人的发展及其本性的完善的。"人法地，地法天，天法道，道法自然。"《老子》认为自然状态是人的理想的状态。自然是最高的原则。一切反自然的社会的东西都是和道对立的。"道可道，非常道，名可名，非常名。"可道可名的社会制度、道德文化、"经世政教"②都是与道相反，与自然矛盾的。《荀子》批评庄子"蔽于天而不知人"，这里"人"不是狭义的"人为"，其根本的内涵正是指人的智慧、文化、道德、政治及其社会国家制度。在《老子》书中，人作为自然物，其地位如同蚊、虱、虫、鱼、牛、马；伦理道德、宗法

---

① 关于儒道思想的对立及先秦六家归根结底分属于儒道两种思想体系，请参阅《论〈吕氏春秋〉的儒家思想倾向及其与〈淮南子〉基本倾向的区别》。

② 《老子河上公章句》。

情谊都是虚伪做作而没有价值的。面对春秋战国的大争之世，老子全力研究着战争、角智、斗力，弱肉强食，以及保存自己发展自己的谋略和方法。《老子》一书提出一系列的"君人南面之术"和政治、战争的战略策略思想，其目的正是为了适应社会"大争"的需要。

《老子》的思想包含着两方面发展的可能性：或者像庄子一样，由强调人和自然的对立而完全否定社会的意义，极端蔑视、鄙弃社会的一切而发展为出世主义，追求精神的逍遥，对大自然的崇拜和仰慕；或者面向政治和社会，由否定文化、道德、教育的作用与价值，而全力倾注于成败、祸福、得失的研究，发展出一套和儒家对立的社会、政治、军事思想。《黄帝四经》即战国时的黄老思想，代表了《老子》思想向后一方向的发展。司马迁说："申子主刑名而本于黄老"，"商鞅主刑名而要归于黄老"。陈平少时"喜黄老之学"。所谓"黄老"，正是《老子》思想向法家、兵家发展并与之相互结合的结果。

二　帛书关于道、天、理的思想

老子的宇宙观认为，道是宇宙万物的本原。道和万物的关系是母之于子的关系。《老子》说："谷神不死，是谓玄牝，玄牝之门，是谓天地根。"[①] "天地之间，其犹橐籥乎！虚而不屈，动而愈出。"[②] "无名天地之始，有名万物之母。……此两者同，出而异名，同谓之玄，玄之又玄，众妙之门。"[③] "道"被认为是万物和生命的源泉。但"道"究竟是物质还是精神，老子讲得不明确，有些地方可以理解为气，更多的地方则指先天地而存在的观念。帛书对老子"道"的观念进行了改造。在帛书中，"道"首先是指气，是气的原始的混沌状态。

《道原》说："恒无之初，迥同大（太）虚。虚同为一，恒一而

---

① 《老子》第六章。下引只注章节。
② 第五章。
③ 第一章。

止。湿湿梦梦，未有明晦。神微周盈，精静不匙（熙）。古（故）未有以，万物莫以。古（故）无有刑（形），大迥无名。""迥同"即洞同，混同。气在原始状态时，无形无名，由于没有分化，气迥同太虚，与太虚为一。这种混沌状态的气，"湿湿梦梦，未有明晦"。它弥漫一切，"天弗能复（覆），地弗能载。小以成小，大以成大，盈四海之内，又包其外"。而"万物得之以生，百事得之以成。"[①]"虚无刑（形），其裻冥冥，万物之所丛生"[②]，是产生万物的最初的根源。道无所不包，无所不在，因此又称号为一，"一者其号也"[③]。

"道"独玄不偶，"显明弗能为名，广大弗能为刑（形）"，"万物莫之能令"[④]。它是无限，是绝对，不受时间空间的局限，也不受物的支配。"天地阴阳，四时日月，星辰云气，规（蚑）行侥（蛲）重（动），代根之徒，皆取生，道弗为益少；皆反焉，道弗为益多。"[⑤] 因为道无始无终，无边无际，"广大弗能为形"，所以万物的产生或消失，不影响道的数量。道是阴阳的统一状态。《十六经·观》说："无晦无明，未有阴阳，阴阳未定，吾未有以名。今始判为两，分为阴阳，离为四时。"明确地认为，道之所以未始有名，是因为此时阴阳未定，没有分化。以后道分为阴阳，离为四时，天地万物就产生了。

《管子·五行》说："货嘽神庐，合于精气。"《内业》说："敬除其舍，神将自来。""非鬼神之力也，精气之极也。"精气有精神的作用。帛书也说："神微周盈，精静不匙。"因此气能使人聪明智慧。《经法·论》说："静则平，平则宁，宁则素，素则精，精则神。至神之极，（见）知不惑。""服此道者，是胃（谓）能精。""乃通天地之精"。认为积聚了充分的精气，就能"知人之所不能知，服人之所不能得。"[⑥]《经法·名理》说："道者，神明之原也，""静而不移，动而不化，故曰神。神明者，见知之稽也。"这种精气即精神的

---

① 帛书《道原》，下注只注章名。
② 《道法》。
③ 《道原》。
④ 同上。
⑤ 《道原》。
⑥ 同上。

说法，也是对老子道的思想的发挥与改造，是帛书关于"道"的思想的一个特点。

帛书的"道"，还具有规律的意义。《经法·道法》说："道生法"。法是治理社会所依据的标准、度量和准则，道是它们的根据和基础。

《经法·论度》说：

逆顺同道而异理，审知逆顺，是胃（谓）道纪。

《十六经·本伐》说：

道之行也，繇（由）不得已。
道与"逆顺"由不得已相联系，规律的意义是明确的。

帛书还突出了"天"这一范畴的重要意义，提出了"天极"、"天功"、"天当"、"天时"、"天殃"、"天道"等一系列概念。

"天道"在春秋时期是占星术概念，有浓厚的迷信成分。帛书的天，则指自然之天。"天道"或"天极"指天地的根本法则和规律。《经法·道法》说："天地有恒常"。"恒常"指四时、晦明、生杀、柔刚。意思是说阴阳、刚柔、四时的变化是有规律的，这种规律就是"天常"。《十六经·正乱》说："夫天行正信。日月不处，启然不台（怠），以临天下。"《经法·论度》说："日月星辰之期，四时之度，（动静）之立（位），外内之处，天之稽也。高（下）不敝（蔽）其刑（形），美亚（恶）不匿其请（情），地之稽也。"所谓"稽"，即稽式，指规律。帛书认为日月星辰的运行，四时的变化，日夜的交替，都是有规律的，它们周而复始，"极而反"，表现为一种必然性。《经法·论》说："明以正者，天之道也。适者，天度也。信者，天之期也。极而（反）者，天之生（性）也。必者，天之命也。"天"建八正，行七法"。"八正"、"七法"、"天度"，也是指天道运行的规律。

天道又称"天当"、"天极"。《经法·论度》说："内外皆顺，命曰天当。"《道原》说："毋失天极，究数而止。"《经法·国次》

说:"唯圣人能尽天极,能用天当。"《国语·越语下》说:"无过天极,究数而止。""天极"指"天道之所生。""不尽天极",即没有达到天道所规定的限度。帛书把"天道"、"天当"、"天极"讲得很高,有点神秘,但基本思想是清楚的,"天"不是上帝、天神,是阴阳四时,即自然之天;天道是自然、天象运行的规律。帛书认为人应该按照这些规律的要求办事,否则就要受到惩罚。《经法·国次》说:"过极失当,天将降殃。"但是帛书指出,人对于规律,不是消极的。"人强胜(朕)天。"① "天制寒暑,地制高下,人制取予,取予当,立为囗王。"② 认为人的作用是可以胜天的。人通过实践、"取予",能够与天地并立而为三,克服了《老子》思想中人对自然只能完全顺应的消极因素,是人定胜天思想的先导。但帛书也有一些迷信的残余,提出了"天诛"、"受命于天"的思想。这是与其天道自然的思想自相矛盾的。

在帛书中,与道、天相联系,较"道"低一层次的概念是"理"。

《说文》:"理,治玉也,从玉,里声。"玉有纹理,按其文理而治之,是谓理。所以理的本义是治理。由玉之纹理触类扩充,出现了"腠理"、"脉理"、"肤理"等概念。战国时期,理的概念被广泛应用。在《孟子》、《管子》中,理和义常常相联系。"义者事之宜也",义有法则,合理的意义。故理和义并列,也有合宜得当之意。《孟子·告子上》说:"理义之悦我心,犹刍豢之悦我口。"又说:"心之所同然者,谓理也,义也。"理被认为是判别是非善恶的标准,是道理、法则、事理。《管子》中理字极多,意义和《孟子》大致相同。《管子·乘马》说:"朝者义之理也,是故爵位正而民不怨,民不怨则不乱,然后义可理。"《管子·心术上》又说:"缘义之理","理也者,明分以谕义之意也。故礼出乎义,义出乎理。"在《孟子》、《管子》中,理主要是社会、伦理、政治概念,到《庄子》,情况有了变化。《庄子》提出"万物之理"、"天地之理","万物殊理,

---

① 《经法·国次》。
② 《称》。

道不私"①，以及和人事相对的"天理"等概念，理开始具有本体，本原层次上的意义。

《经法》中，理字约二十见，其含义和《孟子》、《管子》中的理概念，基本是一致的。

《经法·六分》说："主执度，臣循理者，其国朝（霸）昌。"理指事理或秩序。

《经法·论度》说："执道循理，必从本始。"这里的"执道"指主执道，"循理"指臣循理，与《六分》的说法是一致的。

《经法·论约》说："人事之理也，顺则生，理则成。""万举不失理。"理也指治理、道理。

《经法·论》说："物各（合于道者），胃（谓）之理。理之所在胃（谓）之（顺）。"相反谓之"失理"。"失理"指违反道理。

《经法·亡论》说："兴兵失理，所伐不当，天降二央（殃）。""犯禁绝理，天诛必至。"理指义理。

《经法·名理》说："循名廄（究）理之所之，是必为福，非必为材（灾）。""宙察名理"，"见正道循理"，"循名究理"，"得名理之诚。"理的主要含义指名分或刑名。可以说，在帛书中，尚没有出现《庄子》万物之理的概念。到韩非，明确地提出"道尽稽万物之理"，从本原层次上强调道是一般规律，理是事物的规定性，思维水平比帛书提高了一步。

战国以前，春秋奴隶制时代，基本上没有理的观念。支配社会生活的是奴隶制的"礼"及与此相联系的一系列道德伦理范畴，如德、义、忠、信等等。所以子产说："夫礼，天之经也，地之义也，民之行也。"② 随着奴隶制向封建社会转变，新旧交替，适应新的社会制度和人们政治伦理关系的需要，仁和义的道德范畴才突出起来。"理"与"义"相联系，是为新的君臣关系和社会伦常、政治制度作辩护和论证的。看《荀子》和《吕氏春秋》，这一点十分明确。荀子说："礼也者，理之不可易者也"③，认为礼的起源和根据是在于合乎

---

① 《则阳》。
② 《左传》昭公二十五年。
③ 《荀子·乐论》。

理。具体地说，"礼起于何也？曰，人生而有欲，欲而不得，则不能无求，求而无度量分界，则不能不争。争则乱，乱则穷。先王恶其乱也，故制礼义以分之，以养人之欲，给人之求。使欲必不穷乎物，物必不屈于欲，两者相持而长，是礼之所起也"。[①] 认为礼不是"天之经，地之义"，而是起源于合理。这里，"理"就是道理、事理。对社会而言，指有利于社会生存发展的原则。《吕氏春秋·怀宠》说："义理之道彰，则暴虐奸诈侵夺之术息也。暴虐奸诈之与义、理反也，其势不俱胜，不两立。"同书《不苟》说："贤者之事也，虽贵不苟为，虽贱不自阿，必中理然后动，必当义然后举，此忠臣之行也。"《吕氏春秋》以理代礼，其意义也在于否定奴隶制的礼，而以合乎封建要求的新的理作为区分贵贱等级和节制人们行为的标准。帛书反复强调，物"各合于道者谓之理"，"主执度，臣循理"，"循名究理"，其意义与《荀子》及《吕氏春秋》一致，也是用理代替奴隶制的礼，为新的君臣、人伦关系作论证。

总起来看，帛书既重视道，又重视天和理。它关于道、天、理的思想是唯物主义的。帛书不像《老子》那样强调道是"无"，是"无名"，强调"有生于无"，强调道是脱离万物，在社会和物质世界之上的绝对；而是循着和《管子·内业》、《白心》等篇相同的路线，把道看作气或精气，是天地万物的根源。由道产生的天地万物，组成了自然之天。它按照自己的规律运行变化。人们只要按自然的规律和道的要求办事，就能取得预期的结果。因此，在帛书中，《老子》关于"无"，关于"象帝之先"的神秘观念以及传统的天神、上帝都被取消了，存在的只是一个惟一的自然和物质的世界，人是这个世界的一部分。而面对这个世界，人凭借自己的智慧和能力，完全可以取得主动的地位。这就从世界本原的高度，为新兴阶级的事业及积极有为的态度，提供了哲学的理论依据。

三 辩证法思想

《老子》辩证法的特点是贵柔守雌，以柔克刚，以退为进，以不

---

① 《荀子·礼论》。

争为争。正如朱熹指出的，"其不争者，正所以深争之也"①。但贵柔守雌，可以作消极保守、明哲保身、不图进取的理解。《老子》的思想确也包含有这一方面，以后由《庄子》加以发展而成为出世和相对主义，"不遣是非，以与世俗处"，为混世、苟且偷安作辩护。

帛书对《老子》贵柔守雌思想做了改造。《十六经·顺道》说："大荁（庭）之有天下也，安徐正静，柔节先定。晁湿共（恭）俭（金），卑弱主柔，常后而不失（先）。体正信以仁，兹（慈）惠以爱人，端正勇，弗敢以先人。""好德不争。立于不敢，行于不能。"贵柔不是单纯的后退、懦弱，而是指政治上德惠爱民，争取民心，用现在的话说就是"攻心"，目的是"有天下"。帛书还明确指出"刚不足以，柔不足寺（恃）"②。

《十六经·果童》说：

不险则不可平，不谌则不可正，观天于上，视地于下，而稽之男女。夫天有榦，地有恒常。合囗囗常，是以有晦有明，有阴有阳。夫地有山有泽，有黑有白，有美有亚（恶）。地俗德以静，而天正名以作。静作相养，德疟（虐）相成。两若有名，相与则成。阴阳备物，化变乃生。

《称》说：

天地之道，有左有右，有牝有牡。

《十六经·观》说：

牝牡相求，会刚与柔。柔刚相成，囗牝牡若刑（形）。

就是说，一切事物是对立的统一，无不包含对立的方面：晦明、阴阳、山泽、黑白、动静、德虐、美恶、牝牡、左右等等。这些对立

---

① 《朱子语类·卷六十七》。
② 《十六经·三禁》。

面相反相成、相求，是万物变化的根源。但是和《老子》不同的是，帛书明确地提出了对立面的斗争是事物运动变化的原因的思想。它说："阴阳备物，化变乃生。""寒涅（热）燥湿，不能并立；刚柔阴阳，固不两行。"① 所谓"不两行"，就是相互斗争，两方面不能和平共居。帛书认为这是"天地之道"。即支配宇宙万物的根本法则。这堵住了老子讲"不争"所造成的漏洞。《十六经·姓争》说："敌者生争，不堪不定。""天地（已）成，黔首乃生……规（蚑）蛲毕挣（争）。作争者凶，不争亦毋（无）以成功。"只有争才能有事业及生命的发展。

帛书认为当时社会的形势是大争。"今天下大争时至矣。"② 攻伐夺取，兼并盛行，只有争，才能有国家的生存。

《老子》说："将欲弱之，必固强之。"帛书把这种争的思想运用于战争，提出了一个重要的策略思想。它以如何战胜蚩尤为例说，为了战胜蚩尤，要"将因其事，盈其寺，轾其力，而投之代……勿惊□戒，其逆事乃始。吾将遂是其逆而僇（戮）其身。……（以）其民作而自戏也，吾或使之自靡也"③。就是说，先要放手让蚩尤做他想作的种种不义的事情，让他尽力搜刮财物，扩展力量，自投于罪恶之中。这样蚩尤就会落得多行不义必自毙的结果。而自己方面，则要兢兢业业，"不为宛（怨）谋（媒），不阴谋，不擅断疑，不谋削人之野，不谋劫人之宇。慎案其众，以隋（随）天地之从。不擅作事，以寺（待）逆节所穷"④。这样，"物极必反"，敌人的强可以变成弱，自己的弱，可以转化为强，就可以达到战而胜之的目的。范蠡策划灭吴时，曾经一再要勾践等待时机，直到夫差"彼其上将薄其德，民将尽其力，又使之望而不得食，乃可以致天地之殛"⑤。《黄帝四经》思想与此相类似，都是对老子"将欲弱之，必固强之"这一辩证法思想的运用。

老子研究祸福的转化，不注意转化的条件，容易陷入宿命论和不

---

① 《十六经·姓争》。
② 《十六经·五政》。
③ 《十六经·正乱》。
④ 《十六经·顺道》。
⑤ 《国语·越语下》。

可知论。帛书改正了老子思想的这个缺点，强调祸福的转化是可知的，人对于祸福的转化不是无能为力的。它说：

> 故同出冥冥，或以死，或以生；或以败，或以成。祸福同道，莫知其所丛生。见知之道，唯虚无有。①
> 绝而复属，亡而复存，孰知其神。死而复生，以祸为福，孰知其极。反索之无刑（形），故知祸福之所从生。②

所谓反索之"无形"，"见知之道，唯虚无有"，"无形""无有"都是指"道"，即事物发生的本原和规律。帛书认为，穷本究原，掌握了事情发展的规律，就可以知道"祸福"之所从生。故《经法·论约》说："故执道者之观于天下也，必宙观事之所始起，审其刑（形）名，刑（形）名以定，逆顺有立（位），死生有分，存亡兴坏有处。然后参之于天地之恒道，乃定祸福死生存亡兴坏之所在。是故万举不失理，论天下而无遗策。故能立天子，置三公，而天下化之，之胃（谓）有道。"认为祸福、存亡、兴坏的转化，只要宙观事情发生的来龙去脉，以名核实，并参照天地的恒道，就可以"万举不失理"，取得成功。

帛书很重视人的主观能动作用对事物转化的作用。《经法·论》提出，掌握"六柄"可以成功帝王之道。"六柄"包括"观"、"论"、"动"、"转"、"变"、"化"。"观"和"论"，指对客观事物的认识。它说："观则知死生之国，论则知存亡兴坏之所在。"这是发挥认识的能动性。"动"、"转"、"变"、"化"，指根据认识而采取的行动和实践。它说："动则能破强兴弱"，"变则伐死养生"，"化则能明德徐（除）害。""六枋（柄）备则王矣。"因此"六柄"既包含认识的能动性，又包含行动的能动性，集中反映了帛书关于人的能动性在祸福转化中的重要作用的思想。

以此为依据，帛书总结了国家治乱兴亡的一系列带规律性的观点。如《经法·国次》说："阳窃者疾，阴窃者几（饥），土敝者亡

---

① 《经法·道法》。
② 同上。

地，人执者失民，党别者乱，此胃（谓）五逆。"指出一个国家如果"五逆"皆成，变故乱常，身危有殃，将导致国家的灭亡。《六分》说："六顺六逆，则存亡兴坏之分也。""分"指界线，引申为规律、法则。认为能按"六顺"办事，避免"六逆"，就可以使国家强盛。

《经法·论度》说："审知四度可以定天下。""四度"指君臣、贤不肖、动静、生杀四方面的关系和矛盾。帛书认为，只要能正确处理这些矛盾，做到"主主臣臣，贤不肖当位，动静得时"等，就可以定天下，安一国。相反，则有重殃。

《经法·论》说："动静不时，种树失地之宜，（则天）地之道逆矣。臣不亲其主，下不亲其上，百族不亲其事，则内理逆矣。逆之所在，胃（谓）之死国，伐之。反此之胃（谓）顺之所在，胃（谓）之生国，生国养之。逆顺有理，则请（情）伪密矣。"所谓生国、死国，不是神秘不可知的，是人们自己掌握"逆顺之理"决定的。

其他如《经法·亡论》提出"六危"、"三凶"、"二壅"；《十六经·三禁》提出"行非恒者，天禁之。爽事，地禁之。失令者，君禁之。三者既修，国家几矣。"等等。这些带规律性的总结，无一不贯穿着祸福可知，兴亡在人的积极思想。

为了在祸福、兴亡、得失、成败的转化中，更好地发挥主观能动性，帛书还提出要掌握"因"、"时"、"度"三个原则。

（一）"因"：

《十六经·观》说："天因而成之，弗因则不成，（弗）养则不生"。"静作之时，因而勒（整顿之意）之。""因"指对天时、规律的顺应。《十六经·兵客》说："天地刑（形）之，圣人因而成之。"《称》说："圣人不为始，不刲（专）己，不豫谋，不为得，不辞福，因天之则。""因"包含着主观能动性和客观规律性相统一的思想。

（二）"时"：

"时"就是时机。帛书十分重视掌握时机对事业成败的重要作用。它的名言是："圣人不巧，时反是守。"[①] "当天时，与之皆断。

[①] 《十六经·观》。

当断不断。"① 在《经法·观》中，帛书用农业要获得丰收必须不违农时为例，反复说明守"时"的重要性。它说："毋乱民功"，"毋逆天时"。"反义逆时，非而行之，过极失当"②，必有祸殃。《十六经·姓争》还指出"争（静）作得时，天地与之。""静作失时，天地夺之。"

（三）"度"：

度就是事物的质和规定性。《十六经·姓争》说："过极失当，变故易常。"《经法·道法》说："应化之道，平衡而止。轻重不称，是胃（谓）失道。"所谓"极"、"平衡"，都是指事物质的规定性。

这些，使帛书的辩证法思想和《老子》不同，不具有任何消极色彩，在战国时期，适应新兴地主阶级向奴隶主腐朽势力进行战争的需要，成为进攻的战略、策略、政策的指导思想。

四 刑德思想

刑德思想是帛书辩证法思想的组成部分，但是它的意义远远越出了辩证法思想的范围，成为帛书全部思想的核心，具有鲜明的时代特征。

《尉缭子》说："黄帝有刑德，刑以伐之，德以守之。"《尉缭子》对黄帝思想的概括，抓住了黄老思想的核心。帛书的全部思想正是围绕这个核心而发挥、展开的。

帛书把事物按阴阳区分为对立的两类，一类是阳，一类是阴。君为阳，臣为阴；夫为阳，妻为阴；父为阳，子为阴；男为阳，女为阴；客为阳，主为阴；贵为阳，贱为阴；自然界天为阳，地为阴；春夏为阳，秋冬为阴。阳的属性是德，阴的属性是刑。刑，代表收敛、衰亡、抑止、凝聚、固定、静止；德代表进展、运动、兴奋、扩散、生长、萌发。它认为这两方面的结合，促成了春夏秋冬的更替，万物的生长荣枯和一切事物的发展运动，因此刑和德是支配宇宙万物的最

---

① 《十六经·观》。
② 《十六经·正乱》。

基本的力量。

《老子》原名《道德经》。"德"指万物有得于道的部分,所谓"德者得也"。事物有得于道的一部分而形成自己的形体和特性。因此德有恩惠德泽的意思。老子没有提出刑,但实际包含着刑杀的思想。《老子》说:"天地不仁,以万物为刍狗"①,"以正治国,以奇用兵"②,"若使民常畏死,而为奇者,吾得执而杀之,孰敢?"③ 所以"刑杀"这一面《老子》也是很重视的。但《老子》没有指出刑德与阴阳的联系。以刑德论阴阳,把刑德提高为主宰万物的两种根本力量与属性,确是以帛书为最令人醒目。④

《十六经·观》说:"刑德皇皇,日月相望,以明其当,而盈囗无匡。""宿阳修刑,童(重)阴○长夜气闭地绳(孕)者,(所)以继之也。不靡不黑,而正之以刑与德。""春夏为德,秋冬为刑。先德后刑以养生。"

《十六经·姓争》说:"天德皇皇,非刑不行。缪(穆)缪(穆)天刑,非德必顷(倾)。刑德相养,逆顺若成。刑晦而德明,刑阴而德阳,刑微而德章(彰)。其明者以为法,而微道是行。"刑德被称为"天德","天刑",和韩非所谓刑德仅指政治法律而言,意义不同。

帛书认为,刑德两方面相辅相成,但德为先,起主导作用。

《经法·论约》说:"三时成功,一时刑杀,天地之道也。"

《十六经·观》说:"先德后刑以养生","夫并时以养民功,先德后刑,顺于天。"⑤

帛书同时也把刑提到了重要地位。帛书认为,"争"是天地万物变化发展的规律,"天地已定,规(蚑)侥(蛲)挣(争),作争者凶,不争亦毋(无)以成功。"⑥ 争就不能离开刑。这里的刑,一指诛伐征讨,一指对内的法治。《十六经·姓争》说:"胜生以定,敌者生争,不堪不定。凡谌之极,在刑与德。"《十六经·正乱》说:

---

① 《老子》第五章。
② 《老子》第五十七章。
③ 《老子》第七十四章。
④ 《管子·四时》等篇也论述了阴阳刑德。
⑤ 这对法家和汉初的政策产生了深远影响。
⑥ 《十六经·姓争》。

"天地立名，□自生，以隋（随）天刑。天刑不撪（注：撪疑读为悖，混乱之意），逆顺有类。"又说："谨守吾正名，毋失吾恒刑，以视（示）后人。"《十六经·五正》也说："反义逆时，其刑视之（蚩）尤。"

帛书代表新兴地主阶级的思想，它坚信刑德并用，可以战无不胜。"刑德"是光明正大的，刑德煌煌，有如日月相望。因此它反对阴谋，不相信阴阳时日向背等占星术。既不空谈仁义道德的说教，也不片面迷信暴力和刑罚可以代替一切。

帛书以刑德结合为指导，提出了一系列战略和政策思想。在德的方面有："主惠臣忠"[1]，"兹（慈）惠以爱人"[2]，"兼爱无私"[3]。"节赋敛、毋夺民时。"[4] "伐死养生"[5]，其内容和儒家孔子所讲的"德"治的部分内容相同，但孔子讲"导之以德，齐之以礼"，孟子讲"王道"、"仁政"，虽包括物质利益的恩惠，主要内容却是宗法情谊和道德的感化，是从人文主义思想出发的。帛书讲"德"，则主要指物质恩惠，贯彻着功利主义的思想。

刑的方面，一是指对外的战争诛伐，一是指对内的刑名法术（详见下节）。

战争诛伐方面，帛书思想的基本点是强调战争的正义性。《十六经·本伐》篇把战争分为三类："有为利者，有为义者，有行忿者。"这当是战国中前期的情况。帛书反对为利和行忿的战争，而主张义战。义战的标志是："伐乱禁暴，起贤废不宵（肖）。"它认为这种战争为了民众的利益，能得到民众的拥护（"众之所死也"）。"万民和辑而乐为其主上用"，才能"地广人众兵强，天下无适（敌）"[6]。帛书把农业生产看作"人之本"，主张"节民力以使"，"赋敛有度"。认为这样才能财生民富，刑罚不犯，号令必行，守固战胜。它把妄杀贤，杀服民，刑无罪，作为三不辜，认为由此会招致战争的失败，

---

[1] 《经法·六分》。
[2] 《十六经·顺道》。
[3] 《经法·君正》。
[4] 同上。
[5] 《经法·论》。
[6] 《经法·六分》。

说："兴兵失理，所伐不当，天降二央（殃）"①。可以说对于战争，帛书也体现了刑德结合的思想。

刑德在帛书中又称为文武之道。"文"指德，"武"指刑。《经法·论约》说："始于文而卒于武，天地之道也。"《经法·君正》说："因天之生也以养生，胃（谓）之文。因天之杀也以伐死，胃（谓）之武。文武并行，则天下从矣。""审于行文武之道，则天下宾矣。"《经法·四度》说："动静参于天地胃（谓）之文，诛囗时当胃（谓）之武。……文武并立，命之曰上同。""因天时，伐天毁，胃（谓）之武。武刃而以文随其后，则有成功矣。用二文一武者王。"（"武刃"，帛书刃与籾相混，籾即创字，指开始，一说刃读为牣，作充满解。）文不是文化、文明，而是指物质方面的恩惠、利益。

文武并用或刑德并用的思想，是在春秋中诸侯称霸提出的。《左传》僖公七年（公元前653年），管仲对齐桓公说："夫诸侯之会，其德刑礼义，无国不记。"指出德刑在称霸中的作用。《左传》宣公十二年（公元前597年），郑楚相争，晋出兵援郑。随武子分析楚不可战胜时说："（楚）德刑政事，典礼不易，不可敌也。""德立刑成，政成时事，典从礼顺，若之何敌之？"认为德刑并立的国家是不可战胜的。《左传》成公十六年（公元前575年），曹人请于晋，说："君惟不遗德刑，以伯诸侯，岂独遗诸敝邑。"认为晋国能称霸，是由于能德刑并用。《左传》成公十七年（公元前574年），晋长鱼矫向晋厉公指出："御奸以德，御轨以刑。……德刑不立，奸轨并至。"要求晋厉公杀栾书、中行偃。所以刑德思想由来已久。帛书把刑德和阴阳相结合，是对刑德思想的新的总结和发展。

五　刑名法术思想

帛书有相当系统的刑名法术思想。《经法·道法》说："故执道者之观于天下也，无执也，无处也，无为也，无私也。是故天下有事，无不自为刑（形）名声号矣。刑（形）名以立，声号已建，则无所逃迹匿正矣。"又说："凡事无小大，物自为舍，逆顺死生，物

---

① 《经法·亡论》。

自为名。名刑（形）已定，物自为正。"意思是说，事物的情况和对该事物的概念既经确定，事物就能得到正确的处理和发展，因此刑名是治国的最重要的手段。《君文子·大道》说："名以检形，形以定名，名以定事，事以检名，察其所以然，则形名之与事物，无所隐其理矣。"《道法》和《尹文子》的这种观点是一致的。

刑名也具有一般方法论的意义。《经法·四度》说："美亚（恶）有名，逆顺有刑（形），请（情）伪有实，王公执□以为天下正。"正指标准，故《经法·论》说："名实不（衍字）相应则定，名实不相应则静（注疑为争），勿（物）自正也，名自命也，事自定也。三名察则尽知请（情）伪而（不）惑矣，有国将昌，当罪先亡。"

春秋时期，法主要指"法度"，包括不成文的习惯，风俗和各种通行的标准在内。《管子·七法》说："尺寸也，绳墨也，规矩也，衡石也，斗斛也，角量也，谓之法。"法泛指标准、度量。《经法·道法》说："道生法。法者，引得失以绳，而明曲直者也。"法也指作为得失曲直的度量与标准。又说："天下有事，必有巧（考）验。事如直木，多为仓粟。斗石已具，尺寸已陈，则无所逃其神。故曰，度量已具，则治而制之矣。"《经法·君正》也说："法度者，正之至也，而以法度治者，不可乱也。"认为掌握了一定的标准，按法办事，国家就可以大治。

《经法·名理》说："是非有分，以法断之；虚静谨听，以法为符。审察名理名（疑为衍文）冬（终）始，是胃（谓）究理。"《十六经·成法》说：黄帝问"天下有成法可以正名者"？力黑回答说："循名复一，民无乱纪。"成法就是一，也即是道。这种以"法"为标准、度量的思想，正是早期法家思想的特点。

关于"术"，帛书也和韩非等后期法家不同，具有早期法家的特点。韩非讲"术"和"势"，以性恶为根据。"术"，主要是针对大臣封君篡政夺权，假公为私（如商君等），即吴起所谓"封君太众，大臣太重"这种情况的。用"术"的目的是防范大臣夺权，因此"术"指权术，所谓"术者，藏之于胸中以偶众端而潜御群臣者也，故法莫如显而术不欲见。"[1]帛书称"术"为"王术"。它说："不知

---

[1] 《韩非子·难三》。

王术，不王天下。"什么是"王术"？《经法·六分》说："主上者执六分以生杀，以赏（信），以必伐。""王术"就是"六分"，具体内容为"六顺、六逆"。"六逆"指"适（嫡）子父"、"大臣主"，"谋臣（在）外立（位）"，"主失立（位）"，"臣失处"，"主两，男女分威"。"六顺"指"主惠臣忠"，"主主臣臣"。"主执度，臣循理"。"臣肃敬，不敢敝（蔽）其主，下比顺，不敢敝（蔽）其上。"[①]"六逆"在《经法·亡论》又被概括为"六危"："一曰适（嫡）子父，二曰大臣主，三曰谋臣□其志，四曰听诸侯之所废置，五曰左右比周以（雍）壅塞，六曰父兄党以偾（读为拂，违抗）。"其他还有"八正"、"七法"、"六柄"之类，规定得十分具体明确。这些"术"都是君臣伦常关系的规定和维护这种关系的经验总结，完全不具有韩非讲术的那种阴谋权术的性质。

战国时期，由于奴隶制宗法关系的解体，新的封建君臣、宗法伦理关系正在形成，新旧交替，斗争剧烈，政治秩序是十分混乱的。帛书关于"法"和"术"的思想，是地主阶级为巩固新的政治、伦理关系所做的初步理论总结。

六　黄老刑名(法)是一个思想体系

由上面的分析，可以看出，《老子》、黄老和刑名法术，是一个根据一个基本原则而建立的完整的思想体系。这个体系，不是所谓"道表法里"——是由道家思想和法家思想外在地结合而成的。道表法里的提法把道家思想看成是形式，是外衣，法家思想是实质，是骨髓。道家思想是消极的反动的，而法家思想是进步的。实际上，黄老刑名思想是由老子所提出的重自然反人文主义的基本原则运用于治国而发展出来的。它依据的基本原则就包含在《老子》的思想之中。因此它和《老子》的思想的关系是一种将其内涵的原则在历史上逻辑上加以展开的关系。

帛书思想的核心是阴阳刑德思想。无论它的天道观、它的辩证法、它的刑名法术思想，可以说都是阴阳刑德思想的展开。而刑德思

---

① 《经法·六分》。

想所强调的天德天刑，其基本精神是以人为自然物而反对儒家人文主义的思想。

和《老子》一样，帛书全力研究的是国家的祸福、成败、兴亡、得失。这个研究所达到的结论，其基本点是认为，它们都是按自己固有的规律和内在逻辑而产生而发展和转化的。因此既不能乞求宗法仁恩来解决社会"大争之世"的矛盾，也不能相信人类理性的自觉和善意，能消除这种矛盾。惟一能够依靠的只能是力量和智慧的较量与斗争。

帛书对人性虽然没有像荀子那样提出人性恶的思想，但对人性善是否定的。和《老子》一样，帛书认为人是自然物。"顺逆生死，物自为名"。人和物一样，都是在"天极"、"天当"、"天刑"、"天殃"的制约下生活和发展的。"岐（蚑）行喙息，扇蜚（飞）蠕动，无□□□□□□□□□不失其常者，天之一也。"① 它们的关系是自然物与自然物的关系。对于自然物的动物来说，重要的事是生存、觅食。对于民来说，最重要的也是"食"，是身体的生存和发展。"夫民之生也，规规生食与继。不会（交配）不继，无与守地；不食不人，无与守天。是□□赢阴布德，□□□□民功者，所以食之也。"② 为了得到食，就会有斗争。因此对于民的统治，最重要的是以物质利益为手段的"刑"和"德"，"奖"和"罚"。刑德并用是制服和驱使人们为达到战胜守固和增加生产等目的最重要手段。所以帛书在社会政治思想方面的反人文主义思想倾向，是《老子》的道法自然思想的逻辑结论。和韩非思想进行比较，如果说两种思想有什么区别的话，无非是韩非把人性恶及由此而产生的为着利害、利益的争夺而进行的种种钩心斗角、阴谋权术、损人利己、尔虞我诈、弱肉强食，刻画得更淋漓尽致，刑名法术思想也更加周密刻毒，不近人情罢了。两者的思想体系和基础，则是完全一致的。所以司马迁说申子之学"本黄老而主刑名"，韩非"要归于黄老"。

从思想发展的逻辑来看，从《老子》到韩非，不需要有任何中间的环节。就是说，没有《黄帝四经》，由《老子》思想包含的基本

---

① 《经法·论》。
② 《十六经·观》。

原则，韩非也可以推演发展出自己的刑名法术思想。但是从历史事实来看，这个中间环节是存在的，这就是《黄老帛书》的思想。因此，两者之间，在司马迁看来，有"本"和"要归"的关系。

比较一下《黄帝四经》和韩非的思想，可以看出，这种"本"和"要归"包含两方面的含义。一种含义是，黄、老的基本思想，如《老子》的"天地不仁"、"崇尚自然"和帛书阴阳刑德以及道、气、理的思想，为韩非思想奠定了一般的哲学理论的根据；第二种含义是，韩非的刑名法术思想是对黄老刑名法术思想的直接继承和发展。

就一般哲学理论而言，韩非思想确可以说是《老子》和《黄帝四经》思想的发展，例如阴阳刑德，《黄帝四经》讲天德天刑，韩非的刑德则是人事奖罚的两种具体手段，明显的是对于黄老刑德思想的运用。

就刑名法术思想而言，《黄帝四经》具有前期法家思想的特点，强调法治的重要，但"法"的含义包含极广，主要是指统一的"法度"、"标准"，和《管子·经言》九篇的思想大体一致。到《韩非子》，法的主要含义指国家的成文法，即国家公布而由官吏执行的法令和法律，所谓"法者，宪令著于官府，刑罚必于民心，赏存乎慎法，而罚加乎奸令者也"[1]。"法者，编著之图籍，设之于官府而布之于百姓者也。"[2]

《黄帝四经》产生于战国中、前期，当时法治已经开始代替礼治。社会由分散的氏族贵族统治，向统一的国家集权的郡县制发展。各氏族统治范围内原来通用的千差万别，相互矛盾的规定、法度，包括度量衡单位，货币单位等等，都需要有新的统一的规定。因此，统一"法度"，成为君主应掌握的头等重要的大事。《黄帝四经》一再强调"主执度"，强调"斗石已具，尺寸已陈，则无所逃其神"[3]，"法度者，正之至也"[4]。"是非有分，以法断之，虚静谨听，以法为

---

[1] 《韩非子·定法篇》。
[2] 《韩非子·难三篇》。
[3] 《经法·道法》。
[4] 《十六经·君正》。

符。"① 就是反映这种时代特点的，故执法、行法的主体都是"君"。到战国末年，氏族贵族分散统治所造成的一般"法度"、"标准"、"量度"的不统一，早已解决了，成文法已成为客观现实，甚至习惯。所以韩非强调的是严格地按公布的法律办事。执法的责任在臣，手段则必须依靠君的赏罚。所以《韩非子·定法篇》说："赏在乎慎法，而罚加乎奸令者也，此臣下之所师也。"君主的主要任务在于用"术"来驾驭和监督官吏执行法令，所谓"术者因任而受官，循名而责实，操生杀之柄，课群臣之能者也，此人主之所执也。"显然，这种区别，反映了两个时代的区别，也反映了"本"和"所本"的关系。

七 帛书产生的年代

帛书产生的年代，学术界看法不一，两种有代表性的看法是：唐兰认为是在战国中期前（约公元前401年），钟肇鹏认为是在韩非以后，战国末年，秦汉之际。② 本著认为唐兰的说法是比较有根据的，晚出说的几个理由难于成立。③

晚出说提出帛书主张结束分裂，"兼有天下"，是战国末年的思想。一些名词如"名理"、"道法"、"黔首"也出现在战国末年，等等。其实孟子就已提出了统一的问题，他说："惟不嗜杀人者能一之。"④ 春秋末年的《孙子·行军》篇，把黄帝描写成"胜四帝，大有天下"的首领。山东临沂出土汉简《孙子》佚文里，有《黄帝伐赤帝》，说："黄帝已胜四帝，大有天下。""天下四面皆规之。"《十六经》中"黄帝兼有天下"的描述，正和《孙子》相类，可见并非战国末年才能产生的思想。

从帛书关于战争的思想看，与其说它反映了战国末年的特点，不

---

① 《经法·名理》。
② 唐兰：《马王堆出土〈老子〉乙本卷前古佚书的研究》，载《考古学报》1975年第1期。钟肇鹏：《论黄老之学》，载《世界宗教研究》1981年第2期。
③ 帛书篇数很多，并不形成于一个时期。这是指它的基本观念、基本思想体系的形成时间。
④ 《孟子·梁惠王上》。

如说是反映了战国中前期战争的情况更为合适。帛书强调"义"战:"起贤废不肖","封贤者","养生伐死","破强兴弱","所伐当罪","禁诸当罪,而不私其利。"这些是春秋战国初期争霸思想的反映。孟子说春秋无义战,正是因为春秋争霸的战争都是以义战相标榜的。到战国末年韩非论战争时,就完全没有这类提法,而大讲合纵连横了。荀子则主张兼并,说:"得之则凝,兼并无强,"主张"重法爱民而霸。"

《吕氏春秋·观世篇》说,周封国"四百余,服国八百余"。周初作为国家存在的一千二百余国,到了春秋初期,剩下一百二十余国。到春秋中后期,五霸兼并更剧烈了。齐桓公(公元前685—643年在位)"并国三十,启地三千里"[①],楚庄王(公元前613—前590年在位)"并国二十六,开地三千里"[②],到战国初年,剩下楚、越、赵、齐、秦、燕、魏、韩八个大国和宋、鲁等几个小国。接着形成了七雄并立的局面。因此以"兼并"著称的历史时期,正是春秋五霸及战国初期。这时期政治家和思想家议论的主题,是王霸之术,或兼并之术。表现在战争上是攻取守固之术。帛书反复研究与阐明的战略思想,正是这种攻战守固的兼并战争与反兼并战争的经验总结。

关于"道法",首先要指出,这不是一个名词。《荀子·致士篇》说:"无道法则人不至……故士之与人也,道之与法也者,国家之本也。君子也者,道法之总要也。"这里《荀子》是把"道法"看作"道之与法"两个概念的。《荀子·正名》说:"民莫敢托为奇辞以乱正名,故一于道法而谨于循令矣。"一于"道法"就是一切言行、政策,都以道与法两者为准绳。《韩非子·饰邪》说:"道法万全,智能多有。"以道法与智能对举。智能是智与能,道法也是道与法。"祸福生乎道法,而不出乎爱恶",以道法与爱恶对举也可作如是解。故梁启雄《韩子浅解》解释说,人们的祸或福,是依据道和法生成的,不是从君主个人的爱或憎出发的。并非道与法之外,有一泛指"自然界和人类社会总原理和总规律"[③]的"道法"概念。帛书《经

---

① 《韩非子·有度》。
② 同上。
③ 见钟肇鹏:《论黄老之学》,载《世界宗教研究》1981年第2期。

法》开首以《道法》名篇,是指道和法两者,即论述法与道的关系。《庄子·天下篇》说,老子"建立以常无有,主之以太一","常无有"也是常无、有或常有与常无,并非一个概念。《经法·道法》第一句话为"道生法",然后说"故执道者,生法而弗敢犯也"。把道看作法的根据与标准,显然是把道与法分开而不是作为一个概念的。

"名理"的情况和"道法"一样。先秦文献中,没有"名理"作为一个概念使用的例证。称逻辑为"名理之学",是后人的说法。《墨子·小取》提出"察名实之理",大概是称逻辑为名理学的由来。但《墨经》并无"名理"一词。《经法·名理》篇中,名与理亦是两个概念,故说:"循名究理,宙察名、理、终、始。"名、理、终、始指四件事。且道法联用在《管子·法法》中已有,《法法》篇说:"明王在上,道、法行于国。"《法法》篇并不能确定是战国末年作品。至于"黔首",这个名词正式采用是在秦始皇时,但它的出现较早。《礼记·祭义》说:"因物之精,制为之极,明命鬼神,以为黔首,则百众以畏,万民以服。"《礼记》,国内不少学者认为是战国时期的作品。"黔首"又见于《战国策·魏策》,出于魏国惠公之口,其时间至迟在公元前334年①,即战国中期偏前。在此之前,"黔首"必早被使用和流传。

本书认为,确定黄、老思想出现的时间,只能以司马迁的意见为线索和支点。司马迁说:"申子之学本于黄老","韩非主刑名而本黄老。"没有切实的资料,就不能颠倒这个次序。上节已经说明,从帛书来看,确可以说是申韩思想之所本。把两者的时间先后关系颠倒过来,是不大符合认识发展的逻辑的。

《尉缭子》说:"黄帝刑德,可以百胜,有之乎?刑以战之,德以守之,非所谓天官时日阴阳向背也。"② 这是对黄帝思想的概括,应当是以前此出现的"黄帝之言"为根据的。而这与帛书思想正好相符。阴阳家、占星术讲时日阴阳向背,《孙子兵法》中亦有此类思

---

① 《战国策·魏策》二记载,公元前334年,魏惠王死,葬时,天下雨雪,惠公谏魏太子,改日送葬,说:"先王必欲少留而扶社稷,安黔首也,故使雪甚。"魏惠王死于何年,说法不一,本书采范文澜《中国通史简编》说。

② 《天官》。

想。《尉缭子》明确地加以批判而肯定黄帝的刑德思想。如果它没有见到一种阐发刑德思想的"黄帝书",《尉缭子》是不可能这样概括的。《尉缭子》约当《孟子》时,可以推想帛书在《孟子》前已存在并有广泛影响了。

帛书使用了许多很具特点的名词、用语,其中不少在战国末年已不大使用了,如"天极"、"天当"、"天刑"、"天德"、"阳节"、"阴节"、"逆节"、"雌节"、"雄节"、"柔节"等等。这些词汇惟在帛书、《管子》、《越语》中多见。有如构建房子之砖瓦木石,不同时期都有自己的特点一样,由这些用语推断这些著作的成书,当相距不远。下面将《国语》和帛书相类的词句加以比较(见下页表)。两者的时代和语言气氛不是很相近吗?

帛书中有黄帝战胜蚩尤,"醢之"的故事。《十六经·五政》说:"黄帝于是出其锵钺,奋其戎兵,身提鼓鞄(枹),以遇之(蚩)尤,因而禽(擒)之。""反义逆时,其刑视之(蚩)尤。"《十六经·正乱》说:"黄帝身禺(遇)之(蚩)尤,因而(擒)之。剥其□革以为干侯(箭靶),使人射之,多中者赏;剸其发而建之天,名之曰之(蚩)尤之罾(旌)。充其胃以为鞠(鞠),使人执之,多中者赏。腐其骨肉,投之苦醢(醢)。"这当是在战国初期流行的故事。秦汉之际,蚩尤是崇拜祭祀的对象。刘邦起兵时,"祠蚩尤"①,得天下以后,又"令祠官立蚩尤之祠于长安。"蚩尤由被"醢之"的失败者变为祭祠对象,这种变化不经历一段相当长的时间是不可能的。

《逸周书·尝麦》说:"昔天之初,诞作二后,乃设建典,命赤帝分正二卿,命蚩尤守于少昊,以临四方。……蚩尤乃逐帝,争于涿鹿之阿,九隅无遗,赤帝大慑,乃说黄帝执蚩尤,杀之中冀。"《左传》僖公二十五年,晋卜偃占卜,"遇黄帝战于阪泉之北。"《路史后记》卷四《蚩尤传》说:"阪泉氏蚩尤,姜姓,炎帝之裔也。"故在大戴《礼·用兵》篇中,蚩尤是被谴责的对象,当哀公问:"蚩尤作兵欤?"孔子回答说:"否。蚩尤庶人之贪者也,及利无义,不顾厥亲,以丧厥身。蚩尤惛欲而无厌者也,何器之能作?"帛书中的蚩尤形象与《逸周书》、《左传》、《大戴礼》时代当相去不远。到《管子》

---

① 《史记·高祖本纪》:"季为沛公。祠黄帝,祭蚩尤于沛庭,而衅鼓旗,帜皆赤。"

《国语·越语》	帛 书
后无阴蔽，先无阳察，用人无艺，往从其所。	毋阳窃，毋阴窃，毋土敝，毋故执，毋党别。（《经法·国次》）
出则禽荒……王且其驰骋戈猎，无至禽荒。	知王（术）者，驱骋驰猎而禽芒（荒）……（不）知王述（术）者驱骋驰猎则禽芒（荒）。（《经法·六分》）
德虐之行，因以为常。	德疟（虐）无形，静作无时。（《十六经·观》）静作相养，德疟（虐）相成。（《十六经·果童》）
上帝不考，时反是守。	圣人不巧，时反是守。（《十六经·观》）
无时不作，反为之客。	天道环（还）于人，反（返）为之客。（《十六经·姓争》）
人自生之，天地刑之，圣人因而成之。	天地刑（形）之，圣人因而成之。（《十六经·兵容》）
逆节萌生。	逆节梦（萌）生，其谁肯当之。（《十六经·行守》）
用力甚少而名声章明。	用力甚少，名声章明，顺之至也。（《十六经·顺道》）
得时不成，天有环形。	天有环（还）刑（形），反受其央（殃）。（《称》）
毋过天极，究数而止。	毋失天极，厩（究）数而止。（《称》）
嬴绌变化，后将悔亡。	嬴绌变化，反将反袍。（《称》）

中蚩尤的形象就变化了。《管子·五行》篇说："昔者黄帝得蚩尤而明于天道。……黄帝得六相而天下治。"蚩尤成为辅助黄帝治理天下的贤相之一了。《吕氏春秋·荡兵》篇说："蚩尤非作兵也，利其械矣。"这种变化经历了相当长时间。因此，认为帛书产生于秦汉之

际，是不合情理的。①

《史记·乐毅列传》说："乐臣公学黄帝、老子，其本师曰河上丈人，不知其所出。河上丈人教安期生，安期生教毛翕公，毛翕公教乐瑕公，乐瑕公教乐臣公。"乐臣公在"赵且为秦所灭时，亡之齐高密"。"乐臣公善修黄帝、老子之言，显闻于齐，称贤师。"按这个传授系列，秦于公元前222年灭赵，乐臣公亡之齐高密，可定为公元前224年，其学黄帝、老子之言，上推二十年，为公元前244年。由河上丈人——安期生——毛翕公——乐瑕公——乐臣公共五代，唐兰按父子相传每代三十年计算，推算帛书四篇写成的时代在公元前四世纪初，公元前400年前后，钟肇鹏不同意这个推算，认为师徒传授和父子世续不一样。说河上丈人和盖公都是战国末到秦汉之际的人，师徒五传，不过三四十年。其实皇甫谧《高士传》所讲的河上丈人及安期生都是得道成仙者②，其在秦汉之际出现，其上限往往不能据常人而定。参照《易》传授的情况，孔子——商瞿——子庸——子弓——子家——子乘——子装（秦时）③，共七代。如果孔子传《易》在其60岁左右，为公元前490年，至秦亡前220年，共经历270年，每代约40年。参照这个标准，河上丈人应不迟于公元前425年。其实著作和传授的时间也是不能混为一谈的。著作完成的时间可以大大早于已知的传授时间，如果这点能够成立，则更不能以河上公而定帛书的时间了。

---

① 《十六经·立命》有黄帝"作自为象，方四面，傅一心"的故事。吴光《黄老之学通论》（浙江人民出版社，1985年版）认为原出《尸子》，因而帛书晚出。其实，《尸子》一书在《汉书·艺文志》被列为杂家，系后人"依托补撰"（梁启超语），采集先秦各家著作或佚说而成。关于黄帝的这则故事，很可能来自帛书。所以与帛书不同，它被附会成子贡与孔子的对话。在子贡提出"古者黄帝四面，信乎"之后，用孔子的话做了一番解释，认为"四面"是指"黄帝合己者四人，使治四方，不计而耦，不约而成，此之谓四面"。两相比较，《十六经》的说法显然更为古朴、原始。其中，黄帝的形象还是一种神话。

② 《史记·孝武本纪》载，方士李少君向汉武帝说，"臣尝游海上，见安期生，食臣枣，大如瓜。安期生僊（仙）者，通蓬莱中，合则见人，不合则隐。"于是汉武帝遣方士入海求蓬莱安期生之属。

③ 《史记·儒林列传》。

第二章

汉初黄老思想的政治实质及其在学术领域的影响

汉初黄老思想的政治实质及其在学术思想领域的影响十分复杂。学术界对此有不少争论和分歧。

本著认为汉初黄老思想的政治实质是法家思想。在学术思想领域，它的影响集中表现为对陆贾、贾谊、韩婴、董仲舒思想的影响，在司马谈《论六家要旨》中，它的声誉达到了顶峰。

一 汉初黄老思想的政治实质

汉初采用黄老思想，许多论著指出，第一是秦代单纯采用法家思想，"繁刑严诛，吏治刻深，赏罚不当，赋敛无度"①，极度地激化了统治集团与人民的矛盾，导致秦代速亡。法家赤裸裸地提倡诈谋权术，也不利于协调和缓和统治集团内部的矛盾。第二是经历秦末连续八九年的战争之后，人口锐减，"大城名都散亡，户口可得而数者十二三"②。经济遭受极度破坏。"民无盖藏，自天子不能具纯驷，将相或乘牛车"③，需要一个休养生息的时期。黄老清静无为的思想适应了这种需要。这些意见无疑有正确的一面。但是，这种分析只注意了黄老清静无为的一面，而没有注意从战国以来，黄老思想在政治方面

---

① 贾谊：《过秦论》。
② 《史记·高祖功臣侯者年表序》。
③ 《汉书·食货志》。

的积极、有为、进取的本质；注意了黄老思想的宽容、兼收并蓄的一面，而没有注意它严酷的另一面。①

汉初黄老思想，主张清静无为，对秦代的严刑酷诛来说，似乎确是一百八十度的大转变。但是，它的实质仍然是严酷而毫不放松控制与镇压的"法治"。它纠正与改变的是秦代对法治的滥用，而其法治的精神与立场，则是没有改变的。黄老思想，正如帛书所表明的，本身就是一种法家思想。它对政治、人生、社会、社会秩序，不诉诸道德说教和宗法情谊；不乞求理性的自觉，而完全求助于漠然无情的暴力和物质手段的奖罚，认为惟有法律、法令、吏治、强力，才是巩固统治，建立社会秩序的可靠手段。汉初统治者在清静无为的宽容面貌下，所严守不失的，正是黄老或法家思想的这个基本精神与立场。因此，"汉承秦制"，不只是指具体的政治经济制度、社会结构、施政大纲，也包括秦代奉行的法家指导思想。

《唐律疏义》说："周衰刑重，战国异制，魏文侯师于李悝（一作李克），集诸国刑典，造《法经》六篇：一盗法，二贼法，三囚法，四捕法，五杂法，六具法。商鞅传授，改法为律"。秦法一开始就是十分严酷的，而萧何的"九章"完全保持了这个传统。

《汉书·刑法志》说："汉兴，高祖初入关，约法三章。……其后四夷未附，兵革未息，三章之法不足以御奸。于是萧何攈摭秦法，取其宜于时者，作律九章。"在萧何"九章"中，"大辟尚有夷三族之令……先黥、劓、斩左右趾，笞杀之，枭其首，菹其骨肉于市。其诽谤詈骂者，又先断舌"。其后，文帝尚宽大，除肉刑，但是"外有轻刑之名，内实杀人"。到武帝时，"奸猾巧法，转相比况，禁网寖密，律令凡三百五十九章，大辟四百九条，千八百八十二事"②，法治更是空前残酷了。

汉代统治集团，从汉高祖刘邦，经历文、景、武帝、昭帝，直至宣帝，一百多年内，无论皇帝还是执掌实权的大臣，一直是崇尚法治

---

① 对于汉初黄老思想而言，这两方面都是重要的，缺少一方面，就不是汉初的黄老思想，但更重要的无疑是要注意它的法治精神的一面。

② 《汉书·刑法志》。

的。曹参信黄老，代萧何为相，"举事无所变更，一遵萧何约束"。但曹参所遵奉的，正是萧何法律《九章》的法治。刘邦本不好儒。吕后刚决，用刑残酷，完全是法家风骨。"佐高祖定天下，所诛杀大臣多吕后力。"① 刘邦死后，她在铲除内部异己势力时，手段之刻毒，和秦代统治集团之刻薄寡恩，毫无二致。文、景好黄老刑名，不任儒者。所以在诏书中，反复申言："法者，治之正也，所以禁暴而率善人也。""法正则民悫，罪当则民正。""夫吏者，民之师也。""法令度量，所以禁暴止邪也"② 等等，可谓李斯"无书简之文，以吏为师"的翻版。武帝标榜"独尊儒术"，实际是拿儒作法治的装饰，法治比文、景时更为严酷。

黄老思想作为法治思想，其特点可归结为刑德并用。这种刑德结合，两手并用的思想，指导了汉代从刘邦到文、景的全部政治实践。

陈平比较刘邦和项羽说："项王为人，恭敬爱人，士之廉节如礼者多归之。至于行功爵邑，重之，士亦不附。今大王慢而少礼，士廉节者不来，然大王能饶人以爵邑，士之顽钝嗜利无耻者，亦多归汉。"③ 所谓"能饶人以爵邑"，就是用"物质利益"——"德"来团结和调动军事将领的积极性。刘邦到关中，顺应民心，除秦苛法。战争胜利后，一方面对谋反者毫不留情地镇压，同时与功臣"剖符铁书，世世不绝"。刘邦所实行的正是刑德结合的方针。文帝继续了这一方针。《史记·孝文本纪》说："初即位，施德惠天下。""务省繇费以便民。""除诽谤妖言之罪。""赏赐长老，收恤孤独，除田之租税。与匈奴和亲……不发兵深入，恶烦苦百姓。"景帝即位，收民田半租，下诏，"禁官吏不奉法令，以货赂为市，朋党比周，以苛为察，以刻为明"。"减笞法，定箠令"，"欲令治狱者务先宽"。后元二年，又下诏，"不受献，减太官，省繇赋，欲天下务农蚕，素有蓄积，以备灾害"④，如此等等。这些和前面讲到的严酷法治相结合，都是黄老刑德并用思想的体现。儒家的仁恩礼教，项羽式的"恭敬

---

① 《史记·吕太后本纪》。
② 《汉书·景帝纪》。
③ 《史记·陈丞相世家》。
④ 《汉书·景帝纪》。

爱人"、"廉节好礼",实际上被排挤了。

汉初黄老思想的清静无为,是一种退却,但却是积极的退却,是在退却条件下的进取。休养生息,休养是一方面,生息是更主要的方面。在经济上,它包含着多种具体方针和政策,实质则是,开放一切致富门路,放手让民间经营盐铁等各种生产事业,而政府不加限制和干涉。《史记·货殖列传》说:"汉兴,海内一统,关梁开放,山泽弛禁",盐铁私营,富商大贾周流天下。结果促进了工商业和农业生产的迅速恢复和巨大发展。

《史记·平准书》说:

> 卜式……以田畜为事。亲死,式有少弟壮,式脱身出分,独取畜羊百余,田宅财物尽与弟。式入山牧,十余岁,羊致千余头,买田宅……
> 始皇之末,班壹避地于楼烦,致马牛羊数千群。值汉初定,与民无禁。当孝惠高后时,以财雄也。出入弋猎,旌旗鼓吹。

《史记·货殖列传》记载:

> 塞之斥也,唯桥姚已至马千匹,牛倍之,羊万头,粟以万钟计。

这是畜牧业方面的情况。盐铁和农业、商业方面:

> 水居千石鱼陂,山居千章之材。安邑千树枣;燕秦千树栗;蜀、汉、江陵千树桔;淮北常山以南,河济之间千树萩;陈、夏千亩漆;齐鲁千亩桑麻;渭川千亩竹;及名国万家之城,带郭千亩亩钟之田,若千亩卮茜,千畦姜韭;此其人皆与千户侯等。
> 通邑大都,酤一岁千酿,醯酱千瓨……贩谷粜千钟……子贷金钱千贯。……此亦比千乘之家。

总之,"若至力农畜,工虞、商贾,为权利以成富,大者倾郡,中者倾县,下者倾乡里者,不可胜数"。所以汉初的"清静无为",

在经济上其积极有为和进取的本质是十分清楚的。

政治上，汉初的"清静无为"，像曹参那样日饮醇酒，一切不管，只是形式，实质上是"责大指"，权力分散下放，依靠地方、家族、乡社、豪强的力量，并实行"什伍连坐"等，以对人民实行控制。

《管子·立政》篇说："分国以为五乡，乡有乡帅。分乡以为五州，州有州长。分州以为十里，里有里尉。分里以为十游，游有游宗。一家为什，伍家为伍，什伍皆有长。"《周礼·族师》篇说："五家为比，十家为联；五人为伍，十人为联；四闾为族，八闾为联。使之相保相受，刑罚庆赏相及相共，以受邦职，以役国事，以相埋葬。若作民而师田行役，则合其卒伍，简其兵器，以鼓铎旗物师而至，掌其治令，戒禁刑罚。"《周礼》和《管子》讲的虽是先秦情况，但乡、里、什伍的编制，汉代是实行了的。居民以里为单位聚居一起，设立里门，里门的钥匙由里尉保管，按时开关，由看门小吏监视居民出入，随时报告异常，进行赏罚。① 这种什伍制，在纠察犯罪方面，就是相互告讦、连坐。《韩诗外传》说："古者八家而井田……八家相保，出入更守，疾病相忧，患难相救，有无相贷，饮食相招，嫁娶相谋，渔猎分得，仁恩施行，是以民和亲而相好。……今或不然，令民相伍，有罪相伺，有刑相举，使构造怨仇，而民相残……"②《盐铁论·周秦》篇也说："今以子诛父，以弟诛兄，亲戚相坐，什伍相连，苦引根本之及华叶，伤小指之累四体也……自首匿相坐之法立，骨肉之恩废，而刑罪多矣。"③ 这种残酷的法治，就是所谓政治上

---

① 《汉书·食货志》说："在野曰庐，在邑曰里。五家为邻，五邻为里，四里为族，五族为党，五党为州，五州为乡。……春令民毕出在野，冬则毕入于邑。……春，（将）出民，里胥平旦坐于右塾，邻长坐于左塾，毕出然后归，夕亦为之。……冬，民既入，归人同巷，相从夜绩"。班固讲的是古代的情况。随着井田制的破坏，社会情况当有许多变化，但居住条件及行政组织是不易变化的。故秦及汉的行政系统，在基层仍是邻、里、乡、邑。《后汉书·百官志》说："什主什家，伍主五家，以相检察，民有善事恶事，以告监官。"可见汉代仍沿袭着古制。

② 《韩诗外传》，卷四，第十三章。

③ 《史记·孝文本纪》说，孝文帝除连坐法："今犯法已令，而使无罪之父母妻子同产坐之，及如收帑（株连被捕），朕甚不取。"这是指株连三族（为时不久即恢复），但什伍不告奸则连坐，分别轻重论处，是没有废除的。为了加强镇压控制，汉武帝还加强了这方面的立法。

"清静无为"的宽大的实质。

什伍连坐制,如《管子》所指出的,还是一种严防逃犯流亡的户口制度。《管子·禁藏》说:"夫善牧民者,非以城郭也,辅之以什,司之以伍。伍无非其人,人无非其里(注,谓无寄客),里无非其家(注,不离居他人家),故奔亡者无所匿,迁徙者无所容,不求而约,不召而来,故民无流亡之意,吏无备追之忧。"从先秦到汉代,由于封建统治征派赋税、军役、劳务的需要,《管子》所说的这种户口制度一直十分严格。① 《云梦睡虎地秦墓竹简》中有《封诊式》,记述了各类案例。在有关刑事案如盗牛、盗马、盗钱、盗衣物、逃避徭役等案例中,原告和被告所属乡、里的记载十分完备,(年龄往往被忽略)无一例外。② 例如,其中有一个案例是关于"逃亡"者自首的。他逃亡时"簿记"都有记载。《为吏之道》篇,附抄有两条魏国的法律,颁布于魏安釐王二十五年(公元前252年),内容是严格限制"假门逆旅,赘婿后父",精神和秦法一致。其中一条"魏户律",禁止给商贾客店,"赘婿后父"颁发户籍,受予田土。汉承秦法,对逃亡者更严加治罪。王充说:"汉正首匿之罪,制亡从之法,恶其随非而与恶人为群党也。"③ 在这种严密控制下,任何逃犯要潜伏下来,是极其困难的,"吏无追捕之忧"自然可以清静无为了。

矛盾下放的另一种形式,是利用各地的乡俗、豪强以进行统治。《睡虎地秦墓竹简》中,有一篇秦王政二十年(公元前227年)南郡

---

① 《睡虎地秦墓竹简·秦律杂抄》规定:"匿敖童及占癃(癃)不审,典老赎耐。百姓不当老,至老时不用请,敢为酢(诈)伪者,赀二甲;典老弗告,赀各一甲;伍人,户一盾,皆迁之。"就是说,虚报年龄,逃避赋役,典老不报告的,都要受到处分,同伍的人,每户罚一盾,并予以流迁。处分是很严重的。萧何作《九章》律,其中有户律,当包括类似的内容。

② 汉代户口制度的严密完备,从《居延汉简》可以推见,被载入简中的人,不论职务、身份,都有郡、县和里的记载,如"出吏、擒得,高平里,公乘范吉,年卅七"。"田卒,淮阳郡,长平,业阳里,公士邕尊,年廿七"。"田卒,淮阳郡,长平,北朝里,公士李宜"等等。《博物志》记载司马迁为"太史令,茂陵,显礼里,大夫司马迁"。王国维在《太史公行年考》中说:"此条当本先汉记录,非魏晋人语"。所谓先汉记录,是王国维根据见到的《敦煌汉简》所做的推论。《敦煌汉简》所载人名,也有里、身份、职务,和《居延汉简》完全一样,可见汉代的户籍登记是普遍而严密的。

③ 《论衡·谴告》。

郡守腾的文告,叫《语书》,提到当地(南郡,在原楚国)的乡俗与法令的矛盾,说:"令法律令已具矣,而吏民莫用,乡俗淫夫(佚)之民不止。"这种由乡俗维持统治的情况,① 在整个汉代亦可能是相当普遍的。它的实质是听任豪强武断乡曲,鱼肉细民,作威作福。《史记·平准书》所谓"网疏而民富,役财骄溢,或至兼并豪强之徒,以武断于乡曲,"就透露了这种消息。《史记·酷吏列传》云:"济南瞷氏宗人三百余家,豪猾,二千石莫能制",也是豪强横行的典型事例。而作为它的反面和产物,则是人民依靠宗族、部落、义侠之士代打不平,因而民间宗族和借客报仇之风盛行②,从而加剧了汉代法治和习俗的严酷。《史记·货殖列传》说:"其在闾巷少年,攻剽椎埋,劫人作奸,掘冢铸币,任侠并兼,借交报仇,篡逐幽隐,不避法禁,走死地如鹜者,其实皆为财用耳。"反映了汉初乡俗的真实情况。

历史的经验表明,法家思想仍然是这段时期适合社会需要的政治指导思想。儒家式的崇尚仁恩,宗法情谊,妇人心肠,不仅不适合于战争时期的形势,也不适合战后建立社会秩序,奠定统治基础,削平反抗的尖锐复杂的政治、军事斗争的需要。因此汉代统治者采用外具宽容、清静而内行严厉法治的黄老思想作为指导思想,是很自然的。

宣帝总结这段历史说:"汉家自有法度,杂王霸而用之,奈何欲

---

① 日本学者西川靖二指出,"罕用刑罚、'垂拱'、'政不出房户'治理天下的并存情况,只有把利用乡俗作为前提才是可能的"。"汉初的统治者,就是摸索着通过废弃苛法、利用乡俗,来使从法与乡俗的矛盾中产生的社会混乱,得以暂时地避免。""由于把重视乡俗作为解决手段,由于把法和乡俗一视同仁,在理论上保持了乡俗独立性和法治一贯性的并存。"(《汉初黄老思想的一个侧面》,载《哲学译丛》1982年第5期,葛荣晋、李甦平译)。这是很有见地的。

② 利用怨仇相报进行治理的典型例子是宣帝时颍川太守赵广汉。《汉书·赵广汉传》载:"郡大姓原、褚,宗族横恣,宾客犯为盗贼,前二千石莫能禽制。"广汉患之,设计相互离间。"其后强宗大族家家结为仇雠,奸党散落,风俗大改。吏民相告讦广汉得以为耳目,盗贼以故不发,发又辄得。一切治理,威名流闻"。宗族或借客复仇在汉代是一种风气。《后汉书·桓谭列传》说:"子孙相报,后忿深前,至于灭户殄业。""怨仇相残"被鲍宣列为民人"七死"之一(《汉书·鲍宣传》)。《汉书·朱云传》说,朱云"少时通轻侠,借客报仇"。《后汉书·酷吏列传》说阳球"郡吏有辱其母者,球请少年数十人,杀吏,灭其家,由是知名"。西汉末年吕母为子报仇,散家财,以酤酒买兵弩,阴厚贫穷少年,得百余人,遂攻海曲县,杀其宰以祭子墓(《汉书·王莽传》)等等,可见一斑。

纯用周政，任儒生乎？"① 这对汉初黄老思想的政治实质，也是极好的总结。

二 汉初黄老思想对陆贾、贾谊的影响

经验表明，在政策新旧交替转变的历史时期，人们首先能够清算的是前一时期在实践上已经破产了的政策的弊端；由清算、纠正这种弊端到全面的转变政策，再到清算形成这种政策的指导思想，需要经历很长的时间。

汉初，思想家如陆贾、贾谊等人，比从事实际政治的人更富有远见。历史经验的总结，使他们一开始就提出了从根本上转变指导思想的问题，要求以儒家的仁义德教代替片面尚法的思想和实践。但是，时代的影响，使黄老和法家在他们思想中亦留下了深刻烙印。

第一，陆贾的黄老思想。

陆贾是汉初受黄老思想影响的著名思想家。他的《新语》，基调是儒家的仁义德治思想，但渗入了不少黄老思想的影响。

《道基》篇说："君子握道而治，依德而行；虚无寂寞，通动无量"。《无为》篇说："夫道莫大于无为，行莫大于敬谨"。陆贾以道为基本范畴，认为道的特点是"虚无寂寞"、"无为"。这显然是《管子》、帛书之类的黄老观点。

《慎微》篇说："绵绵漠漠，以道制之，察之无形，遁之恢恢，不见其行，不睹其仁，湛然未悟，久之事殊。"所谓"无形"、"不见"、"不睹"、"湛然未悟"，这些形容道的"虚无寂寞"的词汇，也都是黄老常用的。

政治上，陆贾提出了"清静无为"的主张和至德之世的理想。他说："君子之为治也，块然若无事，寂然若无声，官府若无吏，亭落若无民，闾里不讼于巷，老幼不愁于庭。……老者息于堂，丁壮者耕耘于田。"② 庄子提出"至德之世"，本意是要求抛弃社会的伦理、政治、文化，返回到自然状态。陆贾接过这个思想，把它加以改造，

---

① 《汉书·宣帝纪》。
② 《至德》第八。

要求在现行的社会制度下，政治上清静无为，与民休息，使老百姓能各务本业，戮力农耕，安居乐业。这正是汉初黄老清静无为之治想达到的目标。

第二，贾谊的黄老思想。

贾谊的黄老思想，集中表现在《道德说》、《道术》、《六术》三篇著作中。这三篇著作表现了贾谊早期哲学思想的特点，也表现出贾谊思想中儒、道结合，由道家思想向儒家思想转化的特点。

《道德说》说："物所道始谓之道，所得以生谓之德。德之有也，以道为本，故曰'道者，德之本也'。德生物又养物，则物安利矣。"认为道是万物的始原。物得于道而具有自己的形体，生命，这就是德。因此，德不能离道而存在。物具有自己的德，"受德以生"，由此发展、壮大，则"安利矣"。

"道"的特点是："道者，无形，平和而神"。"德"的特点是"离无而之有，故德则居然浊而始形矣，故六理发焉"。就是说，道的本然的状态是无形。它平和而神，是没有分化和内部矛盾的，发展到德，则"居然浊则始形矣"。它凝结而有了形体，具有了六个方面的属性。

贾谊的道指气，所以它形容道和德的特点所使用的词汇是"无形"、"平和"、"神"、"浊"、"形"。它又说："道冰而为德。"（乔本"冰"下有"凝"字。卢文弨说："'冰'古'凝'字，旧本下有一'疑'字，当是旧校者不识'冰'之即'凝'，故注一'疑'字作标记耳"。）"疑"即凝，古通用，意思是说德是道凝聚而成的。《道德说》说："性者，道德造物。物有形，而道德之神专而为一气，明其润益厚矣。浊而胶相连，在物之中，为物莫生，气皆集焉，故谓之性。性，神气之所会也。性立，则神气晓晓然发而通行于外矣，与外物之感相应。""专"当为搏。《管子·内业》："搏气为神"，搏也是凝聚之意。气凝聚，"浊而胶相连"，成为有形的物，但气的本性仍然是神而明的。气凝聚为物，物有形，同时有神，由于神的作用，物能与外物相感，在同类相聚、相感中表现出所特具的性质。这性是神和气所决定的。故说"性，神、气之所会也。性立，则神气晓晓然发而通于外矣，与外物之感相应"。

《道德说》又说："道德施物，精微而为目。是故物之始形也，分先而为目，目成也形乃从。是以人及有因之在气，莫精于目。目清而润泽若濡，无毳秽杂焉，故能见也。由此观之，目足以明道德之润泽矣。"就是说人或物的精髓是目。目先成而形乃从之。目是精微之气造成的。造成目的气没有杂质，十分清明，故能见物。由目之能见，可以看出道德所具有的润泽的特点。

道是变化的，无所不为，"物理及诸变之起，皆神之所化也"。"故曰：'康若泺流谓之神。''神生变，通之以化'"。神又是"道"具有的变化的本性。由于道的这种特点，物和物理也是变化而不是固定僵死的。然而物或物类是有稳定性的。《道德说》称这种稳定性为"命"。所谓"岩坚谓之命"。"命者，物皆得道德之施以生，则泽、润、性、气、神、明及形体之位分、数度，各有极量指奏矣。此皆所受其道德，非以嗜欲取舍然也。其受此具也，宕然有定矣，不可得辞也，故曰命"。"命"就是物在产生时就禀有的一定的形体和本性。它不随物的主观嗜好取舍而变化，因此是一种"类本质"。这种"本质"，贾谊认为是"道德"赋予、与生俱来的，故称为"命"。命不是神秘的，而是决定物之为此物而不是他物的一种自然本性。由无形的道到有形而浊的德，分化为万物；万物具有性、神、明和固定的"类本质"——"命"，这就是从道到物的生化构成过程。《道德说》说："德有六理。何谓六理？曰：道、德、性、神、明、命，此六者德之理也。"所谓"六理"，就是上面讲的六个阶段及每个阶段的状态和特性。

《道德说》的兴趣和着眼点是"天人之际"，即自然的道是如何变化为物和人的过程。它虽然讲"德之生阴阳天地与万物也"，但它没有侧重在宇宙构成的过程，这是它和《管子》的《内业》、《心术上》、《心术下》相类似而和以后《淮南子》有所不同的地方。

《道德说》从道德直接引申出了社会的道德范畴。它说："德有六美。何谓六美？有道、有仁、有义、有忠、有信、有密，此六者德之美也。"《道德说》所说的德的"仁"，是指德生物又养物，使物得以安利的作用。"义"是指德生物养物使物具有条理的特性，所谓"义者理也"，"变及诸生之理，皆道之化也，各有条理以载于德"。"忠"是形容德的生物和养物的忠实不二。"信"则是指德对物的这种生养安利关系的持久不变。道、仁、义、忠、信，本来是社会的道德范畴，贾谊却用以形容属于自然的德的属性，这混淆了自然和社会，天和人的界线，表现出道家思想向儒家转化或儒道融合的特点。

《道德说》最后说："六理，六美，德之所以生阴阳、天地、人与万物也，因为所生者法也。故曰：道此之谓道，德此之谓德，行此之谓行。所谓行此者，德也。是故著此竹帛谓之《书》，《书》者，此之著者也；《诗》者，此之志者也；《易》者，此之占者也；《春秋》者，此之纪者也；《礼》者，此之体者也；《乐》者，此之乐者也；祭祀鬼神，为此福者也，博学辨议，为此辞者也"。认为"六理"，"六美"是道德产生阴阳、天地、万物与人的过程和特性，儒家的《诗》、《书》、《易》、《礼》、《春秋》、《乐》，是说明这个过程和特性的。"博学明辨"是为了弄清这个过程及其特性，"祭祀鬼神"是为了在这个过程中能得到福祐。这就把儒家的全部学说、礼仪、宗教、人伦活动都和道德联系起来了。

《书》、《诗》、《易》、《春秋》、《礼》、《乐》是儒家的基本经典，贾谊看出了它们的统一性，认为它们都是从不同方面对"德"所做的阐释。《书》是"著德之理于竹帛而陈之令人观焉，以著所从事"；《诗》是"志德之理而明其指，令人缘之以自成也"。《易》是"察人之循德之理与否而占其吉凶"，《春秋》是"守往事之合德之理与不合而纪其成败，以为来事师法"，《礼》是"体德理而为之节文，成人事"。《乐》是表达由于五者合于道德而引起的欢乐喜悦之情。这种解释，使儒家的这些经书有了一个统一的世界观和客观的基础，同时强调了它们的理性的伦理道德和教育价值。

按《老子》的看法，儒家的《诗》、《书》、《礼》及仁义说教，是与道的本性完全矛盾的。贾谊则做了完全相反的解释。老子说："道生之，德畜之，长之育之，亭之毒之，养之覆之。生而不有，为而不恃，长而不宰，是谓玄德。"[①] 认为道生物，德养物、长物，两者纯粹是自然的关系。"长之育之"，并不是道对物的恩惠，不可以仁忠赞誉之；"亭之毒之"，不是对物严酷寡恩，也不能以不仁不忠斥责之。贾谊却把黄老的道德变成了仁、忠等道德规范的本体论根

---

① 《老子》第五十一章。

据。经过这种改造,《道德说》的黄老气味就淡薄了。这是黄老向儒家转化或黄老与儒家思想相结合的一种特殊产物。

《道术》阐述了贾谊的认识论和刑名思想。它说:"道者所从接物也,其本者谓之虚,其末者谓之术。虚者,言其精微也,平素而无设施也;术也者,所从制物也,动静之数也。凡此皆道也"。具体运用于认识事物,它要求作为认识主体的心,"衡虚无私,平静而处,轻重毕悬,各得其所"。应用于君主的统治,要求"南面而正,清虚而静,令名自命,令物自定,如鉴之应,如衡之称"。在解释"术之接物"时,贾谊要求"人主仁而境内和矣……人主义而境内理矣……人主有礼而境内肃矣"。反映了儒道合流的特点。① 同时,也强调了君主言行的表率作用,突出了其认识论的"知行合一"(合于政治)的特色。

三 韩婴、董仲舒思想中的黄老影响

韩婴和董仲舒是汉初的大儒,但黄老思想对他们也有相当深厚的影响。

(一) 韩婴的黄老思想

韩婴的许多著作已佚,现存的有《韩诗外传》。在这部著作中韩婴论孔子思想与"道德","逍遥"的关系说:

> 孔子抱圣人之心,彷徨乎道德之域,逍遥乎无形之乡,倚天理,观人情,明终始,知得失。故兴仁义,厌势力,以持养之。于时周室微,王道绝,诸侯力政,强凌弱,众暴寡,百姓靡安,莫之纪纲,礼义废坏,人伦不理。于是孔子自东自西,自南自北,匍匐救之。②

---

① 《道德说》和《六术》强调"数度之道以六为法",是秦以水德王"数尚六"思想的表现,故学术界认为是贾谊早年的作品。在以后的《治安策》等著作中,这种道儒结合的思想就被儒法结合所取代了。
② 《韩诗外传》卷五第二章。

照董仲舒的说法，孔子针对周末诸侯力政，强凌弱，众暴寡的情况，作《春秋》当一王之法，是由于获麟，有受命之符。韩婴不这样看，而认为孔子的思想是由"道德"和"逍遥"引发的。所谓"彷徨乎道德之域"，这里"道德"是老子的思想。"逍遥乎无形之乡"，则是庄子《逍遥游》的说法。"倚天理"，"天理"一词也出于《庄子》。卷五第二十八章说："仲尼学乎老聃。"所以在韩婴看来，孔老不仅不是对立的，儒道不是不相容的，相反由"道德"、"逍遥"可以引出孔子救世的思想。《史记·孔子世家》说：孔子"适周问礼，盖见老子云。……孔子自周反鲁，弟子稍益进焉"。韩婴的说法与《史记》一致，反映了当时流行的观点。

《韩诗》论道和德说，"道者何也？曰：君之所道也"①。这是儒家思想，但同卷第二十九章关于德则说："德也者，包天地之大，配日月之明，立乎四时之周，临乎阴阳之交。寒暑不能动也，四时不能化也。敛乎太阴而不湿，散乎太阳而不枯。鲜洁清明而备，严威毅疾而神，至精而妙乎天地之间者，德也。"比较一下帛书《道原》对道的描述："天弗能覆，地弗能载。小以成小，大以成大。盈四海之内，又包其外。在阴不腐，在阳不焦。……坚强而不㜏（《文子·道原》作匮），柔弱而不可化。""神微周盈，精静不熙。"两者思想基本是一致的。"德"既然如此的"精"妙，所以韩婴认为孔子从中能得到启发而兴仁义。

关于名与道，天与人的关系，韩婴的思想也深受黄老的影响。卷一第十三章说，"传曰：喜名者必多怨，好与者必多辱。唯灭迹于人，能随天地自然，为能胜理而无爱名。名兴则道不用，道行则人无位矣。夫利为害本，而福为祸先，唯不求利者为无害，不求福者为无祸"。像老、庄一样，韩婴在这里把天与人看成是对立的，主张灭迹于人而崇尚自然。所谓"名兴而道不用"，名指名分，位指权势，认为社会上有了名和位，道就不行了，只有名位消失的时候，才会有大道出现。这是老子"名可名，非常名"，"道可道，非常道"的思想的引申。由此提出的"不求利，不求福"的处世态度，与儒家的救世思想是完全矛盾的。

---

① 《韩诗外传》卷五第三十一章。

《韩诗》宣传黄老"君道无为"的思想。卷二第十章说:"夫霜雪雨露,杀生万物者也,天无事焉,犹之贵天也。执法厌文,治官治民者,有司也,君无事焉,犹之尊君也。……故有道以御之,身虽无能也,必使能者为己用也。无道以御之,彼虽多能,犹将无益于存亡矣。"儒家讲无为而治,着重于道德感化,以身教表率于天下。韩婴讲君道无为,则强调以道御"能为己用者",即设法驾驭臣下,让臣下从事实际的治理活动,和《经法》论述的君道无为思想是一致的。同卷第二十四章,推崇宓子贱,"弹鸣琴,身不下堂,而单父治"。说子贱清静无为的秘诀是"我任人,子任力"。"佚四肢,全耳目,平心气,而百官理,任其数而已。"卷三第二十章说:"能制天下,必能养其民也。能养民者,为自养也。"认为"饮食适乎藏,滋味适乎气,劳佚适乎筋骨,寒暖适乎肌肤,然后气藏平,心术治,思虑得,喜怒时,起居而游乐,事时而用足。……直行情性之所安,而制度可以为天下法矣"。这和司马谈所谓道家"不先定其神,而曰我有以治天下,何由哉"的思想如出一辙。

卷三第一章论政治思想,说:"传曰:昔者舜甑盆无膻,而下不以余获罪。饭乎土簋,啜乎土型,而工不以巧获罪。麑衣而盩领,而女不以侈获罪。法下易由,事寡易为,而民不以政获罪。故大道多容,大德多下。圣人寡为,故用物常壮也。"全文虽然引《易传》"易简而天下之理得矣"作结论,但思想精髓一看就明白,是《老子》的思想。

卷七第十九章说,"善为政者,循情性之宜,顺阴阳之序,通本末之理,合天人之际"。这和司马谈赞美道家的用词也几乎一致。

此外《韩诗》还宣扬老子"后其身而身先,外其身而身存,非以其无私也,故能成其私"的权谋术数思想。有一个故事说:"公仪休相鲁而嗜鱼。一国人献鱼而不受。其弟谏曰:'嗜鱼不受,何也?'曰:'夫欲嗜鱼,故不受也,受鱼而免于相,则不能自给鱼。无受而不免于相,长自给于鱼。'"韩婴发挥说:"此明于为己者也。"[1] 于是引《老子》的话[2]作结论。这种权谋术数思想与儒家是格格不

---

[1] 《韩诗外传》卷三第二十一章。
[2] 故《老子》曰:后其身而身先,外其身而身存,非以其无私乎,故能成其私。

入的。

同卷第三十章宣传"欲益反损,欲扬反抑",说:"持满之道,抑而损之","德行宽裕者,守之以恭。土地广大者,守之以俭。禄位尊盛者,守之以卑。人众兵强者,守之以畏。聪明睿智者,守之以愚。博闻强记者,守之以浅"。儒家虽然讲谦谦君子,《易传》讲谦德,但精神是把它当作崇高的道德情操来提倡,不含功利目的。韩婴的"持满之道"则近乎功利的计算。

卷五第二十七章宣传"福生于无为,而患生于多欲"。"知足然后富从之"的思想。同卷三十二章宣传"圣人养一性而御六气","治天下"。卷八第八章借黄帝的形象,宣扬"施惠承天,一道修德,惟仁是行"。卷九第十六章引《老子》"名与身孰亲?身与货孰多?……知足不辱,知止不殆,可以长久。……罪莫大于多欲,祸莫大于不知足,咎莫憯于欲得",宣传"贤士不以耻食,不以辱得"。可见黄老对韩婴思想的影响是多方面的。

分析起来,这里有两种情况。一种是儒道融合出现的带折中性的思想和命题,如黄帝"一道修德,惟仁是行","圣人寡为,故用物常壮也","观天理,倚人情……兴仁义"等等;一种是黄老法家思想原封不动地被引进于著作中。后一种情况是大量的,它们和《韩诗》中的儒家思想,虽同在一部著作中,仍然是泾渭分流。因此不能由此得出结论:认为韩婴代表了一种新出现的融儒道而为一的新儒家或新道家思想。而只能说,韩婴本人的思想是杂驳不纯的,反映了政治上居于统治地位的黄老思想的强大影响。

(二)董仲舒的黄老思想

董仲舒思想以儒家为主,同时吸收了法家、阴阳家和黄老思想,也表现出杂驳的特点。黄老思想对董仲舒的影响有四个方面:

1. 阴阳刑德思想。《十六经》说:"刑德皇皇,日月相望","阳为德,阴为刑","天以三时养生,一时刑杀","先德而后刑"。这些,在董仲舒著作中有系统的阐述和发挥。

2. 人君"贵神"的术数思想。《春秋繁露·离合根》说:

故为人主者法天之行,是故内深藏,所以为神;外博观,所以为明也；任群贤，所以为受成；乃不自劳于事，所以为尊也；泛爱群生，不以喜怒赏罚，所以为仁也。故为人主者，以无为为道，以不私为宝。

《春秋繁露·立元神》说：

> 故为人君者，谨本详始，敬小慎微，志如死灰，形如委衣，安精养神，寂寞无为。体形无见影，揜声无出响，虚心下士，观来察往。谋于众贤，考求众人，得其心编以见其情，察其好恶以参忠佞，考其往行验之于今，计其蓄积受于先贤。释其仇怨，视其所争，差其党族，所依为泉（原注：一作宗），据位治人，用何为名（原注：一作明），累日积久，何功不成。可以内参外，可以小占大，必知其实，是谓开阖。
>
> 为人君者其要贵神，神者不可得而视也，不可得而听也，是故视而不见其形，听而不闻其声。……所谓不见其形者，非不见其进止之形也，言其所以进止不可得而见也。所谓不闻其声者，非不闻其号令之声也，言其所以号令不可得而闻也。不见不闻是谓冥昏，能冥则明，能昏则彰。能冥则昏，是谓神人。

这些思想以人性恶，君臣关系纯系利害计较的思想为基础，是黄老法家的思想。

3. 老子的权谋策略思想。《春秋繁露·立元神》说：

> 吾以不求夺则我利矣，彼以不出出则彼费矣，吾以不问问则我神矣，彼以不对对则彼情矣。……吾则以明而彼不知其所亡。

这完全是《老子》以"不争为争"，"将欲取之，必固与之"思想的运用和发挥。《春秋繁露·立元神》又说："故人臣居阳而为阴，人君居阴而为阳。阴道尚形而露情，阳道无端而贵神。"他把《老子》的权谋思想和阴阳天道结合起来，对黄老思想是一种发展。

4. 爱气养生的思想。《春秋繁露·循天之道》说："养生之大者，乃在爱气，气从神而成，神从意而出……意劳者神扰，神扰者气少，气少者难久矣。""神无离形，则气多内充。""和乐者，生之外泰也；精神者，生之内充也。"这些思想显然是从《管子·内业》、《心术上、下》及《吕氏春秋》、《帛书》中吸取的。

以上四方面给予董仲舒思想的影响十分深刻。其中阴阳刑德思想成为董仲舒用以构造自己思想体系的基本资料。第二、三两方面则使董仲舒思想的法家和老子色彩，极为浓烈。

四　黄老影响不能夸大

汉初黄老思想对儒家思想的影响，不能低估。在上面分析的材料中，陆贾、贾谊、韩婴、董仲舒都在不同程度、不同方面引用和发挥着黄老思想。或者用黄老思想补充解释儒家的思想，或者把黄老思想纳入体系，作为一个组成部分，甚至移花接木，用黄老思想为儒家思想作天道观的根据和基础。但是另一方面，又绝不能夸大这种影响，以为陆贾、贾谊甚至韩婴的思想可以划为黄老派或新道家。因为不仅这些人的思想主线，著作的主要内容不是黄老思想或老子思想的新发挥，而是儒家思想；而且他们引用黄老思想目的也是为了更好地补充和修饰儒家思想，使儒家思想具有时代的适应性；不仅黄老思想在他们的著作中不占主要地位，而且即便他们引用黄老思想，许多也是用儒家思想折射了的，是在儒家的立场上重新解释了的。

在汉初思想家看来，黄老或老子思想的基本出发点，原本是和儒家一致的。例如在韩婴看来，不仅"孔子问礼于老聃"，而且《老子》的中心思想"无为"，"谦下"和《易》阐明的根本思想，两者完全相同。《老子》主张"上德不德，是以无德"，"大道多容，大德多下"，正是《易传》"易简而天下之理得矣"这一思想的发挥。然而当韩婴这样看时，应该注意，他的儒家立场并没有变化。因为实际上，《老子》的"无为"思想是从完全不同的原理和世界观出发的，其精神实质不仅不同于《易》的易简之理，相反是恰相反对的。从《老子》的无为观点出发，儒家的经术政教，仁义道德，都应该从根本上否定。韩婴所理解的"易简之理"，其实质则是"诚"。施之于为政，是要求在上者以身教，道德感化作为政的基础，因此，仁义道德，廉耻教化是不能取消的。"忠易为礼，诚易为辞，贤人易为民，工巧易为材。"① 韩婴认为这才是"无为"和"易简"的实质。所以在这里，《老子》和儒家的一致，是用儒家观点消化或折射了的。陆贾的"无为之治"的理想也是如此。下章的分析将要指出，陆贾的"无为"，仅仅是取《老子》"清静简朴"的一面，实质内容则是《礼运》"小康之世"的再现。因此同样的理想，在《韩诗》中就完全以儒家的面貌出现，而不用黄老无为的字句。

《韩诗》卷三第十九章说：

> 太平之时，民行役者不逾时，男女不失时以偶，孝子不失时以养。外无旷夫，内无怨女。上无不慈之父，下无不孝之子。父子相成，夫妇相保。天下和平，国家安宁。……万民育生，各得其所，而制国用。故国有所安，地有所主。圣人刳木为舟，剡木为楫，以通四方之物，使泽人足于木，山人足于鱼，余衍之财有所流。故丰膏不独乐，硗确不独苦。虽遭凶年饥岁、禹汤之水旱，而民无冻饿之色。故生不乏用，死不转尸。

从表面看这更近于黄老的自然、无为，但不用黄老的字句，而其精神实质则是儒家思想。

有些论著说，陆贾是"新道家"，因为陆贾以道德为仁义的基础。② 按这种观点，新道家思想的标志，是融合儒、道而为一，以仁义为道德的实质。这不仅和汉初黄老思想的一般特点相矛盾（如《黄老帛书》、《老子》），在史料上也没有旁证。司马谈《六家要旨》说，道德家"采儒、墨之善"。但司马谈所指的"儒家之善"并不是仁义，而是君臣等级秩序。后者正是《经法》和汉初黄老如黄生等强调的。（下节详析）

实际上"道德"一词在战国末年已发生了很大的变化，"道"成为各家使用的名词，"德"也如此。因此道德一词的真实含义，正需要根据它出现的具体情况，联系其整个思想体系才能确定。

关于道德与仁义的关系，从儒家方面看，有这样的演变线索：开

---

① 《韩诗外传》卷三第一章。
② 见熊铁基：《秦汉新道家略论稿》，上海人民出版社1984年版。

始是讲道、重道。孔子和荀子著作中，"道"字极多。道的内涵、层次虽与老子有异，但道亦有总体或本体的意味。故孔子以性与天道并称。又说"朝闻道，夕死可矣"①。而与道相较，德则居于较低的层次。"据于德，依于仁，游于艺。"② 德与仁义是同系列的范畴。以后受道家的影响，陆贾、贾谊以"无形"、"无为"定义"道"，认为道是"虚无"。但在贾谊思想中，实际上道为虚位，而德为仁义的本根。相对于仁义礼乐而言，德实具有本体的含义，因而占有更重要的地位，道的地位实际是下降了。在《韩诗》中，德取代了道的地位。而愈到以后，"道德"的含义就愈益空泛。所以韩愈说："仁与义为定名，道与德为虚位。"③ 汉初，贾谊、韩婴对道德的看法可以认为是这种演变的最初阶段。《新语·道基》说："仁者道之纪，义者圣之学"，《本行》说："□道德为上，行以仁义为本"，"道"与"德"相对于仁义也是虚名了。所以毫不奇怪地是，《新语》中许多关于道德的说法和《论语》一致，直接发挥孔子和儒家的思想，如："圣贤与道合，愚者与祸同，怀德者应以福，挟恶者报以凶，德薄者位危，去道者身亡。"④ "道唱而德和，仁立而义兴。""道者，人之所行也，夫大道履之而行，则无不能，故谓之道。"⑤ "修父子之礼以及君臣之序，乃天地之通道，圣人之所不失也。"⑥ "未见先道而后利，近德而远色者也。"⑦ 韩愈说："凡吾所谓道德云者，合仁与义言之也，天下之公言也。老子之所谓道德云者，去仁与义言之也，一人之私言也。"⑧ 韩愈讲的正是儒道思想的根本区别。如果认为讲仁义就是新道家思想，那么儒道思想的界线就被取消，划分"家"也就没有意义了。归根结底，所谓"家"指的正是实际政治思想的分野。因此，在陆贾、贾谊、韩婴思想中，可以说"道德"思想反映了黄老思想

---

① 《论语·里仁》。
② 《论语·述而》。
③ 《韩昌黎集》卷十一，《原道》。
④ 《术事》。
⑤ 《慎微》。
⑥ 同上。
⑦ 《本行》。
⑧ 《韩昌黎集》卷十一，《原道》。

的影响，而不可以说是黄老思想的标志。否则不仅陆贾是新道家，贾谊、韩婴都应划为新道家。这是与黄老思想的主流和基本倾向相矛盾的。

五 《论六家要旨》对黄老思想的赞誉

先秦以来，称赞道家老子的有《吕氏春秋》和《庄子·天下》。《庄子·天下》篇说："以本为精，以物为粗，以有积为不足，澹然独与神明居"，"常宽容于物，不削于人，可谓至极"，以老子为"古之博大真人"。但是《天下》篇于先秦各家中，并不以道家为最高。它把老子和墨家、宋尹、彭蒙、田骈、慎到、庄子并列，认为"得一察焉以自好"，"不该不徧，一曲之士也"。"寡能备于天地之美，称神明之容"。《老子》一书并不是学术和真理的大全与高峰。

《天下》篇最推崇的是儒家思想[①]，它说儒家"配神明，醇天地，育万物，和天下，泽及百姓；明于本数，系于末度，六通四辟，小大精粗，其运无乎不在"。认为儒家思想是包括了一切真理而没有任何片面性的学说，是道术的大全和学术发展的顶峰。到司马谈笔下，事情就倒过来了。儒家、阴阳家、法家、墨家等等，是"得一察焉以自好"，道家思想则是没有任何片面性的"道术之全"，居于学术思想的顶峰，享有了最高的声誉。

《论六家要旨》认为，所有各家都有缺点和错误，惟独道家兼各家之所长而没有任何片面性和弊病。它说阴阳家"大祥而众忌讳，使人拘而多所畏"；儒家"博而寡要，劳而少功，是以其事难尽从"；墨者"俭而难遵，是以其事不可遍循"；法家"严而少恩"；名家"使人俭而善失真"。惟有道家"使人精神专一，动合无形，赡足万物。其为术也，因阴阳之大顺，采儒墨之善，撮名法之要，与时迁移，应物变化。立俗施事，无所不宜。指约而易操，事少而功多"。又说："道家无为，又曰无不为。其实易行，其辞难知。其术以虚无

---

① 苏轼《庄子祠堂记》指出："庄子论天下道术，自墨翟、禽滑釐、彭蒙、慎到、田骈、关尹、老聃之徒，以至于其身，皆自以为一家，而孔子不与，其尊之也至矣。"（《东坡全集》卷三十二）

为本，以因循为用；无成势，无常形；故能究万物之情"。就是说，道家博大精深，自成体系，包含了各家思想的优点，从而深刻地概括了事物的本质，又随时发展，随俗施宜，最切于日用。

一些著作据此认为司马谈在这里概括了汉初黄老思想的特点，因此汉初的黄老思想是融合了各家之长的新思想。实际上，司马谈在这里，不过是站在道家的立场，观察与批评各家的思想而已。因为墨家思想的要义和精髓本来是"尊天"、"明鬼"、"尚贤"、"尚同"、"兼爱"、"非攻"、"强力"、"非命"。站在墨家的立场上，这才是墨家之善。但是对墨家的这种观点，司马谈都批评为"尊卑无别"，"俭而难遵"。在司马谈眼中，墨家唯一的优点是"强本节用"。而"强本节用"正是道家思想所内在地涵具的（老子思想既强调崇本，又强调俭、朴）。儒家思想的要义本来是仁义道德，礼乐教化，宗法情谊。站在儒家的立场，这是儒家之善。然而这种善，司马谈却批评为"博而寡要，劳而少功"。在司马谈眼中，儒家唯一的优点是"序君臣父子之礼，列夫妇长幼之别"，即严格君臣等级名分。这种优点，正是黄生在景帝面前所强调的，也是道家的人认为道家思想所内在地涵具的（帛书《经法》就强调着这些思想）。对阴阳家，司马谈也这样分析。至于法家，名家，如前所论，本来和《老子》就是一个思想体系，法术刑名是其思想的组成部分。因此，司马谈所谓道家"采儒墨之善"等等，并非说他崇奉的是一种既道又儒，道儒兼容，采集了各家学说之长的杂家式的新道家，而是表明，司马谈是用道家的立场与尺度，[1] 观察分析了儒家，墨家，得出了各家思想的长处是道家思想已经涵具了的结论，这是司马谈站在道家立场上对道家思想的一种赞誉和推崇。

汉初，儒家和道家、阴阳家、名家、法家等，确在相互影响、吸收和融合。如上所述，陆贾和贾谊的思想中，就有儒道融合的表现。但并没有出现一种融合了各家思想的新的道家著作和思想体系。《老子》不是这样的体系，《黄老帛书》也不是这样的体系。儒道作为两种对立的思想体系，在汉初有融合的一面，但斗争、排斥是更重要的

---

[1] 学术界处一种相当流行的观点，认为汉初黄老思想或秦汉新道家思想是这种兼采各家思想长处的杂家式思想。司马谈：《论六家要旨》所讲的道德家，就是这种杂家。

一面。《史记·儒林列传》说:"孝文本好刑名之言,及至孝景,不任儒者,而窦太后又好黄老之术,故诸博士具官待问,未有进者。"景帝时,发生了黄老派与儒家的第一场大斗争。儒家辕固生与道家的黄生,在景帝面前争论汤武是否"受命"。黄生坚持君臣上下的绝对等级名分,辕固生坚持汤武受命,弄得不欢而散。到窦太后时,由于辕固生公然把老子书说成"此是家人言耳",指斥老子为异端,弄得窦太后大怒,命辕固生入圈刺野猪,几乎丧命。武帝建元元年,丞相卫绾奏请罢治申、商、韩非、苏秦、张仪之言者,但崇儒的窦婴、田蚡、赵绾、王藏,很快受到窦太后的打击而失败。直到窦太后死,田蚡出任丞相,"绌黄老刑名百家之言,延文学儒者数百人"①,这场斗争才以儒家获胜而告结束。司马迁说:"世之学老子者则绌儒学,儒学亦绌老子。'道不同,不相为谋'。"② 在这种情况下,司马谈崇道抑儒,贬抑百家,正是儒道斗争的继续。既是对独尊儒术的抗议和反对,又是对道家思想的新的认识与推崇。

司马谈之前,黄老学派从未正面提出道家思想与其他各家思想的关系问题,并表达出一种道家思想高于并包含着其他各家思想的优点的观念。它没有一种以道家思想统摄各家的历史的自觉。《论六家要旨》第一次表现了这种自觉。这是在新的形势下,针对儒家和统一思想所做的反应,也是汉初黄老在政治上的成功所造成的在学术思想领域的反响和凯旋。

从政治上看,《天下》篇对各家的赞扬,是基于各家对治国的政治上的作用,但对《老子》思想,它恰恰没有突出这一点。《天下》篇讲老子"建之以常、无、有,主之以太一",是对其哲学思想要点的概括。"常后于人","知雄守雌,不敢为天下先",虽是治国的原则,但《天下》篇主要是作避世的理解,所谓"清虚以自守,卑弱以自持"。并没有突出它的政治方面,司马谈则指出:"夫阴阳、儒、墨、名、法、道德,此务为治者也,直所从言之异路,有省有不省耳。"明确认为道家是治国的最好的政治指导思想,这显然是对汉初几十年的黄老政治的讴歌与肯定。

---

① 《史记·儒林列传》。
② 《史记·老子韩非列传》。

《论六家要旨》在概括道家思想的要点时，突出"虚无"和"因循"，说："道家无为，又曰无不为，其实易行，其辞难知。其术以虚无为本，以因循为用。"又说："虚者，道之常也"。司马迁也说："老子所贵道，虚无，因应变化于无为，故著书辞称微妙难识。"[1] 贾谊《新书·道术篇》说："道者所以接物也，其本者谓之虚，其末者谓之术。虚者言其精微也，平素而为设施也。术也者，所以制物也，动静之数也。凡此皆道也。"贾谊是从法家的"循名察实"、"君道无为，臣道有为"去理解老子思想的。司马谈父子对道的了解，所把握和发挥的，正是贾谊的这一思想。

《论六家要旨》不重在对道作超越的本体的把握，而强调道之用"无不为"、"变化"、"因应"、"因循"，即从动态上去领会和把握。意思是说，作为哲理和最高原则的道，微妙难识，但它的运用即表现于"无不为"、"因应"、"变化"和"因循"之中，因此是治国的理想的思想。

《论六家要旨》说："因者，君之纲也。群臣并至，使各自明也"。又说："其实中其声者，谓之端。实不中其声者，谓之窾。窾言不听，奸乃不生，贤不肖自分，白黑乃形。在所欲用耳，何事不成？乃合大道，混混冥冥。光耀天下，复反无名"。司马谈认为，道家的"因循"不是保守，墨守成规，而是着眼于变化和无不为。[2]《论六家要旨》说："无成势，无常形，故能究万物之情。不为物先，不为物后，故能为万物主。"《老子》强调"不敢为天下先"，"衣养万物而不为主"，可以作消极的理解，司马谈则指出"不为先"，"不为后"，"无成势"，"无常形"，目的是究万物之情，为万物主。这就发挥了以退为进，以客观形势和规律为尺度，根据事物本身发展的实际可能性，改造万物，使之为我所用的积极进取的精神。

事物和形势处在不断的变化发展之中，因此一成不变的法度是不可取的。"有法无法，因时为业；有度无度，因物与合。故曰：'圣

---

[1] 《史记·老子韩非列传》。
[2] 司马迁说："夫神农以前，吾不知已。至若《诗》《书》所述虞夏以来，耳目欲极声色之好，口欲穷刍豢之味，身安逸乐，而心夸矜势能之荣使。俗之渐民久矣，虽户说以眇论，终不能化。故善者因之，其次利道之，其次教诲之，其次整齐之。最下者，与之争。"（《史记·货殖列传》）这是对"因"的极好说明。

人不朽，时变是守。'"司马谈认为，儒家死守仁义道德，常迂阔而不晓世情。法家急功近利，好走极端。惟有道家老谋深算，善于随机应变。既不墨守成规，死守老套；又不盲目瞎动。在冷静的形势观察中，有利就干，不利就避开、等待；不冒进，不偏激，不迂腐，不僵化，"与时迁移，应物变化，立俗施事，无所不宜"。司马谈突出道家的这一思想要点，正是抓住了汉初黄老思想在政治上成功的秘诀。

《论六家要旨》又说："凡人所生者神也，所讬者形也。神大用则竭，形大劳则蔽，形神离则死。死者不可复生，离者不可复返。故圣人重之。由是观之，神者生之本也，形者生之具也。不先定其神〔形〕，而曰'我有以治天下'，何由哉？"司马谈认为，儒家"以为人主，天下之仪表也，君倡而臣和，主先而臣随。如此则主劳而臣逸。至于大道之要，去健羡，黜聪明，释此而任术。夫神大用则竭，形大劳则蔽。形神骚动，欲与天地长久，非所闻也"。司马谈赞誉道家"去健羡，黜聪明"，认为是"大道之要"，既能运用于养生，又能运用于治国，这和《河上公老子章句》批评经术政教非自然常生之道，认为"常道当以无为养神，无事安民"①是一致的。反映了当时道家思想既重养生，又重治国的精神。

因此，司马谈的《论六家要旨》②，通篇贯穿着扬道抑儒，贬斥各家的宗旨。它是对汉初黄老思想在政治经济领域内取得的辉煌成就的赞誉，也是在儒道斗争中，在官方崇儒抑道趋势下，对道家思想的新认识与新肯定，是道儒互斥在新形势下的继续。

六　黄老思想的退位

黄老思想的声誉尽管在《论六家要旨》中达到了顶峰，但它终归只适合汉初休养生息的特定历史时期的特定需要。黄老思想的反人文主义的实质，它的崇尚自然、俭朴而反对文教、文化、生活享受和社会物质文明进步的思想，终归是和社会发展的要求背道而驰的。在

---

① 《体道第一》。
② 关于《论六家要旨》写作的时间，学术界看法不一。有认为是建元元封之间的，有认为在武帝"罢黜百家"以前。本文采前一种观点。

汉初君臣上下俱欲休息乎无为的特殊形势下，黄老思想适应了社会的需要，促进了生产的恢复、政治的安定。然而由它促成的这些成果，同时也成了埋葬它的坟墓。到武帝时，"汉兴七十余年之间，国家无事，非遇水旱之灾，民则人给家足，都鄙廪庾皆满，而府库余货财。京师之钱累巨万，贯朽而不可校。太仓之粟陈陈相因，充溢露积于外，至腐败不可食。众庶街巷有马，阡陌之间成群，而乘字牝者傧而不得聚会。守闾阎者食粱肉，为吏者长子孙，居官者以为姓号。故人人自爱而重犯法，先行义而后绌耻辱焉"①。但巨大的财富和生产的发展，同时也引起了"网疏而民富，役财骄溢，或至兼并豪党之徒，以武断于乡曲。宗室有土公卿大夫以下，争于奢侈，室庐舆服僭于上，无限度。物盛而衰，固其变也"②。形势的变化使黄老思想不能适应社会的需要了。要求有新的思想和政策取而代之。而新的思想和政策，果然出现了，这就是武帝"罢黜百家，独尊儒术"的政策和董仲舒天人感应的新儒家哲学体系的出现。由于它吸收黄老和各家思想，而又高于黄老和各家思想，适应了巩固大一统的封建集权的需要，适应了社会全面发展的需要，很快取代了黄老的地位而成为社会和政治的指导思想。黄老思想由统治地位退黜下来，于是开始了两汉思想发展的新阶段。

---

① 《史记·平准书》。
② 同上。

第三章

汉初儒家思想的复起及其儒法融合的特点

汉初,黄老思想是政策的指导思想,在学术思想界居于统治地位,但是儒家思想并没有放弃生存和发展。秦末农民起义的胜利,秦王朝的灭亡,给汉初黄老思想的统治开辟了道路,但同时也为儒家思想的复起,提供了巨大的历史机遇。

汉初儒家思想复起的代表人物,是陆贾、贾谊、韩婴等人。他们宣扬儒家的仁义德治,批判法家片面崇尚法治和黄老清静无为的思想,而同时又吸收融合法家和黄老思想,表现出汉代儒法和儒道既排斥斗争,又相互吸收、融合的历史特点。他们的思想为董仲舒神学目的论的儒家思想体系的建立,做好了某种准备。

一 陆贾"仁义为本"的思想

陆贾,楚国人,年轻时"以客从高祖定天下"。[①] 曾奉命出使南越,劝慰佗"去帝制黄屋左纛",获得成功。吕后专权时,为丞相陈平划策,剪除诸吕,迎立文帝。陆贾的著作有《楚汉春秋》九篇,《陆贾》二十三篇(包括《新语》十二篇)。除《新语》保留下来,《楚汉春秋》有辑本,其余均已佚失。

陆贾总结秦代招致覆灭的历史教训,首先向刘邦提出"马上"、

---

① 《史记·郦生陆贾列传》。

"马下",攻守异术的建议。指出汉朝取得胜利,建立政权以后,应该根据守的要求,以儒家的仁义道德、德教作为政策的指导思想。《史记·郦生陆贾列传》说:"陆生时时前说称《诗》、《书》,高帝骂之曰:'迺公居马上而得之,安事《诗》、《书》?'陆生曰:'居马上得之,宁可以马上治之乎?且汤武逆取而以顺守之,文武并用,长久之术也。'"刘邦有惭色,要他探究"秦所以失天下,吾所以得之者何,及古成败之国"的原因。于是陆贾总结历史经验,述存亡之征,作十二篇献上。每奏一篇,"高帝未尝不称善,左右呼万岁。号其书曰《新语》"。《新语》的中心思想是儒家的仁义德治思想。

在《新语·道基篇》(以下引《新语》只注篇名)中,陆贾从天人之际和古今之变两方面,论证仁义是政治的根本,有为是为政所必须。他说:"《传》曰,天生万物,以地养之,圣人成之,功德参合而道术生焉。"[1] 陆贾认为"道术"是天地人三者相互结合而成的。天的作用是生,地的作用是养,人的作用在于以有为成就万物,完成天地自然的功德。人的功德依靠什么?依靠仁义。他说:

> 天气所生,神灵所治,幽闲清静,与神浮沉,莫之效力为用,尽情为器。故曰圣人成之。所以能统物通变,治情性,显仁义也。

又说:

> 夫人者,宽博浩大,恢廓密微,附远宁静,怀来万邦。故圣人怀仁仗义,分明纤微,忖度天地,危而不倾,佚而不乱者,仁义之所治也。[2]

陆贾认为,人与自然不同。自然方面的天地、神灵,幽闲清静,莫之效力为用,尽情为器。它们的特点是"无为",即无所作为而能自然

---

[1] 《道基》。
[2] 同上。

成功。人的特点是有认识、有作为、有道德。能"分明纤微,忖度天地","宽博浩大,恢廓密微",根据认识而行动,而作为,使"危而不倾,佚而不乱,附远宁近,怀来万邦"。因此人的认识和能力是巨大的,有为是人的特点。然而能使认识发挥作用的是人的道德品质。圣人能在认识上有超凡的能力,在事业上成就非常的功业,是因为圣人具有崇高的道德品质,能"怀仁仗义"。陆贾说:

> 阳气以仁生,阴节以义降,鹿鸣以仁求其群,关雎以义鸣其雄。《春秋》以仁义贬绝,《诗》以仁义存亡。乾坤以仁和合,《八卦》以义相承。《书》以仁叙九族,君臣以义制忠,《礼》以仁尽节,《乐》以礼升降。仁者道之纪,义者圣之学。学之者明,失之者昏,背之者亡。①

因此,在陆贾看来,仁义是支配自然和阴阳的根本属性与力量,是动物生活和情感的根源。乾坤、八卦、《书》、《诗》、《礼》、《乐》、"君臣"、"九族",所有社会上的神圣事物,无不体现仁和义的原则,以仁义作为根据和最高的指导。即便行军作战,也惟有依靠仁义才能团结自己,强大队伍,建功立业。"陈力就列,以义建功。师旅行陈,德仁为固"②。连个人养生也是如此:"仁者寿长。"

陆贾指出,历史上一切圣哲明王,如虞舜、周公,他们能使天下大治,都是实行仁义德化的结果。他说:

> 夫居高者,自处不可以不安。履危者,任杖不可以不固。自处不安则堕,任杖不固则仆。是以圣人居高处上,则以仁义为巢。乘危履倾,则以贤圣为杖。……尧以仁义为巢,舜以禹、稷、契为杖。故高而益安,动而益固。……德配天地,光被四表,功垂于无穷……③

---

① 《道基》。
② 同上。
③ 《辅政》。

陆贾认为，秦代的灭亡，就是由于废弃仁义，片面崇尚法治，因此，陆贾对法家片面尚法的思想进行了多方面的批判。他说："事逾烦，天下逾乱。法逾滋，而奸逾炽。兵马益设而乱人逾多。秦非不欲为治，然失之者乃举措暴众而用刑太极故也。"① 陆贾认为法令只能诛恶，不能劝善。要使人民"畏其畏而从其化，怀其德而归其境……不赏而欢悦"，必须重视道德的教育与感化作用。

> 秦以刑罚为巢，故有覆巢破卵之患。以赵高、李斯为杖，故有倾仆跌伤之祸。何哉，所任非也！②

陆贾引《穀梁传》的话作为结论：

> 仁者以治亲，义者以利尊。万世不乱，仁义之所治也。③

就是说，仁义是万世不变的最好的政治指导思想。

陆贾并不完全否定法治的作用。但认为法治只能作为仁义的调剂和补充。这种融合了法治或法家思想的德治思想，陆贾称之为"中和"。他说：

> 行中和以统远，民畏其威而从其化，怀其德而归其境，美其治而不敢违其政。民不罚而畏罪，不赏而欢悦，渐渍于道德，被服于中和之所致也。④

陆贾接受黄老思想的影响，有无为而治的提法，但陆贾思想的根本点是有为。陆贾指出，人类社会的历史是"先圣"、"中圣"、"后圣"不断发明创造，以推进社会物质文明和伦理纲常的建立与完善的历史，是一部有为的历史。他说：

---

① 《无为》。
② 《辅政》。
③ 《道基》。
④ 《无为》。

> 先圣仰观天文，俯察地理，图画乾坤以定人道，民始开悟，知有父子之亲，君臣之义，夫妇之道，长幼之序，于是百官立，王道乃生。

这先圣是指伏羲。伏羲以后至于神农，"以为行虫走兽，难以养民，乃求可食之物，尝百草之实，察酸苦之味，教民食五谷"。神农以后，"天下人民，野居穴处，未有室屋，则与禽兽同域"，"黄帝乃伐木构材，筑作宫室，上栋下宇，以避风雨"。使"民知室居食谷"。以后"后稷列封疆，画畔界，以分土地之所宜，辟土殖谷"，"种桑麻"，"致丝枲"。大禹"决江疏河"，为民除水害；奚仲"桡曲为轮，因直为辕，驾马服牛，浮舟杖楫，以代人力"。这样，人类物质文明达到了较高的程度。在社会精神生活方面，皋陶"立狱制罪，悬赏设罚"，"检奸邪，消佚乱"。设立了法治，国家。这使社会秩序有了进步。"中圣"乃设立学校，教以君臣上下的礼义。"后圣"则"定五经"，"明六艺"，"绪人伦"，"修篇章"，设"钟鼓歌舞之乐，以节奢侈，正风俗，通文雅"①。这样一步一步地发展、进步，使社会文明得以日益提高。所有这些，离开圣人的"统物通变"，是不能实现的。

个人才能品性的锻炼也需要有为："矫以雅僻，砥砺钝才，雕琢文雅，抑定狐疑，通塞理顺，分别然否"，这样才能"情得以利而性得以治"②。"质实者以通为贵，才良者，以显为能"③，即使天资聪慧，也需要"通"和"显"的帮助，才能成为有用之才。陆贾说："梗枬豫章，天下之名木"，如果不长于交通方便的江河大道，不能达于京师，使木匠得以加工，"舒其文采之好，"它的质地再好，也不能成为有用的器具，为帝王、公卿和众庶所鉴赏。道旁的枯杨，"生于大都之广地"，经过名工的"规矩度量，坚者补朽，短者续长，大者治罇，小者治觞，饰以丹漆，斀以明光"，就成了宫殿庙堂的名贵器具，使人赞赏不已。人的资质能否得到使用的机会而得到发展，

---

① 《道基》。
② 《慎微》。
③ 《资质》。

也和槾梆豫章或枯杨一样。《庄子》曾说，"勿以人灭天，勿以故灭性"，希望处于"材与不材之间，以终其天年"①。陆贾否定了庄子这种价值观和人生观。他希望通显成名，飞黄腾达，成为庙堂之器，显示出汉初知识分子奋发有为，盼望建立功业的理想抱负。

陆贾还明确地提出"天道不改而人道易"的观点，指出"志衰道亡，非天之所为也，乃国君者有所取之也"。他说：

> 汤以七十里之封而升帝王之位；周公以□□□□比德于五帝，斯乃日出善言，自行善道之所致也。安危之效，吉凶之□，一出于身，□□之道，成败之验，一起于行。尧舜不易日月而兴，桀、纣不易星辰而亡。天道不改而人道易也。
>
> 夫持天地之政，操四海之纲，屈伸不可以失度，动作不可以离道。谬语出于口，则乱及万里之外，况刑及无罪于狱而杀及无辜于市呼？②

政治的好坏，国家的兴衰，完全决定于国君的政策和作为。只要屈伸合度，不乱发政令，刑无罪，杀无辜，实行仁义德政，就一定能出现像尧舜禹汤文武那样的太平盛世。

陆贾说："因天时而行罚，顺阴阳而运动，上瞻天文，下察人心，以寡服众，以弱制强……讨逆乱之君，绝烦浊之原"，使"天下和平，家给人足，匹夫行仁，商贾行信。齐天地，致鬼神"③。这样的"有为"才是天地间的正道。"寂寞而无为，寥廓而独寐"，"推之不往，引之不来，当世不蒙其功，后代不见其才"④，以此为怀道，恰恰是不知道者。陆贾认为持"无为"观点的避世之士，对社会是不负责任的。

陆贾希望有一个无为而治的"至德之世"，但这个至德之世是实行儒家礼义之治的。它的特点是：

---

① 《庄子·山木》。
② 《明诫》。
③ 《慎微》。
④ 同上。

> 老者息于堂，丁壮者耕耘于田。在朝者忠于君，在家者孝于亲，于是赏善罚恶而润色之，兴辟雍庠序而教诲之。然后贤愚异议，廉鄙异科，长幼异节，上下有差，强弱相扶，小大相怀，尊卑相承，雁行相随，不言而信，不怒而威，岂恃坚甲利兵、深刑刻法、朝夕切切而后行哉！①

这是孔子"老者安之，少者怀之，朋友信之"，"庶人不议"，"必也使无讼乎"的社会理想的实现。在这个至德之世中，有礼所规定的君臣、尊卑、上下、大小、长幼、强弱、贤愚、廉鄙的等级差别，但它们的关系是和谐的。这和谐不是由严刑酷诛而是由教育、道德和赏罚所维持和达到的——这道德是忠孝，是强弱相扶，小大相怀，尊卑相承，是仁爱和关怀。这赏罚，是经过润色并有教育作为补充的。

陆贾又说，周室之衰，社会道德败坏，政治紊乱，"大道隐而不舒，羽翼摧而不申"。礼义不行，孔子"欲匡帝王之道，反天下之政，身无其位而世无其主，周流天下，无所合意"，于是"追治去世，以正来世；案纪图录，以知性命；表定六艺，以……使善恶不相干，贵贱不相侮，强弱不相凌，贤与不肖，不得相逾，科第相序，为万世（仪表）而不绝，功传而不衰。《诗》、《书》、《礼》、《乐》为得其所，乃天道之所立，大义之所行也"②。陆贾认为新建的汉朝结束了纷争和混乱，正是实现这样的社会理想的极好时机。他向社会宣传这种理想，希望统治者"卑宫室而高道德，□□服而谨仁义……"③，使儒家的社会理想，重新树立于经过严酷法治浩劫之后的社会之上。这虽然是空想，但意义是重大而深远的。

陆贾思想也有消极的方面，首先他受《春秋》的影响极大，成为在汉代宣扬天人感应思想的先导。他说：

> 圣人察物，无所遗失。上及日月星辰，下至鸟兽草木昆虫。……鹢之退飞，治五石之所隕，所以不失纤微。至于鸲鹆

---

① 《至德》。
② 《本行》。
③ 同上。

来，冬多麋，言鸟兽之类也……十有二月李梅实，十月殒霜不煞
菽，言寒暑之气失其节也。鸟兽草木尚欲各得其所，纲之以法，
纪之以数，而况于人乎？①

陆贾认为孔子在《春秋》中对自然现象的记载之所以这样细致准确，目的是根据天文物候的变化，调整人事政治的得失。十二月李梅实，十月殒霜不煞菽，都是反常的现象。这些现象发生时，国家都发生了政治上的灾难。陆贾以天人感应的观点解释这些灾异，说：

恶政生于恶气，恶气生于灾异。蝮虫之类，随气而生。虹蜺
之属，因政而见。治道失于下，则天文度于上。恶政流于民，则
虫灾生于地。圣君智则知随变而改，缘类而试。思之于□□□
变。②

《道基篇》说，天"张日月，列星辰，序四时，调阴阳，布气治性，次置五行"，是为了"养育群生"：天"润之以风雨，曝之以日光，温之以节气，降之以陨霜，位之以众星，制之以斗衡，苞之以六合，罗之以纪纲，改之以灾变，告之以祯祥，动之以生杀，悟之以文章"。圣人"因天变而正其失，理其端而正其本"③，"承天诛恶，剿暴除殃"。④"天"在这里是有人格、有意志的天地万物的主宰，能用祯祥灾异谴告人君、圣人。以后董仲舒的灾异谴告思想，可以说是直接承袭陆贾而来。

《易传》的神秘主义思想对陆贾也很有影响。《易传》说："天垂象见吉凶，圣人则之。"陆贾发挥说："天出善道，圣人得之，言御占图历之变，下衰风化之失，以匡盛衰，纪物定世，后无不可行之政，无不可治之民。"⑤ 这为汉代以《易》说灾异做了开端，也有深远的影响。

---

① 《明诫》。
② 同上。
③ 《思务》。
④ 《道基》。
⑤ 《明诫》。

陆贾的天人感应思想并不否认人的作用，他说："圣人之理，恩及昆虫，泽及草木，乘天气而生，随寒暑而动者，莫不延颈□□倾耳而听化。""圣人承天之明，正日月之行，录星辰之度，因天地之利，等高下之宜，设山川之便，平四海，分九州，同好恶，一风俗"；圣人"则天之明，因地之利，观天之化，推演万事之类，散之于□□之间，调之以寒暑之节，养之以四时之气，同之以风雨之化。故绝国异俗，莫不知□□□。乐则歌，哀则哭，盖圣人之教所齐一也"①。对"圣人"在天人关系中的作用，做了充分的肯定。陆贾甚至反对迷信灾异，曾说："论不验之语，学不然之事，图天地之形，说灾变之异"，是"背圣王之法，异圣人之意，惑学者之心，移众人之志"②。他认为这些迷信是骗人的，有害的③。所以陆贾的思想是有矛盾的。

二 贾谊的礼治思想

贾谊（公元前200—前168年），洛阳（今河南洛阳）人，十八岁时"以能诵诗书属文称于郡中"④。文帝初，召为博士。一岁，超迁为太史大夫。贾谊青年奋发，锐意改革，"以为汉兴至孝文二十余年，天下和洽，而固当改正朔，易服色制度，定官名，兴礼乐，乃悉草具其仪法，色尚黄，数用五，为官名，悉更秦之法"。⑤ 由是受大臣周勃等排挤，贬为长沙王太傅，后为梁怀王太傅。居数年，怀王坠马死，贾谊自伤为傅无状，哭泣岁余，亦死。年三十三岁。

贾谊的著作，今传有《新书》十卷五十八篇及《治安策》等，上海人民出版社辑为《贾谊集》出版。

和陆贾一样，贾谊思想的基本点是攻守异术，认为在兼并进取的时候，法术诈力是必要的，但统一以后，为了巩固政权，就应该改弦

---

① 《明诚》。
② 《怀虑》。
③ 这里，陆贾的思想表现出一些矛盾。一方面有"天人感应"的虚幻因素，一方面又有人与天地参的现实成分，因而对迷信的驳斥是不彻底的。
④ 《史记·屈原贾生列传》。
⑤ 《汉书·贾谊传》。

更张，施仁心，行仁政，以仁义为本。他说，秦朝之所以速亡，就在于在取得政权以后，仍然以法治诈力为统治的基本指导思想和方法，而不知更改。"秦以区区之地致万乘之势，序八州而朝同列，百有余年矣。然后以六合为家，崤函为宫。一夫作难而七庙堕，身死人手，为天下笑者，何也？仁心不施，而攻守之势异也。"① 又说："夫并兼者高诈力，安危者贵顺权，推此言之，取与守不同术也。秦离战国而王天下，其道不易，其政不改，是其所以取之也，孤独而有之，故其亡可立而待也。借使秦王论上世之事，并殷、周之迹，以制御其政，后虽有淫骄之主，犹未有倾危之患也。故三王之建天下，名号显美，功业长久。"②

贾谊要求汉朝统治者在政策上，避免秦二世"繁刑严诛，吏治刻深；赏罚不当，赋敛无度。天下多事，吏不能纪；百姓困穷，而主不收恤"③的错误，实行"裂地分民以封功臣之后，建国立君以礼天下；虚囹圄而免刑戮，去收孥污秽之罪，使各反其乡里；发仓廪，散财币，以振孤独穷困之士；轻赋少事，以佐百姓之急；约法省刑，以持其后，使天下之人皆得自新；更节循行，各慎其身；塞万民之望，而以盛德与天下"④。他说当年秦二世如果能实行这样的政策，秦朝本来是可以长治久安的。

贾谊指出，"汉承秦制"，汉代政权建立以后，社会的风习和秦代并没有什么区别。他说：

> 商君遗礼义，弃仁恩，并心于进取，行之二岁，秦俗日败。故秦人家富子壮则出分，家贫子壮则出赘。借父耰锄，虑有德色；母取箕帚，立而谇语。抱哺其子，与公并倨；妇姑不相说，则反唇而相稽。……曩之为秦者，今转而为汉矣。然其遗风余俗，犹尚未改。⑤

---

① 《过秦上》。
② 《过秦中》。
③ 同上。
④ 同上。
⑤ 《治安策》。

贾谊认为这潜伏着极大的危险。

贾谊认为刑和法不是不能用,但它是末而不是本。本是仁义礼乐。如果两者的位置摆得恰当("序得其道"),对于巩固统治,都是极有功效的。周朝之能"千余载不绝",就是能使两者"序得其道"。秦朝所以速亡,是因为"本末并失"。

贾谊批判当时宣扬"礼谊之不如法令,教化之不如刑罚"的重法思想,指出,"汤、武置天下于仁义礼乐,而德泽洽,禽兽草木广裕,德被蛮貊四夷,累子孙数十世,此天下所共闻也。秦王置天下于法令刑罚……祸几及身,子孙诛绝,此天下之所共见也"①。他说:"黄帝职道义,经天地,纪人伦,序万物,以信与仁为天下先"②,是以仁义道德治理天下、化育万民的圣人。黄帝以后,帝颛顼、帝喾、帝尧、帝舜、大禹、汤、文王、武王、成王,这些古代的圣帝明王,也都是"推己及人,加仁恩于四海","仁行而义立,德博而化富"。"一民或饥,曰此我饥之也;一民或寒,曰此我寒之也;一民有罪,曰此我陷之也。""见爱亲于天下之人,而见归乐于天下之民。"③"则其于民也,旭旭然如日之始出也……暯暯然如日之正中。"④ 像太阳一样,普天下之人民莫不受其恩泽仁惠。他们忠信、礼节、道义、恭敬、和顺,所以他们能得到人民的拥护,保持长久的统治。

汉初尊卑贵贱的封建等级制受到放任自由的经济政策的冲击。贾谊要求纠正这种状况,迅速建立等级分明的礼制,以强化专制统治秩序,加强皇帝的权势。他说:

> 人主之尊,辟无异堂。陛九级者,堂高大几六尺矣。……天子如堂,群臣如陛,众庶如地,此其辟也。……故古者圣王制为列等,内有公、卿、大夫、士,外有公、侯、伯、子、男,然后有官师、小吏、施及庶人,等级分明,而天子加焉,故其尊不可及也。⑤

---

① 《治安策》。
② 《修政语上》。
③ 同上。
④ 《修政语下》。
⑤ 《阶级》。

贾谊指出汉初法不分贵贱,大臣犯法,"束缚之,系绁之,输之司空,编之徒官、司寇,牢正、徒长、小吏骂詈而榜笞之"①。这种情况是不能容忍的。他说:"廉丑礼节以治君子,故有赐死而无戮辱。""履虽鲜弗以加枕,冠虽弊弗以苴履"。贾谊认为,应该重新恢复"尊尊贵贵"、"礼不及庶人,刑不至君子"②的制度。甚至对衣着服饰,也要求"贵贱有级,服位有等","使人各定其心,各著其目"③。

为了强化等级制度,贾谊提出了视听言动等等细致的礼仪规定,以及对太子实行胎教、保傅等等措施。

贾谊说:

> 道德仁义,非礼不成;教训正俗,非礼不备;分争辩讼,非礼不决;君臣、上下、父子、兄弟,非礼不定;宦学事师,非礼不亲;班朝治军,莅官行法,非礼威严不行;祷祠祭祀,供给鬼神,非礼不诚不庄。是以君子恭敬、撙节、退让以明礼。④

贾谊希望在汉代以荀子《礼论》思想为蓝图,建立起地主阶级的礼治的等级秩序井然不紊的社会。荀子的"礼论"思想成为贾谊建设社会秩序的基本指导思想。

三 贾谊对黄老无为思想的批判

汉初,在黄老清静无为思想支配下,统治者对一切采取放任、苟简态度,社会矛盾由此大量滋生,尖锐起来,威胁着政权和封建等级秩序的巩固。因此贾谊对"无为"思想发起了猛烈的批判。

汉初的社会矛盾是内外交错的。在和亲政策下,匈奴日益强大、猖獗,不断扰边、入侵,构成对汉政权的严重军事威胁。内部,中央

---

① 《阶级》。
② 同上。
③ 《服疑》。
④ 《礼》。

政权和地方封建割据势力的矛盾不可调和，叛乱活动时有发生。经济上，大批农民背本趋末，铸币经商，农业生产受到破坏。而官吏、富商乘机发财，囤积居奇，新的暴发户大量出现。他们富比封君，田连阡陌，权倾人主，奢侈逾制，交通官府，为非作歹。农民则饥寒交迫。日益尖锐恶化的矛盾，构成一幅危机四伏的触目惊心的图画，在贾谊看来犹如干柴下置烈火，形势真是危险极了。贾谊说："夫抱火厝之积薪之下而寝其上，火未及燃，因谓之安"，可乎？"本末舛逆，首尾衡决，国制抢攘，非甚有纪，胡可谓治！"① 危机四伏的形势要求人们奋发有为。然而在"无为"思想的麻痹陶醉下，人们却对一切都处之泰然。贾谊说：

> 今也平居则无芷施（《贾子新书斠补》说，"芷施"即"差池"），不敬而素宽，有故必困。然而献计者类曰"无动为大"耳。夫无动而可以振天下之败者，何等也？曰：为大治，可也；若为大乱，岂若其小。悲夫！俗至不敬也，至无等也，至冒其上也，进计者犹曰"无为"，可为长大息者此也。②

针对由因循苟且，无为而治所引起的时弊，贾谊提出了一系列亟待解决的社会矛盾，并筹划出种种对策，希望能扭转社会危机四伏的局面。

贾谊首先指出：

> 天下之势方病大瘇。一胫之大几如要，一指之大几如股，平居不可屈信，一二指搐，身虑亡聊。失今不治，必为锢疾，后虽有扁鹊，不能为已。病非徒瘇也，又苦蹠盭。元王之子，帝之从弟也；今之王者，从弟之子也。惠王之子，亲兄子也；今之王者，兄子之子也。亲者或亡分地以安天下，疏者或制大权以逼天子，臣故曰"非徒病瘇也，又苦蹠盭"。可痛哭者，此病是也。③

---

① 《治安策》。
② 《孽产子》。
③ 《治安策》。

这是关于中央集权和地方割据势力的矛盾。这个矛盾当时确实是极其严重的。文帝三年，刘兴居（济北王）叛乱。接着淮南王刘长北结匈奴，南联闽越，图谋起兵，吴王刘濞也蠢蠢欲动。不久就发生了吴楚七国的叛乱活动。形势确如贾谊指出的，"尾大不掉，一胫之大几如要，一指之大几为股，病非徒瘇，又苦蹠戾"。

关于生产形势，贾谊指出："今汉兴三十年矣，而天下愈屈，食至寡也，陛下不省耶？未获年，富人不贷，贫民且饥；天时不收，请卖爵鬻子，既或闻耳。……天下无蓄若此，甚极也。"① 社会贫富的分化已如此严重，而大量人力经商、采铜、铸币，不事农业生产，使形势更趋恶化。贾谊说："今背本而以末，食者甚众，是天下之大残也；从生之害者甚盛，是天下之大贼也；汰流、淫佚、侈靡之俗日以长，是天下之大祟也。……生之者甚少而靡之者甚众，天下之势何以不危！"② "夫农事不为，而采铜日蕃，释其耒耨，冶熔炉炭。奸钱日繁，正钱日亡。善人怵而为奸邪，愿民陷而之刑戮。黥罪繁积，吏民且日斗矣。少益于今，将甚不祥，奈何而忽？"③

经商、铸钱、采铜，大量的暴发户滋生出来，和贪官污吏狼狈为奸，急奇斗艳，竞为侈靡，弄得社会风俗败坏。贾谊说：

> 世以俗侈相耀，人慕其所不如，悚迫于俗，愿其所未至，以相竞高，而上非有制度也。今虽刑余鬻妾下贱，衣服得过诸侯、拟天子，是使天下公得冒主而夫人务侈也。④

> 今俗侈靡，以出伦逾等相骄，以富过其事相竞。今世贵空爵而贱良，俗靡而尊奸；富民不为奸而贫为里骂，廉吏释官而归为邑笑；居官敢行奸而富为贤吏；家处者犯法为利为材士。故兄劝其弟，父劝其子，则俗之邪至于此矣。⑤

> 今世以侈靡相竞，而上无制度，弃礼仪，捐廉丑，日甚，可

---

① 《忧民》。
② 《无蓄》。
③ 《铸钱》。
④ 《瑰玮》。
⑤ 《时变》。

> 谓月异而岁不同矣。……盗者虑探柱下之金，掇寝户之帘，攓两庙之器，白昼大都之中剽吏而夺之金。矫伪者出几拾万石粟，赋六百余万钱，乘传而行诸侯，此其无行义之尤至者已。①

治安恶化，法制不存，"剉大父"，"贼大母"，"刺兄"，光天化日之下抢劫行凶，诈骗招摇，假冒无忌。吏民互斗，黥罪繁积。在贾谊看来，简直是国已不国。然而"用事之人未必此省，为人上弗自忧，魄然事困，乃惊而督下曰：'此天也，可奈何'？"② 对这种情况，贾谊是担心极了！针对这些形势和矛盾，贾谊提出了一系列对策和措施。

关于削弱地方分封割据势力，贾谊提出"众建诸侯，而少其力"③ 的建议，希望通过让诸侯国分为若干国，分王其子孙，以化大为小，以削弱诸侯国的力量。他说："其分地众而子孙少者，建以为国，空而置之，须其子孙生者，举使君之。"④ 诸侯国力量小了，"力少则易使以义，国小则无邪心。"⑤ 贾谊指出：

> 窃迹前事，大抵强者先反。淮阴王楚最强，则最先反；韩王信倚胡，则又反；贯高因赵资，则又反……卢绾国比最弱，则最后反。长沙乃才二万五千户耳，力不足以行逆，则功少而最完，势疏而最忠。全骨肉时长沙无故者，非独性异人也，其形势然矣。⑥

对反叛的诸侯，贾谊则建议恩威并举，"以刑去刑"。他说：

> 屠牛坦一朝解十二牛，而芒刃不顿者，所排击剥割，皆众理解也。至于髋髀之所，非斤则斧。夫仁义恩厚，人主之芒刃也；

---

① 《俗激》。
② 《忧民》。
③ 《藩强》。
④ 《五美》。
⑤ 《藩强》。
⑥ 《藩强》。

权势法制，人主之斤斧也。今诸侯王皆众髋髀也，释斤斧之用，而欲婴以芒刃，臣以为不缺则折。胡不用之淮南、济北？势不可也。①

文帝前元十一年（公元前 169 年），梁怀王坠马死，贾谊建议："为梁王立后，割淮阳北边二三列城与东郡以益梁；不可者，可徙代王而都睢阳，梁起于新郪以北著之河，淮阳包陈以南楗之江。则大诸侯之有异心者，破胆而不敢谋。梁足以扞齐、赵，淮阳足以禁吴、楚，陛下高枕，终亡山东之忧矣。此二世之利也。"② 建议的实质是利用加强文帝两个儿子淮阳王刘武和代王刘参的势力以钳制齐、赵、吴、楚。文帝基本上采纳了这一建议，在以后的反割据势力斗争中，起了积极的作用。

贾谊提出由国家垄断采铜，铸币的建议。他说这有七大好处：

上收铜勿令布下，则民不铸钱，黥罪不积，一、铜不布下，则伪钱不繁，民不相疑，二、铜不布下，不得采铜，不得铸钱，则民反耕田矣，三、铜不布下，毕归于上，上挟铜积，以御轻重，钱轻则以术敛之，钱重则以术散之，则钱必治，货物必平矣，四、挟铜之积以铸兵器，以假贵臣，小大多少，各有制度，以别贵贱，以差上下，则等级明矣，五、挟铜之积，以临万货，以调盈虚，以收奇羡，则官必富而末民困矣，六、挟铜之积，制吾弃财，以与匈奴逐争其民，则敌必坏矣，此谓之七福。③

贾谊要求重本抑末，他说：

夫奇巧末技，商贩游食之民，形侁乐而心悬愆，志苟得而行淫侈，则用不足而蓄积少矣；即遇凶旱，必先困穷迫身，则苦饥甚焉。今驱民而归之农，皆著于本，则天下各食于力。末技、游

---

① 《治安策》。
② 《请封建子弟疏》。
③ 《铜布》。

食之民转而缘南亩，则民安性劝业而无悬愆之心，无苟得之志，行恭俭蓄积而人乐其所矣。[1]

这些措施，以后在武帝时都实行了，对于巩固封建政权，起了有力的作用。

四 贾谊融合儒法的思想特点

贾谊关于当时现实矛盾的一系列分析和建议，贯穿着黄老法家的权谋策略思想及功利的计算，所以司马迁曾说"自曹参、盖公言黄老，而贾生、晁错明申、商"[2]。把贾谊划入法家。但是实际上贾谊的这些分析、建议中，贯穿着儒家的思想和精神，因而和申、商、韩非的法家思想有重大的区别。

贾谊思想的基本出发点是分清本末，主张文、武刑德两手并用。认为权势法制和仁义德教都是为政治目的服务的手段，两者不可偏废。但手段是可以随时变化的，也可以随时收起不用，这就既和申、商、韩非的法家思想有了区别，也和孔孟的思想有重大区别。

申、商、韩非片面强调法治，认为仁义和法治、爱和利是矛盾的。法制权势，不仅是手段，也是目的。孔孟则把道德和功利对立起来。"何必曰利？亦有仁义而已矣！"[3] 认为道德仁义不能包含功利的目的。贾谊则把两者统一起来，提出"亲爱利子谓之慈，反慈为嚣。……爱利出中谓之忠，反忠为倍"[4]。认为爱和利是对立统一、相互结合、不可偏废的。所以贾谊所表现的是荀子融合儒法为一的新儒家思想的特点。

正是这种特点，使贾谊对当时诸侯割据的危险形势的分析和对策，既有法家的深谋老虑，刻薄寡恩；又充满儒家的仁义情谊，不纯以利益为计。如在《权重》篇中，贾谊建议文帝及早采取措施，解

---

[1] 《瑰玮》。
[2] 《史记·太史公自序》。
[3] 《孟子·梁惠王上》。
[4] 《道术》。

决诸侯叛乱问题时，完全从儒家的"智"、"仁"立论，说："今陛下力制天下，颐指如意，而故成六国之祸，难以言知矣。""乱媒日长，熟视而不定。万年之后，传之老母弱子，使曹、勃不宁制，可谓仁乎？"这"仁"是包括双方的，既是对文帝的老母弱子而言，也是对曹（参）周勃可能不宁制不安分而必然招致的身败名裂的效果而言。这种精神是商、韩的刻薄寡恩所不具备的。在论证必须建立和严格等级秩序时，也既有法家尊君卑臣的精神，又贯彻着儒家"别贵贱、明尊卑"①，"谨守伦纪"②的礼制原则，并处处引孔子的言论作为根据。即便对付匈奴那样露骨的敌对者之间的利害计较中，也不乏儒生的道德和仁义忠信的迂腐的说教。而关于"奢侈逾制"及种种"弃礼仪"，"损廉丑"，强化等级制度及强本抑末的建议，固然与法家的精神相通，但贾谊着重强调和作为出发点的东西，也仍然是儒家的礼义廉耻；念念不忘的是害怕重蹈商君"违礼义，弃伦理，并心于进取"的覆辙。

在《铜布》中，贾谊要求把采铜权利收归国有，重要原因之一也是认为老百姓铸钱犯法，"黥罪日积，是陷阱也"，表现出某种情谊和人道的精神。

贾谊的礼治思想，也反映儒法结合的特点。因此当他强调礼的时候，礼是与法制、威严结合的。而当他强调法的时候，又总是把法和仁爱情谊联系起来，如说：

> 道德仁义，非礼不成；教训正俗，非礼不备；分争辩讼，非礼不决；君臣、上下、父子、兄弟，非礼不定；宦学事师，非礼不亲；班朝治军，莅官行法，非礼威严不行。

> 礼者，所以固国家，定社稷，使君无失其民者也。主主臣臣，礼之正也；威德在君，礼之分也；尊卑大小，强弱有位，礼之数也。礼，天子爱天下，诸侯爱境内，大夫爱官属，士庶各爱其家。失爱不仁，过爱不义。故礼者，所以守尊卑之经、强弱之

---

① 《等齐》。
② 《服疑》。

称者也。①

这正是荀子"礼者法之纲纪,类之大分"思想的发挥。

贾谊的民本思想也渗透儒法融合的精神:一方面,民是国本,民力可畏,认为民是异己的必须好好加以控制和驾驭的力量。另一方面,又不同于法家,而主张"爱民",乐民,富民。贾谊说:

> 闻之于政也,民无不为本也。国以为本,君以为本,吏以为本。故国以民为安危,君以民为威侮,吏以民为贵贱。此之谓民无不为本也。②
>
> 夫民者,万世之本也,不可欺……故夫民者,大族也,民不可不畏也。故夫民者,多力而不可适也。呜呼!戒之哉!戒之哉!与民为敌者,民必胜之。③

这里突出了民力的可畏!民本质上是与君对立的异己的力量。不仅如此,贾谊还说:"民之为言也,瞑也;萌之为言也,盲也。……故民者积愚也。"④ 认为"民为大族",而又"积愚",不好好地驾驭掌握,是很危险的。但贾谊不像法家那样,单纯依靠赏罚去控制,以民为禽兽、动物,主张富民、乐民、爱民。提出"吏以爱民为忠"⑤,任免官吏时,要考虑民的称誉。"明上选吏焉,必使民与焉。故士民誉之,则明上察之,见归而举之。"⑥《管子·治国》说:"凡治国之道,必先富民。"贾谊继承发挥了这些思想。

先秦,以荀子为代表,儒家思想走上了新的轨道,即融合、吸收法家思想,为强化封建专制集权服务,从而和以孔、孟为代表的儒家有性质的区别。贾谊的思想,体现了《荀子》思想的这一特色。

---

① 《礼》。
② 《大政上》。
③ 同上。
④ 《大政下》。
⑤ 《大政上》。
⑥ 《大政下》。

五 贾谊的唯物主义认识论和辩证法思想及其矛盾

贾谊对政治形势的敏锐而深刻的观察，得力于他对历史经验的总结和法家思想的影响，也得力于他的唯物主义认识论和辩证法思想的帮助。

在《鵩鸟赋》中，贾谊提出万物自然变化的观点。他说："天地为炉兮，造化为工；阴阳为炭兮，万物为铜。合散消息兮，安有常则？千变万化兮，未始有极！"就是说，万物的产生和变化，是天地、阴阳相互作用的结果。没有主宰，也没有常则；没有静止，也没有止境。它的变化是自然的，也是永恒的。"万物变化兮，固无休息"，因此，一切都要"因时变化"。

贾谊看出事物是对立的，对立面相互依存，又相互转化。他说："祸兮福所倚，福兮祸所伏；忧喜聚门兮，吉凶同域。"① 认为吉凶与祸福相互对立，又相互依存，转化，而在吉凶祸福的转化中，人能起有力的作用。"彼吴强大兮，夫差以败；越栖会稽兮，勾践霸世。"② "命不可说兮，孰知其极！"谁能知道"命"的变化的法则呢？重要的是自己的努力。

《大政上》说：

> 故夫灾与福也，非粹在天也，必在士民也。行之善也，粹以为福已矣；行之恶也，粹以为灾已矣。故受天之福者，天不功焉；被天之灾，则亦无怨天矣，行自为取之也。

就是说，祸之与福，成功之与失败，是人们自己的行为决定的。这是鲜明而强有力的人定胜天思想。贾谊对汉初政治形势的深刻分析及其一系列对策的提出，都是基于这种思想的指导。

在认识论上，贾谊指出，人具有认识事物发展趋势的能力，只要

---

① 《鵩鸟赋》。
② 同上。

善于学习，广求知识，就可以预知人世的祸福和治乱，他说：

> 世主有先醒者，有后醒者，有不醒者。彼世主不学道理，则嘿嘿然惛于得失，不知治乱存亡之所由，忳忳然犹醉也。
>
> 贤主者学问不倦，好道不厌，锐然独达乎道理矣。故未治也知所以治，未乱也知所以乱，未安也知所以安，未危也知所以危。故昭然先寤乎所以存亡矣，故曰先醒。[1]

贾谊强调要做"先醒者"，不要做"后醒者"和"不醒者"。所谓"先醒"、"后醒"、"不醒"，不是先天决定的，是由人的主观努力所造成的。醒，指人的认识。贾谊认为，只要"学问不倦，好道不厌"，就可以明白祸福、存亡、兴衰的道理，在危险、灾祸没有到来的时候，防患于未然，解除造成危险的原因和因素；在国家正在混乱的时候，指出结束混乱，求得治理的道路。贾谊对人的认识能力高度信任，对治乱祸福是由客观规律决定的，深信不疑，表现出坚强的唯物主义信念和可贵的理性主义倾向。贾谊政治思想的积极因素与这种认识论有密切的联系。

但贾谊的天命与天人感应思想也很严重。他相信孟子"五百年之间必有王者兴"的天命论。他说："臣闻之，自禹以下五百岁而汤起，自汤以下五百余年而武王起。故圣王之起，大以五百为纪。"[2] 他认为文帝时"天纪又当"，应该出现盛世大治的局面。

他还相信天人感应，说"凡治不得，应天地星辰有动，非小故也"[3]，对历史上许多迷信的记载，如楚惠王食寒菹而得蛭，因遂吞之，行仁德，得天报；晋文公出猎，遇大蛇，退而修政，梦诛大蛇天报以福等，都深信不疑，引为教诫。在《耳痹》中，他列举历史上的好些事件，证明"诬神而逆人，则天必败其事"，认为"天之处高，其听卑，其牧芒，其视察。故凡自行，不可不谨慎也"，宣扬有神论思想。

---

[1] 《先醒》。
[2] 《数宁》。
[3] 《铸钱》。

在《鵩鸟赋》中，他又从"命不可说兮，熟知其极"中，引申出"天不可预虑兮，道不可预谋，迟速有命兮，焉识其时"的宿命论思想。面对自己坎坷的命运和政治上的挫折，陷入了严重的悲观消极状态，叹息"其生兮若浮，其死兮若休；澹乎若深渊之静，泛乎若不系之舟。不以生故自宝兮，养空而浮；德人无累兮，知命不忧"。对生死固然置之度外，对自己曾经珍惜的事业，也一概视若浮尘。"愚士系俗兮，窘若囚拘；至人遗物兮，独与道俱。""众人惑惑兮，好恶积亿；真人恬漠兮，独与道息。释智遗形兮，超然自丧；寥廓忽荒兮，与道翱翔。"在命运的压力面前疲惫、悲观，完全屈服了。终于因怀王坠马死，后不久，心力交瘁，忧伤而亡。这种悲惨的结局，固然是封建制度造成的，他的世界观的消极方面无疑也起了重要的作用。

六　韩婴的儒家思想

韩婴是汉初的大儒。《汉书·儒林传》说：

> 韩婴，燕人也。孝文时为博士。景帝时至常山太傅。婴推诗人之意，而作内外传数万言。其语颇与齐鲁间殊，然归一也。……武帝时，婴常与董仲舒论于上前，其人精悍，处事分明，仲舒不能难也。

韩婴论《诗》的著作，《汉书·艺文志》著录有《韩诗内传》四卷，《韩诗外传》六卷。《韩诗内传》四卷，《隋书·经籍志》未著录，现存的《韩诗外传》十卷，据杨树达的意见，即包括《内传》四卷与《汉志》著录的外传六卷①。从《韩诗外传》看，韩婴的儒家思想没有形成体系，但基本立场是十分清楚的。

和陆贾、贾谊一样，韩婴对秦的苛政暴刑进行严厉的批判，认为秦代速亡的根本原因是仁义不施。《韩诗外传》卷五第十六章说："秦之时，非礼义，弃诗书，略古昔，大灭圣道，专为苟妄，以贪利

---

① 杨树达：《汉书窥管·艺文志》。

为俗，以告猎为化，而天下大乱。"吸取秦朝灭亡的教训，韩婴强调儒家仁义礼乐对于治理国家的至关重要的意义。卷一第五章说："在天者莫明乎日月，在地者莫明于水火，在人者莫明乎礼义。""礼义不加乎国家则功名不白。故人之命在天，国之命在礼。"认为"礼"是国家安危存亡之所系。那么，什么是礼？韩婴认为，礼的基本含义是等级秩序，但是也包括礼容，即作为道德修养规范的"礼"及礼仪规定。卷五第十章说："礼者则天地之体，因人之情而为之节文者也。"卷四第二十四章说："爱由情出谓之仁，节爱理宜谓之义，致爱恭谨谓之礼，礼谓之容。"认为礼是恭谨之心的表现，和仁、义是由情爱产生的一样，礼也不单是社会的强制性的结构和规定。

汉初，除秦苛政的人民大起义的胜利，给政治家、思想家创造了驰骋理想之治和理想之世的大好机会。陆贾提出了"无为"之治的至德之世，韩婴也提出自己的理想和蓝图。《韩诗外卷》卷三第三十五章说："王者之法，等赋正事，田野什一，关市讥而不征，山林泽梁，以时入而不禁。相地而衰正，万物群来，无有流滞，以相通移。近者不隐其能，远者不疾其劳，虽幽闲僻陋之国，莫不趋使而安乐之。夫是之谓王者之法，等赋正事。"这理想，在汉初，可以说是基本上实现了的。韩婴又说：

> 古者八家而井田。……八家为邻，家得百亩。……八家相保，出入更守，疾病相忧，患难相救，有无相贷，饮食相招，嫁娶相谋，渔猎分得，仁恩施行，是以其民和亲而相好。

他希望孟子的这种井田和宗法王道理想也能在汉代实现。但现实情况却恰好相反，"今或不然。令民相伍，有罪相同，有刑相举，使构造怨仇，而民相残"[①]。对此韩婴进行了强烈的谴责。

但韩婴并不一般地反对法治，相反，《韩诗外传》中法家思想占有相当重要的地位。韩婴认为，理想的政治是使民"亲其正而爱其事"。其次是"亲其正而敬其事"。第三等的是"亲其正而畏其

---

① 《韩诗外传》卷四第十三章。

事"①。对后者韩婴的态度虽然是贬抑的，但并没有根本否定。韩婴提倡"御民有道"。在他的眼中，民并不享有在孟子思想中那样的地位，而是一种可畏可惧，应该好好驾驭的异己的力量。卷三第七章提出："修礼以齐朝，正法以齐官"，认为"法则度量正乎官，忠信爱利刑乎下"，这样，百姓"爱之如父母，畏之如神明"，才能达到国家安定的目的。卷三第二十二章，把礼比作辔衔，刑比作鞭策。认为和驭马一样，两者同是治国必须采用的手段。应该同时并用，不可偏废。

韩婴认为王道仁政中应该包括重法爱民的霸术。他分仁为四等："圣仁"、"智仁"、"德仁"、"碌（廉）仁"。韩婴认为"仁碌"则"其德不厚"，但是"碌仁虽下，然圣人不废者，匡民隐括，有在是中者也"。碌仁的廉直精神近于法家，以疾恶如仇为特点，"弗顾弟兄，以法度之"②，韩婴认为这种"碌仁"精神对治理国家，为民伸张正义，是十分必要的。"碌仁"是仁和法的结合，因而是融合着法家精神的儒学。

在人性论方面，韩婴的主导思想是孟子性善的思想。卷二第三十四章说："夫人者说人者也，形而为仁义，动而为法则。"这是很明确的孟子性善、"人皆有四端"的观点。故卷四第二十七章引孟子的话"仁，人心也。义，人路也"。"学问之道无他焉，求其于心而已。"对之加以引申和发挥。卷六第十六章又明确说，"天之所生，皆有仁义礼智顺善之心。……无仁义礼智顺善之心，谓之小人"。人皆有"四端"的思想更明确。但韩婴同时又发挥荀子的人性观点。卷二第七章说："孔子曰：'口欲味，心欲佚，教之以仁。心欲安，身欲劳，教之以恭。好辩论而畏惧，教之以勇。目好色，耳好声，教之以义。"结论是强调要"防邪禁佚，调和心志。"按荀子的观点，好佚恶劳，是人的自然本性，如果顺着人的这种本性发展，就会为非作恶，所以要依靠人的"大清明"，通过学习，接受教育，以化性起伪。韩婴所谓"口欲味"，"心欲佚"，"目好色"，"耳好声"，等等，正是荀子关于人性恶的观点。所以得出的结论也是和荀子类似的，强调心即理性的作用，要求以社会的礼义、教育化性起伪，"防邪"、

---

① 《韩诗外传》卷二第十一章。
② 《韩诗外传》卷一第二十五章。

"禁佚"。

所以，和汉初所有思想家一样，韩婴的思想是复杂的，在人性论上没有建立起自己的"体系"。不过，在韩婴思想中也有调和二者以建立新的人性论的萌芽。如《韩诗外传》卷五第十七章说："茧之性为丝，弗得女工燔以沸汤，抽其统理，则不成为丝。卵之性为雏，不得良鸡覆伏孚育，积日累久，则不成为雏。夫人性善，非得明王圣主抉携，内之以道，则不成为君子。"这就是新的观点，开启了董仲舒人性论思想的先河。

在天人关系上，《韩诗外传》继承和发挥荀子的思想，卷二第六章引《荀子·天论》说：

> 《传》曰：雩而雨者何也？曰：无何也，犹不雩而雨也。星堕木鸣，国人皆恐，何也？是天地之变，阴阳之化，物之罕至者也。怪之可也，畏之非也。夫日月之薄蚀，怪星之党见，风雨之不时，是无世而不尝有也。上明政平，是虽并至无伤也。上闇政险，是虽无一无益也。夫万物之有灾，人妖最可畏也。曰何谓人妖？曰枯耕伤稼，枯耘伤岁，政险失民，田秽稼恶，籴贵民饥，道有死人，寇贼并起，上下乖离，邻相暴，对门相盗，礼义不修，牛马相生，六畜作妖，臣下杀上，父子相疑，是谓人妖。妖是生于乱。

韩婴肯定荀子这种无神论和天人相分的思想。故在引述《荀子》思想后，接着说：

> 天地之灾，隐而费也，万物之怪，书不说也。无用之变，不急之察，弃而不治。若夫君臣之义，父子之亲，男女之别，切磋而不舍也。

认为惟一重要的是重人事，以礼义治理国家，基本上发挥了孔子"成事在人"，不语怪力乱神的思想。

在《韩诗外传》中，也有"天罚"、"灾异"的思想。卷一第二十二章引赵宣子答晋灵公的话，说"夫人者天地，其次君臣，所以为顺也。今杀其君，所以反天地，逆人道也，天必加灾焉。晋为盟主而不救，天罚惧及矣"。这是有神论的思想。卷二第三十章又引《传》曰："国无道则飘风厉疾，暴雨折木，阴阳错氛，夏寒冬温，春热秋荣，日月无光，星辰错行，民多疾病，国多不祥，群生不寿，而五谷不登。"卷三第二章、第三章都宣扬天见妖，罚有罪的神学思想，等等。这些以后在董仲舒著作中得到了系统的发挥。

七 汉初儒家思想的特征和历史地位

陆贾、贾谊和韩婴的思想各有自己的特点。陆贾《新语》的基本内容和性质是政论，由总结历史经验，主要是秦代统治和灭亡的经验教训，而提出治国应该遵循的方针和理想。由于汉代政权刚刚建立，实际的社会政治矛盾没有展开，所以关于现实的社会政治问题，在陆贾著作中没有得到反映。与陆贾相比，贾谊的思想前进了一步，由历史经验的总结，过渡到了对社会现实情况的研究。① 《新论》的重要内容，如《治安策》、《过秦论》等等，虽然也是政论，但思想的理论色彩浓厚了，深度进展了，内容更加切合汉初社会政治的实际需要，反映了大量尖锐的社会、政治矛盾，有强烈而鲜明的时代特色。但陆贾和贾谊都是政治家，不是学者，韩婴则不同，是学者，不是政治家。故《韩诗外传》主要是学术思想，而不是政论。其中虽有历史经验的总结，但主要是借对儒家经典的解释，以发挥自己对儒家思想的理解。因此，韩婴的思想可以看作儒家由汉初的政论向建立新的系统的哲学理论和意识形态的过渡。

陆贾、贾谊、韩婴三人的所处的历史阶段和个人身份、特点不同，决定了三人思想理论的不同面貌。但是他们的思想又有着共同的特点，即在三人著作中，孟荀思想虽尚未分野，但荀子的影响占据了主导的地位。其表现形式是儒法融合，以法家的精神理解儒家的仁义礼制，或在儒家思想中渗透以法家的思想和观点。

荀子时代，新兴地主阶级已经壮大，新的封建中央集权的专制主

---

① 参阅任继愈先生主编《中国哲学发展史（秦汉）》，关于陆贾和贾谊的区别，那里有详尽精到的论述。

义统治正在建立，荀子思想以融合儒法为特征，是这种社会情况的反映。"汉承秦制"。汉代统治集团在黄老清静思想下所实际推行的法家政治，不仅比荀子时更经历了长久的时间，且中央集权作为一种现实的强制力量，摆在思想家面前，更不能不使他们自觉或不自觉地深受法家的影响。所以陆贾、贾谊等人，不仅没有儒家一贯具有的浓烈的书生迂腐气；不仅对政治形势有十分清醒、深刻的了解，提出了许多只有法家政治家才能提出的建议；而且对民的看法，对君的态度，对重建等级制度的强调，对树立中央专制集权的权威、削弱诸侯王的割据势力的关注，对仁义的功利性的了解等等，无不打上法家思想的深深的烙印。因此，尽管他们的著作中充满温情脉脉的宗法情谊，不时显露出温柔敦厚，重视礼乐诗教的儒家风韵，宣扬孟子式的爱民、爱人和人性善的人道词句，但基调、主线和实质，却不能不是《荀子》的思想。也正是这些思想，在当时发生了实际的影响，并为董仲舒所继承和发挥，而成为董仲舒思想的重要特征。

和董仲舒思想比较，陆贾、贾谊、韩婴的思想还处于先行阶段。对于先秦的儒家，他们基本上是就事论事，借题发挥，进行解释。由于未形成新的体系，杂家的特点比较突出。在《韩诗外传》中，既宣扬荀子"明天人之分"的思想，又宣扬有神论和天人感应思想；既宣扬荀子的性恶论，又宣扬孟子的性善论；既宣传荀子式的民本思想，又宣扬孟子式的王道仁政和民贵君轻思想；既重视功利，又要求有超功利的道德。贾谊的思想也有这种情况。有时重视仁义礼制，有时又大讲刑罚和法制，可谓"慢约而无统"。只是到董仲舒时，这些因素才初步经过周密的思考与组织，在统一的基础上形成一种体系。因此，从陆贾到董仲舒，儒家思想的演变，一方面可以看作一种持续不断前后相继的发展，一种有着共同目标和倾向的向前的思想运动；一方面又可以看作一种从量变到部分质变到质变（新体系的建立）的"飞跃"。董仲舒思想的出现是飞跃和质变的完成。由于它以新的基础和面貌出现，从而使儒家思想进入了一个新阶段。陆贾的仁义为本思想，天人感应思想；贾谊的民本思想，严格等级制度的思想，礼制法治互相结合的思想；韩婴的人性论思想，孟子式的井田、仁政理想以及他们对《春秋》历史经验的研究，都被董仲舒加以吸收融合而成为其统一的思想体系的重要组成部分。

第四章

汉代自然科学方法论及其与哲学的相互影响

汉代以董仲舒为代表的神学经学哲学形态的建立，不仅是汉初社会政治、经济及儒家思想发展的结果，也是自然科学对哲学产生决定性影响的结果。随着自然科学领域中每一个划时代的发现，哲学必然要改变自己的形式。这不仅在近代是如此，在古代也是如此；不仅唯物主义哲学是如此，唯心主义哲学也是如此。因为只要是真正的哲学，它必然以这种或那种形式，正面地或歪曲地反映自然科学的影响。哲学是社会知识与自然知识的概括与总结。哲学离开自然科学的成果，就是无源之水，无本之木。汉代哲学与自然科学的关系，比之中国哲学的其他时期（如先秦、魏晋或宋明）或其他哲学形态（如玄学与理学等），尤其明显地体现了这一真理。

一 秦汉自然科学成果

中国古代自然科学曾取得飞跃的发展与光辉的成就，其中农学、天文学、医学、乐律，更居于世界的前列。这些领域的成果及其研究方法，既反映了哲学对自然科学的深刻影响，又反转来促进了汉代哲学的发展，并使它具有自己独特的风貌。

首先是农业。

汉代农业生产取得了巨大进展。农业的商品生产和专业生产已相当发达。如司马迁所说，"渭川千亩竹"、"江陵千树桔"、"齐鲁千亩桑麻"、"千亩姜韭"、"千亩卮茜"、"其人皆与千户侯等"①。这虽然不必理解为到处都有这样的庄园，但可以想见，林业和蔬菜、经济作物的商品率很高。《汉书》还记载了长安帝王陵寝园陵中的温室，冬天可以生产新鲜蔬菜。而从河北昌黎出土的巨型犁铧，甘肃古浪陈家河出土的铁犁铧，马王堆三号墓发现的带凹形铁口的木柄铁器来看，汉代的铁制农具已相当进步。②

天文学方面，战国时代我国的天文观察已有长足发展。魏人石申的石氏星表（见唐代《开元占经》）记载了120颗恒星的位置。到汉初，《史记·天官书》记录的星数已达500颗，分为91个星官。东汉初年成书的《汉书·天文志》记载的"经星常宿中外官凡百一十八名，积数七百八十三星"。张衡的《灵宪》则指出，"中外之官，常明者百有二十四，可名者三百二十，为星二千五百，而海人之占未存焉。微星之数，盖一万一千五百二十"③。由此可见汉人对星象的观察，不仅持续不断，且取得了巨大进展。

对行星运动的认识，战国时期，已发现行星有逆行现象。马王堆三号汉墓（公元前168年）帛书《五星占》，详细开列了秦王政元年（公元前246年）到汉文帝三年（公元前177年）共七十年间土、木、金星的位置及五大行星的会合周期，证明汉初对行星的观察，水平很高。如金星会合周期为584.4日，比今观测值仅大0.48日。土星会合周期为377日，比今测值仅小1.09日。这样精密的数值一定和精确的观察方法有密切的联系。

对日食的观测也极为重视。汉人记录的日食有方位、初亏、复圆的时刻及亏、起方向。如《汉书·五行志》，记载武帝征和四年（公元前89年）的一则日食说："八月辛酉晦，日有食之，不尽如钩，在亢二度，晡时（下午四、五点）食，从西北、日下晡时复。"《淮南子·天文训》则指出太阳有黑子现象，说："日中有踆乌。"《汉书·五行志》对太阳黑子的记载更为明确，说元帝永光元年（公元前43年），"日黑居仄，大如弹丸"。又载河平元年（公元前28年），

---

① 《史记·货殖列传》。
② 参阅《中国近代农业技术简史》，辽宁人民出版社1979年版。
③ 《全后汉文》卷五十五。

"三月乙未,日出黄,有黑气,大如钱,居日中"。这是世界公认的最早黑子记载。

对北极光现象,我国天文学家也很注意观察。《汉书·天文志》记载:"孝成(帝)建始元年(公元前32年),九月戊子,有流星出文昌,色白,光烛地,长可四丈,大一围,动摇如龙蛇行。有须,长可五六丈。大四围所,诎折委曲,贯紫宫西,在斗西北子亥间,后诎如环,北方不合,留一(刻)所。"这些记载说明,汉代在天文观测方面是居于世界前列的。

天文理论方面,提出了盖天说、浑天说、宣夜说三种学说。《尚书·考灵曜》还提出:"地有四游。冬至,地上北而西三万里,夏至,地上南而东三万里,春秋二分其中矣。"指出:"地恒动不止,而人不知","比如人在大舟中,闭牖而坐,舟行不觉也"。

关于天体演化,在屈原的《天问》中,已提出了一系列问题,说明战国时期人们对此做了思考。汉代围绕这一问题提出了多种答案,成为哲学和天文学研究的重要课题。

音乐方面,先秦建立了五音理论。如《管子·地圆篇》说:"凡听徵、如负猪豕,觉而骇;凡听羽,如鸣马在野;凡听宫,如牛鸣窌中;凡听商,如离群羊;凡听角,如雉登木以鸣,音疾以清。凡将起五音凡首,先主(立)一而三之,四开以合九九,以是生黄钟小素之首,以成宫。三分而益之以一,为百有八,为徵。不无有三分,而去其乘,适足,以是生商。有三分而复于其所,以是成羽。有三分,去其乘,适足,以是成角。"把这段话用算式表示,是:

$1 \times 3 \times 3 \times 3 \times 3 = 9 \times 9 = 81$(宫)

$81 \times \dfrac{4}{3} = 108$(徵)

$108 \times \dfrac{2}{3} = 72$(商)

$72 \times \dfrac{4}{3} = 96$(羽)

$96 \times \dfrac{2}{3} = 64$(角)

五音相生的顺序是81(宫)→108(徵)→72(商)→96(羽)→64(角)。音的高低次序是108(徵)→96(羽)→81(宫)→72

（商）→64（角）。这种三分损益法，先以一条空弦的长度为基础，依次乘以 2/3 或 4/3，即加长 1/3，或缩短 1/3，以得出管弦的不同长度，产生不同振动频率而形成不同的五音，在五音之后又逐渐增加为七音。

三分损益法不仅是产生五音的基础，也是十二律的基础。所谓律是指音高。《吕氏春秋·音律篇》算全了十二律的弦上音位，指出："黄钟生林钟，林钟生太簇，太簇生南吕，南吕生姑洗，姑洗生应钟，应钟生蕤宾，蕤宾生大吕，大吕生夷则，夷则生夹钟，夹钟生无射，无射生仲吕。三分所生，益之一分以上生；三分所生，去其一分以下生。黄钟、大吕、太簇、姑洗、仲吕、蕤宾为上；林钟、夷则、南吕、无射、应钟为下。"这就是所谓隔八相生法。黄钟、太簇、姑洗、蕤宾、夷则、无射为六阳律。大吕、夹钟、仲吕、林钟、南吕、应钟为六阴律。阳律为律，阴律为吕。黄钟为元声，余声依十二律的次序循环计算，每隔八位，照黄钟管长加或减三分之一以得之。

五音十二律之外，又发明了"旋宫"方法。《礼记·礼运》说："五音六律十二管，旋相为宫也。""旋宫"即转移主调位置，一个调可以"旋宫"十二次，五种调式共可得六十调。①

这里值得注意的是相生、三分损益、循环以及"旋宫"可得六十调的观念。因为这些观念包含着音乐是一个整体、一个系统以及系统各单元之间是相互和谐协调的思想，包含着强调三分法的思想。它对以后中国哲学特别是汉代哲学的发展，产生了重大影响。

医学方面，先秦至汉初的成就更为辉煌，以经络针灸理论而论，春秋时代，我国已有相当发展的经络著作。长沙马王堆三号汉墓出土的帛书中，有几种是专论经络的，取名为《足臂十一脉灸经》、《阴阳十一脉灸经》，后者又分甲本、乙本，据考证，可能总结了春秋时代的医学成果。其中提到："三阴之病乱，不过十日死"；"楯温如三人参舂，不过三日死"。"三人参舂"即"三联律脉"，又叫"奔马律脉"，是心脏病趋于严重的表现。

长沙马王堆三号汉墓还出土了《脉法》、《阴阳脉死候》、《五十

---

① 参阅谬辅叔编著《中国古代音乐简史》，人民音乐出版社 1982 年版。

二病方》、《却谷食气》、《导引图》、《养生方》、《杂疗方》、《胎产书》、《十问》、《合阴阳》、《杂禁方》、《天下至道谈》等十二种古医学佚书。其中《五十二病方》，记录了五十二种疾病，一百多个病症。每病之下，开列一二个甚至二十多个医方，总计有二百八十三个方剂。所用药物，达二百五十多种、约三分之一见于以后的《神农本草经》。药剂分做汤、酒、丸、荼等剂型。治疗方法有砭法、药物、手术、熏洗、熨帖、按摩和一种与后来拔火罐法近似的角法，涉及内科、外科、妇产科、儿科、五官科等，相当广泛、全面。

特别值得注意的是，治疗外科疾病的方剂用到水银，这是世界上最早的关于水银和水银医用的记载。如治"乾骚"（疥）方，以雄黄、水银加油脂磨敷。水银（Hg）和雄黄〔主要成分为硫化砷（AsS）〕化合生成硫化汞（HgS），即朱砂，有安神和治疥功效，说明我国至迟在西汉初年，已发现水银雄黄化合制药方法，这是一项了不起的科学成就。

又如治疽方，由白蔹、黄耆等七药组成，根据骨疽、肉疽、肾疽病症的差异而加减药物的比例，体现了辨证施治，因病立方，灵活用药的治疗原则。[①]

所有这些巨大成就，都有相当系统的医学理论作为指导。这些理论汇集、总结于《黄帝内经》，成为以后一直指导祖国医学实践的医学经典著作。

以《黄帝内经》为重点，结合剖析其他自然科学，可以具体地揭示汉代自然科学与哲学的相互联系及影响。这种影响可分为四个方面：（1）天人相应、天人一体的基本观念；（2）认识论的经验主义和信息思想；（3）系统观念和辩证法思想；（4）哲学和自然科学在内容上的相互渗透。下面分别予以论述。

二 天人相应、天人一体的基本观念

贯穿于《黄帝内经》的根本观点是天人相应和天人一体的思想。它包括两重含义，一是认为人是自然的一部分，是天的缩影。人与天

---

① 参见戴应新《解放后考古发现的医药资料考述》，载《考古》1983年第2期。

是有机统一的，天人相与，天人相应，不能离开天而考察人。二是认为，支配天即自然的基本规律，如阴阳运行规律，五行生克规律，同样也支配人。因此，《内经》认为研究人的疾病及其治疗方法，不能孤立地就事论事，而应着眼于人这个整体的形成和发展，而对人的研究，又必须从人是自然的产物，是自然的有机的部分的观点出发。《素问·阴阳应象大论》（以下引《素问》只注篇名）说：

> 阴阳者，天地之道也，万物之纲纪，变化之父母，生杀之本始，神明之府也，治病必求于本。

就是说，只有站在"天地之道"这样本始的高度，才可能对人体及其疾病有正确的判断和观察。《四气调神大论》说：

> 夫四时阴阳者，万物之根本也，所以圣人春夏养阳，秋冬养阴，以从其根，故与万物沉浮于生长之门。逆其根，则伐其本，坏其真矣。故阴阳四时者，万物之终始也，死生之本也，逆之则灾害生，从之则苛疾不起，是谓得道。

在《内经》看来，人是在自然中产生的，天地、阴阳是它的本根。因此，无论人的形体或精神，都与自然相应。故《阴阳应大象论》说：

> 上古圣人，论理人形，列别藏府，端络经脉，会通六合，各从其经，气穴所发，各有处名；溪谷属骨，皆有所起；分部逆从，各有条理；四时阴阳，尽有经纪；外内之应，皆有表里。
>
> 故天有精，地有形，天有八纪，地有五里（五行化育之理），故能为万物之父母。清阳上天，浊阴归地，是故天地为之动静，神明为之纲纪，故能以生长收藏，终而复始。惟贤人上配天以养头，下象地以养足，中傍人事以养五藏。

《阴阳离合论》说：

> 天为阳,地为阴,日为阳,月为阴,大小月三百六十日成一岁,人亦应之。

《阴阳别论》说:

> 四经(经脉)应四时,十二从应十二月,十二月应十二脉(手三阴三阳,足三阴三阳)。

这些说法的基本观点,都是认为人的身体部位及藏象、经络和天地阴阳有一种相互对应的关系。这种对应关系,其具体内容,如十二月对十二脉,三百六十日对三百六十根骨节,头对天,足对地,等等,当然是十分牵强的。但是透过这些牵强的说法,《内经》表达了一个坚定的信念,即人体是与天地自然联系为一体的,人体的各部分是天地阴阳的产物,是天地、自然变化发展的结果。追本溯源,应该从天地、自然去寻找它的起源。因此,对人体的解释,既不需要求助于神学,从上帝那里去寻找它的说明,或作一种目的论的解释;也毋须持不可知论的观点,认为它是忽然、突然、莫名其妙地产生的。人是自然物,它的经络、脏腑、骨节、四肢,都有条理、经络、来龙去脉,是可以通过细心的研究,加以认识和掌握的。

《三部九候论》还从数的角度提出天人同一。它说:"天地之至数,如于一,终于九焉。一者天,二者地,三者人,因而三之,三三者九,以应九野。故人有三部,部有三候,以决死生,以处百病,以调虚实,而除邪疾。"就是说,人的一身,分为三部,部又分为三候。"上部天,两额之动脉;上部地,两颊之动脉;上部人,耳前之动脉。"然后是中部的天、地、人,下部的天、地、人。这里"三部九候"表面上是一种区分人身部位的编码,实际上则是天人同一的表现。因此它又说:"三而成天,三而成地,三而成人。三而三之,合则为九,九分为九野,九野为九藏。故神藏五,形藏四,合为九藏。五藏已败,其色必夭,夭必死矣。"本来在一般情况下,天指与地相对的天空,但《内经》把天、地、人作为一个整体,这样的天地就是宇宙的总称。所以《内经》关于天人一体的观点,其所谓天是指包括人在内的客观宇宙(大宇宙),个体的人是这个宇宙的缩影

（小宇宙）。

《内经》认为：人体是天地的产物，因此天地的阴阳五行规律，同样支配人体五脏六腑的运行过程。按《内经》的说法，人体的五行图式为：

> 东方生风，风生木，木生酸，酸生肝，肝生筋，筋生心，肝主目。或……在天为风，在地为木，在体为筋，在脏为肝，在色为苍，在音为角，在声为呼，在变动为握，在窍为目，在味为酸，在志为怒。怒伤肝，悲胜怒；风伤筋，燥胜风；酸伤筋，辛胜酸。

> 南方生热，热生火，火生苦，苦生心，心生血，血生脾，心主舌。或在天为热，在地为火，在体为脉，在藏为心，在色为赤，在音为徵，在声为笑，在变动为忧，在窍为舌，在味为苦，在志为喜。喜伤心，恐胜喜；热伤气，寒胜热；苦伤气，咸胜苦。

> 中央，相应的项目为：湿、土、甘、脾、肉、口、黄、宫、歌、哕、思。

> 西方为：燥、金、辛、肺、皮毛、鼻、白、商、哭、咳、忧。

> 北方为：寒、水、咸、肾、骨髓、肝、耳、黑、羽、呻、栗、恐。

五脏相生相克的关系为："肝生筋，筋生心，肝主目。""心生血，血生脾，心主舌。""脾生肉，肉生肺，脾主口。""肺生皮毛，皮毛生肾，肺主鼻。""肾生骨髓，髓生肝，肾主耳。"[1] "肝之心谓之生阳（木生火，阳生气），心之肺谓之死阴（阴主刑杀，火复乘金，金得火亡），肺之肾谓之重阴（俱为阴气，故谓重阴），肾之脾谓之辟阴（土辟水升，故云辟阴）。"[2] 总之，"五藏受气于其所生，传之于其所胜。""气舍于其所生，死于其所不胜。……肝受气于心，传之于

---

[1] 《阴阳应象大论》。
[2] 《阴阳别论》。

脾，气舍于肾，至肺而死。心受气于脾，传之于肺，气舍于肝，至肾而死。脾受气于肺，传之于肾，气舍于心，至肝而死。……此皆逆死也。"①

《内经》关于五行生克的具体描述，从今天来看，有些是有经验根据的，如肝生筋（泛指精血筋骨）、主目，心"生"血等等，但也有些是牵强附会的，如血生脾，脾生肉，肉生肺，肺生皮毛，皮毛生肾等等。这些说法实际上是构造五行生克体系的需要，有不少主观推演的成分。但是，透过这些牵强的说法，同样可以看到《内经》的一个坚定信念，即支配自然运行的普遍规律和法则，同样也支配着人体的生理运动过程。因此，人体的新陈代谢，生老病死现象，不是神秘的，不可知的，而是有规律可循的，它们是一个按一定规律运动、相互之间有着内在联系的过程。

不仅如此。《内经》还认为人的身体素质及健康情况与地理环境有有机的联系。《异法方宜论》说：

> 东方之域，天地之所始生也，鱼盐之地，海滨傍水，其民食鱼而嗜咸，皆安其处，美其食，鱼者使人热中，盐者胜血，故其民皆黑色疏理，其病皆为痈疡，其治宜砭石，故砭石者，亦从东方来。
>
> 西方者，金玉之域，沙石之处……民陵居而多风，水土刚强。其民不衣而褐荐，其民华食而脂肥，故邪不能伤其形体。
>
> 北方者，天地所闭藏之域也，其地高陵居，风寒冰冽，其民乐野处而乳食。
>
> 南方者……其地下，水土弱，雾露之所聚也，其民嗜酸而食胕，故其民皆致理而赤色，其病挛痹。
>
> 中央者，其地平以湿……民食杂而不劳，故其病多痿厥寒热。

大致地反映出地理的差别对人民生活、身体及多发病的影响。这种观察是《内经》"天人一体"思想的一个组成部分。

---

① 《玉机真藏论》。

基于天人合一的原则,《内经》提出治病要本四时,知日月,审逆从。《四时刺逆从论》说:

> 春气在经脉,夏气在孙络,长夏气在肌肉,秋气在皮肤,冬气在骨髓。医生当随所在而辟伏其邪……东风生于春,病在肝,俞在颈项;南风生于夏,病在心,俞在胸胁;西风生于秋,病在肺,俞在肩背;北风生于冬,病在肾,俞在腰股;中央为土,病在脾,俞在脊。……冬病在阴,夏病在阳,春病在阴,秋病在阳。[①]

所有这些从天人一体而得出的观察和结论,既是从哲学的影响而来,又反转来对两汉的哲学思想产生了深刻影响。这种影响是矛盾两重性的。一方面,它使汉代哲学从中汲取营养,对天人关系,做了不少正确的哲学的概括,提出了天人关系是自然关系但两者又能相互影响的精彩的意见;一方面,它又使汉代的经学神学,能够歪曲地利用这些成果,而宣扬神学目的论,宣扬天人感应,从而堵塞人们对天人关系应有的科学的认识。

三 认识论的经验主义与信息思想

《内经》把诊病方法总结为望、闻、问、切四个字。其基础都是临床实践之上的经验和观察。

《内经》也强调由感性到理性的认识推移运动,不过它的推理方法的基本点是"类推","以表知里"和"以我知彼"。

《阴阳应大象论》说:

> 阴在内,阳之守也;阳在外,阴之使也。故善用针者,从阴引阳,从阳引阴,以右治左,以左治右,以我知彼,以表知里,以观过与不及之理,见微得过,用之不殆。

---

① 《金匮真言论》。

《灵枢·本脏》说：

> 视其外应，以知其内脏，则知所病矣。

这种推理方法，虽然能使认识深入一步，即由昭昭入冥冥，但仍然不可能摆脱经验的局限。

如何由表及里？《内经》按阴阳五行的相应关系，做了许多归纳和说明。如：

> 阳胜则身热，腠理闭，喘粗为之俯仰，汗不出而热，齿干以烦冤腹满死，能冬不能夏。阴胜则身寒汗出，身常清，数栗而寒，寒则厥，厥则腹满死，能夏不能冬。①
> 胃不和，则卧不安。②
> 胃脉实则胀，虚则泄。③
> 溺黄赤，安卧者，黄疸。④
> 五气所病：心为噫，肺为咳，肝为语，脾为吞，肾为欠为嚏……⑤
> 肝气热，则胆泄、口苦、筋膜干……脾气热，则胃干而渴，肌肉不仁，发为肉痿。⑥

这里，表现于身体外部的病症：如身热，腠理闭，汗不出，齿干，心烦，腹胀等等是表；胃不和，阳热，阴胜等等是里。《内经》认为，通过归纳、观察外表的病症，就可以知道内部的病原。这就是以表观里。

《内经》又强调见微知著，观于冥冥。它说："视之无形，尝之无味，故谓冥冥，若神仿佛。"意思是病在潜伏期，将发而未发的时

---

① 《阴阳应象大论》。
② 《逆调论》。
③ 《脉要精微论》。
④ 《平人气象论》。
⑤ 《宣明五气篇》。
⑥ 《痿论》。

候，就要能预见病情的发展，如此才是"上工"。"上工救其萌芽，必先见三部九候之气，尽调不败而救之。"如果"救其已成，救其已败"，就是"下工"了。"由微知著"，"观于冥冥"，既可以是认识由感性到理性的飞跃，又可以仍然停留在感性经验领域之内，并非纯粹属于理性的认识方法。

"由我知彼"就是以己度人。我指医生或常人，以医生与病人相比，以得到有关疾病的认识，就是以我知彼。以切脉来说，《平人气象论》指出：

> 人一呼脉再动，一吸脉亦再动，呼吸定息脉五动，闰以太息，命曰平人。平人者，不病也。常以不病调病人。医不病，故为病人平息以调之为法。
>
> 人一呼脉一动，一吸脉一动，曰少气。人一呼脉三动，一吸脉三动而躁，尺热曰病温，尺不热，脉滑曰病风，脉涩曰痹。人一呼脉四动以上曰死。

就是说，正常人一呼一吸脉搏跳动四次，加上定息时跳动一次为五次。如果与医生比较，病人在医生的一呼一吸间，仅跳动两次，就是虚弱，跳动六次且有躁象，尺肤热，为温病。脉象滑的为风病，脉涩为痹病。如果一呼一吸脉搏跳动八次以上，就必死无疑了。这就是所谓"以我知彼……以观过与不及之理"[①]。这种认识方法也是没有摆脱经验的局限的。

就认识论的整体来考察，《内经》的突出特点是十分重视切脉即"信息"对认识的意义。

从东西民族文化和思维方式的比较来看，古代中国表现出自己重大的特点。西方以古希腊为代表，比较重视宇宙的非连续性方面，着力于认识物质的具体结构、形态、组成单位、几何模型，重视思维的形式逻辑推演，中国则重视宇宙的连续性方面，注意整体和系统的功能，重视思维的辩证综合，而忽视具体结构、形体构成及几何模型的观察与设想；善于在大量经验观察资料之上进行概率的统计，以近似

---

① 《阴阳应象大论》。

地把握研究对象的运动趋向和整体功能。这种思维方法，以《内经》表现得特别典型。

从西方的思维方式出发，对人体的看法，自古就接近于近代西方医学和哲学提出的"人是机器"的观念。而《内经》则十分接近于现代控制论所提出的"有机体是信息"的观念。

按照控制论"有机体是信息"的观念，研究人体的生理、病理机制时，不需费力去弄清每一器官的具体形状、结构，直至弄清其中的每一分子，把它们逐条编目，而是要从信息方面揭示有机体的整体模式，其输出、输入的功能和特征。因为人体不过是衰败和凋谢的总潮流中的一些暂时的"稳态"，是川流不息的江河中的漩涡，是不断吸收和排出物质、能量、信息的模式。《内经》关于人体的设想和这种思维路数是一致的。虽然它只是古代的一种直观的见解，没有现代科学的发展作为基础。但正如人体解剖之于猴体一样，朴素的东西虽与现代科学的发展有质的区别，但思维方法则可以属于一个大的路线和类型。

在《内经》中，人体正是一个暂时的"稳态"，这个"稳态"被称为"器"，它不是固定不变而是不断运动和变化的，表现为气的出和入、升和降。《六微旨大论》说："故非出入则无以生长壮老已；非升降，则无以生长化收藏。是以升降出入，无器不有。故器者生化之宇，器散则分之，生化息矣。故无不出入，无不升降。"人体这个器，只是"气"——物质、能量、信息出入升降取得平衡的暂时表现，一旦平衡破坏，无法恢复，它就死亡了。因此一切医疗治理的实质和目的，都在于恢复气的出入升降在体内的平衡状态。而对病情的观察，最重要的是要捕捉和掌握反映人体内部气的出入升降状况的信息。这种信息，中医把它找到了，那就是脉搏。所以切脉在望、闻、问、切等对疾病的认识手段中，占有最重要的地位。

"脉搏"是典型的信息。它既不是器官，也不是血，而是血在脉管中流动时的"跳动"。由切脉所掌握的，不是脉管本身的情况，而是脉搏所负载的"信息"。长期、大量、反复地统计这些信息，对之进行分类比较，就可以发现它和特定的疾病的联系。故《内经》说：

夫脉之大小滑涩浮沉，可以指别；五脏之象，可以类推；五脏相音，可以意识；五色微诊，可以目察；能合脉色，可以万全。①

《脉要精微论》说：

> 脉俱沉细数者，少阴厥也；沉细数散者，寒热也；浮而散者为眴仆；诸浮不躁者皆在阳，则为热……诸细而沉者皆在阴，则为骨疼。
>
> 持脉有道，虚静为保。春日浮，如鱼之游在波；夏日在肤，泛泛乎万物有余；秋日下肤，蛰虫将去；冬日在骨，蛰虫周密，君子居室。故曰：知内者按而纪之，知外者终而始之。此六者，持脉之大法。

正因为切脉如此重要，实际上成了中医全部诊断的基础，所以中国古代医学首先发展了关于"脉"的系统理论和记录。《史记》表彰的汉初神医淳于意，在他精研的古代医学典籍中，"黄帝扁鹊之脉书"占有重要地位。淳于意说："凡意治病人，必先切其脉，乃治之。""心不精脉，所期死生视可治，时时失之，臣意不能全也。"闻名天下的扁鹊，其医术的高明亦在于"诊脉"。故司马迁说："至今天下言脉者，由扁鹊也。"② 在《素问》中引用的二十种先秦古医籍，属于诊脉的有《脉变》、《揆度》、《阴阳》、《脉经》、《脉要》等五种，占四分之一。淳于意引用的《脉法》记载的脉象已相当细致，如："脉长而弦，不得代四时者，其病主在于肝。""脉来数疾去难而不一者，病主在心。""沉之而大坚，浮之而大紧者，病主在肾。""病重而脉顺清者曰内关"等等。

在《内经》中，脉象、脉理亦占重要地位。杨上善《黄帝内经太素》，将《素问》、《灵枢》各篇拆散，按内容分为十九大类，其中关于脉的有第八卷，第九卷，第十卷，达三卷之多。而在十四、十五、十六卷论候诊时，关于"四时脉形"、"真脏脉形"、"人脉口

---

① 《五脏生成论》。
② 《史记·扁鹊仓公列传》。

第四章 汉代自然科学方法论及其与哲学的相互影响

诊"、"色脉诊"、"色脉尺诊"、"尺寸诊"、"虚实脉诊"、"脉论"，又占有中心地位。所以关于脉的研究，在中医学中占有的地位，可以说是最为重要了。

值得注意的是：《脉法》和《内经》关于脉的分类，虽有阴阳、少阴、少阳、赤、白、青、黄、黑等之分，个别地方并以"五行"解释脉象的成因，但它实际上是在长期诊脉的基础上，经由统计、归纳而得出的病理结论，是符合实际和科学要求的。这种科学方法及其所得结论，就是中医能成为科学而历久不衰的重要原因和奥秘之一。当然由此也形成了中医学的局限。由于脉随人而异，千差万别，而切脉又须凭医生个人的实践经验和学识水平，而个人的心得体会无法如实言传，这就大大限制了中医科学的发展。

"信息"观点是中医方法论的精神实质之所在，所以中医关于人体的根本看法，关于经络的理论，可以说都是立足于这个观点之上的。关于经络，一直到现在，还没有解剖学的发现，但是经络理论在临床上（如针灸、气功疗法等等）如此卓有成效，以至谁都承认，它必有某种客观本然的生理基础。那么中国医学何以能那样独特地发现人体的这一重大奥秘呢？其秘密，我以为正在于它所具有的"有机体是消息"而不是机器这一杰出的科学指导思想。正是因为有这个先进思想的指导，人们才能提出人体生理上必有用以运行气血，沟通营卫、五脏、六腑、四肢、百骸、九窍、皮毛、筋肉的通路；亦必有病理上传导病邪，治疗上发挥药物性能和感受针石刺激，调整全身各系统机能的通路；然后才能在实践上持续追索、观察，逐渐构成十二正经（手足三阴经和手足三阳经）、奇经八脉（冲、任、督、带、阳维、阴维、阳跷、阴跷）、十五别路、十二经别、十二经筋的完整经络体系。如果没有先进思想的指导，仅凭医生个人的观察、实践和解剖发现，是不可能提出经络学说的。当然实践观察，如记录经络敏感者对针刺的反应等，亦起了必不可少的作用[1]。

对于有机体来说，当它正在生活着的时候，把它当作现代控制论所谓的"稳态"，依靠信息、能量、物质输入和输出以获得机体正常

---

[1] 参阅刘长林《从方法论看〈内经〉脉象学说的形成与实质》，载《〈内经〉研究论丛》，湖北人民出版社1982年版。

运行的"器具",这样的研究思想和方向,无疑是最能导致获得杰出的研究成果的。所以,以《内经》为代表的医学理论和方法一直到现在还保持着它的有效性,并不是偶然的。从本质上看,正在于就研究方法来说,它并不是违反科学的,而无疑是最符合现代科学的本性的;其认识方法并不是以"模糊"为特征,而正是以大量观察,统计为基础的。它的缺点只在于满足于这一方面,而忽略了精密分析和研究器官组成的重要性,甚至当这种方法建立以后,长期停滞不前,再也没有获得重大成果时,还不懂得检讨它的缺陷,自觉地弥补自己思维方法的不足的方面。

中国古代自然科学十分重视信息,不仅发展出了中医的系统的脉理,在天文学上,观察物候以判断气候和季节的实际日期;观察动植物的异常情况以判断天气变化或地震[1]等等,在方法论中,也占有十分重要的地位。《五行运大论》说,"天地之气,何以候之"?它的回答是捕捉信息。它说:"夫气之动变,固不常在,而德化政令灾变,不同其候也。""是以察其动也,有德有化,有政有令,有灾有变,而物由之,而人应之也。"[2] 就是说,考察物候或人的异常,可以掌握气候的变动情况,这里当然有天人感应的迷信成分,但由信息以掌握天气变化的思想是很明确的。所以《夏小正》及《左传》中有丰富的物候记载,到《吕氏春秋·十二纪》、《淮南子·时则训》、《逸周书·时训解》等著作中,则建立了物候的完整标志。而在孟喜、京房易学中,物候以《易》的六十四卦为编码,编成了详细的图式。拿它和实际物候相比较,人们可以知道季节"提前"或"后退"的情况,从而校正节气。所以关于信息的思想在中国古代的科学认识方法中,占有十分重要的地位。

但是这种科学方法论被移植到哲学(如董仲舒的天人体系)以后,它又走向反面而成为传播神学迷信的工具。汉代广泛流行的阴阳灾变思想,以及五行怪异的系统记载,直至天文学上的"望云物","观星象"等等,究其实质,都是对自然科学重视信息的歪曲和滥用。所谓"天出灾异以谴告之"。这里"灾异"无非是一种表达天意

---

[1] 翼封:《因灾异应治上封事》:"地变见于奇物,震动。"
[2] 《气交变大论》。

的信息。《汉书·五行志》的"木为变怪"、"水不润下"、"金不从革"、"土失其性",以及火灾和动植物的反常等等,也是当作一种表达天意的"信息"而记载的。这种对科学的信息思想的歪曲和滥用,反转来,对自然科学的发展,又产生了十分有害的影响,使它走入歧途,不能得到正常健康的发展。

信息思想及其应用的这种两重性,表现了汉代哲学与自然科学相互影响的复杂性,也表现了认识论的经验论的极大局限性。因为"信息"思想在汉代是和经验论直接联系的。信息本身并不直接提供认识,而只是人们赖以认识事物的一种手段。信息背后究竟反映一种什么样的认识,导致一种什么认识结果,不能单由信息本身决定。它可以和正确的认识论相联系,也可以和错误的认识论相联系,可以和认识论的经验论相联系,也可以突破经验论的局限,成为达到对事物的本质的认识的桥梁。在汉代,信息思想一般是和经验论相联系的。与信息相联系的基本认识方法是归纳、对比、统计、观察,由此做出认识方面的结论。所以信息思想在汉代能够为神学所利用,甚至直接导致神学的结论,绝不是偶然的。正如恩格斯在《自然辩证法》中所指出的,缺乏理论思维能力的经验论,既可以是科学的起点,又可以是通向神灵迷信的桥梁。汉代信息思想及其应用的矛盾两重性,再次证明了这一点。

四 系统观念和辩证法思想

在方法论上,《内经》的杰出贡献,是关于系统的观念和辩证法思想。

《内经》认为,人体作为一个有机结构,是由各种系统组成的,这些系统虽包含有相互独立的各个组成部分,但每一部分只有在系统中,从而在人体这一定的结构中,才能成为部分而具有自己的机能和属性,一旦离开系统和结构,其特性功能就丧失了。系统依赖部分,部分依存于系统。外界对有机体及各系统的作用,都是由结构和系统综合地选择、平衡,然后做出反应的。因此对于治病,《内经》强调要着眼于整体结构和系统的改善,调动和健全整个结构和系统的功能;对于病情的诊断,及其发展趋势的预测,也要从系统、从整体结构的观念出发。

在《内经》中，人体最基本的系统是阴阳和五行及与之相应的五脏六腑等。

在《内经》看来，由于个别、局部受整体和系统的制约，因此阴阳对立及其相反相成和相互转化的辩证关系，都不是死板固定的，要根据它在结构和系统中的具体情况而定。

《内经》提出了阴阳、表里、虚实、寒热等诸多对立面的辩证关系。它说：

> 亢则害，承乃制。制则生化，外列盛衰，害则败乱，生化大病。①
> 阴胜则阳病，阳胜则阴病。②
> 阴平阳秘，精神乃治。③
> 先治其本，后治其标。④
> 必伏其所主，而先其所因。⑤
> 非出入，则无以生长壮老已；非升降，则无以生长化收藏。⑥

但是《内经》特别强调的是这些矛盾关系受系统和结构的制约，因而是可变的，在临床诊断时，必须具体灵活地考察与运用。《六微旨大论》说：

> 气之升降，天地之更用也。高下相召……升降相因，而变作矣。

又说：

---

① 《六微旨大论》。
② 《阴阳应象大论》。
③ 《生气通天论》。
④ 《标本病传论》。
⑤ 《至真要大论》。
⑥ 《六微旨大论》。

成败倚伏生乎动，动而不已，则变作矣。

《六元正纪大论》说：

六气正纪，有化有变，有胜有复，有用有病，不同其候。

《阴阳离合论》说：

阴阳之变，其在人者，亦数之可数。

所以《内经》关于辩证法思想的最大特点是强调动态的辩证法，强调辩证法的矛盾统一关系应在有机体的变化和动态中去把握，而绝不能作僵死的静止的理解。

应用在治病上，就是强调因人、因时、因地、因病的具体情况而制宜。如关于本和标，《内经》认为，在一般情况下，应该先治本，后治标。《阴阳应象论》说："治病必求于本。"但是治本和治标的关系又不是机械的。《灵枢·师传》说："春夏先治其标，后治其本；秋冬先治其本，后治其标。"就是说，春夏盛阳，气发越于外，应先治病症在外的表现或派生症。秋冬盛阴，气收敛于内，所以应先治本病。《标本病传》说："病发而有余，本而标之，先治其本，后治其标。病发而不足，标而本之，先治其标，后治其本。"

又如正治与反治的关系。《至真要大论》说："治诸胜复，寒者热之，热者寒之，温者清之，清者温之……坚者耎之，脆者坚之；衰者补之，强者泻之。"但是具体实施时，要因情况而异。"圣人之治病也，必知天地阴阳，四时经纪，五脏六腑，雌雄表里。刺灸砭石、毒药所主。从容人事，以明经道。贵贱贫富，各异品理。"[1] 如身体强壮的人经得起猛剂量的药，体质柔弱的人就不宜如此。"故能毒者以厚药，不胜毒者以薄药"[2]，等等，这些都是切合实际的。

在《内经》中，五行及其相应的五脏，也是被看作一个有机系

---

[1] 《疏五过论》。
[2] 《五常政大论》。

统的。在这个系统中，五行不是组成五脏的实体或元素，而是功能和属性的标志。它们相互依存、制约，构成一个内在的有机系统，离开系统、整体，就失去了作用和意义。

《天元纪大论》说：

> 阴阳不测谓之神，神用无方谓之圣。夫变化之为用也，在天为玄，在人为道，在地为化。化生五味。道生智，玄生神。神在天为风，在地为木；在天为热，在地为火；在天为湿，在地为土；在天为燥，在地为金；在天为寒，在地为水。故在天为气，在地成形。

又说：

> 天有五行，御五位，以生寒暑燥湿风。人有五脏，化五气，以生喜怒思忧恐。

明确地指出，五行不是五种元素，而是天的阴阳二气——"神"在不同时令中运行所表现的变化和功用。这些不同的功用、性质，基本上区分为五大类，它们相互联系、推移、制约，成为一首尾衔接、周而复始的过程。《五运行大论》说：

> 东方生风，风生木，木生酸，酸生肝，肝生筋，筋生心。
> 南方生热，热生火，火生苦，苦生心，心生血。

这里所谓风、木、酸、肝、筋，表面上是一种互生的关系，实际上是同时并生的关系，"生"只是"内在联系"的意思。热、火、苦、心、血等等，也是如此。所以，在《内经》中，"五行"确是作为一个系统而存在、而被思考的。

《内经》用"五行"构造和表达一个系统，不免有许多牵强附会的说法，有许多主观的推演；但是由于它密切的联系着医疗实践，没有失去和实际经验、实际观察的联系，相反，还以这种观察、经验和实践为基础，所以它虽有许多牵强的说法，其基本精神和内核，却是符合科学要求的。

以脏腑功能而论。《内经》并不由五行理论推出它应有的功能、属性，而是经由实际的解剖、观察，以得出对它的功能和属性的认识。在《灵枢》中，有人体解剖的详细记录，指出：

> 若非八尺之士，皮肉在此，外可度量切循而深入之，其死可解剖而视之。其脏之坚脆、腑之大小，谷之多少，脉之长短，血之清浊，气之多少，十二经之多血少气，与其少血多气，与其皆多血气，与其皆少血气，皆有大数。①

细致的解剖观察，使《内经》不仅对消化道的构造和系统，包括从嘴唇、牙齿、舌头到气管、咽门、食道、胃囊、小肠、回肠、广肠（乙结肠和直肠）的长度、大小、形状、容量和位置，有真切的了解；② 而且对心和血脉的关系，对心、肺、脾、肝、肾、膀胱、胆、脑、骨髓、女子胞等器官组织、形状构造，在胸腹腔中的位置及其与外部器官的联属关系，亦都有清楚的了解。它对五脏功能、特性的认识，就是建筑在这种解剖和长期医疗实践的基础之上的。③ 所以，"五行"在《内经》中，就其主要方面说，并不是构造现成答案的预定模式和工具，而无疑是一种帮助观察病理及脏腑之间的"生"、"克"关系的系统思想方法。

但是，当这种方法被移植到哲学上以后，经过经学神学的歪曲，却逐渐成了构造体系，寻求现成答案的工具，从而和实际经验及对事物的客观实际的研究完全脱节了。人们对事物的认识，不再依靠实际的观察，从经验资料中概括出应有的结论，而完全从阴阳五行模式出发，从中推演出种种答案和结论，以致使它完全改变了性质，成了堵塞思想发展的僵死的公式和模式。在纬书和《白虎通》中，这种模式被运用于解释一切问题，以致弄到了十分荒谬可笑的境地（参看

---

① 《灵枢·经水篇》
② 参见《灵枢·肠胃》、《平人绝谷》。
③ 如《内经》论肝炎的症状说："肝病者两肋下痛引小腹，令人善怒。"（《藏气化时论》）"肝恶风"、"肝苦急，宜食甘以缓之"（同上），等等。这些都是由经验观察而来的。

本书《〈白虎通〉与两汉神学经学的思想方式》)。

这种由哲学加以僵化的死板的模式,反转来,对医学和自然科学的发展,也产生了不良的影响。比较一下《素问》和据认为后来产生的《灵枢》的某些篇章,可以看到,这种影响所导致的效果,是极其严重的。如《灵枢·阴阳二十五人》说:"先立五形:金、木、水、火、土,别其五色,异其五形之人,而二十五人具矣。"将人分为木形之人,火形之人,金形之人,土形之人,水形之人,认为人的皮肤颜色、形体大小与地理位置有一种固定的联系:东方为青色,南方为赤色,中原为黄色,西方为白色,北方为黄色。东人小头长面,南人小头,"广胭脱面",中原人大头圆面,西人小头方面,并把它与社会属性相联系,认为东人劳心少力,南人轻财少信,中原好利人,西人善为吏,北人善欺绐人,等等,弄得十分牵强好笑。

在汉代的经学神学中,阴阳五行还被道德化和神学化,具有道德的属性,成为传达"神意"的工具和符号,这更是对医学和自然科学领域中阴阳五行思想的歪曲和滥用。

因此,就阴阳五行的系统思想而论,汉代自然科学与哲学的相互影响,也是复杂的、具有矛盾两重性的。

五 哲学与自然科学在内容上的相互渗透

汉代哲学和自然科学的密切关系,相互影响,不只表现在以上三个方面,在具体内容上也无不表现出密切的联系和影响。

1. 和先秦或魏晋、宋明时期不同,在汉代,许多重大的哲学问题,常常是自然科学的问题,或就其实质而言,是自然科学的问题,例如宇宙生成论或宇宙演化论。这一问题在董仲舒、《淮南子》、《道德指归》、《太玄》、《白虎通》以及王充的《论衡》中,都有热烈的讨论,并以这种讨论作为构造其哲学体系的骨架或基石。但是从今天看,这个问题并不是哲学问题,而是由天文学研究的自然科学问题。汉人把这个问题当作哲学问题,以此为基石建立自己的天人体系,这样做的结果,一方面使汉代的哲学与自然科学融合为一,哲学带上了实证自然科学和经验论的色彩;一方面也使自然科学带有哲学的色彩,不能摆脱哲学的影响而走上独立发展的纯自然科学的道路。

关于精、气、神或形神关系的理论，也是如此。

精、气、神的关系或形神关系，从自然科学来说，是生理、心理学等研究的问题。哲学应该利用这些研究成果，概括出世界观、认识论和方法论的结论，而不能代替或局限于生理、心理学的具体的研究。但在汉代，两者却常常是合而为一的。这样做的结果，也使汉代的哲学具有自然哲学的面貌和特征，带上了浓厚的实证自然科学和经验论的色彩。

2. 在汉代，许多哲学思想或哲学思想的分歧与对立，是以自然科学问题为基础或由它引发的。例如自然论与目的论的对立。《淮南子》坚持自然论，董仲舒则宣扬目的论的思想。但是两者都是由追究"天道之大经"，探讨它何以构成、形成的所以然，即深入追求自然现象之"类"、"故"、"理"而达到的。《淮南子》的自然论认为，天道运行的规律，包括天和人的关系，人在天地间的地位，是自然而然，没有目的、神意使之如此。董仲舒的目的论则认为，"天道之大经"之表现为这种而不是那种规律性，对人和万物具有生长收藏的功用而不是另一种作用，是体现着一种目的的。"天道之大经"即天道运行的规律，这是自然科学问题。但正是对这一问题的深入的探索，导致了汉代哲学思想的根本的对立。在这里，哲学与自然科学的相互影响与渗透，一方面表现了自然科学在其追究到最深层次时，不能不浸入到哲学，不能逃避哲学的深思；另一方面也表现出汉代哲学与自然科学的某种特殊关系，这种特殊关系是魏晋玄学和理学所不具有的。

王充建立的反目的论的元气自然论哲学体系，亦具有这种特点。一方面他用元气构成论，分析了许多具体事物的产生和组成，一方面又用自然论去具体解释许多物理的和生理的或精神的现象，故其哲学体系的大部分内容，具有自然科学的特征。

3. 在汉代，由于哲学和自然科学的特殊关系，自然科学的某些观念，常常在哲学上被推广、被普遍化，而成为影响广泛的哲学命题。这方面最显著的例子是关于"三"或"三分法"的观念。

中国哲学史上，先秦以来，关于宇宙的构成和万物的产生，有二分法和三分法两大系统。虽然归结到最后，两者都以气或道或太极作统一的根源，但二分法强调二的作用，三分法则强调三的作用。如

《易传》提出，"易有太极，是生两仪，两仪生四象，四象生八卦，八卦定吉凶，吉凶生大业"，这就是二分法的说法。汉代，董仲舒关于"天地之气，合而为一，分为阴阳，判为四时，列为五行"，王充关于"天地合气，物偶自生矣"，都是二分法的说法。到宋代，张载、王安石、邵雍、程颐，更强调一分为二，二分为四的二分法的作用，强调阴阳对立决定万物的运动、变化。但是，老子却应属于三分法的系统。《老子》书说："道生一，一生二，二生三，三生万物。"强调道在产生天地万物的过程中，只有通过三的阶段，生化过程才能完成。所以"万物负阴而抱阳"，虽然是由对立的成分组成的，但阴阳和合的冲气或和气，有重要的作用与地位。老子关于三的观念，在汉代发生了重大影响。但是汉代哲学关于三的观念，虽然追本溯源，可以追索到老子，但却并不是直接由老子三的观念发展而来，而是经过了自然科学的媒介，从音律学、天文学、医学受到刺激、启发，因而和自然科学的联系，更为直接和密切。

如前所述，在先秦的音律理论中，三分损益法是一个基础性的观念。三是被认为是音律系统由以构成的基础。各个基本音之间的差别，都是由三的损益来决定的。而音律上三分损益的观点，在天人合一思想支配下，又被认为是天文现象的规律。《吕氏春秋·音律》说：

> 大圣至理之世，天地之气，合而生风。日至则月钟其风，以生十二律。仲冬日短至，则生黄钟。季冬生大吕。孟春生太蔟。仲春生夹钟。季春生姑洗。孟夏生仲吕。仲夏日常至，则生蕤宾。季夏生林钟。孟秋生夷则。仲秋生南吕。季秋生无射。孟冬生应钟。天地之风气正，则十二律定矣。

《淮南子·天文训》则认为音律和二十四节气有对应的关系。它说：

> 日行一度，十五日为一节，以生二十四时之变。斗指子，则冬至，音比黄钟。加十五日指癸，则小寒，音比应钟。加十五日指丑，则大寒，音比无射。加十五日指报德之维，则越阴在地，故日距日冬至至十六日而立春，阳气冻解，音比南吕。加十五日

> 指寅，则雨水，音比夷则……

就是说，二十四节和律吕是一一对应的。冬至比黄钟，小寒比应钟，大寒比无射，立春比南吕，雨水比夷则，惊蛰比林钟，春分比蕤宾，清明比仲吕，谷雨比姑洗，立夏比夹钟，小满比太蔟，芒种比大吕。到夏至，又回到黄钟。然后小暑比大吕，大暑比大蔟，立秋比夹钟，处暑比姑洗，白露比仲吕，秋分比蕤宾，寒露比林钟，霜降比夷则，立冬比南吕，小雪比无射，大雪比应钟，然后又回到冬至黄钟。《淮南子》的说法，没有理论而只是把节候和音律一一对应排列，可能比《吕氏春秋》早出，是更为原始的说法。但不管怎样，两种说法都认为，音律和天文现象，二者是统一的，其间有内在的联系。因此三分损益不仅是音律变化的基础，也是天道规律的体现。由此，三分损益，在汉代，成为制订历法的根据。《史记·律书》说，"王者制事立法，物度转则，壹禀于六律。六律为万事根本焉。"司马迁说："故在旋玑玉衡以齐七政，即天地二十八宿。十母，十二子，钟律调至上古。建律运历造日度，可据而度也。"[1] 故由司马迁参加制定的太初历中，三和八十一两个数，被正式解释为历法的基础。

在医学上，三同样起着重要的作用。《内经·三部九候论》说：

> 天地之至数，始于一，终于九焉。一者天，二者地，三者人，因而三之，三三者九，以应九野。故人有三部，部有三候，以决死生，以处百病，以调虚实，而除邪疾。

因此，在汉代，无论天文学、音律理论和医学，"三"都居于重要的地位。汉代哲学关于三的观念，就是由自然科学移植过来的。

和先秦或魏晋、宋明时期不同，"三"是汉代哲学的基础观念。例如，反映刘歆哲学思想的《汉书·律历志》，对太极做了新的解释，这个新解释就突出了"三"的作用。它说：

> 太极元气，函三为一。极，中也；元，始也。行于十二。始

---

[1] 《史记·律书》。

于子……化生万物者也。

旧注说，三指天、地、人。在元气未分化的时候，天地人混合为一，所以说函三为一①。但联系上下文来理解，这里所谓"函三为一"，不是指天地人未分，混合为一，而是说，作为天地万物根源的太极，包含着以三为单位的发展程式或阶段。"函"是内涵，即内部包含的意思。在太极中，以三为单元的发展程式是潜伏着的，所以是"函三为一"，但它以后展现出来，完成它的发展过程时，以三为单元的特性就表现出来了。所以《汉书·律历志》接着说：

> 始动于子，参之于丑，得三。又参之于寅，得九。又参之于卯，得二十七。又参之于辰，得八十一。又参之于巳，得二百四十三。又参之于午，得七百二十九。又参之于未，得二千一百八十七。又参之于申，得六千五百六十一。又参之于酉，得万九千六百八十三。又参之于戌，得五万九千四十九。又参之于亥，得十七万七千一百四十七。此阴阳合德，气钟于子，化生万物者也。

这里，不论3、9、27、81、243、729、2187、6561、19683、59049、177147，都是以3为单元的自乘数。9是3的二次方，27是3的三次方，81是3的四次方，243是3的五次方，以此类推，177147是3的十一次方。很显然，这种含三的观念，是直接从音律学和天文历法上汲取的。

"太极元气函三为一"的新观念，到扬雄的《太玄》中，演变为以三分法为基础的宇宙图式。故和《易》的二分法不同，扬雄的玄，是按三分法发展的。《太玄图》说，"一玄都覆三方，方同九州，枝载数部，分正群家"。又说："夫玄者，天道也，地道也，人道也。兼三道而天名之。"又说："玄有二道，一以三起，一以三生。以三起者，方州部家也。以三生者，参分阳气，以为三重，极为九营。是为同本离生，天地之经也。"这里，不仅"太玄"的排列是按三分法

---

① 冯友兰：《中国哲学史新编》第三册，人民出版社1985年版。

进行的，而且"参分阳气，以为三重"，认为气也是按着三的程序变化发展的。"一以三生"，否认了内在的矛盾和对立是推动气和万物变化发展的源泉，强调了外在的形式区分，走向了形而上学。

在董仲舒和《河上公老子章句》及严遵、王符的著作中，三的观念也有重大影响。例如董仲舒认为，历史是按黑统、白统、赤统三统循环的[①]；天地人同为三本，说"天生之，地养之，人成之，三者相为手足，不可一无也"[②]。强调"天以三成之，王以三自持"[③]，"（天）三起而成日，三日而成规，三旬而成月，三月而成时，三时而成功。寒暑与和，三成而物；日月与星，三成而光；天地与人，三成而德。由此观之，三而一成，天之大经也。以此为天制"[④]。《河上公老子章句》和严遵的《道德指归》、王符的《潜夫论》则认为"天地未始，阴阳未萌，寒暑未兆，明晦未形，有物参立，一浊一清。清上浊下，和在中央。三者俱起，天地以成，阴阳以交，而万物以生。"[⑤] 认为和气生人。这些哲学上对三的作用的强调，无疑是受到了自然科学的刺激与影响。

总之，汉代的哲学与自然科学存在着特别密切的联系，这既是其特点和优点，也是其缺欠和不足。优点在于，这种联系使汉代哲学从自然科学汲取了丰富的营养，显得内容博大，促进了哲学和自然科学发展的深度与广度。缺点在于，一方面往往把自然科学引上迷津，使自然科学不能循着完全实证、实验的道路发展，另方面也使哲学不容易摆脱自然科学实证材料和经验主义认识方法的束缚、局限，从而限制了哲学抽象思辨和概括能力的提高。世界上的事物总是在矛盾二重性中向前发展的。汉代哲学与自然科学的关系，看来也是如此。

---

① 《春秋繁露·三代政制质文》。
② 《春秋繁露·立元神》。
③ 《春秋繁露·官制象天》。
④ 《春秋繁露·官制象天》。
⑤ 《道德指归》卷十三。

第五章

董仲舒思想的特点及其历史地位

公元前140年,汉武帝刘彻即位。公元前134年(元光元年),武帝策贤良文学之士,提出欲"闻大道之要,至论之极",希望对天人关系,灾异性命,古今之变等哲学和社会历史的根本问题做出回答。董仲舒在对策和《春秋繁露》中,以《公羊春秋》为骨干,融合阴阳家、黄老、法家思想,建立了一个新的以天人感应为基础的目的论思想体系,代替黄老,成为汉代的官方哲学思想,完成了汉武帝对策所提出的历史任务。分析董仲舒哲学思想的基本内容和特点,给以正确评价,对于了解秦汉时期哲学思想的发展和演变,有重要的意义。

董仲舒(公元前179年—前104年)[1],河北广川人,武帝时期著名的政治家和公羊学家。景帝时任博士,讲授《公羊春秋》,武帝元光元年(公元前134年),举贤良对策,董仲舒上对策三篇,史称"天人对策",提出他的哲学体系的基本要点和轮廓,建议"罢黜百家,独尊儒术",为武帝所采纳。其后任江都易王刘非国相十年,中废为中大夫,公元前125年,任胶西王刘端国相,四年后(公元前121年)辞职回家,从此,以讲学著书为事。"朝廷每有大议,使使者及廷尉张汤,就其家而问之"[2],仍然受到武帝

---

[1] 苏舆《董子年表》:"董子生卒年月无可考,要生于景帝前,至武帝朝以老寿终无疑。"《年表》定为文帝元年(公元前179年)至武帝太初元年(公元前104年),是大略的推算。

[2] 《汉书·董仲舒传》。

的尊重。董仲舒著作很多，据《汉书·董仲舒传》，凡百二十三篇又十余万言。现在尚存的有《春秋繁露》及《举贤良对策》等。

一　"天论"及其特点和矛盾

董仲舒思想是以天人感应为内容和特征的神秘主义目的论。天人关系是这个哲学探讨的基本问题。分析董仲舒的思想，首先应该对他的"天论"进行分析。

董仲舒的主要著作中，有一系列的天命鬼神思想。但是本书认为不能简单地把他的"天论"归之为神学思想。他讲的天，有三方面的意义，即神灵之天、道德之天和自然之天。这三个方面，他力图把它们加以统一，构造成为一个体系，但事实上他并没有做到这一点，而是存在着内在的混乱和矛盾。分析和揭示这些矛盾，对于弄清董仲舒哲学的特征和其发展阶段，是有重要意义的。

天的三种含义中首先是神灵之天。如：

> 天者，百神之君也。①
> 唯天子受命于天，天下受命于天子。②
> 受命之君，天意之所予也。③
> 王者必受命而后王。王者必改正朔，易服色，制礼乐，一统于天下，所以明易姓非继仁，通以己受之于天也。④

这些地方，天都是有目的有意志的主宰一切的人格神。但是应该指出，这些说法基本上是先秦以来的传统天命观念的沿袭，而不是董仲舒自己的创造，其范围主要限于论证君权神授。因此这些说法不能反映他的哲学思想的主要特征。正如天命思想从孔子、孟子到两汉的贾

---

① 《春秋繁露·郊义》，以下引《春秋繁露》，只注篇名。
② 《为人者天》。
③ 《深察名号》。
④ 《三代改制质文》。

谊、司马迁直至以后的王符，都一直沿用着而并不反映、并不决定他们哲学思想的主要特征一样。当然，董仲舒对传统的天命思想也有"创造"与"发展"，这些"创造"和"发展"是能表现他的"天论"的特征的。但这又表现在两方面，一方面是提出天出"灾异谴告"的说法，从这一点讲，他的天命论比先秦孔孟的天命论更落后，更荒唐了（详见下节）；另一方面，正如《中庸》一样，董仲舒对天命思想又给予了一定的改造，改造的结果，"天命"的内容，不只是上帝的意旨，也指支配宇宙的道德原理以及气的赋赐。因此，在董仲舒的说法中，所谓"受命"，就不只是指人格神的命令，也有的指先天的道德的禀赋，所谓：

> 人之受命于天也，取仁于天而仁也，是故人之受命天之尊。①
> 人受命于天，有善善恶恶之性。②

就形体言，"受命"还指"莫之为而为，莫之致而至"的"气"的禀受，如说：

> 天地之精所以生物者，莫贵于人。③
> 人之形体，化天数而成。④

一般地说，万物都是"受命"的，所谓"天者，万物之祖，万物非天不生，独阴不生，独阳不生，阴阳与天地参然后生"。⑤ 在这些说法中，"天命"都指自然（气）的赐赋。

为了揭示董仲舒"天论"思想的矛盾和混乱，下面我们分别将自然之天和道德之天的含义予以概要的分析。

自然之天主要指作为宇宙总称的天及自然运行的具体规律。

在《天地阴阳》篇中，他有这样的说法："天、地、阴、阳、

---

① 《王道通三》。
② 《玉杯》。
③ 《人副天数》。
④ 《为人者天》。
⑤ 《顺命》。

木、火、土、金、水，九，与人而十者，天之数毕也。"这里，末句的天，即指包括前面十种基本成分在内的宇宙的总称。这样的天，包涵万物，广大无极，无始无终，是万物的总根源，所谓"天地者，万物之本……广大无极，其德昭明，历年众多，永永无疆"①。其结构则表现为由阴阳、四时、五行相配合而组成的神秘的图式，而图式的基础是"气"或"元气"。他说：

　　臣谨案《春秋》谓一元之意，一者万物之所从始也。②
　　是以《春秋》变一谓之元，元犹原也。……故元为万物之本。③

作为万物或宇宙本原的"元"，就是指元气。何休在《春秋公羊经传解诂》中，依胡母生《条例》解释说："变一为元，元者气也。无形以起，有形以分，造起天地，天地之始也。"④ 这种解释是符合董仲舒的思想的⑤，所以董仲舒说："天地之气，合而为一，分为阴阳，判

---

① 《观德》。
② 《汉书·董仲舒传》。
③ 《重政》。
④ 《隐公第一》。
⑤ 从哲学上看，元可以有三种释义：（一）气；（二）精神；（三）天。本文认为，释为气比较符合董仲舒思想的特点。理由如次：一、这是公羊家自己的说法。二、这是汉人的解释，比之后人根据不足的其他解释，更为可信。唐人徐彦《春秋公羊疏》引《春秋说》云："'元者，端也，气泉。'注云：'元为气之始，如水之有泉，泉流之原，无形以起，有形以分，窥之不见，听之不闻。'"也释元为气。三、董仲舒与胡母生关系密切。《汉书·儒林传》："胡母子生……孝景时为博士，与董仲舒同业，仲舒著书称其德。"何休《春秋公羊经传解诂·隐公第二》："其说口授相传，至汉公羊氏及弟子胡母生等乃始记于竹帛。"徐彦《春秋公羊疏》中亦有记载。……这些记载情节虽异，但都肯定董、胡关系密切。董、胡时，《春秋公羊》义未分为二家，故何休依胡母生《条例》对元的释义，可以认为比较符合董仲舒的原意。四、《春秋繁露》中提到元的几处地方，释为"天"或"精神"都很困难，如《重政》："惟圣人能属万物于一而系之元也。……是以春秋变一谓之元，元犹原也，其义以随天地终始也。故元者为万物之本，而人之元在焉。安在乎？乃在乎天地之前，故人虽生天气及奉天气者，不得与天元本、天元命而共违其所为也。""元"既然在天地之前，随天地终始，当然不能释为"天"。释为"精神"，则"元"相当于老子的"道"。董仲舒的思想体系成了道生天地的《老子》式的客观唯心主义，与董仲舒思想体系的特点不合。释"元"为气，则与义可通。《释名》："广平曰原，原，元也，如元气广大也。"在汉人眼里，"元气"正是元、原相通的"桥梁"。五、《春秋繁露》中已有"元气"概念。《王道》："道，王道也。王者，人之始也。王正则元气和顺，风雨时，景星见，黄龙下。"

为四时，列为五行。"① "阴阳虽异，而所资一气也。阳用事，则此气为阳；阴用事，则此气为阴。阴阳之时虽异，而二体常存。犹如一鼎之水，而未加火，纯阴也；加火极热，纯阳也。纯阳则无阴，息火水寒，则更阴矣；纯阴则无阳，加火水热，则更阳矣。"②

两汉时期，阴阳五行思想像酵母一样扩散到各个思想领域，不论自然科学如医学、天文学，或哲学思想如道家、儒家等，都深受阴阳五行的影响。所谓元气，阴阳之气，天地之气，都被神秘化了。董仲舒所讲的气，也是神秘化了的，但是他的气的某种基本性质则仍是一种物质实体。在《天地阴阳》篇中，他曾明确地指出：

> 天地之间，有阴阳之气，常渐人者，若水常渐鱼也，所以异于水者，可见与不可见耳，其澹澹也。然则人之居天地之间，其犹鱼之离水，一也。其无间若气而淖于水，水之比于气也，若泥之比于水也。是天地之间，若虚而实。

在《循天之道》中又指出：

> 是故惟天地之气而精，出入无形，而物莫不应，实之至。

就是说，阴阳之气，像泥水等等一样，是一种客观存在的实体。它虽不可见，但"常渐人"并作用于物，是可以感知的客观实在。它若虚而实，在天地之间占有确定的空间，并有固有的运动。因此，气不是抽象的精神，不是虚无，而是物质。董仲舒以这样的"气"作为宇宙构成的基础，这就一方面使他的思想体系，带有更多的"自然知识"的色彩与成分，一方面，也使他的思想体系，存在不可避免的混乱和矛盾。

在西方基督教神学思想中，上帝与自然的矛盾在形式上是解决了的。上帝高居于宇宙万物之上，是宇宙万物及其运行规律的创造者。

---

① 《五行相生》。
② 《董子文集·雨雹对》。

宇宙万物的惟一本原是上帝。而在董仲舒的神学思想体系中，神灵之天与宇宙万物的关系却并不是这样的。宇宙万物的存在以气为基础，而气却是以自己为本原的像泥和水一样的客观实在，这就使神灵之天和自然之天不能不发生矛盾。

按照自然之天的观点，与地相对的狭义的"天"是天空，它是由精气构成的，所谓"天积众精以自刚"①。天的雷、电、风、雹、雨、露、霜、雪的变化，都是阴阳二气矛盾运动的结果，并不神秘。"二月，京师雨雹，鲍敞问董仲舒曰：'雹何物也，何气而生之？'仲舒曰：'阴气胁阳气。天地之气，阴阳相半，和气周旋，朝夕不息……以此推移，无有差慝。运动抑扬，更相动薄，则熏蒿歊蒸，而风、雨、云、雾、雷、电、雪、雹生焉。气上薄为雨，下薄为雾。风其噫也，云其气也。雷其相击之声也，电其相击之光也。"②没有丝毫关于神的"热昏的胡话"。然而在董仲舒的另一种描述下，这些自然现象却又成了有目的的活动，所谓"天地之行美也，是以天高其位而下其施，藏其形而见其光，序列星而近至精，考阴阳而降霜露。高其位所以为尊也，下其施所以为仁也，藏其形所以为神也，见其光所以为明也……降霜露所以生杀也。"③这就存在这样的问题：以气为本原的自然的变化，何以会成为一种目的的手段，甚至和神自身合而为一呢？

按照自然之天的观点，自然运行的规律表现为阴阳二气和五行的有规律的运动。在阴阳运行方面，他说：

> 天之道，有序而时，有度而节，变而有常，反而有相奉，微而至远，踔而至精，一而少积蓄，广而实，虚而盈。④
>
> 天之常道，相反之物也，不得两起，故谓之一。一而不二者，天之行也。阴与阳，相反之物也，故或出或入，或左或右。春俱南，秋俱北，夏交于前，冬交于后，并行而不同路，交会而

---

① 《立元神》。
② 《董子文集·雨雹对》。
③ 《天地之行》。
④ 《天容》。

  各代理，此其文与天之道有一出一入一休一伏，其度一也。①

  天之道，终而复始。故北方者，天之所终始也，阴阳之所合别也。冬至之后，阴俛而西入，阳仰而东出，出入之处常相反也。多少调和之适，常相顺也。有多而无溢，有少而无绝。春夏阳多而阴少，秋冬阳少而阴多，多少无常，未尝不分而相散也。以出入相损益，以多少相溉济也。②

这里，天道的实际内容都是指阴阳的有规律的、周而复始的运行所产生的春夏秋冬四时的变化，其特点是一而不二、必然、有序、有度、有节、有时、变而有常。因此，它不具有变而无常的"意志"的特点，且在本质上是与其对立的。

  关于"五行"，先秦以来，存在三种说法：一是神学的，如《尚书·甘誓》："有扈氏威侮五行，怠弃三正，天用剿绝其命，今予惟恭行天之罚"，詹剑峰先生释"五行"为金、木、水、火、土之神，是符合原意的③。一是朴素的直观的观点，如展禽说："地之五行，所以生殖也"④；《孙子兵法·虚实篇》："故兵无常势，水无常形，能因敌变化而取胜者谓之神，故五行毋常胜，四时无常位，日有短长，月有生死"；《墨经·经下》："五行毋常胜，说在多。"一是神秘主义的，如邹衍的"五德转移"说，"五德"被认为是五种支配宇宙历史的道德原则。董仲舒的"五行顺逆"，基本上是继承邹衍的说法的，所以他说："辨五行之本末顺逆小大广狭，所以观天道也"⑤；但他同时又认为五行也是和以气（阴阳）为基础的五种自然势力的运动规律相联系的，不是孤立存在的。

  总之，"天道"、"天之道"、"循天之道"、"天道大数"、"天之

---

 ① 《天道无二》。
 ② 《阴阳终始》。
 ③ 詹剑峰：《驳〈原始五行说〉是朴素的唯物论》："中国本土所产的宗教，始终停留在多神教的阶段。万物各有神……水、火、木、金、土，自当有神灵。由于这种东西是人们生活所必需，所以当中国氏族社会进入部落国家，部落联盟的酋长就把五行作为崇拜的大神，列入祀典，号系五祀。"（《中国哲学》第四辑）
 ④ 《国语·鲁语上》。
 ⑤ 《天地阴阳》。

常道"、"天地之理"、"天之大经"、"天道无二"等等，这些在《春秋繁露》中反复出现的概念，都是董仲舒对天道运行的规律性的一种看法，是与神无关的。

然而从神学体系的需要出发，董仲舒却又把这些规律称为天意，他说：

> 天道大数，相反之物也，不得俱出，阴阳是也。春出阳而入阴，秋出阴而入阳，夏右阳而左阴，冬右阴而左阳，阴出则阳入，阳入则阴出，阴右则阳左，阴左则阳右，是故春俱南，秋俱北，而不同道，夏交于前，冬交于后，而不同理，并行而不相乱，浇滑而各持分，此之谓天之意。①

这就出现了这样一个问题：一种不由神创造而以气为基础的自然的运行规律，何以会成为神意的体现并成为神显示自己意志的工具呢？在古代，自然知识和宗教是混杂在一起的，董仲舒的企图是要克服这种混杂，建立起一元化的神学世界观，用神学消融"自然知识"；但是秦汉时期自然知识的长足进步（如天文学、医学的发展），它已具有如此强大的影响和力量，以致神学无法予以消融掉。董仲舒希望予自然以自然知识的描述而又企图在这个基础上予自然以神学的唯心论的解释，这就不能不产生混乱和矛盾。这是他的哲学体系产生混乱和矛盾的重要原因。

在神灵之天和自然之天之间，董仲舒还提出了道德之天的说法，他说：

> 仁之美者在于天。天，仁也。②
> 察于天之意，无穷极之仁也。③
> 仁，天心，故次以天心。④

---

① 《阴阳出入》。
② 《王道通三》。
③ 同上。
④ 《俞序》。

这里的天，既不是一种物质实体，也不是人格神的上帝，而是一种最高的普遍的道德原则。董仲舒认为，正是这种道德原则支配和制约着阴阳五行的运行和人世社会的一切变化。例如他说"五行者"，乃"忠臣孝子之行也……非有至义，其孰能行此？"① 关于社会，他说："君臣父子夫妇之义，皆与诸阴阳之道。"② 又说："王道之三纲可求于天"。所以在董仲舒看来，人与天的关系、人与人的关系、人与物的关系、物与物的关系，都是一种道德的伦理的关系：君臣关系、父子关系、夫妇关系、尊卑关系等等。其指导的根本原则则是仁、义、礼、智、信——"五常"。这样，他把一切都道德化了、精神化了、神秘化了。这种道德决定论或道德目的论，是董仲舒唯心主义体系的本质的特征。③

在董仲舒的体系中，"天"既是神学的，又是自然的，又是道德的，这就使他的"天论"思想更加混乱和矛盾了。

当然，在董仲舒看来，三种"天"是可以统一的。自然之天从属于道德之天，道德之天又从属于神灵之天，因此是不矛盾的。但是，如前所述，董仲舒的神灵之天与自然之天就存在着矛盾；在引进了道德之天以后，又出现了这样的问题：自然之天既然是由气构成的，那么，它何以会具有道德的属性，或者何以会受道德之天的支配？而就神灵之天与道德之天的关系说，作为神灵之天，"天"应该是纯粹至善的，是完美、智慧、道德的化身。但他的道德之天却不是纯粹至善的。照董仲舒的说法，气有善有恶，因此，恶作为道德的一个因素也是宇宙本原的内在的属性，这与神灵之天的至善性是相矛盾的。再者，道德之天可以体现为自然运行的规律性、节奏性、机械性、必然性，但神学的前提是意志的自由，因而两者又是不能并存的。为了调和这种对立，董仲舒采取了"天"有"喜气"、"怒气"、"哀气"、"乐气"等等说法，并把阴阳运行所造成的春夏秋冬的机械性的变化，说成是天的感情意志的表现。所谓"春之为言，犹偆偆

---

① 《五行之义》。
② 《基义》。
③ 道德之天，孟子已经提出来了。但是是联系他的主观唯心主义而提出的，没有独立的意义，赋予自然之天以道德的属性，是董仲舒"天论"的特征。

也";秋之为言,犹湫湫也;偆偆者喜乐之貌也;湫湫者,悲忧之状也"[1];"春气爱、秋气严、夏气乐、冬气哀;爱气以生物,严气以成功,乐气以养生,哀气以丧终,天之志也"[2]。但一种机械循环、"周而复始"、"变而有常"的喜怒哀乐之不具有感情意志的特征,这是十分显然的。因此,在董仲舒的体系中,神灵之天和道德之天的这种形式上的统一,并不能消除两者的矛盾,而只能带来这个体系的不可避免的混乱和滑稽。这种矛盾同样带有时代的特征。神灵之天,主要是先秦传统观念的因袭;道德之天则是由神学的信仰到哲学理性思维的过渡,是唯心主义由神学到半神学、由粗糙到精致的向前迈进过程中的一个阶段。在董仲舒体系中,一般地说,道德之天远没有摆脱神灵之天的束缚。要完全摆脱这种束缚,实现由神灵的天到道德义理之天的完全转变,历史表明,需要经历一个漫长的过程。这个过程在我国是到两宋时才完成的。所以董仲舒思想的上述矛盾,历史地看正是由先秦到两宋的儒家唯心主义发展过程中,作为承前启后的一个环节的产物。

在董仲舒思想体系中,神灵之天没有消融和统一一切。但是由于上述矛盾在他的著作和表述中,被许多模糊混杂和拟人化的词句所掩盖着,因而往往造成一种假象,似乎他讲的天,完全是主宰一切的灵应活显的人格神,不再存在混乱和矛盾。而实际上这种矛盾是没有消融和解决的,在西汉董仲舒时期,历史还没有成熟到具备足以解决这一矛盾的条件。

二 目的论思想剖析

人们常常把董仲舒的目的论思想归结为(类比为)近代沃尔夫式的肤浅的目的论。董仲舒的目的论确有这一方面。但是由于时代条件和具体情况不同,仅只停留作这种类比是远远不够的。

关键在于董仲舒的目的论思想是与"类"、"故"、"理"这三个范畴及其相互关系和终极原因之追求分不开的,是人类认识在这种追

---

[1] 《王道通三》。
[2] 同上。

求中所提出的虽则是错误但却相当深刻的思想。

先秦以来,以墨家的逻辑学为代表,对"类"、"故"、"理"三个范畴及其客观的和逻辑认识的意义做了分析①,明确指出,事物是可以按同异分类的。事物的相同与相异不在它的外表,而在它的深一层次的"故"与"理"。由此,墨家由类之同异而进一步提出了何以"类同"或"类异"之"故"与"理"。《墨经》说:"故,有之必然,无之必不然。""故"又分"大故"与"小故"。相对于类和事物而言,"故"与"理"标志着人们对事物的认识进入了"本质"、"属性"、"根据"、"原因"这一更深的层次。②

在先秦,荀子对"类"、"故"、"理"的探讨十分重视,反复说到"同类"、"类之纲纪","裁非其类以养其类","顺其类者谓之福,逆其类者谓之祸"③。"天官当薄其类";提出"可以知,物之理也"④ 等思想。但细加分析,可以发现,荀子在探求自然与社会的实际的"类"、"故"、"理"时,其思想的深度亦极有限,对于分"类",他曾经提供过一些实例。如:"水火有气而无生;草木有生而无知;禽兽有知而无义。人有气、有生、有知,亦且有义,故最为天下贵也。"⑤ 认为人这一"类"的特征或"故",是在于有气、有知,亦且有义。人何以有义?即义之所以然之故,荀子归结为圣人,认为是由圣人之心,即圣人的理性与智慧产生的。荀子明于"天人之分",提出"惟圣人为不求知天"。⑥ 认为天之"故"与"理",是人所不应探求,亦无法认识的。荀子提出"不求知天",和庄子"蔽于天而不知人","强调吾生也有涯,而知也无涯"⑦,实际走上了同一条道路。其原因可能是因为荀子、庄子对"类"、"故"、"理"的探求,遇到了古希腊自然哲学所遇到的同样的难题;即客观事物之原因

---

① 参阅冯契《论中国古代的科学方法和逻辑范畴》,载《中国哲学范畴集》,人民出版社1985年版。
② 在宋明理学中,理被定义为所以然与所当然之故。
③ 《荀子·天论》。
④ 《荀子·解蔽》。
⑤ 《荀子·王制》。
⑥ 《荀子·天论》。
⑦ 《庄子·养生主》。

系列是无限的，因而是人的认识所不能完成的①。

面对认识终极原因的难题，古希腊苏格拉底曾提出万物归一，即万物归心来解决，认为"人心"是万物的最终的原因与尺度②。中国古代哲学对这一问题的回答则分成了两大派别：一派是"或使"，一派是"莫为"。"或使"派对终极原因之答案，有三条路线，一条是有神论，一条是神秘主义，一条是自然科学方式的答案。"莫为"派则将一切现象之产生归之自然，否定目的和有神论③。但他们所谓"自然"，一是强调必然性，往往陷入宿命论；一是强调偶然性，否定规律而走向不可知论，并由不可知论而陷入神秘主义。

"或使"派之走向有神论是非常明显的。儒家的天命论、墨子的"天志"、"明鬼"都属于这一情况。"或使"思想之走向神秘主义，则以董仲舒的目的论为代表。它的特点是在追求"故"与"理"时，不满足于"故"与"理"而企图进一步寻找"故"与"理"之终极的原因与实质。由此而回归到人，人心，即以人为尺度而将"目的"这一为人和人心所特有的概念，灌输于自然规律与原因之中，以之作为万有存在及其相互联系，相互作用的最后的根据④。

在董仲舒思想中，"类"、"故"、"理"三个范畴是被普遍运用并十分强调的，董仲舒讲"天人同类"、"天人相副"、"同类相动"。天和人、人和物、物与物之能相互感应，他认为是因为构成它们的基础是"同类"的，即都是由阴阳，五行构成的，而最基本的"类同"则是气。所以董仲舒思想的出发点和《荀子》的"水火有气而无生；草木有生而无知；禽兽有知而无义，人有气、有生、有知，亦且有义"的基点是一样的。不过《荀子》由此而强调天和人的区别，董仲舒则坚信宇宙万物的统一与"同类"。在《春秋繁露》中，"理"也占有极重要的地位。董仲舒关于天道"一而不二"、"必然"、"有秩"、"有节"、"有度"、"变而有常"等等说法，实质上都是指天道

---

① 故《荀子·解蔽》说，"以可知人之性，求可以知物之理，而无所疑止之则没世穷年不能遍也"。
② 参见叶秀山《苏格拉底哲学》，人民出版社1985年版。
③ 先秦的老子、庄子、屈原，关于"有始"，即终极原因的追求，研究得很多。
④ 希腊哲学关于"类"、"故"、"理"，主要是对自然知识的追求，但亦研究伦理道德问题。中国哲学主要是围绕社会伦理问题，但亦研究自然知识领域的问题。

运行的规律，即理。董仲舒说："辨五行之本末顺逆、小大、广狭，所以观天道也。"① 这里"天道"就是五行运行的规律。《春秋繁露》反复论述"天道"、"天之道"、"循天之道"、"天道大数"、"天之常道"、"天地之理"、"天之大经"，其实质内容都属于"理"的范畴。

"天人三策"中，武帝提出"明天人之故，通古今之变"，实际上是要求哲学家们对宇宙的统一性及其发展规律作寻根究底的理解与研究。围绕这个策问而展开的董仲舒的体系，以"故"与"理"的探求作为基础是很自然的。荀子"不求知天"，一系列天人关系的问题，如人何以头向上而具有不同于物的特点？何以"有三百六十根"骨节？何以有知？性情由何而来？道之大原何在？自然变化，如风雨雷霆何由而起？五行比相生而间相胜的"天次之序"何以形成？历史发展的规律如何？人何以最为天下贵等等。它们的"故"与"理"，荀子都避免回答。董仲舒则说："夫王者不可以不知天。"②他希望对上述问题作出回答，并且确实也作出了回答。因此，董仲舒思想可以说是循着和荀子相反的方向，以天人之"故"与"理"的探索，"以通伦类以贯其理"。③ 做了自己全部哲学思想的轴心。

对自然和人生，社会的"类"、"故"、"理"的探寻，应该以天人相分为前提，这样才能按照自然和社会的本来面貌来了解它们，而不加混淆。荀子确立了这个前提，但就此止步了。董仲舒希望不要止步，但却否定了荀子的正确的前提，从而使对类、故、理的探索走入了一个完全不同的方向，以目的论做了全部探索的答案和结论，董仲舒选择了或步入了和古希腊苏格拉底相同的思想道路。

亚里士多德在他的《理物学》中曾经指出："凡存在的东西，有些是由于自然而存在，有些是由于其他的原因而存在。"对于后者的追求，使人们提出了"目的"这一在古代十分深刻的思想。亚里士多德说："每当所有的部分长得好像是为了一个目的而产生出来那样的时候，这样的东西就活下来了，因为它们自发地构成了一个合适的机体。反之，那些长得不是这样的东西，就消灭了，并且继续在消灭

---

① 《天地阴阳》。
② 见《天地阴阳》。这里，"天"既指"天意"、又指"天道"、"天理"。
③ 《高庙火灾对》。

中。恩培多克勒说他的所谓'人面牛'就是这样灭亡了的。""所以，如果已经同意事物或者是偶然的结果，或者是为一个目的而发生，而事物不能够是偶然或自发性的结果，那就可以断定它们一定是有目的的。"亚里士多德又说："如果人工技艺产品是为了一个目的，则显然自然的产物也是如此。系列中后一个阶段对于前一阶段的关系，在技艺和自然中都是一样的。"[①] 由此亚里士多德把万物由以构成的质料和形式之"形式"称为目的。认为就是由这种目的才保证了自然的恒常的次序和规律，保证了事物的和谐而正常的发展。

在亚里士多德，目的主要是一种类比，在苏格拉底则不是类比而是一种对神的真诚的信仰。和苏格拉底类似，董仲舒关于目的的思想，首先也是对有神论的一种真诚的信仰。因此，一切存在的东西，董仲舒认为都是上"天"有目的地为人创造的，上帝是"故"与"理"的最终的根源。他说：

> 五谷，食物之性也，天之所以为人赐也。[②]
> 天生五谷以养人。……天之常意，在于利人。[③]
> 天不重与，有角不得有上齿。故已有大者，不得有小者，天数也。[④]
> 夫天亦有所分予，予之齿者去其角，傅其翼者两其足，是所受大者，不得取小也。[⑤]
> 天覆育万物，既化而生之，又养而成之，事功无已，终而复始，凡举归之以奉人。[⑥]

这些说法是有神论的目的论。

但是，和苏格拉底不同，在董仲舒思想中，天同时就是自然。构成天的精和气即是自然物，是泥和水一样的物质实在，而同时又具有

[①] 《古希腊罗马哲学》，三联书店1957年版，第256、257页。
[②] 《祭义》。
[③] 《止雨》。
[④] 《度制》。
[⑤] 《汉书·董仲舒传》。
[⑥] 《王道通三》。

道德和灵性，所谓"天聚众精以自刚"。因此自然本身就具有道德的目的，并不需要有自然之外的超自然的主宰赋予它以目的。董仲舒说："仁之美者在于天，天，仁也"，"察于天之意，无穷极之仁也"。"仁，天心"。正是仁——这一道德的至善，构成了目的，支配并保证了宇宙的和谐，阴阳五行有规律的运行，决定了人和社会的伦常秩序，确定了"人最为天下贵也"这一宇宙的目的和中心的地位。

《王道通三》说，"天常以爱利为意，以养长为事，春秋冬夏皆其用也。"

《天地之行》说："天地之行美也。是以天高其位而下其施，藏其形而见其光，序列星而近至精，考阴阳而降霜露。高其位所以为尊也，下其施所以为仁也，藏其形所以为神也，见其光所以为明也……"

《五行之义》说："故五行者，乃孝子忠臣之行也。"

《五行对》说："勤劳在地，名一归于天，非至有义，其孰能行此？"就是说，爱利和长养万物这样的目的，决定了四时的运行。道德的至善至美，决定了天的仁、尊、神、明的属性，从而决定了天的形状与功能，五行的"天次之序"也不是物理性质决定，而是道德的原理决定的。

董仲舒又说："天之道，有一出一入，一休一伏，其度一也。然而不同意。阳之出，常悬于前而任岁事；阴之出，常悬于后而守空虚。……天之任阳不任阴，好德不好刑如是。"①（《天道无二》）。又说："阳出而积于夏，任德以岁事也，阴出而积于冬，错刑于空处也，必以此察之。天无常于物，而一于时。时之所宜，而一为之。故开一，塞一，起一，废一，至毕时而止，终有复，始于一。一者，一也。是故天凡在阴位者，皆恶乱善，不得主名，天之道也，故常一而不灭。"② 就是说，天道运行的规律之所以是这样而不是那样，阴阳的出入之所以如此专一，一起一伏，表现为一种必然性，是由天"任阳不任阴"，"任德不任刑"的目的决定的。这里的天并不是自然之外的有人格意志的主宰，它就是自然之天本身。自然之天本身具有生物利物养物的目的和仁德，因而它任阳不任阴，决定着上述阴阳运

---

① 《天道无二》。
② 同上。

行的特殊的规律。这种自然本身含具目的的思想，就与亚里士多德接近了①。

哲学史上，古今中外对自然现象的考察，一直存在着目的论与自然论或目的论与机械论的对立。黑格尔说："按照亚里士多德，在自然的理念里面，主要有两个规定：（一）'目的的概念'和（二）'必然性的概念'。亚里士多德立刻在原则上把握住它们的实质。这就成了从那时起传留下来的必然性和目的性之间的古老的对立和不同观点。必须注意，在关于自然事物的概念的考察方式中，有着两个环节：第一种方式是按照外在的必然性来考察，其实这等于按照偶然的机缘，——即是：自然事物通常是被认为受外界规定，根据自然的原因来考察。另外一种考察方式是目的论的；但目的性有双重的意义，内在目的和外在目的。在近代的教育中，谈到目的时，首先是外在目的性占上风；自然久已被以这样的方式来考察。人们在这两种考察方式之间摆来摆去，找寻外在的原因，找寻这个规定那个关系等等有什么目的，又和外在的目的论周旋，这种目的论是把目的放置在自然事物之外的。……亚里士多德的自然的概念，比起现在的这种概念要来得优越；因为在他那里，主要的事情是把目的规定为自然事物本身的内在决定性。"②

董仲舒的思想首先是神学目的论的或外在的目的论，它把一个有意识行动的第三者纳入自然界，这是很荒谬的，但由于董仲舒十分强调事物的"类"、"故"、"理"，以神为自然本身，因此和亚里士多德一样，他的目的论也有着把目的规定为自然事物本身的内在决定性的意义。比起那种完全以偶然性来解释自然现象，否认自然有其内在的"类"、"故"、"理"的观点，或把必然性强调到一个极端而以宿命论说明一切的观点，有其一定的合理的因素。

自然本身并不存在目的，存在有意识有目的的行为。自然界中各种能自我调节或具有反馈机能的系统中，虽然存在着目的性③的现

---

① 由于在董仲舒思想中，自然之天和神灵之天是合而为一的，所以两者又是难于区分的。
② 黑格尔：《哲学史讲演录》第二卷，三联书店1957年版，第308—309页。
③ 参见牟小华《论系统的目的性》，载《哲学研究》1984年第10期。

象，其反馈和内功能的调节是由为保存和发展自己的某种"目的"决定的，但这种目的绝不是有意识的。但对于这种现象，古代的人们由于自然知识不多，无法加以说明，因而常常把它和人的有意识的目的混为一谈，从而陷入了错误。这种错误是可以理解的。因此，对董仲舒目的论的评价要看两方面。既要看到它的神学目的论的方面，又要看到它的非神学的自然目的论的方面；既要看到它的荒谬和为统治阶级剥削利益服务的本质；又要看到它是人们在深入思考"类"、"故"、"理"及五行的"天次之序"的终极根源时在认识上导致的失足。这种探索得出的总的结论是错误的，但其在认识上的探索意义是不能简单否定的。

在董仲舒目的论思想中，天人关系不再是自然物之间的关系，而是人与人化了的自然之间的关系。因此自然与文化（人）不是对立的，而是同一的。人既是天的发展的最高表现，又是它的终极目的。"天、地、阴、阳、水、火、木、金、土，九与人而十者，天之数毕也"。这样，人在宇宙中就具有突出的地位。它不仅是真、不仅是善、不仅是美，而是真善美三者的统一。

人是"真"，因为它能认识自然，它的智慧和认识是自然的赋予，又是自然用以认识自己的手段。它可以"知天"。它是善，因为它明诗书，知礼义，懂人伦，与禽兽有别。它的德性"化天理而义"，是伦理化了的"自然"的体现。它是美，因为它由天地中和之气而生，而"中和"是美的最本质的特征。所有天地间其他的生物都是禀赋有偏，参差不全的，自然赋予它以形体，则缺少精神；多有阴气则缺少阳气；多有阳气，则缺少阴气。故或为动、植、飞、潜，或为妖异鬼怪。惟有人是阴阳二气平衡的产物。"中和者，天地之大美也"，"致中和，天地位焉，万物育焉"。人是中和的产物，故亦可以致中和，与天地参而化育万物。

这样，人的文化（其主要内容即真、善、美及其物化的表现）就不仅不是与人的发展相矛盾的，而恰恰是人的发展完善所必需的；不仅不是与自然相矛盾的，而恰恰是符合自然发展的本性和要求的。

由目的论所引导，董仲舒提出了一系列关于文化、道德与自然（天）相统一的观点。

关于道德，他说：

"仁，天心。"①

"察于天之意，无穷极之仁也。人之受命于天也，取仁于天而仁也。"②

关于礼乐，他说：

"何谓本？曰：天、地、人，万物之本也。天生之，地养之，人成之。天生之以孝悌，地养之以衣食，人成之以礼乐，三者相为手足，合以成体，不可一无也。"③

"正朔服色之改，受命应天；制礼作乐之异，人心之动也。二者离而复合，所为一也。"④

关于人性，他说：

"天之生人也，使之生义与利，利以养其体，义以养其心。心不得义不能乐，体不得利不能安。"⑤

"天生民性，有善质而未能善，于是为之立王以善之，此天意也。"⑥

就是说，自然与人是由伦理道德相联结的，故两者能在精神感情上息息相通。人心与天命，虽然形式不同，但由于有着统一的目的，故本质是同一的，两者能离而复合，殊途同归。而人性的完善，则是天意的本然。这样，董仲舒的目的论，就为其人文主义思想树立了宇宙观的基石。

三　天人感应思想的矛盾及其积极意义

天人感应思想是董仲舒哲学思想的核心。它在探讨天人关系的形式下，颠倒地处理物质和意识的关系，是荒唐的唯心主义思想。但在它的内部，同样有着神学和非神论的矛盾。

董仲舒的天人感应，首先是以灾异谴告的形式出现的，他说：

> 天地之物，有不常之变者谓之异，小者谓之灾。灾常先至而

---

① 《俞序》。
② 《王道通三》。
③ 《立元神》。
④ 《楚庄王》。
⑤ 《身之养重于义》。
⑥ 《深察名号》。

异乃随之。灾者天之谴也；异者天之威也。谴之而不知，乃畏之以威。凡灾异之本，尽生于国家之失。国家之失乃始萌芽，而天出灾异以谴告之。谴告之而不知变，乃见怪异以惊骇之。惊骇之尚不知畏恐，其殃咎乃至。以此见天意之仁，而不欲害人也。①

这里，灾异谴告是"天"对君主的爱护和关心。"天"不仅有意志、有情感、有目的，而且全知全能，有主宰一切自然变化和人世祸福吉凶的无限权威和能力。显然这是十分荒唐的神学思想。

然而董仲舒天人感应思想还具有另一方面，它不是神学的，而是非神论的。在《同类相动》篇中，他明确地说：

今平地注水，去燥就湿；施薪均火，去湿就燥；百物去其所与异，而从其所与同，故气同则会，声比则应，其验皦然也。试调琴瑟而错之，鼓其宫，则他宫应之，鼓其商而他商应之。五音比而自鸣，非有神，其数然也。美事召美类，恶事召恶类，类之相应而起也。如马鸣则马应之，牛鸣则牛应之。帝王之将兴也，其美祥亦先见；其将亡也，妖孽亦先见，物固以类相召也。故以龙致雨，以扇逐暑，军之所处以棘楚，美恶皆有从来，以为命，莫知其处所。

就是说灾异、祯祥的基础，不是神的赏罚而是物的"同类相感"。"非有神，其数然也"、"物固以类相召也"，明确地反对了有神论。②
根据同类相感的原则，董仲舒认为天和人相互感应的基础是"天人相副"、"天人同类"。他认为天、人是同类的。他说："莫精于

---

① 《必知且仁》。
② 有些论著认为董仲舒这里表述的天人感应思想是唯物主义思想。这是一种误解。这里的"物固以类相召"，其类的划分是以精神、道德为基础的；"相召"是一种道德的精神的联系。虽然这里列举了"平地注水，去燥就湿"之类的"同类相召"现象，这些现象是以物质属性为基础的，但当作出一般结论时，则性质完全改变了。"美事召美类"、"恶事召恶类"、"美恶皆有所从来"。这里的类，显然不再以事物的物质性质属性为基础，而是以道德、精神为基础了。因此，董仲舒虽然在这里反对有神论，但却并不是唯物主义，而是一种神秘的唯心主义思想。

气,莫富于地,莫神于天,天地之精所以生万物者,莫贵于人。"人的形体,头向上当天,与植物之头向地、动物之头旁折不同,是由于人"所取于天地者"多。人的一身"小节三百六十六,副日数也;大节十二,副月数也;内有五脏,副五行数也;外有四肢,副四时也";"乍视乍瞑,副昼夜也;乍刚乍柔,副冬夏也;乍乐乍哀,副阴阳也"。总之,"于其数也,副数,于其不可数也,副类,皆当同而副天,一也"①。人的道德品质亦与天同类:"天两有阴阳之施,身亦两有贪仁之性。天有阴阳禁,身有情欲栣,与天道一也。"②

这些天人同类的说法是极其荒谬的,人和天并不存在这种"相副"的关系。虽然这种说法是当时人们对人之所以为人的一种流行的解释,包含着人和自然有有机联系的幼稚而合理的思想,不是神学的,但却是牵强附会、不科学的。在这样的基础上建立的天人感应的非神论方面,也不能不是一种神秘的唯心主义思想。

天人感应的神学的特点是天具有自由意志并能以对人的赏罚来体现这种意志,而天人感应的非神学的唯心主义形式的特点,则是以气为中介、以道德为基础的机械式的反应。

阴阳家认为,阴阳五行具有道德的属性,所谓"阳主德,阴主刑","木神则仁,金神则义,火神则礼,水神则智,土神则信",故"五行变至,当救之以德"③。例如,木为春,春主生,其德为仁。木有变,春凋秋荣,表示仁德受到伤害,那么一定是由不仁的政措引起的——如"徭役众,赋敛重,百姓贫穷叛去,道多饥人"等等。救至之法是行仁政:"省徭役,薄赋敛,出仓谷,振穷困。"这就可以引起相应的感应,而恢复五行的正常的状态。所以这里的感应是以道德为基础的。行为的道德性质引起相应的感应。

这种感应又是机械的,因为感应是通过气为中介进行的。行为的某种性质必然引起气的某种相应的感应,而不能不有这种感应,因而感应不具有自由意志的特点。董仲舒说:"天有阴阳,人亦有阴阳,天地之阴气起,而人之阴气应之而起。人之阴气起,而天地之阴气亦

---

① 《人副天数》。
② 《深察名号》。
③ 《五行救变》。

宜应之而起，其道一也。"① 这就是讲的气的机械感应②，而气的变化则是由行为的"道德"性质所决定的。所以，就感应的非神论方面而言，以道德为基础的气的机械感应，是它的特点。

一方面是神学的十分荒诞的灾异谴告：一方面是虽也十分荒诞然而却是非神的以气为中介的道德的机械式的感应，这种矛盾两重性的并存，是董仲舒天人感应思想的基本特征。③ 这种特征，和上面"天论"的基本矛盾一样，表现了董仲舒哲学思想的混乱及其复杂性。

作为荒诞的神学思想，董仲舒的天人感应思想的消极的作用是十分明显的。它欺骗和麻痹群众，阻碍群众正确认识自己的处境为改变自己的命运和改造自然而斗争，应坚决予以摒弃和批判。但是从其机械式的感应这一方面说，也有其一定的积极意义，不能一概抹杀。这种积极意义在于：（1）它在解决天人关系这个当时时代提出的哲学根本问题时，在承认天的主宰性的情况下，对人的主观能动作用给予了充分的重视和强调，反映了当时地主阶级积极有为的精神状态；（2）作为天人感应思想的一个组成部分的董仲舒的人性论，也强调了"人为"的作用；（3）以非神论的天人感应思想为武器，反对了方士迷信活动。下面加以分述。

（一）按照董仲舒的体系，"人副天数"，人的道德品质和形体是与天同类的，但人的生死寿夭，贫富贵贱，不是"天命"决定的。董仲舒在形式上虽然保持了孔子的天命论，但在实际上，却摒弃了孔子"死生有命，富贵在天"的命定论，认为人只要按照天意——实际上是他所了解的"客观规律"——办事，自强不息，就可以招致

---

① 《同类相动》。

② 董仲舒讲的气，其含义是混杂的。有些指物质性的东西，如"天地之间，有阴阳之气，常渐人者，若水常渐鱼也"（《天地阴阳》）。有些指精神状态，如"世治而民和，志平而气正"，"奸恶之分，阴阳之理也"。（同上）有些指各种对立的势力、成分、趋向，如"天地之阴阳当男女，人之男女当阴阳，阴阳可谓男女，男女亦可谓阴阳"（《循天之道》）。但不论属于何种含义，这里的气都不是神，不是神学概念。

③ 《董子文集·春秋阴阳》或《汉书·五行志》中，董仲舒关于灾异的天人感应，都有上述两种不同的说法。有些论著忽视两种说法的区别，一律认为是神学思想，这是不对的。在中国思想史上（不是实际生活中），天人感应的神学说法，影响比较短暂，至东汉的王充就对之进行了系统的批判。但天人感应思想的非神论说法，则有相当长远的影响。不仅王充继承了这一方面，在两宋理学中，也可看到它的影响。

最好的结果。这结果形式上是天意的体现，但由于天不是凭自己的爱憎喜怒任意决定事物的发展与人的命运，而是由人的行为通过"感应"所机械地、必然地决定的，这就把"天"的能动的主宰的作用大大限制了，而把这种地位给予了人。因此，在董仲舒的著作中，在"神权"的大声喧嚷中，我们看到的反而到处是对人的力量、作用、地位的重视与强调，是对人的"参天"之力的极大的信任。所以他一再强调"人主之大，天地之参也"，"人下长万物，上参天地"，"人之超然万物之上，而最为天下贵也"。在著名的天人三策中，他在宣扬神秘的天人谴告的同时，着力强调的也是"天令之谓命，命非圣人不行；质朴之谓性，性非教化不成；人欲之谓情，情非度制不节"；"事在强勉而已矣，强勉学问，则闻见博而知益明；强勉行道，则德日起而大有功；此皆可使还至而立有效者也"①，充分表现了地主阶级在上升时期，生机勃勃，强大有力，对自己的命运与力量充满信心的精神状态。如果说，哲学是时代精神的体现，那么董仲舒的哲学在这一方面所体现的，正是以汉武帝为代表的处于蓬勃发展中的地主阶级的大有作为，然而面对尖锐起来的阶级矛盾又小心谨慎的时代精神。

一方面宣扬"神"，宣扬神秘主义，一方面却又强调人的主观能动作用和对自己命运的信心，这是矛盾的。然而在逻辑上两者在一定条件下，又是可以统一起来的。如墨子就是一个例子。墨子是有神论者，宣扬"天志"、"明鬼"。但是墨子"非命"，认为人只要充分发挥自己的能动作用，就能掌握自己的命运，所谓"强必治"、"强必宁"、"强必贵"、"强必荣"、"强必富"、"强必饱"……因此，在墨子的思想中，形式上上帝属于支配的地位，事实上人却是主导的方面。这就是墨子思想的积极方面。在墨子那里，有神论与非命论，逻辑上不是矛盾的而是相互补充的。②正因为天有赏罚作用，逻辑上他

---

① 《汉书·董仲舒传》。
② 人们往往有一种误解，以为凡神学必然否定人的作用。其实，不仅在墨子思想中，"天志"、"明鬼"和"强力"、"非命"不矛盾，即便是以占卜决定行为的《易》，也"包含有吉凶祸福可以趋避的主动性，而不只是命定的预言而已，所以要强调'处几'、'察微'，以获得人事的成功"。(李泽厚《荀易庸记要》，载《中国古代思想史论》，人民出版社，1985年版)。

才能不再承认有不可改变的"命定"。正因为否定命定论，逻辑上他才能在承认神的主宰作用的形式下肯定人的能动作用。董仲舒的天人感应思想，在处理天的主宰作用和人的主观能动性之间的关系上，逻辑上正是和墨子一致的。因此，在天人感应论这样的神秘主义哲学思想中，它也包含着如上所述的积极方面，并不是偶然的。吕思勉先生早就指出："故一言命，即有前定之义焉，此儒道诸家之所谓命也（庄列发挥此义最透）。墨家则不然，《天志》、《明鬼》诸篇所谓天神所谓人鬼者，皆有喜怒欲恶如人而能赏善罚恶。……夫天且能鉴人之善恶而赏罚之，则又何前定之有。……然则墨家所非之命，盖儒道诸家所谓前定之命，若夫鉴人善恶而赏罚之，如《表记》所谓'夏道遵命'者则固不非之矣。"① 这是很有见地的。墨子和董仲舒的哲学思想产生于不同的时代，代表不同阶级对世界的看法，内容不同，但在有神论或神秘主义的形式下，积极地强调与肯定人的主观能动作用这一点则是相同的。② 董仲舒天人思想之具有积极意义的秘密就在这里。

　　天人关系问题从先秦以来一直是哲学探讨的根本问题。商周很流行的天命论，认为天是有自由意志的全知全能的上帝，"卜筮而后决大事"，上帝发号施令，一切都由上帝裁决，人的力量与主观能动性没有任何地位与作用。春秋末年，随着无神论思潮的兴起，在孔子的思想中，"谋事在人，成事在天"成为他处理天人关系的主导思想，故"知其不可而为之"，"知者不惑"，"不怨天，不尤人"，"为仁由己"，人的地位与作用受到了一定的重视。但是不论孔子还是以后的墨子、孟子、老子、庄子等等，都没有能对天人关系问题做出正确的

---

① 《辨梁任公阴阳五行之来历》，《古史辨》第五册，第375页。
② 这段文字是1980年写的。最近看到徐复观《两汉思想史》，其论董仲舒天人感应有如下一段文字，与这里的观点基本一致，现摘引如下，供参阅。徐说，董仲舒天人思想中，天人"互相影响，互相决定，而由人决定天的意义更重。这是董氏及他以后言灾异的理论的基本构造。这固然和周以前由天以言祸福大不相同。因为周以前，人的祸福，完全是由帝、天的人格神所决定，而人完全处于被决定的地位。即使由周初开始，帝、天的人格神对人的祸福，退居于监督的地位，把决定权让给各人自己的行为；但人类行为的好坏，只由人类自己领受应有的结果，断不能影响到人格神的自身。凡是宗教中的最高人格神，他只能影响人，绝不可受人的影响，否则便会由神座上倒了下来。但董氏的天，是与人互相影响的，天人居于平等的地位"。

解决。只有荀子站在新兴地主阶级的立场，喊出了"戡天"的响亮口号，提出明于"天人之分"的思想路线，对先秦的天人关系问题提供了一个方面比较正确的答案。但是在荀子和地主阶级革命的后继者手里，天人关系问题的解决却又走着曲折的历史路径。以韩非、李斯、秦始皇为代表的法家，把人的作用强调到过分的地步，以致误以为他们可以为所欲为而不必遵循任何客观规律、不必考虑任何人民群众的意愿（民心）和可能。秦王朝的迅速垮台，使这种"有为"思想受到惨重的打击。鉴于这样的历史经验教训，汉代地主阶级在开国初期重又回到了道家的"无为"，采取黄老思想作为处理天人关系的指导原则。然而到汉武帝时，随着社会经济的恢复，政治统治的稳定，国力的强大，黄老思想不再适应形势的需要了，于是以董仲舒为代表的天人感应思想登上舞台，确立了自己的统治地位。在这里，一方面是承认"天"的至高无上的权威，以便论证皇权的神圣；一方面却又认为人占有和天平等的地位，"天生之，地养之，人成之……三者相为手足，合以成体，不可一无也"①，从而人对于自己命运的掌握亦有了积极的能动的作用。这样，就在唯心主义的甚至神学的形式下，使先秦以来，特别是以荀子为代表的关于天人关系的积极思想，得到了恢复和承认，这是值得肯定的。

历史上，新兴的阶级一般地说总是强调和重视人的主观能动作用的。代表新兴地主阶级思想的《中庸》，就强调人"可以赞天地之化育"，"与天地参"。所以，董仲舒的"与天地参"的思想也可以说是秦汉以来兴起的一种时代思潮。不过"中庸"继承思孟的主观唯心主义，人的主观能动性被局限于个人的道德修养，所谓"惟天下之至诚为能尽其性，能尽其性则能尽人之性，能尽人之性则能尽物之性，能尽物之性，则可以赞天地之化育"。董仲舒关于人的能动作用则着重于人主和国家的政治、事功、德教、刑政、学问、修身等等，因而是与荀子的"天有其时，地有其财，人有其治，夫是之谓能参"②的精神一致的。

（二）与此相应，作为天人感应思想的一个有机组成部分的董仲

---

① 《立元神》。
② 《荀子·天论》。

舒的"性三品"说，也充分强调了人的主观能动性，强调了人的后天的作用（参看第六节）。

（三）反对方士迷信。据《史记》记载："孝武皇帝初即位，尤敬鬼神之祀。"①武帝在位五十三年间，曾连续不断地组织大规模的封禅、祀神活动，终武帝之世，方士迷信活动十分猖獗。那么董仲舒的天人感应思想与这种方士迷信活动的关系如何呢？

应该承认，董的灾异谴告思想是配合了当时统治阶级的造神运动的，但是从直接的具体的意义上说，则不仅不能说董的全部哲学思想都是这种方士迷信活动的组成部分，相反，他的天人感应思想的非神论部分，却正是反对当时的方士迷信活动的，是反对方士迷信的思想武器。

（1）对求雨、驱旱等类似方士迷信的活动，董仲舒给予了非神论的解释，这对造神活动是不利的。董仲舒据以作出这种解释的理论根据，正是以气为中介、以道德为基础的机械感应这种唯心主义的天人感应思想。

（2）方士迷信的中心内容是求成仙，求长生不老。正如王充指出的："世见黄帝好方术，方术仙者之业。"②武帝时期李少君的"祠灶却老方"，栾大的"不死之药"等层出不穷的方士迷信活动，都证明了方士迷信这一特点。然而董仲舒却正是反对方士的这种荒谬迷信的。在《循天之道》中，他指出"寿有长短，养有得失"，"短长之质，人之所由受于天也"。长生不死是不可能的。他说："夫损益者皆人"，③"寿夭于其所自行。自行可久之道者，其寿雠于久，自行不可久之道者，其寿亦雠于不久"。只要人们生活有规律、有节制，劳逸适度，"男女体其盛，臭味取其胜，居处就其和，劳佚居其中，寒暖无失适，饥饱无失平，欲恶度礼，动静顺性，喜怒止于中，忧惧反之正"，就能寿引而长。《黄帝内经》说："上古之人，其知道者，法于阴阳，和于术数，食欲有节，起居有常，不妄作劳，故能形与神俱，而尽终其天年，度百岁乃去。今时之人，不然也。以酒为浆，以

---

① 《孝武本纪》。
② 《论衡·道虚篇》。
③ 《循天之道》。

妄为常,醉以入房,以欲竭其精,以耗散其真,不知持满,不时御神,务快其心,逆于生乐,起居无节,故半百而衰也。"① 董仲舒所讲的,正是当时医学对于长寿的意见。不过董仲舒的上述符合医学知识的见解也是包裹在"循天之道"的天人关系的神秘外衣下的,是神秘的唯心主义思想,但同样表现出一种重视人的主观能动作用的积极精神。

然而应当指出,天人感应思想的这种积极意义:一是被其神秘主义的唯心主义目的论体系所限制,意义是有限的,而且不可能引导到正确的方向,它同时就发生着消极的作用;二是它的作用也是相对的,即仅仅相对于历史和汉初的社会条件,它才表现出这种积极意义。随着历史的发展,董仲舒体系的神秘主义和有神论方面迅速发展,在西汉末年,变成了谶纬迷信,也就丧失了任何积极的意义。

四 认识论的经验主义与理性因素

"类比","无类类比"是董仲舒认识方法的本质的特点。董仲舒关于天和天人关系的基本思想即是由天人"相副"、"相类"的类比产生的。在董仲舒思想中,天和人,不是抽象的概念的规定,而是基于直观、类比所树立的感性的形象。即便是阴阳这类普遍存在的东西,他也认为是像泥和水一样的实物,并具有喜怒哀乐的情感,与人相类。因此董仲舒认识论的基本性质是经验主义。

董仲舒把立足于经验和直观上的"类比"作为获取知识的基本手段,认为一切知识都可借"观"和"类比"而获得。例如关于性的辩论,有人说:"性有善端,心有善质",因此是可以称为性善的。董仲舒反驳说:"茧有丝而茧非丝也,卵有雏而卵非雏也。比类率然,有何疑焉。"② 用类比的办法,得出了人有善质而非性善的结论。科学的类比首先要求事物真正属于同类。在不属同类的情况下,类比只能是启发思考的比喻或手段,不能代替论证。董仲舒恰恰混淆了两者的界线。

---

① 《上古天真论》。
② 《深察名号》。

在人类认识中，"故"与"理"是标志事物本质的范畴，需借助于思维，通过概念、判断、推理活动才能把握。但董仲舒却仍然认为直观是认识"故"与"理"的基本方法和手段。他说："辨五行之本末、顺逆、小大、广狭，所以观天道也。"① 又说："天之道，有序而时，有度而节，变而有常，反而有相奉，微而至远，踔而致精，一而少积蓄，广而实，虚而盈。圣人视天而行。"② 这里的"辨"，似乎是心智的思辨，突破了经验的范畴。但在董仲舒看来，天道的基本内容是五行的"顺逆"、"小大"、"广狭"、"盈"、"虚"，不外乎一些感性的直观的因素，因此他讲的"辨"，就仍然没有摆脱感性和经验的束缚。所谓圣人视"天之道"，"视"当然也不是真正的由理性思辨所达到的对规律、本质的认识。恩格斯说："经验论者深深地陷入了他所习惯的经验的认识之中，以致他以为他在研究抽象的时候，自己还是在感性认识的领域之中。"③ 董仲舒在进入天道、规律即事物的本质的认识领域中，仍然以直观作为手段，其认识论鲜明地表现出恩格斯所讲的经验主义的特点。

汉代，与哲学密切联系的两个重要自然科学分支是天文学与医学。这两个自然科学分支所采取的基本认识手段，如前所述，都是基于观察和对观测资料的归纳，是属于经验主义的。董仲舒在认识论上强调"观"，正是他的哲学、他的天人感应体系深受当时自然科学影响的表现。但是天文学和医学的观察和观测，是以求取科学知识为目的的，董仲舒却认为认识的最高目的是"观天意"，他说，"天无所言，而意以物。物不与群物同时而生死者，必深察之，是天所告人也。""君子察物之异，以求天意。"④ 强调"观"察自然中的异常现象，以推论天意，即神在这些灾异中显示的意志或灾异所包含的目的。实际上是在认识的外衣下，贩卖信仰主义和神秘主义。

董仲舒的认识思想，从局部看，也有一些理性的因素。例如他指出"心知"、"心论"的作用，说："夫目不视弗见，心弗论不得。虽

---

① 《天地阴阳》。
② 《天空》。
③ 《自然辩证法》，人民出版社1957年版，第196页。
④ 《循天之道》。

有天下之至味，弗嚼弗知其旨也；虽有圣人之至道，弗论不知其义也。"① 由"心论"而得到的对"至道"的知识构成智，它和仁是同样重要的。他说："莫近于仁，莫急于智。不仁而有勇力才能，则狂而操利兵也；不智而辨慧獧给，则迷而乘良马也。"他把智比作利器，比作良马，认为不仁不智的人乘着它会陷入迷途，不能自拔。他肯定知有预见的作用："凡人欲舍行为，皆以其知先规而后为之。其规是者，其所为得，其所是当，其行遂，其名荣，其身故利而无患。""知者见祸福远，其知利害早。物动而知其化，事兴而知其归，见始而知其终，言之无敢哗，立之而不可废，取之而不可舍，前后不相悖，终始有类，思之而有复，及之而不可厌。"② 就是说，知是对于事物发展的必然、趋势、利害、规律的预见。因此"真知"可以作为行动的向导，是决定行为能否成功的关键。

在《仁义法》中，董仲舒又指出，要绝乱于未萌，"使害无由起"，以致"天下无害"，最可靠的办法，是"观物之动而先觉其萌，绝乱塞害于将然而未行之时"。"先觉其萌"，就是于萌芽处即看出事物必将出现的发展。这是一种预见。所以他说，"故救害而先知之，明也"。这种"明"，是对于事物的规律性、必然性的理性的把握，不是迷信与神的启示。因此董仲舒认为，学习《春秋》，就可以培养人们的这种明和智，提高绝乱塞害于未萌的能力。董仲舒所讲的"明"、"智"，内容包括社会伦理的是非，国家政治的安危，还包括养生等等内容，其认识意义是不能否定的。

与这种理性的认识相联系，董仲舒提出了关于名号、正名以及由此而获得新的知识的理论。他说："春秋别物之理以正其名，名物必名因其真。真其义也，真其情也，乃以为名。"③ 又说："随其名号以入其理，则得之矣。"④ 所谓"入其理"，就是通过分析概念的内涵，以获得对事物的知识。以性与善这两个概念为例，董仲舒指出，性之名是"生之自然之资谓之性，性者质也"，⑤ "无所待而起，生而所自

---

① 《仁义法》。
② 《必仁且智》。
③ 《实性》。
④ 《深察名号》。
⑤ 同上。

有也"。① 按照这样的"性之名","教训已非性也"。② 人道之善不能包括在性的内涵之中。"善,教诲之所然也,非质朴之所能至也,故不谓性。"③ 性是"生之自然之资",是"天所为",是内在于人的。"止之内谓之天",王教在性外,"止之外谓之王教"。④ 因此性是先天的,"王教"是后天的。性是自然的,王教是人为、人道。由名号(概念)内涵的分析,董仲舒认为可以把握"性有善质而非善"这个理。

董仲舒运用"循名以得理"这个分析方法于许多领域,得出了不少知识性的论断。例如"何谓心"?他说:"栣众恶于内,弗使得发于外者,心也,故心之为名栣也。"⑤ 这是心的定义。意思是说心具有理性和意志,能分辨和控制情欲。栣通袵,约束之意。由此他推论出一个结论:"人之受气苟无恶者,心何栣哉?吾以心之名,得人之诚。人之诚,有贪有仁。贪仁之气,两在于身。"⑥ 董仲舒给心下的定义,是不正确的,但他由这个定义而做出的逻辑上的推论,反映出他是在运用形式逻辑的演绎法以作为求取知识的手段。

又如对"王"的分析,他指出"王"的含义中包含:"皇"、"方"、"匡"、"黄"、"往"五科。"王者皇也,王者方也,王者匡也,王者黄也,王者往也。是故王意不普大皇,则道不能正直而方。道不能正直而方,则德不能匡运周遍。德不匡运周遍,则美不能黄。美不能黄,则四方不能往。四方不能往,则不全于王。故曰天覆无外,地载兼爱,风行令而一其威,雨布施而均其德,王术之谓也。"⑦ 由此得出了"王术"应该兼爱无私的结论。⑧《仁义法》说:"仁之为言人也,义之为言我也,言名以别矣。仁之于人,义之于我者,不可不察也。众人不察,乃反以仁自裕,而以义设人,诡其处而逆其

---

① 《实性》。
② 同上。
③ 同上。
④ 同上。
⑤ 《深察名号》。
⑥ 同上。
⑦ 《深察名号》。
⑧ 这里董仲舒是采取同声通假的办法,进行推演,并不科学。

理，鲜不乱矣。"认为仁义概念的混淆及其错误运用，导致了"诡其处而逆其理"的后果，引起了社会的混乱，因此分析名是十分重要的。

董仲舒这种由名以得理的认识方法，在逻辑上属于从一般到个别的演绎法，富有理性的因素和特征。

为什么名有这种功用呢？董仲舒认为，名之所以具有这种作用，是因为"名者，圣人之所以真物也。名之为言真也"①。就是说，"名"是圣人用以真实地表现事物的，它是圣人对物的正确认识的结晶。因此分析名——概念的涵义，就可以把其中包含的知识判断展现出来（反其真），使原来自己不够清楚明白的东西变成清楚明白的知识（"黩黩者还昭昭耳"）。故"欲审曲直，莫如引绳。欲审是非，莫如引名。名之审于是非也，犹绳之审于曲直也。诘其名实，观其离合，则是非之情不可以相谰已"②。董仲舒认为《春秋》一再强调"辨物之理，以正其名。名物如其真，不失秋毫之末"。③ 就是因为名有重要的认识作用。如《春秋》"名霣石，则后其五，言退鹢，则先其六"，此皆其真也。董仲舒说这反映了"圣人于言，无所苟而已矣"。④ 因此董仲舒于名提出两条原则：一是"真其义"，一是"真其情"。义是就理而言的。情是就实际状况而言的。这些在局部看是值得肯定的。

但是对于名号的起源，董仲舒最后也归结为天意，走向了神秘主义。他说："皆名号而达天意者也"，如"天子"这一名号，其含义是"受命之君，天意之所予也"。故"号为天子者，宜事天如父，事天以孝道也"。如"士者，事也"；"士不及化，可使守事从上而已"。"民之号，取之瞑也"，"譬如瞑者待觉，教之然后善"⑤。董仲舒认为这些名号是天意规定的。这就从名号理论上为封建等级制度做出了理论上的论证，同时使"知识"成为圣人垄断的"特权"，变成了宗教的启示录和预言，禁锢了科学和认识的发展。汉代经学统治人们的

---

① 《深察名号》。
② 同上。
③ 《深察名号》。
④ 《实性》。
⑤ 《深察名号》。

思想达四百年之久，董仲舒关于名号的理论起了极大的作用。

总的看，董仲舒对名的内涵的分析，超出了感性经验而具有理性的内容，是有一定意义的，但同时表达了他的这样一种思想，事物之为某事物，不在于它的现实的存在，而在于是否符合它的名，它的概念。名，概念是物的实质，本质。"名者性之实，实者性之质。"① 苏格拉底和柏拉图的理念论思想认为：把握了一个事物的定义，可以得到关于它的真知识。因此对勇敢、美等东西的真正的认识，不需要从勇敢的事例和现实中概括、归纳，只要认识了名，就能认识和把握它们。所以柏拉图认为理念来自天国、心灵。董仲舒则明确指出，名是"天意"，两者的思想本质上是一致的。只是柏拉图的理念包括广泛的知识领域，董仲舒则反映中国哲学的贤人气象，名主要指政治、道德领域内的事物，其认识意义被大大限制了。

五　形而上学体系和局部的辩证法思想

董仲舒思想的一个重要特点是以阴阳五行为间架和模式，把自然、社会、人伦、道德等一切现象都纳入这一井然有序的结构和模式之中。这个模式被称为"天次之序"。董仲舒说，"天有五行：一曰木，二曰火，三曰土，四曰金，五曰水。木，五行之始也；水，五行之终也；土，五行之中也。此其天次之序也"。② 五行的基本关系是"比相生而间相胜"。"比相生"是木生火，火生土，土生金，金生水（木→火→土→金→水），"间相胜"是木胜土，火胜金，土胜水，金胜木，水胜火。在这个秩序中，没有任何东西是孤立的。任何一项都为别的东西产生，又产生别的东西；都为别的东西所制约、克服，又克服和制约别的东西。"相生"、"相克"，表现了对立面既相互联系、统一，又相互斗争、转化。这是符合辩证法的。但是在董仲舒的思想体系中，由这种关系形成的世界秩序，又永远是固定不变的。所谓"天不变，道亦不变"③。"五行"成了一种永恒支配自然和社会的固

---

① 《实性》。
② 《五行之义》。
③ 《汉书·董仲舒传》。

定的秩序和结构，因此从整个体系看，又是形而上学的。

关于阴阳关系，董仲舒提出了"合"这一基本范畴。"合"从战国后期开始，就被突出和强调，其基本含义是对立面的统一。《易传·系辞》说："一阴一阳之谓道。"荀子说："天地合而万物生，阴阳接而变化起。"①《庄子·田子方》说："至阳赫赫，至阴肃肃……两者交通成和而万物生焉。"对立面的交感、融合，被认为是运动的契机和生命的源泉。董仲舒继承了这些思想，但对"合"这一范畴增加了新的含义：（1）强调对立面有主次之分，其主次方面的地位是固定的；（2）事物的运动是由对立两方面的合作完成的，对立的两方面所起的作用有主次之分；（3）合又称"兼"，对立的一面兼有另一面。董仲舒说：

> 凡物必有合。合，必有上，必有下；必有左，必有右；必有前，必有后；必有表，必有里。有美必有恶，有顺必有逆，有喜必有怒，有寒必有暑，有昼必有夜，此皆其合也。②

在自然现象上，合表现为阴阳有主次、有规律的变化，从而造成一年四季和万物生长荣枯的循环和节奏。在阴阳两个对立面中，"天之志，常置阴空处，稍取之以为助。故刑者德之辅，阴者阳之助也"③。阳主阴辅的关系是固定的。

在社会上，"合"表现为君臣、父子、夫妇之有尊卑主次的配合与从属关系："阴者阳之合；妻者夫之合，子者父之合，臣者君之合。""阳兼于阴，阴兼于阳；夫兼于妻，妻兼于夫；父兼于子，子兼于父。"④ 所有这些从属关系都是"合"的表现。

封建社会中，等级制度有上下尊卑之分，在社会政治和生产生活中，丈夫、妻子、君父、臣子的地位及所起的作用有主次之分。董仲舒强调合，是对这种社会等级制度的反映，也是为了巩固这种等级制

---

① 《荀子·礼论》。
② 《基义》。
③ 《天辨在人》。
④ 《基义》。

度的统治服务的。从理论上说，董仲舒合的概念，看到了矛盾有主次方面的区分，是对辩证法认识的一种深入。但董仲舒把这种情况绝对化，片面化，认为矛盾区分主次方面是无一例外的普遍情况，两方面绝对不能转化，又陷入了形而上学。

在论述天文、地理及社会、政治的具体问题时，董仲舒还提出了不少片断的辩证法思想。

如《董子文集·雨雹对》说："阴阳虽异，而所资一气也。阳用事，则此气为阳；阴用事，则此气为阴。阴阳之时虽异，而二体长存。犹如一鼎之水，而未加火，纯阴也；加火极热，纯阳也。纯阳则无阴，息火水寒，则更阴矣。纯阴则无阳，加火水热，则更阳矣。"这里阴阳不是恰然分割、对立的两种外在的东西，而基本上是一气。阴和阳只是一气的两种不同表现与属性，它们本质上同一。在一种条件下，表现为阳，在另一种条件下，又转化为阴。这接触到了辩证法的实质。[①]

董仲舒强调阴阳的统一与和谐是事物的常态。他认为宇宙的根本精神是"中和"。他说：

> 天之序，必先和然后发德，必先平然后发威。……德生于和，威生于平也。不和无德，不平无威，天之道也。[②]
> 人气调和而天地之化美。[③]
> 中者，天下之终始也；而和者，天地之所生成也。夫德莫大于和，而道莫正于中。中者，天地之美达理也。[④]

认为"中和"是事物的常态，这一点不能否定，但董仲舒过分强调"中和"，就陷入了矛盾调和论，而且对中和的理解也是机械的。当然董仲舒并不完全否认自然界的不平衡，他说，"天地之制也，兼和与不和，中与不中，而时用之，尽以为功。"[⑤] 甚至承认阴阳之间有

---

① 流行的观点往往把阴阳看作两种对立的实体，实际上是一种形而上学观点。辩证法的实质恰恰是承认统一物之内在地包含有矛盾的属性、趋势和成分。
② 《威德所生》。
③ 《天地阴阳》。
④ 《循天之道》。
⑤ 《循天之道》。

对立和斗争。如鲍敞"问董仲舒曰：'雹何物也，何气而生之？'仲舒曰：'阴气胁阳气。天地之气，阴阳相半，和气周回，朝夕不息……以此推移，无有差慝，运动抑扬，更相动薄，则熏蒿敝蒸，而风、雨、云、雾、雷、电、霜、雹生焉。气上薄为雨，下薄为雾。风其噫也，云其气也。雷其相击之声也，电其相击之光也"①。这里关于"相击"，"更相动薄"，"胁"等概念，都是指阴阳对立面的斗争。

关于社会现象中的对立统一，董仲舒提出了下列命题。如关于义与不义，他说："不义之中有义，义之中有不义"②。关于祸福，他说："福之本生于忧，而祸起于喜也。"③关于吉凶，他说："凡人有忧而不知忧者凶，有忧而深忧之者吉。《易》曰：'复自道，何其咎'，此之谓也。"④关于书患是为了除患，他说："盖圣人者贵除天下之患。贵除天下之患。故《春秋》重，而书天下之患偏矣。以为本于见天下之所以致患，其意欲以除天下之患。"⑤关于上下，他说："常尽其下，故能为之上也。"⑥关于统治方法，他说："制之者，制其所好。""民无所好，君无以权也；民无所恶，君无以畏也。"⑦关于制度，他说："有所积重，则有所空虚矣。大富则骄，大贫则忧。忧则为盗，骄则为暴。"⑧这些辩证思想是有意义的，贯穿着功利主义和祸福转化有规律可循的积极精神。⑨

---

① 《董子文集·雨雹对》。
② 《竹林》。
③ 同上。
④ 《玉英》。
⑤ 《盟会要》。
⑥ 《立元神》。
⑦ 《保位权》。
⑧ 《度制》。
⑨ 周桂钿指出，荀子在《大略篇》提出："庆者在堂，吊者在闾。祸与福邻，莫知其门。"认为祸福的转化，不知道有什么规律。荀子的学生韩非，则对祸福转化的条件做了初步探索。董仲舒继承韩非的思想，敲开了荀子所不知道的祸福转化之门。《刘向集》载："董生有云：吊者在门，贺者在闾。言有忧则恐惧敬事，敬事则必有善功而福至也。又云，贺者在门，吊者在闾。言受福则骄奢，骄奢则祸至，故吊随而来。"董仲舒结合历史事例，如齐桓公由成功霸业而最后众叛亲离，齐顷公由兴而衰，又由衰而兴，说明骄傲和谦虚是祸福转化的具体条件。对矛盾转化规律做了有益的具体探索。（参见《董仲舒与"祸福论"》，载《光明日报》1985 年 9 月 30 日）。

董仲舒思想的基本点是强调系统和结构的稳定；强调合或中和的作用；强调"天不变，道亦不变"。这种情况不是偶然的。社会在经历了战国至秦末的剧烈而长期的分裂、纷争、战斗以后，迫切要求维护与巩固汉代地主阶级所建立的中央封建集权的大统一，强化新的封建宗法等级秩序，所以，论证统一的合理，论证封建贵贱尊卑的天经地义，成了时代提出的任务。董仲舒的上述思想，可以说是反映了这种特定时代的要求的。

一方面，就全部体系和最终归宿来说，是形而上学；一方面，就局部、片面和片断过程来说，又包含着一定的甚至精彩的辩证法思想，这种情况，不只董仲舒个人如此，汉代和封建社会其他时期的地主阶级思想家，也几乎莫不如此。这既是地主阶级思想家阶级局限性的表现，又是时代和历史条件限制了他们的眼界。作为地主阶级的思想家，他们不可能设想，在封建制度的"天"与"道"之外，还可能存在其他类型的"天"与"道"，在封建等级的社会结构和系统以外，还能有其他合理的社会秩序和结构，所以，在总体上，他们的思想，必然是形而上学的，强调"天不变，道亦不变"，强调五行的"天次之序"永远不会改变。但是具体的社会现实和生活，又是充满着矛盾和对立的，无时无刻不在发生运动、变化、转化，走向对立面的否定。所以在局部问题上，地主阶级的思想家们，或者经由历史经验的总结，或者经由对现实矛盾的观察，或者继承、领会前人的辩证法思想成果，他们又能或多或少，或一般或深刻地提出与发展辩证法的思想。董仲舒思想中形而上学与辩证法相互纠结的复杂情况，就是这样造成的。因此可以说，是符合规律的。

六　人性论思想分析

战国末年，荀子企图在儒家思想的基础上统一与融合百家。荀子的思想继承了儒家深厚的人文主义传统，但同时又深受道家的影响。对人的本性的看法，荀子和道家一样，认为是自然，是不善，文化道德是与人的本性相违背的。

董仲舒人性思想的精神是荀学，强调人心对恶的强制作用。"桯众恶于内,勿使得发于外者,心也"。① 这里所谓心,就是"理性","智慧"。故董仲舒强调学习,认为人性的形成和发展,依赖于教育。"天生之,地养之,人成之。天生之以孝悌,地养之以衣食,人成之以礼乐。三者相为手足,合以成体,不可一无也。"②

但董仲舒和荀子又有重大的区别。荀子强调性恶,董仲舒则认为人的自然之性本来具有善质。他说:"性比于禾,善比于米。米出禾中,而禾未可全为米也。善出性中,而性未可全为善也。"③ 先天的自然之性,是善质,是禾,是茧,是卵。非禾无以出米,非茧无以成丝,"卵待复而为雏,茧待缲而为丝"。④ 丝和米是依照茧、禾具有的可能性和发展方向加工而成的,因而不是与它相矛盾的。从这一点看,又是与《孟子》接近的。因此,董仲舒的人性论,可以说是孟、荀人性观点的综合。

董仲舒建立人性论的方法是"正名"。他从性和善两个概念所应具的内涵的分析入手,看出孟荀在人性论上之所以对立,是对性这一概念的理解不同。"今世闇于性,言之者不同,胡不试反性之名。性之名非生与?如其生之自然之资谓之性。性者质也。诘性之质于善之名,能中之欤?"董仲舒认为,"性"这个概念的内涵,应是也只能是"生之自然之资","性之名不得离质,离质如毛"。因此,善是后天教育的结果,如同毛不能归之于质这个概念的内涵之内,善也不能归之于性这个概念的内涵之内。从善这个概念来分析,他说:"或曰性也善,或曰性未善,则所谓善者各异意也"。他说,孟子之所以讲人性善,是因为孟子所谓善是"善于禽兽,则谓之善"⑤。但这不是圣人之所谓善。"圣人之善"是"循三纲五纪,通八端之理,忠信而博爱,敦厚而好礼"。董仲舒认为,性善之善,应该以圣人之善为内涵。因为孔子讲过:"善人吾不得而见之,得见有恒者斯可矣。"由孔子这句话,可见"圣人之所谓善,亦未易当也。非善于禽兽则谓之善也"。董仲舒说:"吾质之命性者,异孟子。孟子下质于禽兽之

---

① 《深察名号》。
② 《立元神》。
③ 《深察名号》。
④ 同上。
⑤ 同上。

所为，故曰性已善；吾上质于圣人之所善，故谓性未善。"①

董仲舒的性论包含了可能性与现实性，根据和结果的对立统一的辩证思想。善的现实性之能成为现实性，是由于人性中具有善的可能性与根据。这里有可能性向现实，根据向现实性转化的思想。董仲舒认为，否认人的善性的内在根据和可能性，那么善的现实性就是纯粹外在的强制的东西，这是不可能实现的。"性者天质之朴也。善者，王教之化也。无其质，则王教不能化。无其王教，则质朴不能善。"②按荀子的讲法，性伪之文理隆盛和性的本质是相互矛盾的。人之所以为人的决定因素——文理隆盛，对人完全是外在的强制。人先天具备的发展方向主要是向坏的方向发展，虽然荀子也承认人具有自我完善、向上、向前、走向高级阶段的能力，如说："涂之人也，皆有可以知仁、义、法、正之质，皆有可以能仁、义、法、正之具，然则其可以为禹，明矣。"（《荀子·性恶》）但这是指接受教育而言。所以荀子的人性论有外因论的弊病，根据、可能性与现实性是相分裂的。人性就其现实性来说，是社会关系的总和，但不能否认，人性中包含自我发展，完善，克服本能的情欲的可能性。人在劳动中形成并不断发展完善的理性和思维能力，这种能力，如同情欲等一样，是人性潜能中的一种向上的力量。人之成为人，之所以能在劳动、生产实践中日益发展，日益完善，是与人的这种理性，思维能力分不开的。因此人性中确实包含有后天在实践中不断发展完善的可能性。荀子承认人的知，即思维、理性使之能向上发展，也接触到这一点，但荀子太强调了人性恶的方面。所以"人其天之继与?!"③董仲舒这个人性论的基本命题，较荀子的"天人之分"，要包含着更多合理的思想。当然，董仲舒关于根据、可能性与现实性的思想，并不是彻底的辩证法的思想，因为按辩证法，可能与根据虽不是现实性，但它包含着转化为现实性的内在的因素。董仲舒则把这种转化的可能性转移到外部（如圣人和统治者的教育）了，这就走向了形而上学。

---

① 《深察名号》。
② 《实性》。
③ 《循天之道》。

孟子讲"性善","四端","良知,良能",人的这种"四端"从心而来。孟子也讲尽性知天,但孟子没有阐述"四端"与天的关系,董仲舒则阐述了这个问题,认为人是天的副本。人的一切,包括形体、情欲、道德意识,都是天赋予的。人性的根源在于天道。他说:"人之诚,有贪有仁。仁贪之气,两在于身。身之名取诸天。天两,有阴阳之施,身亦两,有贪仁之性。"① 人禀受于阳而为性,是善质。禀受于阴而为情,是不善的潜在可能性。"身之有性情也,若天之有阴阳也。言人之质而无其情,犹言天之阳而无其阴也。"② 因此,人性包含着发展的两种可能,既可以为善,也可以为恶。天不是纯粹至善的。恶作为它的对方面,正如阴作为阳的对方面一样,也是内在于天的本性之中的。但善和恶两个对立面中,董仲舒认为善是主导的方面,情欲是从属的方面,"情亦性也"。董仲舒认为,人应按照天道以性限制情。他说:"天有阴阳禁,身有情欲柢,与天道一也。是以阴之行不得干春夏,而月之魄常厌于日光。乍全乍伤,天之禁阴如此,安得不损其欲而辍其情以应天!"③ 这种以理统情的思想,在以后宋明理学中有系统的发挥。

董仲舒将人性分为三等。"有斗筲之性,中民之性,圣人之性"。他说:"圣人之性不可以名性,斗筲之性又不可以名性,名性者,中民之性。"④ 斗筲之性又叫下愚之性,是经过教育也不可能转化为善的性。圣人之性,不需要教育,是先验地善的性。这两种人都是少数。大多数是中民之性,有赖于王者、圣人的教育才能为善。天生蒸民,作之君,其责任就是教民为善。董仲舒说:"王承天意,以成名之性为任者也。"⑤ 这从人性论上为封建帝王的统治提供了理论根据。

按孟子的观点,人皆有四端,人和人的区别在于个人的努力、选择和修养。"人之异与禽兽者几希,君子存之,庶民去之"。因此孟

---

① 《深察名号》。
② 同上。
③ 同上。
④ 《实性》。
⑤ 《深察名号》。

子提出了人皆可以尧舜的观点①。董仲舒强调"性三品",接近孔子"唯上智与下愚不移"的观点,否定了"中民"由自我修养和努力,能够趋向完善和发展的可能性。社会的大多数是"瞑","民之为言,固由瞑也"。"待觉而后见",需要别人引导、教育,是一种纯粹被引导的堕性力量。社会分成了巨大的鸿沟。天生的圣人王者和被统治教育的大多数,立足在对立的两极。这种人性思想,在教育学上要求严守僵死的师法、家法,不得逾越,严重地束缚了人的思想、智慧和才能的发展。

七 伦理思想的特点

董仲舒伦理思想的核心内容和首要目标,是确立三纲五常的神圣地位。汉初,崇尚黄老清静无为思想,在实际政治上,继承秦代的法治政策,导致等级权威受到削弱。"法不分贵贱",大臣贵戚犯法,与庶民同罪。天子与诸侯王在衣服、器饰、乘舆及礼仪待遇方面,不加区别,"奴隶衣文绣,而天子皇后或服缯衣"。针对这种情况,贾谊提出了严格封建等级制度,建立礼治的建议。董仲舒继续了贾谊的工作,以天人关系为根据为封建等级制度做了多方面的论证。他说:"礼者,继天地,体阴阳,而慎主客,序尊卑贵贱大小之位,而差内外远近新旧之级者也。"② 董仲舒认为,礼的基本内容就是建立严格的封建等级差别,而建立这种等级差别是天道的要求。

在等级制度中,君臣父子夫妇是最基本的伦常等级关系。从天道的日月星辰到社会的君臣父子,这三种关系是支配笼罩一切的。董仲舒说:"天地者,万物之本,先祖之所出也。广大无极,其德昭明,历年众多,永永无疆。天出至明,众知类也,其伏无不炤也。地出至晦,星日为明不敢阇。君臣父子夫妇之道取之,此大礼之终也。"③韩非早已提出了"三纲"的思想,但没有论证。董仲舒说:"王道之

---

① "人皆可以为尧舜",抽象看,是人性平等的思想,但由于尧舜象征的封建道德本身,就是体现着并保护着封建等级制度的,因此在现实生活中,这种抽象平等的思想就转化为封建等级制是天然合理的这样的命题。
② 《奉本》。
③ 《观德》。

三纲，可求于天。"以天道的阴阳关系为"三纲"做了充分的论证。

董仲舒说："丈夫虽贱皆为阳，妇人虽贵皆为阴。阴之中亦相为阴，阳之中亦相为阳。诸在上者皆为其下阳，诸在下者各为其上阴。"① 认为君对臣，父对子，夫对妻的统治和后者对前者的忠诚与服从，是绝对的，无条件的。

> 是故《春秋》君不名恶，臣不名善；善皆归于君，恶皆归于臣。臣之义，比于地。故为人臣者，视地之事天也，为人子者，视土之事火也。虽居中央，亦岁七十二日之王，傅于火以调和养长。然而弗名者，皆并功于火。②

又说：

> 天子受命于天，诸侯受命于天子，子受命于父，臣妾受命于君，妻受命于夫。诸所受命者，其尊皆天也，虽谓受命于天亦可。③

就是说天、父、夫是对臣、子、妻而言，享有与天同样至高无上的尊严神圣的地位。"父者，子之天也。天者，父之天也"；"子不奉父命，则有佰讨之罪……臣不奉君命，虽善以叛……妻不奉夫之命，则绝。"④ 强调子、臣、妇对父、君、夫的反抗，不服从，是最大的罪恶。

封建社会等级统治的基础是自给自足的小农经济，因此巩固与强化家族的宗法伦常统治，是"三纲"的根本环节。所以董仲舒把孝道提到了首要地位。他从五行相生关系论证孝为"天之经，地之义"，他说："春主生，夏主长，季夏主养，秋主收，冬主藏。藏，冬之所成也。是故父之所生，其子长之；父之所长，其子养之；父之

---

① 《阳尊阴卑》。
② 同上。
③ 《顺命》。
④ 同上。

所养，其子成之。诸父所为，其子皆奉承而续行之，不敢不致如父之意，尽为人之道也。故五行者，五行也。由此观之，父授之，子受之，乃天之道也。故曰夫孝者，天之经也。"又说："土者，火之子也，五行莫贵于土。土之于四时无所命者，不与火分功名。……忠臣之义，孝子之行，取之土。土者，五行最贵者也，其义不可以加矣。"① 就是说，土最尊贵，但土（地）事火事天，竭尽忠诚，勤劳而功名归于天。董仲舒认为子之孝父就是取法于地之事天，土之奉火的。这里论证的方法是无类类比，是十分荒谬的。因为五行相生是自然界现象，完全不具有伦理道德性质。

君臣、父子、夫妇，作为封建社会的三种伦常关系，是由当时社会生产关系和社会制度决定的，董仲舒把它和阴阳五行牵强地加以类比，并把这种类比当作"论证"，而能被人信奉，无非是因为当时的社会关系局限了人们的眼界。人们不能想象除了君臣、父子、夫妇这种等级服从的伦常关系，社会还能存在其他的伦常关系。人们把自己的社会关系扩大到自然，反而认为自己的社会关系是自然、天道所确定的准则，这是一种心理的颠倒与错觉。

董仲舒说："虽天子必有尊也，教以孝也；必有先也，教以弟也。""百姓不安，则力其孝弟。孝弟者，所以安百姓也。"② 提倡孝道的根本目的是安百姓、巩固小农家庭这一封建统治的社会基础。

封建社会，孝与忠是一件事情的两个方面，是密切联系不能分割的。"土德"既是孝道，又是忠道。因为土地财产的封建所有关系，既决定了家父在家庭享有至高无上的尊严与地位，也决定了君主在国家的至尊无上的地位。国家是家庭的扩大，皇权是家长所有权的扩大。"普天之下，莫非王土，率土之滨，莫非王臣。""唯天子受命于天，天下受命于天子，一国则受命于君。"③ 狭小的分散的封建经济必须有高踞于自己头上的强大的专制权威保护自己的利益、财产和权利，保护自己对被压迫被剥削者的农民的统治。而封建君主的权威、利益、生命，也需要无数"家庭"细胞提供的血液、养料来维持。

---

① 《五行对》。
② 《为人者天》。
③ 同上。

故两者都不能想象，除了封建的宗法关系，社会还能有其他的关系。因此，君主极其自然地把自己的政治压迫关系，掩饰在温情脉脉的宗法外衣之下；臣民、家长也极其自然地把自己的对君主的尽忠，服务，统治与被统治的关系，认为是一种宗法关系。君、父大义，取得了同样的尊严与神圣的地位，都是"天之经，地之义"。董仲舒说："是故圣人之行莫贵于忠，土德之谓也。""土者天之股肱也。""事君，若土之敬天也。""五行者，乃孝子忠臣之行也。"① 对孝道的论证原封不动地变成了对忠道的论证。

董仲舒说：

> 生育长养，成而更生，终而复始，其事所以利活民者无已。天虽不言，其欲赡足之意可见也。古之圣人，见天意之厚于人也，故南面而君天下，必以兼利之。为其远者目不能见，其隐者耳不能闻，于是千里之外，割地分民，而建国立君；使为天子视所不见，听所不闻，朝夕召而问之也。②

封建的政治关系，政治制度，被真正描绘成了以生产、养育为目的的宗法家庭关系。

董仲舒时期，汉代封建的生产关系，正处在巩固上升的阶段。历史的行程没有把破坏这种生产关系的任务提到日程。因此，董仲舒对"三纲"的论证虽然是荒谬的，但其社会和政治的意义是进步的。只是到了以后，随着封建生产关系走向反动，董仲舒对三纲的论证，才真正变成束缚社会发展的绳索。脱离具体的历史条件，对董仲舒的这些思想进行全盘否定，是违反马克思主义的历史原则的。

封建社会，维系"三纲"的道德范畴，除了忠孝，还有仁义礼智信"五常"。"五常"，在孟荀著作中称为"五达道"，"五达德"。董仲舒又称为"五纪"，是最基本的道德范畴。董仲舒对"五常"的论证，同样是以"五行"为基础的，即将自然道德化，然后从自然论证"五常"的永恒合理，正如一些论著指出的，这样做，把道德

---

① 《五行之义》。
② 《诸侯》。

主体的能动性抹杀了。不过应该指出的是，这里主要是指道德的起源①。至于个人的道德实践，董仲舒倒是强调个人的作用的。例如对仁义的论述就强调了主体的能动性精神。他说："以人安人，以义正我。故仁之为言人也，义之为言我也。……仁之法在爱人，不在爱我。义之法在正我，不在正人。我不自正，虽能正人，弗与为义。人不被其爱，虽厚自爱，不予为仁。"② 先秦儒家讲爱人，以亲亲为基础，爱有差等。孟子批评墨子兼爱是无父也。董仲舒不仅没有特别强调爱有差等的原则，相反兼爱色彩极浓，要求"质于爱民，以下至于鸟兽昆虫莫不爱"③。这反映了董仲舒思想确实兼容并包的性质，吸收了墨子的思想；更主要的是因为时代的变化，孔孟所强烈维护的氏族制度已经普遍地由封建宗法、家庭所取代，孟子和墨子展开争论的时代背景已经消失了。董仲舒强调"义在正我，不在正人"，这对孟子所谓"义人路也"是一种发挥。"义者事之宜"。义本来是由阶级的公利所确定的行为准则。因此，很容易被认为是对别人的要求。董仲舒强调"义者谓宜在我者"，"言义者合我与宜以为一言"，要求统治者以身作则，从自己做起。这是有感而发的。锋芒针对当时诸侯王统治集团的违法乱纪者奢淫逾钜等等非法现象。

根据义以正我的原则，在道德修养上，董仲舒强调"内治反理以正身，据祉（原注—作'礼'）以劝福"。"外治推恩以广施，制宽以容众。""躬自厚而薄责于外。""求诸己"，"自责以备"。④ 强烈地表现出孔孟强调道德的主体精神的特点。

对于伦理学中的义利关系，董仲舒有两段著名的论述："正其谊不谋其利，修其理不急其功。"⑤ "正其谊不谋其利，明其道不计其功。"⑥ 许多论著据此认为董仲舒是否定功利的。这两个命题有一些

---

① 道德是社会和社会关系的产物，是不以个人意识为转移的。关于道德的起源，中国封建社会的思想家，没有一个人能做出不是直接或间接来源于"天"的结论，包括王夫之在内。

② 《仁义法》。

③ 同上。

④ 同上。

⑤ 《对胶西王越大夫不得为仁》。

⑥ 《汉书·董仲舒传》。

差别，李泽厚指出"修其理不急其功"更符合董仲舒思想的精神①，这是很有见地的。董仲舒的时代，社会欣欣向荣，国力强大，地主阶级奋发事功，人们充满着建功立业的精神。作为这种时代精神的反映，董仲舒的指导思想，是强调功利、事功和作为的。"事在强勉而已矣。强勉学问，则闻见博而知益明，强勉行道则德日起而大有功，此皆使还至而立有效者也。"② 故孟子反对功利，把义和利对立起来，董仲舒则十分强调"利"的重要作用。指出："天常以爱利为意"③，"天之生人也，使之生义与利。利以养其体，义以养其心。……义者心之养也，利者，体之养也。"④ 两者比较，虽然义更为重要。但义之所以重要，也是因为惟有明义才能有利。没有义，"虽富莫能自存"，"忘义而徇利，去理而走邪！以贼其身而祸其家"，其结果富贵不能自保。而就统治者来说，"今不示显德行，民闇于义不能炤，迷于道不能解，因欲大严憯以必正之，直残贼天民而薄主德耳，其势不行"⑤。因此，所谓"不急其功"，"不计其功"，"不谋其利"，正是为了安民和保住财富的大功、大利。孟子倡仁义，反功利，实质是反对法家思想。董仲舒不急其功，不计其功，则深受黄老、法家追求功利的影响，正是融儒法而为一，以"明道"，"不计其功"为达到功利、目的的手段。所以在孟子，功利只有是道德的，才能是有意义的，在董仲舒则道德只有是为了功利的才是道德的。孟子强调超功利的道德，董仲舒则正好是要求为功利的道德。他的"天常以爱利为意"的道德的精神正是功利的精神。

在动机与效果的相互关系中，董仲舒继承春秋"重志"的思想，认为动机比结果具有更重要的地位。他说：

> 春秋之论事，莫重于志。⑥
> 礼之所重者在其志。志敬而节具，则君子予之知礼；志和而

---

① 李泽厚：《秦汉思想简议》，载《中国古代思想史论》，人民出版社1985年版。
② 《汉书·董仲舒传》。
③ 《王道通三》。
④ 《身之养重于义》。
⑤ 同上。
⑥ 《玉杯》。

音雅，则君子予之知乐；志哀而居约，则君子予之知丧。①

孔子立新王之道，明其贵志以反和，见其好诚以灭伪，其有继周之弊，故若此也。②

春秋之好微与？其患志也。③

认为"志"、"动机"、"心"是本质，礼仪、声音等是动机和思想的外在表现。"志为质，物为文。文著于质，质不居文。"④ 有了质，文才能成立和表现出来，没有质，文是空壳，就失去了意义。

董仲舒说："《春秋》之所狱也，必本其事而原其志。志邪者不待成，首恶者罪特重，本直者其论轻。"⑤ 认为思想和行为的动机是判罪所首先要强调的。这种强调动机的精神，目的是强化法制的统治和封建道德的教育和修养，要求人们正心诚意，以心、意为万事之本，是唯心主义观点。

总起来说，董仲舒的伦理思想同样是孟、荀思想的综合。强调三纲五常的作为天道的外在强制的作用，把这种强制绝对化，变为人人必须遵守的行为和关系的神圣准则，这是和荀子"礼论"思想一致的。但在个人的道德实践和修养上，都强调"心"的能动作用，强调"内治反理"，"外治推恩"，"求诸己"，强调动机和"明道"的重要，又继承和发挥了孟子的思想。

八　社会政治思想

董仲舒的政治思想，吸收与发挥黄老的"刑德"思想，主张两手并用，而以仁义教化为根本。他说：

教，政之本也；狱，政之末也。⑥

---

① 《玉杯》。
② 同上。
③ 同上。
④ 同上。
⑤ 《精华》。
⑥ 同上。

> 政有三端：父子不亲，则致其爱慈；大臣不和，则敬顺其礼；百姓不安，则力其孝弟。……圣人之道，不能独以威势成政，必有教化。故曰先之以博爱，教之以仁也。难得者，君子不贵，教以义也。虽天子必有尊也，教以孝也；必有先也，教以弟也。此威势之不足独恃，而教化之功不亦大乎。①

董仲舒并不否认威、势和刑的作用，但认为只能作为德化的辅助。他说这是本诸天道的。

> 天常以爱利为意，以养长为事，春秋冬夏皆其用也。王者亦常以爱利天下为意，以安乐一世为事。②
>
> 天之志，常置阴空处，稍处之以为助。故刑者德之辅，阴者阳之助也……阳贵而阴贱，天之志也。③

故在董仲舒的政治思想中，占据核心地位的是仁德思想。董仲舒说：

> 求王道之端，得之于正，正次王，王次春。春者天之所为也；正者王之所为也。其意曰上承天之所为，而下以正其所为，正王道之端云尔。然则王者欲有所为，宜求其端于天。天道之大者在阴阳。阳为德，阴为刑；刑主杀而德主生……以此见天之任德而不任刑也。④

这里的德就是仁德，仁政。他认为这是王道的根本，离开它，就违反了"天意"。因此，他对《春秋》的分析和评价，对秦王朝迅速灭亡的经验教训的总结，对汉王朝当时政治、政策的批评和建议，都是从这种仁德思想出发的。像一根轴线，它贯穿在董仲舒的全部哲学和社会政治思想之中。

---

① 《为人者天》。
② 《王道通三》。
③ 《天辨在人》。
④ 《汉书·董仲舒传》。

历史上，有两种仁德思想。一种是剥削阶级走向腐朽反动，面临巨大统治危机时所玩弄的仁德思想。它的目的在于瓦解群众的斗志，维护反动的统治，对人民来说，这种"仁德"是纯粹的欺骗，没有任何进步意义。当然也不能排除在这种时候，剥削阶级的某些思想家也可以提出具有进步意义的仁德思想，所以也不能一概而论。另一种是剥削阶级处于上升时期所提出的仁德思想。这种仁德思想的社会历史作用是两重性的：有麻醉欺骗人民的一面，也有因其具有真实具体的社会内容，而有利于促进社会发展的进步的一面。董仲舒的仁德思想属于后者而不是前者。

董仲舒仁德思想的具体社会内容是：（1）"限民名田，以赡不足，塞并兼之路"，限制豪强、贵族对土地的兼并与掠夺；（2）"盐铁皆归于民"，不许官吏与民争利；（3）"去奴婢，除专杀之威"，解放社会生产力；（4）"薄赋敛，省徭役，以宽民力"①；（5）"立大学以教于国，设庠序以化于邑，渐民以仁，摩民以谊，节民以礼"② 独尊儒术，提倡文化教育。这些措施和建议的基本精神是适度地减轻对农民的剥削与压迫，节约民力，保证农时，使生产资料（土地）和劳动力有比较稳定的结合，以缓和阶级矛盾，促进社会生产力的发展。在董仲舒所处的汉代封建社会上升时期，社会的生产关系和生产力的矛盾还能经由封建生产关系内部的调整予以解决以促进生产力发展的时候，这些调整封建生产关系的建议，显然是具有进步性质的。

封建社会，土地的无法控制的日益加剧的兼并以及由此而日益激化的社会阶级矛盾和统治阶级内部的矛盾，是封建社会不安定和妨碍生产发展的主要根源。在西汉前期，随着社会经济的恢复，人口的繁殖，皇室、贵族、官吏队伍的日益庞大，这个矛盾已显得十分严重。《史记·萧相国世家》载："相国强买民田宅数千万。"《魏其武安侯列传》载："武安由此滋骄，治宅甲诸第，田园极膏腴，而市买郡县器物相属于道。"又："灌夫不喜文学，好任侠，已然诺，诸所与交通，无非豪杰大猾，家累数千万，食客日数十百人，陂池田园，宗族宾客为权利，横于颍川。"《淮南衡山王列传》载："（淮南王）后

---

① 《汉书·食货志》。
② 《汉书·董仲舒传》。

荼,太子迁及女陵,得爱幸王,擅国权,侵夺民田宅,妄致击人。""(衡山)王又数侵夺人田,坏人冢以为田。"如此等等,情况十分严重。董仲舒的建议,正是首先揭露和抨击他们的。《汉书》说:"仲舒为人廉直。"从这一点看,确是符合实际的评价。马克思和恩格斯在《德意志意识形态》中曾经指出,统治阶级为本阶级制造幻想的思想家和这个阶级的实际成员之间,由于其所代表的整体利益与局部利益,长远利益和目前利益的差别,往往会发生分裂,"这种分裂甚至可以发展成为这两部分人之间的某种程度的对立和敌视"[①]。董仲舒对于豪强贵族的揭露和抨击,正是他作为地主阶级的思想家忠实于本阶级的长远利益、整体利益而和本阶级部分成员的实际利益发生"分裂"的表现。这就是《汉书》所谓"廉直"的实质。但在当时的历史条件下,这种"分裂"、"对立"和"敌视",却是有进步意义的,不能归结为一种欺骗,更不能认为是从大贵族地主立场出发,对大贵族地主的现实利益的维护。

"罢黜百家,独尊儒术"是董仲舒在贤良对策中提出的重要建议,也是董仲舒以仁德为标志的社会政治思想的组成部分。对它的评价,涉及董仲舒的全部思想。由于这类建议当时曾被汉武帝采纳,在历史上发生了重要的影响,更需要认真地分析和研究。

某些论著认为,董仲舒的这一建议否定了百家争鸣,压制了文化学术的自由发展,在历史上起了极其反动的作用。其实问题并不这样简单,也不能只从一个角度来研究这个问题。应该坚持马克思主义的历史主义原则,区分这一思想的长远作用和当时的现实意义,并注意其多方面的影响。

"罢黜百家,独尊儒术",有利于巩固中央集权的大一统局面,削弱和打击地方割据势力的分裂活动。

历史证明,任何社会的政治上的统一,都需要相应的思想的统一来作为前提和保证。问题只在于,由这种思想统一所保证和巩固的政治上的统一,在当时的历史条件下是进步的还是反动的。汉武帝时期,地方封建割据势力不仅存在着,而且它们的分裂割据活动严重地妨碍着国家的统一和社会的安定。在这样的历史条件下,一切有利于

[①] 《马克思恩格斯选集》第 1 卷,第 53 页。

巩固中央集权，促进全国大一统的政策、措施（如推恩法）、思想，在当时都是有进步意义的。董仲舒说："春秋大一统者，天地之常经，古今之通谊也。今师异道，人异论，百家殊方，指意不同，是以上亡以持一统，法制数变，下不知所守。臣愚以为诸不在六艺之科孔子之术者，皆绝其道，勿使并进。邪恶之说灭息，然后统纪可一而法度可明，民知所从矣。"① 可见，董仲舒"罢黜百家，独尊儒术"的建议，它的出发点和目的，首先在于巩固大一统的政治局面。

从与百家争鸣的关系看，"罢黜百家，独尊儒术"不是"百家争鸣"结束的原因，而恰恰是它的结果。

历史表明，远在战国末年，百家争鸣的局面就已经夕阳西下，接近尾声了。荀子的出现是一个标志。不仅荀子本人的学说横扫百家而又兼赅百家，反映天下"百虑而一致，殊途而同归"的学术发展趋势；荀子提出的"故学者以圣王为师，案以圣王之制为法"②、"学至于圣而止矣"的思想，可以说直接地是董仲舒"罢黜百家，独尊儒术"的前驱先路。经过秦始皇、李斯的"别黑白而定一尊"的政策，异端群起，百川竞流的黄金时代，更被彻底扫灭了。汉武帝时期，所谓百家，主要不过儒家和黄老而已。百家争鸣的条件已经不复存在了。所以当博士们嘲讽东方朔，说他"修先王之术，慕圣人之义，讽颂诗书百家之言，不可胜数"，然而"积数十年，官不过侍郎，位不过执戟，"和苏秦、张仪合纵连横，游说诸侯，著卿相之位，根本无法相比时，东方朔的回答是："彼一时也，此一时也，岂可同哉。夫张仪苏秦之时，周室大坏，诸侯不朝，力政争权，相禽以兵，并为十二国，未有雌雄，得士者强，失士者亡，故说听行通，身处尊位，泽及后世，子孙长荣。今非然也，圣帝在上，德流天下，诸侯宾服，威振四夷，连四海之外以为席，安于复盂，天下平均，合为一家。……使张仪苏秦与仆并生于今之世，曾不能得掌故，安敢望常侍侍郎乎！……"③ 就是说，情况变了，苏秦张仪那一套现在根本吃不开了。董仲舒的建议不过是东方朔这种看法的"政策"表现而已。

---

① 《汉书·董仲舒传》。
② 《荀子·解蔽》。
③ 《史记·滑稽列传》。

《淮南子》中也有类似的言论，可见，这也是一种时代思潮。因此，如果从发展百家争鸣的立场出发，去责备荀子、秦始皇、李斯、董仲舒、东方朔这类的言论和政策，应该说，是忽略了当时历史发展的趋势的。

"罢黜百家，独尊儒术"对发展文化学术的作用是两重性的。一方面，儒是一种学说，一种思想。从这方面说，尊儒是以儒家的思想作为社会的统治思想，有钳制学术、思想的作用。另一方面，"儒以六艺教民"，儒又是教师爷，各类学校的主办者，并保存和代表着封建文化的典籍。因此，尊儒又是提倡文化教育，提高知识分子在社会的地位和作用的表现。这是汉代统治阶级政策的一大转折。《史记·儒林列传》说："秦之季世，焚诗书，坑术士，六艺从此缺焉。……汉兴，然后诸儒始得修其经艺，讲习大射乡饮之礼。……然尚有干戈，平定四海，亦未遑庠序之事也……及今上即位，赵绾王臧之属，明儒学，而上亦乡之，于是招方正贤良文学之士……而公孙弘以《春秋》白衣为天子三公，封以平津侯，天下之学士，靡然乡风矣。"① 这就清楚地说明，"独尊儒术"，确实引起了知识分子社会政治地位的重大变化；也确实推动了文化教育事业的发展。当然，这时的知识分子是为统治阶级服务的，发展文化教育的目的，也是为了巩固封建统治。但比之黄老的清静宁一，否定文化知识的作用，比之法家无书简之文，以吏为师，甚至焚书坑儒，这种政策总是有利于促进文化和社会的发展的。如果考虑到"罢黜百家"也包括打击方士成仙求长生之类的迷信活动，则其有利于学术文化发展的作用就更不能否认了。

还应该指出，所谓"罢黜百家"，并不是禁绝各家的著作和思想，搞新的"焚书坑儒"，不过是举贤良方正，俊茂异材，不取"百家"，不以"百家"作为统治思想而已。所以终汉之世，黄老及兵、

---

① 《史记·儒林列传》："孝惠、吕后时，公卿皆武力有功之臣。孝文时颇征用（指文学、儒者），然孝文本好刑名之言。及至孝景，不任儒者，而窦太后又好黄老之术，故诸博士具官待问，未有进者。"由"公卿皆武力有功之臣"、"不任儒者"到汉武"独尊儒术"、"公孙弘以《春秋》白衣为天子三公"、"公卿大夫士吏斌斌多文学之士矣"，这里的转折无疑是重大而深刻的，反映了当时社会情况和汉代统治阶级对知识分子政策的重大变化。

刑、农、医、阴阳等等的研究，都是合法的。《史记·龟策列传》说，"至今上即位，博开艺能之路，悉延百端之学，通一伎之士咸得自效，绝伦超奇者为右，无所阿私"。虽然，这里的"百端之学"，主要是指占卜者，但也包括医、农、剑术、"相马"、"相牛"等等以"伎能立名"者。从学术上看，司马迁父子推崇黄老，"是非颇谬于圣人"，但并没有不能著书。刘德修黄老术，有智略，也受到武帝的称赞，"谓之千里驹"①。在两汉，治老子者很多，据统计达五十多家，学黄老之术者绵延不绝。学术研究的自由一直是存在的。所以汉末当刘歆父子领校秘书时，"讲六艺传记，诸子，诗赋，数术方技，无所不究"。说明社会上并不存在废弃"百家"的气氛。

当然，独尊儒术的结果，大批知识分子诱于官名利禄，穷年注经，"说五字之文，至于二三万言，后进弥以驰逐，故幼童而守一艺，白首而后能言，安其所习，毁所不见，终以自蔽"②。学术走入了繁琐僵化的死胡同，尊儒的消极作用也是严重的。

董仲舒仁德思想的理论基础之一是"民本"思想。如前所述，这是贾谊《新书》明确提出的思想。贾谊对当时社会"残贼公行"，"民且狼顾"，"一人耕之，十人聚而食之"的尖锐阶级矛盾的抨击与揭露，对被剥削被压迫者所表现的一定的同情，就是从"民本"思想出发的。董仲舒也是如此。在《春秋繁露》中，他一再指出：

> 王者民之所往，君者不失其群者也。③

---

① 周予同在《〈春秋〉与〈春秋〉学》中指出："董仲舒主张尊崇孔学，罢黜百家，还只是表面的文章；最有关于中国社会组织的，是他主张设学校，立博士弟子，变春秋、战国的'私学'为'官学'，使地主阶级的弟子套上'太学生'的外衣，化身为官僚，由经济权的获取进而谋教育权的建立与政治权的分润。董仲舒是官僚政治的定型者。"（载《周予同经学史论著选集》，上海人民出版社1983年版。）李泽厚《秦汉思想简议》中指出："讲教化，立官制，重文士，轻武夫，建构一个由'孝悌'，读书出身和经由推荐、考核而构成的文官制度，作为专制皇权的行政支柱，这个有董仲舒参与、确立于汉代的政治——教育，（士——官僚）系统，是中国历史上的一件大事，也是了解自秦汉以来中国历史的重大关键之一"。（载《中国社会科学》1984年第2期）从这个角度看，"罢黜百家，独尊儒术"在当时的意义也是十分重大的。
② 《汉书·楚六王传》。
③ 《汉书·艺文志》。

> 能使万民往之，而得天下之群者，无敌于天下。①
> 天之生民非为王也，而天立王以为民也。故其德足以安乐民者，天子之；其恶足以贼害民者，天夺之。②
> 春秋之法，凶年不修旧，意在无苦民尔。苦民尚恶之，况伤民乎？伤民尚痛之，况杀民乎？……是害民之小者，恶之小也；害民之大者，恶之大也。③

并警告统治者：

> 仇雠其民，鱼烂而亡。④

景帝时，曾经发生黄生和辕固生关于汤武诛伐的著名辩论。景帝亲自裁决，说"食肉不食马肝，不为不知味"。认为讲汤武革命是愚蠢的。董仲舒则重新坚持孟子"闻诛一夫纣矣，未闻弑君也"的民为贵思想。他说：

> 桀，天下之残贼也。⑤
> 故夏无道而殷伐之，殷无道而周伐之，周无道而秦伐之，秦无道而汉伐之，有道伐无道，此天理也。所从来久矣。⑥
> 独身者，虽立天子诸侯之位，一夫之人耳。⑦

对君和民的关系，他一方面提出"以民随君，以君随天"，"屈民而伸君，屈君而伸天"，另一方面又提出民是克制君的力量。在"五行相胜"的"天次之序"中，他说，"夫木者农也，农者民也"。"土者，君之官也"，"君大奢侈过度失礼，民叛矣。其民叛，其君穷

---

① 《灭国》。
② 《尧舜不擅移汤武不专杀》。
③ 《竹林》。
④ 《王道》。
⑤ 《煖燠孰多》。
⑥ 《尧舜不擅移汤武不专杀》。
⑦ 《仁义法》。

矣，故曰木胜土"。① 民是最终克制君的现实力量。正是从这种"民本"思想出发，董仲舒对当时社会尖锐的阶级矛盾和社会问题进行了有力的揭露；要求"治民者，先富之而后加教"②。对"急穷愁苦"的被压迫被剥削者，表现出一定的同情。他的"民本"思想所继承的，并不如有些论著所断言的那样，只是孔孟仁政思想中的保守部分，也有其合理的精华。

九 《公羊春秋》学的基本精神

董仲舒与胡毋生同为汉初公羊学的大师，《史记·儒林列传》说："故汉兴至于五世之间，惟董仲舒名为明于《春秋》，其传公羊氏也。"

《春秋》和《公羊春秋》的基本精神，董仲舒概括为："是非二百四十二年之中，以为天下仪表。贬天子，退诸侯，讨大夫，以达王事而已矣。"③ 认为《春秋》的微言大义，是别嫌明微，拨乱反正，严格以三纲五常为核心的封建等级制度，树立大一统的封建君主的权威。

和贾谊一样，董仲舒在《公羊春秋》的阐释中，融合吸收了黄老和法家的思想，以黄老法家思想对孔孟之道进行补充，从而使儒学发生了部分质的变化。清代学者指出："《春秋》近于法家。"所谓"贬天子，退诸侯，讨大夫"，正是把《春秋》的基本精神确立为严格等级制度的法治。王充说："孔子作《春秋》，周民弊也。故采求毫毛之善，贬纤介之恶，拨乱世，反诸正，人道浃，王道备，所以检押靡薄之俗者，悉具密矣。夫防决不备，有水溢之害；网解不结，有兽失之患。是故周道不弊，则民不文薄，民不文薄，《春秋》不作。"④

汉初诸侯不断叛乱，大臣贵戚违法逾制，强凌弱，众暴寡，贫富

---

① 《五行相胜》。
② 《仁义法》。
③ 《史记·太史公自序》。
④ 《论衡·对作篇》。

分化严重，社会矛盾日益剧烈。温情脉脉的宗法情谊，道德教化和残酷无情，尔虞我诈的政治现实，发生了尖锐的矛盾。清静无为，放任不管，导致礼制废弛、等级混乱，对统治秩序造成了严重危害。在这种形势下，董仲舒讲"公羊学"，强调严肃宗法和政治的纪纲，严格等级秩序，提倡正名分，大一统等等，是对症下药的，反映了时代的特殊要求。

《春秋公羊传》书灾异，但不讲天人感应，不发挥灾异谴告思想。董仲舒"首推阴阳"，以灾异说《春秋》，是完全为上述的现实政治目的服务的。董仲舒说，春秋时灾异屡见，"日为之食，星霣如雨。雨螽。沙鹿崩。夏大雨水。霣石于宋五，六鹢退飞"，等等，是因为"周衰，天子微弱，诸侯力政，大夫专国，士专邑，不能行度制法文之礼。诸侯背叛，莫修贡聘，奉献天子。臣弑其君，子弑其父，孽杀其宗，不能统理，更相伐铚以广地。以强相胁，不能制属。强掩弱，众暴寡，富使贫，并兼无已。臣下上僭，不能禁止"①。联系董仲舒所上的《高庙火灾对》②及其对当时社会形势的看法，在董仲舒心目中，当时汉代的社会现实正是周衰、诸侯力征时的情况。因此，董仲舒要求"奉天法古"，"改制"，"行度制法文之礼"，实质是要求严格等级制度，并采取前述政治经济措施以解决日益尖锐的诸侯背叛，不能制属等社会矛盾。改制之义，绝不只是"徙居处，更称号，改正朔，易服色，"③兴礼乐教化，歌颂升平；根本精神是在于"除患"，是正不正，反之正。

司马迁说："仲尼厄而作《春秋》"，认为《春秋》是孔子个人忧患的产物。董仲舒则说："有非力之所能致而自致者，西狩获麟，受命之符是也。然后托乎《春秋》正不正之间，而明改制之义。一

---

① 《王道》。
② 武帝建元六月辽东高庙灾；四月，高园便殿火，董仲舒对曰："汉受亡秦之敝，又亡以化之；继二敝之后，承其下流，兼受其狠，难治甚矣。又多兄弟亲戚骨肉之连，骄扬奢侈，恣睢者众，所谓重难之时也。故天灾若语陛下，当今之世，虽敝而重难，非以太平至公，不能治也。视亲戚贵属在诸侯远正（远于正道，为非作恶）最甚者，忍而诛之。视近臣在国中处厌及贵而不正者，忍而诛之，如吾燔高园殿乃可云耳。"（《董子文集》）在董仲舒看来，诸侯、贵戚、近臣骄扬奢侈，恣睢暴戾，是当时亟待解决的重大问题。
③ 《楚庄王》。

统乎天子，而加忧于天下之忧也，务除天下所患。"①《春秋》不只是个人忧患的产物，而是"加忧于天下之忧"，以除天下之患的产物。因此，董仲舒的《公羊春秋》学，不论是推阴阳，讲灾异，不论是"奉天法古"，不论是"托古改制"，其目的都是拨乱反正，"忧天下之患"，是立足于斗争和政法之上的。

孟子说："孔子之徒，无道桓文之事者"，"春秋无义战"。认为仁义与霸道是绝对对立的。董仲舒讲《春秋》则与孟子大异其趣。董仲舒总结《春秋》拨乱反正的十条重要经验，提出"十指"，如"差贵贱"，"别嫌疑，异同类"，"别贤不肖"，"强干弱枝"，"大本小末"，"赏善诛恶"，"考灾异"。其基本精神可以归纳为一句话：王霸并用。《俞序》说："春秋之道，大得之，则以王，小得之，则以霸……霸王之道，皆本于仁。"王业和霸术被认为同是仁德和天心的表现，从而一部集礼义之大宗的《春秋》，成了王霸杂用，儒法合流的"法典"。法家的法术势思想成了礼义王道的当然的组成部分。

《王道》说：

> 道同则不能相先，情同则不能相使，此其数也。由此观之，未有去人君之权，能制其势者也。

《保位权》说：

> 民无所好，君无以权也，民无所恶，君无以畏也。无以权，无以畏，则君无以禁制也。无以禁制，则比肩其势而无以为贵矣。
>
> 圣人之治国也……务致民令有所好，有所好然后可得而劝也，故设赏以劝之。有所好必有所恶，有所恶然后可得而畏也，故设法以畏之。既有所劝，又有所畏，然后可得而制。
>
> 为人君者，居无为之位，行不言之教，寂而无声，静而无

---

① 《符瑞》。

> 形,执一无端,为国源泉,因国以为身,因臣以为心。以臣言为声,以臣事为形。……故为君虚心静处,聪听其响,明视其影,以行赏罚之象。
>
> 责名考质,以参其实。赏不空行,罚不虚出,是以群臣分职而治,各敬而事,争进其功,显广其名,而人君得载其中,此自然致力之术也。圣人由之,故功出于臣,名归于君也。

《考功名》说:

> 挈名责实,不得虚言,有功则赏,有罪则罚……赏罚用于实,不用于名。

这些在《经法》和韩非著作中反复论述法术势思想,作为《春秋》思想的组成部分,在《春秋繁露》中,被大篇大篇的系统地加以发挥,使孔孟"礼义之大宗"的《春秋》,成了韩非法家的后学。

孙复在《春秋尊王发微》中说:"春秋有贬有褒,是司空城旦书。"皮锡瑞在《经学通论》中说:"汉世公羊盛行,究之其盛行者,特酷吏以济其酷"而已。董仲舒著《春秋决狱》、《春秋决事》,其弟子吕步舒以《春秋》专断于外,治淮南王等谋反大狱,一杀就是"数万人"[①],正是董仲舒公羊学的精神的体现[②]。

汉初,法治严酷,但尚有法可依,从董仲舒开始,由于强调诛意、诛心、原心论罪,引经义以断狱,在宗法关系内部,实行法治,其结果不仅使封建等制统治和君臣父子关系,渗透着严而少恩的法治的精神,法本身也被随意解释、滥用而无法可依。

对比一下,汉初至武帝时宗法情谊在统治集团内部发生的变化,是有意思的。汉文帝二年,济北王兴居谋反,八月,破之,"赦济北诸吏民与王反者。"六年,淮南王刘长谋反。"帝不忍致法于王,赦其罪,废勿王",群臣请处置刘长于蜀严道、邛都,"长未到处所,

---

① 《汉书·武帝纪》。
② 参阅范文澜《中国经学史的演变》,载《中国哲学》第一辑。

行病死，上憐之"。① 宗法情谊 有所表露 。孝景三年，吴楚七国反，平定后"赦亡军及楚元王子艺等与谋反者"②。至汉武淮南王刘安谋反，"上下公卿治，所连引与淮南王谋反列侯二千石豪杰数千人，皆以罪轻重受诛"③。宗法情恩荡然无存。董仲舒说："变天地之位，正阴阳之序，直行其道而不忘其难，义之至也。是故胁灵社不为不敬灵，出天王而不为不尊上，辞父命而不为不承亲，绝母之属而不为不孝慈，义矣夫。"④ 又说："《春秋》，义之大者也。"⑤ 董仲舒弟子治淮南狱所体现的，就是这种大义灭亲的精神。而这种大义灭亲的精神，既是法家传统的存续和发展，也是"公羊春秋学"的基本精神。

十　董仲舒思想的历史地位

从秦始皇到汉武帝，从李斯到董仲舒，从法家思想经过黄老到董仲舒的哲学思想，正是地主阶级在确立全国范围的大一统封建统治以后，完成从政治、经济到文化教育和意识形态的变革的一整个历史过程。作为这个过程的有机组成部分，作为它的完成与终结，汉武帝和董仲舒思想在历史上的地位，无疑是肯定的。

从秦汉思想的发展看，从法家思想经过黄老到董仲舒，是一个否定之否定的辩证发展过程。董仲舒的哲学思想是这个过程的终结，而作为封建的中央集权确立以后的第一个居于统治地位的哲学意识形态，它又是新的思想运动的起点。⑥ 董仲舒思想以儒家思想为基础，

---

① 《史记·孝文本纪》。
② 同上。
③ 《史记·淮南衡山列传》。
④ 《精华》。
⑤ 《楚庄王》。
⑥ 哲学史作为人类认识发展的历史，它的前进运动采取否定之否定的螺旋式上升形态，我国哲学思想的发展，在先秦，到荀子显然是一个终结。按照辩证法，所谓终结，同时又是新的思想运动的起点。由荀子到董仲舒，则又是一个终结，是一个圆圈的完成。而由董仲舒开始的新的思想运动，我认为是董仲舒——王充——王弼，其中每个环节都表现为对前一阶段的辩证的否定，批判地继承。把两汉思想史讲成经学史、经学斗争史，就脱离哲学的轨道而不是哲学史了。黑格尔说，哲学是以纯粹思想为对象的，有些论著往往忘记这起码一点。参看拙著《作为哲学思想发展前进的一个环节的唯心主义》（《读书》1980年第三期）。

吸收了黄老思想、法家思想、阴阳家思想，是一个在更高的阶段上融合了各家思想的更发展了的思想体系。它否定了法家强调法治、以吏为师、不要文教德治的片面性，吸收了它的集权专制和注重刑、法的思想；否定了黄老消极无为、忽视人的主观能动性的片面性，吸收了它的自然观（如养生之道，元气、精气学说）阴阳刑德思想。它更全面地总结了历史的经验教训，对"王道之三纲"的理论根据问题，给予了当时所能给予的适应地主阶级根本需要的答案，因而成为地主阶级在全国确立大一统统治以后第一个占据统治地位的庞大的全面的思想体系。董仲舒本人也"为群儒首"，成为地主阶级在当时的思想代表。在汉代，武帝时期，地主阶级生机勃勃，强大有力，对自己的前途与命运充满了信心。武帝的雄才大略，积极进取，全面建树，显赫事功，在政治上反映了地主阶级的这种精神状态；董仲舒思想在神秘的唯心主义甚至神学的形式下强调有为，强调德治、事功，强调揭露与打击豪强贵族的种种违法逾制行为，则在思想上反映了地主阶级的上述精神状态。

董仲舒哲学的许多具体说法，如灾异谴告，天地运行，名号理论，人性观点，三统循环的历史观以及对天人同类的具体论证等等，由于时代和社会的变化，认识的进展，在汉代以后，影响逐渐消退了，为新的哲学思想形态，如玄学等所取代。但是由这个哲学所大力论证，从而强化和固定了的儒家哲学思想的基本精神，却在封建社会发生了长远的影响：其中突出的有"王道之三纲，可求于天"、"天不变，道亦不变"的观念；宇宙、自然包含道德目的和"天人合一"的思想路线；"性三品"和性情二本（性善情恶，性阴情阴）的人性观点；道德和功利相结合，德教为主，刑法为辅的思想；既"屈民而伸君"，又"屈君而伸天"、重民的思想；大义灭亲，大一统的思想等等，这些在整个封建社会起支配作用的思想观念，可以说都是经过董仲舒的论证，宣扬、崇奉为孔子《春秋》的"微言大义"、"王道"、"天道"、"人性"而被固定下来，取得了不可动摇的神圣地位的。因此，尽管玄学家们加以摒弃、批判，理学家们评为"不知道"、"大醇小疵"，但董仲舒的基本思想路线和精神，为他们所继承则是事实。在宋明时期，不仅周敦颐的《太极图说》是它的改编本，它的宋代的翻版，就是程朱理学所强调的天者理也、义也、仁为天心，也仍然是董仲舒目的论思想的变相[①]。程朱、张载、王夫之的气论，也无不深深地打上了董仲舒反复论证的气有道德属性的烙印。因此，对董仲舒这样的思想体系，应该深入剖析和研究，取一为分二的态度，而绝不能简单地摒弃和否定。

---

① 参看本书附录：《"月令"图式和董仲舒的目的论及其对宋明理学的影响》。

第六章

《淮南子》的思想特点及其
政治上的消极倾向

　　学术界对《淮南子》评价很高，认为《淮南子》在阴阳五行的基础上，构建了以天人感应为核心的思想体系，对道家的"无为"进行了改造，反映出《易传》"天行健，君子以自强不息"的奋发精神，从而为董仲舒的思想体系奠定了基础，是《吕氏春秋》之后的第二个里程碑[①]。这是从整体宏观研究所得出的结论，自有其根据和意义。本著则着重于两者的区别，认为虽然《淮南子》的体系和使用的资料，使它和《吕氏春秋》及《春秋繁露》具有相似之处，但倾向与旨趣则甚不同。它的"道论"，渗透着《庄子》思想，基调是消极无为。它攻击儒家的仁义道德、法家的法治刑政。它讲天人感应，以"精浸相连"为基础，完全立足于自然系统之上，和董仲舒的道德目的论系统大异其趣。它否认文化知识的价值，要求"抱朴归真，同于冥冥"。在《修务训》中，它对"无为"的批评，"有为"的肯定，与全书主旨极不协调。作为一部汇编，《淮南子》收集了弥足珍贵的天文学、地理、医学等资料，反映出秦汉以来的科学成就和经验积累，同时也反映出处在历史转折关头类似刘安这样的地方割据势力的精神状态和趋向。从局部看，在许多问题上亦有精辟的论点。但把它与《春秋繁露》的历史作用等同看待，是不妥当的。

[①] 李泽厚：《秦汉思想简议》，载《中国古代思想史论》，人民出版社1985年版。

《淮南子》的主编人刘安，是汉高祖刘邦的孙子，约生于汉文帝前元元年（公元前179年），死于汉武帝元狩元年（公元前122年）。汉高祖十一年（公元前196年），刘安的父亲刘长被封为淮南王。刘长在淮南国"自为法令，拟于天子"，发展了谋反的政治野心，文帝时被发觉流放，在途中绝食而死。刘安在刘长死后，被封为阜陵侯（文帝前元八年，公元前172年），文帝前元十六年（公元前164年）又被封为淮南王。汉景帝前元三年（公元前154年），吴楚七国反叛，刘安年二十八岁，准备发兵响应。吴楚叛乱被削平后，刘安一直没有接受教训，在封地内广结宾客，收附逃亡，刺探情报，蓄积兵器，准备伺机发动兵变。武帝元狩元年（公元前122年），谋反事被揭露，"自杀身死"。"王后荼，太子迁，诸所与谋反者皆族。""所连引与淮南王谋反列侯二千石豪杰数千人，皆以罪轻重受诛。"①

刘安"好书，鼓琴，不喜弋猎狗马驰骋"，以"辨博善为文辞"著称，曾招致宾客方术之士数千人，著书立说，有"内书"二十篇，"外书"甚众，又有"中篇"八卷，"言神仙黄白之术，亦二十余万言"。② "时武帝方好艺文，以安属为诸父，辨博善为文辞，甚尊重之……初，安入朝，献所作《内篇》，新出，上爱秘之。"《淮南子》成书大约是武帝建元二年前的事，因此很可能是继中篇以后写作的。下面概述《淮南子》一书的思想。

一 天人对立的消极思想

《淮南子》论道，集中于《原道训》、《精神训》、《俶真训》、《览冥训》，其基本精神是强调"天人"对立，充溢着《庄子》"不以人易天，不以智灭故"的消极避世和养性的情趣。

《淮南子》认为，道的根本特点是虚无，柔弱。它说："是故清静者，德之至也，而柔弱者，道之要也。虚无恬愉者，万物之用也。肃然应感，殷然反本，则沦于无形矣。"③ 从字面上看，这和《黄老

---

① 《史记·淮南衡山列传》。
② 《汉书·淮南衡山济北王传》。
③ 《原道训》。

帛书》、《管子》、《论六家要旨》对道的特点的描述是类似的，但其结论和旨趣却不相同。《淮南子》以庄解老，盼望"执道要之柄，而游于无穷之地"①。它强调道的虚无的特点，正是为此服务的。

《淮南子》认为，自然与人是对立的。它说：

> 所谓天者，纯粹朴素，质直皓白，未始有与杂糅者也。所谓人者，偶䁻智故，曲巧伪诈，所以俯仰于世人，而与俗交者也。故牛岐蹄而戴角，马被髦而全足者，天也。络马之口，穿牛之鼻者，人也。循天者，与道游者也，随人者，与俗交者也。②

与"道游"，即达到对道的觉悟与认识；"与俗交"，即积极参与社会事物。《淮南子》认为，这两者是不相容的。只有朴素、质直、原始，没有从自然中分化出来的状态是道所要求的。一旦有了人为，"偶䁻智故，曲巧伪诈"，自然状态被破坏，就与道背道而驰了。《淮南子》说：

> 是故达于道者，反于清静，究于物者，终于无为。以恬养性，以漠处神，则入于天门。③

《淮南子》对于政治，持厌弃和否定的态度。《淮南子》借儒家对尧舜无为而治的赞扬，突出"不道之道"，"执玄德于心"的消极方面。它说：

> 昔舜耕于历山，期年而田者争处垮埆，以封壤肥饶相让；钓于河滨，期年而渔者争处湍濑，以曲隈深潭相予。当此之时，口不设言，手不指麾，执玄德于心，而化驰若神。使舜无其志，虽口辩而户说之，不能化一人。是故不道之道，莽乎大哉……未发

---

① 《原道训》。
② 同上。
③ 同上。

号施令、而移风易俗者,其唯心行者乎。①

所谓"不道之道","玄德","心行",无非是道家崇尚的无为、自然,没有被社会沾染的天真淳朴的精神状态,所以《淮南子》又说:

> 圣人内修其本,而不外饰其末;保其精神,偃其智故,漠然无为而无不为也。②

这和黄老积极治国的思想真有天壤之别了。

老子强调天和人的对立,不相信人的善心,因而否定文化、教育、伦理、道德的积极作用。但老子不是由此而消极,而回避矛盾。老子全力进行战争、争夺、取予、祸福之道的研究。抱雄守雌,卑弱自持,以退为进,目的是以不争为争,达到进取的目的。庄子则由天人的对立得出了全面否定社会政治,"不谴是非以与世俗处"的结论。《淮南子》走上了庄子的道路。它说,"法度刑罚,何足以致之也?"③ 这里"法度"是广义的,包括文化、政治、经济等社会的总的制度和措施。《淮南子》认为这些都是无助于治理天下的。《淮南子》说:

> 昔者夏鲧作三仞之城,诸侯背之,海外有狡心;禹知天下之叛也,乃坏城平池,散财物,焚甲兵,施之以德,海外宾伏,四夷纳职,合诸侯于涂山,执玉帛者万国。故机械之心,藏于胸中,则纯白不粹,神德不全。在身者不知,何远之所能怀。④

就是说,即使对付"叛乱"、"狡心",也只能以德服人。如果采取镇压,制裁等等措施,那就是有"机心",就是"神德不全",不仅不能怀远,自身也难保。它说:

---

① 《原道训》。
② 同上。
③ 同上。
④ 同上。

> 革坚则兵利，城成则冲生，若以汤沃沸，乱乃逾甚。是故鞭噬狗，策蹄马，而欲教之，虽伊尹造父弗能化。欲害之心亡于中，则饥虎可尾，何况狗马之类乎！①

《淮南子》希望有一个至德之世：

> 动溶无形之域，而翱翔忽区之上，邅回川谷之间，而滔腾大荒之野。有余不足，与天地取与。授万物而无所前后，是故无所私而无所公。靡滥振荡，与天地鸿洞，无所左而无所右，蟠委错纷，与万物始终，是谓至德。②

在这样的至德之世中，没有文明、文化和生产工具。人们不知道什么叫公，也不知道什么叫私，无前无后，无左无右，一切都处于自然状态。《淮南子》说：

> 夫有天下者，岂必摄权持势，操杀生之柄，而以行其号令邪？吾所谓有天下者，非谓此也，自得而已。③

对世俗的政治、权势，《淮南子》表现出极大的鄙视态度，它要追求的是精神的"自得"和自由。

在《精神训》中，《淮南子》也发挥出许多类似思想，它说：

> 五色乱目，使目不明。五声哗耳，使耳不聪。五味乱口，使口爽伤。趣舍滑心，使行飞扬。此四者，天下之所养性也，然皆人累也。……夫唯能无以生为者，则所以修得生也。
>
> 明白太素，无为复朴。体本抱神，以游于天地之樊，芒然仿佯于尘垢之外，而逍遥于无事之业。

---

① 《原道训》。
② 同上。
③ 同上。

在《淮南子》其他篇中，这种思想也十分突出。《本经训》说："古之人同气于天地，与一世而优游。""道德定于天下而民淳朴，则目不营于色，耳不淫于声，坐俳而歌淫，被发而浮游。"《览冥训》说："浮游逍遥，道鬼神，登九天，朝帝于灵门。"

故《要略》总结《淮南子》全书的基本思想说："欲一言而寤，则尊天而保真；欲再言而道，则贱物而贵身；欲叁言而究，则外物而反情。""尊天"，指尊重自然。"保真"，指保养构成生命的精神。"贱物"，指鄙弃物质生活和物质欲望。"外物"，指摒除礼乐文化。"反情"，指反于质朴。这是《庄子》反复阐述的消极思想。《淮南子》如此遗世避俗，否定社会政治、文化，以保养个人的生命为最高的目标，哪里谈得上历史眼光和政治抱负呢？

《要略》又说："故言道而不言事，则无以与世浮沉；言事而不言道，则无以与化游息。"这里"言事"，目的是"与世浮沉"，是次要的。"浮沉"就是顺应自然，以"无为"作为解决一切问题的方针和出发点。而《淮南子》最重视的"言道"，目的是"与化游息"。完全是刘安无所事事，没有明确目标和理想的精神状态的写照。

二 宇宙图式及自然论思想

《淮南子》构筑了以老子自然观念为基础，以阴阳、四时、五行为架构的宇宙图式，具有唯物主义倾向。

在这个图式中，最高的概念是道。"道"包括宇宙生成演化的全过程和宇宙万物的全体。《天文训》说：

> 天地未形，冯冯翼翼，洞洞灟灟，故曰太昭。道始于虚霩，虚霩生宇宙，宇宙生气（逯吉按，《太平御览》作宇宙生元气），气有涯垠。清阳者，薄靡而为天，重浊者，凝滞而为地。清妙之合专易，重浊之凝竭难。故天先成而地后定。天地之袭精为阴阳，阴阳之专精为四时，四时之散精为万物。

《淮南子》认为天地未形之前的宇宙演化阶段，名为"太昭"，它的特点是：天地未形，但形所需的质料即气已经具备了。它的状态是

"冯冯、翼翼、洞洞、灂灂"。"冯冯、翼翼"形容气的飞飘不定。"洞洞"形容气的虚霩，"灂灂"指气的黏稠状态。由"太昭"进一步演化，就是气分化，"清阳者上薄而为天，重浊者凝滞而为地"。所以"道始于虚霩"，是说"虚霩"是演化的起点。"虚霩"不是虚无。由"虚霩"而有时间、空间，在时空之中有气的运动。然后分化产生天地、阴阳、四时、万物。这个宇宙的全过程就是道，这个宇宙的全体就是道。

《精神训》说：

> 古未有天地之时，惟象无形。窈窈冥冥，芒芠漠闵，澒濛鸿洞，莫知其门。有二神混生，经天营地。孔乎莫知其所终极，滔乎莫知其所止息。于是乃别为阴阳，离为八极。刚柔相成，万物乃形。

"二神"指阴阳。它开始没有分化，以后才有了分别，逐渐产生了万物。

《俶真训》对这个过程有更详细的描述：

> 有始者，有未始有有始者，有未始有夫未始有有始者。有有者，有无者。有未始有有无者，有未始有夫未始有有无者。
> 有未始有夫未始有有始者，天含和而未降，地怀气而未扬。虚无寂寞，萧条霄霓，无有仿佛，气遂，而大通冥冥者也。
> 有未始有夫未始有有无者，天地未剖，阴阳未判，四时未分，万物未生。汪然平静，寂然清澄，莫见其形。

这里的"有无"和前面的"有始"，实际是一回事。不过前者是形容开始的状态，后者是形容这个状态的"无形"的情况，但都不是指虚无。此阶段以后，气分化为天地，产生了万物。

在《淮南子》中，阴阳是物类区分和构成的物质基础：

> 积阳之热气生火，火气之精者为日。积阴之寒气为水，水气

之精者为月。日月之淫为精者星辰。①

阴阳具有对立的性质：一者圆，一者方，一者明，一者幽，一者吐气，一者含气。故"天之偏气，怒者为风。地之含气，和者为雨。阴阳相薄，感而为雷，激而为霆，乱而为雾。阳气胜则散而为雨露，阴气胜则凝而为霜雪"②。万物种类，性质不同，都是由于禀气或为阳或为阴而造成的。

《淮南子》有阴阳刑德之说，其观念可能是战国时期天文学的遗留，刑和德不含道德的意义。它说：

> 日冬至则斗北中绳，阴气极，阳气萌。故曰冬至为德。日夏至则斗南中绳，阳气极，阴气萌，故曰夏至为刑。③

德和刑指阳气、阴气分别具有的促进万物生长或消藏的力量与性质。"德南则生，刑南则杀。故曰二月会而万物生，八月会而万物死。"二月至八月，阴阳气均，日夜平分。此后，由二月至七月，阳气不断增长、旺盛，故万物生长繁茂；由八月至次年二月，阴气逐渐增长，居于优势，万物日益消杀、死亡。《淮南子》认为，这是天道自然运行的规律，并没有使之者的"目的"。

阴阳如何运行而形成四季？《诠言训》提出了一个图式。它说：

> 阳气起于东北，尽于西南；阴气始于西南，尽于东北。阴阳之始，皆调适相似。日长其类，以侵（渐）相远，或热焦沙，或寒凝冰。

按图式，一年四季的形成，阴阳二气起了同等的作用，是两者交互作用的结果。这排斥了董仲舒"阳常居实位，阴常居虚位"的说法，否定了阳尊阴卑的道德观念。但在这里，阴阳被说成是两种互不联

---

① 《天文训》。
② 同上。
③ 同上。

系，可以分割的东西，各有产生和消亡，而不是伏蛰和兴盛。这会遗留一个问题，阳气阴气是如何产生的？消亡到了何处？因此《天文训》采取了相反的说法。《天文训》说：

> 夏日至，则阴乘阳，是以万物就而死。冬日至，则阳乘阴，是以万物仰而生。昼者阳之分，夜者，阴之分。是以阳气胜则日修而夜短；阴气胜则日短而夜修。

明确地指出，冬天，阳气并未尽亡；夏天，阴气也仍然存在。昼夜的变化就是阴阳的交替；季节的变化也是由于阴阳的胜负，阳或阴起了主导作用。《时则训》也说：

> 仲夏之月，招摇指午……日长至，阴阳争，死生分。孟秋行冬令，则阴气太胜……行春令……阳气复还。

出现这种情况，是因为《淮南子》成于众人之手，没有经过周密思考，真正形成一个体系。

《春秋繁露》中，阴阳的运行是与五行相配合的。春是木，夏是火，土旺四季，秋是金，冬是水。《淮南子》的五行与阴阳则未形成这样的结合。

《淮南子》中五行的运行是机械的。它把木火土金水和天干地支相配，使之分属于固定的地域，并与天象相结合。《天文训》说：

> 甲乙寅卯，木也。丙丁巳午，火也。戊己四季，土也。庚辛申酉，金也。壬癸亥子，水也。水生木，木生火，火生土，土生金，金生水。子生母曰义，母生子曰保，子母相得曰专。母胜子曰制，子胜母曰困，以胜击杀，胜而无报，以专从事而有功。以义行理，名立而不堕。以保畜养，万物蕃昌，以困举事，破灭死亡。

这里五行相生相胜，主要是自然关系，但也用了义、保、专、制、困等形容词，和董仲舒一样，打上了某种道德伦理的烙印。

董仲舒讲经和权，认为五行系统的失调，是暂时的，经过必要的调整，可以恢复正常。天人关系表现为经和权的矛盾统一。这在理论上比较周密。《淮南子》缺乏这种理论上的解释，这就使天人感应出现的五行失调现象和五行机械运行的必然程序，形成了一种没有得到解释的矛盾。

《淮南子》又区分气为精气、烦气。它说："烦气为虫，精气为人。"[①] 人和动物不同，独具精神智慧，是由于人禀受精气，动物禀受烦气。这是一种泛神论的思想。《览冥训》说：

> 昔者师旷奏白雪之音，而神物为之下降，风雨暴至，平公癃病，晋国赤地。庶女叫天，雷电下击。……夫瞽师庶女……权轻飞羽，然而专精厉意，委务积神，上通九天，激厉至精。由此观之，上天之诛也，虽在圹虚幽闲，辽远隐匿，重袭石室，界障险阻，其无所逃之亦明矣。
>
> 夫全性保真，不亏其身，遭急迫难，精通于天，若乃未始出其宗者，何为而不成。
>
> 精神形于内，而外谕哀于人心，此不传之道。

《淮南子》认为"精通"，"神气相应"，是天人感应的基础。

《泰族训》说：

> 天之与人，有以相通也，故国危亡而天文变，世惑乱而虹蜺见。万物有以相连，精祲有以相荡也。

这种以精气为基础的感应说，从一方面看是唯物主义思想，否认了"天意"、"神灵"，从另一方面看，又承认了上天神灵的存在。而这正是中国精气说的泛神论思想的特点。

董仲舒的感应论是为强化中央封建专制集权服务，为皇权作论证的。因此，感应谴告的主要对象是人君。《淮南子》并不突出人君，而认为庶女瞽师都能激厉至精，上通九天。这一方面扩大了神权的统

---

① 《精神训》。

治，一方面又强化了道德的影响。两汉的壁画和著作，人物群像中有那样多的忠臣义士，烈女节妇，是与这种思想有关的。董仲舒的天人感应思想在神权的喧嚣声中，给予人——人主的作用以充分的强调。《淮南子》虽然也认为人的精神可以动天，但由于其对整个社会政治的消极态度，却曾未得出人主应该勤于学习、理政，关心修身锻炼等正面的结论。

总起来看，《淮南子》的阴阳五行和天人感应系统，和董仲舒不同。这种不同，归结起来，在于：一者是以道德目的为基础、为动力的，一者完全以自然为基础。故在董仲舒的天人体系中，人是感应的基础，是主导方面，自然（天）是人化了的。自然不仅有伦理、道理，也有情感和目的。《淮南子》则恰恰相反，以人的自然化为前提和基础。不仅天是自然，人也成了自然的一部分、一个方面。在董仲舒体系中，由于天人关系贯穿着目的论的精神，阴阳五行的运行、调剂，及其相互联系、制约、转化，是由一内在目的支配的，因而是有机的，富有生命活力，体现出一种发展的方向。在《淮南子》中，则由于天人感应纯粹是自然现象，没有内在目的的支配，因此一方面天人关系变成了纯粹的自然现象的联系；另一方面，阴阳五行之间的相互联系，制约、转化，也纯粹表现为机械的过程。董仲舒的天人体系相对于先秦《吕氏春秋》和《黄帝内经》的天人系统而言，真正是一种思想上的"创造"，由于赋予天人系统以目的而使它们有了质的变化，成为一种新的思想。《淮南子》则恰恰相反，更多的是抄袭和杂凑。《时则训》抄袭《吕氏春秋》"十二纪"，《天文训》抄袭先秦的天文学成果，以致自相矛盾，不能自圆其说。

三 人性和人的价值观

《淮南子》人性思想的基本点是把人看成自然人。

董仲舒认为"人副天数"，"天人同类"。人之所以为天下贵，是因为人是宇宙万物的目的和中心。人和禽兽等物的区别，不仅在于形体，重要的是在于人有人伦道德和义理。《淮南子》则认为人在天地宇宙间的出现，是一自然的事实，不存在任何目的。因此人之所以为天下贵，虽在于具有较高的智慧，但智慧也和动物的勇力一样，是一

自然的现象。《诠言训》说:

> 洞同天地,混沌为朴,未造而成物,谓之太一。同出于一,所为各异。有鸟、有鱼、有兽,谓之分物。方以类别,物以群分。性命不同,皆形于有。隔而不通,分而为万物,莫能及宗。故动而谓之生,死而谓之穷。皆为物矣,非不物而物物者也。物物者,亡乎万物之中。稽古太初,人生于无,形于有,有形而制于物。能反其所生,若未有形,谓之真人。真人者,未始分于太一者也。

就是说,人与万物,本质上是没有区别的。它们同出于一,"皆形于有"。正因为如此,人也要为物所制。如果能够"反其所生,若未有形",那就是真人了。"真人"是真正与"太一",即与自然混为一体的人。

《淮南子》也讲"天人同类",它说:

> 蚑行喙息,莫贵于人。孔窍肢体,皆通于天。天有九重,人亦有九窍。天有四时以制十二月,人亦有四肢以使十二节。天有十二月制三百六十日,人亦有十二肢以使三百六十节。故举事而不顺天者,逆其生者也。①

但和董仲舒不同,《淮南子》恰恰去掉了"化天理而义"这一点。因此,人之所以贵,之与动物不同,仅在于动物知能不能相通,才力不能相一,"各有其自然之势,无禀受于外,故力竭功沮。"② 但正如物与物相比,在知能才力上有区别一样,人的知能相通也是一种自然现象,是自然禀赋的区别。

作为自然的一部分,《淮南子》认为人和环境是统一的。《地形训》说:

---

① 《天文训》。《精神训》也有类似的说法。
② 《修务训》。

> 土地各以其类生，是故山气多男，泽气多女，障气多喑，风气多聋，林气多癃，木气多伛，岸下气多肿，石气多力，险阻气多瘿，暑气多夭，寒气多寿，谷气多痹，邱气多狂，衍气多仁，陵气多贪。轻土多利，重土多迟。清水音小，浊水音大。湍水人轻，迟水人重。中土多圣人。皆象其气，皆应其类。

也就是说，南方潮湿炎热，人寿命较短；北方寒冷干燥，寿命较长。人的狂、仁、贪、利以及动作、声音、体重等等，都是由地理环境直接决定的。人是自然的一个类，因此，"皆象其气，皆应其类"。

在《淮南子》看来，人性的内容是自然属性。《诠言训》说："凡人之性，乐恬而憎悯，乐佚而憎劳。"《人间训》说："清静恬愉，人之性也。"因此，人的价值不是对社会、事功、事业的追求，它的价值在于自身。《原道训》说："形者生之舍也，气者生之充也，神者生之制也，一失位则三者伤矣。"又说："人生而静，天之性也，感于物而动，性之害也。"保持安静恬愉，使人的生命能自然地延续，生存，就是人生最重要的使命。

《淮南子》也承认后天环境和教育对人性的影响，但对教育的内容和性质的看法，仍然是从自然观点出发的。《齐俗训》说：

> 原人之性芜秽而不得清明者，物或堁（尘土）之也。羌、氐、僰、翟，婴儿生皆同声，及其长也，虽重象狄鞮（重译），不能通其言，教俗殊也。……夫素之质白，染之以涅则黑；缣之性黄，染之以丹则赤。人之性无邪，久湛于俗则易，易而忘本，合与若性。

人性被认为是一张白纸，纯洁无瑕，染成什么颜色就是什么颜色。这里"俗"和地理环境一样，也是一种自然的力量。《齐俗训》说：

> 率性而行谓之道，得其天性谓之德。性失然后贵仁，道失然后贵义。是故仁义立而道德迁矣，礼乐饰则纯朴散矣。是非形则百姓眩矣。
>
> 衣服礼俗者，非人之性也，所受于外也。夫竹之性浮，残以

为檗，束而投之水则沉，失其体也。……人性欲平，嗜欲害之。惟圣人能遗物而反己。

夫圣人之研削物也，剖之判之，离之散之，已淫已失，复揆以一。既出其根，复归其门。已雕已琢，还反于朴。合而为道德，离而为仪表，其转入玄冥，其散应无形。礼义节行，又何足以穷至治之本哉。

总之，《淮南子》主张自然的人性及其本性的复归。在社会转入文化礼乐等上层建筑的建设和完善的时候，《淮南子》大力宣传这种人性思想，无疑是起消极阻碍的作用的。①

四 认识论

《淮南子》认为"有机事者必有机心"，为了保持纯粹的自然之心，必须否定机事。这就否定了生产技术的进步及知识的价值，也否认了社会政治、文化等等存在的必要。

《淮南子》认为，"络马首，穿牛鼻"是不道德的，这就否定了人类对自然的利用和改造。它主张"堕肢体，黜聪明"，更从主体方面堵塞了认识的可能与条件。所以，《淮南子》对待认识、知识的态度，与汉初黄老的积极态度是背道而驰的。

但是《淮南子》思想杂驳混乱，容纳了儒家、法家等各家思想，因此在局部范围内，在较低的层次上，它关于认识、知识的作用，获取知识、认识的手段等等，也不乏深刻和精辟的见解。

首先，《淮南子》认为知识是人能战胜动物，优异于动物的一种力量。《修务训》说：

---

① 《泰族训》说："人学庠序，以修人伦，此皆人之所有于性，而圣人之所匠成也。故无其性，不可教训。有其性无其养，不能遵道。茧之性为丝，然非女工煮以热汤而抽其统纪，则不能成丝。卵之化为雏，非慈雌呕煖覆伏，累日积久，则不能为雏。人之性有仁义之资，非圣人为之法度而教导之，则不可使乡方。"这和董仲舒的人性论思想完全一致，从而反对了上述认人性为自然的观点。但这种观点在《淮南子》全书中不占主导地位。

> 夫天之所复，地之所载，包于六合之内，托于宇宙之间，阴阳之所生，血气之精，含牙戴角，前爪后距，奋翼攫肆。蚑行蛲动之虫，喜而合，怒而斗，见利而就，避害而去，其情一也。虽所好恶，其与人无以异。然其爪牙虽利，筋骨虽强，不免制于人者，知不能相通，才力不能相一也。①

《淮南子》认为，学习使经验知识得以传授，不断积累，这使人们能后来居上。它说，古代，"仓颉作书，容成造历，胡曹为衣，后稷耕稼，仪狄作酒，奚仲为车"。这六人都有超人的智慧。但他们不可能一人而兼备其他五人的聪明才智，完成六人做出的贡献。然而到今日，人们个人虽远远没有仓颉等人那样的聪明，可是却能掌握他们六人的全部创造和技能、知识。这是"教顺施续，而知能流通"② 的结果。

《淮南子》对人的认识能力有充分的信心。它说，人只要善于学习，就能"苏援世事，分白黑利害，筹策得失，以观祸福。设仪立度，可以为法则。穷道本末，究事之情。立是废非，明示后人"③。就是说，人的认识完全可以穷究宇宙和事物的规律，预见事物发展的趋势。

《淮南子》指出，事物有现象和本质，有"迹"和"所以迹"。它说："循迹者，非能生迹者也"，"圣人终身言治，所用者非其言也，用所以言也。"④ "迹"和"言"指现象和书本上的知识。"生迹者"、"所以言"指支配现象的规律、本质，以及"言"所表达的根本精神。《淮南子》认为认识的最重要的任务是掌握变化着的"迹"和"言"背后的"所以迹"。以用兵为例，《淮南子》指出，天数中的"左青龙，右白虎，前朱雀，后玄武"；地利方面的"后生而前死，左牝而右牡"；人事方面的"庆赏信而刑罚必，动静时，举措疾"，这些是为仪表者，是必须注意的。但最重要的还是认识"所以

---

① 《修务训》。
② 同上。
③ 同上。
④ 《说山训》。

生仪表者",而后者是因时而变的。因此,对于战争的指导者,最重要的是"因形而与之化,随时而与之移……观彼之所以来,各以其胜应之"。"扶义而动,推理而行,掩节而断割,因资而成功。"①

《泛论训》说:

> 圣人者,能阴能阳,能弱能强,随时而动静,因资而立功。物动而知其反,事萌而察其变。化则为之象,运则为之应,是以终身行而无所困。

圣人比常人高明的地方,是能追踪不断变化的情况,掌握事物发展的规律、趋势,并制订切实可行的行动方案。

《淮南子》对认识的能动性有一定的认识。它说:

> 夫事之所以难知者,以其窜端匿迹,立私于公,倚邪于正,而以胜惑人之心者也。若使人之所怀于内者与所见于外者,若合符节,则天下无亡国败家者也。②

社会上诈伪相欺,立私于公,倚邪于正,这种情况增加了辨别事物本质的复杂性,因此要得到正确的认识,就不能为"物类相似"的表面现象所迷惑。只有区分疑似,透过现象,看到本质,才能得到真切的认识。《淮南子》说:"物类之相摩近而异门户者,众而难识也,故或类之而非,或不类之而是;或若然而不然者,或不若然而然者。""铅之与丹,异类殊色,而可以为丹者,得其数也。"故"圣人之举事,不加忧焉,察其所由而已矣"。"诚得其数,则无所用多矣。"③"得其数","察其所由",这里都强调了认识的能动作用。

《淮南子》对认识的主观性所可能导致的片面性,也有较深刻的认识。《齐俗训》说:

---

① 《兵略训》。
② 《人间训》。
③ 同上。

> 天下是非无所定。世各是其所是，而非其所非。所谓是与非各异，皆自是而非人。由此观之，事有合于己者，而未始有是也；有忤于心者，而未始有非也。故求是者非求道理也，求合于己者也，去非者，非批邪施也，去忤于心者也。忤于我未必不合于人也。合于我，未必不非于俗也。至是之是无非，至非之非无是，此真是非也。

《淮南子》认为"至是"与"至非"，或真是与真非是存在的。认识的任务就是追求这真是与真非。但人们常常凭个人好恶或利害去判断是非，这就不可能得到真是真非。其实，合于己者，并不一定是"真理"，触犯自己的也不一定是错误。人们能懂得这个道理，就不会各是其所是而非其所非，陷入是非无定的相对主义结论。这里《淮南子》接近了有绝对真理存在的观点，是难能可贵的。但《淮南子》不懂得真理的绝对与相对的辩证法，不懂得绝对寓于相对之中，不带任何相对的绝对，绝对的是和非是不存在的。因此，在面对现实的是非时，终归又逃不脱和庄子一样的相对主义的结论，说"万物玄同，无是无非"①，陷入了消极的态度。

《淮南子》强调"类推"，"类比"："以小知大，以近知远"，"以微知明"，"从外知内"，"以见知隐"，以己度人。它的认识论的基本方法，还是经验主义的。它说：

> 见空木浮而知为舟，见飞蓬南转而知为车，见鸟迹而知著书，以类取之。

> 尝一脔肉，知一镬之味。悬羽于炭，而知燥湿之气，以小明大。见一叶落，而知岁之将暮。睹瓶中之冰，而知天下之寒，以近论远。②

> 论人之道，贵则观其所举，富则观其所施，穷则观其所不受，贱则观其所不为，贫则观其所不取。③

---

① 《原道训》。
② 《说山训》。
③ 《泛论训》。

这种以"类推"、"类比"为基础的认识方法,注意的是事物的外表。至于"以己度人",更有极大的片面性,常常会得出错误的结论。

在认识主体方面,《淮南子》强调人的感性直观能力,它说:"水静则平,平则清,清则见物之形,弗能匿也,故可以为正。"① 这使《淮南子》的认识,受到极大的局限。

事实上,仅凭推类,不能真正认识事物的本质,对于复杂的情况,"类推"是无能为力的。《淮南子》也说:"类不可必推。"② 但是《淮南子》并没有由此而进一步探索、总结新的认识方法和途径。

五 辩证法思想及其对祸福转化的矛盾态度

《淮南子》思想杂驳,没有始终一贯的体系,这使它的辩证法思想既有积极的成分,同时又有消极的因素。而在关于成败祸福的转化问题上,这种矛盾特别突出。

两汉辩证法思想的总的特点,是强调对立面的统一,《淮南子》的辩证法思想也反映出这一特点。《泛论训》说:

> 天地之气,莫大于和。和者阴阳调,日夜分而生物。春分而生,秋分而成。生之与成,必得和之精。故圣人之道,宽而栗,严而温,柔而宜,猛而仁。太刚则折,太柔则卷。圣人正在刚柔之间,乃得道之末(本)。

"道之本",指事物的本来状态或根本规律。《淮南子》认为,这根本规律就是对立面的统一(和)。

《淮南子》强调统一中兼容并包的多样性,《泰族训》说:

> 天不一时,地不一利,人不一事,是以绪业不得不多端,趋行不得不殊方。五行异气而皆适调,六艺异科而皆同道。

> 夫天地不包一物,阴阳不生一类。海不让水潦以成其大,山

---

① 《说林训》。
② 同上。

不让土石以成其高。夫守一偶而遗万方,取一物而弃其余,则所得者鲜,而所沾者浅矣。

用兵者或轻或重,或贪或廉,此四者相反而不可一无也。

水火金木土谷,异物而皆任。规矩权衡准绳,异形而皆施。丹青胶漆,不同而皆用。

丝筦金石,大小修短有叙,异声而和。君臣上下,官职有差,殊事而调。夫织者日以进,耕者日以却,事相反,成功一也。①

用这种观点观察学术,它指出:

温惠柔良者,《诗》之风也。湣厐敦厚者,《书》之教也。清明条达者,《易》之义也。恭俭尊让者,《礼》之为也。宽裕简易者,《乐》之化也。刺几辩义者,《春秋》之靡也。故《易》之失鬼,《乐》之失淫,《诗》之失愚,《书》之失拘,《礼》之失忮,《春秋》之失訾。六者圣人兼用而财制之。②

故百家之言,指奏相反,其合道一体也。譬若丝竹金石之会乐同也,其曲各异,而不失于体。

殊形异类,易事而悖,失处而贱,得势而贵,圣人总而用之,其数一也。③

这种兼容并包,取长补短,各得其用的思想,反映了《淮南子》对于当时强调中央集权和学术统一的对立的态度与立场。但作为一般的辩证法思想,这种观点是有积极意义的。

《淮南子》很重视对立面的转化,它说:

同莫足以相治也,故以异为奇。故静为躁奇,活为乱奇,饱

---

① 《缪称训》。
② 《泰族训》。
③ 《齐俗训》。

为饥奇,佚为劳奇。奇正之相应,若水火金木之代为雌雄也。①

故有大路龙旂,羽盖垂缕,结驷连骑,则必有穿窬拊楗,抽箕踰备之奸。有诡文繁绣,弱绤罗纨,必有营屏跐踦、短褐不完者。故高下之相倾也,短修之相形也,亦明矣。②

《淮南子》认为,既然自然和社会或学术思想,没有一种东西是固定不变的,事物在发展过程中,总会产生出弊病、异端,甚至走向反面,所以适时变法,是发展的正常现象。《齐俗训》说:

> 世异则事变,时移则俗易。故圣人论世而立法,随时而举事。尚古之王,封于泰山,禅于梁父,七十余圣,法度不同,非务相反也,时世异也。是故不法其已成之法,而法其所以为法。所以为法者,与化推移者也。

《泰族训》也说:

> 天地之道,极则反,盈则损。五色虽朗,有时而渝。茂木丰草,有时而落。物有隆杀,不得自若。故圣人事穷而更为,法弊而改制,非乐变古易常也,将以救败扶衰,黜淫济非,以调天地之气,顺万物之宜。

这是十分积极、正确的认识。

但是在将这种转化观点运用于观察祸福成败时,《淮南子》的态度又是矛盾、彷徨的。

《要略》说:

> 《人间》者,所以观祸福之度,察利害之反,钻脉得失之迹,标举始终之坛也。分别百事之微,敷陈存亡之机,使人知祸之为福,亡之为得,成之为败,利之为害也。

---

① 《兵略训》。
② 《齐俗训》。

《淮南子》认为利与害，亡与得，祸与福，这些对立面有其确定的质的规定性，但它们会向相反的方向转化。认识这种转化"之机"、"之迹"、"之坛"，是十分重要的任务。《人间训》说：

> 夫祸之来也，人自生之。福之来也，人自成之。祸与福同门，利与害为邻，非神圣人莫之能分。凡人之举事，莫不先以其知规虑揣度，而后敢以定谋，其或利或害，此愚智之所以异也。

这里《淮南子》明确肯定，祸福的转化可以预知，所以说"夫祸之来也，人自生之。福之来也，人自成之"，但是《淮南子》却又认为，预知祸福的能力只有圣人才有，因此对于大多数人来说，祸福的转化是无法掌握的，它举例说：

> 阳虎为乱于鲁，鲁君令人闭城门而捕之，得者有重赏，失者有重罪。围三匝，而阳虎将举剑而伯颐。门者止之曰，天下探之不穷，我将出子。阳虎因赴围而逐，扬剑提戈而走。门者出之，顾反取其出之者以戈推之。……鲁君闻阳虎失，大怒，问所出之门，使有司拘之。以为伤者受大赏，而不伤者被重罪。此所谓害之而反利者也。
>
> 楚恭王与晋人战于鄢陵。战酣，恭王伤而休。司马子反渴而求饮，竖阳谷奉酒而进之。子反之为人也，嗜酒而甘之，不能绝于口，遂醉而卧。恭王欲复战，使人召司马子反，辞以心痛。王驾而往视之，入帷中而闻酒臭。恭王大怒……罢师而去之，斩司马子反为僇。故竖阳谷之进酒也，非欲祸子反也，诚爱而欲快之也，而适足以杀之。此所谓欲利之而反害之也。

在这两个例子中，祸福的转化是由多种因素决定的，关键的因素是统治者个人的主观意志，故有极大的随意性与偶然性。这是无法预测的。所以《人间训》接着列举了一系列类似的历史故事，说明："或有功而见疑，或有罪而益信"；"事或夺之而反与之，或与之而反取之";"欲福者或为祸,欲利者或离害"①;"或誉人而适足以败之,或毁人而乃反以成之";"或贪生而反死,或轻死而得生,或徐行而反疾";"事或为之,适足以败之;或备之,适足以至之";"或争利而反强之,或听从而反止之"②。

由这些事例,它得出如下一些结论:

1. "患祸之所由来者,万端无方,是故圣人深居以避辱,静安以待时。小人不知祸福之门户,妄动而丽罗网,虽曲为之备,何足以全其身"③,认为除了圣人因预知祸福而得以避害外,其余的凡夫俗子,对于祸福的转化是无能为力的,只有"妄动而致罗网"的悲惨结局。

2. 祸福转化不可知:"福之与祸,祸之为福,化不可极,深不可测。"④"祸福之制不在于己也。"⑤

3. 鬼神是决定祸福的因素。"有阴德者必有阳报,有阴行者必有昭名。""内修极而横祸至者,皆天也。"⑥ 由畏惧祸福无常而走向了有神论。

这些结论的总的精神是消极的。

但是《淮南子》也有与此相矛盾的结论和态度:认为祸福转化有规律可循,只要敏锐地掌握事物发展的趋势,把握转化的最初的征兆,就可以转祸为福。《人间训》说:

> 楚庄王既胜晋于河雍之间,归而封孙叔敖,辞而不受。病疽将死,谓其子曰:"吾则死矣。王必封汝,汝必让肥饶之地,而受沙石之间、有寝邱者,其地确石而名丑。荆人鬼,越人礼,人莫利之也。"孙叔敖死,王果封其子以肥饶之地。其子辞而不受,请有寝之邱。楚国之俗,功臣二世而爵禄,惟孙叔敖独存,此所谓损之而益也。

---

① 《诠言训》。
② 《人间训》。
③ 同上。
④ 同上。
⑤ 《诠言训》。
⑥ 同上。

(晋厉公战胜诸侯)，威服四方而无所诎，遂合诸侯于嘉陵……（但）气充志骄，淫侈无度，暴虐万民，（终于失败）……此所谓益之而损者也。

这里孙叔敖的成功，是由于全面地衡量了利弊，预见了事物发展的趋势；晋厉公的失败则是由于骄傲，众叛亲离，违反了"满招损"的真理。

类似的历史实例，还有鲁孟孙与秦西巴的故事；智伯与魏宣子的故事；晋献公假借道于虞以伐虢的故事，等等。由这些事例，它得出下面带规律性的结论：

1. 要善于透过现象看本质，从利的方面分析事物向不利方面转化的趋向。"众人皆知利利而病病也，唯圣人知病之为利，知利之为病也。""夫病湿而强之食，病渴而饮之寒，此众人之所以为养也，而良医之所以为病也……故圣人先忤而后合，众人先合而后忤。"①

2. 注意"时"，即客观形势的变化及其对于事物发展的影响："徐偃王为义而灭。燕子哙行仁而亡。哀公好儒而削。代君为墨而残。灭、亡、削、残，暴乱之所致也，而四君独以儒墨仁义而亡者，遭时之务异也。非仁义儒墨不行，非其世而用之，则为之擒矣。""圣人敬小慎微，动不失时。"②

3. 抓住事物发展的征兆，防患于未然。"人皆务于救患之备，而莫能知使患无生。……是故圣人者，常从事于无形之外，而不留思尽虑于成事之内。是故祸患弗能伤也。"③

这些结论是积极的。

关于祸福的转化，《淮南子》所以有这种相互矛盾的认识，是因为它采取就事论事的经验主义方法，满足从各种单个的事例中引申出规律性的结论。它所举的例子都属于单个的事例，而现实生活中，现象、事例，作为个别，总是具有极大的偶然性与随意性。因此，由个别事例而引申出结论，也不可能不相互矛盾。更重要的原因是：《淮

---

① 《人间训》。
② 同上。
③ 同上。

南子》对历史经验采取了纯客观的观赏态度。《黄老帛书》研究祸福的转化，以国家兴亡为着眼点，强调主观能动性的作用，总结出一系列正确的规律性结论。董仲舒对祸福转化的研究也是如此。《淮南子》则完全着眼于个人的命运，以旁观者的态度玩弄历史教训。因此它得出上述矛盾的结论，是必然的，也可以说是由其注定没落、无所事事、没有前途的政治处境所决定的。辩证法终归是革命者、进学者、积极有为者的代数学，古代朴素辩证法亦然。

六　社会政治思想的特点

《淮南子》的社会政治思想，驳杂而矛盾，可谓"掇拾各家"而无所统，而其基本倾向是消极的。

《淮南子》在不少地方推崇儒家，认为仁义道德是为治的根本。如《泰族训》说："天之所为，禽兽草木，人之所为，礼义制度。……治之所以为本者，仁义也；所以为末者，法度也"。《主术训》说："国之所以存者，仁义是也。"《氾论训》说："故仁以为经，义以为纪，此万世不更者也。"但在《俶真训》中，它却剽剥儒墨，非毁仁义，说："是故道散而为德，德溢而为仁义。仁义立而道德废矣。"和《老子》一样，把道德和仁义对立起来，以"礼为忠信之薄而乱之首"，主张"仁义不布，而万物蕃殖，赏罚不施而万物宾服"。

《淮南子》认为时变世易，"三代之礼不同"，儒家的那套仁义说教，早已成为刍狗，是无用的废物。它说：

> 今儒墨者称三代文武而弗行，是言其所不行也。非今时之世而弗改，是行其所非也。称其所是而行其所非，是以尽日极虑而无益于治。[①]

当时社会政治形势，正处在转折关头。黄老和儒家的斗争，即将以"独尊儒术，罢黜百家"的历史性决定而告结束。以《春秋》公

[①] 《氾论训》。

羊学为主导的儒家思想，即将登上意识形态和政治指导思想的宝座。《淮南子》在这种时候，指斥"《诗》、《春秋》，学之美者也，皆衰世之造也，儒者循之，以教导于世，岂若三代之盛哉"。说"以《诗》、《春秋》为古之道而贵之，又有未作《诗》、《春秋》之时。夫道其缺也，不若道其全也。……故道可道者，非常道也"①。认为只有崇尚无为，以自然为常道，才是适合现实要求的救弊的法宝。它的基本倾向是反儒的，与时代的要求是相对立的。

对法家的态度，《淮南子》也是自相矛盾的。例如《主术训》推崇法家思想，主张"君道无为，臣道有为"。它说："人主之术，处无为之事，行不言之教，清静而不动，一度而不摇。因循而任下，责成而不劳。"君主何以能"无为"？《淮南子》认为要依靠"法"和"势"的帮助。《主术训》说：

> 法者，天下之度量，而人主之准绳也。悬法者，法不法也。设赏者，赏当赏也。法定之后，中程者赏，缺绳者诛。尊贵者不轻其罚，而卑贱者不重其刑。犯法者虽贤必诛，中度者虽不肖必无罪，是故公道通而私道塞矣。
>
> 是故权势者，人主之车舆也。大臣者，人主之驷马也。体离车舆之安而手失驷马之心，而能不危者，古今未有也。
>
> 故有术则制人，无术则制于人。
>
> 有道之主，灭想去意，清虚以待不伐之言，不夺之事。循名责实，使有司任而弗诏，责而弗教，以不知为道，以奈何为宝，如此，则百官之事各有所守矣。

《淮南子》认为，有了"法"、"术"和"势"，臣民不得"自恣"。"人莫得自恣，则道胜，道胜而理达矣，故反于无为。"对法家，这是极高的推崇。

但是在另一些地方，它又否定法治而加以攻击，说：

> 且法之生也，以辅仁义。今重法而弃义，是贵其冠履而忘其

---

① 《氾论训》。

头足也。①

　　商鞅之立法也，吴起之用兵也，天下之善者也。然商鞅之法亡秦，察于刀笔之迹，而不知治乱之本也。②

　　今若夫申韩商鞅之为治也，拣拔其根，芜弃其本，而不穷究其所由生，何以至此也。凿五刑，为刻削，乃背道德之本，而争于锥刀之末。斩艾百姓，殚尽太半，而忻忻然常自以为治，是犹抱薪而救火，凿窦而出水。③

《淮南子》指出，秦始皇奉行法家思想，是导致其失败的根本原因，它说：

　　赵政昼决狱而夜理书，御史冠盖接于郡县，覆稽趋留，戍五岭以备越，筑长城以守胡。奸邪萌生，盗贼群居，事愈烦而乱愈生，故法者，治之具也，而非所以为治也。④

所以，对儒家和法家，《淮南子》都是否定的。在《淮南子》看来，政治的根本在于"无为"、"养化"、"尚贤"。关于"无为"，它说：

　　今日解怨偃兵，家老甘卧，巷无聚人，妖灾不生，非法之应也，精气之动也。⑤

关于"养化"，它说：

　　治身，太上养神，其次养形。治国，太上养化，其次正当。⑥

---

① 《泰族训》。
② 同上。
③ 《览冥训》。
④ 《泰族训》。
⑤ 同上。
⑥ 同上。

关于"尚贤",它说:

> 法虽在,必待圣而后治;律虽具,必待耳而后听。故国之所以存者,非以有法也,以有贤人也。其所以亡者,非以无法也,以无贤人也。①

《淮南子》把三者凑合在一起,作为基本的政治方术,思想显得十分杂驳无力。

《淮南子》对"无为"的论证,是从历史经验、认识论和道的本性三个方面进行的。关于历史经验,它说:

> 昔者神农之治天下也,神不驰于胸中,智不出于四域,怀其仁诚之心,甘雨时降,五谷蕃植,春生夏长,秋收冬藏,月省时考,岁终献功,以时尝谷,祀于明堂。……养民以公。其民朴重、端悫,不忿争而财足,不劳形而功成。因天地之资而与之和同。……故其化如神。……当此之时,法宽刑缓,囹圄空虚,而天下一俗,莫怀奸心。②

这是实行无为而治的理想境界。但神农以后,"执政有司不务反道,矫拂其本而事修其末,削薄其德,增累其形,而欲以为治,无以异于执弹而来雀,捽税而狎犬也,乱乃愈甚"。就是说,神农以后任智、有为的结果,引起了社会的混乱。

从认识上看,《淮南子》指出,人的认识总是有片面性和局限性的:

> 汤武圣主也,而不能与越人乘干舟而浮于江湖;伊尹,贤相也,而不能与胡人骑骓马而服骐骥。孔墨博通,而不能与山居者入榛薄险阻也。由此观之,则人之欲于物也浅矣。而欲以遍照海内,存万方,不因道之数,而专己之能,则其穷不达矣。故智不

---

① 《泰族训》。
② 《主术训》。

足以治天下也。①

追本溯源，这是《庄子·养生主》的思想。庄子说："吾生也有涯，而知也无涯，以有涯随无涯殆矣！"庄子由此得出应"无为"以养生的结论。《淮南子》却用来论证治国不能用智，这就把汉初黄老积极有为的政治思想，蜕变成了庄子式的消极思想。

最后，《淮南子》指出："玄默无为"是天道的要求。它说：

> 天气为魂，地气为魄，反之玄房，各处其宅。守而勿失，上通太一。太一之精，通于天道。天道玄默，无容无则。大不可极，深不可测，尚与人化，知不能得。②

这也是把《庄子》清静无为的养生思想推广于治国所得出的结论。

总的看来，《淮南子》的社会政治思想的主要倾向是消极的，对于汉初的黄老思想是一种蜕变，由积极到消极的蜕变。

《淮南子》的社会政治思想中，也有一些有价值的思想资料。这些思想是：

1. 民本思想。《淮南子》说："国主之有民也，犹城之有基，木之有根。根深则木固，基美则上宁。"③ 从这种民本思想出发，《淮南子》十分重视民生的疾苦，它说，"食者民之本也。民者国之本也。国者君之本也"。为政应该"上因天时，下尽地财，中用人力"，以使"五谷蕃殖"，"六畜兴旺"，树木繁茂，"以为民资"，使民"生无乏用，死无转尸"。④《淮南子》说："民之为生也，一人跖耒而耕，不过十亩。中田之获，卒岁之收，不过亩四石，妻子老弱，仰而食之，时有涔旱灾害之患，无以给上之征赋车马兵革之费。由此观之，则民之生悯矣。"《淮南子》同情人民的这种困难处境。它斥责暴君乱主，"取民则不裁其力，求于下则不量其积。男女不得事耕织

---

① 《主术训》。
② 同上。
③ 《泰族训》。
④ 《主术训》。

之业，以供上之求，力勤财匮，君臣相疾也，故民至于焦唇沸肝，有今无储"①。针对这种情况，《淮南子》提出："人主租敛于民也，必先计岁收，量民积聚，知饥馑有余、不足之数，然后取车舆衣食，供养其欲。"② 这虽然是一种幻想，刘安自己在封国内也没有实行，但能够提出来是应该肯定的。

《兵略训》对民本思想更有出色的发挥，反复指出用兵要"因民之欲，乘民之力，而为之去残除贼"。……要"因民而虑，为天下斗"。它说，"明王之用兵也，为天下除害，而与万民共享其利"。"兵之胜败，本在于政。政胜，其民下附其上，则兵强矣"。就是说，民是战争胜败的关键。在实际战争中，如果"将以民为体，民以将为心"，这样君民一体，官兵团结，一定能够取得战争的胜利。它说："众之所助，虽弱必强，众之所去，虽大必亡。"

民本思想是汉初流行的思想。《淮南子》的深刻之处，是在于总结了陈胜起义和楚汉相争的新的历史经验，因而把问题讲得更为中肯和明确。

2. 广泛纳谏，听取不同意见。它说："古者天子听朝，公卿正谏，博士诵诗，瞽箴师诵，庶人传语，史书其过，宰彻其膳，犹以为未足也。故尧置敢谏之鼓，舜立诽谤之木，汤有司直之人，武王立戒慎之鞀。过若豪氂，而既已备之也。""文王周公观得失，偏览是非，尧舜所以昌，桀纣所以亡者，皆著于明堂。于是略智博问，以应无方。由此观之，则圣人之智圆矣。"③ 认为只有广观博览，偏览是非，鼓励批评，虚心听取不同意见，才能有三代之治的盛世，否则就有亡国的危险。这种要求帝王广泛听取意见的呼声，是和刘安的身份很符合的。

3. 置法以限制君权。《主术训》说："古之置有司也，所以禁民，使不得自恣也。其立君也，所以剬有司，使无专行也。法籍礼义者，所以禁君，使无擅断也。人莫得自恣则道胜，道胜而理达矣，故反于

---

① 《主术训》。
② 同上。
③ 同上。

无为。无为者,非谓其凝滞而不动也,以其言莫从己出也。"① 按传统的观点,礼义法籍,是限制和教化臣民的。《淮南子》则提出,其作用在于"禁君","使不能擅断",这是立法以限制君权思想的最早的萌芽。

④因时变法,反对因循守旧。《淮南子》指出:

> 苟利于民,不必法古;苟周于事,不必循旧。夫夏商之衰也,不变法而亡;三代之起也,不相袭而王。故圣人之法与时变,礼与俗化。衣服器械,各便其用。法度制令,各因其宜。故变古未可非,而循俗未足多也……②

> 夫一仪不可以百发,一衣不可以出岁。仪必应乎高下,衣必适乎寒暑。是故世异则事变,时移则俗易。故圣人论世而立法,随时而举事。……是故不法其已成之法,而法其所以为法。所以为法者,与化推移者也。夫能与化推移,为人者,至贵在焉尔!③

《泰族训》还根据"极则反,盈则损"的"天地之道",论证变法的必然性。指出:

> 天地之道,极则反,盈则损。五色虽朗,有时而渝。茂木丰草,有时而落。物有隆杀,不得自若。故圣人事穷而更为,法弊而改制,非乐变古易常也,将以救败扶衰,黜淫济非,以调天地之气,顺万物之宜也。

《淮南子》这种要求变化的言论,从理论上说是有积极意义的,但其现实意义是什么?看来刘安及其宾客们并没有认真加以思索。真正的"变法",正如《泰族训》所说,是"救败扶衰,黜淫济非"。在《淮南子》的时代,其矛头正是指向贵族和诸侯王的违法逾制、

---

① 《主术训》。
② 《氾论训》。
③ 《齐俗训》。

兼并、割据、谋反和叛乱活动的。所以贾谊提出"众建诸侯而少其力",董仲舒提出"立学校","罢黜百家,独尊儒术","限民名田","除专杀之威",等等,都是时代所提出的变法要求。《淮南子》空喊变法而没有任何切实具体的内容,可以说也从一个侧面暴露了它在政治上的没落和消极的立场。

七 《修务训》的儒家思想及其意义

学术界有一种意见,认为《修务训》对"无为"做了新的解释,因此《淮南子》与老、庄有别,是新道家。其实,《修务训》所阐述的新思想恰恰是儒家思想,它与《淮南子》的主导倾向是正相对立的。它游离于全书的基调之外,是儒家的"异端"或"新声",看作新道家思想,是弄混淆了。《修务训》说:

> 或曰:"无为者,寂然无声,漠然不动,引之不来,推之不往,如此者,乃得道之像。"吾以为不然。

这里的"得道之像",不是指历史上老、庄的"旧道家",而正是《原道训》、《主术训》、《俶真训》等篇对"道"和"无为"的描述。如《主术训》说:

> 无为者,道之宗。
> 人主之术,处无为之事,而行不言之教。清静而不动,一度而不摇。

《俶真训》说:

> 道出一原……寂漠以虚无。
> 虚无者,道之舍。平易者,道之素。
> 静漠恬澹……和愉虚无……可谓能体道矣。

《原道训》说:

已雕已琢,还反于朴。无为为之而合于道,无言言之而通乎德。恬愉无矜而得于和。

达于道者,反于清净;究其物者,终于无为。

《淮南子》这些篇反复强调道的特点是"反于清净,终于无为";"恬愉无矜","静漠恬憺","清静不动","寂寞虚无",无怪乎《修务训》要做上述的概括并加以批判了。

那么《修务训》对《原道训》等的批判,是以儒家思想作武器呢,还是以其他什么思想作武器呢?分析两者的历史观和圣人观,就可以看出,《修务训》对《原道训》等篇的批判,是以儒家思想作武器的。如《原道训》论圣人说:

圣人内修其本,而不外饰其末,保其精神,偃其智故,漠然无为而无不为也。

圣人守清道而抱雌节,因循应变,常后而不先,柔弱以静,舒安以空。

圣亡乎治人而在于得道。

圣人不以身役物,不以欲滑和。

圣人将养其神,和弱其气,平夷其形,而与道沉浮俯仰。

《俶真训》说:

圣人用心杖性,依神相扶,而得终始。是故其寐不梦,其觉不忧。

圣人量腹而食,度形而衣,节于己而已。

《诠言训》说:

圣人不为名尸,不为谋府,不为事任,不为智主。藏无形,行无迹,游无朕。不为福先,不为祸始,得于虚无,动于不得已。

圣人捃明于不形,藏迹于无为。

……

《原道训》等所仰慕的这种圣人，是老、庄"无以人灭天，无以故灭命"，保持自我于纯粹的自然状态中的人。他们"保其精神，偃其智故"，"柔弱以静，舒安以定"，"不以身役物，亡乎治人而重在于节己"，与《修务训》的圣人观完全不同。

《修务训》说："圣人者，不耻身之贱，而愧道之不行，不忧命之短而忧百姓之穷。"故《修务训》以神农、尧、舜、禹、汤为五圣，说他们"劳形尽虑，为民兴利除害而不懈"。所以《修务训》表彰的圣人，都是儒家推崇的以天下为己任的崇高救世的典型。

在历史观上，《原道训》等篇认为人类历史是基于"有为"而倒退和堕落的过程。《俶真训》说：

> 至德之世，甘暝于溷澖之域，而徙倚于汗漫之宇。……浑浑苍苍，纯朴未散，旁薄为一而万物大优。
>
> 至伏羲氏，其道昧昧芒芒然，吟德怀和，被施颇烈，而知乃始，昧昧瞇瞇，皆欲离其童蒙之心。……是故其德烦而不能一。
>
> 乃至神农、黄帝，剖判大宗，窍领天地。……万民瞧瞧盱盱然，莫不竦身而载视听，是故治而不能和下。
>
> 周室衰而王道废，儒墨乃始列道而议，分徒而讼……百姓曼衍于淫荒之陂，而失其大宗之本。

社会陷入了一片混乱。然而在《修务训》笔下，历史却是基于有为而进步向上的进程。"立帝王"消除了社会"强凌弱，众暴寡"的社会不平。"定诸侯"，使绝国殊俗，被德承泽，受到教诲。"设官立职"，使饥寒者得衣食，老弱劳倦者得养息。这里两种历史观的对立不是新道家与旧道家的对立，而是儒家思想对道家思想的批判。

故《修务训》对"无为"所做的新解释，是从儒家的立场出发的。它说：

> 吾所谓无为者，私志不得入公道，嗜欲不得枉正术，循理而举事，因资而立权。自然之势，而曲故不得容者，事成而身弗伐，功立而名弗有……圣人之从事也，殊体而合于理，其所由异路而同归，其存危定倾若一，志不忘于欲利人也。

这里,①肯定正当的"私志"和"嗜欲",只是要求划清"私志"与"公道","嗜欲"与"正术"的界限,不以私害公,不以欲害正,真正按客观规律办事。②认为圣人之所以这样做,是在于救世,有为,"欲利人"。所以,这种无为观是贯彻着儒家精神的。《修务训》举例说:

> 夫地势水东流,人必事焉,然后水潦得谷行。禾稼春生,人必加工焉,故五谷得遂长。听其自流,待其自生,则鲧禹之功不立,后后稷之智不用。
> 若夫以火熯井,以淮灌山,此用已而背自然,故谓之有为。若夫水之用舟,沙之用鸠,泥之用輴,山之用蔂,夏渎而冬陂,因高为山,因下为池,此非吾所谓为之。

所谓"循理举事","因资立功",即凭借客观条件固有的可能和趋势以求得成功。这样的"无为"对《原道训》等所反复发挥的"不以人易天","尊天而返真"的思想是深刻的批评。《修务训》举了许多实例,说明儒家的事功教化,都体现"循理而举事"的要求,是这些原则的体现。它说"形之为马,马不可化,其可驾驭,教之所为也"。它指出,人性分为三等,上等的是尧舜,本性是善的;下等的是商均,是不能教育的;大多数则是处于两者之间,应该加以教育。它说:

> 夫上不及尧舜,下不及商均……此教训之所谕也。
> 名可务立,功可强成。故君子积志委正,以趣明师。励节高亢,以绝世俗。诗云:"日就月将,学有缉熙于光明",此之谓也。

儒家思想是十分典型而浓烈的。

高诱《淮南子·叙》说:刘安"遂与苏飞、李尚、左吴、田由、雷被、毛被、伍被、晋昌等八人,及诸儒大山小山之徒,共讲论道德,总说仁义而著此书"。《淮南子》全书由儒道两部分人写成,《修务训》当是诸儒大山小山之徒执笔的①，所以它与《原道训》等篇发挥的《淮南子》主旨："淡泊无为，蹈虚守静"恰相对立。作为当时社会上正在兴起的儒家思想的表现，《修务训》阐发的"有为"思想，与《春秋繁露》一样，是日益勃兴的新的时代精神的产物与表现。从这一点看，《修务训》亦有其历史和时代的意义。

八　神仙方术思想及思辨因素

《淮南子》在汉代思想史上的意义，学术界多以为在它的元气思想和宇宙图式。其实，在这些方面《淮南子》并没有提供真正新的思想。联系魏晋来看，《淮南子》在思想史上的意义，是在两个方面：（1）转变了汉初黄老的思想方向，引庄解老，把黄老治国思想引向了消极避世和个人养生，在汉代开启了道家往神仙道教过渡、发展的方向。（2）关于"道"和"自然"的论证，突破了宇宙发生论的局限，提供了引人注目的思辨因素。在王弼思想中，被运用作为论证"本体是无"的许多思辨观点，在《淮南子》中，已有论述。

《泰族训》说：

> 王乔、赤松，去尘埃之间，离群慝之纷，吸阴阳之和，食天地之精，呼而出故，吸而入新，踩虚轻举，乘云游雾，可谓养性矣。

《齐俗训》说：

> 今夫王乔、赤诵子，吹呕呼吸，吐故纳新，遗形去智，抱素反真，以游玄眇，上通云天。

《淮南子》关于养性有一系列的论述。这些论述和《吕氏春秋》、《河上公老子章句》并没有本质的区别，归结起来，是爱精守气，清

---

① 按《修务训》的语气，很可能是大山小山之徒与苏飞、李尚等道家学者辩论的记录。

心寡欲。如说：

> 五色乱目，使目不明；五声哗耳，使耳不聪；五味乱口，使口爽伤；趣舍滑心，使行飞扬，此四者，天下之所养性也，然皆人累也。故曰嗜欲者，使人之气越，而好憎者，使人之心劳，弗疾去，则志气日耗。夫人之所以不能终其寿命，而中道夭于刑戮者，何也？以其生生之厚。夫惟能无以生为者，则所以修得生也。①
>
> 神清志平，百节皆宁，养性之本也。②
> 形劳而不休则蹶，精用而不已则竭。③
> 恬愉虚静，以终其命。④

这些和《吕氏春秋》及《管子·内业》、《论家要旨》、《老子河上公章句》等篇的观点是完全一致的。但是，《吕氏春秋》和《老子河上公章句》虽有"长生久视"，"志意在神域也"的描绘，却没有把养生、养性和长生成仙联系起来。《淮南子》则通过王乔、赤松把养性之术和成仙联系起来，使之成为一种神仙方术，这就使道家的养生发生了方向和性质的变化。

在《吕氏春秋》和《老子河上公章句》以及《论六家要旨》中，"养生"和治国往往并提。所谓"国身同一"，而治身是为了治国。在《淮南子》中，虽然也有两者并提的言论，如说"太上养神，其次养形；治国，太上养化，其次正法。"但却突出了"精神不死"和个人消极出世的思想，《精神训》说：

> 所谓真人者，性合于道也。故有而若无，实而若虚。处其一，不知其二。治其内，不识其外。明白太素，无为复朴。体本抱神，以游于天地之樊，芒然仿佯于尘垢之外，而逍遥于无事

---

① 《精神训》。
② 《泰族训》。
③ 《精神训》。
④ 同上。

之业。

> 以死生为一化，以万物为一方。同精于太清之本，而游于忽区之旁。有精而不使，有神而不行，契大浑之朴，而立至清之中，是故其寝不梦，其智不萌……休息于无委曲之隅，而游敖于无形埒之野。居而无容，处而无所。其动无形，其静无体。存而若亡，生而若死。出入无间，役使鬼神。

> 沦于不测，入于无间，以不同形相嬗也，终始若环，莫得其伦。此精神之所以能登假于道也。

> 夫至人倚不拔之柱，行不关之涂，禀不竭之府，学不死之师，无往而不遂，无至而不通。生不足以挂志，死不足以幽神。屈伸俯仰，抱命而婉转。祸福利害，千变万纷，孰足以患心。若此人者，抱素守精，蝉蜕蛇解，游于太清，轻举独往，忽然入冥。

这里对"圣人"，"真人"，"轻天下"，"齐生死"，"出入无间"，"登假于道"，"蝉蜕蛇解"，"轻举独往"，"游于太清"的描绘，清楚地揭示了《淮南子》养生的出世成仙思想的实质。

《淮南子》还为成仙提出了精、神、气的初步理论。

在《淮南子》中，神是可以脱离形而永存不死的。神主宰形，高于形。《诠言训》说：

> 万乘之主卒，葬其骸于广野之中，祀其鬼神于明堂之上，神贵于形也。故神制则形从，形胜则神穷，聪明虽用，必反诸神，谓之太冲。

这里所谓神就是魂，鬼神。在人活着的时候，是主宰、制约形的。《精神训》说：

> 夫癫者趋不变，狂者形不亏，神将有所远徙，孰暇知其所为？故形有摩而神未尝化者，以不化应化。……化者复旧于无形也，不化者与天地俱生也。

神是独立的，与天地俱生，可以不随形化而消失。神的物质基础是精气（又叫精神），"精气为人"。因此只要"抱素守精"，就可以使神永恒地制约形，获得长生，或"蝉蜕蛇解"，委形而去，"游于太清，轻举独往，忽然入冥"。胡适说："《鸿烈》之书虽包罗天文、地形以及齐俗、治国之道，然而主旨所在，实是神仙出世的理论。"[①] 这是确有所见的。联系刘安招引大批方士，作《黄白之术》八篇，炼不死之药，说《淮南子》开启了由道家养生向神仙方术转化的先河，是不过分的。

关于《淮南子》的思辨方法，这是许多论著所忽略的，其实把它列举出来并和王弼加以对比，就不仅可以发现，《淮南子》的抽象思维水平不仅达到了时代的高峰，且可以看出，它和王弼玄学的思辨之风，在性质上多么接近。下面先把两者的思辨论点加以对照排列（见下页）。

《淮南子》思想本质上是经验论和宇宙生成论的思想，思辨方面仅仅是一些因素，并未超出汉代经验论的思维模式而达到本体论的高度。王弼的思想，虽然有汉人生成论的遗留，但本质上是玄学本体论的思想。因此，对《淮南子》和王弼的思想绝不能由形式的比较而得出其哲学思想一致的结论。但是，由上列对比，可以看出，《淮南子》的思辨因素与王弼思想确有着继承与发展的关系。从《淮南子》来看，王弼关于道、本体是无，所谓无的含义，绝不是郭象、裴頠所理解的"虚无"或"零"，也不仅是今人所谓内涵为零的"抽象"。"无"的主要含义应是"无形"，"无名"，它包含有整体、大全、本质、规律，存在的根据和始原以及自然等多种含义。作为整体、大全，它就是一或朴，如声音本身、色本身、味本身等等。也可理解为事物的概念。作为存在的根据和始原，它是一切现象（如寒热）及宇宙万物生老荣枯等变化的原因、条件或支配因素。作为规律，它是无形的不可由感性把握的道。作为体用关系，它是一切具体的有无关系的概括。因此"以无为用"，"以无为体"或"以无有为体"，其所谓"无"或"无有"都不是指零，而是指与有相对待相联系而存在的"非有"。也就是说，它仍然是有（存在），不过是有的另一种相反的形式，有如数之"虚数"或与感性直观相反的存在形式。作为

---

① 《淮南王书》。

表1　　　　　　　　关于道是无形、无名的论述

《淮南子》	王　弼
夫无形者，万物之大祖也；无音者，声之大宗也。（《原道训》） 夫无形而有形生焉，无声而五音鸣焉，无味而五味形焉，无色而五色成焉。是故有生于无，实出于虚。（同上） 寒不能生寒，热不能生热，不寒不热，能生寒热。故有形出于无形。未有天地，能生天地者也。（《说山训》） 所贵道者，贵其无形也。无形则不可制迫也，不可度量也，不可巧诈也，不可规虑也。（《兵略训》）	若温也则不能凉矣，宫也则不能商矣……故象而形者，非大象也；音而声者，非大音也……（《老子指略》） 无形无名者，万物之宗也。（《老子道德经注》第十四章） 有声则有分，有分则不宫而商矣。分则不能统众，故有声者非大音也。（《老子道德经注》第四十一章） 有形则有分，有分者，不温则凉，不炎则寒。故象而形者，非大象。（同上） 天下之物，皆以有为生。有之所始，以无为本。将欲全有，必反于无也。（《老子道德经注》第四十章）

表2　　　　　　　　关于道是一的论述

《淮南子》	王　弼
所谓无形者，一之谓也。 所谓一者，无匹合于天下者也。卓然独立，块然独处，上通九天，下贯九野，圆不中规，方不成矩，大浑而为一。（《原道训》） 得一之道而以少正多……道者一立而万物生矣，是故一之理施四海，一之解，际天地。（同上） 夫天地运而相通，万物总而为一。能知一，则无一之不知也。不能知一，则无一之能知也。（《精神训》） 洞同天地，浑沌为朴，未造而成物，谓之太一。同出于一，所为各异，有鸟、有鱼、有兽，谓之分物。方以类别，物以群分，性命不同，皆形于有。（《诠言训》）	万物万形，其归一也。何由致一？由于无也。由无乃一，一可谓无。（《老子道德经注》第四十二章） 万物之生，吾知其主，虽有万形，冲气一焉。（《老子道德经注》第四十二章）

表3　　　　　关于以无为体，以无为用的论述

《淮南子》	王　弼
魄问于魂曰："道何以为体"？曰："以无有为体"。 今汝已有形名矣，何道之所能乎？（《说山训》） 物莫不因其所有而用其所无。（《说山训》） 走不以手，缚手，走不能疾。飞不以尾，屈尾，飞不能远。物之用者，必待不用者。故使之见者，乃不见者也。使鼓鸣者，乃不鸣者也。（同上） 用也，必假之于弗用也。（《俶真训》）	玄者，冥默无有也。（《老子道德经注》第一章） 演天地之数，所赖者五十也。其用四十有九，则其一不用也。不用而用之以通，非数而数以成，斯易之太极也。（韩康伯《周易系辞传注》引） 凡有之为利，必以无为用（《老子道德经注》第一章） 木、埴、壁所以成，三者而皆以无为用也。言无者，有之所以为利，皆赖无以为用也。（《老子道德经注》第十一章）

表4　　　　　关于自然无为的论述

《淮南子》	王　弼
使天地三年而成一叶，则万物之有叶者寡矣。夫天地之施化也，呕之而生，吹之而落，岂此契契哉！（《泰族训》） 无为者道之宗。（《主术训》） 道出一原……寂漠以虚无，非有为也。（《俶真训》） 天地无予也，故无夺也。日月无德也，故无怨也。喜德者必多怨，喜予者必善夺。唯灭迹于无为，而随天地自然者，唯能胜理而受名。（《诠言训》） 无为者，道之体也。执后者，道之容也。无为制有为，术也。执	天地任自然，无为无造，万物自相治理，故不仁也。……仁者必造立施化，有恩有为，造立施化，则物失其真，有恩有为则物不具存。……无为于万物而万物各适其所用，则莫不瞻矣。若慧由己树，未足任也！（《老子道德经注》第五章） 故物，无焉，则无物不经；有焉，则不足以免其生。是以天地虽广，以无为心。（同上，第三十八章） 求而得之，必有失焉，为而成之，必有败焉。善名生，则有不善应焉。（《老子道德经注》第三十八章） 我之教人，非强使人从之也。而

续表

《淮南子》	王　弼
后之制先，教也。（《诠言训》） 　　夫无为则得于一也。一也者，万物之本也，无敌之道也。（《诠言训》） 　　故形有摩而神未尝化者，以不化应化，千变万化，而未始有极。化者复归于无形也，不化者与天地俱生也。夫木之死也，青青去之也。夫使木生者岂木也，犹充形者之非形也。故生生者未尝死也，其所生则死矣。化物者未尝化一也，其所化则化矣。（《精神训》）	用夫自然。举其至理，顺之必吉，违之必凶。（《老子道德经注》第四十二章） 　　然则天地虽大，富有万物，雷动风行，运化万变，寂然至无是其本矣。故动息动中，乃天地之心见也。若其以有为心，则异类未获具存矣。（《周易·复卦注》） 　　有为则有所失，故无为乃无所不为也。（《老子道德经注》第四十八章）

表5　　　　　　　关于静以制动的论述

《淮南子》	王　弼
物未有不以动而制者也。是故圣人贵静，静则能应躁，后则能应先，数则能胜疏。（《兵略训》） 　　怒出于不怒，为出于不为。视于无形，则得其所见矣。听于无声，则得其所闻矣。至味不慊，至言不文，至乐不笑，至声不叫，大匠不斫，大豆不具，大勇不斗。（《说林训》）	不使者使行，不动者制动。是以重必为轻根，静必为躁君也。（《老子道德经注》第二十六章） 　　夫息乱以静，守静以侯；安民在正，弘正在谦。（《周易·屯卦注》） 　　凡有起于虚，动起于静，故万物虽并动作，卒复归于虚静，是物之极笃也。（《老子道德经注》第十六章）

表6　　　　　　　关于崇本息末的论述

《淮南子》	王　弼
夫使天下畏刑而不敢盗，岂若能使无有盗心哉。（《精神训》） 　　今夫儒者不本其所以欲，而禁	故闲邪在乎存诚，不在善察，息淫在乎去华，不在滋章。绝盗在乎去欲，不在严刑，止讼存乎不尚，不在

续表

《淮南子》	王　弼
其欲；不原其所以乐，而闭其所乐，是犹决江河之源而障之以手也。（同上） 故射者非矢不中也，学射者不治矢也。御者非辔不行，学御者不为辔也。（同上） 是故圣人内修其本，而不外饰其末，保其精神，偃其智故，漠然无为而无不为也。（《原道训》）	善听。故不攻其为也，使其无心于为也；不害其欲也，使其无心于欲也。（《老子指略》） 崇本以息末，守母以存子，贱夫巧术，为在未有，无责于人，必求诸己，此其大要也。（《老子指略》）

自然的指称，"无"则是反"目的"、反"故为"的代名词。一切"有予"、"有夺"，有生有死的现象，都是有，是自然过程的表现；无则是自然过程的本质或规律，而"崇本息末"或"崇本举末"，则是对一切本末现象的概括，并不脱离真实存在的形形色色的本末现象（如盗与盗心；欲与所以欲，乐与所以乐；沸与火，冰与寒；礼仪与诚敬等等）[①]。因此，从《淮南子》看，魏晋玄学的本体之学，并不是突然产生的。它和两汉哲学（如《淮南子》，以后还有《道德指归》，《论衡》）存在着继承关系，不过是两汉哲学的自然论、反目的论、"崇本息末"思想，以"无"为本思想的进一步的发展与提高。《淮南子》的思辨因素是王弼本体之学的前驱与先导。

《淮南子》中包含如此发展的思辨因素，不是偶然的。《老子》本身关于有无的思想已包含有思辨的本体论的成分和萌芽，《庄子》的部分篇章发挥了《老子》思想的这些成分。但以后，由于黄老治国思想的兴起，并一度在政治上取得了主导地位，因而《老子》思想的思辨因素相对被压抑了。《淮南子》既然以庄解老，重新强调《老子》思想的消极避世、与世遨游的方面，因此伴随这种倾向而发展出对《老子》的思辨理解，也就是十分自然的。从《淮南子》的写作来看，它基本上是宾客们饱食之余，悠闲从容，不汲汲于政治，

[①] 参阅庞朴《说无》，《中国文化与中国哲学》第1集，东方出版社1986年版。

不忧思于贫贱，获得了某种"精神自由"的产物。他们以思辨、谈论为事，是"清客"，不是"政客"，这就造成了黑格尔所讲的纯哲学产生的条件。《淮南子》的思辨因素是这种条件的产物，也是这种条件的反映。

九 《淮南子》思想的评价

《淮南子》思想的特点是：以道家为主旨，反儒的倾向鲜明而突出。《吕氏春秋》虽然很推崇道家，但没有批判儒家的言论，《六家要旨》以道家为最高，但仍然肯定儒家"序君臣、父子之礼"的等级思想，认为道家包含着儒家思想的这种优点，《淮南子》则恢复了道家固有的反儒排儒，剽剥儒墨的倾向。这在汉武帝定儒家于一尊，为新的大有作为的时代寻找新的指导思想，并为整个封建社会建立适合新的经济基础与上层建筑和意识形态的时候，无疑反映了不可避免的思想斗争规律。但刘安的宾客中有诸儒大山小山之徒，所以在《修务训》、《泰族训》、《主术训》、《氾论训》中又自相矛盾地宣扬儒家"仁义为本"思想。

《淮南子》不仅批儒，还批判法家思想，从而削弱了《黄老帛书》和《论六家要旨》所代表的黄老思想内在的法家倾向，扭转了黄老作为治国思想的积极进取、刑德并用的本质，使汉代道家思想发生了以庄解老的蜕变；并使庄子的消极避世，洁身自好，养性保真，变而为追求长生不死的神仙方术，凌驾于世俗政治之上，超出了对修、齐、治、平的关注。但《主术训》等又系统地宣扬法家思想。

《淮南子》思想如此矛盾、杂驳，所以范文澜说："《淮南子》虽以道为归，但杂采众家，不成为一家言。"① 侯外庐说："其书意多杂出，文甚沿复。"② 徐复观《两汉思想史》则专设一节，论述《淮南子》的"儒道分野"，指出，全书"对老、庄思想抗争之迹，则是历历可数的"。这些看法都是抓住了《淮南子》思想的基本特征的。

《淮南子》主导思想如此杂驳、消极，有两方面的原因。一是刘

---

① 《中国通史》第二卷。
② 《中国思想通史》第二卷。

安的地方分封势力的地位，限制了他的眼界，使他注定不可能像吕不韦或董仲舒那样，有广阔的政治眼光与历史抱负。二是刘安个人性格和思想特点，加剧了《淮南子》的消极倾向。沉重的家庭包袱，注定没落而不可能在政治上有所发展的处境，使刘安这样的人只能或者无所事事，虚度年华；或者野心发作而自取覆灭。不论属于何种情况，都使他不可能为新的帝国，提供借鉴历史、综合百家的完整而一贯的政治指导思想和治国蓝图。

从个人的性格来看刘安有三个特点。一是好读书，鼓琴，广泛地涉猎各种知识和历史典籍。这使《淮南子》能兼收并蓄，罗列极富，搜集了空前广泛的思想资料。但刘安的学习方法是脱离实际的，为消闲而读书，如同鼓琴一样，读书只是一种消遣和个人的爱好。政治上的失意、彷徨，使刘安既附庸风雅，广招宾客，又精神空虚，无所事事。这就使他书多不化，不能用一定的主旨和宏伟的抱负与眼光统一和消化吸收这些资料。

二是逆历史潮流而动，朝思暮想兵变夺权。有些论著认为刘安之反是中央朝廷有计划地逼迫造成的，因此刘安之死是冤狱，[①] 这是一种没有根据的猜测。

从中国历史看，诸侯分封导致割据和分裂反叛活动，孕育出形形色色的政治野心家，是必然的历史现象。封建阶级的政治经济特性，剥削阶级无休止的扩张和权势欲，以及分封所造成的一定的经济、军事实力，使他们中的有才能分子，时刻觊觎着最高权力并伺机而动。刘安更是如此。建元二年，刘安入朝汉武，素善武安侯田蚡。当时田蚡为太尉，迎他到坝上，说："方今上无太子，大王亲高皇帝孙，行仁义，天下莫不闻。即宫车一日晏驾，非大王当谁立者！"[②] 刘安听后，"大喜"，"厚遗武安金银财物"。一句话就钩出了刘安的巨大政治野心。刘安父亲是被迫自杀的。《公羊春秋》提倡"君父之仇，不共戴天"，这对刘安无疑会有强烈影响。故《史记》本传说他"时时怨望厉王死，时欲畔逆，未有因也"，是有根据的，也是符合情理

---

① 持这种观点的论著不少，有名的如徐复观《两汉思想史》，任继愈主编《中国哲学发展史（秦汉）》。

② 《史记·淮南衡山列传》。

的。因此在吴楚七国谋反时，刘安就蠢蠢欲动。"建元六年，彗星见，淮南王心怪之。……以为上无太子，天下有变，诸侯并争，愈益治器械攻战具……谋反兹甚。"① 兵变的野心暴露无遗。这样的人，处在汉初诸侯王与中央矛盾激化的多事之秋，企图乘机兵变夺权，是不难理解的。

因此，刘安的一生，确是在一种阴谋、紧张、畏惧、矛盾、犹疑、徨徨不安，既企图冒险，又害怕失败；既充满政治野心，又十分消极悲观的气氛和心情中度过的。这种精神状态，使《淮南子》打上了与时代格格不入的消极、没落的烙印。

三是极端不识时务，在分析形势时，表现出严重的主观片面性。凡有利于自己的消息就高兴，凡不利于自己的意见就拒而不听。像鸵鸟一样，完全不敢正视现实。这使他极容易走上唯心主义和思辨哲学的道路，反转来夸大心理、精神东西的作用，又使他极易歪曲现实，做出以汉为秦的错误的形势分析和错误的决定。因此《淮南子》把西汉的道家思想，引向消极、出世的方向，不是偶然的。

《淮南子》在哲学上的贡献主要有三点：（1）以自然论明确地反对目的论，这在以后谶纬神学日益发展的时候，起了越来越大的清醒思想、澄化毒雾的作用。经过《道德指归》及扬雄和王充的发扬，《淮南子》的自然论取得了对有神论斗争的胜利。到了魏晋，自然思想，终于取得了支配地位。（2）《淮南子》的思辨因素提高了哲学理论思维的水平，培养了人们较深刻地分析观察事物的能力，并使老子思想逐渐摆脱由黄老刑名所代表的向政治和实际经验发展的倾向，开始了向真正的哲学思辨的转化。这为王弼玄学的产生，提供了先行的思想资料和理论准备。（3）《淮南子》的宇宙论和阴阳五行思想，虽然是继承前人的，并无真正的创新，但由于《淮南子》的比较充分和具体的描述，对于汉代宇宙论的研究，也有不可忽视的刺激作用。

因此，由其社会政治作用的消极而抹杀《淮南子》的哲学思想的贡献也是不对的。

---

① 《史记·淮南衡山列传》。

第七章

《史记》在历史观方面的杰出贡献及其反映的时代精神

《史记》作为我国第一部纪传体通史，系统、生动、深刻，多方面地记载了我国自有文字以来的历史发展，反映了我国多民族人民的生产、经济、生活、风尚和政治、军事斗争、学术思想建树，以及各种制度的建立和沿革，不仅在中国历史上发生了极为深远的影响，在世界历史著作中也堪称瑰宝。正如鲁迅所言，《史记》是"无韵之离骚，史家之绝唱"。

在《史记》中，司马迁的开创精神和进步历史观，得到了充分表现。发掘《史记》留给人们的宝贵精神遗产，研究《史记》在历史观方面达到的成就，是思想史研究的重要任务。

《史记》作者司马迁，字子长，龙门（今陕西韩城县）人。生于景帝中元五年（公元前145年）。父亲司马谈为太史令。司马迁十岁学习古文，以后从孔安国学古文《尚书》，又从董仲舒学《公羊春秋》，尔后漫游江淮。司马谈死后，曾随武帝巡视长城内外。元鼎六年（公元前111年），奉命出使巴蜀以南。元封三年（公元前108年）继承父职为太史令，征和年间完成《史记》。天汉三年（公元前98年）遭李陵之祸。他的一生大约与武帝之世相终始。[①]

[①] 司马迁的生卒年，史学家有不同看法，本著采王国维说，这是学术界较有影响的说法。

一 《史记》与史学传统及孔子《春秋》

中国的历史学源远流长。对历史的重视，对历史经验教训的不断的反省、认识，是中国学术思想的突出的优点与特点。在世界各民族文化思想的比较中，中华民族对历史传统的重视，历史记载的完整和制度化，典籍的丰富，学者之众多，可能是首屈一指的。这一方面表现了中国思维方式和中国民族重现实、重人事、重祖先业绩和社会功德的精神，同时也反映了哲学上"天人合一"思想的重大影响，"巫史不分"。中国最早的历史记事的萌芽，可以追溯到"卜辞"。清楚而确定的时间、空间观念以及帝王的行为，在卜辞中一一加以记录。于是卜辞既是帝王的大事记，是"史"，又是上帝通过巫向自己在人间的代理人所做的吉凶祸福的启示。司马迁说："文史星历，近乎卜祝之间。"①又说："昔在颛顼，命南正重以司天，北正黎以司地。唐虞之际，绍重黎之后，使复典之，至于夏商，故重黎氏世序天地。"②《汉宫仪》则说史官的职责是"国有瑞应灾异则记之"③。这些都反映了历史在中国古代一直享有的神秘地位。

在中国很早以来的传统中，"左史记言，右史记事"，④ 就是统治者严格遵循的原则。帝王言行，必须一一加以记录。这不单由于帝王个人的爱好与永垂不朽的需要，更重要的是由于，这是统治者享有社稷对上帝和先祖应尽的职责。

"六经皆史"。中国古代最优秀、最有代表性的文化典籍：《易》、《诗》、《书》、《礼》、《乐》、《春秋》，无不具有历史著作的性质。而《春秋》作为第一部据说由孔子制作的编年历史著作，更具有莫大的影响。在解释《春秋》的三本传记——《公羊春秋》、《穀梁春秋》、《春秋左传》中，《公羊春秋》在汉初的影响达到了高峰。孟子说："世衰道微，邪说暴行又作，臣弑其君者有之，子弑其父者有之。孔

---

① 《史记·报任安书》。
② 《史记·太史公自序》。下引《史记》，只注篇名。
③ 《太平御览·宫部》。
④ 《汉书·艺文志》。

子惧，作《春秋》。《春秋》，天子之事也。"① 又说："王者之迹熄而《诗》亡，《诗》亡然后《春秋》作。其事则齐桓、晋文，其文则史。孔子曰，'其义则丘窃取之矣'。"据《春秋公羊》的说法，孔子通过《春秋》，对历史进行评价和褒贬，为后王树立起如何进行统治的样板与规范。因此，不是为历史而历史，而是为现实，为后世的人伦、道德、统治秩序的巩固与完善，即为社会、为政治服务，被认为是历史研究的最根本的目的与职责。这种史学传统与《春秋》笔法，对司马迁产生了极为深刻的影响。《史记》就是在这种精神的影响下完成的。

在《史记·太史公自序》中，司马迁引董仲舒的话说：

> 周道衰废，孔子为鲁司寇，诸侯害之，大夫壅之。孔子知言之不用，道之不行也，是非二百四十二年之中，以为天下仪表，贬天子，退诸侯，讨大夫，以达王事而已矣。
>
> 《春秋》上明三王之道，下辨人事之纪，别嫌疑，明是非，定犹豫，善善恶恶，贤贤贱不肖，存亡国，继绝世，补敝起废，王道之大者也。《春秋》者，礼义之大宗也。

司马迁认为董仲舒对《春秋》的这些评论，表达了《春秋》这部历史著作作为历史典范的崇高意义。司马迁说，现在的形势虽然与春秋战国的乱世完全不同了，"上遇明天子，下得守职，万事既具，咸各序其宜"，不存在"拨乱世，反诸正"②的任务，但孔子作《春秋》的基本精神与宗旨，是应该完全效法的。他说，他的父亲讲过，"伏羲至纯厚，作《易》、八卦。尧舜之盛，《尚书》载之，礼、乐作焉。汤武之隆，诗人歌之。《春秋》采善贬恶，推三代之德，褒周室，非独刺讥而已也"③。司马迁认为，他父亲的意见是十分正确的，《春秋》不只是讥刺。历史研究为现实服务，除了讥刺，对历史和皇室的功绩，进行肯定、颂歌，"采善贬恶"，也是极重要的职责。

---

① 《孟子·滕文公下》。
② 《史记·太史公自序》引壶遂语。
③ 《史记·太史公自序》。

司马谈临死前曾嘱托司马迁说:"幽厉之后,王道缺,礼乐衰。孔子修旧起废,论《诗》、《书》,作《春秋》,则学者至今则之。自获麟以来,四百有余岁,而诸侯相兼,史记放绝。今汉兴,海内一统,明主贤君忠臣死义之士,余为太史而弗论载,废天下之史文,余甚惧焉,汝其念哉!"司马谈希望司马迁能完成他未竟的事业,撰写出《史记》,以继承孔子作《春秋》的伟业与传统,把春秋战国以后诸侯相兼,和汉兴以来的明主、贤君、忠臣、死义之士的光荣事迹,载诸史册。《史记》是遵循了司马谈的方针和教导的。

为完成《史记》的巨大工程,司马迁兢兢业业,贡献了毕生心血。天汉三年(公元前98年),他为李陵辩护,被囚禁,幽于缧绁,受腐刑,"身废不用矣"!精神与身体遭受极大打击,但他仍然坚强不屈,以文王、孔子、屈原、左丘明、孙子、吕不韦、韩非的榜样自勉,立志学习他们"遭困陑而不屈",演《周易》,作《春秋》,著《离骚》,编《国语》,论《兵法》的精神,没有中断《史记》的写作。在狱中,他忧思百结,"肠一日而九回,居则忽忽若有所亡,出则不知其所往。每念斯耻,汗未尝不发背霑衣也"。[①] 但仍然顽强地活了下来,不计毁誉,"从俗浮沉,与时俯仰",他是"恨私心有所不尽,鄙陋没世,而文采不表于后世也"。他要以自己的天才和文采,"究天地之际,通古今之变,成一家之言","藏之名山,传之其人"[②],为自己的生命和先人,增添无穷的光荣与骄傲。因此,《史记》的宗旨和精神,不管学术界有多少不同的看法,基本的一点是肯定的。这就是司马谈和司马迁自己所反复申明的,他们的历史的自觉和责任,是在于继承孔子作《春秋》的基本精神和中国史学的传统,[③] 为自己的国家、民族、社会,为它们的不朽功业,讴歌、咏

---

① 《报任安书》。
② 同上。
③ 《春秋》"斥天子,退诸侯,讨大夫,以达王事而已矣"。所谓"王事",其具体内容和目标是狭隘的,主要是为了巩固宗法等级的统治。但它确又包含着一种精神:对一切不符合国家(奴隶主阶级或封建阶级的统治机器)和民族(奴隶主阶级或封建地主阶级领导和代表的)利益,不符合统治阶级根本利益和长远利益的现象,对一切破坏等级秩序的行为,不论是天子,诸侯或大夫,都要敢于进行道义上的审判和谴责。《史记》确是继承了这种精神的。

叹、谱写壮丽的史诗，并通过对往事的褒贬，评价，讥刺，总结经验教训，"思来者"，为民族、国家的兴旺、发达，为社会进步以及正义与理想的实现，贡献自己的力量。

二　究天人之际

《史记》规模宏大，内容丰富，视野广阔，再现了先秦至汉初社会历史发展的宏伟画面。其气魄之雄浑，声势之磅礴，在古代历史著作中，是无与伦比的。如果说《春秋》在历史研究的目的、宗旨与精神上，给予了司马迁以巨大影响的话，那么在题材、视野、取材、情趣、史识方面，则《史记》是首创的。《春秋》之残缺、狭小、简陋、零碎，有如"断烂朝报"，与《史记》实有天壤之别。在《史记》中，历史真正形成一个由政治、经济、文化、军事、生产、风习，以及天文、地理、中外古今组成的密切联系的有机的整体，不仅有宏大的规模，也更接近于历史的真实。

司马迁史识高超。"究天人之际，通古今之变"。他作史的眼光，一开始就不是局限于史实，在故纸堆中和历史事实上搜罗扒剔，而是既立足于史实，又超出于史实之上，把历史置于天人和古今之变的大流行、大演化中，高屋建瓴，俯览纵观，力求找出其变化发展的规律，因而就能得出同时代人远远不能达到的观察和结论。这种成就首先表现在对天人关系的探讨上。

在天人问题上，司马迁并没有摆脱天命神学的历史观。对于古代帝王，他重复了今文经学许多神学迷信的说法，如黄帝"生而神灵"，"有土德之瑞"；帝颛顼"依鬼神以制义，治气以教化"；帝喾"生而神灵，自言其名"[①]；刘邦其母梦与龙交而生邦，[②] 等等。但是司马迁所谓"天"，除了这种神灵之天的含义，还包含有另外两种含义，即支配历史人物个人命运的盲目必然性和历史自身发展的客观趋势。对后一种含义司马迁给予了特别的注意，并探索了"天"的客观趋势与"人"的主观能动性之间的关系。

---

①　《五帝本纪》。
②　《高祖本纪》。

《伯夷列传》说:"或曰,'天道无亲,常与善人'。若伯夷、叔齐,可谓善人者,非邪?积仁洁行如此而饿死!且七十子之徒,仲尼独荐颜渊为好学,然回也屡空,糟糠不厌,而卒早夭。天之报施善人,其何如哉?盗跖日杀不辜,肝人之肉,暴戾恣睢,聚党数千人,横行天下,竟以寿终,是遵何德哉?此其尤大彰明较著者也!若至近世,操行不轨,专犯忌讳,而终身逸乐富厚,累世不绝。或择地而蹈之,时然后出言,行不由径,非公正不发愤,而遇祸灾者,不可胜数也,余甚惑焉。傥所谓天道,是耶非耶?"残酷的社会现实与所谓"天道报善乐施"的说法的尖锐的矛盾,使司马迁怀疑这种"天道"的存在。但是他感到迷惘,无力用社会和人事对这种现象加以解释,因而承认了支配人的命运的盲目必然性的存在,这种盲目的必然性,他称之为"命"。在《外戚世家》和《李将军列传》等传记中,他对外戚的遭遇和李广、李蔡的不同命运,都用"命"来加以解释。这种解释是十分消极的。

但比较起来,司马迁对后一种天,即历史发展客观趋势及其与人的主观能动性的关系的探索,更为重视,从而达到了先秦以来新历史观的真正光辉的高度。

在论魏为秦所灭时,司马迁说:"说者皆曰,魏以不用信陵君故,国削弱至于亡。予以为不然。天方令秦平海内,其业未成,魏虽得阿衡之佐,曷益乎?"① 这里所谓"天",就是指历史发展的客观趋势。② 在司马迁看来,信陵君个人不管如何有王佐之材,也无力扭转中国必然统一("天方令秦平海内")这一历史发展趋势。这种历史趋势是客观的(在这种意义上是"天"),但不是不可理解的。它的作用虽然个人无力抗拒,但人对它也不是完全无能为力的。以田氏代齐为例,司马迁指出,田氏代齐是历史的趋势,然而这种趋势的造成,得力于田氏收"赋税于民,以小斗受之;其禀予民以大斗",由此"得齐众心","民思田氏"。③ 也就是说,人的主观作用,在这里

---

① 《魏世家》。
② 以后王夫之发挥这一思想,用以评论郡县制,说"秦以私天下之心而罢侯置守,而天假其私以行其大公"(《读通鉴论》卷一)。"天"都指历史发展的客观趋势,不指"命"、"天道"。
③ 《田敬仲完世家》。

转化成了一种客观的力量，从而造成了不可抗拒的历史趋势。故人自身的因素居于十分重要的地位。

在论述齐国的霸业时，司马迁说："吾适齐，自泰山属之琅琊，北被于海，膏壤二千里，其民阔达多匿知，其天性也。以太公之圣，建国本，桓公之盛，修善政，以为诸侯会盟，称伯，不亦宜乎！洋洋哉，固大国之风也。"① 这里，"建国本"，指吕尚封齐，"因其俗，简其礼，通商工之业，便鱼盐之利"。"修善政"，指桓公用管仲，"连五家之兵，设轻重鱼盐之利，以赡贫穷，禄贤能"，从而得到了齐人的拥护。因此齐的强大，在司马迁看来人的因素亦起了巨大作用。

论勾践灭强吴，北观兵中国，尊周室，称霸王时，司马迁指出，这是由于勾践"苦身焦思"，卧薪尝胆，"身自耕作"，折节下贤人，"振贫吊死，与百姓同其劳"②，有大禹遗烈之风。其他《秦本纪》论秦国的兴起，《管蔡世家》论晋楚的兴亡，等等，司马迁也都突出了人的作用。如说秦的强大是由于商鞅"变法修刑，内务耕稼，外劝战死之赏罚"③。

秦代为什么速亡，司马迁同意贾谊的意见，是"仁义不施，而攻守之势异也"。

楚汉相争，项羽在垓下战败，项羽说："此天之亡我，非战之罪也。"司马迁指出，这种说法是错误的。项羽失败的根本原因，是"自矜功伐，奋其私智而不师古"，"欲以力征经营天下"④，是指导思想和政策失当的结果，完全不是什么天意。对刘邦的胜利，司马迁虽未摆脱天命论的束缚，但基调是归功于刘邦的政策。他指出，秦的"暴政"和行郡县、"钮豪杰"的政策，导致势孤力薄，人心尽失，客观上为刘邦的胜利扫清了道路。"乡秦之禁，适足以资贤者为驱除难耳！"⑤ 这种看法是很深刻的。司马迁说，"故汉兴，承敝易变，使

---

① 《齐太公世家》。
② 《越王勾践世家》。
③ 《秦本纪》。
④ 《项羽本纪》。
⑤ 《秦楚之际月表》。

人不倦,得天统矣。"① 这里,"天统"指历史发展的客观要求,"得",是人的主观能动作用。刘邦宽厚长者,除秦苛法,善于用人,与天下同利,得到了人民拥护。司马迁认为刘邦的胜利,是天统与人治两者结合的结果,这是十分深刻的思想。

应该指出,在"天人关系"上,司马迁并没有能真正揭示出历史发展的规律,说明人在历史发展中的作用。他的观点离这个要求距离很远。但是对于流行的天命神学和"五德终始"的神秘主义历史观点,这都是极大的进步。承认历史发展有不以人的意识、意志为转移的发展趋势,可以引导人们进一步去探求这种趋势的本质,从而向着真实的历史规律之揭示,迈出有力的一步。所以这是极其可贵的,是司马迁在历史研究中所表现的深刻的唯物主义②与无神论的精神。

三　通古今之变

"通古今之变"是历史发展的辩证法问题。在司马迁以前,以辩证法观点观察历史的,最深刻的要算老子。《老子》说,"失道而后德,失德而后仁……"就是以辩证法观点研究历史的范例。司马迁"通古今之变"所继承的,正是《老子》这种深刻的历史辩证法观点。

司马迁指出,历史变化所遵循的根本规律是"物极必反"。他说:"物盛而衰,固其变也。"③ "物盛则衰,时极而转。一质一文,终始之变也。"④ 表现在夏周以来的历史发展上:"夏之政忠,忠之敝,小人以野。故殷人承之以敬。敬之蔽,小人以鬼,故周人承之以文。文之蔽,小人以僿,故救僿莫若以忠。三王之道若循环,终而复始。"⑤ 这里"终而复始"形式上是循环论。但因为忠、敬、文,一者否定一者,两次否定之后,新的否定虽然回到了原来的出发点,实

---

① 《高祖本纪》。
② 这是就司马迁承认历史发展有不以人的个人意志、才能为转移的客观发展趋势而言。司马迁并没有突破英雄史观,同时也有神学史观的影响。
③ 《平准书》。
④ 《平准书》。
⑤ 《高祖本纪》。

质内容已经不同了。所以形式上的循环包含着内容的变化、发展。忠、敬、文的循环往复，构成历史的内容，也就是历史发展的客观趋势——"天统"。

董仲舒说："王者有改制之名、无易道之实。"司马迁则说："五帝殊时，不相沿乐；三王异世，不相袭礼。"① "居今之世，志古之道，所以自镜也，未必尽同。帝王者各殊礼而异务，要以成功为统纪，岂可绲乎？观所以得尊宠及所以废辱，亦当世得失之林也，何必旧闻？"②

董仲舒讲"奉天法古"，司马迁则说："然战国之权变亦有可颇采者，何必上古？……传曰'法后王'，何也？以其近已而俗变相类，议卑而易行也。"③ 因此董仲舒与司马迁虽然同样讲忠、敬、文三者若循环，在董仲舒是形而上学的历史不变论，在司马迁这里，则是"物极必反"的变化发展的辩证观。

司马迁用"古今之变"观察由秦代灭亡到武帝的历史，对社会的种种经济和政治变化，抱着完全肯定的态度。

汉初，经过长期休养生息以后，社会物质财富极大增加，生产发展，生活富庶，奢侈逾制的现象十分严重。对此，贾谊和董仲舒进行了尖锐猛烈的谴责。司马迁的态度完全不同。他没有从道德、等级的观点去进行谴责，相反赞颂说：

> 今有无秩禄之奉、爵邑之人，而乐与之比者，命曰"素封"。……庶民农工商贾，率亦岁万息二千，百万之家则二十万，而更徭租赋出其中。衣食之欲，姿所好美矣。④
> 安邑千树枣，燕、秦千树粟，蜀汉江陵千树橘，淮北、常山以南，河济之间千树荻，陈、夏千亩漆，齐鲁千亩桑麻，渭川千亩竹……此其人皆与千户侯等。⑤

---

① 《乐书》。
② 《高祖功臣侯者年表》。
③ 《六国年表》。
④ 《货殖列传》。
⑤ 同上。

对由生产和财富的增加所造成的比比"素封"的情况，流露出衷心的羡慕之情。甚至说，"无岩处奇士之行而长贫贱，好语仁义，亦足羞也"。① 所以虽然司马迁也说："礼义是治世之大宗"，但他对礼义的了解，与董仲舒显然大异其趣了。班固说司马迁"是非颇谬于圣人，论大道则先黄老而后六经；序游侠则退处士而进奸雄。述货殖，则崇势利而羞贫贱"②。这是司马迁的真实，也是他的光荣。"古今之变"给他打上了深深的烙印。

《平准书》说：

> 至今上即位数岁，汉兴七十余年之间，国家无事，非遇水旱之灾，民则人给家足，都鄙廪庾皆满，而府库余货财。……守闾阎者食梁肉，为吏者长子孙，居官者以为姓号。故人人自爱而重犯法，先行义而后绌耻辱焉。当此之时，网疏而民富，役财骄谥，或至兼并豪党之徒，以武断于乡曲。宗室有土，公卿大夫以下，争于奢侈，室庐舆服僭于上，无限度。**物盛而衰，固其变也**。

司马迁细致地观察和追踪这种"古今之变"，对左右它的社会力量和历史动因进行分析，使他对历史提出了不少高于时代的深刻而新颖的意见，丝毫没有沾染腐儒平庸的习气。

四　人性论的历史观

对历史发展的客观趋势和"古今之变"的深入考察，首先使司马迁发现了经济和物质财富对于国家兴盛和民风、政治的巨大影响和作用。然后深入追究，又提出了人性论的新历史观。

司马迁认为，在变革的时代，经济财富起着远比礼义教化更大的作用。他说："齐桓公用管仲之谋，通轻重之权，徼山海之业，以朝

---

① 《货殖列传》。
② 《汉书·司马迁传》。

诸侯，用区区之齐显成霸名。魏用李克，尽地力，为强君。"① 由发展生产而积累的雄厚物质财富，是齐桓公和魏文侯国力强大的力量基础。战国时期，"贵诈力而贱仁义"，物质财富的争夺更为剧烈。"故庶人之富者或累巨万，而穷者或不厌糟糠。有国强者或并群小以臣诸侯，而弱国或绝祀而灭世。以至于秦，卒并海内。"② 经济因素显示了重大的作用。

秦统一六国，许多人总是从政治上的合纵连横考虑，司马迁指出了它的深刻的经济原因，是由于商鞅变法，移风易俗，民以殷盛，国以富强。同时由于秦开凿郑国渠，"凿泾水，自中山西邸瓠口为渠，并北山东注洛三百余里"，以溉田。渠成，"用注填阏之水，溉泽卤之地四万余顷，收皆亩一钟，于是关中为沃野，无凶年"，这对"秦以富强，卒并诸侯"③，提供了经济力量的支持。

司马迁认为经济财富，生产等条件和地理环境，能导致习俗风尚的改变，这种改变是政治道德的说教所无法左右的。《货殖列传》说：

> 夫三河在天下之中……王者所更居也，建国各数百千岁，土地小狭，民人众，都国诸侯所聚会，故其俗纤俭习事。
>
> 种、代，石北也，地边胡，数被寇。人民矜懻忮，好气，任侠为奸，不事农商。……自全晋之时固已患其剽悍，而武灵王盖厉之，其谣俗犹有赵之风也。
>
> 中山地薄人众，犹有沙丘纣淫地余民，民俗懁急，仰机利而食。大夫相聚游戏，悲歌慷慨，起则相随椎剽，休则掘冢作巧奸冶，多美物，为倡优。女子则鼓鸣瑟，跕屣，游媚贵富，入后宫，遍诸侯。
>
> 齐带山海，膏壤千里，宜桑麻，人民多文采布帛鱼盐。……其俗宽缓阔达，而足智，好议论，地重，难动摇，怯于众斗，勇于持刺，故多劫人者，大国之风也。

---

① 《平准书》。
② 同上。
③ 《河渠书》。

> 而邹、鲁滨洙、泗。……颇有桑麻之业，无林泽之饶。地小人众，俭啬，畏罪远邪。及其衰，好贾趋利，甚于周人。

为什么三河地区人民纤俭办事？为什么种代地区，人民矜懻忮，好气，任侠为奸？为什么中山地区民俗懁急？为什么齐地民俗宽缓阔达、足智、好礼让，文化能够得到发展？为什么邹鲁地区人们畏罪远邪？司马迁认为这些都不必在政治、文教中去寻找答案。造成它的原因是这些地区的地理位置、环境、生产和经济条件。这是十分深刻的观察。

司马迁亲身经历了汉初至武帝末年国家政治经济形势的巨大变化，观察到政治与经济的相互影响和作用，他指出：经济情况的变化会导致政治政策的改变，而政治、政策的变化又会引起经济的变化。例如武帝对匈奴的战争政策，使"中外骚扰而相奉，百姓抏弊以巧法，财赂衰耗而不赡"，于是实行新的经济政策，"均输"，"盐铁官营"等等。这些经济政策的实行，又引起社会矛盾加剧，反抗增加，于是任用酷吏，滥用法治。"令民得买爵及赎禁锢免减罪。……大者封侯卿大夫，小者郎吏"，桑弘羊等商人被任命为大官，富商"入吏"，"吏道杂而多端，则官职耗废"①，而这又引起了政治指导思想的变化，由独尊儒术而改变为实际上崇尚法家。这样，《史记》就打破了帝王将相凭个人好恶决定政策和历史的肤浅观点，而达到了政治经济的客观形势决定政策的深刻见地。

那么，决定历史变化的最后的原因是什么呢？司马迁认为是人性。

司马迁对人性的看法受黄老和《荀子》的影响，认为人性的内容就是趋利避害，争权夺利。卑劣的情欲和利害的计较，支配着人们的行为，具有远比道德因素更为强大的力量。

在《报任安书》中，他借题发挥说：

> 夫人情莫不贪生恶死，念父母，顾妻子，至激于义理者不然，乃有所不得已也。

---

① 《平准书》。

儒家说父子恩情出自"天性"。司马迁很怀疑这种说法，在《史记·卫康叔世家》中，他感慨地说："余读世家言，至于宣公之太子以妇见诛，弟寿争死以相让。……然卒死亡，何其悲也！或父子相杀，兄弟相灭，亦独何哉"？他观察世情，深刻地指出："女无美恶，居宫见妒；士无贤不肖，入朝见疑。"① "一贫一富，乃知交态；一贵一贱，交情乃见。汲郑亦云，悲乎"（《汲郑列传》引翟公话），司马迁自己遭李陵之祸时，"家贫货赂不足以自赎，交游莫救视，左右亲近，不为一言。身非木石，独与法吏为伍，深幽囹圄之中，谁可告愬者？"② 饱尝了世态炎凉的苦楚，对人性的冷酷，更有深刻的体验，这就使他能深入许多历史事件的内部，发掘许多常人不能见到的奥秘，表现出异常的敏锐和洞见。例如对于战争，司马迁就丝毫没有性善论所常有的伤感情绪。他说："兵者，圣人所以讨强暴，平乱世，夷险阻，救危殆。自含血戴角之兽，见犯则校，而况于人怀好恶喜怒之气？喜则爱心生，怒则毒螫加，情性之理也。"③ 从人性论上对战争的不可避免做了解释。

对于经济、物质财富的发展及其影响，司马迁也从人性论上做了阐述。他说："天下熙熙，皆为利来；天下攘攘，皆为利往。"④ "嗟乎，利诚乱之始也……自天子至于庶人，好利之弊何以异哉！"⑤ 在《货殖列传》中司马迁又说：

> 富者，人之情性，所不学而俱欲者也。故壮士在军，攻城先登，陷阵却敌，斩将搴旗，前蒙矢石，不避汤火之难者，为重赏使也。其在闾巷少年，攻剽椎埋，劫人作奸，掘冢铸币，任侠并兼，借交报仇，篡逐幽隐，不避法禁，走死地如鹜者，其实皆为财用耳。

> 由此观之，贤人深谋于廊庙，议论朝廷，守信死节隐居岩穴之士，设为名高者安归乎？归于富厚也。

---

① 《扁鹊仓公列传》。
② 《报任安书》。
③ 《律书》。
④ 《货殖列传》。
⑤ 《孟子荀卿列传》。

司马迁认为，就是这种"人性"在推动着生产和经济的发展。"人各任其能，竭其力，以得所欲，故物贱之徵贵，贵之徵贱，各劝其业，乐其事，若水之趋下，日夜无休时，不召而自来，不求而民出之。岂非道之所符，而自然之验邪。"因此社会农、虞、工、商的发展，根本不需要王公大人的什么"政教发徵期会"①。全是人性自发的力量所推动。

司马迁说："夫神农以前，吾不知已。至若《诗》《书》所述虞夏以来，耳目欲极声色之好，口欲穷刍豢之味，身安逸乐，而心夸矜势能之荣使。俗之渐民久矣，虽户说以眇论，终不能化。故善者因之，其次利导之，其次教诲之，其次整齐之，最下者与之争。"② 只有让人性自由地表现和发展，各任其能，竭其力，以得所欲，社会才能五业兴旺，家给人足，礼义繁兴，天下富庶，国家富强。如果逆此而动，"整齐之"，"与之争"，压抑人性的要求和发展，"涂民耳目"，就会生产萎缩，出现历史的大倒退。司马迁的这些观察和意见，在封建社会可以说达到了对于历史发展的最深刻的了解。

历史的发展与人性的要求，的确是一致的。但并不是人性决定历史而是历史决定人性。历史发展的真实的原因与动力，是在于历史自身的生产力与生产关系的矛盾，经济基础与上层建筑的矛盾。司马迁把历史的发展归结为先验的自然的人性，这种观点是错误的。但是应该看到，人性论的历史观把历史发展的动因和内在因素，由神转入了社会和人这个历史活动的主体自身，是历史观的解放和飞跃，不仅对于神学的历史观是如此，对于英雄史观它也是一个突破。因为它开始把注意点，由少数人转移到了由财富欲望所驱使的大多数普通人身上，注意到正是这大多数是构成历史活动的主要力量。因此这种观点虽然还远远不能达到人民创造历史的结论，但是历史观察的视野的扩展，由此前进，是迟早会引导人们到达新的科学历史观，从而发现支配物质生产和人性发展的历史规律。

司马迁和所有持人性论观点的学者一样，不可避免地陷入了矛盾：他用人性解释历史，但人性仍然是需要解释的。人性不是永恒不

---

① 《货殖列传》。
② 同上。

变的。因此对于风尚习俗的研究，使他很自然得出了人性决定于习俗、风尚和地理、生产、生活条件的结论。而风尚、习俗的决定因素之一，他又归咎于"先王"政治的遗风余韵。因此一方面人性是最终的因素；一方面人性又是被决定了的因素。和所有杰出的人物一样，司马迁也不可能摆脱时代的局限。但司马迁做出的贡献，在他的时代条件下是能达到的最高的贡献。

五 《史记》与时代精神(《史记》、《汉书》比较)

历史有客观的历史和历史著作中的历史。客观的历史是历史的陈迹，过去了的客观历史实在。历史著作是后人对过去了的客观历史的描写、分析，它不能不渗透著作者的世界观、立场、观点、方法和史识。好的历史著作，不仅是客观历史本质的或多或少，或深或浅的再现，也必然饱和着或多少反映着作者所处时代的时代精神、时代风习、时代的爱好和追求，甚至深深打上著作者个人的理想、希望和兴趣的烙印。完全客观的历史只能是文物与考古[①]。《史记》的伟大与崇高不朽，它的万世常新的引人的活力，不仅在于在对历史事件的整理上，它表现出作者的出手不凡的匠心、文采，高度的组织与取舍能力，较好地再现了中国古代历史的面貌；更在于它饱含着真挚、热烈的时代和作者个人的情感、爱憎，表现出英雄的民族在它兴旺上升的时代所特有的时代精神，跳动着极其强烈而雄浑有力的时代的脉搏。"文如其人"，"文如其时代"，千万载之后，人们阅读《史记》，仍然对那个时代和作者感到亲切、真实、朝气勃勃、栩栩如生，从中受到强烈的感染和教育，吸取着中华民族在这个时期所孕育、迸发的强大智慧和力量，被它的英雄气概所感动不已。

后世的历史学家常常从《史记》的人物传记，分析司马迁个人的深意和特殊意见，如为陈涉立"世家"是跳出了阶级的偏见[②]，列

[①] 从班固以来，《史记》就被誉为"实录"。其实，真正有价值的永垂不朽的历史著作，绝不能仅仅是"实录"。《史记》的价值也不只在于此。

[②] 1949年后部分论文认为司马迁列陈胜为世家，是歌颂农民起义，克服了地主阶级的偏见。

孔子为"世家"是司马迁个人的尊孔,等等①,其实这些都是那个时代的时代风尚和意见的反映,而并非司马迁个人的特殊因素有以使然。因为在那个时代,在人们心目和意识中,秦末的大起义,本来就不是一次与地主阶级对立的农民革命,而是一次反对暴政、除秦苛法的人民起义。陈涉、刘邦、项羽同是人民的"领袖"。陈涉"首难",列入"世家"是理所当然和极其自然的。所以司马迁列陈涉为世家,既没有对农民的公正和偏爱;更没有对地主阶级的阶级偏见的背离。《史记》列孔子为"世家",也不是司马迁个人的尊孔,同样不过是反映了在那个时代,《公羊春秋》流行,认为孔子是"素王"这个事实而已!当然也有司马迁个人对孔子的无限钦佩敬慕之情!

又一种颇有影响的说法,是认为司马迁很重视个人的恩怨,"以身陷刑戮之故,反微文刺讥,贬损当世,非谊士也"②。他的死也是由于作谤书,对汉武帝和景帝进行了揭露和谴责,因而遇害,因此司马迁思想是封建统治的异端③,是时代的异端。

其实司马迁对文、景和武帝做了充分的肯定。在《太史公自序》中,他自述景、武两纪的主旨说:"诸侯骄恣,吴首为乱,京师行诛,七国伏辜。天下翕然,大安殷富,作孝景本纪第十一"。又说"汉兴五世,隆在建元,外攘夷狄,内修法度、封禅、改正朔,易服色,作今上本纪第十二。"指出"汉兴以来,至明天子,获符瑞,封禅、改正朔、易服色,受命于穆清,泽流罔极,海外殊俗,重译颖塞,请来献见者,不可胜道"④。对武帝的歌颂肯定之情,可谓出自

---

① 朱熹说:"然太史公列孔子于'世家',而以老子与韩非同传,岂不有微意焉。"(《朱文公集》卷七十二《杂学辨》)

② 《全后汉文》卷三。

③ 司马迁是否受迫害而死,是历史之谜。统治者喜怒无常,封建社会冤案丛生,无辜受害司空见惯。但司马迁的立场和思想绝非异端。章学诚在《文史通义·史德》中的辩论是有道理的。司马迁拳拳服膺的晏婴、屈原、鲁仲连和尊崇仰慕的孔子,都是所谓"进思尽忠,退思补过"的典范。司马迁敬重,为之流涕,愿为之执鞭的,正是他们的这种品质。

④ 今本《孝景本纪》记事简略,不像其他本纪。一些著作以为理当详尽,却如此简略,当与司马迁的遭遇有关。不过《孝景本纪》中司马迁的赞,态度是十分明朗的,司马迁说:"汉兴,孝文施大德,天下怀安。至孝景,不复忧异姓……"司马迁批评的是晁错刻削诸侯,做事太急。联系《自序》,他对景帝是肯定的。《匈奴列传》后赞中,司马迁说:"孔子著《春秋》,隐桓之间则章,至定哀之际则微,为其切当世之文而罔褒,忌讳之辞也。"景武两纪比较简略,"武纪"以封禅书代之,很可能是司马迁有意为之的,遵循《春秋》"忌讳"的传统。

肺腑。

汉武帝一生做了三件大事：反匈奴侵扰；罢黜百家，独尊儒术；打击商人，由国家铸钱和经营盐铁①。这三件大事，司马迁都是热情支持的。

在《建元以来侯者年表》中，司马迁明确指出："匈奴绝和亲，攻当路塞，闽越擅伐，东瓯请降。二夷交侵，当盛汉之隆。以此知功臣受封侔于祖考矣。"对于反击匈奴的必要性以及在战争中树立了功业的将领，做了充分的肯定。"匈奴不灭，何以家为！"② 司马迁突出这句话，不仅因为它表达了霍去病个人的坚定决心，也是全国热血男儿和司马迁个人的心声。在反匈奴的战争中，李陵英勇卓绝，"足历王庭，垂饵虎口，横挑强胡，抑亿万之师"③，表现出非凡的勇气。司马迁对他充满了钦佩、同情和痛切之心。李广年老，"数奇"，与下同甘苦，深得士卒喜爱，几次随大将军出征，没有封侯，他深为惋惜和不平。对霍去病的功绩，"封于狼居胥山，禅姑衍，临翰海而还。是后匈奴远遁，而幕南无王庭"④，他更热情歌颂。所以对这场引起众多非难的战争，可以说司马迁的态度是最清楚不过了。司马迁所不满的仅是武帝用人不当，"建功不深"⑤ 而已。

武帝重视文化教育的建设，在对待文化知识和知识分子政策上，有一个极大的转变。秦始皇"焚书坑儒"。文、景清静无为，大臣多武夫文盲，对知识分子（如贾谊）打击猜忌。武帝即位，毅然"罢黜百家，独尊儒术"，普遍立学校，优秀高才选任郎中。对武帝这方面的雄才大略，司马迁也是充分肯定的。他说："及今上即位，赵绾王藏之属明儒学，而上亦乡之，于是招方正贤良文学之士……绌黄老刑名百家之言，延文学儒者数百人。而公孙弘以《春秋》白衣为天子三公，封以平津侯。天下之学士靡然乡风矣"，"公卿大夫士吏，斌斌多文学之士矣！"⑥

---

① 参阅冯友兰《中国哲学史新编》（修订本）第三册，人民出版社 1985 年版。
② 见《卫将军骠骑列传》。
③ 《报任安书》。
④ 《匈奴列传》。
⑤ 同上。
⑥ 《儒林列传》。

当时董仲舒主张"罢盐铁","去奴婢","除末杀之威",要求节制兼并。司马迁却指出,桑弘羊的政策"民不益赋而天下用饶。"①

所以,司马迁对武帝一生的主要作为都是热情支持的。与董仲舒的态度有显然的不同。

恩格斯曾经指出,在一个制度处于上升、兴旺发展的时期,即使在这个制度中遭到损害的人,也往往会拥护这个制度。作为观察问题的方法论原则,这对汉武与司马迁也是适合的。作为伟大的历史学家,司马迁所着眼的是他的时代,他的国家、社会、民族的整体的命运②。他的爱憎是时代感情的体现与流露。因此对汉武为代表的整个封建阶级和汉民族在当时的兴旺上升,朝气蓬勃,叱咤风云,雄才大略,《史记》只可能作正面的充分讴歌、赞扬与肯定。事实上《史记》也确做了这样的讴歌、赞扬与肯定,因而不仅无愧于他的时代,他的民族和为它奋斗的功臣、烈士,也能为后世遗留永远可以从中吸取力量、智慧和鼓舞的巨大精神财富。

《史记》没有以阶级出身论人的偏见。一切富有智慧才能,为国家、民族、社会正义建立了功勋或产生了历史影响的人物,不管出身如何低贱,最后的结局如何悲惨,它都热心为他们立传,表现他们真实的一生和典型的性格特征。如韩信因谋反被处死,司马迁寄托着深深的惋惜,同时也有强烈的批评,而对于他的伟大军事天才和智慧,则表现出由衷的倾慕、敬佩,赞叹不已。萧何、绛、灌、曹参、陈平、韩信、樊哙之属,或屠狗,或贩缯,或为小吏,寄人篱下,然而斩将骞旗,建功立业,《史记》一一倾注着自己的心血,塑造与表现他们,栩栩如生。这固然是司马迁个人的正直、善良,更重要的是因为那个时代,本来就是下层人物建功立业的时代,时代本来就没有以道德分人品(如班固的九品人表),以出身评人物,如像汉末那样的风习,而对韩信,人们本来就对他有着矛盾两重性的态度。刘邦本人对韩信也是既爱之又怕之。时代还没有沾染后世以成败论英雄,蓄意

---

① 《平准书》。

② 时代和阶级的局限,使司马迁不可能有以人民为主体的历史和政治观点,但他对国家和民族抱有无限的忠心和热情,充满着历史的关切。不过他所理解的国家,民族与君主不是对立的,恰恰是由君主所代表的。在两者矛盾,君主个人的作为损害着他认为的国家和民族利益的时候,他愤怒、批评,但目的是更好地维护这个利益。

阉割历史，颠倒黑白，一切从政治立论的正统史观的庸俗作风。

游侠出身社会下层，在民间排难解纷，和帝王将相是对立的，和王法是对立的，"儒墨排摈不载"，司马迁则对他们做了不同寻常的讴歌与赞扬。如前所述，这也是因为汉代有宗族和借客报仇的民风。游侠是人民尊崇的英雄，同情游侠是时代的风尚。

即使对于酷吏，司马迁的评述也反映着时代的观点和意见。它既不是从"人道主义"观点出发，一味地进行批评揭露，也不是从统治者的观点全部进行肯定。如前所述，汉初清静无为，豪强武断乡曲，诸侯贵族骄恣不法。酷吏"所论杀甚众，以酷为声"，所杀的一部分就是这种豪强、贵族。因此司马迁一方面斥责酷吏，一方面又指出他们"伉直，引是非，争天下大体"。"时数辩当否，国家赖其便"。"据法守正"，"其廉者足以为仪表"。"方略教导，禁奸止邪，一切亦皆彬彬质有其文武焉。虽惨酷，斯称其位矣！"① 深刻地反映了酷吏在当时时代政治中的地位与作用，表达了当时时代对酷吏的观感，肯定和批评。

《史记》气魄阔大，雄浑粗犷，人物的描写充满了力量与豪勇之气。这固然得力于司马迁个人的高超文采，"行天下，周览四海名山大川，与燕赵间豪俊交游，故其文疏荡，颇有奇气"②，更主要的是因为司马迁的时代，是中国历史上翻天覆地，建功立业，满怀豪情壮志，崇尚事功的英雄时代。正是这样的时代给予了司马迁和《史记》那样的壮观和奇气。

《史记》一方面推崇孔子，列孔子于世家，而以老子与韩信同传；一方面又"先黄老而退六经"。一方面崇诗书礼义，"以礼义为治世之大宗"，一方面又崇尚法家的功利，以人性为趋利慕势③。以贫贱而语仁义为可羞，主张德教刑法并重。这固然与司马迁的家学渊源有关；司马谈"学天官于唐都，受易于扬河，习道论于黄子"④。

---

① 《酷吏列传》。
② 苏辙：《上枢密韩太尉书》。
③ 司马迁的"天下熙熙，皆为利来，天下攘攘，皆为利往"，这类思想，也不是司马迁个人基于人性恶的推论，而是对汉初广开致富门路，发家致富为社会所想慕，追求"名节"，"尊儒"，"读经"尚未成为社会风习这样的时代特征的反映。
④ 《太史公自序》。

家世远祖有秦代军功法治的遗风,但更主要的,同样是因为这个时代崇尚的思想,本来就是儒法合流,道法为一,"杂王霸而用之"。"杂"是时代的特点,也正是时代风习所给予的《史记》的特点。

因此《史记》在一切方面反映和表现的都是它的时代。《史记》是历史的镜子,也是它的时代的镜子。《史记》陈述的事实是历史的,过去的,昨天的,死灭了的,但它的内部精神是现实的,时代的,是活生生的。

到了《汉书》,时代变化了,时代精神不同了。因而它记载的历史事实,时间、地点、情节、过程,大部分虽然与《史记》相同,但评价分析及其反映的时代的脉搏和气概却完全不同了。陈涉、项羽被一概拉入"列传"。黄老和法家思想成了被批评申斥的对象;事功、功利、财富,受到鄙视;游侠成为"罪不容诛"的坏蛋。儒家思想占据了真正的统治地位,道德,仁义成了价值评判的标准。雄浑、豪勇、壮阔、威武、粗犷的气魄,被中庸、平稳,不偏不倚,"不诡激,不抑抗",文质彬彬,"行不踰方,言不失正"① 所取代。反映这样的时代特征的《汉书》,也就是只能温文尔雅,以礼义君子之气质风度著称了。所以两本著作都反映出它的时代,两本著作都既是历史的镜子,又是时代的镜子。它们的区别虽然也是两人个人家世、才能、史识的区别,但主要的是两个时代的区别②。人们永远可以从它们的比较中受到教益。

---

① 《后汉书·班虎列传》。
② 在许多论著中流行着一种看法,把《史记》与《汉书》的区别完全归因于司马迁与班固的个人的品格、史识,认为一者是封建异端,一者是正宗。其实,两者都主要是时代精神的表现。司马迁及其《史记》,并不是当时时代的异端。

第八章

《盐铁论》所反映的汉代中期思想领域的变化和孟子思想的崛起

昭帝元始六年（公元前 81 年）召开了盐铁会议。这是就武帝以后国家政策和政治指导思想展开辩论的一次会议。辩论的双方，一方是从武帝时起长期当政的法家代表人物御史大夫桑弘羊，一方是儒家思想的忠实信徒贤良文学。这场辩论在新的历史条件下，又一次把儒法两家思想的对立及其本质，清楚地表现出来，对于了解两汉中期由武帝"罢黜百家，独尊儒术"到盐铁会议这段时期思想领域的形势和变化，了解盐铁会议以后两汉思想所发生的转折，具有重要的意义。

盐铁会议讨论的情况，由宣帝时期的桓宽整理为《盐铁论》。

一 法家思想在武帝时期的实际统治

《盐铁论》表明，盐铁会议不仅在政治上是终止武帝的战争政策，转入新的休养生息的和平状态的开始和标志，也是思想上终止汉初儒、法合流，重新恢复先秦孔孟思想传统的历史契机。围绕国家政策应否转变？如何处理当前面临的深刻社会政治危机？应该采取什么样的指导思想？儒法两家又一次展开了斗争，展现了两种思想的最本质的对立和分歧。辩论表明，法家思想是武帝时期政策的实际指导思想。

这首先反映在功利问题上。

文学攻击桑弘羊的盐铁国营和均输政策，使"百姓困乏"，"利蓄而怨积，地广而祸构"，是富国祸民政策。桑弘羊公开声明自己政策的指导思想是法家富国强兵思想。他说："商君相秦也，内立法度……外设百倍之利，收山泽之税，国富民强，器械完饰，蓄积有余。是以征敌伐国，攘地斥境，不赋百姓而师以赡。故利用不竭而民不知，地尽西河而民不苦。"① 意思是说，法家的政策不仅不是祸民利国，相反是在不苦百姓的前提下，使国家能集中足够的财力、物力，达到广地斥境，强国富民的目的。

文学说："古者贵德而贱利，重义而轻财……庠序之教，恭让之理，粲然可得而观也。"② 文学把义和利对立起来，攻击桑弘羊"崇利而简义，高力而尚功"，"犹人之病水，益水而疾深"。认为实行功利政策的结果，滋长了人们的求利思想，引起民心和风俗的败坏，是"开利孔为民罪梯也"。桑弘羊则明确指出，尚利是人的天性。"天下攘攘，皆为利往，赵女不择丑好，郑姬不择远近，商人不愧耻辱，戎士不爱死力，士不在亲，事君不避其难，皆为利禄也。"③ 从人性论上为法家的功利政策做了论证。

文学提出"贵何必财，亦仁义而已矣"。桑弘羊反驳说：有财才能行道、济众。"子贡以著积显于诸侯，陶朱公以货殖尊于当世。富者交焉，贫者赡焉。故上自人君，下及布衣之士，莫不戴其德，称其仁。"④ 指出"内无以养，外无以称，贫贱而好义，虽言仁义，亦不足贵也"⑤。肯定物质利益和财富是实行道德的基础。

桑弘羊还从功利观点，对儒家空谈仁义作了无情的嘲讽，指出："孔子修道鲁、卫之间，教化洙、泗之上，弟子不为变，当世不为治，鲁国之削滋甚。""儒者之安国尊君，未始有效也。"⑥ 还说"儒

---

① 《非鞅》。
② 《错币》。
③ 《毁学》。
④ 《贫富》。
⑤ 《毁学》。
⑥ 《论儒》。

往来浮游，不耕而食……夺农妨政，此亦当世之所患"①，欲除灭而后快。表现出法家对文化、知识的敌视轻蔑态度。

文学反映封建阶级发展自给自足的小农自然经济的思想，主张实行井田，使农民孝悌力田，俭力趋时，"各安其居，乐其俗，甘其食，便其器"②，竭力反对商业的发展。桑弘羊则宣传"富国何必用本农，足民何必井田也？"③"富在术数，不在劳身；利在势居，不在力耕"④；提出"农商交易，以利本末"，"均有无而通万物"⑤，主张发展商业。文学的主张实际是为社会安定、风俗淳朴、牢固宗法情感和血缘纽带而牺牲社会物质文明的进步和发展。桑弘羊则主张发展工商。其所谓工商，虽然是指国营的盐铁和均输事业，在当时流弊极多，并没有能真正促进生产的发展和人民物质生活的改善。但这种思想本身，即一般地说，主张发展工商，是符合社会发展规律和生产力发展的要求的。

其次，对国家和民的态度。

和申、韩一样，桑弘羊认为，国家至上，皇权至上，国家和皇权的利益是一切政策所要服务的首要目标。在这个目标和人民、个人的利益、处境、苦乐发生矛盾、对立的时候，应当牺牲个人而维护国家、皇权的利益。

文学认为武帝的长期战争给人民造成了不堪忍受的负担与痛苦，对此进行猛烈的揭露和攻击。桑弘羊则反复申言，战争对维护国家利益至关重要，只有把战争继续下去，才能维护边境的安宁并使人民生活安定。他说："边境强则中国安"⑥，"平百越以为园圃，却羌、胡以为苑囿……边郡之利亦饶矣。"⑦

文学主张财产和利益应"民人藏于家，诸侯藏于国，天子藏于

---

① 《相刺》。
② 《通有》。
③ 《力耕》。
④ 《通有》。
⑤ 同上。
⑥ 《地广》。
⑦ 《未通》。

海内……是以王者不畜聚，下藏于民。远浮利，务民之义"①，要求废除盐铁国营、均输。桑弘羊则强调，"放民于权利，罢盐铁以资暴强，遂其贪心，众邪群聚，私门成党，则强御日以不制，而并兼之徒奸形成也"②。文学主张"古之仕者不稼，田者不渔，抱关击柝，皆有常秩，不得兼利尽物"③，希望恢复文景时期的政策，向人民广开财路。桑弘羊则认为"不轨之民，困桡公利，而欲擅山泽。从文学贤良之意，则利归于下，而县官无可为者。上之所行则非之，上之所言则讥之，专欲损上徇下，亏主而适臣，尚安得上下之义，君臣之礼？"④ 指出"民大富，则不可以禄使也；大强，则不可以威罚也。非散聚均利者不齐，故人主积其食，守其用，制其有余，调其不足，禁溢羡，厄利涂，然后百姓可家给人足也"⑤。文学考虑问题的出发点是"富民"、"利民"。"民"主要指豪强、地主个人，与作为整体的国家及皇权是对立的。桑弘羊考虑问题的出发点则完全在于如何有效地巩固皇权，行使统治。他提出的实行盐铁均输的几个好处，如"助边费"、"通货财而调缓急"，特别是打击抑制豪强，无一不是从有利于皇权着眼的。

再次，关于刑法和德治的问题。

文学攻击商鞅峭法盛刑，使"秦人不聊生"。"弃道而用权……以虐戾为俗"⑥。桑弘羊则反复申言："令者所以教民也，法者所以督奸也。令严而民慎，法设而奸禁。网疏则兽失，法疏则罪漏。……是以古者作五刑，刻肌肤而民不逾矩。"认为"执法者国之辔衔，刑罚者国之维楫"⑦，严刑峻法是必需的。

文学指出："法能刑人而不能使人廉，能杀人而不能使人仁。"⑧圣人设立刑法的本意是在于爱民、教民。桑弘羊则认为民是不可以教

---

① 《禁耕》。
② 同上。
③ 《错币》。
④ 《取下》。
⑤ 《错币》。
⑥ 《非鞅》。
⑦ 《刑德》。
⑧ 《申韩》。

化的,他说:"今刑法设备而民犹犯之,况无法乎?"① 指出:"孔子倡以仁义而民不从风,伯夷遁首阳而民不可化。"② 废除刑法,对民就无法统治了。

文学以董仲舒的阴阳刑德理论为自己尚德废刑主张作论证。桑弘羊则指出:"春夏生长,利以行仁。秋冬杀藏,利以施刑。"③ 认为简德而除刑是违反天道的。

反映在哲学思想上,文学宣扬天人感应的神学思想,桑弘羊则崇尚法家重人事的唯物主义传统,指出:"灾异之变,夭寿之期,阴阳之化,四时之叙,水火金木,妖祥之应,鬼神之灵,祭祀之福,日月之行,星辰之纪,曲言之故,何所本始?不知则默,无苟乱耳!"④ 揭露董仲舒推阴阳讲灾异,不过是骗人的胡言乱语。

法家思想从先秦商鞅、韩非正式形成一个派别以来,经历几百年的时间,体现它的政策和具体政治实践是随着情况不断改变和发展的。桑弘羊不同于晁错,晁错不同于韩非,韩非不同于商鞅。但它作为指导思想的基本要点是没有改变的:废德尚力,否定文化教育的作用;峻法严刑,以虐戾为俗;尚功实,求富国强兵,尊主卑臣等等。桑弘羊在答复贤良文学的责难时,所依据和发挥的,正是法家的这些基本思想。⑤

盐铁会议上儒法思想的斗争,短兵相接,不再采取汉初的儒道(或黄老)斗争的形式,这种情况使儒家在此以后,对排除法家思想的影响更加自觉。因此盐铁会议成为一个分界线。会议以前,儒法两家思想的关系是既相互斗争,又相互融合,而以融合为主;儒家思想甚至以外儒内法兼收并蓄的形式出现。会议以后,则儒家思想对法家思想以排斥为主,更自觉地在清除法家的过程中向前发展。会议以

---

① 《刑德》。
② 《申韩》。
③ 《论灾》。
④ 同上。
⑤ 徐复观《两汉思想史》(卷三)认为桑弘羊不代表法家思想。这是混同了桑弘羊个人的言行和他所制定的政策及其指导思想之间的界限。桑弘羊制定和执行的政策,不是个人的产物,是一种时代和历史的需要。它所体现和作为根据的正是法家思想,桓宽概括双方的争论为"或上仁义,或务权利。"(《杂论》)是正确的。

前，荀子思想的影响在汉代儒家中居于优势，会议以后，则孟子的思想不断扩大影响。盐铁会议是这种变化的标志。

二 孟子思想的崛起

孟子思想和荀子思想都是儒家思想，但孟子思想在反法家思想中产生和发展，体现儒家人文主义思想的传统。荀子思想则恰恰以融合儒法为特征。因此，在一系列问题上，两者显示出重大差别。例如，孟子讲民贵君轻，保民而王，与民同乐，"得乎丘民为天子"，强调民是重心，是政治好坏的尺度。荀子则更多地强调了民力的可畏，君权的尊严。孟子反对战争，突出战争给人民的苦难；荀子则十分注意研究战争和兵事；孟子讲性善，"不忍人之心"，强调教化、仁政，和民感情上比较接近；荀子讲性恶，严君子小人之分，以"礼"为法之纲纪，和民感情上比较疏远对立。要之，荀子的思想近于君主专制，孟子的思想则极富古代人道民主色彩。[①] 盐铁会议中，贤良文学基本上发挥孟子的观点。

和孟子一样，贤良文学对战争给人民造成的苦难，发出了强烈的抗议和控诉。孟子说："春秋无义战"，"善战者服上刑"。由于历史上剥削者发动的战争，总是以劳动者付出的大量鲜血、生命为代价，孟子对战争的反对及其苦难的控诉，既有对历史进步的反动（孟子时地主阶级进行的许多战争，客观上有利于统一，有进步意义），也包含有劳动者正当的反对和呼声；既有对强权者的抗议，也表现出落后者对残酷的历史发展的哀鸣、伤感和呻吟，局限于暂时利益而看不见国家和人民长远的根本的利益。武帝进行的反匈奴侵扰的战争是正义的战争。对这场战争，文学片面强调人民的苦难和损失，悲天悯人，说："言之足以流涕寒心，则仁者不忍也。"[②] 这种不分战争的性质，片面强调劳动者的苦难，是不正确的。但是当时战争的负担和牺牲，完全是由人民承担的，王侯、贵戚、豪强、官吏、富商则相互勾结，利用盐铁官营，征派赋税，"扬可告缗"等种种机会，大肆盘

[①] 参见李泽厚《孔子再评价》，载《中国古代思想史论》，人民出版社1985年版。
[②] 《和亲》。

剥、压榨，损公肥私，"虎饱鸱咽"，积聚了大量财富，骄奢淫佚，荒淫无耻，使贫富贵贱的对立比战争以前更加严重。文学的抗议和控诉，又确实喊出了人民的不平和愤懑①。文学揭露说：

> 自三业（盐铁、均输、酒榷）之起，贵人之家云行于途，毂击于道，攘公法，申私利，跨山泽，擅官市，非特臣海鱼盐也；执国家之柄以行海内，非特田常之势，陪臣之权也。威重于六卿，富累于陶卫。……并兼列宅，隔绝闾巷，阁道错连，足以游观，凿池曲道，足以骋骛。……妇女被罗纨，婢妾曳绨纻，子孙连车列骑，田猎出入，毕弋捷健。②
>
> 君子之仕，行其义，非乐其势也，受禄以润贤，非私其利。……今则不然，亲戚相推，朋党相举。……无周公之德而有其富，无管仲之功而有其侈。③
>
> 公卿积亿万，大夫积千金，士积百金，利己并财以聚。百姓寒苦，流离于路。④

文学说，孟子的时代，厨有腐肉，国有饥民，厩有肥马，路有馁人，孟子抨击为"率兽而食人"⑤。现在的情况也正是如此："今猛兽奇虫，不可以耕耘，而令当耕耘者养食之。百姓或短褐不完，而犬马衣文绣；黎民或糟糠不接，而禽兽食粱肉"；"田野不辟，而饰亭落；邑居丘墟，而高其廊"⑥。战争的征发如此繁重，五十以上至六十的老人，都不得休息。父母亲已死而尚未下葬，就得穿着孝服去从军作战。老百姓负担不起徭役征赋，大批躲税流亡，藏到富豪人家沦为农奴、奴隶。官吏不敢得罪豪强，转而刻急细民，使中家代出征赋，弄

---

① 参见李泽厚《孔子再评价》，载《中国古代思想史论》，人民出版社1985年版。
② 《刺权》。
③ 同上。
④ 《地广》。
⑤ 《孟子·梁惠王上》。
⑥ 《散不足》。怀着对富贵者的巨大愤慨，在《散不足》篇中，文学从饮食、器具、服饰、房屋、车马、祭祀、宾燕、鬼神迷信等方面，集中对他们骄奢淫逸、挥霍无度、极尽豪华的生活，进行深刻揭露，描绘了一幅汉代贫富对立的典型画卷。

得中家破产,"田地荒芜,城市空虚"①。

文学揭露当时统治者身居高位,安富尊荣,完全不了解下层的苦难,指出:

> 安者不能恤危,饱者不能食饥,故余粱肉者难为言隐约,处逸乐者难为言勤苦。夫高堂邃宇、广厦洞房者,不知专屋狭庐,上漏下湿者之痛也。系马百驷、货财充内、储陈纳新者,不知有旦无暮,称贷者之急。广第唐园、良田连比者,不知无运踵之业、窜头宅者之役也。原马被山、牛羊满谷者,不知无孤豚瘠犊者之窭也。高枕谈卧、无叫号者,不知忧私债与吏征赋者之愁也。被纨蹑韦、搏粱啗肥者,不知短褐之寒、糠秕之苦也。……耳听五音、目视弄优者,不知蒙流矢、距敌方外之死者也。东向伏几、振笔如调文者,不知木索之急、箠楚之痛者也。坐毡茵之上、安图籍之言若易然,亦不知步涉者之难也。②

对余粱肉、处逸乐、良田连比、高堂深邃、货财充内、耳听五音、目视弄优者,进行了无情的鞭笞。

盐铁官营和均输,桑弘羊认为既富国,又强民,应当继续推行,贤良指出:国家与民是对立的,不能两利:

> 自天地不能两盈,而况于人事乎?故利于彼者必耗于此,犹阴阳之不并曜,昼夜之有长短也。③

对盐铁官营的种种弊病,文学从是否利民出发,进行了一系列符合事实的揭露,指出:铁器耕具由政府统一制造,型号一样,不适合各地具体情况,以致"铁器失其宜,而农民失其便"。耕具质量低劣:"多苦恶","多坚硈,善恶无所择"④,卖铁器的地方很少,农民要

---

① 《未通》。
② 《取下》。
③ 《非鞅》。
④ 《水旱》。

到很远的地方购买，耽误农时。制造铁器的原料依靠摊派，"县邑以户口赋铁，而贱平其准"。老百姓按道路远近出钱雇人运送盐铁，还要受压低价格的额外盘剥，一个盐铁官吏，往往可使千里之内的老百姓遭殃受害。又指出：官吏勾结富商，借均输之机，残剥百姓："间者，郡国或令民作布絮，吏恣留难，与之为市。吏之所入，非独齐、阿之缣，蜀、汉之布也，亦民间之所为耳。行奸卖平，农民重苦，女工再税，未见输之均也。县官猥发，阖门擅市，则万物并收。万物并收，则物腾跃。腾跃，则商贾倳利。自市，则吏容奸豪，而富商积货储物以待其急，轻贾奸吏收贱以取贵，未见准之平也。"① 孟子式的重民思想表现十分突出。

汉代法治严酷，文学以孟子的仁政、德治思想为武器，对此进行了猛烈的攻击。指出："方今律令百有余篇，文章繁，罪名重，郡国用之疑惑，或浅或深，自吏明习者不知所处，而况愚民乎……此断狱所以滋众，而民犯禁也。"又说："今盗马者死，盗牛者加，乘骑车马行驰道中，吏举苛而不止，以为盗马，而罪亦死。"② 刑法的刻毒，加上贪官污吏为非作歹，残民以逞，社会真是凄惨极了。文学揭露说：

  今之所谓良吏者，文察则以祸其民，强力则以厉其下，不本法之所由生，而专己之残心。文诛假法，以陷不辜，累无罪，以子及父，以弟及兄。一人有罪，州里惊骇，十家奔亡，若痈疽之相浼，色淫之相连。③
  百姓侧目重足，不寒而栗。④

文学要求完全除刑而尚德：

  四时相继，父生之，子养之，母成之，子藏之。故春生，

---

① 《本议》。
② 《刑德》。
③ 《申韩》。
④ 《周秦》。

仁；夏长，德；秋成，义；冬藏，礼。此四时之序，圣人之所则也。刑不可任以成化，故广德教。①

务民之道，务笃其教而已。②

甚至对匈奴，文学也主张实行感化政策，提出：

蓄仁义以风之，广德行以怀之。

善克者不战，善战者不师，善师者不陈。修之于庙堂，而折冲还师。③

远人不服，则修文德以来之。④

未闻善往而有恶来者。

君子敬而无失，与人恭而有礼，四海之内皆兄弟也，故内省不疚，夫何忧何惧。⑤

文学这种除刑尚德的思想以及对汉代法治严酷、株连九族的控诉，既突出地表现出孟子人道王政思想的特征，也表现出儒家特有的极其强烈的宗法情感。

最后，针对当时土地兼并的严重情况，文学重新提出了孟子的井田主张以为社会改革的方案，说："理民之道，在于节用尚本，分土井田而已"⑥，希望在井田制基础上，"采椽不斫，茅茨不剪，衣布褐，饭土硎，铸金为锄，埏埴为器，工不造奇巧，世不宝不可衣食之物"⑦。一切建筑于农民自给自足的自然经济之上，为封建社会的安定奠定牢固的基础。

《盐铁论》中，文学不断征引孔子、曾子、孟子的话作为自己立论的根据，而以孟子的话最多。荀子、《吕氏春秋》关于"义战"的

---

① 《论灾》。
② 《刑德》。
③ 《本议》。
④ 同上。
⑤ 《和亲》。
⑥ 《力耕》。
⑦ 《通有》。

思想；董仲舒"公羊决狱"、刑德并举和"屈民伸君"的思想，被实际清除了。孟子思想取得了主导的地位。这是汉代儒家思想值得注意的变化。

三 汉代思想的两次转折

从汉代开国到盐铁会议，统治思想经历了两次大的转折，而盐铁会议则标志着将要发生第三次转折。

第一次转折是在武帝初年实现的，黄老思想被从政治指导的地位拉下来，经过"罢黜百家，独尊儒术"，确立了董仲舒为代表的儒家思想对政治和学术的政治和指导地位。

在黄老思想指导下，汉初七十年，一直采取清静无为、休养生息的政策，结果使经济由复苏、恢复而得到巨大发展。到武帝即位时，国家的情况完全变化了。新时期历史所提出的任务是：随着经济基础的变革，必须有上层建筑的变革与之适应；随着经济的高涨必须有文化的高涨。武帝"独尊儒术"的政策和儒家作为传统文化和知识代表的身份，正好适应了这个历史需要。这样就完成了第一次统治思想的转折。①《汉书》赞说："汉承百王之弊，高祖拨乱反正，文景务在养民，至于稽古礼文之事，犹多阙焉。孝武初立，卓然罢黜百家，表章'六经'，遂畴咨海内，举其俊茂，与之立功。兴太学，修郊祀，改正朔，定历数，协音律，作诗乐，建封禅，礼百神，绍周后，号令文章，焕焉可述。"② 第一次转变的成果是巨大的。

然而好景不长，接着就开始了第二次转折。这次转折比第一次影响更为巨大、突然，极短的时间内，就使国家改变了常轨。一切人的生活和命运，都发生了深刻的变化。这个转折就是由和平到战争的转折。

从元光二年（公元前133年）起，为了反击匈奴连年不断的大规模骚扰、侵边，武帝决心终止和亲政策，以战争对付战争，开始了对匈奴的持续三十九年的全国性的战争，其间又平东瓯、南越，通

---

① 这是指见诸文字的言论和政策，与事实的距离当然很大。
② 《汉书·武帝纪》。

"西南夷",国家的全部政治、经济力量,一切人力和物力,都被动员起来投入到战争之中。全部国家生活,实际上转入了战时体制。①

为了战争的胜利,武帝一个接一个地采取步骤和政策、措施,这些措施改变了经济和政治的发展,改变了各阶级各集团的关系,最终也改变了思想发展的轨道。

战争首先对全国的财政经济造成了巨大的负担。为了保证战争需要,武帝采取了一系列经济政策和措施。首先是"募民能入奴婢得以终身复,为郎增秩及入羊为郎";接着是卖爵,"民得买爵及赎禁锢免减罪";然后是盐铁国营;② 最后是元狩四年(公元前119年)颁发的算缗、告缗令,让商人依据自己呈报的财产数字,凡两千钱抽取一算(一百二十钱),经营手工业的商人产品,四千钱抽取一算,不是三老、北边骑士而有车的,一车抽取一算,商人加倍。船一只一算。隐瞒不报或呈报不实的,没收财产,戍边一年。告发者,赏给没收财产的一半。由杨可主持此事时,告缗人遍于全国,中等以上商人全部破产,财产被无偿没收。

这些措施使阶级和政治矛盾尖锐化。各阶级、集团之间及阶级、集团与国家之间的利害关系,发生了急剧变化。

商人在文景时期,由于办盐铁获取了巨大利益,在财经上实际垄断着国家的命脉,但他们对战争袖手旁观。《史记·平准书》说:"富商大贾,或蹛财役贫,转毂百数,废居居邑,封君皆低首仰给,冶铸煮盐,财或累万金,而不佐国家之急。"和平时一样,它所关心的是自己发财致富,甚至为此而不惜坑害人民,坑害国家,使"黎民重困"。这就激化了它们与国家的矛盾。它们不能不遭到打击,终于被汉武帝运用政权力量,置于死地。然而另一方面,它们中的部分人也依靠财富,挤进了政界,成了官僚、政吏,这又改变了政权的成分:"使孔仅、东郭咸阳乘传举行天下盐铁,作官府,除故盐铁家富

---

① 徐复观《两汉思想史》(卷三)提出,武帝盐铁官营实为"战时财经措施",这是极有见地的。

② 盐铁官营等作为地主阶级与商业资本的矛盾的反映,是地主阶级为巩固政权打击商业资本所必然采取的政策。贾谊早已从重本抑末的观点提出了类似建议,但只有在武帝之时才把它付诸实践,在这个过程中,战争无疑起了诱导触发作用。

者为吏。吏道益杂，不选，而多贾人矣。"①

地主中的一部分，同样坐视国家的困难，对战争采取袖手旁观的态度。他们不参军、不支边。"齐相卜式上书，愿父子死南粤。天子下诏褒扬，赐爵关内侯，黄金四十斤，田十顷。布告天下，天下莫应。列侯以百数，皆莫求从军。"②"富豪皆争匿财。""天子既下缗钱令而尊卜式，百姓终莫分财佐县官。于是告缗钱纵矣。"③ 这部分人同样受到了惩罚。武帝还任用酷吏，把打击的矛头部分地对准他们。④

农民是战争的主要力量，一切战争所需的经济和人力、兵源的负担，最终都落到他们头上，他们的境况空前地恶化了，加上天灾，农民饥寒交迫，无以为生，以致铤而走险，不断地爆发了起义。⑤

这样的形势就使政权的组成成分，也被迫发生了意想不到的变化。一个一个年轻有为，奋发上进，主张把战争打到胜利的政治家、理财家、军事将领被提拔重用。政治权利自然地落到了崇尚绅商，富国强兵有术的桑弘羊等手中，而激化了的巨大社会和政治矛盾，则依靠张汤、杜周等酷吏，采取严刑和暴力镇压的办法来解决。

军事家起用了奴隶出身的卫青和霍去病；著名的酷吏有：张汤、杜周、宁成、周阳由、赵禹、义纵、王温舒、尹齐、杨仆；著名的理财家有商人出身的桑弘羊、东郭咸阳、孔仅⑥。儒生，在残酷的战争面前，则黯然失色，被历史扫进了无权的角落。

---

① 《史记·平准书》。
② 《汉书·食货志》。
③ 《史记·平准书》。
④ 如酷吏张汤，"为御史大夫……承上指，请造白金及五铢钱，笼天下盐铁，排富商大贾，出告缗令，锄豪强并兼之家，舞文巧诋以辅法。"（《史记·酷吏列传》）又：借口列侯所交饮酎金不纯，"被削爵者百余人"（《汉书·食货志》）。
⑤ 《史记·酷吏列传》说："自温舒等以恶为治，而郡守、都尉、诸侯二千石欲为治者，其治大抵尽放（仿效）温舒，而吏民益轻犯法，盗贼滋起。南阳有梅免、白政，楚有殷中、杜少，齐有徐勃，燕赵之间有坚卢、范生之属。大群至数千人，擅自号，攻城邑，取库兵，释死罪，缚辱郡太守、都尉，杀二千石，为檄告县趣具食，小群（盗）以百数，掠卤乡里者，不可胜数也。"
⑥ "以东郭咸阳、孔仅为大农丞，领盐铁事。桑弘羊以计算用事，侍中。咸阳，齐之大煮盐；孔仅，南阳大冶；皆致生（产）累千金，故郑当时进言之。弘羊，洛阳贾人子，以心计，年十三侍中，故三人言利事析秋毫矣。"（《史记·平准书》）

昨天被罢黜的，今天成了政治、国家的主人；昨天被尊奉的，今天成了破落寒酸、被斥责受讥笑的对象。从建元元年到始元六年，①短短六十年内，历史的曲折、反复，真像在同人们开玩笑。本来要到这个房间，结果却走进了另一个房间。

《汉书·食货志》说：

> 及王恢谋马邑，匈奴绝和亲，侵扰北边，兵连而不解，天下共其劳。干戈日滋，行者赍，居者送，中外骚扰相奉，百姓抚弊以巧法，财路衰耗而不赡。入物者补官，出货者除罪，选举陵夷，廉耻相冒，武力并进，法严令具，兴利之臣自此而始。

《盐铁论·刺复》说：

> 当公孙弘之时，人主方设谋垂意于四夷，故权谲之谋进，荆楚（指善战者）之士用，将帅或至封侯食邑，而剽获者咸蒙厚赏。是以奋击之士由此兴。其后干戈不休，军旅相望，甲士糜弊。县官用不足，故设险兴利之臣起，磻溪熊罴之士（指姜太公之类的能人）隐。泾、淮造渠以通漕运，东郭咸阳、孔仅建盐铁，策诸利，富者买爵贩官，免刑除罪，公用弥多而为者徇私，上下兼求，百姓不堪抚弊而从法，故憯急之臣进，而见知（知情不举）废格（不执法）之法起。杜周（武帝时廷尉，以酷法著称）咸宣（武帝时御史中丞、管司法）之属，以峻文决理贵，而王温舒（武帝时廷尉史、御史，以酷吏著称）之徒以鹰隼击杀显。其欲据仁义以道事君者寡，偷合取容者众，独以一公孙弘，如之何？

对战争及由此引起的政策、政治和指导思想的改变，上面两段话，做了极其简明真实的概括。

---

① 武帝建元元年（公元前140年），武帝刚即位，采纳丞相卫绾的建议，罢黜"治申商、韩非、苏秦、张仪之言"者，尊崇儒术。建元五年，置五经博士，昭帝始元六年（公元前81年），召开盐铁会议。

《盐铁论·救匮篇》又说：

> 文、景之际，建元之始（武帝初），大臣尚有争引守正之义。自此之后，多承意从欲，少敢直言面议而正刺，因公而徇私。……故公孙丞相、倪大夫侧身行道，分禄以养贤，卑己以下士，功业显立，日力不足，无行人子产之继。而葛绎、（丞相公孙贺）鼓侯（丞相刘屈氂）之等，堕坏其绪，纰乱其纪，毁其客馆议堂以为马厩妇舍，无养士之礼，而尚骄矜之色，廉耻陵迟而争于利矣。

这说明，武帝崇尚功利，其结果，顷刻之间，公孙弘的客馆、讲堂成了马厩、妇舍，一钱不值了。

然而，正像随着先秦战国纷争的结束，法家也随之由政治舞台的统治地位跌落下来，武帝时期的战争及战时体制的结束，新的和平和休养稳定时期的到来，也必然使一度居于支配地位的法家思想重新跌落下来，由无权的儒生和儒学取而代之。盐铁会上贤良文学对桑弘羊的进攻，是这种历史变化的先声和征兆，标志着新的转折的到来。

盐铁会议上，贤良文学的许多主张是不切实际的，有的甚至极为迂腐，如对匈奴感化，建议撤除边备等等，但是它的基本主张——和平，休养生息，废除盐铁官营，实行井田，抑制土地兼并，反对奢侈，废除严刑峻法和什伍连坐等等，却是符合当时人们的愿望与要求的。三十九年持续不断的战争、服役、租税盘剥、酷刑、征调、瘟疫、饥馑，确实使人民精疲力竭，痛苦万分。社会政治和阶级矛盾的空前激化，不仅使战争无法进行下去，地主阶级的政权、统治也面临着农民起义的威胁，无法维持和巩固。新的转变是必然的。武帝末年，事实上已停止了大规模的战争。武帝下罪己诏，致力于富民，发展生产，缓和矛盾。① 昭帝即位时，贤良指出，这是"继大功之勤，

---

① 征和四年（公元前89年）武帝下诏："深陈既往之悔曰：'当今务在禁苛暴，止擅赋，力本农，修马复令，以补缺，毋乏武备而已……由是不复出军，而封丞相车千秋为富民侯，以明休息，思富养民也。"（《汉书·匈奴传》）

养劳倦之民,此用糜粥之时"①,因此昭帝和霍光在实质上也是接受了贤良的建议的。班固说:

> 昭帝承孝武奢侈余敝师旅之后,海内虚耗,户口减半,光知时务之要,轻徭薄赋,与民休息。至始元、元凤之间,匈奴和亲,百姓充实。举贤良文学,问民所疾苦,议盐铁而罢榷酤,尊号曰昭,不亦宜乎?②

由于这种历史契机,经过盐铁会议,儒家思想重新崛起,在宣帝时期进一步得势,而到成帝时,就完全居于统治地位了。在扬雄的《法言》中,孟子终于成为儒家思想的正宗,仅次于孔子,而被树立为旗帜和应当效法的榜样。③

马克思说:"理论在一个国家的实现程度,决定于理论满足这个国家的需要的程度。"④ 孟子辟扬墨、反功利,特殊的时代历史条件产生与激发了其仁义、王道的思想体系。经过几百年之后,盐铁会议上孟子思想重新焕发出激情与活力,产生出巨大的力量。这同样是由于武昭时期的特殊时代历史条件所决定的。

四 双方代表的社会阶级利益及"文学"社会政治批评兴起的条件

桑弘羊出身商人家庭,经办盐铁财政起家,主张"富在术数,不在劳身;利在势居,不在力耕。"⑤ 但他竭力维护的盐铁官营和均输,并不真正有利于工商业的发展。相反,盐铁官营和均输,把社会的重要生产事业置于国家直接掌管之下,成了皇室、朝廷搜刮钱财,积累财富的手段。浓厚的封建性和政权的直接干预,使这些事业脱离

---

① 《复古》。
② 《汉书·昭帝纪》。
③ 实际的情形当然十分复杂、曲折。终两汉之世,"杂王霸而用之",一直是思想界的支配性形态,但在盐铁会议和《法言》中,孟子思想无疑取得了巨大胜利。
④ 《马克思恩格斯全集》第1卷,第462页。
⑤ 《通有》。

了按经济规律发展的轨道,完全丧失了工商业所具有的在竞争中追求价值利润,从而自由发展的本性。因此,盐铁官营和均输,对真正的工商业的发展是起阻碍作用的。桑弘羊自己也说:"运筹策,建国用,笼天下盐铁诸利,以排富商大贾。"① 打击富商大贾,正是这种政策的目标。文学反对盐铁国营和均输,恢复文景时期的政策,客观上倒是有利于工商的发展,符合商人的要求愿望的。同时文学在正面主张上也不否定商业的作用。

然而文学并不是商人的代表。文学的真正的阶级属性,表现于对自给自足的封建自然经济及宗法情感的关注。这是它的地主阶级阶级本性最本质的表现。文学主张孝悌力田;务本;生活俭朴,不尚浮华;攻击功利,主张德教。从政策到思想,全面地堵塞了工商发展的道路。所以不论桑弘羊或文学,都不代表商人的利益。

桑弘羊所真正代表的是皇权及直接依附皇权的官僚、豪富的利益。在一般情况下,皇权代表地主阶级的国家和统治,因而代表地主阶级长远和根本的利益,但皇权并不在任何情况下都是如此。皇权也可以和整个地主阶级的根本利益矛盾。在这种情况下,它自己把自己下降为阶级的一个特殊部分,而和其他部分并列。这时,它所追求的目标和利益,仅仅和它作为部分的狭隘需要和私利相联系。在这种时候,代表皇权,实际上就是代表着部分。

以盐铁官营和均输来说,当汉武帝为了取得战争需要的军费,保障供给,而采取这种措施的时候,它是和国家及整个地主阶级的根本利益相联系的。但是当它的目的仅仅在于增加皇室及依附皇权的官吏、豪富的财富,以供其挥霍浪费,满足奢侈荒淫生活的要求,如武帝"北至朔方,东到泰山,巡海上,并北边以归。所过赏赐,用帛百万余万匹,钱金以巨万计,皆取足大农"②;元帝用度不足,恢复盐铁官营等等。这时它和地主阶级的根本利益就是矛盾的。昭帝时期,社会迫切要求结束对匈奴的战争,休养生息,发展生产,桑弘羊还继续坚持武帝战争时期的政策,就在实际上代表着皇室、皇权和官僚的局部利益,而和地主阶级的根本长远利益背离了。

---

① 《轻重》。
② 《史记·平准书》。

桑弘羊本人作为皇权和整个地主阶级利益代表者的意识是十分强烈的。在论证盐铁官营和均输等政策时,他总是认为这些政策关系着国家、社会和民族的根本利益。他的一切辩护都从这个根本利益出发,如认为对匈奴的战争只有进行到底,取得彻底胜利,才能有真正的安宁和和平。只有盐铁官营,才可以防止各种野心家、冒险家、分裂势力结党营私,积聚力量,发动叛乱。但是桑弘羊依据的是过时了的情况和经验[1]。事实上对匈奴的战争不能再进行下去,盐铁官营和均输,应当取消以适应社会休养生息,发展生产的要求。因此,文学的主张是代表与反映了地主阶级的根本利益的。

文学的发言把矛头对准桑弘羊,对准桑弘羊坚持的政策,对准依附皇权的官吏、豪强。但是文学的根基或力量的源泉都是来自政治与经济上已经壮大的豪强力量。文学,敢于在政府召开的会议上,毫无顾忌地嘲讽和批判当权的大夫和丞相,慷慨激昂,声色俱厉,实际上是因为豪强成了皇权最重要的支持力量。豪强和皇权既相互勾结、依赖,又相互矛盾。文学利用了它们之间的矛盾。在对匈奴的战争中,豪强拥有财富,却不捐款,不助边,并乘机盘剥小民,荫庇大量流民,变成自己的农奴、奴隶。豪强还在战争时期兼并土地,兼营工商业。正是它们希望停止战争,取消盐铁官营和均输,以便毫无阻碍地发展。因此文学的言论,实际上是有利于豪强的。文学发展小农经济的主张,客观上也只能为豪强的兼并创造条件。正如侯外庐主编的《中国思想通史》所深刻指出的:文学和桑弘羊的斗争是"以小生产性的散不足的地主阶级的意识,而与'利在势居'或'聚不足'的皇权集中的意识,相为诘难"[2]。作为"散不足"的一方,在反"集中"的斗争中,豪强和文学是相互利用的。

但是文学又不仅仅代表和利用豪强,文学还反映了地主阶级下层和一般人民的呼声、要求和愿望,代表了根深蒂固、具有深厚力量的宗法情感的要求和愿望。文学"发于畎亩,出于穷巷"[3]。"居编户之

---

[1] 吴楚七国叛乱时,盐铁使它们富有经济实力,但经历几十年的斗争,诸侯国叛乱的威胁已完全被排除了。
[2] 《中国思想通史》第二册,人民出版社1957年版,第177页。
[3] 《忧边》。

列"①。"皆贫羸，衣冠不完"②，"糟糠不饱"③，和下层有广泛的联系。因此，文学在盐铁会议上的言论不仅控诉和反对了政府、官吏，也揭露和批评了豪强，批评了地主阶级中和权势勾结，盘剥压榨人民的一切势力。文学的力量一方面来自皇权和豪强的矛盾，皇权相对的削弱，但更重要的是他们忠诚地自信，自己是反映与代表了广大社会下层的利益，代表了根深蒂固、具有深厚力量的宗法情感的要求和愿望，④ 代表了地主阶级的根本利益（包括皇权的利益）。

在盐铁会议上，人们十分警异于文学所表现出的非凡的才气，异常的勇敢和机智，洞悉民情世事，通晓官场底细，和桑弘羊所描绘的儒生："能言而不能行，居下而讪上，处贫而非富，大言而不从，高历而行卑，诽誉訾议以要名采善于当世。"⑤ 真有天壤之别。一反武帝以来由于严酷的法治而发展起来的"林中多疾风，富贵多谀言"⑥的作风，文学不仅赢得了社会的广泛同情和响应，在历史上也产生了深远的影响。文学所典型地表现出的知识分子"清议"所具有的正直的性格特征，以及孟子式的民本意识所具有的生气和力量，在中国历史上真正开创了一个先例。这里深刻的原因还在于儒生的言论不是孤立的，而是代表了从董仲舒以来至西汉末年广为发展的与地主阶级长远根本利益，同时也与下层利益相联系的社会政治批评思潮，从这股思潮中吸取了智慧和力量。

董仲舒提出"限民名田以瞻不足，塞兼并之路；盐铁皆归于民；去奴婢，除专杀之威；薄赋敛，省徭役，以宽民力"⑦，首开这种批评思潮的先河。经过盐铁会议贤良文学的激扬，到西汉末年它更为发展，产生了夏侯胜、贡禹、鲍宣的著名的政论。通过这些政论，可以更清楚地看到贤良文学所代表的真实的愿望和利益。

---

① 《刺权》。
② 《地广》。
③ 《殷学》。
④ 武帝以后，由于独尊儒术的影响，逐渐成长起一批宗法士族豪强，这部分人具有巨大社会影响和力量，贤良文学与这种社会力量有深厚的联系。
⑤ 《地广》。
⑥ 《国疾》。
⑦ 《汉书·食货志》。

首先是夏侯胜。宣帝继位时，为颂扬武帝功业，提议为武帝设庙乐，夏侯胜批评说："武帝虽有攘四夷广土斥境之功，然多杀士众，竭民财力，奢泰亡度，天下虚耗，百姓流离，物故者半。蝗虫大起，赤地数千里，或人民相食，畜积至今未复。亡德泽于民，不宜为之立庙乐。"① 夏侯胜的这种十分尖锐的意见，显然是从孟子式的民贵思想出发，代表与反映民的强烈要求的。

接着有贡禹。宣帝时，贡禹以明经絜行著，征为博士，举贤良为河南令。元帝即位，征为谏大夫。贡禹上书，也把矛头直指武帝，指出武帝"辟地广境数千里，自见功大威行，遂从嗜欲。用度不足，乃行一切之变，使犯法者赎罪，入谷者补吏，是以天下奢侈，官乱民贫，盗贼并起，亡命者众。郡国恐伏其诛，则择便巧史书习于计簿能欺上府者，以为右职；奸轨不胜，则取勇猛能操切百姓者，以苛暴威服下者，使居大位。故亡义而有财者显于世，欺谩而善书者尊于朝，诟逆而勇猛者贵于官……黥劓而髡钳者犹攘臂为政于世，行虽犬彘，家富势足，目指气使，是为贤耳"。指出武帝以后，"争为奢侈，转转益甚"。"今大夫潜诸侯，诸侯潜天子，天子过天道。……齐三服官作工各数千人，一岁费数巨万。蜀广汉主金银器，岁各用五百万。三工官官费五千万，东西织室亦然。厩马食粟将万匹。……东宫之费亦不可胜计。天下之民所为大饥饿死者……死又不葬，为犬豬所食。人至相食，而厩马食粟，苦其大肥，气盛怒至，乃日步作之。""诸侯妻妾或至数百人，豪富吏民畜歌者至数十人，是以内多怨女，外多旷夫。乃众庶葬埋，皆虚地上以实地下。其过自上生，皆在大臣循故事之罪也。"贡禹还批评"武帝征伐四夷，重赋于尽，民产子三岁则出口钱，故民重困，至于生子辄杀，甚可悲痛。"批评"汉家铸钱，及诸铁官皆置吏卒徒，攻山取铜铁，一岁功十万人以上，中农食七人，是七十万人常受其饥也。""自五铢钱起已来七十余年，民坐盗铸钱被刑者众，富人积钱满室，犹亡厌足。民心动摇，商贾求利，东西南北各用智巧，好衣美食，岁有十二之利，而不出租税。农夫父子暴露中野，不避寒暑，捽草杷

---

① 《汉书·眭两夏侯京翼李传》。

土，手足胼胝，已奉谷租，又出橐税，乡部私求，不可胜供。"① 这些批评确实是"儒林佼佼"②，其尖锐深刻的程度有如盐铁会议的继续。

最后是鲍宣。鲍宣好学明经，为县乡啬夫，守束州丞。哀帝初，为谏大夫，迁豫州牧。鲍宣上书，提出今民有七亡、七死："阴阳不和，水旱为灾，一亡也；县官重责更赋租税，二亡也；贪吏并公，受取不已，三亡也；豪强大姓蚕食亡厌，四亡也；苛吏繇役，失农桑时，五亡也；部落鼓鸣，男女遮进，六亡也；盗贼劫略，取民财物，七亡也。七亡尚可，又有七死。酷吏殴杀，一死也；治狱深刻，二死也；冤陷亡辜，三死也；盗贼横发，四死也；怨仇相残，五死也；岁恶饥饿，六死也；时气疾疫，七死也。民有七亡而无一得，欲望国安，诚难；民有七死而无一生，欲望刑措，诚难。此非公卿守相贪残成化之所致邪？"鲍宣尖锐地指出，"群臣幸得居尊官，食重禄"，无一不"志在营私家，称宾客，为奸利而已，以苟容曲从为贤，以拱默尸禄为智"。"岂肯加恻隐于细民。"鲍宣提出："治天下者当用天下之心为心，不得自专快意而已也。"皇帝"为黎庶父母，为天牧养元元，视之当如一"。"今贫民菜食不厌，衣又穿空，父子夫妇不能相保，诚可为酸鼻。"③

这些批判的内容和盐铁会议上贤良文学议论的主题、思想、主张，完全相同：指斥宰辅大臣；指斥虐政；指斥酷刑；揭露统治者纵欲亡度，忽视民隐。中心思想则是孟子式的王道、仁政和民贵君轻思想。因此，盐铁会议贤良文学的发言，可以说是整个汉代中后期社会政治批评的滥觞，反映出整个社会政治批判思潮的路标与趋向。

孟子时，列国纷争，处士横议。诸侯的权力受到极大削弱，巨室大家在国内成为抗衡诸侯国君的强大政治经济势力。孟子敢于指斥诸侯，高唱民贵、君轻，保民而王，在内部实利用了巨室对王权的抗衡。西汉末期，贤良文学激扬起来的社会批评思潮也是如此。如果没有豪强地主的壮大，皇权的相对削弱，皇权、豪强与地主阶级下层的

---

① 《汉书·王贡两龚鲍传》。
② 侯外庐等《中国思想通史》第二册。
③ 《汉书·王贡两龚鲍传》。

复杂矛盾关系;① 没有宗法伦理血缘情感的强大支持，也是不可能的。事情就是如此矛盾：贤良文学对政治，以致对豪强的批评，恰恰在于豪强对皇权的抗衡力量的形成。经过东汉豪强力量日益壮大，皇权进一步削弱，到魏晋，清议转为清谈，知识分子又接受老庄思想的影响，对社会政治的批评"非汤武而薄周孔"，无论深度、广度，都较汉代大为发展了。然而，它据以生存、发展的社会条件，它所代表的利益和愿望却仍然是相同的。

文学的命运是悲剧性的。他们是弱者。他们为民请命，但并不真正代表农民的利益。他们强化小生产和封建伦理的主张，是以农民的血汗作为代价的。他们是皇权削弱的产物，但却希望以自己的言论挽救皇权的削弱及危机；他们利用豪强日益壮大而与皇权日益尖锐的矛盾，但却希望以自己的主张削弱豪强。他们在夹缝中生活②，他们的命运只能是悲剧性的。

---

① 侯外庐先生指出："豪强地主最早是由先秦六国贵族转化而来的，这个阶级集团从秦汉以来都很巩固。这种豪强地主之所以有它的根基，是因为它附着在村社的村落的自治体上。这种村社是古代制的残余，古代叫'乡党'，秦汉叫乡曲、闾里，是一种家族的血缘关系更固定的地望形式，它占有依附性的宾客、家兵、部曲，荫附或徒附人户，成为一种政治、经济、军事与宗法关系紧密结合的特殊的强大的封建势力。""在封建经济内部，皇族地主、豪族地主、庶族地主之间的关系，是一种三角关系。豪族地主既有支持皇权的一面，又有对抗皇权的一面。……庶族地主则更多地拥护皇权……皇族地主也需要得到庶族地主的支持，借以限制豪族地主的势力。"(《历史研究》1984 年第 3 期《我对中国社会史的研究》) 盐铁会议及汉末的社会批评，我以为生动地反映了这种复杂关系。

② 徐复观说："在皇权专制政治之下，知识分子只有在矛盾对立，相持不下的夹缝中；才有机会反映出一点政治的真实。"(《两汉思想史·盐铁论中的政治社会文化问题》) 这是很有见地的。不过徐著太看重了霍光与桑弘羊个人的矛盾。这就把"夹缝"的意义贬低了。

第九章

宣成时期今文经学统治地位的确立

盐铁会议上，儒家思想向法家思想展开进攻。这是儒家思想重新崛起，转入新的扩展时期的起点和标志。从此以后，经过宣帝，到元、成时期，今文经学及其阴阳灾异思想就取得了全面的统治地位。

今文经学在元、成时期确立统治地位有三个标志：（1）关于阴阳灾异的天人感应思想，成为政论的依据和依托；经学之士成为政权组成的基本成分。（2）通过石渠阁会议，皇帝成为经学的最高权威，标志着政权和经学合一。儒家宗法伦理和纲常名教的统治，向社会生活领域深入和扩大。（3）继董仲舒《公羊春秋》以后，京房易学和刘向《洪范五行传》的灾异思想盛行。按刘歆的说法，《易》是《河图》，《洪范五行》是《洛书》，两书阐述天道，《春秋》弘扬人道，三者代表了天人之道的全部内容。董仲舒首推阴阳，把《春秋》纳入了天人感应体系；到京房、刘向父子又使《河图》、《洛书》的天人感应体系在思想政治领域发生重大影响。这样，今文经学就实现了对经学的全面改造。刘歆说："伏羲氏继天而王，受《河图》，则而画之，《八卦》是也。禹治洪水，赐《洛书》，法而陈之，《洪范》是也。""《河图》、《洛书》相为经纬，八卦、九章相为表里。昔殷道弛，文王演《周易》。周道敝，孔子述《春秋》，则乾坤之阴阳，效洪范之咎征，天人之道灿然著矣。"① 刘歆所讲的，就是今文经学对学术和政治思想领域的全面统治。

---

① 《汉书·五行志》。

一　阴阳灾异和经学之士的兴起

宣帝吏治精明，国力强盛，号称汉代中兴名主。班固说："孝宣之治，信赏必罚，综核名实，政事文学法理之士咸精其能，至于技巧工匠器械，自元、成间鲜能及之，亦足以知吏称其职，民安其业也。……功光祖宗，业垂后嗣，可谓中兴，侔德殷宗、周宣矣。"①

宣帝是以崇尚法治著称的。他总结汉代统治经验说："汉家自有制度，本以霸王道杂之，奈何纯任德教，用周政乎！"他拒绝了他的儿子关于执刑太深，宜用儒生的建议，认为俗儒"不达时宜，好是古非今，使人眩于名实，不知所守，何足委任！"②但宣帝的尚法只是政治指导思想的一个方面；另一方面，他对提倡天人感应，崇尚经学，也是十分积极的。

宣帝少年时，喜游侠，斗鸡走马，但高材好学，"受《诗》于东海澓中翁"，学《诗》、《论语》、《孝经》，"慈仁爱人"③，深受今文经学的熏陶。即位以后，在崇尚法治的同时，即大力提倡今文经学，实现了由武帝的法治经王霸杂之之过渡，而向儒学思想的全面统治转变。

武帝"罢黜百家，独尊儒术"，但武帝并不相信阴阳灾异。董仲舒上书讲灾异，几乎被杀。宣帝则完全不同，作为武帝的曾孙，以平民而骤获"大宝"，登帝位，在开始执政时，面临着极其复杂的局势。内部霍光及霍氏家族，掌握政治、经济和军事权力，盘根错节，虎视眈眈。为了争权，甚至谋害了皇帝的原配皇后许氏，让霍光的小女做了皇后。朝廷外面，同姓、宗室争夺帝位的威胁仍然严重存在。④既然昌邑王可以被废，同样的悲剧难道就不会重演？只要霍光

---

① 《汉书·宣帝纪》。
② 《汉书·元帝纪》。
③ 《汉书·宣帝纪》。
④ 地节元年，楚王延寿以广陵王胥，武帝子，天下有变，必得立，阴附助之，为其后母弟赵何齐取广陵王女为妻，因使何齐奉书遗广陵王曰："愿长耳目，毋后人有天下！"何齐父长年上书告之。延寿自杀。这是宣帝即位后四年发生的皇室内部夺权的阴谋，事隔五年，宣帝即位已近十年，仍然担心昌邑王贺复起，赐山阳太守张敞书，令"谨备资贼，察往来过客"，对昌邑王严加监视。可见宣帝是确实担心废立事件的重演的。

这样的大臣掌握着权力，危险就不能说已经过去。宣帝十分精明，面对这种险恶局势，一方面依靠法治深刑，强化权力；一方面，依靠儒术，缓和矛盾，笼络人心，同时大力宣扬灾异祥瑞，作为自己"受命于天"的证明，由此，他带头刮起了讲灾异之风。

昭帝时，据说泰山有大石自立："上林苑中大柳树断朴地，一朝起立，生枝叶，有虫食其叶，成文字，曰'公孙病已立'"；"又昌邑王国社有枯树复生枝叶"。当时有个推阴阳灾异的眭孟，认为："木阴类，下民象，当有故废之家公孙氏，从民间受命为天子者。"① 霍光认为这是妖言惑众，杀了眭孟。宣帝即位后，立刻给眭孟平反，征孟子为郎，认为眭孟所言公孙病已正是自己。由此开始，终宣帝之世，他一直连续不断地宣扬灾异祥瑞。如：

本始元年，夏四月庚午，地震。"诏内群国举文学高第各一人。"

五月，诏书，宣扬"凤凰集胶东、千乘。赦天下。赐吏二千石、诸侯相、下至中都官、官吏、六百石爵，各有差。……赐天下人爵各一级，孝者二级，女子百户牛酒。租税勿收。"

本始二年，夏五月，诏书，宣扬武帝时，"符瑞应，宝鼎出，白麟获，功德茂盛"。

本始四年，四月，地震，山崩水出。诏书宣扬："盖灾异者，天地之戒也……朕甚惧焉！""令丞相，御史其与列侯、中二千石博问经学之士，有以应变。"令"三辅、太常，内郡国举贤良方正各一人"。"律令有可蠲除以安百姓，条奏"，大赦天下。

地节三年，九月，地震。诏书称"朕甚惧焉"，令贤良方正直言极谏之士上书指陈政治得失。"罢车骑将军、右将军屯兵"。"池御未御幸者，假与贫民。郡国宫馆，勿复修治。流民归还者，假公田，贷种、食，且勿算事"。以后元康元年三月，二年三月，四年三月，神爵元年三月，二年二月，四年二月，五凤三年三月，四年三月，甘露二年、三年，所发诏书，或称"嘉谷玄稷降于郡国"，"神爵乃集"；或称"凤凰、甘露降集京师"，或称"祠后土，神光并见，或兴于谷，烛耀斋宫"。"鸾凤集长乐宫"。"凤凰集新蔡，群鸟四面行列，皆向凤凰立，以万数"；或称"日蚀，皇天见异，以戒朕躬"；"黄龙

---

① 《汉书·五行志》。

登兴,醴泉滂流,枯槁荣茂,神光并见,咸受祯祥";等等。这样频繁而反复地宣传灾异,就使天人感应的神学迷信如火燎原,迅速在思想界占据了支配地位。

宣帝即位初,大臣上书言事,尚不称引阴阳灾异,例如路温舒上书,请尚德缓刑,这是一篇极有名的上书,路本人也以明《春秋》著称,但通篇无一字以阴阳论刑德。王吉谏昌邑王勿好游猎,也不引阴阳立论。但宣帝连续宣扬灾异以后,王吉再上书宣帝,不要专任刑法,娇宠外戚时,则以"逆阴阳之位"作为根据了。此后许多大臣上书条奏,也无不以阴阳灾异为依托和根据,所谓"每有灾异,辄傅经术,言得失"[1]。灾异谴告成了朝廷上下的时髦观念。

在大臣官吏的任用上,和武昭时期不同,经学之士开始占据重要地位。如:

疏广:明《春秋》,家居教授,征为博士太中大夫。宣帝地节三年,立皇太子,广为少傅,不久晋升为太傅。

疏受:疏广侄,以贤良举为太子家令,不久转为太子少傅。

于定国:少学法,宣帝时为廷尉,迎师学《春秋》,身执经,北面备弟子礼。为人谦恭,尤重经术士。甘露中,代黄霸为丞相,封西平侯。

于永:父定国死,居丧如礼,以孝行闻,以列侯为散骑光禄勋,迁御史大夫。尚宣帝长女馆陶公主。

薛广德:以鲁诗教授楚国,萧望之荐为博士,参加石渠会议,迁谏大夫。代贡禹为长信少府、御史大夫。

平当:少为大行治礼丞,以明经为博士,每有灾异,辄傅经术,言得失。累迁长信少府,大鸿胪,光禄勋。[2]

王吉:少好学明经,兼通五经,能为驺氏《春秋》,好梁丘贺《易说》,以《诗》、《论语》教授,宣帝时,为益州刺史、博士、谏大夫。其子王骏,明经修行,成帝时为京兆尹。

贡禹:以明经絜行著闻,征为博士、凉州刺史。复举贤良为河

---

[1] 《汉书·隽疏于薛平彭传》。
[2] 以上皆见《汉书·隽疏于薛平彭传》。

南令。①

韦玄成：韦贤子，少好学，修父业，以明经擢为谏大夫，迁大河都尉，河南太守。又诏拜淮阳中尉，辅导宣帝宠子淮阳王学习。②

夏侯胜：从夏侯始昌受《尚书》及《洪范五行传》，善说《礼服》及阴阳灾异。尊立宣帝，迁长信少府，大夫给事中。又迁太子太傅，受诏撰《尚书说》、《论语说》。

夏侯建：博采众家，明于经学，为议郎博士，迁太子少傅。③

萧望之：好学，治齐诗，又从夏侯胜问《论语》，《礼服》，为京师诸儒称述。说灾异。先后任平原太守，左冯翊，大鸿胪，御史大夫，太子太傅。④

其他如颍川太守韩延寿，山阳太守张敞，皆"以经术自辅，其政颇杂儒雅，往往表贤显善，不醇用诛罚"⑤。

武昭时期，身居要职，掌握实权的大臣如桑弘羊、张汤、刘屈氂、田千秋、霍光、上官桀，等等，除公孙弘外，都非经学之士，宣帝时丞相韦贤、魏相、丙吉等人，却都是以明经著称的。

韦贤：笃志于学，兼通《礼》、《尚书》，以《诗》教授，称邹鲁大儒。宣帝时赐爵关内侯，为长信少府。本始三年代蔡义为丞相。

魏相：少学《易》，明《易经》，有师法，举贤良，以对策高第，为茂陵令。昭帝时，迁河南太守。宣帝即位，为大司农，迁御史大夫。韦贤病退，魏相为丞相，封高平侯，食邑八百户。他向宣帝所上的几封"头奏"，体现出鲜明的儒家思想。如要求"平冤狱"；宽租赋，"驰山泽波池，禁秣马酤酒贮积"；"周急继困，慰安元元，便利百姓"；反对乘匈奴衰弱，出兵西域。提出"救乱诛暴，谓之义兵，兵义者王"。"争恨小故，不忍愤怒者，谓之忿兵，兵忿者败。利人土地货宝者，谓之贪兵，兵贪者破"。要求"君动静以道，奉顺阴阳"⑥。其思想与盐铁会议中贤良文学的思想完全一样。

---

① 以上皆见《汉书·王贡两龚鲍传》。
② 《汉书·韦贤传》。
③ 《汉书·眭两夏侯京翼李传》。
④ 《汉书·萧望之传》。
⑤ 《汉书·赵尹韩张两王传》。
⑥ 《汉书·魏相丙吉传》。

丙吉：原本狱法小吏，后努力学习《诗》、《礼》，皆通大义。及居相位，上宽大，好礼让。"吉尝出，逢清道群斗者，死伤横道，吉过之不问"。"前行，逢人逐牛，牛喘吐舌。吉止驻，使骑吏问，'逐牛行几里矣？'……或以讥吉。吉曰'民斗相杀伤，长安令、京兆尹职所当禁备逐捕。……宰相不亲小事，非所当于道路问也。方春少阳用事，未可大热。恐牛近行，用暑故喘，此时气失节，恐有所伤害也。三公典调和阴阳，职（所）当忧，是以问之。"①

对宣帝时期的这些宰相，《汉书》赞颂说："近观汉相，高祖开基，萧、曹为冠。孝宣中兴，丙、魏有声。是时黜陟有序，众职修理，公卿多称其位，海内兴于礼让。览其行事，岂虚乎哉！"②

宣帝以后，大臣更非经学之士莫属。班固说："自孝武兴学，公孙弘以儒相，其后蔡义、韦贤、玄成、匡衡、张禹、翟方进、孔光、平当、马宫及当子晏，咸以儒宗居宰相位。服儒衣冠，傅先王语，其醞藉可也。然皆持禄保位，被阿谀之讥。彼以古人之迹见绳，焉能胜其任乎？"③

由此可见，宣帝时期儒家思想在政治上的统治地位，确实已经确立了。董仲舒"罢黜百家，独尊儒术"的建议，在国家政权的组成人员上，首次得到了体现。从此以后，至东汉末年，儒学一直享有政权文官组成上的优势和独尊的地位。

二　石渠阁会议与《穀梁春秋》的兴起

封建统治是植根于封建宗法的基础之上的。反映宗法制度的儒家思想，不仅是维系这一制度的感情和思想上的纽带，也是处理宗法制度内部各种矛盾的指导原则。

武帝时，公羊学兴起，不仅是为了加强对人民的控制，同时也是政治上处理同姓诸侯和中央皇权之间的剧烈矛盾的需要。公孙弘以"《春秋》决狱"，董仲舒著《公羊董仲舒治狱》，董仲舒弟子"吕步

---

① 《汉书·魏相丙吉传》。
② 同上。
③ 《汉书·匡张孔马传》。

舒持斧钺，治淮南狱，以《春秋》谊专断于外"①，广事株连，显示出汉代公羊经学的本来面目与实际应用。昭宣时期，不仅有同姓诸侯的不断的叛乱，还发生了武帝父子之间由兵战留下的一系列棘手的宗法问题需要处理，这更使经学的地位迅速突出起来。

昭帝始元五年，夏阳男子张延年，到宫殿，自称武帝卫太子。"诏使公卿将军中二千石杂识视。长安中吏民聚观者数万人。右将军勒兵阙下，以备非常。"对于这种突然来临的政治事件，丞相御史中二千石，不知所措。"莫敢发言"。这时，惟京兆尹不疑，援引《春秋》，"叱从吏收缚"。这使满朝文武大为惊诧，说："是非未可知，且安之。"不疑说："诸君何患于卫太子！昔蒯聩违命出奔，辄距而不纳，《春秋》是之。卫太子得罪先帝，亡不即死，今来自诣，此罪人也。"遂送诏狱。审讯，发现是假，腰斩东市。这使昭帝与霍光不胜感佩。霍光说："公卿大臣当用经术明于大谊"，隽不疑由是名声大振，"在位者皆自以不及也"②，霍光欲以女妻之。经学在政治上取得了一次巨大的胜利。

宗庙、祭祀一类的问题在宣帝以后，也十分突出起来。汉代开始，立庙不多，至宣帝时，已有太上皇庙（刘邦父），太祖庙（刘邦），太宗庙（孝文帝）。宣帝又尊孝武为世宗庙。于是郡国宗庙达到百六十七所，合京师为百七十六所。加上陵园祭祀，一岁用费二万四千五百五十五，卫士四万五千一百二十九人，乐队祭祀人员一万二千一百四十七人（牲畜饲养人员尚不在内）。宗庙是否要立这么多？根据什么原则立庙？成了亟待解决的问题。因此元帝时发生了关于庙制的著名争论。将军、公卿、大臣、大夫、博士、议郎，都参加讨论。丞相韦玄成、御史大夫郑弘、太子太傅严彭祖、少府欧阳地余、谏大夫尹更始等七十人，提出一种建议。皇帝裁决以后发下讨论，结果出现了四种不同的意见。"上（元帝）重其事，依违者一年。"③这些争论都是以经学为根据的，也极大地扩大了经学的影响，提高了经学的地位。

---

① 《汉书·五行志》。
② 《汉书·隽疏于薛平彭传》。
③ 《汉书·韦贤传》。

可以这样说，宣帝时期，由于战争的停止，国力的恢复，休养生息的和平环境的到来，重又造成了武帝执政初期的形势，从而又一次把"稽古礼文"提到了政治的重要地位。讨论"五经异同"的石渠阁会议，就是在这种情况下召开的。

不过和武帝时期不同。武帝时期，虽然提倡礼治和礼制的建设，但《公羊春秋》的主要精神是强调大一统和"大义灭亲"，贯穿着严法的精神。由于战争等特殊情况，除了封禅以外，实际的礼制建设没有受到重视。宣帝的"稽古礼文"则真正把礼治、礼制的建设提到了首要地位，因而《穀梁春秋》受到了特别重视。

宣帝即位时，闻卫太子好《穀梁春秋》，问韦贤、夏侯胜、史高等人。这些人是鲁人，都说《穀梁》本鲁学，《公羊春秋》是齐学，宜兴《穀梁》。宣帝由此好《穀梁》学。石渠阁会议前两年（甘露元年），宣帝召"五经名儒太子太傅萧望之，大议殿中，平《公羊》、《穀梁》同异，各以经处是非"。参加讨论的每边五人，萧望之等多从《穀梁》，由是《穀梁》之学大盛。这可以说是石渠阁会议的前奏。接着就是甘露三年召开的会议。因地点在石渠阁，史称石渠阁会议。参加会议的有学《礼》的通汉、学《诗》的张生、薛广德，治《书》的周堪、林尊、欧阳长宾，治《易》的梁丘临、施雠等。任务是"杂论五经同异"。由"太子太傅萧望之平奏其议"，宣帝亲自裁决。会议的结果，增立大、小夏侯《尚书》，《穀梁春秋》等博士。留下的会议文件有《五经杂议》十八篇，《书议奏》四十二篇，《礼议奏》"三十八篇，《春秋议奏》三十九篇，《论语议奏》十八篇"[①]，包括了五经的全部内容。文件现已散佚。从残存的篇籍来看，内容主要是宗法礼制的实际问题。如"大宗无后，族无庶子，已有一嫡子，当绝父祀，以后大宗不？""父卒母嫁，为之何服？"《丧服小记》所规定的："久而不葬者，唯至亲不除，其余以麻终月数者，除丧则已"，如何实行？等等。由宣帝裁决后，在全国推行。

《穀梁春秋》与《公羊春秋》，从今天看，内容和特点实际是大同小异的。与《左传》不同，两本著作都重在阐释《春秋》的义理或宗旨。但从经学家来看，则它们的差异，可能具有重大的意义。宣

---

① 《汉书·艺文志》。

帝并没有废弃《公羊春秋》，但许多争论问题，都从《穀梁》义，说明《穀梁》所特别强调的东西受到了统治集团的重视与推崇。冯友兰先生《中国哲学史新编》第三册指出，宣帝之所以贬黜《公羊》，是因为《公羊春秋》再受命的思想，不再符合刘氏统治集团的利益。但实际上当时公羊学者很多"再受命"的思想在宣帝以后不仅没有停息，相反，影响更大了。本著以为《穀梁》受到重视，与这一时期开始重视礼制的建设有关。

《公羊》学虽也强调宗法等级制度的建设，但《公羊春秋》突出宣传的思想是拨乱世，反诸正，大义灭亲，要求对乱臣贼子毫不留情地进行镇压。其矛头是针对诸侯王的叛乱活动的，目的是强化中央集权的等级制度的权威。这种法治精神盛行的结果，一方面加强了中央的专制集权和大一统，但同时也使宗法伦常、温情脉脉的一面大为削弱，以致不仅淮南狱广事株连，空前残酷，最后连武帝父子之间也以兵戎相见，骨肉情恩扫地以尽。宣帝精于政治，看出了一味强调法治的弊端，所以虽然强调法治，但儒家思想的另一面：重礼义教化，重宗法情谊，他也是十分重视的。① 这是缓和统治集团内部矛盾的需要，也是稳定封建统治的长远利益的需要。而和董仲舒的《公羊》学相比较，《穀梁春秋》正是强调后一方面的。所以《穀梁春秋》受到重视，是形势的变化造成的。比较《公羊春秋》和《穀梁春秋》，可以看出，两者的不同，主要在于《穀梁春秋》十分重视礼制的教育，礼的观念被提到了突出地位。如《春秋》隐公元年，春、王正月。《公羊传》说，"立适以长不以贤，立子以贵不以长"。"子以母贵，母以子贵。"《穀梁传》则着重宗法情谊，宣扬说，"孝子扬父之美，不扬父之恶"。"已废天伦，而忘君父，以行小惠，曰小道也。"二年冬十月，佰姬归于纪。《公羊传》仅对佰姬、归，作词义的说明。《穀梁传》则发挥说，"《礼》，妇人谓嫁曰归，反曰来归，从人者也。妇人在家制于父，既嫁制于夫，夫死从长子。妇人不专从，必

---

① 宣帝宠幸张婕伃、其子淮阳宪王刘钦，壮大，好经书法律，聪达有才，宣帝欲立为太子，然以原太子起于微细，母被杀，弗忍。久之，以韦玄成经明行高，称于朝廷，"乃召拜玄成为淮阳中尉，欲感谕宪王，辅以推让之臣"（《汉书·宣元六王传》)，也是这种精神的体现。

有从也。"恒公三年九月，齐侯送姜氏于讙。《穀梁传》发挥说："礼，送女，父不下堂，母不出祭门，诸母兄弟，不出阙门。"庄公二十二年，冬，公如齐纳币。《穀梁传》宣扬"纳币，大夫之事也，礼有纳采，有问名，有纳征，有告期，四者备而后娶，礼也。公之亲纳币，非礼也，故讥之"。其他二十四年春王三月，刻桓公楹，同年八月，大夫宗妇觌，用币；冬，赤归于曹；等，《穀梁》都反复宣扬"礼"的有关规定，对非礼的行为进行批评、讥刺。故钟文烝《穀梁补注·论传》说："《穀梁》多特言君臣父子兄弟夫妇，与夫贵礼贱兵，内夏外夷之旨。"这确是概括了《穀梁》的特点的。其他如《穀梁》以"卫辄拒父为尊祖，不纳子纠为内恶"。"卫辄拒父"是昭帝时期隽不疑引用过的经义，得到了霍光和昭帝的肯定，对宣帝这类以较疏远的身份入继大统者很有利。因此宣帝重视《穀梁》，当不只是秉承祖父的遗爱，关键是《穀梁》有利于加强宗法礼仪的控制力量，纠正《公羊》学片面强调法治所已经导致和可能引起的弊病。从宣帝时期经学发展的情况看，正是石渠会议前后，《礼》学和礼治得到了极大发展①。大戴和小戴《礼记》就编成并盛行于这一时期。

三　礼教向社会的扩大和深入

石渠阁会议使皇帝不仅是政治的最高权威，也成了最高的经学权威。政教合一。政治的权威变成了经学、思想的权威，经学的学术观点变成了政治的最高法典。其结果不仅极大地提高了经学的地位②，也极大地扩大和加强了儒家礼仪制度对社会的控制力量。

武帝以前，崇尚黄老，清静无为，许多地方的统治事实上是由乡俗和法治控制的。《汉书·赵尹韩张两王传》说："颍川多豪强，难治。……先是赵广汉为太守，患其俗多朋党，故构会吏民，令相告讦。一切以为聪明。颍川由是以为俗，民多怨仇。"以后韩延寿为颍

---

① 所以《汉书·魏相丙吉传》赞："孝宣中兴，丙魏有声。是时黜陟有序，众职修理，公卿多称其位，海内兴于礼让。"
② 这种提高是表面的，实质上则使经学彻底地失去独立性和学术性，成为政治的附庸和牺牲品。今文经学一度变为谶纬，极为庸俗鄙劣，正是经学沦为政治附庸的结果。

川太守,"教以礼让",召集长老,为之议定"嫁娶丧祭仪品,略依古礼,不得过法"。并令"文学校官诸生皮弁执俎豆,为吏民行丧嫁娶礼"。于是"百姓遵用其教……颍川大治"。又说,韩延寿"好古教化",所治郡县,"修治学官,春秋乡射,陈钟鼓管弦,盛升降揖让,及都试讲武,设斧钺旌旗,习射御之事"。韩延寿的例子当是宣帝时期加强儒学宗法礼仪在民间统治的一种典型事件。颍川,在今河南许昌禹县一带,汉初出了灌夫等军功贵族。《汉书·窦田灌韩传》说:"夫不好文学,喜任侠,已然诺。诸所与交通,无非豪杰大猾。家累数千万,食客日数十百人。陂池田园,宗族宾客为权利,横颍川。颍川儿歌之曰:'颍水清,灌氏宁;颍水浊、灌氏族。'"在韩延寿以前,有名的太守赵广汉用法家的阴谋权术治理,弄得民多怨仇。这不单是赵广汉个人的思想倾向,也反映了武昭时期崇尚法治的一般风习。韩延寿为太守,一反赵广汉的作风,修学官,扩大儒学力量,为民间规定礼仪制度,教以礼让,同样也不单是韩延寿个人的思想倾向,而是反映了社会风习的变化。韩延寿任颍川太守,不是石渠会议后,但其体现的精神是与石渠阁会议一致的。

宣帝神爵元年,王吉上书。指出宣帝"务在于期会簿书,断狱听讼而已,'此非太平之基也'"。要求务本,"引先王礼宜于今者而用之"。"与公卿大臣延及儒生,述旧礼,明王制",整齐风化,"欧一世之民济之仁寿之域"。[①] 宣帝没有立即接受王吉的建议。但王吉的建议,无疑反映了当时士族、知识分子和一般大臣的思想倾向。经过石渠会议,王吉的建议在实际生活中逐渐成为现实。[②]

四 孟喜、京房易学的灾异思想

宣元时期,孟喜、京房易学盛行,成为阴阳灾异的主导思想。

宣帝时,丞相魏相向宣帝推荐《易阴阳明堂月令》。魏相说:

[①] 《汉书·王贡两龚鲍传》。

[②] 宣帝以后,礼治和礼学日益扩大影响,到王莽时,达到了高潮。王莽固然是别有用心地用《周官》等为自己篡权制造理由。但王莽特别重视礼制,无疑又是利用了社会上崇尚礼治的思潮和心理。当然,终汉之世,法治刑深是基本的格局。

"东方之神太昊，乘震执规司春；南方之神炎帝，乘离执衡司夏；西方之神少昊，乘兑执矩司秋；北方之神颛顼，乘坎执权司冬；中央之神黄帝，乘坤艮执绳司下土。兹五帝所司，各有时也。东方之卦不可以治西方，南方之卦不可以治北方。春兴兑治则饥，秋兴震治则华，冬兴离治则泄，夏兴坎治则雹。"[1]《易阴阳明堂月令》，《汉书艺文志》不见著录。《礼记》有《月令》，有明堂制度，但没有《明堂月令》这样的篇目。魏相的建议是把明堂、月令两者结合而以易阴阳为基础的，和《礼记》、《吕氏春秋》仅以五行为基础者形式上不同。

魏相以五帝代替五行，以易卦代表阴阳，形成了一个新的图式。这个图式突出了八卦和五帝的作用。春夏秋冬是由四帝掌握震、兑、坎、离四卦主持的。中央为黄帝，乘坤艮管理地下百姓，不司天。图式形式上不讲五行，但传统的说法，五帝主宰五方，实际还是五行的思想。图式形式上不讲阴阳，但易卦本身是由阴阳构成的，所以实际上还是阴阳思想。但是这种形式的变化，十分值得注意。它显示两个重要的发展动向：（1）《易经》被纳入阴阳灾异系统，受到重视。（2）卦的作用直接和神相联系，神学的色彩大大加强了。

魏相以后，孟喜、京房易学盛行，成为讲阴阳灾异的主导模式。《汉书·儒林传》说：

> 孟喜字长卿，东海兰陵人也……从田王孙受《易》，喜好自称誉，得《易》家候阴阳灾变书……
>
> 京房受《易》梁人焦延寿，延寿之尝从孟喜问《易》。会喜死，房以为延寿《易》即孟氏学。……至成帝时，刘向校书，考《易》说，以为诸《易》家说皆祖田何，杨叔（元）、丁将军，大谊略同，唯京氏为异，党焦延寿，独得隐士之说，托之孟氏，不相与同。房以明灾异得幸，为石显所僭诛。

《汉书·京房传》说：

> 其说长于灾变，分六十四卦，更直日用事，以风雨寒温为

---

[1] 《汉书·魏相丙吉传》。

侯，各有占验。

据唐僧一行《卦议》，孟喜、京房易说与魏相所奏《易阴阳明堂月令》相同，都以坎、震、离、兑分主四方、四时，不过孟喜、京房更为完备，又以二十四爻，分主二十四气，每一节气又三分之，得七十二气，每气管五日有余，各有不同的物候标志（所谓侯以天五）。六十四卦，除四个主卦外，其余六十卦每卦管六日余。

按京房《易》学，每年节气和物候的变化秩序是固定的，由阴阳的升、降、消、息决定。故王充说："易京氏布六十四卦，于一岁中，六日七分，一卦用事。卦有阴阳，气有升降。阳升则温，阴升则寒。由此言之，寒温随卦而至，不应政治也。案《易》无妄之应，水旱之至，自有期节。百灾万变，殆同一曲。……京氏占寒温以阴阳升降，变复之家以刑赏、喜怒，两家乖迹。"① 按王充的说法，京房卦气说，只是对季气物候用易卦做了编序。但京房的卦气说实际是神学化了的。所谓"以风雨寒温为候，各有占验"，正是以风雨气象的异常变化作灾异谴告的根据，由此发展了一套较董仲舒更为细致详备的灾异模式。

与董仲舒相比，京房灾异说的特点是：（1）董仲舒以《春秋》为本，以历史比附的方法说灾异。如辽东高庙灾，高园便殿火。董仲舒以定公、昭公、桓、釐庙失火及两观失火比附说：定公、哀公时，天出此灾异是告诫二君"退乱臣而用圣人"，因此辽东高庙及高园殿火也是上天告诫武帝，应当诛杀兄弟、亲戚、贵属之骄扬、奢侈恣睢者。京房说灾异，则以《易》为本，纯粹根据风雨占候，不采历史比附。（2）董仲舒灾异说的一种基本形式，是以气为中介。这种说法有一个缺点，即人的气甚少，何以能引起天气的巨大变化？而且气是泥和水一样的物质实在，这对神学终归是一种不便。王充就曾批评说："人在天地之间，犹蚤虱之在衣裳之内，蝼蚁之在穴隙之中，蚤虱蝼蚁为逆顺横从，能令衣裳穴隙之间变气动乎？蚤虱蝼蚁不能，而独谓人能，不达物气之理也。"② 又说："夫寒温，天气也。天至高

---

① 《论衡·寒温篇》。
② 《论衡·变动》。

大，人至卑小。篙不能鸣钟，而萤火不炊鼎者，何也？钟长而篙短，鼎大而萤小也。以七尺之细形，感皇天之大气，其无分铢之验，必也。"① 京房采取象类相比附的说法，《易》像只是一种象征，因而可以随心所欲，任意编造。

董仲舒推灾异，主要指国家大政，京房以六十四卦编排一年四季十二月三十日，无时无刻不可以以天气的微小变化为据，进行比附推论，因而任何个人的政见，都可以借灾异而提出。如当时京房与石显、五鹿充宗相互排挤倾轧，当他被外放时，为了不遭暗算，取得皇帝给他在岁末乘传面奏的恩宠，他编造灾异说：

> 辛酉以来，蒙气衰去，太阳精明，臣独欣然……乃辛巳，蒙气复乘卦，太阳侵色，此上大夫覆阳而上意疑也。已卯、庚辰之间，必有欲隔绝臣令不得乘传奏事者。②

接着又向皇帝上书说：

> 乃丙戌小雨，丁亥蒙气去，然少阴并力而乘消息，戊子益甚，到五十分，蒙气复起。此陛下欲正消息，杂卦之党并力而争，消息之气不胜。……己丑夜，有还风，尽辛卯，太阳复侵色，至癸巳，日月相薄，此邪阴同力而太阳为之疑也。……臣得居内，星亡之异可去。③

丙戌至己丑夜共四天，至癸巳共八天，京房依据其间的天气变化，以日象征君，蒙气、阴、雨、月等，象征石显、五鹿充宗等，编造了这套灾异谎言，与董仲舒相比，说法更加细密，也更加离奇荒谬了。

《京房易传》现存三卷，"多言八卦分宫，纳甲占候"④，与《汉书·五行志》所引不同。（下章论述）从《汉书·五行志》看，京房

---

① 《论衡·变动》。
② 《汉书·眭两夏侯京翼李传》。
③ 同上。
④ 陈国庆：《汉书艺文志注释汇编》。参阅朱伯崑《易学哲学史》上册，北京大学出版社1986年版。

易学和刘向的《洪范五行传论》一样，是一种阴阳灾异大全。

五　刘向《洪范五行传论》的灾异思想

《汉书·刘向传》说：

> 向见《尚书·洪范》，箕子为武王陈五行、阴阳、休咎之应，向乃集合上古以来历春秋六国至秦汉符瑞、灾异之记，推迹行事，连传祸福，著其占验，比类相从，各有条目，凡十一篇，号曰《洪范五行传论》。奏之。天子心知向忠精，故为凤兄弟起此论也，然终不能夺王氏权。①

刘向希望陈灾异，告诫成帝，不要大权旁落，但王凤的势力已经养成。在各种尖锐的矛盾斗争中，成帝不务政事，除了依靠外家，也别无选择。

刘向的《洪范五行传记》和夏侯胜所学《伏生传》，内容是一样的。《汉书·五行志》说："孝武时，夏侯始昌通五经，善推《五行传》，以传族子夏侯胜，下及许商，皆以教所贤弟子。其传与刘向同。"在刘向、夏侯胜的《五行传记》中，从先秦至西汉成帝时，一切灾异都和人君的言行联系起来，以天人感应进行阐释。如"木不曲直"，"木为变怪"条下，引了成公十六年"正月，雨本冰"的灾异。"火不炎上"条下引了桓公十四年八月"御廪灾"，庄公二十年夏"齐大灾"，僖公二十年五月"西宫灾"，宣公十六年，夏，"成周宣榭火"，成公三年二月"新宫灾"，直至高后元年，惠帝四年，文帝七年，景帝中五年，武帝建元六年，征和二年，宣帝甘露元年，成帝永光四年，所有与火灾有关的灾异变怪，都用政治上的得失和人君的言行加以解释。

从《汉书·五行志》看，京房的易学的灾异系统和刘向洪范五行的灾异，仅在于编码（即编排灾异的形式）不同，一者按五行分类，一者按易卦分类，而思想实质和理论基础是一致的。因此刘向在

---

① 《汉书·楚元王传》附。

解释灾异时，常常引用《易》的说法。《汉书·五行志》则把《五行传》和《京房易传》并列。可以看出，《京房易传》和《洪范五行传论》实质上是没有多少区别的，两者都毫无学术价值可言。

六　儒学确立统治地位的社会阶级背景

儒学在宣成时期何以能确立全面统治地位，过去多从阶级斗争形势上分析。这种分析，方向是对的，但缺乏具体内容，以致成了一个套子，可用以说明任何涉及阶级的社会现象。实际上封建社会阶级斗争形势是不断变化的。汉代不同于魏晋，不同于先秦，东汉又不同于西汉。就西汉而言，也有许多变化。局部地看，武帝时期阶级斗争形势远较昭帝和宣帝时期剧烈、紧张。武帝后期，繁重的军役和赋税重担以及天灾、饥馑、民不聊生，激起了连绵不断的大大小小的农民起义。昭宣时期，社会重新恢复和平休养局面。生产发展，吏治严明，史称"中兴"，农民起义趋向低潮。为什么阶级斗争高潮的武帝时期，阴阳灾异不能流行，今文经学不能确立全面统治地位，反而在阶级斗争低落的宣帝时期，取得了重大进展，这是仅仅用阶级斗争难于回答的。

历史的发展不能排除个人和偶然因素的作用。前面的分析指出，宣帝个人由平民而登上皇位这种情况，对反复宣传"天命"、"祥瑞"起了重大作用。从内因外因的关系看，今文经学在武帝时期取得独尊地位，社会上享有的影响日益扩大是内因，宣帝个人的特殊情况和需要是诱发剂，是偶然因素和外因。但在一定条件下，外因或个人的偶然因素又可以起重大作用。然而这还不是最本质的分析和观察。从本质上看，真正起决定作用的，是武帝"独尊儒术"的政策，导致社会结构和各种力量在社会中的地位与作用，有了新的变化。这就是"士族"这一标志阶级和经济、文化、政治的综合力量在社会上出现，并成了地主阶级的支配和领导力量。

武帝以前，在地主阶级中，充当中坚和领导力量的是宗族豪强。它主要由两部分人组成。一部分人是战争中新起的军功地主、新贵。如刘氏皇室、贵戚、诸侯王、受封的功臣以及经由各种途径爬上来的权势分子（如桑弘羊、上官桀、金日磾等）。另一部分人是六国的旧强宗豪族。这两部分人的共同特点是享有财富、权势，但不享有文化和经学知识。豪强中许多人是武夫、文盲或从事实际经营（经商、盐铁）活动的成员。反映在政权的组成上，儒生不享有掌握实权的支配地位，仅扮演帮闲的角色。武帝时期虽然出现了白衣为三公的公孙弘，标志着知识分子地位的上升和在政权中的影响与力量有了扩大，但这个过程很快就被战争打断了。公孙弘个人虽然成为新贵，但势单力薄，清贫自守，夹着尾巴做人，没有形成强大的社会力量。然而由于尊儒政策的确定，在社会上，在民间，经学却取得了迅速的发展，经过六十多年的积累，终于形成了"士族"这一新的强宗豪族力量，这就不仅影响了宣成时期政权的构成，也使它的思想成为社会和政策的指导思想。宣成时期今文经学确立全面统治地位，本质上是由这种情况造成的。

西汉中期，新的强宗——士族是经由两条途径形成的。一条是旧的豪强宗族士族化，即在独尊儒术的影响下，它们的子弟纷纷读书，随师学经，从而把整个氏族转化成士族。一条是经学之士通过参政而成为新贵，凭借新获得的政治特权而扩张社会、经济势力，成为新的士族强宗。这两部分人日益结合发展，构成了统一的士族豪强队伍。①

西汉中期，士族强宗具有如下特点：（1）它是知识化的。它们信奉"今文经学"，以今文思想作为意识形态的核心。（2）它是一种强大的宗族、宗法力量。它的宗族意识由于儒学的培育熏陶而特别浓烈。（3）在政权组成上日益取得垄断地位，因而是政治上的支配力量。（4）在经济上通过贪得无厌的土地兼并等，日益扩张，享有越来越大的经济实力。

士族的巨大力量，在宣成时期没有实际显现，人们尚看不十分清楚，在西汉末年反王莽的斗争中，就显现得极其充分而使人们看到了它的举足轻重的地位。

据余英时《中国知识阶层史论》的统计，两汉之际各地起事的首领，有姓名可考的约一百人，其中宗室、士族、大姓，约四十七人，分为东方、北方、西北、南方、西南五大集团。东方是刘永集团，张步集团，董宪集团。北方是王朗集团，彭宠、张丰集团。西北

---

① 参见余英时《中国知识阶层史论·东汉政权之建立与士族大姓之关系》。

有庐芳集团，窦融、梁统集团，隗嚣集团。南方有李宪集团，秦丰集团，田戎集团。西南有公孙述集团。刘永本人为宗室，张涉为宗族大姓。王朗与信都大姓马宠、耿纯关系密切，纯曾率宗人宾客，举族归命光武。[1] 彭宠是士族子弟。庐芳自称宗室子弟。隗嚣为西北著名士族，"素有名，好经书"。[2] 窦融累世任宦西河。公孙述为世家子弟。光武集团更是士族豪强的代表。正是这种士族豪强力量，使宣帝、元帝、成帝时期的政治指导思想不能有其他的选择，政权的组成成分不能再出现武昭时期的情况。不管皇室外戚或宦官的斗争，有宦海浮沉，时升时降，士族作为社会和政权的基本力量支柱，从此再没有变化。王莽依靠取得士族的支持而上台，又很快由于士族的背离而失败[3]。光武由于依靠士族而取得胜利，复兴汉室，明帝以后，东汉末年，又由于士族的背离而终于失败，在魏晋为新的士族力量所取代而结束了东汉政权的存在。所以士族的出现、成长和壮大，既是了解汉代后期政治社会变化的钥匙，也是了解儒学在宣成时期能够确立统治地位的钥匙。

汉代经学重师法、家法，又形成"累世经学"的特殊现象。每一经师，门徒众多，代代相传，党同伐异，壁垒森严，在社会上成为一种特殊势力和朋党，有如侯外庐先生主编的《中国通史》（第二卷）所指出的，是一种知识基尔特（行帮）。这种知识"基尔特"到宣帝时期，形成了自己的传授系列和宗派。经学的经师或"家"的代表，往往是政府中的大官，相互援引荐举，门生故吏亦纷纷占据要津。于是上下左右，朝内朝外，盘根错节，其势力更加牢不可拔。这也是经学在宣成时期能够确立统治地位的原因。

以鲁诗为例。武帝时鲁诗大师申公，其弟子为博士者十余人。如孔安国至临淮太守，周霸胶西内史，夏宽阳城内史，砀鲁赐东海太守，兰陵缪生长沙内史，徐偃胶西中尉，阙门庆忌胶东内史。"其学官弟子行虽不备，而至于大夫、郎、掌故以百数。"申公传江公和许

---

[1] 《后汉书·耿纯列传》。
[2] 《后汉书·隗嚣列传》。
[3] 参见余英时《中国知识阶层史论·东汉政权之建立与士族大姓之关系》，联经出版事业公司出版，第139页。

生、徐公。江公及许生传韦贤，位至丞相，贤传子玄成，为淮阳中尉，以后亦至丞相。徐公许生又传王式，为昌邑王师。王式传张（张长安）、唐（唐长宾）、褚（褚少孙），于是鲁诗有张、唐、褚三氏之学。张生兄子游卿为谏大夫，以诗授元帝。其门人王扶为泗水中尉，许晏为博士。其他《齐诗》、《韩诗》、《易》、《礼》、《春秋》、《书》无不如此。以宣帝时穀梁学而言，庆、姓皆为博士。姓至中山太守，授申章昌，曼君，为博士，至长沙王太傅，徒众尤盛。尹更始为谏大夫，长乐户将，传子咸及翟方进、房凤。咸至大司农，方进丞相。① 所以班固说："自武帝立五经博士，开弟子员，设科射策，劝以官禄，讫于元始，百有余年，传业者寖盛，枝叶蕃滋，一经说至百万余言，大师众至千余人。"② 这种政权和经学结合，儒生与士族势力相结合的情况，使经学思想具有最深厚的社会政治根基。这种根基既是了解盐铁会议上儒生力量的奥秘所在，也是了解宣帝时期儒学享有全面统治地位的关键因素。

当然，这不是说阶级斗争形势不起作用，只是说，宣帝时期今文经学取得支配地位，是由于具体阶级状况的变化。阶级斗争当然有它的作用，如果进一步观察元成至哀平灾异思想的泛滥，则联系这一时期阶级斗争和政治斗争的情况，是十分必要的。

---

① 《汉书·儒林传》。
② 同上。

第十章

孟喜京房易学思想的特点及其影响

孟喜、京房易学有两部分内容，一是以阴阳灾异说为政治目的服务，这部分内容荒谬；但现在存传的《京房易传》则是一部哲学与学术性的著作。作为易学史中象数学的代表，孟京易学代表了易学发展的一个重要阶段和方面。比之义理，象数易更具有宇宙观的意义，凸显了易作为哲学世界观的更基本的核心。了解研究孟京易学的这部分学术内容，是十分重要的。

一 孟喜易学的卦气思想

孟喜易学的基本特点是将易理解为阴阳两气消息虚盈所构成的宇宙图式。

作为《易》的诠释，《易传》包含有两种传统：一是由孔子开启与代表的义理派的传统，所谓"'不恒其德，或承之羞。'子曰：'不占而已矣。'"完全摒弃占筮而纯从卦爻辞之义理引申道德修养与人事的教训。这是先秦《易学》的基本传统。另一部分则是予《易》以宇宙观的解释，将易理解为阴阳二气之交感运动所造成的种种变易及由此导致的人事之吉凶祸福。《说卦》中的"太极说"、"天数地数说"及"先天后天方位说"等等，属于这一传统。孟喜京房易是这一传统的重大和系统的发展，由此奠定了易的象数之学，成为易学和汉代的基本哲学思潮。

孟喜易学的产生，本质上，是汉代以董仲舒为代表的阴阳五行之天人感应学说在《周易》中的具体发展和表现。孟喜以前，董仲舒以阴阳灾异说《公羊春秋》，为儒者宗。董仲舒学说的基本内核即是以阴阳与五行之消息盈虚为天道之正常与变异及由此造成的人事吉凶祸福之根据。孟喜不过是把它具体引入易学，使之易学化而已。

董仲舒《春秋繁露·天辨在人》说：

> 金木水火土各奉其所主以从阴阳，相与一力而并功。其实非独阴阳也，然而阴阳因之以起，助其所主。故少阳因木而起，助春之生也，太阳因火而起，助夏之养也。少阴因秋而起，助秋之成也，太阴因水而起，助冬之藏也。

同书《阴阳终始》又说：

> 天之道终而复始，故北方者，天之所终始也，阴阳之所合别也。冬至之后，阴抑而西入，阳仰而东出。出入之处，常相反也。多少调和之适，常相顺也。有多而无溢，有少而无绝。春夏阳多而阴少……秋冬阴多而阳少。

如以图示，董仲舒阴阳五行之天道运行如下页图一。

孟喜将董这一天道阴阳图式引入《易》的系统。少阳、少阴、太阳、太阴被具体化为阳九、阴八、阳七、阴六。一爻--爻是阴阳之象，九、八、七、六则是阴阳之数，用这样的阴阳象数移入上述的阴阳天道运行图，即得如下图二。

唐僧一行《卦议》引孟喜卦气说：

> 自冬至初中孚用事。一月之策，九六七八，是为三十。而卦以地六，候以天五，五六相乘，消息一变。十有二变而岁复初。坎、震、离、兑，二十四节气，次主一爻。其初则二至二分也。坎以阴包阳，故自北正，微阳动于下，升而未达，极于二月，凝固之气消，坎运终焉。春分出于震，始据万物之元，为主于内，则群阴化而从之，极于正南，而丰大之变穷，震功究焉。离以阳包阴，故自南正，微阴生于地下，积而未章，至于八月，文明

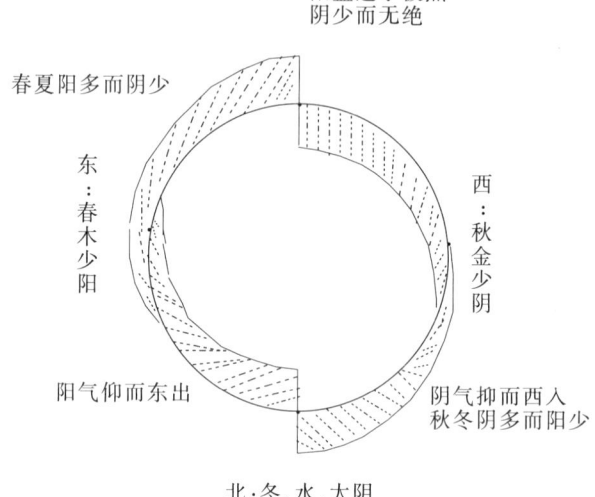

```
          南:夏、火、太阳
          阳盛达于极点
          阴少而无绝

春夏阳多而阴少

东：春木少阳                    西：秋金少阴


阳气仰而东出            阴气抑而西入
                        秋冬阴多而阳少

          北:冬、水、太阴
          冬至阳少而无绝
```

图 一

之质衰，离运终焉。仲秋阴形于兑，始循万物之末，为主于内，则群阳降而承之，极于北正，而天泽之施穷，兑功究焉。故阳七之静始于坎；阳九之动始于震。阴八之静始于离，阴六之动始于兑。故四象之变，皆兼六爻，而中节之应备矣。(《新唐书》卷二十七上)

坎、震、离、兑被称为四正卦，分主二至（冬至夏至）二分（春分秋分），又每卦统帅其余五个节气，共二十四个节气。冬至至惊蛰，由坎卦统帅。春分到芒种，由震卦统帅。夏至至白露，为离卦统帅。秋分到大雪，由兑卦统帅。一年十二个月，由冬至到惊蛰六个节气，起冬至十一月中，为坎初六；小寒十二月，为坎九二，大寒十二月中为坎六三，立春正月，为坎六四，雨水正月，为坎九五，惊蛰二月，为坎上六。唐僧一行依次制一卦气图如图三。

```
                    夏至，南正。
                    微阴生于下，
                    阴八(太阴)之静始于离

                         ☲
                         离

春分。                                    秋分。
阳主于内，                                  阴主于内，
群阴化而从之，  ☳  震          兑  ☱      群阳降而承，
阳九(太阳)之                              阴六(少阴)
动始于震                                  之动始于兑

                         坎
                         ☵

                    冬至，北正。
                    坎以阴包阳，
                    微阳动于下，
                    阳七(少阳)之静始于坎
```

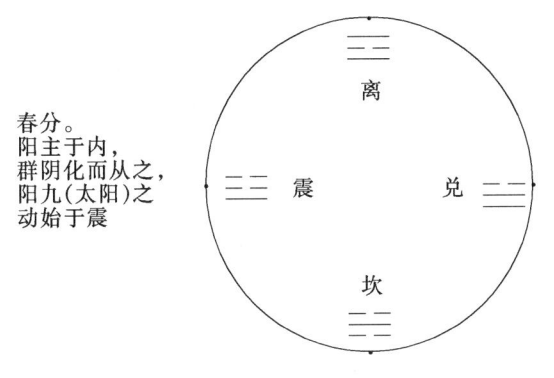

图　二

图三　　　　　　　　卦　气　图

常　气	月中节四正卦	初候始卦	次候中卦	末候终卦
冬　至	十一月中 坎　初　六	蚯　蚓　结 公　中　孚	麋　角　解 辟　　复	水　泉　动 侯　屯　内
小　寒	十二月节 坎　九　二	雁　北　乡 侯　屯　外	鹊　始　巢 大　夫　谦	野鸡始鸲 卿　　睽
大　寒	十二月中 坎　六　三	鸡　始　乳 公　　升	鸷鸟厉疾 辟　　临	水泽腹坚 侯　小过内
立　春	正　月　节 坎　六　四	东风解冻 侯　小过外	蛰虫始振 大　夫　蒙	鱼　上　冰 卿　　益
雨　水	正　月　中 坎　九　五	獭　祭　鱼 公　　渐	鸿　雁　来 辟　　泰	草木萌动 侯　需　内
惊　蛰	二　月　节 坎　上　六	桃　始　华 侯　需　外	鸧　鹒　鸣 大　夫　随	鹰化为鸠 卿　　晋
春　分	二　月　中 震　初　六	玄　鸟　至 公　　解	雷乃发声 辟　大　壮	始　　电 侯　豫　内

续表

常 气	月中节四正卦	初候始卦	次候中卦	末候终卦
清 明	三月节 震六二	桐始华 侯豫外	田鼠化为䴏 大夫讼	虹始见 卿蛊
谷 雨	三月中 震六三	萍始生 公革	鸣鸠拂其羽 辟夬	戴胜降于桑 侯旅内
立 夏	四月节 震九四	蝼蝈鸣 侯旅外	蚯蚓生 大夫师	王瓜生 卿比
小 满	四月中 震六五	苦菜秀 公小畜	靡草死 辟乾	小暑至 侯大有内
芒 种	五月节 震上六	螳螂生 侯大有外	䴗始鸣 大夫家人	反舌无声 卿井
夏 至	五月中 离初九	鹿角解 公咸	蜩始鸣 辟姤	半夏生 侯鼎内
小 暑	六月节 离六二	温风至 侯鼎外	蟋蟀居壁 大夫丰	鹰乃学习 卿涣
大 暑	六月中 离九三	腐草为萤 公履	土润溽暑 辟遁	大雨时行 侯恒内
立 秋	七月节 离九四	凉风至 侯恒外	白露降 大夫节	寒蝉鸣 卿同人
处 暑	七月中 离六五	鹰祭马 公损	天地始肃 辟否	禾乃登 侯巽内
白 露	八月节 离上九	鸿雁来 侯巽外	玄鸟归 大夫萃	群鸟养羞 卿大畜
秋 分	八月中 兑初九	雷乃收声 公贲	蛰户 辟观	水始涸 侯归妹内
寒 露	九月节 兑九二	鸿雁来宾 侯归妹外	雀入大水为蛤 大夫无妄	菊有黄华 卿明夷
霜 降	九月中 兑六三	豺乃祭兽 公困	草木黄落 辟剥	蛰虫咸俯 侯艮内
立 冬	十月节 兑九四	水始冰 侯艮外	地始冻 大夫既济	野鸡入水为蜃 卿噬嗑
小 雪	十月中 兑九五	虹藏不见 公大过	天气上腾地气下降 辟坤	闭塞而成冬 侯未济内
大 雪	十一月节 兑上六	鹖鸟不鸣 侯未济外	虎始交 大夫蹇	荔挺生 卿颐

(见《旧唐书》卷二十八上)

以上图式，未必都是孟喜的说法。但四正卦说，十二月卦说，六十卦配以七十二候，皆出于孟喜易学，这是可以肯定的。（参见朱伯崑先生《易学哲学史》上册，第111页，北京大学出版社1986年版）

《易传·说卦》说：

> 万物出乎震，震东方也，齐乎巽，巽东南也，齐也者，言万物之吉齐也。离也者，明也，万物皆相见，南方之卦也。圣人南面而听天下，响明而治，盖取诸此也。坤也者，地也，万物皆致养焉，故曰致役乎坤。兑正秋也，万物之所说也，故曰说言乎兑。战乎乾，乾西北之卦也，言阴阳相薄也。坎者水也，正北方之卦也，劳卦也，万物之所归也，故曰劳乎坎。艮，东北之卦也，万物之所成终而所成始也。故曰成言乎艮。

《说卦》这里出现了孟喜作为四正卦的北坎、震东、离南、兑秋；但《说卦》不说兑西方之卦也。它的方位分布，不是以阴阳消长为依据的。其以离为南方之卦，是从离之为明的卦象引出的，故说圣人南面而治。乾何以为西北之卦，艮何以为东北之卦，也都与阴阳消长不协，故孟喜的思想，基本上是从董仲舒为代表的阴阳五行宇宙图式而来的。

按二十四卦卦气图：

　　冬至十一月中为复䷗
　　大寒十二月中为临䷒
　　雨水正月中为泰䷊
　　春分二月中为大壮䷡
　　谷雨三月中为夬䷪
　　小满四月中为乾䷀
　　夏至五月中为姤䷫
　　大暑六月中为遁䷠
　　处暑七月中为否䷋
　　秋分八月中为观䷓
　　霜降九月中为剥䷖
　　小雪十月中为坤䷁

此阴阳的消长，正好和董仲舒所讲冬至后阳仰而东出，阴抑而西入相符合。四月阳达于极盛为乾，夏至五月阴气微动于下而为姤。此后阴气越来越盛，至十月而为坤。冬至则一阳复生于下而为复。以方位言之，与《说卦》相反，乾恰好为东北之卦，艮则为西北之卦。

以上是孟喜易学的基本内容。它可以说是将阴阳的消息盈虚所造成的天地运行、四时分布、气候变化，以易符号化。也可以说是将易之卦爻客观实体化，成为卦气，以卦气之消息盈虚取代阴阳二气而成为天地、四时、气候、灾变之根据、始基。如是前一意义，易的符号只起编码表征的作用；如是后一意义，则八卦乾坤就成为天地之体，八卦就完全同五行一样，即是学说，又是构成宇宙的基元了。孟喜的卦气说，后一种意义是更为显著的。

二 京房的阴阳象数易学

汉代的象数易学基本上是在孟喜基础上由京房确立的。京房对孟喜易学的发展，主要是：虽然两者的着眼点都是阴阳二气，但孟喜所注重的是阴阳消长进退所引起的天地气候的变化，京房则将注意点完全转到了各卦的阴阳变易与互变所造成的卦象与卦义的改变，从而使周易全部阴阳化。

首先，京房以阴阳二气的消长盈虚为根据，将易卦重新排列，使之成为一由阴阳盈虚所构成的推移转化的有机体系。其卦的排列按《说卦》的说法：以乾坤为父母，各统帅三男三女。男为阳纯（宫），阴为女纯（宫）。四阳卦乾、震、坎、艮成为一组，四阴卦坤、巽、离、兑为另一组。每卦各统帅八卦，由此造成的六十四卦排列，即是所谓八宫。

其乾宫的列排，第一列乾为上世，依次为一世、二世、三世、四世、五世。乾初九变阴爻为一世姤䷫，表示阴始浸于阳。然后阴进一步浸阳，成为二世遯䷠，三世否䷋，四世观䷓，五世剥䷖。震卦初爻变阴为一世豫䷏，二爻皆变为二世解䷧。坎艮坤巽等亦皆依此。卦序这样地编排与命名，由上世到一世二世五世，阴阳爻的变化都是循序而进，承继有序的，犹如社稷世系的承传。五世以后然后是游魂、归魂。

惠栋《易汉学》依京房义，制八宫卦次图，朱佰昆先生《易学哲学史》加以补充，（《易学哲学史》，北京大学出版社，1986年版）制图如图四。

图四　　　　　　　　八宫卦次图

世、游、归	八　宫　卦							
八纯上世	乾	震	坎	艮	坤	巽	离	兑
一　世		豫	节	贲	复	小畜	旅	困
二　世	遁	解	屯	大畜	临	家人	鼎	萃
三　世	否	恒	既济	损	泰	益	未济	咸
四　世	观	升	革	睽	大壮	无妄	蒙	蹇
五　世	剥	井	丰	履	夬	噬嗑	涣	谦
游　魂	晋	大过	明夷	中孚	需	颐	讼	小过
归　魂	大有	随	师	渐	比	蛊	同人	归妹

京房《易传》解释说：乾"纯阳用事"。一世姤，"阴遇阳"。二世遁，"阴荡阳"、"阴来阳退也"。三世否，"内象阴长"、"阴气浸长"。四世观，"内象阴道已成"、"阴道浸长"。五世剥，"柔长刚

293

减，天地盈虚"、"天气消灭"。游魂晋，"阴阳反复，进退不居，精粹气纯，是为游魂"。"卦复本宫曰大有䷍，内象（下卦）见乾是本位。""阴退阳复，反本也"。反本曰归魂。坤宫等各世的解释亦是如此。京房《易章句》（载《黄氏逸书考》）说："阴入阳，阳入阴，阴阳交互，内外适变，八卦回巡，至极则反。"由此六十四卦之推移，成为阴阳相长、相浸、相资、相反、相克、相生的内在辩证过程。

京房《易传》也以阴阳的对立、消长、矛盾、起伏为根据，对每卦的主要精神与卦义作统一的解释，从而使《易》之六十四卦成为"一阴一阳之谓道"这一根本规律的有机展现。京房说：

> 阴中有阳，气积万象，故曰阴中阴。阴阳二气，天地相接，人事吉凶，见乎其象。六位适变，八卦分焉。阴虽虚，纳于阳，位称实。升降反复，不能久处，千变万化，故称乎易。易者变也。阴极则阳来，阴消则阳长，衰则退，盛则战。（《坤卦》）
>
> 阴阳升降，反归于本。变体于有无吉凶之兆，或见于有，或见于无。阴阳之体，不可执一为定象。于八卦，阳荡阴，阴荡阳，二气相感而成体，或隐或显，故系云"一阴一阳之谓道"。（《丰卦》）

就是说，阴阳是对立的，"阳荡阴，阴荡阳"，充满着矛盾、斗争；但两者又相感而成为一体。由于相荡、相感，易体是变动不居的，其矛盾运动造成的变易，或显著于象而可见，或隐藏潜伏于象后而不可见。但不管是隐是显，都包含着阴阳的相荡相感。阴阳的顺遂、变异和人事的种种吉凶祸福，就是由此造成的。这就是《系辞》所说的"一阴一阳之谓道"。

《周易》六十四卦本有卦辞、爻辞、彖辞。各卦卦辞内容庞杂，何以特定地将某卦辞系于某卦之下，因其原于占筮，是没有道理可言的。爻辞亦是如此。以后《彖辞》据卦象，采刚柔、阴阳予卦辞以解释。《象辞》则基本上对爻辞作义理的诠释，只间采阴阳之说。京房《易传》在诠释各卦时，每卦以一爻为主，即以一爻为一卦之主旨之所在，而统一地以阴阳之消长盈虚解释之。如丰䷶《卦辞》："亨，王假之，勿忧，宜日中。"《彖》曰："丰，大也，明以动，故曰丰。"但何以明？何以动？《彖辞》未讲理由。京房则以刚柔阴阳解释之，说："丰，雷火交动，刚柔散，气积则暗，动乃明。"屯䷂，兑下坎上《卦辞》说："元亨利贞，勿用有攸往，利建侯。"《彖》曰："刚柔始交而难生，动乎险中，大亨贞。"《京房易传》解释说："屯，内外刚长，阴阳升降，动而险。凡为物之始，皆出先难后易，今屯则阴阳交争，天地始分，万物萌兆，在于动难，故曰屯。"突出了阴阳升降与阴阳交争的作用。需䷄，乾下坎上。《卦辞》说："需，有孚、光、亨、贞吉，利涉大川。"《彖》曰："需，须也，险在前也。刚健而不陷，其义不困穷矣。"但何以险在前？未加解释。《象》曰："云上于天，需，君子以饮食宴乐。"何以"云上于天，需"。也未加解释。《京房易传》解释说："云上于天，凝于阴而待于阳，故曰需。需者待也。三阳务上而隔于六四，路之险也。"又说："需于饮食，争于坎也。阴阳相激，胜负有倚，反为不速，敬终有庆。"以阴阳的矛盾相争与"敬中有庆"，解释了"君子以饮食宴乐"的道理之所在。蒙䷃，坎下艮上。《卦辞》说："蒙，亨，匪我求童蒙，童蒙求我……"《彖》曰："蒙，山下有险，险而止，蒙。……蒙以养正，圣功也。"《象》曰："山下出泉，蒙，君子以果行育德。"《京房易传》说："蒙，积阳居阴，止于坎陷，养纯正素，居中得位。《易》云：'山下出泉'，蒙。二象标正，天下通也。击暗释疑，阳道行也。内实外正，暗得明，阴附于阳，稚道亨也。故曰蒙养正。"对何以"蒙养正，圣功也"及何以"君子以果行育德"，做出了解释，解释之根据即是阴阳刚柔的相荡相感之道。师卦䷆，坎下坤上。《卦辞》说："师，贞、大人吉、无咎。"《彖》曰："师、众也，贞、正也，能以众正，可以王矣。刚中而应，行险而顺，以此毒天下而民从之，吉，又何咎矣。"刚中而应，行险而顺，是对坎象的解释。但众、民所何指？何以贞、正也？何以能以众正则可以王矣？《彖》辞只是从义理上予以说明。《京房易传》则以阴阳刚柔对之做出了说明，指出："众阴而宗于一，一阳得于贞，正也。"众阴指师卦的五阴爻，一指下坎的九二。九二以阳而得位居中，为众阴所宗。故用之于军事，有利于行师。《京房易传》说："师，变离入阴，阳于正道，复本归坎（内卦坎为本宫），阳在其中矣。处下卦之中，为阴之主，利于行师。"

如此等等。

因此，六十四卦之卦辞、彖辞、象辞、爻辞，京房都抓住一主要精神，以阴阳之消长、相感、相荡，对之作统一的解释，从而真正使卦成了活的阴阳矛盾运动之体。《京房易传》总结说：

> 天地之数，分于人事。吉凶之兆，定于阴阳。阴于阳消，阳生阴灭，二气交互，万物生焉。（井卦）
> 阴中有阳，气积万象……阴阳二气，天地相接，人事吉凶见乎象。（坤卦）
> 阴阳交互，阳为阴，阴为阳，阴阳二气，荡而为象。（震卦）
> 阴阳升降定吉凶成败。（观卦）
> 阳消阴长，无专于败。（遁卦）
> 以阴荡阳，以阳荡阴，阴阳二气，荡而成象。（京房《易章句》载《黄氏逸书考》）
> 盛衰之道，在乎机要。阴阳死于位，生于时，死于时，生于位，进退不可诘，正盛则衰来，正衰则盛来。（涣卦）
> 阴阳相背，二气不交，物何由生？（同上）
> 刚气亢盛，阴阳不合，进退危也。（归妹）
> 阳胜阴而为壮。……壮不可极，极则败。物不可极，极则反。（大壮卦）
> 阴阳代位，至极则反。（大过）

因此阴阳的交争相荡及相感，是一切变易及吉凶福祸之最根本的根据。《易》之各卦所展现的即是阴阳的矛盾相争相感所造成的变易。在《京房易传》中，阴阳，虽主要指阴阳二气，但已包含有广泛一般的意义。阳代表正气、光明、刚健、君子、生命，阴代表邪气、阴暗、柔逊、后退、疾病、小人等，从而把"一阴一阳之谓道"当成了对立统一之一般的辩证规律的表述，在辩证法的认识上达到了较高的水平。

三　京房注《易》的几种方法

为了更好地具体地解释各卦的推移变化及卦的义理（吉凶祸福），京房创造地提出了几种卦象之阴阳变易的方法。这些方法从本体论上说，是阴阳本身的相感、相荡，从方法上说则是阴阳的变易规律在解释易义上的自觉运用。这几种方法，一是飞伏法，一是互体说，一是卦变说。

阴阳在董仲舒的天道图式中，其运行有消长起伏，而没有消灭与新生。阳气盛息如夏至，阴气则潜隐而不见。冬至北正，阴气极盛，则阳气潜隐而不见。《史记·律书》说："冬至一阴下藏，一阳上舒。"这种抑仰、藏舒、消长、起伏，是阴阳变易的一个特点。京房将这种思想引用到卦的阴爻阳爻的变化上，提出飞伏说。飞即阴阳变易之可见者，伏即是藏伏而不可见者。如乾，可见者为阳，为飞，其坤阴则潜伏于其后，为伏。故乾"与坤为飞伏"，坤"与乾为飞伏"。同理，震与"巽为飞伏"，巽"与震为飞伏"。坎与离、兑与艮等等，皆如此。《京房易传》广泛应用这种飞伏法解释卦义。如：乾卦，京房说："六位纯阳，阴象在中，阳为君，阴为臣，阳为民，阴为事，阳实阴虚，明暗之象。"就是说虽然乾卦是纯阳用事，但与阴是不能分割的，用阳时必须考虑到阴，故应保持乾乾夕惕之忧，阴阳相战之虑等。纯阳而阴象在中，即因乾与坤为飞伏。又如坤卦，京房说："纯阴用事……阴凝感，与乾相纳，臣奉君也。……阴虽虚，纳于阳。"所以如此，即因坤与乾为飞伏。

王应麟《郑氏周易序》说："郑康成学费氏易，为注九卷，多论互体。互体求易，左氏（《左传》）以来有之。凡卦爻，二至四，三至五，两体互交，各成一卦，是谓一卦含四卦。"所谓"互体"，即一卦六爻之中，以二至四爻为一卦，三至五爻为另一卦，共为四卦。其中二至四，三至五爻所组成之卦又互为体，互体者，互相包含之意也。按传统说法，费氏易为古文学。费易讲互体，现存材料遗失，实际上京房讲互体很明确，在其《易传》中广泛地运用于对卦义的解释。

如渐䷴艮下巽上，三至五爻为离。《京房易传》说，"上木下土，风入艮象，渐退之象也。互体见离。"中孚☴兑下巽上，三至五爻为艮。《京房易传》说："阴阳变动，六位周匝，反及游魂之卦，互体见民（艮之误）。"无妄☰震下乾上，二至四爻为艮，三至五爻为巽。《京房易传》说："刚正阳长，物无妄矣。内互（指二至四爻）见艮，止于纯阳（艮上爻为阳）。外互（指三至五爻）见巽，顺于阳道。天行健而动刚，刚正于物，物则顺也。"蛊☴巽下艮上，二至四爻内互为兑。《京房易传》说："山下见风，止而顺，内互悦而动。"归妹☳兑下震上。二至四爻为离，三至五爻为坎。《京房易传》说："归妹，阴复于本，悦动于外，二气不交，故曰归妹。互见离坎，同于未济。"兑☱兑上兑下，二至四爻为离，三至五爻为巽。《京房易传》说："内卦互体见离巽。"等等。《黄氏逸书考》所收《京房易章句》中，亦有两条互体材料。如大畜☰，乾下艮上。《易章句》说："谓二变五，体坎，故利涉大川。""二变五"，即九二（阳）变成六五（阴），二三四爻成为坎卦。中孚☴兑下巽上，京房《易章句》说："九二处和体震，则震为鹤。"和指九二不变。其二三四爻，内体为震。互体法在汉易中发生了广泛影响。

京房易传"变卦"思想更为普遍，京房常用以解释卦的推移与变化。卦变如乾宫由解☳坎下震上到恒☳巽下震上，京易解释说："变坎入巽，居内，象为雷风运动，鼓吹万物，谓之恒。"坎的第六三变为九三，即由坎入巽，这是以爻的阴阳之变解释卦的推移。又如由坎☵坎下坎上到节☵兑下坎上，《京易》说："阳变阴，成于险道，今以阴变阳，止于为节。"即以坎的初六变初九解释卦的推移。其他如（睽卦）："阴阳互荡，六位逆迁，变离入乾。"临卦："阳升阴降入三阳，乾象入坤即泰卦"等等，都是以变卦做的解释。

京易的这种阴阳爻变、卦变，在汉易中也发生了广泛的影响。

四　《易》与五行的结合

《京房易传》反映汉代天人合一、天人相应之思想特点，以阴阳为基础，糅合天文、律历、岁时、方位、五行生克与社会、人事，成为一"大一统"的思想模式。每一卦都成为构成此大一统之机体及其运动发展之"单元"、单位，故每卦的组成要素都有：五星、二八宿、五行、律历、岁时、干支，等等。

京房说：

> 夫易者象也，爻者效也。圣人所以仰观俯察，象天地日月星辰草木万物，顺之则治，逆之则乱。夫细不可穷、深不可极，故撰著布爻，用之于下。筮分六十四卦，配三百六（实为八）十四爻，序一万一千五百二十策，定天地万物之情状。故吉凶之气，顺六爻上下，次之八九六七之数，内外承乘之象，故曰兼三才而两之。（《易传》）

也就是说，六十四卦的每一卦都包含一完整的宇宙图式，是天地万物之情状之反映。其对后来易学产生了广泛影响的"纳甲"、五行六位、律历一体、卦气图等等，其基本思想即是将所有项目，如干支、音律、五行等概括地区分为阴性与阳性，而加以分类配合，视为一有机的整体。如天干，凡奇数为阳，偶数为阴，故甲、丙、戊、庚、壬为阳；乙、丁、己、辛、癸为阴；配入八卦时，阳性数配阳卦，阴性数配阴卦，则乾甲、坤乙、艮丙、兑丁、戊坎、己离、震庚、巽辛。剩余的壬癸配乾坤，乾为甲壬，即所谓"甲壬配外内二象"。地支，阳性为子、寅、辰、午、申、戌，配入阳卦：乾卦、震卦、坎卦、艮卦等。地支丑、卯、巳、未、酉、亥，卯配入坤卦、巽卦、离卦、兑卦等阴卦。京房说："分天地乾坤之象，益之以甲乙壬。震巽之象配庚辛，坎离之象配戊己，艮兑之象配丙丁。八卦分阴阳，六位配五行。光明四通，变易立节。"这就是所谓"八卦纳甲"。其图如图五：

十二律亦分为阴阳。黄钟、太蔟、姑洗、蕤宾、夷则、无射，为阳律；太吕、夹钟、中吕、林钟、南吕、应钟，为阴律。按《淮南子·天文训》十二律配十二月，奇月配阳律，偶月配阴律。故黄钟十一月，太蔟正月，姑洗三月，蕤宾五月，夷则七月，无射九月，大吕十二月，夹钟二月，仲吕四月，林钟六月，南吕八月，应钟十月，配以地支则十一月、五月为子午，配阳卦震；十二月、六月为丑未，配阴卦巽；一月、七月为寅申，配阳卦坎；二月、八月为卯酉，配阴卦离；三月、九月为辰戌，配阳卦艮；四月、十月为巳亥，配阴卦兑。等等。这也就是律历的结合。

图五　　　　　　　　　　八卦纳甲图

爻位＼八卦	乾	坤	震	巽	坎	离	艮	兑
上爻	壬戌	癸酉	庚戌	辛卯	戊子	己巳	丙寅	丁未
五爻	壬申	癸亥	庚申	辛巳	戊戌	己未	丙子	丁酉
四爻	壬午	癸丑	庚午	辛未	戊申	己酉	丙戌	丁亥
三爻	甲辰	乙卯	庚辰	辛酉	戊午	己亥	丙申	丁丑
二爻	甲寅	乙巳	庚寅	辛亥	戊辰	己丑	丙午	丁卯
初爻	甲子	乙未	庚子	辛丑	戊寅	己卯	丙辰	丁巳

"易以道阴阳"，周易属天道系统，五行则属地道，两者原是各自独立的两个系统。但《吕氏春秋》及《礼记》之《月令》及《管子·四时》等篇，已将五行配入四时，成为一统一的宇宙图式。至汉代，董仲舒和《淮南子》将阴阳与五行进一步结合起来，以阴阳五行为本，构造出天地四时的宇宙间架。京房易学反映这一思潮，亦将五行引入八卦中，综合《说卦》与五行方位之说成为一个体系。

按《说卦》，乾性阳刚，为天为金，坤性柔顺，为地为母，震为雷为躁，巽为木，坎为水，离为火，艮为山，兑为泽，京房将五行与八卦结合，得五行六位图如图六：

图六　　　　　　　　　　五行六位图

兑金	艮土	离火	坎水	巽木	震木	坤土	乾金	八卦＼爻位
土	木	火	水	木	土	金	土	上爻
金	水	土	土	火	金	水	金	五爻
水	土	金	金	土	火	土	火	四爻

续表

兑金	艮土	离火	坎水	巽木	震木	坤土	乾金	八卦 爻位
土	金	水	火	金	土	木	土	三爻
木	火	土	土	水	木	火	木	二爻
火	土	木	木	土	水	土	水	初爻

京房也发展了《吕氏春秋》"十二月纪"的五行象数思想，明确提出以三为阳之正，四为阴之正。三位东方，代表圆，为天道日出。圆周与直径的比是3∶1，故三为阳之数。四配西方，代表方，为日落、地道。正方形边长的四倍为方，故以四为方之数。

京房说：

> 阳三阴四，位之正也。三者东方之数，东方日之所出，又圆者径一而周三也。四者，西方之数，西方日之所入，又方者径一而取四也，言日月终天之道。故《易卦》六十四，分上下、象阴阳也。奇偶之数，取之于乾坤。乾坤者阴阳之根本。坎离者阴阳之性命。卦象定吉凶，明得失，降五行，分四象，顺则吉，逆则凶。

又说：

> 阴阳运行，一寒一暑，五行互用，一吉一凶，以通神明之德，以类万物之情。故易所以断天下之理，定之以人伦而明王道。八卦建五气，立五常，法象乾坤，顺于阴阳，以正君臣父子之义，故《易》曰元亨利贞。（《易传》）

这是《吕氏春秋》之五行象数说在汉代易学中的发展。

京房在《易传》中，也广泛地运用五行生克以解释卦义，从而提出了八卦休王思想。

《淮南子·地形训》说:"木壮、水老、火生、金囚、土死。火壮、木老、土生、水囚、金死。土壮、火老、金生、木囚、水死……"壮指当令、当政,居于壮盛时。由于相生相克,五行中某一行当令,则引起其他各行产生生、老、囚、死之变化。木壮时,火生,克土(土死),火胜金,故金囚。水生木,木壮意味水老。等等。《京房易传》引入以解释卦义,说:"六十四卦,遇王则吉,废则凶,冲则破,刑则败,死则危,生则荣。"如解释随卦

震下兑上,说:"金木交刑,水火相敌,休废于时,吉凶生焉。"《说卦》震为东、为木、为雷、为龙、为火,兑为秋、为金、为泽、为水。故说金木交刑,水火相敌。但五行有王相休废,故说休废随时,吉凶生焉。又此卦与巽卦为飞伏。按八卦纳甲,巽卦三爻辛酉为金,震卦为木,六三阳爻居于巽三爻之位,为金克木。京房说:"八卦鬼为系爻,财为制爻,天地为义爻,福德为宝爻,同气为专爻。"《淮南子·天文训》:"子生母曰义,母生子曰保,子母相得曰专,母胜子曰制,子胜母曰困。以胜击杀,胜而无极。以专从事,专而有功。以义行理,名立而不堕。以保畜养,万物繁昌。以困举事,破坏死亡。"《淮南子》这是讲五行,京房即移之以讲八卦。故解乾卦说:"水配位为福德,木入金乡居宝贝,土临内象为父母……金入金乡木渐微。"按五行六位图,乾卦初爻配水,水与乾金为金生水关系,故说福德。二爻木与金是相克,故说宝贝。陆绩说甲寅木是乾之财。"财为制爻",制者相克之义。三爻为土,故陆绩说"甲辰土是乾之父母",土生金,子生母。火是乾之官鬼。火克金,鬼为系爻,系者相克之义。五爻为金,与乾同位。"同位伤木"(陆绩),金克木。

八卦休王,在以后汉代易学中也有广泛的影响。

五行与八卦原为两个系统,故京房将两者结合,引五行入八卦,是十分牵强的。

五 京房易学的影响

孟京阴阳易学思想在易学和中国哲学史上,不仅影响了象数派,亦深刻地影响了义理派。

王弼《周易略例》批评汉易说:"是故触类可为其象,合义可为

其徵。义苟在健，何必马乎？义苟在顺，何必牛乎？义苟合顺，何必坤乃为牛；义苟应健，何必乾乃为马？而或者定马于乾，案文责卦，有马无乾，则伪说滋漫，难可纪矣。互体不足，遂及卦变；变又不足，推至五行。一失其原，巧愈弥甚。"王弼所批评的互体、卦变、五行，基本上都是由京房奠定的。

王弼的批评，似乎他的《周易注》以义理说易，完全转出了新局。但实际上，王弼的《周易注》亦受到京房易的深刻影响。在《周易略例》中，王弼提出种种义例，如：

> 阴阳无定位。（《辨位》）
> 夫应者，同志之象也；位者，爻所处之象也。承乘者，逆顺之象也；远近者，险易之象也；内外者，出处之象也；初上者，终始之象也。
> 是故虽远而可以动者，得其应也。……（《明卦适变通爻》）
> 夫少者，多之所贵也；寡者众之所宗也，一卦五阳而一阴，则一阴为之主矣，五阴而一阳，则一阳为之主矣。（《明象》）
> 一卦之体，必由一爻为主。（《略例下》）
> ……

这些实际上在京易中或者明确地以文字进行了总结，或者在释义中作为方法已普遍地应用，京房说：

> 定吉凶只取一爻之象。（卦）
> 阳多阴少，尊少为贵。得其所履则贵，失其所履则贱。（履卦）
> 得应则吉，失应则凶。

应在《京房易传》中称为世应。王弼的应的思想，可以说是由世应说脱胎而来。

在汉代，东汉注易各家如马融、虞翻、荀爽、郑玄等，都深受京房易学的影响，或采用其卦变说、互体说、飞伏说、卦气说以解易；或采用五行纳甲说等以解易。以后到宋代程颐注易，对象数学极力排斥，但程颐对《周易》许多卦义的解释，亦是采用阴阳消长之说的，如：

师卦☷，程颐说，"以爻而言，一阳而为众阴之主，统众之象。比以一阳而为众阴主而在上，君之象也。师以一阳为众阴主而在下，将帅之象也。"讼卦☰，《序卦》以饮食必有争讼解释讼。程颐说，"为卦乾上坎下。以二象言之，天阳上行，水性就下，其行相违，所以成讼也"。《京房易传》说："天与水违曰讼。"陆绩注"天道西行，水东流，其路背也。外象乾，西北方之卦。内坎水，正北方之卦，其流东也。二气不相交曰讼。"程颐的注显然采纳了京房的说法。又如比卦☷坤下坎上。程颐说："比以一阳而为众阴主而在上，君之象也。"《京房易传》说："比，阴道将复，以阳为主，一阳居尊，群阴宗之。……臣之附君，比道成也。""众爻皆阴，独五以阳刚居君位，从所亲附，而上亦亲下，故为比也。"程颐的注亦显然吸收了京房的解释。故京房易对后代易学的发展，确有不可忽视的影响。

第十一章

谶纬在哀平时期的泛滥及其思想意义

哀平之世，谶纬泛滥，在今文经学及政治思想领域中发生了巨大的影响。

谶纬内容庞杂，从残存篇籍看，主要是天官星历，灾异感应，谶语符命，也有对经学的发展和解释，以及天文地理，风土人情，自然知识，文字训诂，旁及驱鬼镇邪、神仙方术及神话幻想，可谓光怪陆离，无奇不有，是今文经学迅速政治化、庸俗化并和汉代神学迷信相结合而孕育的一个怪胎。研究谶纬的产生和思想特点，对了解西汉和东汉思想的演变和矛盾，有重要的意义。

一 谶纬和政治

《四库全书总目》说："谶者预决吉凶。"谶或谶语，是神预示人间吉凶祸福的启示或隐言，但主要内容是政治性的。谶的起源很早。《史记·赵世家》载：秦缪公尝病，七日而寤，说："我之帝所甚乐……帝告我：'晋国将大乱，五世不安；其后将霸，未老而死；霸者之子且令而国男女无别。'公孙支书而藏之，秦谶于是出矣。"晋顷公十三年（公元前513年），扁鹊为赵简子治病，"赵简子寤，语大夫曰：'我之帝所……帝告我晋国且世衰，七世而亡……'董安于受言而书藏之"。这是有记载的较早的谶语，其内容都是政治预言，但典型的谶语是政治"隐语"，即政治谜语。如秦始皇喜欢神仙方士，令徐福入海求仙；徐福还，献《图录》，书曰："亡秦者胡也。"

这就是政治隐语。"胡"是一个谜。秦始皇认为是指匈奴，于是派蒙恬领三十万大军，筑长城防胡。以后秦朝在二世时灭亡，二世名胡亥，才知《谶语》所指的胡是胡亥。《尚书·帝帛验》说："天鼓动，王弩发，惊天下，贱类出，高将下。"据说"贱"指秦始皇，"高"指赵高。这些谶语预示的，都是国家兴亡和君主的吉凶祸福。

纬是对经而言的。经为直线，纬为横线，是对经书的解释。汉代儒家的经典《易》、《诗》、《书》、《礼》、《春秋》称为五经。加上《乐》，称为六经。据纬书的说法，孔子作了六经，又做了一些补充的著作，就是《易纬》、《诗纬》、《春秋纬》、《乐纬》等等。纬的特点是对经学作神学的解释，并把这种解释托之于孔子。《四库全书总目》说：

> 纬者经之支流，行及旁义。《史记·自序》引易"失之毫厘，差之千里"，《汉书·盖饶宽传》引《易》"五帝官天下，三王家天下"，注者均以为易纬之文。
>
> 盖秦汉以来，去圣日远，儒者推阐论说，各自成书，与经原不相比附。如伏生《尚书大传》，董仲舒《春秋阴阳》，校其文体，即是纬书。特以显有主名，故不能托诸孔子。其他私自撰述，渐杂以术数之言。……迨弥传弥失，又益以妖妄之词，遂与谶合而为一。

谶纬的篇名，据《后汉书·樊英传》有：易纬《稽览图》、《乾凿度》、《坤灵图》、《通卦验》、《是类谋》、《辨终备》。书纬《璇机钤》、《考灵曜》、《刑德放》、《帝命验》、《运期授》。诗纬《推度灾》、《记历枢》、《含神务》。礼纬《含文嘉》、《稽命征》、《斗威仪》。乐纬《动声仪》、《稽耀嘉》、《汁图征》。孝经纬《援神契》、《钩命决》。春秋纬《演孔图》、《元命苞》、《文跃钩》、《运斗枢》、《感精符》、《合诚图》、《考异邮》、《保乾图》、《汉含孳》、《佐助期》、《握诚图》、《潜潭巴》、《说题辞》。因为有图有书，又称为"图书"、"图纬"、"图谶"。谶纬的主要内容是符命、预言，故又叫"符命"、"谶记"，或称"经谶"。

纬书自隋以后大都散亡，保存至今的有易纬《乾凿度》、《乾坤凿度》，其余都系残篇片断。纬书辑本有明孙㲅的《古微书》三十六卷，清黄奭《汉学堂丛书》辑谶纬十一类，五十五种。马国翰《玉函山房辑佚书》辑纬书四十种，赵在翰所辑《七纬》，近年日本学者安居香山、中村璋八合著《纬书集成》，是较完备的辑本。

谶纬在哀平之世泛滥，和当时社会阶级及政治矛盾极端尖锐，有密切的关系。《汉书》说，哀平之世，"阴阳错缪，岁比不登，天下空虚，百姓饥馑，父子分散，流离道路，以十万数。而百官群职旷废，奸轨放纵，盗贼并起，或攻官寺，杀长吏。"[①] 严重的政治危机，使豪强、宗室以及后党、外戚为争夺政权，展开了极其尖锐复杂的斗争。谶纬成为各种势力达到自己卑鄙目的的工具。

忠于刘氏皇朝的势力，编造谶语、符命，为神化刘氏政权服务。如《尚书·考灵曜》说：

卯金出轸，握命孔符。

《河图·合古篇》说：

帝刘之秀，九名之世，帝行德封刻政。

《河图·稽命征》说：

刘受纪，昌光出轸，五星聚井。
帝刘秀，日角载北斗，胸龟背龙，身长七尺八寸，明圣而宽仁，好任主。

《河图·会昌符》说：

赤汉德兴，九世会昌。

类似的谶语在纬书中比比皆是。

---

① 《孙光传》。

反映皇权和女主专权及外戚的尖锐矛盾，谶纬中也有大量针对女主后妃的言论。如《春秋·运斗枢》说：

> 后族专权，地动摇宫。
> 主势集于后族，群妃之党横潜为害，则月盈。

《孝经·内事图》说：

> 星在月角者，臣与黄门僮女人阴奸为贼。两星在月角者，臣与人君共作奸，一星在月中者，臣与妇女共做奸谋。一星在月下者，后宫列女要臣为奸也。

关于月象灾异的记载也大量增加。如《河图·帝览嬉》说："月行轩辕中，女主失势。""月行太阳，天下乱。……天下有大灾祸，不可禁。""月光太阴，天下兵悉起。""月生而黄，主人受殃。""月大无光，主死，士战不胜。"等等。类似的言论在《河图·嬉帝览》中达一百九十五条之多。

反对刘氏皇朝的势力，则编造谶语，渲染政治危机，蛊惑人心。如《孝经·内事图》说：

> 君臣无道，不以孝德治天下，乌云蔽日，茫茫混混，四方凄惶。

《洛图·三光占》说：

> 荧惑入北斗魁，中而守之，十日，天下大乱，易其王，天子死，五都亡，期二年，远三年。

《洛图·圣洽符》说：

> 岁星入北斗，天下大乱，改政易王，国有大丧，期三年。
> 荧惑守候星，天下饥，兵革起，国有忧，期二年。

《春秋·潜潭巴》说：

> 日蚀之后，必有亡国杀君，奔走乖离，相诛，专政拥主，灭兵车，天下昏乱，邦不宁。

建平二年，夏贺良向哀帝奏"赤精子之谶"，说："汉家历运中衰，当再受命，宜改元易号。"① 当时哀帝下诏，改建平二年为太初元将元年，改称号为陈圣刘太平皇帝，以应谶语。但王莽为了达到篡权的目的，说谶文是要他代汉，于是改元为初始元年。以后又利用长安无赖哀章伪造的《天帝行玺金匮图》和《赤帝行玺某传予黄帝金策书》②，正式代汉为帝。

王莽利用符命代汉，取得成功，使他认识到任意制造谶纬的极大危险，因此曾采取严厉措施，禁止新的谶纬出现和流行。但无济于事。越是禁止，反王莽的势力就越是利用谶纬起兵。宛人李通以图谶说光武起兵。说："刘氏复起，李氏为辅。"以后光武即帝位，也引用谶语："刘秀发兵捕不道，四夷云集龙斗野，四七之际火为主。""刘秀发兵捕不道，卯金修德为天子"③，作为受命的根据。中元元年，并宣布"图谶于天下"。谶纬上升为国宪，享有神圣的地位。因此汉末谶纬的泛滥，固然是今文经学内部的神学成分在元成之世恶性发展的结果，但主要起作用的因素，则是西汉末年的特定社会政治危机。谶纬的泛滥与政治危机的日益严重，两者是互为因果的。

二 谶纬和宗教

在中国历史上，儒学虽有宗教的作用，但它重人事、重现实、重社会功德和祖先业绩的精神，和宗教对彼岸世界的超现实信仰是相矛盾的。然而在谶纬中，儒学却演变为粗俗的神学形式。从表面看来，真有可能演变为一种正式的宗教。例如纬书把孔子说成神，《春秋

---

① 《汉书·哀帝纪》。
② 《汉书·王莽传》。
③ 《后汉书·光武帝纪》。

纬》说，孔子是其母亲梦与黑帝交配而生的，"生于邱桑之中，故曰元圣。""首类尼邱，故名丘。""胸有文，曰：制作定世符。"孔子死时，"天下血书鲁端门……子夏明日往视之，血书飞为赤鸟，化为白书，署曰演孔图。中有作图制法之状"。① 在纬书中《春秋》、《易》等儒家经典，也成了"陈天人之际，述天地之心，记异考符，与天地同气，为万姓犹福于皇天"的"神书"。《孝经·右契》说：

> （孔子）制作《春秋》，道备。使七十二弟子向北辰而磬折，使曾子抱《河》、《洛》事北向。孔子簪缥笔，衣绛单衣，向星而拜。告备于天曰："《孝经》四卷，《春秋》、《河》、《洛》凡八十一卷，谨已备。"天乃洪郁起白雾摩地，赤虹自上下，化为黄玉，长三尺，上有刻文，孔子跪受而读之，曰："宝文出，刘季握，卯金刀，在轸北，字禾子，服天下。"

《春秋》、《孝经》成了天神直接授予刘季的宝书，是刘季服天下，做皇帝，万世一系的天命之符。

有些论著说，纬书这样地神化孔子和经书，使儒家成为儒教，成为一种真正的宗教，孔丘是这个宗教的神圣的教主。②

然而事实上，谶纬并未能使儒学成为宗教。这里根本的原因是在于谶纬与宗教的相似，仅在它的外表，而在实质上谶纬与真正宗教的性格是恰恰相反的。③

马克思说："宗教是麻醉人民的鸦片"，"是被压迫生灵的叹息"④，是通向天堂的廉价的"门票"。这里马克思指出了宗教对人们精神上的麻醉和欺骗作用；但同时也指出了宗教的一种本质的特征或性格，这就是它不是直接立足于政治，而是立足于社会之上的。宗教

---

① 《春秋·演孔图》。
② 参见冯友兰先生《中国哲学史新编》修订本第三册，人民出版社1985年版。
③ 有著作认为谶纬不能成为宗教，是因为光武以后，到东汉末年，利用谶纬符命起事的，络绎不绝。统治阶级感到谶纬不是好的麻醉剂了，于是它转化为宗教的希望逐渐破灭了。这种说法无异于认为统治阶级的态度和政策是宗教产生的决定因素，难于和唯心论划清界限。
④ 《黑格尔法哲学批判导言》，《马克思恩格斯选集》第1卷，第2页。

歪曲地反映下层劳动者摆脱苦难的愿望与要求，因此与社会、与下层有着千丝万缕的联系。宗教许诺人们以天堂的幻想，这天堂虽是欺骗，但确又是苦难者要求解除现实痛苦的愿望和"理想"的反映。宗教把天堂与现实相对立，把灵魂与肉体相对立，把精神与物质相对立，美化前者而鄙弃和否定后者，从而把一种超脱世俗的精神，提升为支配一切的神圣的灵光，使苦难者感到慰藉。宗教的这种特征使它在阶级社会中，不管是否有政治的支持，不管它处于何种逆境，甚至被禁止、捕灭，它总是能够滋生发展。

然而谶纬却完全不具有宗教的这种内在的性格和特征。和宗教相反，谶纬不是立足于社会，而是完全立足于政治之上的。它不反映社会的要求，而直接地反映政治的要求，甚至反映哀平之际一种最污浊的政治的要求。谶纬的内容与劳动者的苦难、痛苦，"呻吟"完全无关。在谶纬中，虽然也提出了有意义的社会"均平"理想（见后面的分析），但这种理想恰恰不具有"天堂"的形式，而完全是世俗的，此岸的，其精神是政治的，反宗教的。

谶纬，眼光卑下，心灵污浊，主要内容是把一些平庸的粗浅的政治图谋，披上神学的外衣，变成神的意旨。就其神学方面说，它实际上没有超出世俗迷信和淫祀的水平。因此它没有教义，没有理想，没有任何吸引人们精神和解除现实痛苦的魔力。如同任何神学迷信一样，它仅仅是一种恶劣、拙劣的欺骗和愚弄。

谶纬神化孔子所采取的也是极其恶劣粗糙的世俗形式。正如今文经学神化古昔帝王或刘邦一样，谶纬神化孔子的目的仅在于把孔子说成受命的圣王。他的任务仍然是修、齐、治、平，而不是拯救人的灵魂，以解脱人世的苦难。因此，谶纬虽然把孔子说成了神，但孔子仍然是世俗的孔子，世俗的王者师。孔子的教条仍然是五经关于修、齐、治、平的格言和教诲。

谶纬神化经书，但经书的内容、性格与作用仍然不变。相反，正是纬书，提出了"君为臣纲，父为子纲，夫为妻纲"的教条，反复宣扬："逆天地，绝人伦，则天汉灭"，"逆天地，绝人伦，则蚊蚕兴"，"逆天地，绝人伦，则二日出争"，"逆天地，绝人伦，当夏雨雪"。这样地强化"伦理纲常"，更使人们不能不履行现实社会的伦常义务，而不能有任何超现实的遐想。谶纬不是提高人们的精神境界，而恰恰是堵塞人们追求精神解脱的道路。所以谶纬是政治权势和各种野心家、政治投机分子对经书的利用与玩弄。

谶纬的制造者包括各种利害相互对立的势力和集团，其中也有一些是有学术修养的经学学者。因此谶纬的内容极其庞杂。不仅关于神学的内容相互矛盾，而且包含着有神论与无神论的矛盾，自然知识与荒诞迷信的矛盾，正统经学维护伦理纲常、追求社会进步与野心分子搅乱政治、制造社会混乱的矛盾。这些矛盾使谶纬不可能长久地支配思想阵地。虽然它在东汉时期，由于吸收大量社会因素而向着宗教的方向发展①，但在西汉末年的实际作用，却主要是在两个方面：一方面为政治服务，为不同的政治集团服务。在这方面，它是与政治共命运的。它曾经随着王莽的成功而登上统治的宝座，又随着王莽的失败而破产。它由于光武的成功一度达到了权威的顶峰，但为时不久，由于种种原因又跌落下来。另一方面是沿着实际发展经学学术和哲学思想的道路，在经学和哲学、科学的发展上，留下了一些值得肯定的或有影响的成果。这些成果在谶纬的政治作用破产以后，也仍然在中国学术和哲学思想史上，起了长久的作用。

三 谶纬的元气思想和宇宙生成论

在哲学思想方面，谶纬发展了元气论及宇宙生成图式，在孟喜卦气说的基础上提出了天地、人生以"八卦为体"的新观念，开始向本体论过渡。

《春秋繁露》、《淮南子》和《河上公老子章句》中，已经有元气思想，但这些著作中，元气不是宇宙生成论的主要的基本的概念。在纬书中，元气既是神学的基本概念，又是自然宇宙生成论的基本概念。元气观念之在汉代成为宇宙哲学的主要观念，是由谶纬造成的。

谶纬认为，神是包含元气的。《春秋·文曜钩》说：

> 中宫大帝，其尊北极星，含元出气流精生一也。

---

① 参见本书《〈太平经〉的思想特点及其与道教的关系》。

中宫大帝，其北极星下一明者，为太一之光，含元气以斗布常。

《春秋·合诚图》说：

天皇大帝，北辰星也，含元秉阳，舒精吐光，居紫宫中，制御四方，冠有五采文。

但元气同时又是宇宙，自然的基本概念。《春秋·元命包》说：

元者端也，气泉。
元气阳为天精，精为日，散而分布为大辰。

《河图·叶光纪》说：

元气阖阳为天。

《春秋·说题辞》说：

元清气为天，浑沌无形体。

《春秋·元命包》说：

水者天地之包□，五行之始焉，万物之所由生，元气之腠液也。

由元气分化而成的阴阳和五行是构成一切物，生命和天象变化的基础。

《春秋·说题辞》说：

盛阳之气，温暖如雨，阴气薄而胁之，则合而为雹。盛阴之气，凝滞为雪，阳气薄而胁之，则散而为霰。

云之为言运也，动阴路，触石而起，谓之云。合阳而起，以精运也。

《春秋·考异邮》说：

火者阳之精也。
水者阴之精也。

《春秋·元命包》说：

地不足东南，阴有动，终而入灵门。地所以右转者，气浊精少，含阴而起迟，故转右迎天，助其道。

《孝经·援神契》说：

木气生风，火气生蝗，土气生虫，金气生霜，水气生雹。

《春秋·考异邮》说：

鸟鱼者，阴中阳，阳中阴，皆卵生，以类翔，故鱼从水，鸟从阳。凡飞翔羽翻，柔良之兽，皆为阳。阳气仁，故鸟哺。

由此可见，在纬书中元气既是自然物质的基元，又是神灵的根基。"中宫大帝"，"北辰星"，"天尊"就是由积聚的众多精气而成的。由于积聚精气多，反过来它们成为流精吐气的源泉。因此元气既具有物质的特性，又具有精神的特性，因而是一切现象的统一的基础。

在气的基础上，易纬《乾凿度》发展了以八卦为基础的宇宙生成图式。《乾凿度》说：

昔者圣人因阴阳，定消息，立乾坤，以统天地也。夫有形生于无形，乾坤安从生？故曰：有太易，有太初，有太始，有太素也。太易者，未见气也；太初者，气之始也；太始者，形之始也；太素者，质之始也。气形质具而未离，故曰浑沦。浑沦者，言万物相混成而未相离，视之不见，听之不闻，循之不得，故曰易也。

《淮南子》提出"道始于虚廓，虚廓生宇宙，宇宙生元气"，其道和虚廓的含义不明确，但是《乾凿度》明确肯定：最初的"太易"只是"无形"，不是虚无。它虽然"未见气也"，但仅是"视之不见"，是气的潜伏状态。以后由"太易"到"太初"、"太始"、"太素"，分化为气、形、质三者，成为天地和万物。因此《乾凿度》的宇宙生成论思想属于自然知识范畴。

在《乾凿度》中，一年四季的天象变化，是由阴阳消息决定的。《乾凿度》说：

> 震物生于东方，位在二月，巽散之于东南，位在四月。离长之于南方，位在五月。坤养之于西南方，位在六月。兑收之于西方，位在八月。乾剥之于西北方，位在十月。坎藏之于北方，位在十一月。艮终始之于东北方，位在十二月。八卦之气终，则四正四维之分明，生长收藏之道备，阴阳之体定，神明之德通，而万物各以其类成矣。

这里所谓"离长之"，"坤养之"，"乾剥之"，"兑收之"，"坎藏之"，犹如说阳气养之长之，阴气收之藏之一样，都是指在一定时令中的气对万物的作用。这些气，《乾凿度》称之为"八卦之气"。"八卦之气"是由气的阴阳刚柔的对立性质所决定的。

在《乾凿度》看来，易有两个系统。一是天地形成及其气象变化和万物生长收藏的系统。一是由易的卦象组成的《周易》系统。《乾凿度》认为这两个系统是相对应的。《周易》的卦象系统是太极——天地——四时——八方系统的表征。《乾凿度》说：

> 易无形畔，易变而为一。……一者形变之始。清轻者上为天，浊重者下为地。……乾坤相并，俱生物，有阴阳，因而重之，故六画而成卦。三画以下为地，四画以上为天。物感以动，

> 类相应也。易气从下生（郑玄注说："以下爻为始也"），动于地之下，则应于天之下；动于地之中，则应于天之中；动于地之上，应于天之上。初以四，二以五，三以上，此之谓应。

就是说，乾的三个阳爻反映物的始、壮、终三个阶段。"六画而成卦"，是由"物有阴阳，因而重之"决定的。因此卦和爻不是占变的工具，而是天和地以及各类物的阴阳属性及其发展阶段的表征。初爻为地之下，二爻为地之中，三爻为地之上。四爻为天之下，五爻为天之中，上爻为天之上。天和地一一对应。故初爻与四爻对应，二爻与五爻对应，三爻与上爻对应。其间起作用的则是易之气。由同类相动的原则，使相应的卦爻发生相互感应。

《乾凿度》总结说："圣人因阴阳，定消息，立乾坤，以统天地也。""故阴阳有盛衰，人道有得失。圣人因其象，随其变，为之设卦。方盛则托吉，将衰则寄凶。"易的卦象变化及其对吉凶祸福的预卜，是完全根据阴阳盛衰和人道的得失的。

四　"八卦为体"的新观念

在宇宙生成论的基础上《乾凿度》提出了天地"以八卦为体"的新观念。它说：

> 八卦之序成立，则五气变形，故人生而应八卦之体，得五气以为五常，仁义礼智信是也。夫万物始出于震，震东方之卦也，阳气始生，受形之道也，故东方为仁。成于离，离南方之卦也，阳得正于上，阴得正于下，尊卑之象定，礼之序也，故南方为礼。入于兑，兑西方之卦也，阴用事，而万物得其宜，义之理也，故西方为义。渐于坎，坎北方之卦也，阴气形盛，阴阳气含闭，信之类也，故北方为信。夫四方之义皆统于中央。故乾坤艮巽，位在四维。中央所以绳四方行也，智之决也，故中央为智。……五者道德之分，天人之际也。圣人所以通天意，理人伦，而明至道也。

表面看，这和孟喜卦气说没有区别。但是孟喜卦气说没有提出"八卦之体"的观念，八卦或六十四卦似只起一种编码的作用。但《乾凿度》则明确地肯定八卦或六十四卦的排列，是一固定的结构（体）。不仅人伦道德是由这结构决定的，天地及其气象的变化也是由它决定的。《太平经》说，"八卦乾坤，天地之体也"①。对《乾凿度》这一思想做了很好的概括。

八卦是由符号构成的形象，不是实体和实物。因此所谓"八卦之体"决定人伦道德或天地运行的规律变化，实际上是说抽象的"八卦"是有形的可感可见的具体事物的内在本原或根据。这就向本体论思想跨进了一步。故《乾凿度》又说：

> 八卦之气终，则四正四维之分明，生长收藏之道备，阴阳之体定，神明之德通，而万物各以其类成矣。

这里"类"，指的就是事物根据其所具有的成为此物而不是彼物的内在本质或德性而形成的类别。《乾凿度》认为事物的"类"，是由内在于它的"八卦"决定的。郑玄注说："万物是八卦之象，定其位则不迁其性，不淫其德也，故各得自成也。"就是说万物在八卦中的相应地位，使其各具有某种德性，"不迁"，"不淫"，而能恒常存在。这种根据，既然内在于物，当然就是物的"本体"了。

在认识上，本体是标志物的本质或内部联系的范畴，只能由理性加以把握，而不能用感性去触摸和捕捉。《乾凿度》在这里由生成论进入了本体论的领域，但它的思想方法却仍然停留在汉人经验主义的牢牢束缚之中，因此仍然把物的本体、根据，看作是一具有形象的固定的结构。所以它虽然向本体论方向迈出了一步，但离真正的本体论仍有很大的差距。和王弼以"无"为万物之本的思想相比，"八卦为体"的观念是原始的、粗糙的，比之生成论，它并没有前进很多。但不管怎样，它和生成论已经不同了。作为本体思想的先导或诱导，《乾凿度》这一思想在中国哲学的发展上的作用，是应该重视的。

---

① 王明：《太平经合校》，第291页。

五　谶纬对象数思想的发展

谶纬的另一特点是发展了汉人的象数思想。谶纬的象数思想和《易传》有密切的联系，但主要是在汉人宇宙和谐统一及"天人合一"观念基础发展起来的，是对宇宙和谐统一观念的深化。

《易传·系辞上》说："天一、地二、天三、地四、天五、地六、天七、地八、天九、地十。"又说："天数五，地数五，五位相得而各有合，所以成变化而行鬼神也。"天数指奇数一、三、五、七、九；地数指偶数二、四、六、八、十。五个天数相加是二十五，五个地数相加是三十，天地之数之和为五十五，《易传》认为，这是宇宙间一切变化的数的根据。其实，《易传》讲的是卦的阴阳奇偶的变化在数字上的表现，但是它却倒过来，认为是数的变化决定了阴阳卦象的变化。这就夸大了数的作用。《系辞上》又说："参伍以变，错综其数，通其变，遂成天下之文，极其数，遂定天下之象"，认为"天下之象"都是由"错综其数"而得出的，这就把易学中数与象的关系推广为数与物的关系，陷入了唯心主义。不过这种唯心主义象数思想，《易传》并没有多加发挥，在先秦各家思想中，也没有受到重视。

汉人开始重视与发挥象数思想，在董仲舒著作中，"人副天数"是天人同类的根据。董仲舒说："天以终岁之数成人之身，故小节三百六十六，副日数也，大节十二分，副月数也。内有五藏，副五行数也，外有四肢，副四时数也。"[1] 董仲舒认为"十是天之大数"，这个大数不仅支配天道的运行，也支配人的生活和生命。"天道十月而成，人亦十月而成，合于天道也"。"阳气以正月始出于地……而积十月，人亦十月而生，合于天数也。"[2] 因此，数被认为是宇宙和谐及天人合一的表征与根据。

在谶纬中，董仲舒这一思想被进一步加以发挥，数被说成一切现象统一的根据。《春秋·元命包》说：

---

[1] 《春秋繁露·人副天数》。
[2] 《春秋繁露·阳尊阴卑》。

> 阳气数成于三,故时别三月,阳数极于九,故三月一时九十日。
>
> 阳成于三,列于七、三七二十一,故每州二百一十国也。
>
> 阳数起于一,成于三,故日中有三足乌。
>
> 天尊精为日,日行一度,所以行一度者,阳以一起,日以发纪。
>
> 阴阳之性以一起,人副天道,故生一子。
>
> 阳立于三,故人脐三寸而结。阴极于八,故人旁八,干长八寸。

《春秋·考异邮》说:

> 阳立于五,极于九,五九四十五日,一变以阴合阳,故八卦主八风,相距各四十五日。
>
> 三九二十七,七者阳气成,故虎七月而生。阳立于七,故首尾长七尺。斑斑文者,阴阳杂也。
>
> 七九六十三,阳气通,故斗运。狗三月而生也。
>
> ……

这些说法是极其牵强的,但都表现了汉人对象数或宇宙在数上是统一的牢固的信念。

在谶纬中,集中发挥象数思想的是《乾凿度》。《乾凿度》提出了"太乙九宫"和"大衍之数五十阂天下之物"的观念。它说:

> 阳动而进,变七之九,象其气之息也。阴动而退,变八之六,象其气之消也。故太一取其数以行九宫,四正四维,皆合于十五。
>
> 易无形埒也,易变而为一,一变而为七,七变而为九,九者气变之究也,乃复变而为一。(郑玄注说:"一变惧耳,当为二,二变而为六,六变而为八。则与上七、九意相协")……阳动而进,阴动而退,故阳以七,阴以八为象。易一阳一阴,合而为十五之谓道。阳变七之九,阴变八之六,亦合于十五,则象变之数

若之一也。

"太一"在纬书中又称"太乙"。《春秋·说题辞》说:"群阳精也,合为太乙,分为殊名。故立字一大为天。"又说"元,精气以为天,浑沌无形体。""太乙"就是阳气或精气所构成的天。依郑玄的解释,"太乙者,北辰之神名也,居其所曰太乙,常行于八卦日辰之间,曰天一,或曰太乙"。又引《星经》说:"天一,太一,主气之神。"就是说,"太一"是北极星,是主持气的运行的。《乾凿度》认为,太一"行于九宫,四正四维,亦皆合于十五"。因此"十五"这个数字体现了宇宙的和谐和统一。

"太乙九宫",原是与医学、天文相联系的一种占算方式。1978年安徽阜阳双古堆女(汝)阴侯墓出土了一批文帝十五年(公元前165年)时的文物,其中有"太乙九宫占盘"。天盘图形为:[①]

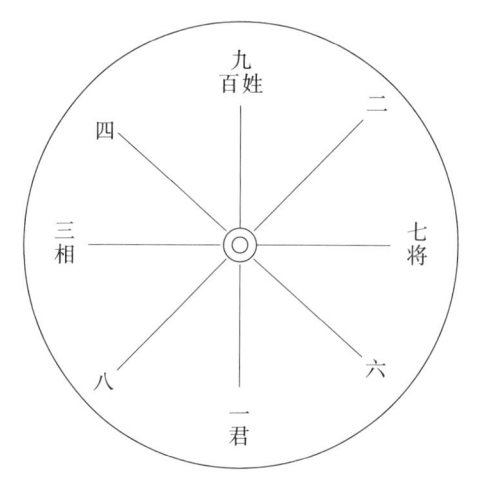

```
          九
          百姓
    四           二


  三     ◎     七
  相           将


    八           六
          一
          君
```

这些数字的排列,就是所谓"戴九履一,左三右七,二四为肩,六八为足"。在四边为四正,四角的为四维。各个方向的数字相加,都是十五。后人用图像表示,即刘牧所谓《河图》,蔡元定和朱熹所谓《洛书》。

[①] 方向按戴九履一作了调整,与《文物》杂志发表者有所不同。参见《文物》1978年第8期,第25页。

照"太乙九宫天盘"的说法，九代表百姓，一代表君，三和七代表相和将。中间的是五（以抬摇，北斗第五星表示）代表吏。

"太乙九宫盘"的地盘，比较复杂，《灵枢经》已有引用。《灵枢经》说："太乙入纵，立于中宫，乃朝入风，以占吉凶也。""太一在冬至之日有变，占在君；太一在春风之日有变，占在相；太一在中宫之日有变，占在吏；太一在秋分之日有变，占在将；太一在夏至之日有变，占在百姓。"① 出土的"太乙九宫占盘地盘"上八个方位分别刻有："当者有忧"（冬至），"当者有病"（立春），"当者有喜"（春分），"当者有僇"（立夏），"当者显"（夏至），"当者利"（立秋），"当者有盗争"（秋分），"当者有患"（立冬），证明"太乙九宫"原是与天文、医学相联系的占卜工具。

《乾凿度》将其引入易纬系统。这种引进是一种标志，表示易纬将象数统一的思想，推广到了整个宇宙及人伦物理。《乾凿度》在解释"太衍之数五十"时，说："日十干者，五音也。辰十二者，六律也。星二十八者，七宿也。凡五十所以大阂物而出之者也。"② 就是说：天干甲乙丙丁等的十个数配合为五音。地支子丑寅卯等十二个数配合为六律和六吕。十加十二加二十八为五十。天上的星（天文）和人间的音乐都有了。因此十五、五十这两个数，是天地人的共有的基础。

在客观宇宙中，物象和数是有联系的。物质及其运动规律总是表现为一定的数量关系。物质的存在形式时间和空间（圆、长方形等等）都可以借数表达出来。《乾凿度》关于象数的思想，以神秘的形式歪曲地反映了这一事实。例如它说，"阳三阴四，位之正也"，即三为阳的正位，四为阴的正位。郑玄解释说："圆者径一而周三。"圆周的长度是直径的三倍，出现了这样的比例关系，就能成为圆，而天是圆，是阳，故三是阳的正位。方形的周长是边长的四倍，方代表地和阴，故四是阴的正位。这种解释就注意到了事物的象与数的客观存在的联系。明人张介宾《类经图翼》说：

---

① 《九宫八风》。
② 京房说："五十者，十日，十二辰，二十八宿，凡五十。其一不用者，天之生气，将欲以虚来实，故用四十九焉。"（《周易正义·系辞疏》引）

惟是数之为学，圆通万变，大则弥纶宇宙，小则纤悉秋毫。……而先王所以察《河》、《洛》之图书，垂奇偶之名目，数天以度，数地以里，数鬼神以阴阳，数气候以律吕。轻重者数以权衡，方圆者数以规矩，长短者数之以度，浅深者数之以量。归除可以数消，因乘可以数长。然则仰而观，俯而察，上而苍天，下而黄泉，大含元气，细入无伦，亦有能逃于数之外者否乎？①

故象和数确实是有内在联系的。《乾凿度》关于象数的思想，反映了汉人对象与数的联系，较先秦有更为缜密的观察。

从今天来看，《春秋繁露》和《乾凿度》的说法是极其牵强的。但是不能忽视的是，它所揭示的由数的统一性以证明宇宙的和谐，天人的同类，这种思想路数，仍然是有其意义的。现代天文学重新提出了宇宙和谐，天人统一的思想，其重要根据正是基于天文学上几个大数数值的一致。② 因此，汉人的象数思想也包含有宇宙和谐的天才的猜测。

六 "河图"、"洛书"数图释义

关于"洛书"和"河图"的图形命名及其数字的意义，这个问题在学术界被称为"河洛"之学，一直有不少文章进行探讨，但说法不一，莫衷一是。

《乾凿度》讲的"太乙九宫"图形，在数学上称为"九宫算"。汉代以后，有的著作称它为"河图"，有的称它为"洛书"。朱熹在《易学启蒙》中，把它称为"洛书"，此后，多数学者不再更易了。

朱熹称"九宫算"为"洛书"，是根据邵雍的。邵雍《观物外篇》说：

---

① 《类经图翼·运气上·气数统论》。
② 如狄拉克大数假设，参见孙显元《现代宇宙学的哲学问题》，人民出版社1984年版，第396页。

> 圆者星也，历纪之数，其肇于此乎！方者土也，九州井地之法其放于此乎。盖圆者"河图"之数，方者"洛书"之文，故羲文因之而造《易》，禹箕叙之而作《范》也。

朱熹解释说：

> 圆者星也，圆者"河图"之数，言无那四角底其形便圆。"河图"即无那四隅，则比之"洛书"，固亦为圆矣。方者土也。方者"洛书"之文，言九州井地之所依而作者也。

孟子井田"是皆法'洛书'之九数也"①。

实际上，邵雍和朱熹以"九宫算"为方，"河图"为圆的说法是错误的。事情恰恰相反："九宫算"的数字排列是圆的表示，"河图"的数字排列则是方的表示。在阜阳出土的"太乙九宫占盘"中，天盘所算出的数字排列正是"九宫算"，而天在古代被认为是圆形。

为了说明这个问题，下面先把朱熹所谓"洛书"和"河图"的数字图标出：

"洛书"数字的特点是：它的数目纵横斜各方相加，都等于15，而全部数字的和为45。一般认为这是一种古老的数学幻方。实际上它有确定的数学意义。理解它的奥秘，在于纵横斜各个方向数字之和都是15，而数字的总和45是15的3倍。这是一直径为15的球体在平面上的数学描绘。因为球体是由纵、横、斜各方向交叉而成的圆面组成的。每一圆面的周长按古人周三径一的说法，就是直径$15 \times 3 = 45$。明了这一点，就不难理解《周髀经解》所谓"洛书者圆之象也"、"太极者圆之体，奇也"②。这句话是正确的。"圆之象"指的正是直径15的球体的各圆周长在平面上的数字表示（象）。"太极"就是由这些圆组成的。称"九宫算"图形为"洛书"的根据应该就在这里。③ 朱熹、邵雍和许多论著不了解这点，所以都把它讲错了。

---

① 《易图明辨》。
② 《周髀经解》，转引自刘蔚华《谈易数之谜》，载《中国哲学》第六辑。
③ 由引可见"洛出书"指《周易》，《周易》的本体背景正是天的"圆之象"。

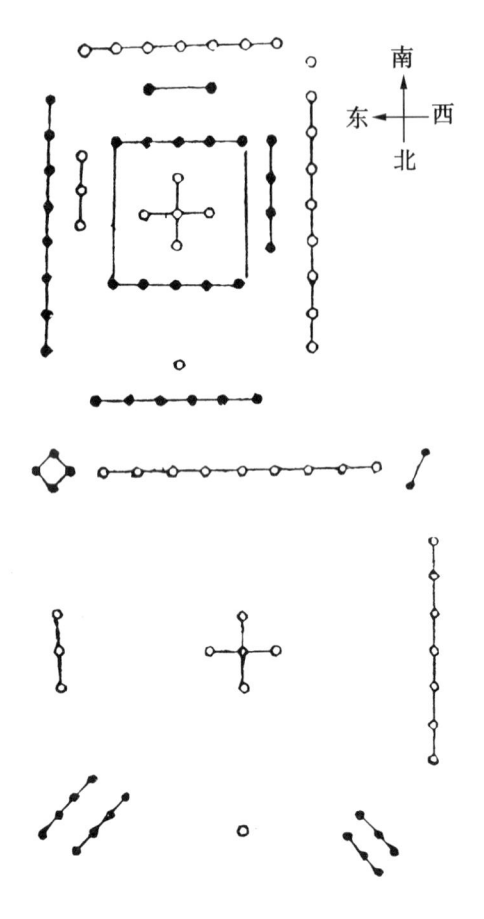

"河图"原图

"河图"用数字表示如下：

　　　　7、
　　　　2、
8、3、5、10、4、9
　　　　1、
　　　　6

它的口诀是：

"一与六共宗而居乎北，
二与七为朋而居乎南，
三与八同道而居乎东，
四与九为友而居乎西，
五与十相守而居乎中。"①

"洛书"原图

"洛书"用数字表示：

　　4　9　2
　　3　5　7
　　8　1　6

它的口诀甄鸾注《数术记遗》说是："戴九履一，左三右七，二四为肩，六八为足，五居中央。"

由此可以推论，《大戴礼记·明堂篇》所谓"上圆下方"的九室可能与《洛书》是两码事。两者仅仅是在数字排列的表面上凑合，而精神则完全不同。

至于"河图"，它的数字排列的意义，李约瑟在《中国科学技术史》数学部分，曾提出一种看法，认为是"一个用从 1 到 10 的十个数字所组成的十字阵"，"在抛开中间的 5 和 10 时，奇数和偶数都等于 20"。他画了下面这样一个图，说明各数的关系：

由此，李约瑟认为，"河图"只是一些"简单数字排列"。

---

① 源出于扬雄《太玄·玄图篇》。

```
        ┌──→┌───┐
        │   │ 7 │
        │   ├───┤
        │   │ 2 │←──┐
        │   ├───┤   │
┌───┬───┼───┼───┬───┤
│ 8 │ 3 │ 5 │ 4 │ 9 │
└───┴───┼───┼───┴───┘
        │ 1 │
        ├───┤
    │   │ 6 │←──┘
    └───┴───┘
```

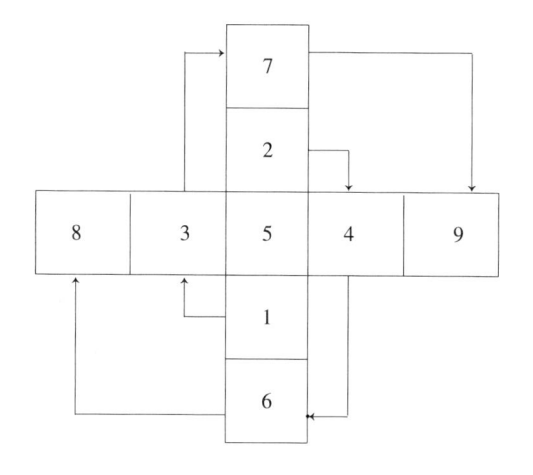

刘蔚华不同意李约瑟的看法，认为"李约瑟低估了河图的智慧"。刘蔚华指出，"在他列的十字阵中没有5和10的位置，也是不符合原意的，奇偶数之和名为20，也体现不出中国古代人的思维特征及其深意"。刘蔚华认为，"河图"数字表现了圆和方的关系。"河图"从外到内共有四层数：第一层是6、7、8、9，其和为30；第二层是1、2、3、4，其和为10；第三层是10；第四层是5。若以中数5为正方形边长，其周长为 $5 \times 4 = 20$，正好等于第二层第三层数之和。若以中数5为正方形边长，其面积为 $5^2 = 25$，正好是全部内层（第二、三、四层）数之和。若以这正方形的边长5为圆半径，画圆，其周长……正好是"河图"外层 $6+7+8+9=30$。刘蔚华作出结论说，"在天圆地方观念占统治地位的时代，圆出于方而大于方，所以天能覆盖九州大地，这正是古人常说的'圆中容方，天覆地载之象也'"[①]。刘蔚华的说法，不失为一家之言。但我以为，这说法（1）太过复杂，（2）所谓"外圆内方也"，与所引"河图者，方之象也"的观点相矛盾，（3）且缺乏根据，只是个人作的一种理解与推论。

其实，李约瑟把"河图"看成一些简单数字的排列虽是不正确的，但他抛开中间的5和10的做法，还是有根据的，虽然李约瑟未讲出根据何在，也会阐明"河图"数字的真实的意义。

---

① 刘蔚华：《谈易数之谜》，载《中国哲学》第六辑。

实际上，"河图"的数字排列是一立方体在平面上的数字表现。它正是地的象征。地作为立方体，是由正四边形的边长自乘三次或无数四方形叠叠相加而成的。在"河图"中，这四边形周长就是每边为10的四边形。$4 \times 10 = 40$，这数字正好是除5和10之外的"河图"各方数字之和。那么为什么要除掉中间的5和10呢？这要从"河图"数字排列的根据和由来讲起，才能做出解释。

"河图"数字总和为55，按郑玄的解释，是天数1、3、5、7、9加地数2、4、6、8、10而成的。其中1、2、3、4、5是"生数"。它与代表五行之5分别相加，生出6、7、8、9、10五个成数，因此"河图"的数字有方位分布。[①] 其中1、6配水，位于北（列于下）；2、7配火，位于南（列于上）；3、8配木，位于东（列于左）；4、9配金，位于西（列于右）。中间的5和10配土（列于中央为地），正好是不应计算在四边形周长之内的。这就是河图总数中为何要抛开5和10的根据。

要而言之，"洛书"的数字排列是天之圆的简单而形象的数字表现（《周髀经解》所谓圆之象）；"河图"的数字排列是地之方的简单而形象的数字表现（方之象）。

七 名词定义与象数模式

文字本来是从劳动和生活中，由生活生产的需要，由社会逐步制作的，但对文字的反思，却在古代产生对文字的崇拜。所谓仓颉作书，"天雨雪，鬼夜哭"，文字被认为是传达神意的工具。由于古代的知识掌握在巫觋手里，文字就成为他们传达神意的符号。

在先秦，关于名的理论，在荀子已达到了很高的水平，但在董仲舒的神学体系中，名号被认为是表达天意的工具，文字也被重新赋予了天启的宗教意义。《春秋繁露·深察名号》说："名之为言，鸣与命也，号之为言，镐而效也。镐而效天地者为号，鸣而命者为名。名号异声而同本，皆鸣号而达天意者也。""名则圣人所发天意，不可

[①] 由此可见，"河出图"指《洪范》，《太玄·玄图》之所以采《河图》的数字排列，是因为《太玄》融合五行系统，正是以地为坐标系的。

不深观也。"根据这种理论,不仅名与号,表达它的文字都包含有天人关系的微言大义,是圣人用以达天意的。

但在《春秋繁露》中,实际阐释文字名号时,却并不是从神学出发的。如说:

> 气之清者为精,人之清者为贤。①
> 故万人曰英,千人者曰俊,百人者曰杰,十人者曰豪。②
> 以仁安人,以义正我,故仁之为言人也,义之为言我也。③
> 仁者爱人之名也。
> 义者合我与宜以为一言。④
> 何谓之智?先言而后当。⑤
> 礼者,继天地体阴阳,而慎主客,序尊卑贵贱大小之位而差内外远近之级者也。⑥
> 民者瞑也。
> 士者事也。
> 生之自然之资谓之性……性者质也。
> 心之为名栣也。⑦
> 天地之物有不常之变者谓之异,小者谓之灾。⑧
> 心止于一中者谓忠,持二中者谓患。⑨

这里关于贤、精、仁、义、礼、智、英、俊、豪、杰、性、心等等定义,基本上是从实际出发的,是理性的产物。虽然《春秋繁露》中对君、王等的定义采取了同声通假的办法,并不科学,但并不是神学的说法,也不是从阴阳五行模式出发的。可以说,董仲舒关于名号的实

---

① 《通国身》。
② 《爵国》。
③ 《仁义法》。
④ 同上。
⑤ 《必仁且智》。
⑥ 《奉本》。
⑦ 《深察名号》。
⑧ 《必仁且智》。
⑨ 《天道无二》。

际指导思想，是"名生于真，非真弗以为名"的理论。

谶纬关于文字和名的思想则往脱离实际的方向大大发展了，形成了一个基本模式：即全部从阴阳五行立论并渗透着牵强附会的象数学的解释。纬书给出了许多名词的定义，这些定义都贯彻着上述模式。例如：

> 天之为言颠也，居高理下，为人经也，群阳精也，合为太一，分为殊名，故立字一大为天。①
>
> 地之为言媒也，承天行其义也。居下以山为位，道之经也。山陵之大非地不制，含功以牧生，故其立字，士力于一者为地。
>
> 山之为言宣也，含泽布气，调五神也。（宋均注，五神，五方之神。）
>
> 河之为言荷也，荷精分布，怀阴引度也。②
>
> 水之为言演也，阴化淖濡，流施潜行也。故其立字，两人交一，以中出者为水。一者数之始，两人比男女，言阴阳交物，以一起也。
>
> 木之为言触也，气动跃也。其立字八推十为木。八者阴合，十者阳数。③
>
> 火之为言委随也，故其立字，人散二者为火。
>
> 土之为言吐也，言子成父道，吐也精气以辅也。阳立于三故成生，其立字，十夹一为土。④

对于日常生活中人们熟知的马、羊、稻、粟、麻等等，谶纬同样用这种模式，得出了一些牵强的定义。如：

> 地精为马，十二月而生，应阴纪阳以合功，故人驾马，任重致远，以利天下。月度疾，故马善走。⑤

---

① 《春秋说题辞》。
② 同上。
③ 《春秋元命苞》。
④ 同上。
⑤ 《春秋说题辞》。

羊者详也，合三为生，以养士也，故羊高三尺。①

　　粟五变，以阳化生为苗，秀为禾，三变而发，谓之粟，四变入白米出甲，五变而蒸饭可食。②

　　稻之为言籍也，稻冬含水，盛其德也。故稻太阴精，含水渐洳，乃能化也。

　　麻之为言微也，阴精寝密，女咋纤微也。麻生于夏，夏衣物成礼仪，故麻可以为衣。阳成于三，物以化，故麻三变，缕布加也。③

与《释名》对比一下，就可以看出，纬书对它定义的名词，都赋予了阴阳和象数学的解释。在《释名》中，"山，广也，产生物也"，"木，冒也，华叶自覆昌也"，"火，化也，消化物也"。"吐，吐也，能吐生万物也"，"水，准也，准平物也"，或形象，或会意，完全没有阴阳、象数这种多余的东西。谶纬却把这些东西变成了名词解释的基础。这些解释，表面上似乎条条是道，对事物之所以具有如此这般的特性和功能，做了有根有据的理论上的说明，但实际上完全是一些空话，没有任何实际的经验作为依据，当然也不需要再回到实践中由实际做出检验。

因此，从董仲舒到谶纬，可以说今文经学经历了它的思想的逻辑的发展和展开。在《春秋繁露》中刚刚提出而没有加以具体化，加以广泛运用的东西，在谶纬中，则加以展开，加以具体化，加以广泛运用了。如果谶纬没有销毁，今天也许真的能看到它用这样的方法构造的一部词典。从这里我们看到思想自身演变发展的一条规律，即：一种观点，一旦被确立为指导的原则，如果没有外力的干预来打断它的发展行程，它就必然要走到它的逻辑的极端，把它所潜在地包含的发展可能性全部变为现实。董仲舒神学的文字名号理论④，在武帝元光年间由于独尊儒术而被确立为思想的指导原则。虽然当时它还只是

---

① 《春秋说题词》。
② 同上。
③ 同上。
④ 本书《绪论》指出，董仲舒"名号以达天意"的理论，其所谓天意，含义之一是指"天道之大经"，即阴阳五行的神秘思想。谶纬把它当成了思想的指导原则和思维模式。

一种原则,并不具体,但经历一百年左右的时间,他就不再是原则而扩展到了生活的一切领域,占有了从天、地、山、河到金、木、水、火及马、羊、稻、粟的全部阵地。它扩展的规模是惊人的。其结果是神学压倒了科学,教条式的思想方法代替了实事求是、从实际出发的科学态度,因而给民族的正常的健康的认识造成了极大的危害。

八 社会理想

纬书提出了一种社会理想,这理想反映西汉末年的社会矛盾,有鲜明的时代意义。

西汉末年的社会阶级和政治矛盾的内容,概括起来有三个方面。

(1) 土地兼并及由此造成的贫富严重分化和对立。

土地兼并是封建社会土地私有及地主阶级享有政治等级特权的必然结果,是带规律性的现象。在封建社会,社会稳定、生产发展或动荡破落,生产凋敝,都是由这个基本矛盾引起的。西汉经过二百多年的和平发展以后,土地兼并及由此引起的矛盾十分严重。贵戚官僚凭借政治特权和雄厚的财力,猛烈地并吞着农民和新开垦的土地。《汉书·孙宝传》记载,成帝舅红阳侯王立曾使宾客因南阳郡太守李尚,"占垦草田数百顷"。又大官僚张禹"内殖财货,家以田为业。及富贵,多买田至四百顷,皆泾渭溉灌,极膏腴上贾。"[1] 由此可见土地兼并的严重,这使大批农民破产,丧失土地。

(2) 贵族、官僚、豪富吏民骄奢淫逸。如成帝同日封五个舅舅为侯。这些新贵在搜刮大量财富时,"争为奢侈,赂遗珍宝,四面而至。后庭姬妾,各数十人,僮奴以千百数。罗钟磬,舞郑女,作倡优,狗马驰逐。大治第室,起土山渐台,洞门高廊阁道,连属弥望"。又"穿长安城,引内沣水注第中大陂以行船。立羽盖,张周帷,辑濯越歌"[2]。其他官僚也竞相仿效。如《成帝纪》说:"或乃奢侈逸予,务广第宅,治园池,多畜奴婢。被服绮縠,设钟鼓、备女乐。车服嫁娶埋葬过制。吏民慕效,寖以成俗。"这使贫富贵贱的对

---

[1] 《汉书·张禹传》。
[2] 《汉书·元后传》。

立更为严重。有如《汉书·食货志》所说,"豪富吏民,訾累巨万,而贫弱愈困"。

(3) 皇帝昏庸,外戚专权,贤路堵塞,群小日进,贪污腐化,日甚一日。

成帝时王凤专权,"王氏子弟皆卿、大夫、侍中,诸曹,分据势官,满朝廷"[1]。阳朔二年,以王音为御史大夫。于是王氏愈盛,"尚书、九卿、州牧、郡守皆出其门,管执枢机,朋党比周。称誉者登进,忤恨者诛伤。……其有智能者,尤非毁而不进。"[2] 终王莽之世,这种情况基本上没有变化。这就加剧了地主阶级内部的矛盾,同时也使政治更为黑暗腐败。

这些矛盾使地主阶级中的部分开明有识之士,以土地问题为中心,提出了种种政治和社会改革、改良的建议。其中,最有代表性的是哀帝时师丹的上书。在上书中,师丹提出

> 古之圣王,莫不设井田,然后治乃可平。孝文皇帝承亡周乱秦兵革之后,天下空虚,故务劝农桑。帅以节俭,民始充实,未有并兼之害,故不为民田及奴婢为限。今累世承平,豪富吏民訾数巨万,而贫弱愈困。盖君子为政,贵因循而重改作,然所以有改者,将以救急也,亦未可详,宜略为限。[3]

师丹的建议就是针对土地兼并的。根据师丹建议,政府曾一度规定王侯贵族及豪强吏民,占田不得过三十顷,王侯可占有奴婢二百人。列侯、公主可占有奴婢一百人。关内侯及豪富吏民可占有奴婢三十人。一时奴婢的价格都低贱了,引起官僚豪贵,群起反对。结果"诏书且须后",不能实行。王莽上台后,又下令改革,"更名天下田曰王田,奴婢曰私属,皆不得买卖,其男口不满八,而田过一井者,分余田与九族乡党。犯令,法至死"[4]。这实质是要恢复孟子的井田制。

---

[1] 《资治通鉴》,卷三十。
[2] 《汉书·刘向传》。
[3] 《汉书·食货志》。
[4] 同上。

其他针对奢侈骄淫外戚专权，贤路堵塞，刘向、谷永等也提出了一些建议。

这些矛盾在纬书中的反映，就是乐纬《叶图徵》的社会均平思想。具体内容如下：

> 坎主冬至，官者君之象。人有君，然后万物成……艮主立春，阳气始出，言雷动百里，圣人授民田，亦不过百亩。此天地之分，黄钟之度，九而调八音，故圣人以九顷，成八家。上农夫食九口，中者七口，下者五口，是为富者不足以奢，贫者无饥馁之忧，三年余一年之蓄，九年余三年之蓄，此黄钟之所成，以消息之和，故乐用埙。震主春分，天地阴阳分均，故圣王法承天，以立五均。五均者亦律，调五声之均也。音至众也，声不过五，物之蓄也，均不过五。为富者虑贫，强者不侵弱，智者不诈愚，市无二价，万物同均，四时当得，公家有余，恩及天下，与天地同德，故乐用鼓。巽主立夏，言万物长短各有差。故圣王法承天，以法授事焉。尊卑各有等，于士则义让有礼，君臣有差，上下皆次，治道行，故乐用笙。离主夏至，阳始下阴，又成物，故圣王法承天，以法授衣服制度，所以明礼义，显贵贱，明烛其德，卒之以度，则女功有差，男行有礼，故乐用弦。坤主立秋，阳气方入、阴气用事，昆虫首穴，欲蛰，故圣王法之，授官室度量，又章制有宜，大小有法，贵贱有老，上下有顺，故乐用磬。兑主秋分，天地万物人功皆以定，故圣王法承天，以定爵禄。爵禄者不过其能……功成者爵赏，功败者刑罚，故乐用钟。乾主立冬，阴阳终而复始，万物死而复苏，故圣王法承天，以制刑法，诛一动千，杀一感万，使死者不恨，生者不怨，故用祝梧。

除去它的"法天"之类的语言，这里的要点是：（1）实行井田，每家授田一百亩，使贫富均平；（2）实行"五均"：富不虑贫，强不侵弱，智不诈愚，市无二价，公家有余，恩及天下；（3）尊卑有等，君臣有差，明礼义，显贵贱，女功有差，男行有礼；（4）官室度量，章制有宜；（5）尚贤："爵禄者不过其能"；（6）刑法得当，杀一感万，使死者不恨，生者不怨。这些内容，与《礼记·礼运》相比，可以说是"小康之世"的再现了。但它在汉末提出,针对性是很强的。虽然只是一种幻想,但其一定的现实进步意义,是不能否定的。

九　谶纬的评价

从以上各方面看,谶纬的思想确是极其庞杂而矛盾的。一方面是粗糙恶劣的神学唯心主义,一方面却是对以元气为基础的宇宙生成图式的发展;一方面充满着天人感应、灾异等等的说教,一方面又提出"八卦为体"的思想,把哲学的生成论推向本体论,在思维水平上有所前进。一方面在名号文字观上,发展了一套阴阳象数学的思想模式,对认识的发展有极大危害;一方面对八卦的起源又从文字方面做了新的平实的探索,不失为可贵的成果。① 一方面反映政治上各种势力的钩心斗角,借谶纬语言表现种种政治野心;一方面却又在谶纬迷信的形式下,反映出汉末真实的社会矛盾和进步的社会理想;一方面把孔子神化,似乎要向宗教方向演化;一方面却又在神学形式下,更加强调三纲五常,为强化世俗的伦常统治服务。因此对于谶纬需要持细致的一分为二的分析态度。作为西汉以前今文经学思想运动发展的产物,应当把谶纬作为汉末的社会思潮来加以分析,而不应作为误入歧途的思想垃圾,简单摒弃。

班固说:"圣人作经,贤者纬之。"② 张衡说:"律历卦候,九宫风角,数有征效,世莫肯学。"③ 僧一行说:"气合于传,朔合于纬,斯得之矣。"④ 皮锡瑞说:"故纬,纯驳瓦见,未可一概诋之。其中多汉儒说经之文:如六日七分出《易纬》,周天三百六十度四分度之一出《书纬》,夏以十三月为正云云出《乐纬》。后世解经,不能不引。三纲大义,名教所尊,而经无明文,出《礼纬·含文嘉》,马融注《论语》引之。"⑤ 这些评价是抓住了谶纬上述矛盾着的两个方面的。

---

① 《乾坤凿度》提出☰,古天字,☷,古地字,☴,古风字,☶,古山字,☵,古坎字,☲,古火字,☳,古雷字,☱,古泽字。
② 《经义考》卷二百九十八《说纬》。
③ 《全后汉文》卷五十四《请禁绝图谶疏》。
④ 《新唐书》卷二十八上《中气议》。
⑤ 《经学历史·经学极盛时代》。

第十二章

《老子河上公章句》的时代和思想特点

汉代道家思想在学术思想界的威望和地位，在司马谈的《六家要旨》中，达到了顶点。汉武帝"罢黜百家，独尊儒术"，道家思想的权威受到沉重打击，但它未被取缔，也没有消绝。不少学者、贵族、官吏，仍然不断地研习《老子》，从《老子》中获得灵感和智慧。两汉之世，研习《老子》的，据杨树达统计，约五十余家。西汉《老子》的注释性著作，据《汉书·艺文志》记载，有《老子傅氏经说》三十七篇；《老子徐氏经说》六篇；刘向《说老子》四篇；这几篇都已亡佚，现在流传下来的有《老子河上公章句》（以下简称《河上注》）和严遵《道德指归》（简称《指归》）。由这两本著作尚可以窥见西汉道家思想在西汉中后期的发展情况。

一 《河上注》非葛洪所作

首先要讨论的问题是《河上注》产生的时代。这个问题学术界从唐代起就有争论。刘知几、黄震、徐大椿、姚鼐、周中孚、劳健、易顺鼎、章太炎、马叙伦、蒙文通以及《四库全书总目提要》，都认为《河上注》非汉人所作，甚至认为没有什么学术思想价值。如黄震说："其说不经，全类市井小说，略不知今古，辱《老子》之书又甚矣。"[1] 姚鼐说："盖流俗妄人作之而托于神仙之说，唐时人君以老

---

[1] 《黄昏日抄》卷五十五《读诸子〈老子〉》。

子为祖,以其书为经而信神仙之术,是以最贵。"① 劳健说:"今传河上公本,乃有《体道》、《养身》诸章名,拟议不论,殆与伪注同出流俗妄作。"② 马叙伦说,《河上注》"盖后世道士者流,托于襄揩,以为此说。……为张道陵学者所为……梁世乃大行"③。"出王弼之后伪作,不足据。"④ 1948年,王明先生作《老子河上公章句考》⑤,从西汉至三国老子学说的演变,分析《河上注》,"似当东汉中叶迄末年间,感染养生风尚下之制作"。但近年谷方同志在《中国哲学》第七辑发表专文,提出种种理由,论证《河上注》系魏晋葛洪一派道教徒所为,指出"《河上注》既不同于《太平经》思想,又不同于以符箓仪式为特征的天师道思想,而系与《抱朴子》同一思想体系,故其为葛洪或葛洪之门徒所撰无疑"。

本著认为《河上注》为汉代作品。⑥ 谷方同志所提葛洪或其门徒所做的结论,是不能成立的。

谷方认为《河上注》为葛洪所作,主要理由,是认为《河上注》与《抱朴子》思想一致。如:(1)养生方法和成仙目标相同;(2)"去六情"与"除六害"一致;(3)"国身同一"理论相同。但这三点都值得商榷。实际上两者反映不同时代的学术风貌,思想并不相同。

以成仙而论。《抱朴子》提出成仙方法是"服丹、守一"。"服丹"即服药,属外炼;"守一"指保精行气,属内修。《抱朴子·释滞篇》说:"欲求神仙,唯当得其至要。至要者在于保精行气,服一大药便足,亦不用多也。"保精行气有两种办法,一是行气或胎息,一是房中术。所谓"不以鼻口呼吸,如在胎胞之中,则道成矣"。但在这些方法中,服药炼丹是最重要的。葛洪说,"余考览养性(《太平御览》九八五引作生)之书,鸠集久视之方,曾所披涉篇卷,以千计矣,莫不皆以还丹金液为大要者焉。……故老子之诀言云,子不

---

① 《老子章义·自题三则》。
② 《老子古本考》。
③ 《老子校诂》。
④ 《读两汉书记》。
⑤ 载《道家与道教思想研究》,中国社会科学出版社1984年版。
⑥ 参阅拙著《也谈〈老子河上公章句〉之时代及其与〈抱朴子〉之关系》,见本书附录。

得还丹金液，虚自苦耳。"又说，"长生之道，不在祭祀事鬼神也，不在导引与屈伸也。升仙之要，在神丹也"。"呼吸导引及服草木之药，可得延年，不免于死也。服神丹，令人寿无穷已，与天地相毕，乘云驾龙，上下太清。"① 然而《河上注》没有这类思想，既没有炼丹、服药之说，又没有胎息和房中之术。《河上注》也讲养生方法，但不外爱精、守气与去情欲，等等，与《韩非子》、《庄子》、《管子》、《吕氏春秋》、《淮南子》、《论六家要旨》、《春秋繁露》所述养生方法完全一样。且《河上注》以精气为物质性的东西，葛洪则认为精气是精灵，是精神，有赏善罚恶的意志，两者也是不相同的。

《抱朴子》分仙为三等："上士举形升虚，谓之天仙。中士游于名山，谓之地仙。下士先死后蜕，谓之尸解仙。"《抱朴子》说，"仙人居高处远，清浊异流，登遐遂往，不返于世，非得道者，安能见闻？"②"凡服九丹，欲升天则去，欲且止人间亦任意，皆能出入无间，不可得之害矣。"③《河上注》重视养生，目的是延年益寿，"髓满骨强"，不在于长生不死，且认为不死是不可取的。它说："万物当随时生死，不可但欲生无已时，将巩灭亡，不为物也。"④《河上注》中有少数地方也讲"轻举"，讲"飞扬"，类似神仙之说，但实际上它讲的"飞扬"和"轻举"都不指形体而指精神。故说："我独僄僄，若飞若扬，无所止也，志意在神域也。"⑤ "志意在神域"，显然不是肉体飞升。"若飞若扬"，也不是真的飞扬。"使吾无有身体，得道自然，轻举升云，出入无间，与道通神。"⑥ 轻举升云，以无身为条件，有身则不能。故与神仙家所讲的肉体飞升，是性质不同的。贾谊《鵩鸟赋》说："真人淡漠兮，独与道息。释知遗形兮，超然自丧；寥廓忽荒兮，与道翱翔。"⑦ 屈原《远游篇》："神儵乎而不反兮，形枯槁而独留。惟内省以端操兮，求正气之所由。"严遵《道德

---

① 《金丹篇》。
② 《论仙篇》。
③ 《金丹篇》。
④ 《河上注》第三十九章。
⑤ 《河上注》第二十章。
⑥ 同上书，第十三章。
⑦ 《史记·屈原贾生列传》。

指归》:"遗形藏志,与道相得。溟涬濛洪,天下莫知。潼溶方处,翱翔至远。……身与道变。……常与化俱。"① "为啬之道,不施不予,俭爱微妙,盈若无有。诚通其意,可以长久。形小神大,至于万倍,一以载万,故能轻举。"② 这些说法与《河上注》类似,都属游仙思想,是精神的逍遥而不是形体的飞升,与《抱朴子》所谓形体飞升的神仙方术,不能混淆。

关于"六情"之说,两者也有区别。《河上注》说,"守五性,去六情。"六情是与五性相对言的。按汉人一般的说法,"情"指感官直接感于外物而起的情欲。《抱朴子》讲"六害";"一曰薄名利,二曰禁声色,三曰廉财货,四曰损滋味,五曰除妄佞,六曰去沮嫉"。③ 所谓"薄名利"、"去沮嫉"、"廉财货",本质上是道德问题。至于《抱朴子内篇》所说"六害",则为"死"、"老"、"百病所害"、"毒恶所中"、"邪气所伤"、"风冷所犯"④ 是六种自然灾害,与"六情"更不是一回事。

国身同一,即治国与治身应遵守同样的原则,这是《老子》一书本有的思想。《河上注》与《抱朴子》即同属道家思想体系,在这点上有一致之处是不奇怪的。而秦汉时,这种观点早已流行。如《吕氏春秋·审分览》说:"夫治身与治国,一理之术也。"《先己》说:"凡事之本,必先治身。啬其大宝,用其新,弃其陈。……先王成其身而天下成,治其身而天下治,故……为天下者,不于天下,于身。"《淮南子·泰族训》说:"故心者,身之本也,身者国之本也。"《论六家要旨》:说:"神者生之本也,形者生之具也,不先定其神,而曰我有以治天下,何由哉?"严遵《道德指归》也说:"心为身主,身为国心。"⑤ 这些国身同一的理论与《河上注》的观点没有什么区别。

由此可见,就以上三点而论,《河上注》与《抱朴子》实迥然有别,绝不能视其为同一思想观点,而断定为葛洪或葛洪门徒所为。

---

① 《上德不德篇》卷一。
② 《方而不割篇》卷四。
③ 《养生论》。
④ 《至理篇》。
⑤ 《道德指归论·上士闻道篇》。

二 《河上注》是汉代作品

本著认为《河上注》为汉代作品,因为①它使用的名词、观念、思想不是魏晋时期的;②它反映出汉代特有的风习、制度;③反映的学风也与魏晋不同。

一部作品,不管如何作伪,总不能避免作伪者时代流行的名词、观念和思想理论。《河上注》使用的名词术语,思想观念一再透露出汉代的时代气息。其典型的例证有:

第六章,"谷神不死"。《河上注》:"谷,养也。人能养神则不死也。神谓五藏之神也。肝藏魂,肺藏魄,心藏神,肾藏精,脾藏志。五藏尽伤,则五神去矣。"以养释谷,是《尔雅》和《广雅释诂》的说法,为秦汉古义。"肝藏魂"等之说,则同于《黄帝内经·六节藏象论》及《素问·宣明五气篇》。此章释玄为天,"于人为鼻",释牝为地,"于人为口",说:"天食人以五气,从鼻入藏于心,五气清微为精神聪明,音声五性,其鬼曰魂。魂者,雄也,主出入人鼻,与天通,故鼻为玄也。地食人以五味,从口入,藏于胃,五味浊辱为形骸、骨肉、血脉、六情,其鬼曰魄。魄者雌也,主出入于口,与地通,故口为牝也。"以鼻为天、为玄,魂为雄;以口为地、为牝,魄为雌,都是汉代流行的观念。《淮南子·原道训》说,"在天为玄"。《黄帝内经·六节藏象论》说,"天食人以五气,地食人以五味。五气入鼻,藏于心肺,上使五色修明,声音能彰"。"五味入口,藏于肠胃,味有所藏,以养五气"。两者提法完全相同。

第十章,"载营魄抱一"。《河上注》:"营魄,魂魄也。"以营为魂,这也是汉人思想。《法言·修身篇》:"营魄旷枯,糟莩旷沈。"《楚辞·远游篇》:"载营魄而登遐兮。""营魄"皆为魂魄。又"天门开阖"。《河上注》说:"天门谓北极紫微宫。开阖谓终始五际也。"这是汉代流行的天文学观点。《春秋·元命苞》说:"紫之言此也,宫之言中也。言天神运动,阴阳开闭,皆在此中也",《河上注》与此相同。意思是说,阴阳运动的根枢是北极紫微宫。"终始五际"则是汉今文经的说法。《汉书·翼奉传》说:"《易》有阴阳,《诗》有五际,《春秋》有灾异,皆列终始,推得失,考天心,以言王道之安危。"又说:"臣奉窃学《齐诗》,闻五际之要。""五际",据《诗凡历枢》的解释:"亥为革命,一际也;亥又为天门,出入候听,二际也;卯为阴阳交际,三际也;午为阳谢阴兴,四际也;酉为阴盛阳微,五际也。"《后汉书·郎𫖮传》注引孟康曰:"《韩诗外传》云:'五际,卯、酉、午、戌、亥也。阴阳终始际会之岁,于此则有改变之政'。"

第二十二章,"圣人抱一为天下式"。《河上注》说:"抱守法式也。"二十八章、六十五章,"式"或"稽式",《河上注》皆释为"法式"。"法式"是先秦两汉通用语。《庄子·天下篇》、《吕氏春秋》、《荀子》、《韩非子》等所在多有。《淮南子·主术训》说:"人主之立法,先自为检式仪表,故令行天下。"严遵《道德指归》说:"进退屈伸,不离法式","无有法式而物自治焉。""上观自然之法式,下察古将之得失。"都用法式一词。《太平经》亦多用。如《天谶支干相配法第一百五》:"仁与君者动上行,日当高明,为人作法式"。

第二十八章,"朴散则为器"。《河上注》说,"若道散则为神明,流为日月,分为五行也"。以道为混沌未分之元气。散为神明,神明指精气。这是汉代流行的宇宙生成论模式。《春秋繁露》说:"天地之气,合而为一,分为阴阳,判为四时,列为五行。"[①] 高诱《淮南子注》"道生一、一生二、二生三"说:"一谓道也,二曰神明也,三曰和气也。"《道德指归》也说:"天地之道,一阴一阳,分为四时,离为五行。"[②]

第三十六章,"国之利器,不可以示人"。《河上注》说:"利器,权道也。"五十七章:"民多利器。"《河上注》说:"利器者,权也。"以权释利器,是秦汉时期对"利器"的朴素而实在的解释。《韩非子·喻老》说:"赏罚者,邦之利器也……不可以示人。"《淮南子·道应训》以子罕篡宋之事,说"国之利器不可以示人",皆以赏罚之权释利器。与《河上注》相同。

第三十九章,"神无以灵将巩歇"。《河上注》说:"言神当有王、

[①] 《五行相生》。
[②] 《道德指归》卷六《勇敢篇》。

相、囚、死、休、废，不可但欲灵无已时，将恐虚歇，不为神也。"王、相、死、囚、休、废，是汉代流行的五行休王思想。《淮南子·地形训》、《春秋运斗枢》、《白虎通》等所在多引。

第五十章，"生之徒十有三，死之徒十有三"。《河上注》说："言生死之类，各有十三，谓九窍四关也。"以十三种器官解释十三，与《韩非子》、《道德指归》相同，如《韩非子·解老》说："四肢与九窍十有三者，十有三者之动静，尽属于生焉。"以十三种器官释十三。《道德指归》则说，"四肢九窍，凡此十三，生死之外具也"。①"十三"也指十三种器官。到魏晋王弼《老子注》，就不同了。"四关"也是汉人用语。《淮南子·本经训》说，"闭四关，止五遁，则与道"。高诱注："四关：耳、目、心、口。"

所有这些名词《河上注》处处引用秦汉古义或汉代流行之观念以注《老子》，这难道是偶然的吗？

特别值得注意的是《河上注》"六情"这一名词。"六情"是汉代通用语，如《韩诗外传》："人有六情"。《白虎通·情性》："六情者，何谓也？喜怒哀乐爱恶谓之情。"《汉书·翼奉传》："五性不相害，六情更兴废。"一直到《太平经》，都用"六情"。但这种情况到魏晋时突然有了变化。魏晋不用"六情"而用"五情"。如曹植黄初四年《疏》："形影相吊，五情愧赧。"王弼："圣人茂于人者神明也，同于人者五情也。神明茂，故能体冲和以通无，五情同，故不能无哀乐以应物。"② 陆云《吊陈佰华书》："五情哽咽。"陶潜《形答影诗》："身败名亦尽，念之五情热。"刘勰《文心雕龙·情采》："五色染而成黼黻，五音比而成韶夏，五情发而为辞章，神理之数也。"甚至有意作伪的《列子·黄帝篇》也说："昏然五情爽惑。"为什么"六情"一词到魏晋突然变化了呢？大概是因为曹魏代汉，火生土，自居土德，数尚五的缘故，所以名词用语突然起了变化。如果《河上注》为魏晋作品，它是一定会用"五情"而不用"六情"的。

一个时代有一个时代的风习制度，分析一部作品反映的特殊风俗制度，也可以考定一部作品的时代，如汉代尚右，实行什伍连坐等

---

① 《道德指归》卷三《出生入死篇》。
② 《三国志·魏志·钟会传》注。

等，这在《河上注》中也有鲜明反映。

《老子》三十一章，"君子居则贵左"。《河上注》说："贵柔弱也。""用兵则贵右"，《河上注》说："贵刚强也。""吉事尚左。"注说："左，生位也。""凶事尚右。"注说："阴道杀人。""偏将军居左"，注说："偏将军卑而居阳者，以其不专杀也。""上将军居右"，注说："上将军尊而居右者，言其主杀也。""言以丧礼处之"，注说："上将军于右，丧礼尚右，死人贵阴也。"在这些注中，《河上注》以左为柔弱，为卑，为生位，为阳，为吉；以右为刚强，为尊，为死位，为阴，为杀，为丧，为凶。完全是秦汉流行之观念和风习。《国语·越语下》："凡阵之道，设右以为牝，益左以为牡。"《淮南子·兵略训》："所谓地利者，后生而前死，左牡而右牝。""所谓道者，体圆而法方，背阴而抱阳，左柔而右刚。"严遵《道德指归·说目》："阳道左，阴道右。"《指归·天下有道章》："轻举深入，先到为右。"《为学日益章》："尊名贵势，强大为右。"严遵《老子注》："贵左者，尚生长也"[①]，皆以右为刚强，为尊，为胜，为操生杀予夺之权的象征，和《河上注》完全一致。

什伍连坐制，见于《河上注》第八十章。这章通行本经文为："小国寡民，使民有什佰之器而不用也，虽有舟舆，无所乘之。"或"小国寡人，使有什佰之器而不用"。一般的注释本把"什佰之器"解释为家庭什器，或兵器。"什佰"认为是士卒之名。但此章《河上注》经文与众不同，为："小国寡民，使有什佰，人之器而不用"，断句和语意都与通行本大异，而与《帛书·老子》甲、乙本同，可见为古本。注则说："使民各有部曲什佰，贵贱不相犯也。"部曲、什佰为军队的一种编制形式。司马相如《子虚赋》："倪部曲之进退，览将率之变态。"《汉书·李广传》："广行无部曲行陈。"颜师古注引《续后汉书·百官志》："将军领军皆有部曲，大将军管五部，部校尉一人，部下有曲，曲有军侯一人。"故"部曲"犹如现在军队的师团，严遵《道德指归》卷四《以正治国篇》："从高击下，以众制寡，坚校部曲，官队相伍。上护其下，下求其上，三军相保，亲如父子。""坚校部曲"，即使部队组织森严周密，无懈可击。班固《两都

[①] 引自严灵峰《老子注》辑本。

赋》说:"种别群分,部曲有署。"部曲也为编制。至汉末,则部曲逐渐演变为军队成员、部属、私兵甚至依附农民的专称。如《搜神记》卷十八:"后汉建安中,沛国郡陈羡为西海都尉,其部曲王孝和无故逃去。"《三国志·魏志·董、二袁刘传》:"李傕比至长安,众十余万,与卓故部曲樊稠、李蒙、王方等合围长安",等等,故在《河上注》中,"部曲"仍保留了早先的含义。"什佰"与"部曲"连用,在先秦两汉也是编制的意思。如《经法·君正》:"号令者,连为什伍,巽(选)练贤不肖有别也。"《管子·禁藏》:"夫善牧民者,非以城郭也。辅之以什,司之以伍。"《淮南子·兵略训》:"阵卒正前,行选进退,俱什伍搏,前后不相撠(高注:撠,蹂蹈也),左右不相干,受刃者少,伤敌者众。"《史记·秦始皇本纪》:"蹑足行伍之间,而崛起什佰之中。"这里"相伍"、"行伍"、"什佰",原意都是"什伍相搏"的意思。所以《河上注》提出使"民有部曲、什佰",意思是说把老百姓像军队一样严格编制,使等级森严,以达到贵贱不相犯的目的。如前所述,汉承秦法,汉代是一直实行什伍连坐制的。《河上注》强调"使民有部曲、什佰",所反映的正是汉代正在实行的这一制度。魏晋以后,随着社会情况的变化,此章老子注,即再无此类文字了。

《河上注》为汉代作品,还可从学风的演变上看出。汉人重训诂,讲天人感应,阴阳五行思想弥漫一切,魏晋则大畅玄风,不论儒、道、佛,或文学、艺术,都无不渗透玄思的影响。有如汤用彤先生所指出:"观察往昔之哲学思想而归纳之称为属于某时代者,固由其有特殊之方法、态度,因而较之前代有新异之理论,故在此一文化史中占明显之分野,而此一时代之哲理家(思想家)亦罕能出其时代之定式。"[1] 拿《河上注》与《抱朴子》比较,可以看出,《抱朴子》即渗透着浓烈的魏晋时代特有的玄思的影响,如关于"道":《抱朴子·道意篇》说:"道者,涵乾括坤,其本无名。论其无,则影响尤为有焉。论其有,则万物尚为无焉。……为声之声,为形之形,为影之影。……强名为道,已失其真。"《畅玄篇》又说:"玄者自然之始祖,而万殊之大宗也。……因兆类而为有,托潜寂而为无,

---

[1] 《魏晋玄学和文学理论》,载《中国哲学史研究》1980年第1期。

沦大幽而下沉,凌辰极而上游……方而不矩,圆而不规,来焉莫见,去焉莫追,乾以之高,坤以之卑……其唯玄道,可与为永。"此即渗透何晏、王弼以无为本的思想。所谓道是"为声之声"、"为形之形"、"为影之影"、"方而不矩,圆而不规","其本无名"。都是说道是无,是本体。《抱朴子》论天地与万物的关系,又渗透向秀、郭象"独化论"的影响。它说:"深茫剖判,清浊以陈。或升而动,或降而静,彼天地犹不知所以然也。万物咸集,并亦自然,与彼天地,各为一物,但成有先后,体有巨细耳。……且夫腹背虽包围五脏,而五脏非腹背之所为也。……天地虽含囊万物,而万物非天地之所为也。"① 以天地、万物皆独化而自满自足,完全否认事物的联系,否认汉人天地生万物的观念。所以葛洪道论的思想,是玄学思想,其《老子》为玄学之《老子》,魏晋之《老子》。《河上注》则完全没有这种"玄思"。《河上注》认为道是气。"道分为神明,判为五行",道与万物的关系是生成的关系,鲜明地表现出汉代流行的生成论思想的特点。

由此可见,《河上注》只能是汉人作品。黄震说"其说不经,全类市井小说","盖流俗妄人作之",真正是无稽之谈。

三 《河上注》出于西汉

那么《河上注》是东汉还是西汉作品呢?本著认为是西汉作品。

许多学者认为《河上注》出于东汉,提出了一些论据。归纳起来有:(1)《汉志》未著论;(2)体裁论;(3)思想演变论,但这三点都很值得商榷。

王利器先生指出:"今确知为汉人所撰书,并非赝品,而不见著录于《汉志》的,自王应麟著《汉书·艺文志考证》,拾遗补缺,颇不乏人。即如《汉书·儒林传》所言:世传《百两篇》者,出东海张霸。王充《论衡》之《感类》、《佚文》、《正说》三篇,具言东海张霸造《百两篇》,《感类篇》且引'伊尹死,大雾三日'之文,而

---

① 《塞难》。

《艺文志·六艺略》'尚书家'亦俄空焉，这就是一个很好的例证。"① 这已足够证明，以《汉志》未著否定《河上注》出于西汉，是没有力量的。

关于体裁。《河上注》旧题为《老子河上公章句》，类如《尚书章句》、《孟子章句》。王明先生说：章句之学东汉特盛，所以"《河上公章句》者，盖当后人桓灵之际，有人焉，类似矫仲彦者，笃好黄老，且慕道引行气之术，习染章句时风，托名于河上公，为老子作章句也"②。这就是从体裁的区别上着眼的论证。但西汉从经学兴起，章句之学即已大盛，故《汉书·艺文志》著录的章句就很多。如《易》章句有施、孟、梁丘氏各二篇；《尚书》有《欧阳章句》三十一卷，《大小夏侯章句》各二十九卷。《春秋》有《公羊章句》三十八篇；《穀梁章句》八十三篇。《汉书·儒林传》说："景帝时，（丁）宽为梁孝王将军，拒吴楚，号丁将军，作《易说》三万言，训诂举大谊（师古曰：故，谓经之旨趣也）而已，今之小章句是也。"可见《汉志》所谓"说"，如《诗》之《韩说》四十一卷，《鲁说》二十八卷，《论语》之《齐说》二十九篇，《鲁夏侯说》二十一篇，《鲁安昌侯说》二十一篇，《鲁王骏说》二十篇，《孝经》之《安昌侯说》一篇，《老子徐氏经说》六篇等等，所谓"说"，其体裁也是"章句"。《汉书·张禹传》说："禹为《论语章句》"，《汉志》著录则为《说》二十一篇。《后汉书·儒林传》："伏黯字稚文，以明齐诗，改定章句，作解说九篇"，也可证。故《玉函山房辑佚书》所辑《韩诗故》、《韩诗说》、《尚书欧阳章句》、《尚书大夏侯章句》、《尚书小夏侯章句》、《孝经安昌侯说》、《论语孔氏训解》、《论语包氏章句》、《论语马氏训说》、《论语郑氏注》等，体裁虽有"说"、"章句"、"训说"、"训诂"、"注"等等不同，实际是大同小异的。《孟子正义》说："赵氏（歧）以章句命名，其来尚矣。"是深通体裁历史的论断。既然"六艺"在西汉时章句甚多，《老子》在汉初为治国的指导思想，地位极高，何以独无"章句"之学。事实上如上所论，

---

① 王利器：《道藏本〈道德真经指归〉提要》，载《中国哲学》第四辑。
② 《老子河上公章句考》，载《道家和道教思想研究》，中国社会科学出版社1984年版。

《老子徐氏经说》，即为《老子章句》的一种。葛洪说："成帝时，老子《章句》有安丘之学。"① 傅奕考订《老子》古本时，亦说有道士寇谦之所传安丘望之本。嵇康《高士传》说："河上公不知何许人也，谓之丈人，隐德无言，无德而称焉，安丘先生等从之，修其黄老业。"② 可见《河上公老子章句》在西汉出现是顺理成章的。

从思想演变而论，诚如王明先生所指出的，两汉黄老重治国，东汉黄老讲长生不死，并演变而为神仙术。故桓帝崇祀老君，"欲存神养性，意在凌云。"宫中立浮屠老子，延熹八年三祠老子，又遣使致祀王子乔。蔡邕《王子乔碑铭》云："弃世俗，飞神形，翔云霄，浮太清。"东汉时黄老神仙色彩确已十分浓烈。故王充批评"道虚"时，指出当时神仙方术有：（1）尸解，（2）辟谷不食，（3）导气养性，（4）服药。③ 然而如前所述，《河上注》并无此类神仙思想。《河上注》所讲长生仅为益寿延年，其方法和西汉流行的养生方法完全一致，与《道德指归》完全一致。王充批评的尸解、服药、辟谷不食等不见踪影。从这点看，与其说《河上注》出于东汉，不如说出于西汉，不是更为妥帖吗？

《河上注》在注"道可道，非常道"时，曾说，经术政教是非常道，而以自然长生之道为常道。④ 王明先生据此认为，这和西汉黄老为治国思想的特点大不相同，反映了东汉的神仙思想。其实《河上注》反对的经术政教之道，是指儒家的治国方法，因为它和道家提倡的自然无为是相对立的。但《河上注》所说的自然、长生之道，实包括治国与养生两方面的内容，故说"道当以无为养神，无事安民"。因此自然之道，既是用以长生的，又是用以治国的，与西汉初年黄老推广治身之道以治国，如司马谈《论六家要旨》所述者，完全相同。《河上注》中养生与治国并提的言论极多，如：

圣人治国与治身同也。⑤

---

① 《抱朴子内篇·佚文》，见王明《抱朴子内篇校释》，第333页。
② 《太平御览》卷五百一十。
③ 《论衡·道虚篇》。
④ 《道德指归》亦多长生久视之说。《河上注》此类思想与《道德指归》是一致的。
⑤ 《河上注》第三章注。

治身者呼吸精气，无令耳闻也。治国者布施惠德，无令下知也。

治身当如雌牝，安静柔弱。治国应变，和而不唱。①

治身者当除情去欲，使五脏空虚，神乃归之也。治国者寡能总众，弱共使强。②

人君能爱其身，非为己也，乃欲为万民之父母，以此得为天下主者，乃可以托其身于万民之上，长无咎也。③

人君不重则不尊，治身不重则失神。……人君不静则失威，治身不静则身危……王者行躁疾则失其君位，治身躁疾则失其精神也。④

如此等等。

特别有意思的是，《河上注》以"人君"为宣传对象，目的并不是要人成仙，而是要君主们善于养生，以便为政。因此凡《想尔注》指为仙士，得道者，王弼泛指一般人的地方，《河上注》都解释为人君。如：

十五章："古之善为士者"，《想尔注》说："士"、"古之仙士"，《河上注》则说："士"、"得道之君也。"

十七章："太上下知有之。"《河上注》："太上"、"太古无名之君也。"

十八章："智慧出。"《河上注》："智慧之君。"

二十三章："信不足焉。"《河上注》："君信不足于下。"

二十四章："物或恶之。"《河上注》："此人在位，动欲伤害，故物无有不畏恶也。"

二十六章："重为轻根"。《河上注》："人君不重则不尊。"

三十八章："上德不德"。《河上注》："谓太古无名号

---

① 《河上注》第十章注。
② 《河上注》第十一章注。
③ 《河上注》第十三章注。
④ 《河上注》第二十六章注。

之君。"

四十五章:"大成若缺。"《河上注》:"道德大成之君。"

四十六章:"天下有道。"《河上注》:"人主有道也。"

五十三章:"使我介然有知",《河上注》:"老子疾时王不行大道。"

五十七章:"人多伎巧。"《河上注》:"人君百里诸侯也。"

五十八章:"其无正。"《河上注》:"谓人君不正其身,其无国也。"

五十九章:"治人。"《河上注》:"谓人君欲治理人民。"

七十七章:"唯有道者。"《河上注》:"唯有道之君能行也。"

七十九章:"有德司契。"《河上注》:"有德之君,司察契信而已"。"无德司彻。"《河上注》:"无德之君,背其契言,司人所失。"①

由此可见,《想尔注》为道教神仙之《老子》,王弼注为学术思想之《老子》,《河上注》则为养身与治国相结合之《老子》,具西汉初期黄老思想特点之《老子》。

杜光庭说:"(老子)诠注解疏,六十余家,言理国则严氏(指《道德指归》)、河公(指《河上注》),杨镳自得。"② 这确是比较确切的概括。

除此之外,《河上注》有"在阳不焦,托阴不腐"的话,原文出自《经法·道原》。学术界认为,西汉末年此书已佚,东汉著作无引用者。又从与《道德指归》的比较看,《河上注》思想比较朴素平实,《指归》的思维水平则较高。一些在《指归》中做了明确陈述的思想,在《河上注》中尚多模糊不清。如道与一的关系,《河上注》

---

① 《老子》本为君人南面之术,《老子》书和先秦诸子思想一样,都是向君主陈述的治国方法,故对象多指人君。《河上注》体现了《老子》思想的这一精神。

② 《道德真经广圣义》卷一《疏序引》。

既说："一，无为，道之子也"①；"子，一也"②。又说："道唯惚忽，其中有一。"③《指归》则明确而清楚地指出"道生一，一者道之子"。思想发展的规律是，前人的模糊不清的思想，在后起的作品中，往往得到较清楚的界说。按这条规律，《河上注》在《指归》前。《指归》为西汉成帝时蜀郡严遵所作，故《河上注》当是《指归》以前的作品。

四　哲学和社会政治思想

《河上注》认为，宇宙的根源是道。道的特点是无形、混沌，实际是一种原始状态的气。它说，"道唯窈冥无形，其中有精，实神明相薄，阴阳交会也"④。"精"指精气，"神明"也指精气。就是说，在窈冥、无形的状态时，道含有精气。这时阴阳交会，气还没有分化，故又称为一。第十章注说："太和之精气也，故曰一。"道进一步分化就是阴阳。四十二章注说：道"始所生者（一），一生阴与阳也，阴阳生和、清、浊三气（原文为和气浊三气，有误），分为天地人也。"二十八章注说："道散则为神明，流为日月，分为五行。"天地、日月、五行，都是道分化而成的。

《河上注》用了许多形容词描述道以及道与万物的关系，它说：

（道），寂者无音声，寥者空无形，独立者无匹双。⑤

道通行天地，无所不入，在阳不焦，托阴不腐，无不贯穿，不危殆。⑥

道无形质，故能出入无间。⑦

---

① 《河上注》第三十九章注。
② 《河上注》第五十二章注。
③ 《河上注》第二十一章注。
④ 同上。
⑤ 《河上注》第二十五章注。
⑥ 同上。
⑦ 《河上注》第四十三章注。

> 道能阴能阳，能施能张，能存能亡，故无常名也。①
> （道），高而无上，罗而无外，无不包容，故曰大也。
> 道性自然，无所法也。②
> 道氾氾，若浮若沉，若有若无，视之不见。③

就是说，道无所不在，无所不包，无所不入，通行天地，无音，无形，混沌一片。这样的道是天地万物产生的根源。故五十二章注说，"道为天下万物之母"。三十四章注说，"万物皆恃道而生"。四十三章注说，"天地神明，蜎飞蠕动，皆从道生"。但是，道产生万物是自然无为，没有目的和意识的。它说：

> 道清净不言，阴行精气，万物自成也。④
> 道无为而万物自化成。⑤

因此实际上万物是自生自化的。

《河上注》提出了元气概念，元气共三见。第二章注说："元气生万物而不有。"第四十二章注说："万物中皆有元气，得以和柔。"第六章注说："通天地之元气。"在《河上注》看来，元气就是道，所以说"道生万物，"又说"元气生万物"。但另一方面，又说"通天地之元气"，似乎元气是由天地产生的，天地比元气更根本。

《河上注》的社会政治思想，坚持了老子的基本立场，主张清静无为，无事，无欲；去浮华，去伪饰，去礼乐，崇尚俭朴，自然。希望不尚贤，不去质为文，不贪权慕名，不进取功名。对儒家的仁义道德，进行了许多攻击和批判，如说："大道废不用，恶逆生，乃有仁义可传道。"⑥ "礼华盛实衰，饰伪烦多，动则离退，不可应也"。

---

① 《河上注》第三十二章注。
② 《河上注》第二十五章注。
③ 《河上注》第三十四章注。
④ 《河上注》第二十五章注。
⑤ 《河上注》第四十三章注。
⑥ 《河上注》第十八章注。

"礼废本治末,忠信日以衰薄"①,等等。

《河上注》的法家思想相当鲜明,主张主逸臣劳,竭力维护君主的权威,它说:

> 人君不重则不尊。
> 人君不静则失威。
> 王者至尊。②
> 治国权者,不可以示执事之臣也。③

《河上注》极力维护等级制度及"什伍连坐",强调"贵贱不相犯","贵贱各得其所"。它说"老子以强梁之人为教戒之始,"它认为老子所谓强梁是指"不信玄妙,背叛道德,不从经教,尚势任力"的强人。《河上注》认为这种强人应"为天所绝,兵刃所伐,王法所杀,不得以寿命死也",④ 鲜明地反映出统治者维护统治,反对农民造反的立场和汉初崇尚黄老刑名的特点。

---

① 《河上注》第三十八章注。
② 《河上注》第二十六章注。
③ 《河上注》第三十六章注。
④ 《河上注》第四十二章注。

第十三章

《道德指归》的自然思想和社会政治思想

西汉成哀之世,社会矛盾急剧恶化,政治危机极为深重。外戚王氏逐渐掌握实权。统治集团内部的倾轧斗争十分剧烈,政局黑暗腐败,险象丛生。热心社会的有识之士,目睹世风日败,大厦将倾,悲愤嫉俗而无可奈何,转而清净自守,恬淡遁世。可是于世事终又不能忘怀,因而重又寄希望于《老子》,以寻求精神寄托和现实批判的武器。《道德指归》① 就是在这种情况下产生的。

《指归》作者严遵,② 字君平,生卒年月不详,蜀郡(成都)人,主要活动于成帝时期。

《汉书·王贡两龚鲍传》说:

> 君平卜筮于成都市,以为卜筮者贱业,而可以惠众人。有邪恶非正之问,则依蓍龟为言利害。与人子言依于孝,与人弟言依于顺,与人臣言依于忠。各因势导之以善,从吾言者,已过半矣。裁日阅数人,得百钱足自养,则闭肆下帘而授《老子》。

---

① 以下简称《指归》,所注卷数,用怡兰堂本。
② 严遵本姓庄。唐代谷神子在《老子指归》"序目"小注中说:"严君平者,蜀郡成都人也,姓庄氏,故称庄子。东汉章和之间,班固作《汉书》,避明帝讳,更之为严,庄严亦古今之通语。"

从这段话看，严遵的思想可以说相当典型地反映了当时正直知识分子的思想特征。其特点是出世与遁世的尖锐矛盾。故一方面是隐遁，以卜筮为生，研究《老子》，企图"默然托荫"；一方面则不忘于惠众济世，"有不得已，当而后言"，劝人以忠孝，节俭，不纵欲，不做坏事，可谓儒道兼综。

这种精神状态在严遵所作《座右铭》中，也有典型反映。它说：

> 夫疾行不能遁影，大音不能掩响。默然托荫，则影响无因。常体卑弱，则祸患无萌。口舌者，祸福之门。……圣人当言而怀，发言而忧，如赴水火，临危履深。有不得已，当而后言。
>
> 嗜欲者，溃腹之矛；货利者，丧身之仇；嫉妒者，亡躯之害；谗佞者，刎颈之兵；残酷者，绝世之殃；陷害者，灭嗣之场；淫戏者，殚家之堑；嗜酒者，穷馁之薮；忠孝者，富贵之门；节俭者，不竭之源。吾日三省，传告后嗣，万世勿遗。[①]

处于这样的矛盾两重性格，故《指归》一方面有着对社会现实政治的强烈的批判，向往于"无为"、"无事"，甚至"无君"、"虚君"的太古至德之世；另一方面又有着"君民一体"的俗不可耐的劝世箴言和对封建现实等级制的哲学的论证。一方面是对《老子》崇尚自然的反人文主义思想的继承，对儒家关于礼治和崇尚知故进行尖锐的批判，公然主张法家的综校名实、参伍刑名、君道无为、德刑并用；一方面却又热心地宣传当时今文经学的许多思想观念。在哲学上，《指归》的突出贡献，是对老子自然思想做了重大发挥，其本体论的思辨，也占有相当分量，值得深入研究。

一 《指归》的自然思想

《指归》对老子的自然思想做了多方面的论证，故三国时秦宓说："书非《史记》、《周图》，仲尼不采；道非虚无自然，严（君）

[①] 《全汉文》卷四十二。

平不演。"① 唐代谷神子为《指归》作注亦指出："夫《指归》所以屡指归于自然者，明至道之体，湛然独立，自古固存，其能然于众物而众物不能然之，故谓之自然。"

在《指归》中，道是哲学的最高范畴，但道的根本属性与规定，就是自然。

《指归》说："禀无授有，不可言道。"就是说道既不是有，也不是无，那么道是什么呢？《指归》提出道是"虚之虚者，无之无者"，又称："无无无之无，始未始之始。"它说："虚之虚者生虚虚者，无之无者生无无者。"② 这里所谓"虚虚者"，前一个虚字是动词，即使虚之所以为虚者；"无无者"，前一个无字是动词，即无之所以为无者。虚之所以为虚，无之所以为无，就是虚和无的所以然、根据或原因。在《指归》看来，这个原因和根据，就是"虚虚者"和"无无者"。然而"虚虚者"和"无无者"同样是有它的根据和原因的，产生"虚虚者"和"无无者"的那个更高一层的原因或根据，就是"道之虚者"和"无之无者"。在《指归》中就是"道"。也就是说，在《指归》看来，"道"是一切事物和现象的最后的根据和原因，但是它不是别的，就是"自然"。

《指归》说："道之所生，天之所兴，始始于不始，生生于不生，存存于不存，亡亡于不亡。"③ 这里，"生生于不生"。第一个生字是动词，第二个生字是名词，指生的事实、现象。"生生于不生"，意思是说，道的生的活动，就是"不生"。④ "存存于不存"，第一个存字是动词，第二个存字指存的活动，事实，是名词。"存存于不存"，就是说，道对物的存的活动就是不存。"亡亡于不亡"。第一个亡字是动词，第二个亡字指亡的活动和事实，是名词。"亡亡于不亡"，就是说，道对物的亡的活动就是"不亡"。也就是说，物的生、物的存，物的亡，道不是主宰它们的"实体"，它们是自生、自存、自亡

---

① 《三国志·蜀书·秦宓传》。
② 《道德指归》卷八。
③ 《道德指归》卷九。
④ 严遵《老子注》说："太和妙气，妙物莫神，空虚为家，寂泊为常，出入无窍，往来无间，动无不遂，静无不成。化化而不化，生生而不生也。"与此意同。引自严灵峰《辑严遵老子注》。

的。因为道作为它们的根据或原因，不是别的，就是自然。而作为自然，道的本质的规定是无为、无心，没有任何目的和有意的作为。故《指归》说：

> 道德无为而神明然矣，神明无为而太和自起，太和无为而万物自理。
> 道德无为而天地成，天地不言而四时行，凡此二者，神明之符，自然之验也。①
> 道释自然而为知巧，则心不能自存。
> 天地释自然而为知巧，则身不能自生。
> 虚无无为，无知无欲者，道德之心，而天地之意也。清静効象，无为因应者，道德之动而天地之化也。
> 道之为物，无形无状，无心无意，不忘不念，无知无识，无首无向，无为无事，虚无澹泊，恍惚清静。其为化也，变于不变，动于不动。反以生覆，覆以生反。有以生无，无以生有。反覆相因，自然是守。②

总之，道所抱持（守）的惟一原则就是自然。不论天地如何生化，有无如何相生，四时如何代谢，道对于它们都是"无心"、"无意"，以"自然自守"。把这一原则应用于社会人事，就是要求统治者去智去故，去情去欲，无名无利，知足寂泊。《指归》说：

> 圣人不为有，不为亡，不为死，不为生。游于无有之际，处于死生之间。变化因应，自然为常。③
> 圣智之术，不自天下，不由地出。内在于身，外在于物。督以自然，无所不通。
> 去我情欲，取民所安。去我智虑，归之自然。④

---

① 《道德指归》卷八。
② 《道德指归》卷九。
③ 《道德指归》卷十一。
④ 《道德指归》卷九。

> 残贼反善，邪伪反真。善恶信否，皆归自然。
> 百官乐职，万事自然。①
> 天下无为，性命自然。
> 常于止足，归乎无名。战战栗栗，恐失自然。②

在《指归》看来，一切"有为"、"知"和"故"，都是违反自然的，因此不仅不能有意于为恶，也不能有意于为善；不能有意于为邪为伪，也不能有意于为真为信。只有把这一切皆归之于自然，才是符合道的要求的。《指归》说：

> 知故窒塞，自然大通。
> 空虚寂泊，使物自然。
> 不任智故，使民自然。③

因此，不论对待自然、社会和人事，自然都是最高的原则。《指归》明确指出，自然是道的本质的规定，它说：

> 道高德大，深不可言。物不可富，爵不能尊。无为为物，无以物无。非有所迫，而性常自然。④

又说：

> 夫天人之生也，形因于气，气因于和，和因于神明，神明因于道德，道德因于自然，万物以存。⑤

用现在的话翻译出来，意思是说"道"是天地、万物、自然地产生、生长、兴盛、死亡、相亲相爱或相仇相灭的总规律、总原理，或力量

---

① 《道德指归》卷九。
② 《道德指归》卷十一。
③ 《道德指归》卷八。
④ 《道德指归》卷九。
⑤ 《道德指归》卷八。

和作用。道不是有,也不是作为客观存在的无。道是"不有不无",是存在于有无变化之中而又不落有无的规律和力量。作为"万物所由,性命所以"、"天地所由,物类所以"的道,它是万物存在变化的根据和原因。

归结起来,《指归》的自然概念包含三重相互关联的含义,(1)万物是自形自成自生自灭的,反对有宇宙万物之外的主宰者的存在,所谓"阴阳自起,变化自正","山川自起,刚柔自正";"消息自起,存亡自正";"虚实自起,盛衰自正";"和平自起,万物自正";"不生也而物自生,不为也而物自成"①。"终始反复,万物自生"②,没有主宰者存在的余地。(2)反对宇宙之中有某种"目的"、"善"的存在。所谓"万物之性,各有分度,不得相干。造化之心,和正以公,自然一概,正直平均,无所爱恶"③。"积坚者败,体柔者胜,万物之理,自然之称也"④。"柔者弊坚,虚者驰实,非有为之,自然之物也"⑤,否定了董仲舒所谓"天不重与,有角不得有上齿。故已有大者,不得有小者,天数也"⑥的天意和神秘主义的目的论。(3)自然是万物自己存在、生长、变化的原因、规律、根据和力量,是不以人的意识为转移的客观过程,所谓:

> 自然之道,不可强制。水流动下,人动趋利。释下任事,众弱为一,出于不意,此强大之所以亡也。⑦
>
> 水之所以贯金融石,钻崖溃山,驰骋丘阜,以赴随江海,无有还者,形偶性合,事物自然也。⑧
>
> 天地之道,生杀之理,无去无就,无夺无与,无为为之,自然而已。⑨

---

① 《道德指归》卷七。
② 《道德指归》卷十一。
③ 《道德指归》卷八。
④ 《道德指归》卷十三。
⑤ 《道德指归》卷八。
⑥ 《春秋繁露·制度》。
⑦ 《道德指归》卷十。
⑧ 《道德指归》卷十一。
⑨ 《道德指归》卷十二。

这三重含义，在《指归》产生的时代，都具有强烈的批判和战斗的意义，对汉代天人感应等神目的论是沉重的打击。

二 生成论与本体论

《指归》关于"道"即"自然"的思想，实际上突破了汉代宇宙生成论的模式，进入了"本体论"的领域。因为"道"既然是自然，"道"对物的"生"和"化"是"不生"、"不化"，万物是自己运动、分化、成形，具有自己的品德、特性，而仅仅以"道"为依据，那么"道"就不再是生成的母体，而是本体论的概念了。

《指归》说：

> 道无不有，有无不为。体和服柔，括囊大威。生育群类，莫有能违。无有形象，为万物师。得之者安，失之者危。天地体之，久而不衰。①

所谓"师"是效法的意思。在这里，道与物不是母之与子，生与被生的关系，而是榜样，范型与效法者的关系。"天地体之，久而不衰"。"体之"，就是以道为体，为根据和基础。这和魏晋时期的本体论思想十分接近了。

魏晋时期玄学提出以道为本，道是无，又是自然。以道为本，即以自然为本。夏侯玄说："天地以自然运，圣人以自然用。自然者道也。"② 王弼说："道不违自然，乃得其性，（法自然也）。法自然者，在方而法方，在圆而法圆，于自然无违也。"③ 向秀说："生生者岂有物哉？故不生也。……化化者岂有物哉？无物也，故不化焉。若使生物者亦生，化物者亦化，亦奚异于物？明夫不生不化者，然后能为生化之本。"④《指归》的自然思想是与这些说法很相近的。

---

① 《道德指归》卷十二。
② 转引自张湛《列子·仲尼注》。
③ 《老子》二十五章注。
④ 转引《列子·天瑞篇注》。

但是《指归》并没有脱离生成论的窠臼,毋宁说它的哲学思想的基本模式仍然是生成论而不是本体论。因此,关于"自然"的概念,它常常是从生成论的思路提出并将其置于生成论的链条之上的。如说:"诸有形之徒,皆属于物类。物有所宗,类有所祖。""夫天人之生也(胡震亨本作"夫天之生人也"),形因于气,气因于和,和因于神明,神明因于道德,道德因于自然,万物以存。"① 这里,道德→神明→和→形→气,表现为先后相继的生成系列。是鲜明的宇宙生成论思想。《指归》又说:

天地人物皆同元始,共一宗祖。六合之内,宇宙之表,连属一体,气化分离,纵横上下,剖而为二,判而为五。②

天地之数,一阴一阳,分为四时,离为五行。③

照搬了董仲舒所谓"天地之气,分为阴阳,离为四时,判为五行"的生成论说法。所谓"气化分离"、"共一宗祖",正是指气分离为万物后,万物与气存在同宗共祖的关系。

在《指归》中,气是万物的始元,"神明"、"太和"是万物的宗祖。故《指归》说:"道有深微,德有厚薄,神有清浊,和有高下,清者为天,浊者为地。""深微"、"厚薄"、"清"、"浊"、"高下"都是形容气的状态。只有气才有深微厚薄,才有清,浊,高,下,所以在《指归》中,"道德"、"神明"也都是指气而言的。在《管子》、《经法》和《淮南子》中,神明就是精气。《河上注》说:"清者为天,浊者为地,和气为人",《指归》正是继承和发挥了这些思想。

《老子》有一个宇宙生成图式,即"道生一,一生二,三生万物"。《指归》对这个图式做了详细的解释,它说:

一者道之子,神明之母,太和之宗,天地之祖。于神为无,

---

① 《道德指归》卷八。
② 同上。
③ 《道德指归》卷十二。

> 于道为有，于神为大，于道为小。故其为物也，虚而实，无而有。……无内无外，混混沌沌，芒芒汛汛，可左可右。……禀而不损，收而不聚。不曲不直，不先不后。高大无极，深微不测。①

这里在"道"之后，"神明"之前，有一个生化阶段，它的名称是一。这个一是道之子，道的产物，又是神明之母。从《指归》的描述来看，一仍然是气。不过这时气无所不包，无所不统，无所不在，无内无外，混混沌沌，芒芒汛汛，可左可右，弥漫一切，所以叫一。由于它无穷无尽，深微不测，高大无极，所以禀而不损，收而不聚。万物不管从它那里禀受了多少，它不为减少，不管从万物那里收回多少，它也不为增加（聚）。它无所谓曲，也无所谓直，无所谓先，也无所谓后。时间（先后）和空间（曲直），对它来说，都是混然而没有分化的。

《指归》给"一"下定义说：

> 有物混沌，恍惚居起，轻而不发，重而不止。阳而无表，阴而无里。既无上下，又无左右，通达无境，为道纲纪。怀壤空虚，包裹未有。无形无名，芒芒颎颎，混混沌沌，冥冥不可稽之。亡于声色，莫之与比。指之无响，搏之无有。浩洋无穷，不可论谕。潢然不同，无终无始。万物之庐，为太初首者，故谓之一。②

这里用了《老子》用的许多词汇来形容"一"，如"恍惚"、"空虚"、"冥冥""无音"、"无形""无名"、"混混沌沌"。很明显，这是气的原始状态的特点。这时的气视而不见，搏之无有，浩洋无穷，所以又叫"虚"。

在一之后是二。一生二。二就是神明，关于"神明"，《指归》说：

---

① 《道德指归》卷七。
② 《道德指归》卷八。

> 有物俱生，无有形声；既无色味，又不臭香。出入无户，往来无门。上无所蒂，下无所根。清静不改，以存其常。和淖纤微，变化无方。与物糅合而生乎三。为天地始，阴阳祖宗。生物物存，去物物亡。无以名之，号曰神明。生于太虚，长于无物。禀而不衰，授而不屈。动极无穷，静极恍惚，大无不包，小无不入。周流万物之外，经历有有之内。……受多者圣智，得少者痴愚。①

这里"神明"就是精气，和《管子》、《经法帛书》及《淮南子》对精气的描绘完全一致。它的基本特点和"一"是类似的，但是它不是混沌一片而是更为清静和淖了，具有了精神的属性，所以能使受多者圣智，得少者痴愚。

二生三。三就是"太和"。这时统一的原始状态的浑沌之气和精气进一步分化，成为清浊和三气。三气虽然有了区别，分化了，然而仍然没有最后分离。经过这个阶段以后，万物就产生了。和清浊三气分别构成天地、万物和人。所以《指归》说："清浊以分，高卑以陈，阴阳始别，和气流行。三光运，群类生，有形窍可因循者，有声色可见闻者，谓之万物。"② 总之，"万物之生也皆元于虚，始于无"，故"虚无无形，微寡柔弱者，天地之所由兴而万物之所因生也"③。

气不仅产生了万物，产生了人，《指归》还认为，一切宇宙万类的不齐以及人的道德、智力上的区别，如道人、德人、仁人、义人、礼人的区别，也都是气直接决定的。它说：

> 阳者为男，阴者为女，人物禀假，受有多少，性有精粗，命有长短，情有美恶，意有大小。或为小人，或为君子，变化分离，剖判为数等。④

---

① 《道德指归》卷十三。
② 《道德指归》卷八。
③ 同上。
④ 《道德指归》卷七。

因此,《指归》所描绘的,是一幅彻底的宇宙生成论图式,本体论只是这个图式中的新的因素,不占有主导的地位。

三 经验论和思辨因素

《指归》的自然思想在魏晋玄学中,得到极大的发挥。故胡震亨说:"乃其溶决玄旨,演唱宗风,则亦玄元之素臣矣。"钱谦益《跋十家道德经注》也说:"此书多微言奥义,在郭象、张湛之右。"但是在魏晋玄学中,道即自然,本质上是本体论的思想,是由思辨的方法予以论证的。在《指归》中则它的论证方法是"由此观之","何以明之"?"由此言之","何以效其然也"?"是故","是以",等等,本质上不是本体论的思辨,而是基于经验事实的归纳或类推。

对于自然之为本体,《指归》也有一些比较思辨的论证,如说:

> 道德无形而王万天者,无心之心存也。天地无为而万类顺之者,无虑之虑运也。由此观之,无心之心,心之主也;不用之用,用之母也。①

就是说,只有道德无心,才能无所不生,无所不照,无所不用,使万类顺存。有心就有偏爱,有为就有遗漏,就无法周全万类。这与王弼的论证方法是一致的。王弼说:"天地……若其以有为心,则异类未获具存矣。"②

类似的论证方法,在《指归》中还可举出一些,如:

> 有为之为,有废无功;无为之为,成遂无成,天地是造,人物是兴。③

> 天地之间,广大修远,殊风异俗,物类众巨,变化无穷,利害谬诡,故能不能制,而为不能为也。我为天下,而天下亦为

---

① 《道德指归》卷九。
② 《周易复卦注》。
③ 《道德指归》卷八。

> 我。……故以己知立，则知夺之；以己巧立，则巧伐之；以己力立，则立威之。唯无所为，莫能败之。①

在这两段论证中，可以看出思想方法的一个基本公式："不用之用，用之母也"，认为"不用"与"用"，是体和用的关系。"用"依赖"不用"，"为"依赖于"不为"。"不用"，"不为"即存在于"用"和"为"之中。使用为"此用"而不为"他用"，为"此为"而不为"他为"。因此相对于可见可感的用和为，"不用"、"不为"是用和为的内在的"本体"。

《指归》又说：

> 神明之数，自然之道，无不生无，有不生有。不无不有，乃生无有。由此观之，忧不生忧，喜不生喜，不忧不喜，乃生忧喜。②

就是说，有无、忧喜等对立，只是一些现象，转化的本体和根源存在于对立的东西之上。按一般的辩证法观点，转化产生于对立的东西之间，所谓"忧喜同门，祸福同根"，忧是由喜转化而来的，喜是忧转化而来的。但是《指归》却认为，不忧不喜乃生忧喜，就是说，忧喜的转化只是现象，不是本原、本体；造成忧喜转化的本体，是超乎忧喜，在忧喜之外、之上而又在忧喜之中的，因而是不同于忧喜的第三者。这样，如果忧喜属于用，它的本体就是"不用"，有无属于用，它的本体也是不用。类似的论证还有：

> 故为大者不大，为小者不小。为高者不高，为卑者不卑。不大不小乃生大小。不高不卑，乃生高卑。故为之者，不为之迹也，不为者，为之涂也。③

---

① 《道德指归》卷八。
② 《道德指归》卷十一。
③ 同上。

和前面一样，得出了"为"和"不为"是"迹"和"所以迹"。"用"和"不用"的关系。有形可见的迹，要依赖于不是迹而存在于迹之中的"不为"、"所以迹"。因此"不为"、"不用"就是内在于为并支配为的准则和依据（"为之涂"）。

《指归》总结说：

> 故达于道者，独见独闻，独为独存，父不能以授子，臣不能以授君。犹母之识其子，婴儿之识其亲也。夫子母相识有以自然也，其所以然者，知不能陈也。五味在口，五音在耳，如甘非甘，如苦非苦，如商非商，如羽非羽，而易牙师旷有以别之，其所以别之者，而口不能言也。①

就是说，作为本体和根据的道，只能由个人体验、体察而不能用言语加以表达。能够表达出来的东西，是现象，不是本体。这和王弼的言意之辩，认为本体不能言谓的思想是相当接近的。但是《指归》对于"自然"的论证，这种思辨方法终归不是主要的，更多的还是直观经验的归纳和类推。

首先是"归纳"，例如它说：

> 响以无，声不可穷。影以无，形不可极。水以淖弱，贯金石，沉万物。地以柔顺，成大功，胜草木。舌耳无患，角齿伤折。由此观之，柔者弊坚，虚者驰实。非为有之，自然之物也。②
>
> 母爱其子，子爱其母。男女相兼，物尊其主。巢生而啄，胎生而乳。鸟惊而散，兽惊而聚。阴物沉居，阳物巢处。火动炎上，水动润下。万物青青，春生夏长，秋成冬熟，皆归于土。非有政教，物自然也。③

---

① 《道德指归》卷十。
② 《道德指归》卷八。
③ 同上。

这里对"自然"的论证都是基于生活经验和自然物理现象的归纳。

《指归》对"类推"也很注意。它说：

> 见微知著，观始睹卒。①
>
> 要而推之，约而归之。察近知远，观复覩反，闻名识实，见始知卒。听声见形，以喻得失，则是千岁之情同符而万世之为共术，天地之心可见而鬼神之意可毕，况乎人事哉？②

在封建社会，小生产自然经济的狭小规模，严重地限制人们的眼界。除了小小的家庭关系，人们不能想象还有其他更为普遍的关系。因此他们常常以身（家长）观家，以家观国，以国观天下。《指归》深深地打上了这种思想方法的烙印。在《指归》中，推己及人、推己及物是常用的类推方法。例如：

> 察我呼吸屈伸，以知损为益首，益为损元，进为退本，退为进根，福为祸始，祸为福先也。③
>
> 四肢九窍，趋务舛驰，异能殊形，皆元一心，以知百方万物，利害之变，皆生于主。
>
> 稽之天地，验之古今，动不相违，以知天地之道毕于我也。
>
> 观天不由身，观人不由家，小近大远，小知大迷。去家出户，不见天下，去身窥牖，不知天道。其出愈远，其知益少。周流四海，其迷益甚。
>
> 不视不听，求之于己。天人之际，大道毕矣。
>
> 宙内以知外，原小以知大，因我以然彼，明近以喻远也。④
>
> 我身者彼身之尺寸也，我家者彼家之权衡也，我乡者彼乡之规矩也，我国者彼国之准绳也。⑤

---

① 《道德指归》卷九。
② 《道德指归》卷十三。
③ 《道德指归》卷八。
④ 同上。
⑤ 《道德指归》卷九。

这种类推，发展极端，就是由"有形"推到无形。

《指归》说：

> 道体虚无而万物有形，无有状貌而万物方圆，寂然无音而万物有声。由此观之，道不施不与而万物以存，不为不宰而万物以然，然生于不然，存生于不存，亦明矣。①

> 夫人形腐，何所取之，聪明感应，何所得之？变化终始，孰使为之，由此观之，有生于无，实生于虚亦所明矣。②

又说：

> 木之生也，末因于条，条因于枝，枝因于茎，茎因于本，本因于根，根因于天地，天地受之于无形。
> 华实生于有气，有气生于四时，四时生于阴阳，阴阳生于天地，天地受之于无形。③

由此它得出结论说：

> 吾是以知道以无有之形、无状之容，开虚无、导神通、天地和、阴阳宁、调四时、决万方。殊形异类，皆得以成，变化终始，以无为为常。无所爱恶，与物大同。④

本来，有与无是两个性质有别的领域，有是现象，无是本质，是不能简单类推的。《指归》这种由有形推到无形的推论，犯了"无类"类比的错误。

---

① 《道德指归》卷十。
② 《道德指归》卷八。
③ 《道德指归》卷十一。
④ 《道德指归》卷十一。

四　社会政治思想

《指归》社会政治思想的特点是儒道互斥，同时又儒道兼综，表现出黄老由汉初崇尚刑名到后期儒道兼容的特征。

《指归》宣扬自然无为，要求返回到无君、虚君的太上至德之世，表现出老庄思想的强烈影响。《指归》把至德之世描写得十分美好，认为在至德之世中：

> 君父在上，若有若无……莫有求之，万福自来。①
>
> 鸟兽并兴，各有所趣。群士经世，各有所归。是以损聪明，弃智虑，反真归朴，游于太素。轻物傲世，卓尔不污。喜怒不婴于心，利害不按于意。贵贱同域，存亡一度。②
>
> 天下童蒙，四海为一。荡荡玄默，与民俯仰，与物相望……其务损而不益，其事修而不作。所为者寡，所守者约。民敦厚而忠信，世和慎而寂泊。水草为畜积，裘褐为盛服，巨木为廊庙，岩穴为室宅。主如天地，民如草木，被道含德，恬淡无欲。……无有制令，宇内宾服。
>
> 四海之内，亲如兄弟。亲而不和，敬而不恭。天地人物，混沌玄通。③

总之，在至德之世中，一切都是自然淳朴的。没有贵贱，没有压迫，没有尔虞我诈，虽有君主，但无制令，形同虚设。君民之间，被服含和，德泽均等。人们亲如兄弟，过着俭朴和舒适的生活，自由自在，无忧无虑。

《指归》指出，在现实社会中，盛行的是"欺敦悫，侮忠信，侵暴寡弱，臣役愚民。夺弛以与张，损小以益强"④。与至德之世完全

---

① 《道德指归》卷八。
② 《道德指归》卷七。
③ 同上。
④ 《道德指归》卷十三。

相反。所以《指归》对至德之世的歌颂，一方面是对理想社会的追求，一方面也是对现实社会的抗议。

《指归》对汉代统治集团的政策与所作所为，进行了许多尖锐的批评与指责，现实针对性极强。如关于封禅，《指归》揭露说：

> 封于太山，禅于梁父，流渐相承，或然或否。断狱数万，黥人满道。臣杀其君，子杀其父，国破家亡，不可胜数。①

关于什伍连坐，《指归》批评说：

> 使日下之民皆执《礼》《易》，通《诗》《书》，明律比，知诏令。家一吏，里一令，乡一仓，亭一库。明察折中，强武求盗。天下重足而立，侧目而视。父子不相隐，兄弟不相容。此事之极，无益于治②。

这种强烈的批评斥责，和《河上公老子章句》的态度，有很大的区别。这一方面说明，汉代前期崇尚黄老刑名，此时情况已有了变化；另一方面也说明，严遵个人也接受了更多的儒家思想的影响。

对当时盛行的礼治，《指归》也进行了有力的揭露，指出：

> 夫礼之为事也，中外相违，华盛而实毁，末隆而本衰。礼薄于忠，权轻于威，信不及义，德不逮仁，为治之末，为乱之元。诈伪所起，忿争所因。……是故祸乱之所由生，愚惑之所由作也。③

这些，可以说都是道家思想的反映。反映了严遵思想儒道互斥的一面。但是《指归》对于儒家思想又是兼融并包的。因此它十分热心地为封建等级制度进行辩护，并对上仁、上义之君的统治，做了全面

---

① 《道德指归》卷十二。
② 《道德指归》卷九。
③ 《道德指归》卷七。

的肯定。《指归》说：

> 德有厚薄，神有清浊，和有高下。清者为天，浊者为地。阳者为男，阴者为女。人物禀假，受有多少。性有精粗，命有长短。情有美恶，意有大小，或为君子，或为小人。变化分离、剖判为数等。①

这是认为封建等级制度的存在，是天然合理，因而是永恒不变的。对于君臣关系，它说：

> 人之生也，悬命于君；君之立也，悬命于民。君得道则万民昌，君失道则万民丧。万民昌则宗庙显，万民丧则宗庙倾。故君者民之源也，民者君之根也。……上下相保，故能长久。②

这些宣传都反映了儒家思想的影响。

《指归》反对儒家礼治的虚伪，但对所谓上仁与上义之君的统治却给予肯定。它说：

> 上仁之君，性醇粹而清明，皓白而博通……养生处德，爱民如子。……生事起福，以益万民；录内略处，导之以亲；积思（原为思，当为恩）重厚，以拾殊方。法禁平和，号令宽柔，举措得时，天下欢喜。③

> 上义之君，性和平正而达通情，察究利害，辩智聪明……乐为福始，恶为祸先。秉权操变，以度时世。崇仁励义，以临万民。……威而不暴，和而不淫。……承弊通变，存亡接绝，扶微起幼，仁德复发，有土传嗣，子孙不绝。④

---

① 《道德指归》卷七。
② 《道德指归》卷八。
③ 《道德指归》卷七。
④ 同上。

在严遵看来，礼教的统治是完全虚伪，违反人性要求的，而上仁上义之君则不同，它们：（1）生事起福，以益万民；（2）法禁平和，号令宽柔；（3）扶微起幼，存亡接绝；（4）举措得时，使人民能安居乐业。所以严遵对上仁上义之君的肯定，既表达了严遵对改良社会政治的希望，也表达了对现实的强烈批评。

老子提出道法自然，不承认有"天心"、"道心"之类的宇宙目的。但在《指归》中，严遵却大肆宣传"天心"、"道心"，以之作为自己社会政治思想的依据。如："天心和洽，万物丰孰，嘉祥屡臻，吉符并集。"① "天心不洽，四位失常，雷霆毁折，万物夭伤。"② 《指归》要求人君，要求"发道之心，扬德之意，顺神养和，任天事地"③，"达道之心，通天之理"；"体道之心，履德之意"④。如此等等，都反映出儒道合流的特点。

五 《指归》版本的几个问题

《指归》不是伪作，学术界已有令人信服的考证。最近王利器先生作《道德真经指归提要》更提供了多方面的证据。⑤ 张岱年先生在《中国哲学史料学》中说："此书确非伪书，但是可能有后人附益的部分。"这当是定论。

《指归》，《汉书·艺文志》无著录。《隋书·经籍志》著录为："《老子指归》十一卷。"唐陆德明《经典释文》为："《老子》严遵注二卷。注：字君平，蜀郡人，汉徵士，又作《老子指归》十四卷。"《旧唐书·经籍志》著录为："《老子指归》十三卷，冯廓撰。"《新唐书·艺文志》著录为："严遵《指归》十四卷。"《宋史·艺文志》为："《严遵〈老子〉指归》十三卷。"陆游《渭南文集·跋老子道德古文》，说他得到了《道德经指归》全文。晁公武《郡斋读书志》则说读到了谷神子注的十三卷全文。钱曾作《读书敏求记》，引

---

① 《道德指归》卷八。
② 《道德指归》卷七。
③ 《道德指归》卷八。
④ 《道德指归》卷九。
⑤ 载《中国哲学》第四辑。

谷神子"序"云："《道德指归论》，陈隋之际，已逸其半，今所存者止《论德篇》。近代嘉兴刻本列卷一至六，与序文大相径庭，其中阙落者尤多。"清末学者唐鸿学据明姚舜咨手抄蓝格本，印为怡兰堂校刊本，于《跋》中说："姚本存原卷第七，八，九，十，十一，十二，十三，《序目》在后，别为一卷。"认为此书"陆德明、晁公武二家所记，张君房所引，皆系全书，是宋以后始行残阙"。今存版本有两大系统，一为胡震亨本，收入《秘册汇函》，《津逮秘书》，《学津讨原》，《丛书集成》中，为一至六卷，无经文，卷前有《说目》。一为道藏本，怡兰堂本，起第七卷至十三卷。有经文，起七至十二卷，内容与胡本基本相同，多第十三卷。十三卷后收有严遵《道德真经指归序》和《君平说二经目》。还搜集了《指归》佚文数段。有些论著认为《指归》阙失前六卷，怡兰堂本是最好的版本。

这里首先要研究的是《道德真经指归·序》的问题。

汉人著书的惯例，是将"序"排在最后，于"序"中，概述全书各篇的内容，编排次第及其内在联系。故由"序"即可断定世间所存是否为该书的完本，所缺何卷。

据《指归》"序"，《指归》全书次第为："始焉上德不德，化由于道"，终于"信言不美"，共四十章。这正好是今怡兰堂本卷七至十三的全部内容。这就产生了一个问题："序"不可能是《道德真经指归》全书的自序，而只能是德经部分的"序"。道经连同道经后的"序"则阙失了。所以如果现存《道德真经指归·序》不是伪造的，那么应改名为《德经指归·序》。如果事情确是如此，则严遵的《道德经指归》原是分成两卷，分册装订，没有合为一书。今存者为《德经》，序亦为《德经》之序。

第二，《君平说二经目》指出："上经配天，下经配地。阴道八，阳道九，以阴行阳，故七十有二首。以阳行阴，故分为上下。以五行八，故下经三十有二而终矣。"又说："阳道奇而阴道偶，故上经先，而下经后。阳道大阴道小，故上经众而下经寡。"证之以《指归·序》，则现有的《指归》内容，正是上经四十。《老子》古本，如《帛书》甲、乙本，都是德经在前。严遵的《老子注》和《指归》，也是这样编排的。可见今怡兰堂本的排列不是严遵原本的次序，现存胡震亨本，津逮秘书本等，分为六卷（内容同于怡兰本七至十二卷),则是符合严遵原本的顺序的。故胡震亨说:"《道德指归》视河上公篇目,直是下经,然君平以四十篇为上篇,三十二篇为下经……"胡震亨是研究了《说目》而作这种编排的。

第三,严遵关于老子的著作有两种,一为《老子注》,[①] 一为《指归》。现存《说目》,应属于《老子注》。所谓"说",在汉代,指的是"章句"、"训故"、"注"之类的体裁。"说二经"即是对老子德道二经的注解。《汉书·艺文志》著录《老子》四种,如《傅氏经说》、《徐氏经说》、《刘向说》,都是对《老子》的"注",如同严遵的《老子注》。故张澍《蜀典》卷十"著作类",收入《说目》,标题为《老子注·序》,是正确的。《指归》不是对《老子》的注释、训诂。"指"是"要旨"。《指归》是说《老子》一书"要旨"精神之所在。故《道德指归》是严遵对《老子道德经》要旨和基本精神的理解与发挥,与《老子》"说"、"注"、"训诂"、"章句"(如《河上公〈老子〉章句》)不同。胡震亨等不知"说"指的就是"章句"、"训"、"注",以致把《说目》编入《指归》认为是《指归》的序,造成了混乱。《四库全书总目提要》也不懂得这点,以致做出《指归》系伪作的结论。

第四,陆游、晁公武所读《指归》是十三卷的全文,包括有道经的内容(如"曲则全"章),则《指归》很早已将"二经"合编为一了。既然如此,何以在宋以后会单独遗失《道经》部分及其"序",这又是令人不解的。

第五,今怡兰堂本第十三卷,包括《老子》"人之饥也"至"信言不美"等共六段内容,是胡震亨本所没有的。唐鸿学说怡兰堂本本于明姚舜咨手抄本。但这卷的文风,用语与前六卷有显著不同。前六卷文笔流畅,气势浩大,修辞多排比、铺张,如涌泉、如脱兔、"恢廓浩瀚"(杜光庭语),有排山倒海之势。常用的习惯语词有"故"、"是故"、"是以"、"由此观之"、"何以明之"、"夫何故哉"、

[①] 严遵《老子注》《隋书·经籍志》和陆德明《经典释之叙录》皆有著录。但新旧《唐书》不载,可能在唐代已散佚,然而强思齐《道德真经玄德纂疏》尚多称引,故可能五代、宋初,尚有完本。今人严灵峰辑强思齐、陈景元、李霖、刘惟永、范应元各家严遵《老子注》文字,成《辑严遵老子注》一书,甚为完备,可参阅。

"当此之时",等等。每卷都有"庄子曰"二至三处不等。但第十三卷不少段落气势褊狭,少排比铺张,文风顿趋叙实。用语亦无"庄子曰"。故部分文字很可能是伪补的。胡本虽有错讹,但基本内容与"怡兰堂"本七至十二卷相同,是可信的,也可以说是其来有据的较好的版本。

第十四章

扬雄思想的成功、失败及其经验教训

严遵《道德指归》以后,在儒家思想内部,深受道家思想影响,而以反对今文经学神学目的论为目标的思想体系,是扬雄《法言》和《太玄》的思想。《太玄》的"玄",就是取自《老子》的。

扬雄,字子云,蜀郡成都人,生于宣帝甘露元年(公元前五三年),卒于王莽天凤五年(公元十八年),《汉书》本传说他,"家产不过十金,乏无儋石之储,晏如也"。一生过着比较清贫的生活。扬雄少好学,不为章句,曾以严遵为师。"口吃不能剧谈,默而好深湛之思,清静亡为,少嗜欲。不汲汲于富贵,不戚戚于贫贱,不修廉隅,以徼名当世",可谓好学深思之士。成帝时扬雄年三十余,游京师,在大司马车骑将军王音门下,作门下史,岁余,向成帝奏《羽猎赋》。"除为郎,给事黄门",与王莽、刘歆同事。哀帝初,与董贤同官。但哀平时期,"王莽、董贤皆为三公,权倾人主,所荐莫不拔跃,而雄三世不徙官",政治上一直很不得意。王莽篡位之后,"谈说之士用符命称功德,获封爵者甚众",扬雄"以耆老久次,转为大夫",仍然不趋炎附势,清贫自守。《汉书》赞他说:"恬于势力乃如是。"① 故扬雄一生基本上是从事文学、思想、学术活动,具有知识分子和纯粹思想家的特征。

---

① 《汉书·扬雄传》。

《太玄》著于哀帝时。《法言》比《太玄》晚出，书中屡称王莽为"汉公"，比为"阿衡"，大约完成于王莽代汉前夕。扬雄的思想主要表现于这两部著作，但《法言》是成功的，《太玄》却是失败之作。

一 《法言》的理性精神

《法言》思想的极有价值的贡献是对"智"的重视和强调，以及由此显示的理性精神。

> 或问："人何尚？"曰："尚智。"曰："多以智杀身者，何其尚？"曰："昔乎皋陶以其智为帝谟，杀身者远矣。箕子以其智为武王陈《洪范》，杀身者远矣！"① 或问哲。曰："旁明厥思。"②

旁明即广明。《广雅释诂》："旁，广也。""明"指"微而见之"，即对事物有深刻精到的认识。封建社会以成圣为最高目标。"圣"是道德伦理的典范。因此在荀子等大思想家的思想中，"尚智"从来不被提到首要地位，知识、智慧也不是圣哲的主要标准。扬雄响亮而明确地提出"尚智"主张，以"旁明"作为圣哲的标准，发扬"圣"的"聪明睿智"方面是光照千古的。

扬雄"尚智"的理性精神，首先表现为强调理性对于判断是非的作用，而不以往昔圣哲为绝对的权威。

扬雄认为，孔子一类圣人和常人之间，并没有不可逾越的界限。他们具有的资质才能是一样的。他说："天神之明，照之四方，天精天粹，万事作类。人心其神矣乎，操则存，舍则亡。"③ 认为圣人不同于常人的地方，仅仅在于能驾驭自己的聪明才智，以达到高尚的目的："存神索至，成天下之大顺，致天下之大利，和同天人之际，使

---

① 《法言·问明》，下引只注篇名。
② 同上。
③ 《问神》。

之无间也。"① 圣人不是天生的，是通过学习而成的。他说："孔子习周公者也，颜渊习孔子者也。"② 又说："山陵之蹊不可胜由矣，向墙之户不可胜入矣。曰：'恶由人'！曰：'孔氏，孔氏者户也'。曰：'子户乎！'曰：'户哉户哉，吾独有不户者矣。"③ 就是说，孔子是达到真理的必由之路，而自己也可以充当入门的向导。

对于圣人的言论和教导，扬雄认为，不应奉为永恒神圣、不可改变的教条。

> 或曰："经"可损益与？曰："《易》始八卦，而文王六十四，其益可知也。《诗》、《书》、《礼》、《春秋》，或因或作，而成于仲尼，其益可知也。故夫道非天然，应时而造者，损益可知也。"④
>
> 或问："道有因无因乎？"曰："可则因，否则革。"
> 或问新敝。曰："新则袭之，敝则益损之。"⑤

扬雄给"道"下的定义是："道也者通也，无不通也。"⑥ 就是说，"道"是可变的。"道若涂若川，车航混混，不舍昼夜。"道之所以能成为道，成为真理的指针，是因为道是不断变化的，如同车船的航路一样，当一种"道"不能再成为前进指南时，必须加以因革、损益，否则就会丧失其作为指南和道路的作用。

儒家一贯的说法是，圣人才能作经。扬雄却模仿《周易》作《太玄》，对《周易》取超越的态度。又模仿《论语》作《法言》，希望起到当代《论语》的作用，在汉代神学经学的高压之下，扬雄的这种态度是理性的独立与尊严的恢复。

其次，在《法言》中，扬雄对宇宙哲理的追求，对神学、仙道迷信的批判，或对道德和政治的见解，也都表现出可贵的理性精神。

---

① 《问神》。
② 《学行》。
③ 《吾子》。
④ 《问神》。
⑤ 《问道》。
⑥ 同上。

1. 对宇宙哲理的探索。

扬雄重视科学,对天文学很感兴趣,于"盖天","浑天"两说中,扬雄信奉浑天说。

> 或问浑天,曰:"落下闳营之,鲜于妄人度之,耿中丞象之。几乎,几乎!莫之能违也。"①
> 请问盖天。曰:"盖哉,盖哉!应难未几也。"②

但是扬雄"尚智"活动最主要的内容,不是对具体科学知识的追求,而是对宇宙根本原理的极强烈的爱好。扬雄认为"儒"之为儒,就在于能通天地人之道。他说:

> 通天地人曰儒,通天地而不通人曰伎(指技艺)。③

"儒"的这一定义,鲜明地表现出扬雄理性主义的求智倾向和性格特征。

扬雄特别强调心的认识作用。孟子说,"心之官则思"。孟子对心的理性认识作用虽有所肯定,但更重视心作为先验道德的属性和特征。扬雄则主要从理性,从认识的角度去把握心的作用的。

> 或问神。曰:"心。"请问之。曰:"潜天而天,潜地而地。天地,神明而不测者也,心之潜也,犹将测之,况于人乎!况于事伦乎!"④
> 圣人存神索至,成天下之大顺,致天下之大利,和同天人之际,使之无间也。⑤

心的作用是穷神知化,深入事物内部认识其规律和法则。这为扬雄

---

① 《重黎》。
② 同上。
③ 《君子》。
④ 《问神》。
⑤ 同上。

"尚智"思想提供了认识论基础。

2. 反对神学迷信。

> 或问:"赵世多神,何也?"曰:"神怪茫茫,若存若亡,圣人曼云。"①
>
> 或问:"人言仙者有诸乎"?"吁,吾闻伏羲神农殁,黄帝尧舜殂落而死,文王毕,孔子鲁城之北。独子爱其死乎?非人之所及也!"②
>
> 或问黄帝终始。曰:托也。昔者,姒氏(大禹姓姒)治水土,而巫步多禹。扁鹊,卢人也,而医多卢。夫欲雠伪者,必假真。禹乎,卢乎,终始乎!③
>
> 或问:"圣人占天乎?"曰:"占天地"。若此则史也,何异?曰:"史以天占人,圣人以人占天。"④
>
> 或问星有甘石何如?曰:"在德不在星。德隆则晷星,星隆则晷德也。"⑤
>
> 或问五百岁而圣人出有诸?曰:"尧舜禹君臣也,而并。文武周公父子也,而处。汤孔子数百岁而生。因往以推来,虽千一不可知也。"⑥

否定神怪,否定成仙,否定占星术,否定五百岁而圣人出,这些都表现出鲜明的理性精神。

在天人关系中,扬雄认为事情的成功,虽不是人能决定的,在客观因素的作用(这种作用扬雄称之为天),但基本的决定因素是人。

> 曰,兼才尚权,右计左数,动谨于时,人也。天不人不因,

---

① 《重黎》。
② 《君子》。
③ 《重黎》。
④ 《五百》。
⑤ 同上。
⑥ 同上。

人不天不成。①

或问楚败垓下，方死，曰："天也！"谅乎？曰："汉屈群策，群策屈群力。楚憞群策而自屈其力。屈人者克，自屈者负，天曷故焉？"②

透过具体历史事件的分析，扬雄对人的决定作用，做了明确的肯定。

3. 理性的道德思想。

扬雄关于道德的见解也是强调理性的作用的。

扬雄认为道德是人的理性的产物，因此基于理性的个人修养和努力，是达到完美的道德的最基本方法。他说：

道、德、仁、义、礼，譬诸身乎！夫道以导之，德以得之，仁以人之，义以宜之，礼以体之，天也。合则浑，离则散。一人而兼统四体者，其身全乎！③

所谓"仁以人之，义以宜之，礼以体之，"是说，道德的主体是人。仁是标志人之为人的爱人的品德。"义"是人自己选择的符合于社会根本利益的行为标准。"礼"则是调节人们相互关系和行为的规定。

或问仁、义、礼、智、信之用。曰：仁，宅也。义，路也。礼，服也。智，烛也。信，符也。处宅由路，正服明烛、执符。君子不动，动斯得矣。④

所谓"仁，人也"如上所说，是人之为人的爱人的品德。"义路也"，是说"义"是人生行事应该遵循的指针或标准。"礼，服也"，是说礼是人应有的礼仪，外观。"知，烛也"，是说智是照明人前进，不迷失方向的。"信，符也"，是说信是使别人相信的保证。扬雄认为，

---

① 《重黎》。
② 同上。
③ 《问道》。
④ 《修身》。

人的这些道德品质并不神秘。"君子不动,动斯得矣"。只要主观努力,都是可以达到的。

> 修身以为弓,矫思以为矢,立义以为的,奠而后发,发必中矣。
> 人之性也善恶混,修其善则为善人,修其恶则为恶人。①

"矫思以为矢",就是说,人的理性,自觉,明白道理,是最基本的道德修养方法。人自己树立一种道德的目标与标准(立义以为的),通过自觉的思想,学习,反复实践,如同有了弓箭一样,就一定可以射中目标。

扬雄强调人的后天的主观努力,甚至认为这种努力可以改变人的本性。他说:"硡而错诸,质在其中矣。"② 又说:"或性或强,及其名一也。"③ 就是说,人通过修养磨炼,由此而获得的品行可以成为人的本质的一部分。不过扬雄把礼乐外在的强制作用过分夸大了,又不自觉地走向了荀子的观点。

4. 政治思想的理性精神。

扬雄的政治思想也充满着理性精神。

扬雄认为,"政者正也",政治是由为政者自己决定的,不是天命天意的表现。

> 或问:"何以治国?"曰:"立政。"曰:"何以立政?"曰:"政之本身也,身立则政立矣!"④

孔子说:"子帅以正,孰敢不正。""其身正,不令而行。"孟子说:"国之本在于身。"扬雄继承与发挥了孔孟这种政治思想。

为政的标准与方法是"审其思敩"。他说:

---

① 《修身》。
② 《学行》。
③ 《五百》。
④ 《先知》。

> 于戏！从政者审其思斁而亡矣。或问何思何斁。曰：老人老，孤人孤，病者养，死者葬，男子亩，妇人桑之谓思。若污人老，屈人孤，病者独，死者逋，田亩荒，抒轴空之谓斁。①

在荀子思想中，民是一种力量、手段与资本，政治上奉行"民本"政策的目的，不是为民而是为君。这里扬雄重新提出孟子"老吾老，以及人之老，幼吾幼以及人之幼"的理想，恢复孔孟民本思想中的人文主义或人道主义的传统，在汉代政治思想上，标志着一个新的转变。

扬雄主张道德教化。他说：

> 为政日新。或人敢问日新？曰："使之利其仁，乐其义，厉之以名，引之以美，使之陶陶然之谓日新。"②

> 或曰人君不可不学律令。曰："君子为国，张其纲纪，议其教化，导之以仁，则下不相贼，莅之以廉，则下不相盗，临之以正，则下不相诈，修之以礼义，则下多德让，此君子所当学也。"③

在封建社会中，实际存在的是封建统治者与农民的残酷的阶级压迫与剥削关系。温情脉脉的宗法情谊、礼义教化不过是这种关系的一种掩饰。扬雄幻想用这种关系来缓和矛盾，是不可能达到目的的，但他反对法家申韩那种对人民的赤裸裸的敌视态度，是真实的。他说：

> 申、韩之术，不仁之至矣，若何牛羊之用人也！若牛羊用人，则狐狸螳螂不腊也与？或曰："刀不利，笔不铦，而独加诸砥，不亦可乎？"曰："人砥则秦尚矣。"④

---

① 《先知》。
② 同上。
③ 同上。
④ 《问道》。

他认为秦朝刑罚严酷,以人为砥,是申韩不仁之术的必然结果,应该引为深刻的教训。

扬雄把人道与兽道加以对立,痛斥现实社会存在的"政治"是一种恶政。他说:

> 禽兽食人之食,土木衣人之帛,谷人不足于昼,丝人不足于夜之谓恶政。①

扬雄揭露当时民有三勤(苦的意思):"政善而吏恶,一勤也;吏善而政恶,二勤也;政吏骈恶,三勤也。"② 为了解决当时社会的矛盾与弊病,扬雄提出实行"什一"之税和"井田"的主张,并希望废除肉刑。他说:"什一天下之正也。多则桀,寡则貉。""井田之田,田也;肉刑之刑,刑也。田也者与众田之,刑也者与众弃之。法无限,则庶人田侯田,处侯宅,食侯食,服侯服,人亦多不足矣。"③

扬雄以当代孟子自居。《法言·吾子》说:"古者扬、墨塞路,孟子辞而辟之,廓如也。后之塞路者有矣,窃自比于孟子。"又说:"吾与孙卿与,见同门而异户。"④ "或问勇。曰:'轲也。'曰:'何轲也'?曰'轲也者,谓孟轲也。者荆轲,君子盗诸'。请问孟轲之勇。曰:'勇于义而果于德,不以贫富贵贱死生动其心,于勇也,其庶几乎!"⑤ 从扬雄的政治思想和道德伦理思想看,扬雄确实是致力于恢复孟子思想的传统和理性精神的。这在"杂王霸而用之"的汉代,可谓独树一帜。

二 《太玄》对《周易》的模仿及其失败

扬雄认为"通天地人之谓儒"。惟有能认识和掌握贯穿天地人的根本道理的人才能算儒。他之作《太玄》,目的是要把他所认识的关

---

① 《先知》。
② 同上。
③ 同上。
④ 《君子》。
⑤ 《渊骞》。

于宇宙的根本原理表现出来。

但《太玄》是模仿《周易》的。《周易》每卦有六爻，《太玄》每首有九赞，《周易》有六十四卦，《太玄》作八十一首。《周易》有《象传》、《爻辞》、《太玄》作《首辞》和《赞辞》。《首辞》相当于《象传》，从初一到上九的"九赞"相当于六爻及《爻辞》。此外《玄测》模仿《象辞》。《玄衡》模仿《序卦》。《玄错》模仿《杂卦》。《玄文》模仿《文言》。《玄摛》、《玄莹》、《玄掜》、《玄图》、《玄告》模仿《系辞》。《玄数》模仿《说卦》。凡《周易》有的东西它都一一加以模仿。

《太玄》的排列分为三方，九州，二十七部，八十一家。每家一首，每首四重。一玄三方，一方三州，一州三部，一部三家。每首九赞，共七百二十九赞，和《周易》基本相似。

扬雄对《太玄》自负很高，说：

> 故玄卓然示人远矣，旷然廓人大矣，渊然引人深矣，渺然绝人眇矣。嘿而该之者玄也，擇而散之者人也……故玄者，用之至也。……知阴知阳，知止知行，知晦知明者，其唯玄乎！
> 晓天下之瞆瞆，莹天下之晦晦者，其唯玄乎！①

他希望《太玄》像《周易》一样，成为人们行动的指南，发生广泛的影响和作用。但实际上《太玄》在思想史上影响极小，根本不能与《周易》相比，更谈不上取代《周易》，扬雄的企图遭到了失败。问题的关键是，它模仿的仅是《周易》的形式，而丧失了《周易》保持其思想活力的最基本的因素和精神。

《周易》卦的排列，历史上有好几种形式。一种是适应占卜的需要的，一种是按六爻的非复则变的规律组合的。而按照今本《序卦》的解释，它的排列体现世界生生不已的无穷发展，故以乾坤两卦，标志万物的产生，以"未济"象征着世界无止境的发展。

《太玄》不同。它的八十一首的排列，构成一个模式，其秩序是由"阴阳消息"所决定的一年的天文及物候的变化。《玄首》说：

---

① 《玄摛》。

> 驯乎云，浑行无穷，正象天。阴阳批参（相比相参）。以一阳乘一统，万物资形。方州部家，三位疏成。曰陈其九九以为数生。赞上群纲，乃综乎名。八十一首，岁事咸贞。

它的排列以中首开始，然后是周、礥、闲、少……最后以养首终。其中中首代表冬至，一年的开始，这时"阳气潜萌于黄宫，信无不在其中"，万物将要生长；"差首"，立春，"阳气蠢辟于东，帝由群雍，物差其容"，"增首"，"阳气蓄息"，万物生长繁茂；"疆首"，"阳气纯刚"，万物最为强盛；"应首"，"阳气极于上，阴信萌乎下"；遇首，"阴气始来，阳气始往"；逃首，"阴气章疆，阳气潜退，万物将亡"。然后到"将首"，大雪，"阴气济物乎上，阳信将复，始之乎下"，又回到"中首"。每首主四日半，八十一首主三百六十四日半，再加上"踦"、"嬴"两赞，恰是一年。

故《汉书·扬雄传》说：

> 其用自天元推一昼一夜阴阳数度律历之纪，九九大运，与天终始。故玄三方，九州三十七部、八十一家、二百四十三表、七百二十九赞，分为三卷，曰一二三，与泰初历相应，亦有颛顼之历焉。

《玄图》说：

> 玄有一规，一矩，一绳，一准，以纵横天地之道，驯阴阳之数，拟诸其神明，阐诸其幽昏，则八方平正之道可得而察也。

所以，《太玄》的体系，实际不过是纬书或孟喜卦气说的翻版。除了依据浑天说，它没有包容和概括任何新的知识。

《周易》的卦辞有其独立的象征的意义，人们可以赋予各种知识性的解释和世俗人生的经验。《周易》的六爻是变化的，由阴阳的对立及其地位变化，分别象征天道与人事，并由爻辞的吉凶显示，做出关于事物发展前途的预测。这种预测，形式上是神秘的，但实际内容及其逻辑关系是由人们临时赋予的。因此卦及爻的"上下无常，周流六虚,唯变所适,不可为典要",保证了《周易》的灵活性、象征性及其与世俗经验及知识的活的联系。《太玄》却仅仅从形式上把《周易》的卦画及《卦辞》、《爻辞》模仿过来,而保证《周易》的灵活性及其内在联系的因素,既由阴阳对立统一在不同条件下形成的千变万化的能力,却被舍弃了。

扬雄说:

> 玄有二道,一以三起,一以三生。以三起者,方、州、部、家也。以三生者,参分阳气,以为三重,极为九营,是为同本离末,天地之经也。①

"三分阳气,以为三重",这种三分法把阴阳由对立统一所形成的发展过程的辩证实质阉割了。

《老子河上公章句》和《道德指归》都把气分成和、清、浊三气。清为天,浊为地,和为人。刘歆说:"太极元气,涵三为一。""三"的一个意义也指天、地、人所由以形成的和、清、浊三气。这种三分法强调三者的并列,注意点是事物外部的区别,否认了事物内部"一分为二"这一运动发展的源泉,实质是形而上学思想。② 因此,由三分法所决定的《太玄》州、方、部的排列完全是一个中药铺,不能体现事物内在的联系和发展。

在一首中,九赞之间的排列,初一、次二、次三为艰难困苦,次四、次五、次六,表示发展顺利、吉祥,次七、次八,上九是灾祸临头,其程序同样是机械和死板的。《玄图》说:

> 故思心乎一,反复乎二,成意乎三,条畅乎四,著明乎五,极大乎六,败损乎七,剥落乎八,殄绝乎九。生神莫先乎一,中和莫盛乎五,倨剧莫困乎九。

> 夫一也者,思之微首也,四也者,福之资者也,七也者,祸之阶者也,三也者,思之崇者也,六也者,福之隆者也,九也

---

① 《玄图》。
② 参阅本著《汉代自然科学方法论及其与哲学的相互影响》第五节。

者，祸之穷者也。二五八，三者之中也。福则往，而祸则承也。九虚设辟，君子小人所为宫也。

自一至三者，贫贱而心劳。四至六者，富贵而尊高。七至九者离咎而犯灾。

这种固定的以三为单元的数字格式，不仅支配《玄》，还支配天、地、人等宇宙间一切事物，也是一种形而上学思想。

《周易》的《系辞》，虽然强调"卑高已陈，贵贱位矣"。但主要是强调对立面的交感、和合，强调"天地之大德曰生"，"生生之谓易"，强调变化，日新、盛德、大业、富贵、崇高。《太玄》的《玄摛》等则内容贫乏单调，反复强调的是"三纲"和"君臣大义"。如：

昼数多，夜数少，象月阕而日溢，君行光而臣行灭，君子道全，小人道缺。

昼夜相承，夫妇系也。终始相生，父子继也。日月合离，君臣义也。①

昼以好之，夜以丑之，一昼一夜，阴阳分索。夜道极阴，昼道极阳，牝牡群贞，以摛吉凶，而君臣父子夫妇之道辨矣。

夫天地设，故贵贱序。四时行，故父子继。律历陈，故君臣理。②

天地之所贵曰生，物之所尊曰人，人之大位曰治，治之所因曰辟。崇天普地，分群偶物，使不失其统者，莫若平辟。夫天辟乎上，地辟乎下，君辟乎中。③

一辟、三公、九卿、二十七大夫、八十一元士，少则制众，无则治有，玄术莹之。④

阴以知臣，阳以知辟，君臣之道，万世不易。⑤

---

① 《玄图》。
② 《玄摛》。
③ 《玄文》。
④ 《玄莹》。
⑤ 《常首》。

《周易·系辞》说:"天行健,君子以自强不息。"它的法天精神,内容是全面而丰富的,包括修身、养性、治国、平天下,包括认识上的"穷神知化","开物成务","极深研几"。《太玄》的眼光则狭隘多了。它说:"人之所好而不足者善也,人之所丑而有余者恶也。君子日彊其所不足,而拂其所有余,则玄之道几矣"①,单纯关注着个人道德的修养和安危。

《易传》提出"一阴一阳之谓道",对对立统一规律做了极高的概括。在《太玄》中,"玄"却被描述为在阴阳之外之上的强制力量。它说:

> 玄者幽摛万类而不见形者也,资陶虚无而生乎规,挟神明而定摹,通同古今以开类,摛措阴阳而发气。一判一合,天地备矣。②

所谓"发气",发的意思,一为产生、发生,一为展开、运动。所谓"摛措阴阳","摛措"的含义是展开和处置。既然不是阴阳本身而是由"玄"摛措阴阳和"发气","玄"就只能是"神"。阴阳本身既然需要依赖"玄"而运动、发展,也就丧失了自己运动的内在动力和源泉。

《太玄》还把阴阳和五行系统结合起来,构造出了一个无所不包的世界图式。《玄告》说:

> 五行迭王,四时不俱壮。日以昱(照耀)乎昼,月以昱乎夜。昴则登乎冬,火则登乎夏。南北定位,东西通气,万物错离乎其中。

《玄摛》说:

> 三八为木,为东方,为春,日甲乙,辰寅卯,声角,色青,

---

① 《玄摛》。
② 同上。

味酸，臭羶，形诎信，生火，胜土，时生，藏脾。侟志，性仁，情喜，事貌，用恭，扐肃，徵旱。帝太昊，神勾芒，星从其位。类为麟，为雷，为鼓，为恢声，为新，为躁，为户，为牖。为嗣，为承，为叶，为绪。为赦，为解，为多子。为出，为予。为竹，为草，为果，为实。为鱼。为疏器。为田。为规，为矛。为青怪。为觩（音求）。为狂。

四九、二七、一六、五五，也分别与五行、五方、万物及四季时令相配，弄得十分烦琐而牵强。

因此从整体上看，《太玄》的思想体系是没有价值的。

《太玄》也有一些好的思想，从局部看应该肯定。

1. 关于"道法自然"的思想。《玄莹》说：

> 夫作者贵其有循而体自然也。其所循也大，则其体也壮，其所循也小，则其体也瘠。其所循也直，则其体也浑。其所循也曲，则其体也散。故不惧所有，不强所无，比诸身，增则赘，而割则亏。故质斡在乎自然，华藻在乎人事也。其可损益与？

这里"有循"是指有根据，不妄为。"体自然"，是指以自然为体，即尊重事物的本来性质。这恢复了《老子》的基本思想，体现了清醒的理智态度和精神。

2. 关于因革损益的辩证法思想，《玄莹》说：

> 夫道有因有循，有革有化。因而循之，与道神之。革而化之，与时宜之。故因而能革，天道乃得。革而能因，天道乃驯。夫物不因不生，不革不成。故知因而不知革，物失其则；知革而不知因，物失其均。革之匪时，物失其基。因之匪理，物丧其纪。因革乎因革，国家之矩范也。矩范之动，成败之效也。

这里提出了因、革、基、时、则、理、纪等范畴，论述了这些范畴的关系。认为事物的顺利发展，需要注意继承和改革的两个方面，不能片面强调一方面而忽视另一方面。提出"物不因不生，不革不成"，而在因革之中，要注意"理"和"则"，"纪"和"时"。"理"和"则"，指事物自身发展的规律和性质，"纪"指事物的基本规定，"时"指因革的时机和条件。认为一件事情的"因"和革，不仅要根据事物的固有的规律和基本性质，还要注意时机是否成熟。这些显然是有合理内核的。扬雄把如何正确处理因革的问题，提高到关系国家前途、事业成败的高度去看，这在当时，也是有积极意义的。

3. 《太玄》对辩证法思想也有某些发展。如关于对立面的转化、依存，《玄摛》指出：

> 一判一合，天地备矣；天日回行，刚柔接矣；还复其所，终始定矣；一生一死，性命莹矣。
>
> 阳不极则阴不萌，阴不极则阳不牙，极寒生热，极热生寒，信道致诎，诎道致信。

《玄莹》说：

> 阳不阴，无与合其施，经不纬，无以成其谊，明不晦，无以别其德。

《玄告》说：

> 天地相对，日月相判（范望注：会也），山川相流，轻重相浮，阴阳相续。

这些说法为辩证法提供了具体的例证，丰富了它的内容。

更值得宝贵的是关于新故更代的辩证法思想。《玄文》说：

> 新故更代，阴阳迭循，清浊相废，将来者进，成功者退；已用则贱，当时则贵。

《玄摛》说：

其动也日造其所无而好其所新，其静也，日减其所为而损其所成。

这些思想都是正确而有积极意义的。但是这些只是局部的积极因素，与《太玄》思想体系的整体相比，仅居于次要的地位，不能改变《太玄》作为一个体系，从整体，从全局上的失败。

三 《法言》、《太玄》的经验教训

《汉书·扬雄传》说："自雄之殁，今四十余年，其《法言》大行，而《玄》终不显，然篇籍具存。"

四十年的时间并不长，但是它却给《太玄》和《法言》做出了判决。《法言》显示了自己的生命力，在社会上获得了巨大的声誉和影响，《太玄》却成了徒具文字的躯壳，受到社会和人们的冷落。

扬雄生前，敬重与热爱他的刘歆就指出："空自苦！今学者有禄利，然尚不能明《易》，又如《玄》何？吾恐后人用复酱瓿也！"[①]真是不幸而言中！刘歆早就看出了《太玄》的结局[②]。这种情况不是偶然的。

《法言》之能大行，是因为《法言》虽然模仿《论语》，但它的模仿仅在于采取问答的形式，而其实质内容，则无不立足于当时的现实，表现出扬雄自己创造性的思想与见解。它虽然简单，没有展开，很少论证，但是言简意赅，极具针对性、批判性、战斗性。它"言之有物"，在同时代，是富于思想见解的高人一等的作品。它所包含的理性精神及对尚智的倡导，对仙道迷信的批判，对社会弊端的揭露，以及关于学习、道德、人性、政治等等问题的见解，都是益人心智、扣人心弦的。对比之下，《太玄》恰恰走了相反的道路。它不只是模仿《周易》的形式，而且在按着这个形式填塞内容时，还舍弃了《周易》得以保持自己活力的辩证法灵魂及其开放的形式，把它

---

① 《汉书·扬雄传》。
② 这是指《太玄》晦涩、深奥、模仿、做作，在社会不可能产生广泛影响而言，并不是说，《太玄》没有在思想界产生任何作用。

变成了本身既不具有新的知识，也不能容纳新的知识的固定而死板的"图式"。它脱离实际，没有任何针对性，实际是文字游戏，所以它的失败是必然的。

作为模仿而成的思想体系，它留下了一些发人深思的教训。

首先它深刻表明：哲学是创造性的能动的思想活动。作为人类智慧对宇宙、人生真谛和奥义的追求与探索，哲学的本性是创造，创新。任何思想的死板、僵化、模仿，都是与哲学的性格格格不入的。社会上的机械、技术可以模仿，其他许多事物也可以模仿，惟有哲学、艺术等，是绝不能模仿的。《太玄》一开始就缺乏创新的勇气。对于它企图取代的对象，既没有分析，也没有批判，虽然也有自己另作新书的目的，也不知要取代对象之需要取代或可能取代的原因，不是吸取其长处，弥补缺点，另作创新，而是对其长处和缺点一概盲无所知。结果不仅是模仿，而且模仿了它的一种最坏的形式。

哲学要求对自然和人生的经验、知识做出理论的概括，提供新的体验和见解，启发人们"极深研几"，获求对宇宙、人生的新理解与新态度。扬雄在《太玄》中，既没有赋予自然或社会以新的知识，又没有对原有知识作新的体验与概括，仅停留于对"浑天说"作具体的应用，对卦气说，则基本照搬。它不仅没有把知识提高到哲学的高度，相反，还把哲学变成了具体知识的搬弄，从而从根本上背离了哲学的要求。

其次，哲学作为时代精神的精华与体现，必须与人民，与一定阶级的愿望、要求有血肉相关的联系。真正的哲学必须充满时代或阶级的激情、呼声和脉搏。无病呻吟，无的放矢，不管如何艰深，都是绝不能成为哲学的。《太玄》作为一种有意模仿的东西，与它的时代恰恰是失掉了联系的。除了加强"三纲"和"伦理道德"的平庸说教外，它没有反映任何真正重大的社会问题和社会矛盾。

徐复观说："扬雄是最重视人生祸福的人，也是对政治较为疏离的人。他以草《玄》来逃避政治，但《太玄》中，依然反映出他对当时政治问题的批评。"徐以八十一首的第四首"闲首"为例，认为是反映哀帝时的政治问题的。"闲首"说，"阳气闲于阴，硋然物咸见闲"。徐认为这是说，皇权被夺于外戚，形势艰险。"初一，蛇伏于泥，无雄有雌，终莫受施。"是指皇帝失了实权，由龙变蛇，只有元王后掌权，故"无雄有雌"，"次二。测曰，闭其藏，中心渊也"，指"诏王莽就第，避帝外家""次三。关无键，舍金管"，指丞相虚设，以大司马属于皇帝内朝而主政，权势落入外家之乎……"① 但传统的解释，都没有从这里得出这种特定的政治含义，且这些隐晦的言语，也可以作完全相反的解释。因此它的政治含义是不明确的，如果确有什么政治含义的话。

实际上，扬雄在《太玄》中表现的主要是洁身自好，远祸避害，以及对祸福无常的感叹，调子是悲观而消极的。

《玄莹》说：

> 往来熏熏，得亡之门，夫何得何亡，得福而亡祸也。天地福顺而祸逆，山川福卑而祸高，人道福正而祸邪。故君子内正而外驯，每以下人。

《太玄·乐首·上九》说：

> 极乐之几，不移日而悲。

《太玄·干首·上九》说：

> 干于浮云，从堕于天。

《太玄·锐首·上九测》说：

> 陵峥岸峭，锐极必崩。

《太玄·乐首·次五测》说：

> 钟鼓喈喈，乐后悲也。

---

① 《两汉思想史·扬雄论究》。

确实是悲观恐惧，呈满着祸福无常、福止祸来的担心。司马光说："《莹》以昭事，使人知祸福之归者也。"① 然而扬雄的"祸福之归"不是积极而是消极的。

西汉末年，政治紊乱、腐败，统治集团内部斗争剧烈，险象丛生，"当涂者入青云，失路者委沟渠"。"旦握权则为卿相，夕失势则为匹夫"，"位极者宗危，自守者身全"。② 扬雄十分害怕这种险恶无常的政治形势，时刻担心大祸临头，故作《太玄》以避害洁身③。这使《太玄》远离时代和政治，不能振作精神，有所作为。所以《太玄》不能饱含时代激情，鼓舞人们前进和斗争，乃是必然的。

四　扬雄思想在汉代和中国思想史上的影响

《太玄》作为一种哲学思想体系，基本上是失败的。但是这种尝试本身，在当时却有其不可忽视的积极意义。《汉书·扬雄传》说："诸儒或讥以雄非圣人，而作经，犹春秋吴楚之君僭号称王，盖诛绝之罪也。"当时《周易》不仅早已是"五经"之首，立于学官，且在谶纬中已被抬高为神书。扬雄敢于模仿《周易》作《太玄》，把《太玄》抬高为囊括宇宙人事之根本大道的著作，对谶纬和经学显然是勇敢的挑战。儒生讥《太玄》之作，犯"诛绝之罪"，说明造作《太玄》这一行为，具有思想解放的重大意义。

《太玄》在班固时虽已变成无人问津的废纸，但对桓谭、王充等人的思想及其反谶纬神学的战斗，却起了有力的前导和鼓舞作用。桓谭说：

> 扬雄作《玄》书，以为玄者天也、道也，言圣贤制法作事，皆引天道以为本统，而因附属万类、王政、人事、法度，故宓羲

---

① 《读玄》。
② 《汉书·扬雄传》。
③ 《汉书·扬雄传》说："哀帝时，丁、傅董贤用事，诸附离之者，或起家至二千石。时雄方草《太玄》，有以自守，泊如也。"在《解嘲》中，扬雄说："高明之家，鬼瞰其室，攫挐者七，默默者存。……是故知玄知默，守道之极；爱情爱静，游神之庭。惟寂惟寞，守德之宅。"

氏谓之易，老子谓之道，孔子谓之元，而扬雄谓之玄……扬子云何人邪？答曰，扬子云才智开通，能入圣道，卓绝于众，汉兴以来，未有此人也。……子云所造《法言》、《太玄经》也，玄经，数百年，其书必传。①

王充说：

> 扬子云作《太玄经》，造于眇思，极窅冥之深，非庶几之才，不能成也。孔子作《春秋》，二子作两经，所谓卓尔蹈孔子之迹，鸿茂参贰圣之才者也。②

张衡说：

> 吾观《太玄》，方知子云妙极道数，乃与五经相拟，非徒传记之属，使人难论阴阳之事，汉家得天下二百岁之书也。③

在《思玄赋》中，更赞颂说：

> 仰先哲之玄训兮，虽称高其弗违。

三位思想家推崇《太玄》和《法言》，所注重的有三点：（1）"卓尔蹈孔子之迹，鸿茂参贰圣之才"，敢于和圣人平起平坐，做圣人才能做的事情。（2）《太玄》"妙极道数，非徒传记之属"，与"五经相通"，符合圣道。（3）《太玄》包容了"浑天说"这一杰出的学术成果，包含有"天道"的深奥知识。这三个方面确也揭示了《太玄》和《法言》在实际上的影响。

西汉末年，经历了长期的黄老和法家对儒家思想的渗透以后，扬雄以孟子自况，大力发扬和抬高孟子的地位，致力于恢复孔孟思想的

---

① 《新论》。
② 《论衡·超奇篇》。
③ 《全后汉文》卷五十四《与崔瑗书》。

人文主义传统，这在思想史上的影响更为深远。韩愈说：

> 晚得扬雄书，益尊信孟氏，因雄书而孟氏益尊，则雄者亦圣人之徒欤……孟氏醇乎醇者也，荀与扬，大醇而小疵。①

对宋明理学扬孟抑荀，扬雄起了前躯先路的作用。到北宋，孙复首先起来推崇扬雄，说：

> 文者道之用也，道者教之本也……自汉至唐，以文垂也者众矣，然多扬、墨、佛、老虚无报应之事，沈谢、徐、瘦、妖艳邪侈之辞。始终仁义不叛不杂者，唯董仲舒、扬雄、王通、韩愈。"②

接着曾巩在编校刘向《新序》时，又批评刘向而推崇扬雄，说："自斯以来，天下学者知折衷于圣人而能纯于道德之美者，扬雄氏而止耳。"司马光更崇敬扬雄。司马光为《太玄》作注，说：

> 扬子直大儒者耶，孔子既没，知圣人之道者，非扬子而谁？孟与荀殆不足拟，况其余乎？观玄之书，昭则极于人，幽则尽于神，大则包宇宙，细则入毛发。合天地人之道以为一，刮其根本示人、所出、胎育万物而兼为之母，若地履之而不穷也，若海挹之而不可竭也。天下之道，虽有善者，其篾以易此矣。③

扬雄的影响在北宋达到了高潮。

---

① 《韩昌黎集》卷十一《读荀》。
② 《睢阳集》。
③ 《读玄》。

第十五章

刘歆与西汉正统经学的结局

哀平以后，谶纬兴起，但正统经学仍然占据学术与政治的主导地位。经学思想中，尊礼复古又是这一时期的主要特点。故《礼记》、《周官》在这一时期都受到重视。尤其是《周官》，被王莽、刘歆特加提出，为其政治斗争服务，以致学术界有人认为系王莽、刘歆所伪撰。研究刘歆及这一时期经学内部的斗争及经学和政治的关系，对了解哀平时期的思想动向有重要的意义。

一 刘歆的经学思想

正统经学在哀平以后，日益陈腐、烦琐、僵化，引起了有创造革新精神的经学学者的严重不满。哀帝时，发生了刘歆等为争立《左传》等经书于学官而进行的一场斗争。《汉书·楚元王传》载刘歆上书责太常博士说：

> 往者辍学之士不思废绝之阙，苟因陋就寡，分文析字，烦言碎辞，学者罢老且不能究一艺；信口说而背传记，是末师而非往古；至于国家将有大事，若立辟雍封禅巡狩之仪，则幽冥而莫知其原；犹欲抱残守缺，挟恐见破之私意，而无从善服义之公心；或怀妒嫉，不考情实，雷同相从，随声是非，抑此三学（指不同意立《左传》、《逸礼》、《古文尚书》），以《尚书》为备，谓左氏为不传《春秋》，岂不哀哉！

刘歆指出这一时期经学的三种大弊病：(1) 繁琐；(2) 信口说而背传记，死守师说，陈陈相因；(3) 脱离实际，只知死啃书本，不懂国家大事。这三种大弊病实是相互联系的，都是经学学术官僚化、政治化或意识形态化所导致的恶果。

《汉书·艺文志》说：

> 古之学者耕且养，三年而通一艺，存其大体，玩经文而已，是故用日少而畜德多，三十而五经立也。后世经传既已乖离，博学者又不思多闻阙疑之义，而务碎义逃难，便辞巧说，破坏形体，说五字之文，至于二三万言。后进弥以驰逐，故幼童而守一艺，白首而后能言，安其所习，毁所不见，终以自蔽。此学者之大患也。

经学这种繁琐、支离，脱离实际，在概念上作无谓推演，故作艰深、便辞巧说，贻误后学的情况，当时确达到了触目惊心、令人无法容忍的程度；① 但当事者以之为晋身之阶、利禄之途，所以斗争就不可避免了。结果刘歆因上书而受到严重的打击与排斥，朝廷无以存身，被下放到地方。《汉书·楚元王传》说："歆由是忤执政大臣，为众儒所讪，惧诛，求出补吏，为河内太守，以宗室不宜典三河，徙守五原，后复转在涿郡，历三郡守。数年，以病免官。"这里正统经学由于官僚化及政治化而凶横、强暴、不能容忍任何革新、异说的面目，暴露得一清二楚。

刘歆等所进行的这场斗争，学术界称之为古文经学与今文经学在汉代的第一次大斗争，并以刘歆为经古文学派的创始者。实际上，刘歆所欲立于学官的《左传》、古文《尚书》虽是古文，但刘歆并不是以古文家与古文学派的身份在此从事反对今文的斗争，而是站在今文与维护正统经学立场上，为改革与扩大正统经学而进行的斗争，以之为今文古文两学派的斗争，是不符合实际的。

古文经学与今文经学的对立，按周予同《经今古文学论》的分

---

① 桓谭《新论》说"秦近君能说《尧典》，篇目两字之说至十万余言，但说'曰若稽古'三万言"。

疏，古文经以孔子为史学家，六经的排列以《易》为首，次《书》、《诗》、《礼》、《乐》、《春秋》，完全按照它们在历史上出现的先后，是一历史的学术眼光。今文家以孔子为素王，为政治家，以六经为孔子作，六经之排列以《诗》为首，含有教育家排列课程的意味，等等。[①] 这些，实际上都是不能成立的。刘歆著《七略》说：

> 伏羲氏继天而王，受河图，则而画之，"八卦"是也。禹治洪水，赐《洛书》，法而陈之，《洪范》是也。……《河图》、《洛书》相为经纬，八卦、九章相为表里。昔殷道弛，文王演《周易》；周道敝，孔子述《春秋》；则乾坤之阴阳，效《洪范》之咎徵，天人之道灿然著矣。

在这段话中，孔子完全不是历史学家，而是大哲学家、政治家，是与伏羲、文王并列的大圣。《春秋》也不是历史著作，而是天人合一、论天人之道与阴阳咎徵（灾异）的神书，和今文经学的观点一致。

刘歆对五经的排列，以《易》为首，不是因为时间上《易》比《诗》早，基于一尊重历史的观念，而是因为以《易》为天道，为道之大原所出，因而完全是基于一今文学家的天人合一的哲学观念。

刘向、刘歆父子，对于阴阳灾异，亦是热心宣传，与今文经学者完全一致。刘向著《洪范五行传论》，大讲阴阳灾异。王莽信符命，大倡谶纬，刘歆亦是积极的参与者。

刘歆著《钟律书》，其基本哲学思想即是京房《易》学中所讲易历结合、易律结合的思想；其宇宙图式与今文经学所宣扬的阴阳五行间架完全一致。《钟律书》说：

> 黄钟：黄者、中之色，君之服也；钟者、种也。……故阳气施种于黄泉，孽萌万物，为六气之元也。……始于子，在十一月。大吕：吕、旅也，言阴大，旅助黄钟，宣气而牙物也，位于丑，在十二月。太族：族、奏也，言阳气大，奏地而达物也，位

[①] 参见《周予同经学史论著选集》，上海人民出版社1983年版，第9页。

于寅，在正月。夹钟：……位于卯，在二月。姑洗：位于辰，在三月。中吕：……位于巳，在四月。宾：……位于午，在五月。应钟：……位于亥，在十月。

这是汉代流行之阴阳律历思想。

《史记·律书》说："律历，天所以通五行八正之气，天所以成熟万物也。"但《史记·律书》仍袭用秦时正朔服色，以十月为岁首。十二律起于十月，律中应钟，终于九月，律中无射。《钟律书》则改正朔，以土德当运，以十一月为岁首，十二律起于黄钟，说："黄者、中之色，君之服也。色上黄，五色莫盛焉。"反映王莽、刘歆欲改革历法为其政治斗争服务的意图。《律书》不讲《易》，易与律尚未统一、合流。《钟律书》则反映汉代今文易学的思想，易、律结合，配历入卦，以十月当乾之初九，六月配坤之初六。其所谓"三统"天统、地统、人统，亦系依据《易》"兼三才而两之"的思想；认为"人者，继天顺地，序气成物，统八卦，调八风，理八政，正八节，谐八音，舞八佾，监八方，被八荒，以终天地之功，故八八六十四……以应六十四卦。"明显是发挥京房易学思想的。

《律书》及京房易学不涉及《左传》，刘歆之《三统历》及《谱》，则推说《春秋》，与春秋史事、年历密切结合，反复引《左传》以为经典依据。①

《钟律书》又说：

> 以阴阳言之：大阴者北方，北，伏也，阳气伏于下，于时为冬。冬，终也，物终藏，乃可称。水润下，知者谋，谋者重，故为权也。大阳者南方，南，任也，阳气任养物，于时为夏，夏，假也。物假大，乃宣平。火炎上，礼者齐，齐者平，故为衡。……

这一图式即：北：大阴，冬，水、智权；南：大阳，夏，火、

---

① 班固谓："至孝成世，刘向总六历，列是非，作《五纪论》，向子歆究其微妙，作《三统历》及《谱》，以说《春秋》，推法密要。"（《汉书·律历志》）

礼、衡；西：少阴，秋、金、义、矩；东：少阳，春、木、仁、规；中央：四季，土、信、绳。宣帝时，魏相奏《易阴阳明堂月令图》，说："东方之神大昊，乘震执规司春；南方神炎帝，乘离执衡司夏；西方神少昊，乘兑执矩司秋；北方之神颛顼，乘坎执权司冬；中央之神黄帝，乘坤执绳司下土。"两者也基本上是一致的。所不同的是刘歆不讲五帝、而由东南西北及四季的文字、谐声引义，引申出五德与权衡矩规等的相互排列，与流行于谶纬中的思维模式完全一致。

《纬书》说：

> 天之为言颠也，居高理下，为人经也。（《春秋说题辞》）
> 河之为言荷也，荷精分布，怀阴引度也。（同上）
> 土之为言吐也，言子成父道，吐地精气以辅也。（《春秋元命苞》）

刘歆所谓"春，蠢也"，"夏，假也"，"西，迁也"，"冬，终也"，"东，动也"，"北，伏也"，"南，任也"，即是此种流行的以声引义的名词定义模式。

《钟律书》论度量衡权等单位之成因，亦莫不本阴阳思想以立论，如说："十六两成斤者，四时乘四方之象也。钧者均也。阳施其气，阴化其物，皆得其成就平均也。""三十斤成钧者，一月之象也。石者大也，权之大者也。始于铢，两于两，明于斤，均于钧，终于石。四钧成石者，四时之象也。重百二十斤者，十二月之象也。"这和纬书中流行的以阴阳五行解释一切具体事物之名称及其性质之思维模式，也是完全一致的。

其他如对"太极元气，函三为一"之解释，说："极，中也，元，始也。行于十二辰，始动于子，参之于丑，得三，又参之于寅，得九……又参之于亥，得十七万七千一百四十七。"这种三自乘而进位的系统，也是纬书"阳气数成于三。""阳数起于一，成于三"，"阳立于三"（《春秋·元命苞》）之象数思想的运用。

要而言之，刘歆是典型的正统今文经学家，其思维模式、观念、学风皆是正统经学而又深受哀平时期谶纬泛滥之思维方式的影响。故刘歆争立古文而与其他今文经学家的斗争，完全不具有后人所概括的两派对立与学风对立的意义。

刘歆的失败，说明官僚化与政治化的经学十分顽固，是不允许有任何的改变与变动的。刘歆的倡议，在王莽专权时借助于政治力量的支持，才得到了实现。《汉书·儒林传》说："平帝时，又立《左氏春秋》、《毛诗》、《古文尚书》，所以网罗遗失，兼而有之，是在其中矣。"这是汉代经学与政治之内在关联之反映，并非古文经派的胜利。

二　刘歆与《左传》及《周官》

刘歆等提出立《左氏春秋》、《逸礼》、《毛诗》等古文经于学官，并不是代表古文经学派，欲建立一与今文经学之思想与学风相对立的古文经学派。刘歆本人不仅不具有如后人所概括的所谓古文经学的诸学术思想特点，相反，完全是一今文经学家。刘歆对于《左传》所做的工作，实际上亦是使《左传》这一古文书籍今学化，与已立之今文各经并列，以为当时的政治需要服务。

《春秋》三传中，《公羊》、《穀梁》长于义理。"公羊"之承传者以口说保存所谓孔子的"微言大义"，汉时才笔之于书，自然无古文。《左传》长于史事，相传为与孔子同时的左丘明所撰，是古文。汉代最早对《左传》有兴趣、能说其书的是贾谊、张苍。《汉书·儒林传》说：

> 汉兴，北平侯张苍及梁太傅贾谊、京兆尹张敞、太中大夫刘公子，皆修《春秋左氏传》。谊为《左氏传训故》，授赵人贯公，为河间献王博士。子长卿为荡阴令，授清河张禹长子。禹与萧望之同时为御史，数为望之言左氏，望之善之，上书数以称说。……张禹授尹更始，更始传子咸及翟方进、胡常。常授黎阳贾护、季君，哀帝时待诏为郎，授苍梧陈钦，子佚，以左氏授王莽，至将军；而刘歆从尹咸及翟方进授。由是言左氏者本之贾护、刘歆。

张苍在汉初是深信阴阳五运学说的人，与董之今文公羊思想属于一系。《史记·张丞相列传》说：

> 自汉兴至孝文二十余年，令天下初定，将相军卿皆军吏。张苍为计相时，绪正律历，以高祖十月始至霸上，因故秦时本以十月为岁首，弗革。推五德之运，以为汉当水德之时，尚黑如故；吹律调乐，入之音声，及以比定律令。……故汉家言律历者，本之张苍。

《史记·十二诸侯年表》说：

> 汉相张苍历谱五德，上大夫董仲舒推《春秋》义，颇著文焉。

《史记·历书》说：

> 汉兴，高祖曰，"北畤待我而起"，亦自以为获水德之瑞，虽明习历及张苍等，咸以为然。是时天下初定，方纲纪大基，高后女主，皆未遑，故袭秦正朔、服色。
>
> 至孝文时，鲁人公孙臣以终始五德上书，言"汉得土德，宜更元，改正朔，易服色，当有瑞，瑞黄龙见"。事下丞相张苍，张苍亦学律历，以为非是，罢之。其后黄龙见成纪，张苍自黜，所欲论著不成。

因此，张苍之《左氏学》，属于"历谱五德"系统，是汉代流行的今文经学思想。贾谊的《左传训诂》，其指导思想，亦是阴阳五德终始之思想。《史记·贾谊列传》说：

> 贾生以为汉兴至孝文二十余年，天下和洽，而固当改正朔，易服色，法制度，定官名，兴礼乐，乃悉草具其事仪法，色尚黄，数用五，为官名，悉更秦之法。

因此，张苍、贾谊之深爱《左传》，并非基于一文化学术的兴趣，而是基于对律历终始五德之历史观与朝代兴亡之政治的关注。因此，如果汉初张苍、贾谊的《左传》学有幸能立于学官，将亦如董之公羊学一样，其义理、条例，将贯穿阴阳五运思想而与其他今文经性质无别。

刘歆本人关于《左传》的著作未见遗存。东汉，继承与发展刘歆之《左传》学的，有郑兴父子及贾逵。

后汉书《郑范陈贾张列传》说：

> 郑兴字少赣，河南开封人也，少学《公羊春秋》，晚善《左氏传》，遂积精深思，通其大旨，同学者皆师之。天凤中（王莽时年号）将门人从刘歆正大义，歆美兴才，使撰条例、章句、传诂及校《三统历》。
>
> 其子郑众，字仲师，年十二，从父受《左氏春秋》，精力于学，明《三统历》，作春秋难记、条例，兼通《易》、《诗》，知名于世。……其后受诏作《春秋删》十九篇。

传又谓：

> 兴好古学，尤明左氏、周官，长于历数，自杜林、垣谭、卫宏之属，莫不斟酌焉。世言左氏者，多祖于兴，而贾逵自传其父业，故有郑贾之学。

显然，刘歆、郑兴一系所建立的左氏学——条例、章句、传诂，并非古学，而完全是一今文系统。故郑兴及郑众亦研习《三统历》，精通《三统历》之阴阳五行与天人感应之律历思想；其学术思想、学风，完全不存在由今学到古学的转变，而是用今学扩展至古文的《左氏传》，使之今学化。从经典说，他们是兼爱今古文的学者，从学风与学术思想说，在他们身上不存在两种学派的对立，而是一统一的经学今文学。

郑兴在王莽及光武兴替之际，先为更始之谏议大夫，以后西归隗嚣，谏隗自立为王，其说辞引"《春秋传》（《左传》）云：'口不逆忠信之言为嚣，耳不听五声之和为聋。'"又引孔子曰"唯器与名不可以假人"（器指辂，名指爵号），也出于《左传》。恳求嚣许其东归葬父母时，亦引《左传》季文子"先大夫藏文仲教行父事君之礼，奉以周旋，弗敢失堕"。以后归事光武，徵为太中大夫，因日食上疏，亦大段引用《左传》以为论据。其学风与今文经无异。

贾逵之左氏学承刘歆而来，其学风亦是今文学。《后汉书·贾逵列传》说：

> 贾逵，字景伯，扶风平陵人也，九世祖谊，文帝时为梁王太傅，曾祖父光，为常山太守……父徽，从刘歆受《左氏春秋》，兼习《国语》、《周官》，又受《古文尚书》于涂恽，学毛诗于谢曼卿，作《左氏条例》二十一篇。逵悉传父业，弱冠能诵《左氏传》及五经本文，以大夏侯尚书教授，虽为古学，兼通五家谷梁之说。……尤明《左氏传》、《国语》，为之解诂五十一篇。肃宗降意儒术，特好古文《尚书》、《左氏传》，建初元年，诏逵入讲北宫北虎观，南宫云台，帝善逵说，使发出《左氏传》大义长于二传者。

贾逵《春秋左氏解诂》今佚，清黄奭《黄氏逸书考》等收有残篇，其中有一条解书名，说："春秋，春为阳中，万物以生，秋为阴中，万物以成，使人君动作不失其中也。"是典型的阴阳思想。一条说孔子作《春秋》，乃"览史记，就是非之说，立素王之法"，与董仲舒公羊说指导思想完全一致。其《条奏》云：

> 臣谨摘出左氏三十事尤著名者，斯皆君臣之正义，父子之纪纲。其余同公羊十有七八，或文简小异，无害大体。至于祭仲、纪季、伍子胥、叔术之属，左氏义深于君父，公羊多任于权变，其相殊绝，固以甚远。

又说：

> 至光武皇帝，奋独见之明，兴立左氏、谷梁。会二家先师不

晓图谶，故令中道而废。……又五行家皆无以证图谶明刘氏为尧后者，而左氏独有明文。五经家皆言颛顼代黄帝、而尧不得为火德。左氏以少昊代黄帝，即图谶所谓帝宣也。如令尧不得为火，则汉不得为赤。其所发明，补益实多。

与今文经之以经学为政治之学风，如出一辙。

《周官》这本著作，书成于何时？性质如何？在学术界从汉代以来就有激烈争论。许多学者以其为刘歆所伪作。实际上，《周官》并非刘歆伪作，亦非古文，而系战国末年入秦的学者所撰。①

《汉书·艺文志》载：

《周官经》六篇（王莽时，刘歆置博士）。
《周官传》四篇。

《叙论》说："六国之君，魏文侯最为好古，孝文时得其乐人窦公，献其书，乃《周官》之《大宗佰·大司乐》章也。武帝时，河间献王好儒，与毛生等共采《周官》及诸子言乐事者，以作《乐记》。"《史记·封禅书》也引有《周官·春官宗佰》的文字："冬日至，祀天于南郊，迎长日之至；夏日至，祭地祇；皆用乐舞，而神祇乃可得而礼也。……"故刘歆以前《周官》已正式成书。

《周官》论述官职的设立与职能，全书的指导思想与《吕氏春秋》类似，是阴阳五行之天人感应思想。其能为刘歆所深爱，《周官》之此种思想特点当是重要原因。

在王莽当政及篡权的过程中，《周官》被刘歆等所引用，为其政治夺权与改制服务，与今文之《礼记》、《尚书》等并列，实际上成了一今文经学化了的典籍。王莽当政时，利用《周官》进行政治活动，重大的项目有：

> 元始五年，公卿大夫、博士、议郎、列侯张纯等九百二十人

---

① 参见拙著《周官之成书及其反映的文化与时代新考》，台北东大图书公司1993年版。

上书，为莽请九命之锡，提出："谨以六艺经文所见，《周官》、《礼记》宜于今者，为九命之锡。"

居摄元年，祀上帝于南郊，迎春于东郊，行大射礼于明堂。

天凤元年，四月，莽以《周官》《王制》之文，置卒正、连率、大尹、职如太守属令属长，职为都尉……

故在王莽篡权过程中，《周官》虽未发生如康有为等所夸大了的决定性作用；但首次被刘歆、王莽当作经典引用，受到重视，是没有疑问的。但其所扮演的角色与性格，亦是一今文经的角色与性格。以刘歆之左氏学与《周官》为古文经学派创立的标志，是没有根据的。

三　经学投靠政治的恶果

武帝独尊儒术以后，历宣、元二代，经学成为政治思想的支配力量。皇朝的宰辅大臣大多由经学家担任。政治的变革，礼制的改订，皇权的继承，人事的褒贬任用，莫不本经义进行，因而经学愈到西汉后期，就愈益成为政治的附庸和政治斗争的工具。刘向、刘歆父子的经学亦反映经学的这一特点。《汉书·楚元王传》说：

> 成帝即位……是时帝元舅阳平王凤等为大将军秉政，倚太后，专国政，兄弟七人皆封为列侯。数有灾异。向以为外戚贵盛，凤兄弟用事之咎。……向乃集合上古以来，历春秋六国至秦汉符瑞灾异之记，推迹行事，连成祸福，著其占验，比类相从，各有条目，凡十一篇，号曰《洪范五行传论》，奏之。天子心知向忠精，故为凤兄弟起此论也。然终不能夺王氏权。

刘向《洪范五行传论》今佚，但《汉书·五行志》多有引用。班固评论说："汉兴，承秦灭学之后，景武之世，董仲舒治《公羊春秋》，始推阴阳为儒者宗。宣、元之后，刘向治《穀梁春秋》，数其祸福，传以《洪范》，与仲舒错。至向子歆治左氏传，其春秋意亦乖矣。言五行传，又与彼不同。"从《五行志》所引来看，刘向对《春秋》灾异的分析，多直接影射女主擅权，外戚专政。刘歆则重在讽刺人君。这是经学直接为政治斗争服务的显例。

翼奉论《齐诗》说：

> 臣闻之于师，治道要务，在知下之邪正。……知下之术，在于六情十二律而已。故诗之为学，情性而已。五性不相害，六情更兴废。观性以历，观情以律。（《汉书·眭两夏侯高翼李传》）

又说：

> 易有阴阳，诗有五际，春秋有灾异，皆列终始，推得失，考天心，以言王道之安危。（同上）

《京房易传》也说：

> 易所以断天下之理，定之以人伦而明王道。八卦建五气，立五常，法象乾坤，顺于阴阳，以正君臣父子之义。夫作《易》所以垂教。

就是说，《易》、《诗》、《书》、《春秋》等，莫不是直接为王道、政治服务的。《诗》之陶冶性情，醇化风俗与《周易》之《彖》、《象》辞所强调的"君子自强不息"、"果行育德"等修己修身的任务，被完全割弃了。

西汉从陆贾、贾谊起，儒学就开始具有这种特点。奠定汉代儒学基本性质与格局的董仲舒的"天人三策"，从天人之际，古今之变的高度，探求王道之大原，目的即是为皇朝提供治国经略的指导。不过董仲舒仍然强调儒者个人的修身、修己。董以后，儒学的经师博士则越来越完全以政治为经学的轴心与焦点了。不仅不再提儒者个人的修身养性的重要，而且随着经学与政治的紧密结合，经学的政治化与意识形态化，经学家们热衷于政治、政治投机、争权夺利的贪欲与野心也日益发展膨胀而利令智昏，不可抑制了。终于在哀平时期为王莽式的大野心家所利用，演出了顷刻间繁花似锦，一转眼却家破人亡的闹剧。刘歆这样年轻有为、力求改变的知识分子，也终于由投靠王莽和政治而以悲剧结束了一生。

《汉书》论王莽说：

> 莽群兄弟皆将宰五侯子，乘时侈靡，以舆马声色佚游相高，莽独孤贫，因折节为恭俭，受礼经，师事沛郡陈参，勤身博学，被服如儒生。
>
> 永始元年，封莽为新都侯，千五百一户。……爵位益尊，节操愈谦。……收瞻名士，交结将相卿大夫甚众。
>
> 莽兄永为诸曹，早死，有子光，莽使学博士门下。莽休沐出，振车骑，奉羊酒，劳遗其师，恩施下竟同学。诸生踪观，长老叹息。
>
> 绥和元年，莽擢大马司，继四父辅政，欲令名誉过前人，遂克己不倦，聘诸贤良以为掾吏，赏赐邑钱，悉以享士，愈为俭约。
>
> 莽以大司徒孔光名儒，相三主，太后所敬，天下信之，于是盛尊事光，引光女婿甄邯为侍中奉车都尉。
>
> 刘歆、陈崇等十二人，皆以治明堂，宣教化，封为列侯。

（《汉书·王莽传》）

王莽所以这样处心积虑地尊宠、笼络、收买经学与知识分子，因为经学、经学之士在哀平时期已具有巨大的支配性的政治能量。得到经学与经学之士的拥戴支持，也就得到了最大的夺权的政治资本。所以每当王莽政治上高升一次，往权力的顶峰爬上一级，经学之士就得到一次政治的赏封与舍施。而每当经学之士得到一次收买、笼络，王莽也就在他们的吹捧、拥戴下，攫取到更多的政治权势。

元始元年正月，王莽拜太傅大司马，赐号安汉公。四月，拜宰衡，位上公。这时王莽立即"奏起明堂、辟雍、灵台，为学者筑舍万区。立《乐经》，益博士员，经各五人，徵天下通一艺教授十一人以上，及有《逸礼》、《古书》、《毛诗》、《周官》、《尔雅》、天文、图谶、钟律、月令、兵法、史篇文字，通知其意者，皆诣公车。网罗天下异能之士，至者前后千数，皆令记说廷中，将令正乖缪，一异说云"。可以说，所有在朝在野的知识分子与经术之士，都为王莽所网罗、恩宠，无一遗漏了。这就使经学博士与儒生无不对王莽衷心拥戴，为之效忠、卖命。王莽也就迅速由安汉公而宰衡、而摄皇帝、假皇帝而弄假成真，即位为真皇帝，实现了最大的政治野心之梦。

经学这样露骨地、赤裸裸地投靠政治、权势，丧失自己道统与道德的高贵、尊严与独立存在的价值，也就不能不走向卑劣、贪欲、堕落、无耻、黑白颠倒、是非混淆，从而走向经学的反面，最终和王莽一起招致身败名裂的下场。

《汉书·王莽传》说："初，甄丰、刘歆、王舜为莽心腹，倡导在位，褒扬功德；'安汉''宰衡'之号及封莽母、两子、兄子，皆丰等所共谋，而丰、舜、歆亦受赐，并富贵矣。……莽羽翼已成，意欲称摄。丰等承顺其意，莽辄复封舜、歆两子及丰孙。"歆子芬为侍中、东通灵将、五司大夫、隆威侯。但即位后，莽心疑大臣怨谤，欲震威以惧下，立即借故大兴冤狱，牵引公卿党亲列侯以下，死者数百人。芬被流于幽州，寻（甄丰子）被放于三危，"隆（刘歆门人，侍中骑都尉）被殛于羽山，皆驿车载其尸传致云……"

西汉经学就这样地先是靠与政治的结合，得到权势与尊宠；但随后即在与政治的投机中，利令智昏而迅速地遭到了失败，随王莽一起而身败名裂。

第十六章

《白虎通》与两汉神学经学的思想方式

东汉初,由于谶纬的发展,古文经的兴起,政治思想和学术领域出现了极其复杂的矛盾。为了解决这些矛盾,章帝于建初四年(公元79年)召开了白虎观会议。这是经学和汉代思想史上的一次重要会议。本章将分析这次会议及其总结性著作《白虎通》①,以探索东汉初期经学、哲学思想的特点及其变化。

一 白虎观会议的召开和《白虎通》的产生

建初四年,杨终向章帝建议说:"宣帝博征群儒,论定五经于石渠阁。方今天下少事,学者得成其业,而章句之徒,破坏大体。宜如石渠故事,永为后世则。"② 章帝接受了杨终的建议,下诏说:

> 盖三代导人,教学为本。汉承暴秦,褒显儒术,建立五经,为置博士。其后学者精进,虽曰承师,亦别名家。孝宣皇帝以为去圣久远,学不厌博,故遂立大小夏侯《尚书》,后又立京氏《易》。至(光武)建武中,复置颜氏、严氏《春秋》,太小戴《礼》博士。此皆所以扶进微学,尊广道艺也。(光武)中元元

---

① 《白虎通》又称《白虎通义》。
② 《后汉书·杨终传》。

年诏书,五经章句繁多,议欲减省。至(明帝)永平元年,长水校尉(樊)儵奏言,先帝大业,当以时施行。欲使诸儒共正经义,颇令学者得以自助。①

从诏书看,白虎观会议的目的是解决章句烦琐和"共正经义",即统一经义的问题。从会议的内容及《白虎通》分析,这次会议的目的确是为了解决这两个问题。

经学经历了西汉以来近两百年的发展以后,以今文经学为代表的官方经学日益走向繁琐,支离:"一经说至百万余言,大师众至千余人。"②"因陋就寡,分文析字,烦言碎辞,学者罢老且不能究其一艺。信口说而背传记,是末师而非往古,至于国家将有大事,若立辟雍、封禅、巡狩之仪则幽冥而莫知其原。"③ 经学的繁琐、支离、严重脱离实际,已不能起到统治和指导思想的作用。所以光武中元三年诏书,就提出简省章句。白虎观会议前,许多学者已在删节章句,如《尚书》朱普学《章句》四十万言,桓荣减为二十三万言,桓郁复删为十二万言。伏恭,习齐诗,"简省章句,定为二十万言"。④ 杨凤"改定章句十五万言"⑤,明帝曾"自制《五家要说章句》"⑥。这些都在不同程度上对经学繁琐支离的弊病有所纠正。

统一经义的问题则十分复杂。因为东汉初,谶纬与经学,以及今古文经学的矛盾十分尖锐。

如前所述,谶纬包含着两方面的内容。一方面,谶纬是神学;另一方面,它包含着三纲、五常、天文、地理的说明和解释,有着一般经学的内容。但就其主要倾向来说,谶纬是赤裸裸的神学,它把孔子说成神,把六艺说成神书,这种神学的倾向,不仅与儒学传统相冲突,也与今文经学作为经学学术的思想主流相违背。因此谶纬的地位

---

① 《后汉书·章帝纪》。
② 《汉书·儒林列传》。
③ 《汉书·楚元王传》。
④ 《后汉书·儒林列传》。
⑤ 《后汉书·杨终传》。
⑥ 《后汉书·桓荣丁鸿列传》。

在东汉初年越是提高,越是被光武宣布为国宪,它与正统经学的矛盾就越是突出。

东汉初年,大儒桓谭、范升、陈元、郑兴、杜林、卫宏、刘昆、桓荣、尹敏等都或者反对谶纬,或者对谶纬保持冷淡的态度。如郑兴"数言政事,依经守义,不为谶"①。桓谭则指出,"谶出河图、洛书,但有朕兆而不可知,后人复妄依托,称自孔子,误之甚也!"② 尹敏为光武校谶,也说"谶非圣人所作,其中多近鄙别字,颇类世俗之辞,恐疑误后生也"③。经学家敢于蔑视"国宪",不顾皇帝的权势,公开批评谶纬,其根本原因是因为正统经学享有几百年的长久发展及传统所造成的社会声望,其根基远较谶纬深厚和广阔。在西汉末年反王莽的斗争中,经学背后的社会阶级基础士族,更显示了空前巨大的力量。因此,光武不管如何迷信自己的兴起,是应了谶纬的预言,但对正统经学却不能不竭力拉拢,不仅在行军作战时期随时访求儒雅,在政治上小心翼翼地争取这个阶层的支持,在胜利以后采取大封功臣和办大学、兴礼乐、提倡经学种种措施,也无不着眼于取得这个阶层和集团的支持。所以,虽然谶纬享有极高的地位,光武至明帝、章帝时期,经学却仍然高唱着历史上空前雄壮的凯旋曲,走到了它的荣誉、荣华、权势的顶峰。它敢于蔑视谶纬,就是由它的这种深厚基础造成的。

《后汉书·儒林列传》说:

> 建武五年,乃修起太学,稽式古典,笾豆干戚之容,备之于列。服方领,习矩步者,委它乎其中。中元元年,初建三雍。明帝即位、亲行其礼。天子始冠通天,衣日月,备法物之驾,盛清道之仪,坐明堂而朝群后,登灵台以望云物。袒割辟雍之上,尊养三老五更。飨射礼毕,帝正坐自讲,诸儒执经问难于前,冠带缙绅之人,环桥门而观听者盖亿万计。其后复为功臣子孙、四姓末属别立校舍,搜选高能以受其业。自期门羽林之士,悉令通

---

① 《后汉书·郑范陈贾张列传》。
② 《新论》。
③ 《后汉书·儒林列传》。

《孝经》章句，匈奴亦遣子入学。济济乎，洋洋乎，盛于永平矣。

经学在永平时期的声誉和享有的社会地位，可以说达到了空前的高峰。经学家个人如三老（指李躬），五更（桓荣），更享受了空前的荣誉和尊宠。桓荣赐爵关内侯，食邑五千户。"每大射养老礼毕，帝辄引荣及弟子升堂，执经自为下说。"荣病，"帝幸其家，问起居，入街下车，拥经而前，抚荣垂涕，赐以床茵、帷帐、刀剑、衣被，良久乃去。自是诸侯将军大夫问疾者，不敢复乘车到门，皆拜床下"。① 在经学史上开创了独一无二的先例。所以经学和谶纬同是皇权所依靠、信奉的。

从经学内部来说，今文经学仍然享有官方经学的地位。但是皇权对今文经学的支持，并没有使争立古文经的斗争停止发展，相反，争立古文经的斗争在东汉时期有了很大的力量。

西汉末年，古文经学已经抬头。刘歆提出立《左氏春秋》、《毛诗》、《古文尚书》，移书责备太常博士，引起博士们群起反对，没有成功。但古文经学要求立于学官，已显示出它的雄心。它开始向今文经学的官方垄断地位公开挑战，要求平起平坐了。王莽当政期间，终于接受刘歆的要求，将《古文尚书》、《礼》、《左氏春秋》等立为官学。虽然随着王莽失败，旋即废止，但它在社会上的影响已经不可忽视了。

光武时，尚书令韩歆上疏，要求为古文《易》、《左氏春秋》立博士，范升反对，于是重又爆发了一场冲突。范升奏左氏错失十四事，不可采三十一事，陈元起来与范升争论，以为左丘明"亲受业于孔子，其书弘美，宜立博士"。书凡十余上，光武乃立《左氏春秋》。虽然由于诸儒反对，终被废止，但古文经学的影响比以前更大了。到汉章帝时，贾逵以经学大师的身份，作《长义》四十一条，提出"公羊理短，左氏理长"。李育作左氏义四十一事，双方又一次展开争辩。章帝心善贾逵，"乃诏诸儒各选高材生，受《左氏》、《穀

---

① 《后汉书·桓荣丁鸿列传》。

梁春秋》、《古文尚书》、《毛诗》，由是四经遂行于世"① 古文终于立于学官，取得了胜利。

但是从政治实质来看，东汉时期，经今古文的辩论，其争论的中心问题是：谁是经学正统和如何统一经学思想的问题。如贾逵说："臣谨摘出左氏三十事尤著明者，斯皆君臣之正义，父子之纪纲。其余同公羊者十有七八，或文简小异，无害大体。至于祭仲、纪季、子胥、叔术之属，左氏义深于君父，公羊多任于权变。"又说，"臣以永平中上言左氏与图谶合者，先帝不遗刍荛，省纳臣言，写其传诂，藏之秘书。……五经家皆无以证图谶明刘氏为尧后者，而左氏独有明文。五经家皆言颛顼代黄帝，而尧不得为火德。左氏以为少昊代黄帝，即图谶所谓帝宣也。如令尧不得为火，则汉不得为赤，其所发明，补益实多。"② 贾逵强调古文《左传》深于君父，有利于巩固三纲五常的封建宗法统治，合于图谶，为刘氏政权提供了受命依据。反对为左氏古文和费氏《易》立博士的范升，则对光武说："陛下愍学微缺，劳心经艺，情存博闻，故异端竞进"，但"学而不约，必叛道也"。"如令左氏、费氏得置博士，高氏、邹、夹，五经奇异，并复求立，各有所执，乖戾分争。从之则失道，不从则失人。"③ 范升认为，只能由今文经统一学术思想，才能有利于巩固封建统治，维持经学的统治地位，否则就会异端竞进，离经叛道。所以在东汉初年立古文的斗争，学术倾向的分歧并不重要，主要是由谁来统一经义，更好地为巩固封建政权服务。

东汉初年，在谶纬和经学，以及正统经学和古文经学的斗争，总的趋势是经学声势浩大，根基深厚，日益得势。而经今古文的斗争中，又是古文经日益抬头，从而造成了三足鼎立的形势。④ 三者既相互排斥，又相互妥协，吸收，企图形成合一的统一的新经学。"白虎

---

① 《后汉书·郑范陈贾张列传》。
② 同上。
③ 《后汉书·郑范陈贾张列传》。
④ 顾颉刚说："东汉一代，博士共十四人，都是今文经之学。在表面上看来，似乎是今文学的胜利；然而这胜利只有在表面上而已。……东汉时几个最有名的学者，如贾逵、服虔、马融、郑玄都是古文家，或是兼通今古文的"。《秦汉的方士与儒生》，上海古籍出版社1978年版，第111页。

观会议"就是在这种情况下召开的。会议的结果，由班固整理成《白虎通德论》，即《白虎通》。

二 《白虎通》的学术性质

参加白虎观会议的学者有李育、魏应、杨终、淳于恭、丁鸿、楼望、张酺、成封、鲁恭、桓郁、召驯、班固、贾逵等，其中班固、贾逵兼爱古文学。丁鸿，在殿文中对答如流，被誉为"殿中无双丁孝公"①。但丁鸿从桓荣受欧阳《尚书》，又授杨伦《古文尚书》，是兼通今古文的学者，特别是章帝爱好古文，所以《白虎通》中古文经学者的观点更有相当大的影响。会议中谶纬的许多简单粗糙的神学说教被清除了，例如：

谶纬以古代帝王伏羲、神农、燧人（祝融）为神。《白虎通》则说他们是为民兴利，促进社会生产和文明发展的首领，是人而不是神。《白虎通》说，伏羲的功绩是仰观俯察，"因夫妇，正五行，始定人道，画八卦以治下"。神农的功绩是"制耒耜，教民农作"，燧人是"钻木取火"。基本上采取正统经学的说法。

纬书神化孔子等圣人。《白虎通》则说："圣人者何？圣者通也、道也、声也。道无所不通，明无所不照，闻声知情，与天地合德，日月合明、四时合序、鬼神合吉凶。"② 这大致是《易传》的说法。在这种说法中，圣人并不是神，不过是有完满道德与极高智慧的典范。《白虎通》又说："五人曰茂，十人曰选，百人曰俊，千人曰英，倍英曰贤，万人曰杰，万杰曰圣。"③ 认为圣人只是人中的佼佼者而已。它认为帝王、圣人都是通过学习而成的，"黄帝师力牧，帝颛顼师绿图，帝喾师赤松子，帝尧师务成子，帝舜师尹寿，禹师国先生，汤师伊尹，文王师吕望，武王师尚文，周公师虢叔，孔子师老聃。"④ 恢复了孔子作为人，作为经学先师的本来面目。在"寿命"条中，它

---

① 《后汉书·儒林列传》。
② 《圣人》。
③ 同上。
④ 《辟雍》。《韩诗外传》卷第二十八章，文字与此有异，谓"禹学乎西王母，汤学乎贷子相，文王学乎锡畴子斯"，其余相同。

还讲了一条对孔子"大不敬"的佚事。说:"夫子过郑,与弟子相失、独立郭门外。或谓子贡曰,东门有一人,其头似尧,其颈似皋繇,其肩似子产,然自腰以下,不及禹三寸,儡儡如丧家之狗。子贡以告孔子。孔子喟然而笑曰:形状未也。如丧家之狗,然哉乎,然哉乎。"这种描绘对以孔子为神的谶纬,是沉重的打击。

纬书神化五经。《白虎通》则认为,五经是孔子删定的。它说:"王道陵迟,礼乐废坏,强凌弱,众暴寡",孔子"闵道德之不行",故"定五经以行其道",完全采《史记》、《易传》已有的说法。它还引《礼解》的观点,认为:"温柔宽厚,《诗》教也。广博易良,《乐》教也。洁净精微,《易》教也。恭俭庄敬,《礼》教也。属辞比事,《春秋》教也。"以"五经"为"五常之道"的经典。这也是传统儒家和正统经学的观点。①

《白虎通》指出,历史是逐步进化的,人类的文化,文明是人创造的。它说:"古之时,未有三纲六纪,民人但知其母,不知其父。能覆前而不能覆后、卧之祛祛,起之吁吁,饥即求食,饱即弃余,茹毛饮血而衣皮苇。"所以三纲六纪等人伦纪纲,是伏羲仰观俯察而制定的。② 社会的基础是父母,不是君臣。伏羲以后,又经过神农、燧人、祝融的创作发明,社会才脱离茹毛饮血的时代,进入农耕熟食的文明阶段。这也反对了谶纬的神学观点。

《白虎通》全书一共汇集四十三条名词解释,内容涉及社会、礼仪、风习、国家制度、伦理道德等各个方面。其中许多重要条目并不是关于制度的法典式的规定,而是汇集不同观点的学术说明和解释。例如"封禅",在封建社会是最隆重的祭天大典,在《白虎通》中是重要条目,但《白虎通》在"封禅"条中,仅对封禅的历史和意义作理论的说明,对其仪式,典礼等等,并无规定。"巡狩"条重在对巡狩的目的意义及历史情况作解释。而关于天子五岁一巡狩的规定,则纯属历史说法,没有现实意义。事实上,从建初七年起,章帝几乎

---

① 《五经》。《汉书·艺文志》:"六艺之文:《乐》以和神,仁之表也;《诗》以正言,义之用也;《礼》以明体,明者著见,故无训也;《书》以广听,知之术也;《春秋》以断事,信之符也。五者,盖五常之道,相须而备,而《易》为之原。"这与《白虎通》的说法一致。

② 《号》。

每年巡狩一次。章帝诏书对巡狩意义所作解释，也与《白虎通》不同。"封公侯"条对《尚书》、《礼记》、《公羊春秋》中有关封公侯及官制设立和宗法继承情况做了解释，涉及制度规定的"九洲方千里，建百里之国二十、七十里之国六十、五十里之国百有二十"，也是历史情况，和东汉现实情况完全不符。东汉初光武建武二年封功臣，其封地就大大超过此制。丁恭说："古者，封诸侯不过百里……今封四县，不合法制"①，就是明证。

其他"爵"、"号"条，虽然援引今文经学的传统观点，对帝王、天子做了"君权神授"的论证，但主要内容是对经典和历史记载的解释。

《白虎通》有些条目，还并列了不同甚或相反的学术观点，如"王者不臣"条，既引《礼服传》的说法，认为"子得为父臣者，不遗善之义也"；又引《传》曰："子不得为父臣者，闺门尚和，朝廷尚敬，人不能无过失，为恩伤义也。"两者是恰相对立的。接着又引《春秋传》说："王者臣不得为诸侯臣"，同时又列举另一种说法："王者臣复得为诸侯臣。""嫁娶"条，既引《礼记》等作根据，认为"男三十而娶，女二十而嫁"，又引《穀梁传》说："男二十五系（娶），女二十五许嫁。""姓名"这一条，讨论了历史上命名的情况，如"古代所以有氏者何？""人必有名何？"等等。它对这些问题的回答是典型的学术探讨。对殷代帝王太甲、武丁等命名的解释，不仅现在学术界仍在探讨，《白虎通》说这是由于殷以生日命子的缘故，在现在也不失为一说。

其他关于"五霸"，《白虎通》提出三种说法。一种说法认为是指昆吾氏、大彭氏、豕韦氏、齐桓公、晋文公。它说："昔三王之道衰而五霸存其政，率诸侯朝天子，正天下之化，兴复中国，攘除夷狄，故谓之霸也。""昆吾氏霸于夏者也，大彭氏、豕韦氏霸于殷者也。"按这种说法，五霸包括的历史时期很长。三王之道衰失而不存在的时候很早。第二种说法，认为五霸是指齐桓公、晋文公、秦穆公、楚庄王、吴王阖闾。它说"霸者佰也，行方佰之职，会诸侯，朝天子，不失人臣之义，故圣人与之"。第三种说法，则认为五霸不

---

① 《后汉书·光武纪》。

包括吴王阖闾在内，而是宋襄公。关于霸的定义，它指出与佰并列，还有一种是："霸犹迫也，把也。迫胁诸侯，把持其政。"① 这是后世所讲的霸道，专持暴力，以强凌弱，是极不道德的行为而为圣人不赞许的。对于所有这些说法，《白虎通》都存而不决。

从这些情况看，《白虎通》基本上是一部罗列和综合各家观点的经学名词汇编。虽然由于皇帝亲临裁决而使这部名词汇编具有官方经学和权威法典的性质，但它还是以学术形式出现的，它的学术性是占主导地位的。谶纬的神学方面受到了抵制和极大削弱。

三　关于"三纲"的思想

《白虎通》虽然以学术形式出现，但它的政治性质是鲜明而强烈的。在封建社会，经学既是学术，又是政治的指导思想和封建意识形态的核心。《白虎通》的四十三条名词解释，基本内容都是封建等级制度的阐释和规定。其目的是为强化三纲五常的宗法统治及加强君主的专制统治服务。

封建社会君主专制独裁的集权统治和界限森严的身份等级制度，必须从天国寻找自己合理的根据。《白虎通》综合谶纬和今古文经学，首先对君权及三纲六纪做了简明统一的论证和规定。

在"爵"条中，它论证君权是神授的。它说："王者父天母地，为天之子也。"封建等级制度的爵有五等或三等，《白虎通》认为这是取法于"五行"和"三光"的，它说王者有"改道之文，无改道之实"，封建之道是万古不变的。它说，"帝王德合天地"，恩惠无私。"烦一夫，扰一士，以劳天下，不为皇也"②。"君，群也，下之所归心。"③ "王者，往也，天下所归往。"④ 认为王者所以有社稷，能够统治天下，不仅是由于天命，也是由于为天下求福报功，"和其民人"，"广孝道。"⑤ 在"礼乐"条中，它阐释了封建礼乐的作用，

---

① 《号》。
② 同上。
③ 《三纲六纪》。
④ 《号》。
⑤ 《社稷》。

认为"乐以象天，礼以法地"。礼的作用是防淫佚，节侈靡；乐的作用是和合父子君臣，亲附万民。"封公侯"则宣扬皇帝设置宰辅大臣，三公、九卿，二十七大夫，八十一元士，是为了"顺天成道"，体现了"重民之义。""巡狩"条说"巡者循也；狩、牧也，为天下循守，守牧民也"。"考黜"条则说"诸侯所以考黜"是"勉贤抑恶、重民之至也"。如此等等。总之，在这种描述与宣传下，地主阶级对农民的残酷的统治与剥削、压迫，都被说成天经地义，是"重民"、"牧民"、"养民"，为了农民自身的利益，农民应该甘心情愿地接受。这是十分强烈的政治说教。这种说教，通过皇帝钦定的名词解释的形式，使它变成了必须遵循的最高法典①。

《白虎通》对纬书提出的"君为臣纲，父为子纲，夫为妻纲"，做了更具体的规定和解释。它说："纲者张也，纪者理也。大者为纲，小者为纪，所以强理上下，整齐人道也。人皆怀五常之性，有亲爱之心，是以纪纲为化，若罗网之有纪纲而万目张也。"②

在三纲中，君权与父权相结合构成所谓"君父大义"，在封建社会是最神圣尊严而不可侵犯的。《白虎通》绝大部分名词解释，都是为了神化与强化君权。在理论上，它虽然并没提供新的东西，但也有两方面的特点：（1）宣扬君与臣的服从与统治关系是普遍的，取诸阴阳和天道，因而是绝对的，所谓"君之威命所加，莫敢不从"。（2）在这一前提下，它又认为君和臣的关系也有相对的一面。它说："火、阳、君之象也，水、阴、臣之义也。臣所以胜其君何？此谓无道之君也，故为众阴所害，犹纣王也。"③ 就是说改朝换代在必要时也是合理的。

《白虎通》还简明地总结了君臣关系应遵守的一些原则，如君逸臣劳，有善归功于君，君有过，臣应该尽忠纳谏，"进思尽忠，退思补过，去而不讪，谏而不露"，为君掩恶扬美等等。这些原则以后，在宋明理学中（为程颐）有系统的发挥。

在"三纲"中，父子关系以血缘为基础，基本上是宗法问题。

---

① 参阅侯外庐等编著《中国古代思想史》第二卷。
② 《三纲六纪》。
③ 《五行》。

妇女来自异性，其受压迫奴役的程度，从来是历史发展和人类解放的尺度与标志，因此夫权具有更强烈的社会政治意义。《白虎通》对夫权，做了更加绝对的规定，对妇女的地位作了更加残酷的贬抑。它说：

> 男女谓男者任也，任功业也。女者如也，从如人也。在家从父母，既嫁从夫，夫没从子也。《传》曰"妇人有三从之义也。"
> 夫妇者何谓也？夫者扶也，扶以人道者也。妇者服也，服于家事，事人者也。①
> 夫者扶也，以道扶接也。妇者服也，以礼屈服。②
> 妇人无专制之义，御众之任、交接辞让之礼，职在供养馈食之间，其义一也。③
> 妇人无外事，防淫佚也。④
> 夫有恶行，妻不得去者，地无去天之义也。⑤

这些规定虽然是《礼记》中早有的观点，但经过《白虎通》，由皇帝亲自肯定、宣布，就具有了"法典"的意义。从此以后，夫权树立了至高无上的地位，妇女日益处于被奴役屈辱的地位。⑥ 这反映了封建制度越是发展，越到后期，对妇女的压迫就越是残酷这一历史事实。

四　哲学范畴及其特点

《白虎通》四十三条名词解释，基本上是关于社会和国家的礼

---

① 《嫁娶》。
② 《三纲六纪》。
③ 《文质》。
④ 《丧服》。
⑤ 《嫁娶》。
⑥ 当然《白虎通》对夫妇的宗法情谊的一面也有所论述，如说"妻者齐也，与夫齐体"（《嫁娶》）。"妻得谏夫者，女妇荣耻共之"（《谏诤》）等。但它不占主要地位，也不体现发展的趋势。

仪、制度，但也有一些名词有哲学意义。其中重要的有"天地"、"五行"、"人"、"性情"。

(一) 天地

先秦以来，关于天，基本上有三种含义：神灵之天，道德之天和自然之天（天空、气象或自然）。董仲舒思想的特点是突出道德之天，而以神灵之天为最高的主宰。《白虎通》基本上继承了董仲舒和谶纬的思想。它说：

> 天者何也？天之为言镇也，居高理下，为人镇也。①

这是说，天高高在上，目的是居高理下，为人镇（镇即正）。这里"天"就是人们头上所见的星象悬布、日月著明的天空，并不是人格神，但它的形体、它的存在，包含着一种道德和政治的目的与意义。

《白虎通》接着说：

> 地者，元气之所生，万物之祖也。

《太平御览》引《礼统》说："地者，元气之所生，万物之所自也。"陈立《白虎通疏证》案说："此地者十三字，当脱一天字，宜移至天者何也之上。"这里涉及天地与元气的关系。

"天地者，元气之所生"，这句话容易误解为元气是天地生的，"天地是元气的父母。"《诗·小雅·小宛》有句话："无忝尔所生"，"所生"指父母，儿子为父母所生。但"所生"与"之所生"有别。《诗小雅》的这句话可改写为，"无忝所生尔者。""之所生"则不同。《淮南子·修务训》说："阴阳之所生，血气之精，含牙戴角，……喜而合，怒而斗……其情一也。"《春秋繁露循天之道》说："春之所生不得过秋，秋之所生不得过夏，天之数也。"又同书《五行对》："父之所生，其子长之。父之所养，其子成之。""之所生"都是指阴阳、天地、春、秋、父等所生者。所以《白虎通》这句话，

---

① 《天地》。

恰恰是说地或天地是元气所生的。地的作用、功能或目的是"怀袌万物",使之"交易变化"。《春秋·元命包》说:"地者易也,言万物怀袌,交易变化,含吐应节。故其立字,土力于乙者为地。"《白虎通》继承了纬书的这种说法。

因为天地是由元气所生的,所以有其演化形成的历史。《白虎通》说:

> 天始起,先有太初,后有太始,形兆既成,名曰太素。混沌相连,视之不见,听之不闻,然后剖判。清浊既分,精出曜布,度物施生。精者为三光,号者为五行。行生情,情生汁中,汁中生神明,神明生道德,道德生文章。故《乾凿度》曰:"太初者气之始也,太始者,形兆之始也,太素者,质之始也。"①

就是说,气开始时无形无象,视之不见,听之不闻。经过太初、太始、太素三个阶段,才剖判为天和地。天由清气构成,地由浊气构成。天地施气,产生万物。清气又称精气,构成天上的三光。浊气构成地下的五行。五行产生情、汁中、神明、道德、文章。从局部看,《白虎通》在这里坚持了物质在先,精神在后,精神是物质发展的一个阶段的思想。这里讲的天是物质之天,自然之天。地是五行的总称,也是物质的实体。但从全局看,这种自然物质之天地又是从属于道德之天的。所以《白虎通》接着又说:

> 天道所以左旋,地道右周何?以为天地动而不别,行而不离,所以左旋右周者,犹君臣阴阳相对之义。②

就是说,天地运行的视律,体现了一种尊卑等级的伦理秩序,而这种秩序是由道德目的所决定的。故说,"阳不动无以行其教,阴不

---

① 《天地》。
② 同上。

静、无以成其化"。① 教化的目的，决定了天地运行的规律及性质。

在《日月》条中，它又说：

> 天左旋，日月五星左行何？日月五星比天为阴，故右行。右行者犹臣对君也。
>
> 日行迟，月行疾何？君舒臣劳也。日月所以悬昼夜者何？助天行化，照明下地。
>
> 日之为言实也，常满有节。月之为言阙也，有满有阙也，所以有缺何？归功于日也。

就是说，日月运行的速度，出没的时间以及圆缺，都不是由日月自身运行的规律决定，而是由一种伦理道德关系和目的决定的，是伦理道德关系的体现。

这种道德之天，本质上是神秘主义的，是神灵之天的变相或较为精致的形式，它归根结底是从属或依附于神灵之天的。

（二）五行

《白虎通》说：

> 五行者何谓也？谓金木水火土也，言行者，欲言为天行气之义也。地之承天，犹妻之事夫，臣之事君也。谓其位卑，卑者亲事，故自周于一行，尊于天也。
>
> 五行之性或上或下何？火者阳也，尊，故上，水者阴也，卑、故下。水（应为木）者少阳，金者少阴，有中和之性，故可曲可直，从革。
>
> 木味所以酸者何？东方。东方万物之生也。酸者以达生也。
>
> 火味所以苦何？南方主长养，苦者，所以长养也。
>
> 金味所以辛何？西方煞伤成物，辛所以煞伤之也。
>
> 土味所以甘何？中央者中和也，故甘，犹五味以甘为

---

① 《天地》。

主也。①

"五行"原是五种物质元素。但《白虎通》对它的探讨，不是从实际出发，得出对其客观性质的认识，相反，它从人类已经积累的五行客观性质和规律的知识出发，进行附会和歪曲，以论证宇宙是一合目的的存在，五行之间的关系是道德的伦理的关系。

《白虎通》把五行之间的生克关系，归纳为五行相王公式："木王、火相、土死、金囚、水休。""王所胜者死。"对五行相胜，它从物理性质上解释说："大地之性，众胜寡，故水胜火也。精胜坚，故火胜金。刚胜柔，故金胜木。专胜散，故木胜土。实胜虚，故土胜水也。"但主要是从道德关系方面进行解释。它说："木王火相金成，其火、燋金，金生水，水灭火，报其理。""五行各自有阴阳，木生火，所以还烧其母何？曰：金胜木，火欲为木害金，金者坚强难消，故母以逊体，助火烧金，此自欲成子之义。"这种解释显然是牵强附会和十分荒谬的。

五行在董仲舒的著作中，早已被道德伦理化了。《白虎通》基本上继承了董仲舒以来今文经学关于五行的思想，但由于谶纬的影响，它企图用五行普遍地解释一切具体现象，走到了更加荒谬荒唐的境地。

（三）人体

《白虎通》关于人的基本观点，是沿袭董仲舒"天人合一"、"天人同类"的思想。它说，人与禽兽有别，是因为"人含五常而生，生而有恩爱，亲亲之道"。人是天之子，"经天地之数五，十月而备，乃大成也"。因此人是天的特殊的宠儿。人的本质是在于它的"人道"，即生而具有仁义道德。它说：

> 姓，生也，人所禀天气所以生者也。②

---

① 《五行》。
② 《姓名》。

人含五常而生,声有五音。①

人所以有姓者何?所以崇恩爱,厚亲亲,远禽兽,别婚姻也。②

《白虎通》认为,人的寿命是由气禀决定的。它说:"命者何谓也?人之寿也,天命已使生者也。"③

《白虎通》说:"命有三科以记验。有寿命以保度;有遭命以遇暴;有随命以应行习。"④ "随命"指祸福报应,所谓"随行为命",这是神学思想。"遭命"指"逢世残贼,若上逢乱君,下必灾变暴至,夭绝人命。"⑤ 这是王充提出的国命胜禄命的观点,虽不同于神学的报应,但也是面对客观异己力量,个人无可奈何的一种迷惘和绝望的情绪,实质是神秘主义的。

《白虎通》认为人有形体和精神两方面,形体是气构成的,精神也是气的作用。它说:"精者静也,太阳(四部丛刊本为阴,应为阳)施化之气也,像火之化任生也。神者恍惚,太阴之气也。"⑥ 人的生命是精神和形体相合而成的,故人的死亡是形和神的分离,也是自然现象。它说:

尸之为言失也,陈也,失气亡神,形体独陈。⑦

人(生)时于阴含阳光,死始入地,归所与也。

庶人曰死,魂去亡。死之为言澌,精气穷也。⑧

它对魂魄的解释是:"魂魄者何?谓魂犹伝伝也,行不休于外也,主于情。魄者迫然著人,主于性也。魂者芸也,情以除秽。魄者白也,

---

① 《姓名》。
② 同上。
③ 《寿命》。
④ 同上。
⑤ 同上。
⑥ 《情性》。
⑦ 《崩薨》。
⑧ 同上。

性以治内。"①

这些讲法和《礼记》一脉相承，是一种泛神论观点。

（四）性情

《白虎通》关于性情的观点，源于董仲舒和谶纬，它说：

> 情性者，何谓也？性者阳之施，情者阴之化也。人禀阴阳气而生，故内怀五性、六情。情者静也，性者生也。此人所禀六气以生者也。故《钩命决》曰，情生于阴，欲以时念也。性生于阳，以理也。②

> 阳气者仁，阴气者贪。故情有利欲，性有仁也。③

这里有几点值得注意的思想：①性和情的区别。"情者静也，性者生也。"认为情是消极的被动的方面，性是积极的能动的主导方面，是生之所以为生，即物之为物的内在的根据。②性是理。理的概念虽不明确，但联系下面讲的仁、五常来看，它指的就是封建道德范畴。也就是说，它接触到以后宋明理学"性者理也"的思想，肯定人和物的本质是表现为概念（理）的规定，而不是实物或物的结构。③情和性是对立的。情是随意念而不断变化的，而性作为理，是克制情欲的，属于理智的方面。这也为以后宋明理学所继承和发挥。④阴贪阳仁，所以人禀阴阳而生，也分别具有贪的情和仁的性。和董仲舒一样，肯定了人的本质内在地有恶的方面，因此需要后天的教育和强制，以实行改造。

《易纬·乾凿度》说："人生而应八卦之体，得五气以为常，仁义礼智信也。"《白虎通》照搬了《易纬》的这一说法。在这种说法中，"八卦之体"和"五气"是至善的，是五常的本原，排除了阴和情的地位。这与前面的说法是相矛盾的。但它又说："人本含六律五

---

① 《情性》。
② 同上。
③ 同上。

行气而生，故内有五脏六腑，此情性之所由出入也。"① 认为五脏是成就五性的基础，六腑是造成六情的基础，故对"情"的地位及作用又做了肯定。这些矛盾说法反映出《白虎通》的"杂论"的性质。

从人类认识发展的历史看，范畴是认识之网的网上纽结。而哲学范畴作为人类对宇宙、自然和社会的普遍本质和规律的最概括的认识，它的前提应该是天、人相分，即明确地区分认识与对象、主体与客体。《白虎通》的哲学范畴，其认识基础恰恰是两汉的"天人合一"思想，以混淆两者为前提。因此它关于天、五行等自然方面的范畴，都赋予了人的道德的目的或人格的意识。关于人和情性等范畴，它又离开社会而于自然阴阳中去寻求它的根源。由此一方面赋予自然以道德的属性，一方面也把社会的伦理加以自然化，这就产生了种种荒谬、矛盾和违情悖理的说教。因此《白虎通》的"哲学范畴"，在认识史上是没有意义的，是统治阶级的利益和偏见引导认识走入迷途的表现。

五 神学、经学的思想方式

《白虎通》以阴阳五行作为世界观和方法论的基础，普遍地具体地说明一切事物，而不管这种解释如何荒谬，因而它成了一种思维模式。在《白虎通》中，无论是对"三纲五常"的解释，还是对日常生活现象、婚丧嫁娶以及一切礼仪祭祀的解释，它都援引阴阳五行作为具体立论的出发点和基础。这里先举两个典型例子。

例如封建时代，朝廷设置三公的官职，司马主兵，司徒主人，司空主地。或如《别名记》所说："司徒典民，司空主地，司马顺天。"本来是殷周以来官职名称和职务分工的承传，并无深奥意义。但《白虎通》则用阴阳五行进行解释，它说：

> 司马主兵，言马者，马，阳物，乾之所为，行兵用焉，不以伤害为度，故言马也。②

---

① 《情性》。
② 《封公侯》。

认为三者名称和职责的区别，是由名称内涵的阴阳五行属性决定的。

又如封建时代，皇帝使用珪、璧、琮、璜、璋作为信物。珪以征召，璧以聘问，璋以发兵，璜以信质，琮以起土功。这本来也是由习俗传统而来，并无深奥道理，《白虎通》同样用阴阳五行理论进行具体解释，说：

> 珪以为信者何？珪者兑上，象物皆生，见于上也。信莫著于作见，故以珪为信，而见万物之始，莫不自洁。珪之为言洁也。上兑阳也，下方阴也。阳尊，故其礼顺备也。在位东方，阳见义于上也。
>
> 璧以聘问何？璧者，方中圆外，象地，地道安宁而出财物，故以璧聘问也。方中，阴德方也。圆外，阴系于阳也。阴德盛于内，故见象于内，位在中央。璧之为言积也，中央，故有天地之象，所以据用也。内方象地，外圆象天也。
>
> 璜所以征召何？璜者半璧，位在北方。北阴极而阳始起，故象半阴。阳气始施，征召万物，故以征召也……阳气横于黄泉，故曰璜。璜之为言光也，阳光所及，莫不动也。象君之威命所加，莫敢不从。
>
> 璋以发兵何？璋半珪，位在南方。南方阳极而阴始起。兵亦阴也，故以发兵也。……璋之为言明也，赏罚之道，使臣之礼当章明也。南方之时，万物莫不章，故谓之璋。
>
> 琮以起土功发聚众何？琮之为言圣也。象万物之宗聚圣也，功之所成，故以起土功发众也。位西方，西方阳收功于内，阴出城于外。内圆象阳，外直为阴，外牙而内凑，象聚会也。故谓之琮。①

所有这些解释，基本思路都是从名号，形象与阴阳方位的关系，以论证事物的属性与功用，所以阴阳五行成了一种思维模式。

在白虎观会议中，经学家们对任何问题都用这种模式去套出答案。所以尽管魏应"承制问难"，提出的问题很多，如"爵所以称天

---

① 《文质》。

子者何？""人所以有姓者何？""天者何？""圣人所以制衣服何？"等等。但任何问题，都没能难倒被问者。"殿中无双丁孝公"。大概由于丁鸿把这套模式运用得最高明最熟练，任何问题都能对答如流，所以博得了皇帝给予的美称。用这种模式究竟回答了一些什么问题呢？可以说是极其广泛的。试举几个例子来看：

> 问："人所以有姓者何？"答："姓，生也。人所禀天气，所以生者也。"
>
> 问："《尚书》曰：'平章百姓'，姓所以有百何？"答："以人含五常而生，声有五音，宫商角徵羽，转而相杂，五五二十五，转生四时，故百而异也。气殊音悉备，故殊百也。"
>
> 问：人见面时，"何以有再拜？"答："法阴阳也。"①
>
> 问：何以"男娶女嫁？"答："阴卑不得自专，就阳而成之。故传曰：阳倡阴和，男行女随。"
>
> 问：何以"男三十而娶，女二十而嫁？"答："阳数奇，阴数偶，男长女幼者，阳舒阴促。男三十，筋骨坚强，任为人父。女二十，肌肤充盛，任为人母，合为五十，应大衍之数，生万物也。""男二十五系，女十五许嫁，感阴阳也。阳数七，阴数八……阳数奇三，三八二十四，加一为五，而系心的。阴数偶，再成十四，四加一为五，故十五许嫁也。各加一者，明专一系心。"②

甚至对日常生活中的一些常见的现象，如水火能烧死淹死人等等，它也用这种模式去套，以得出种种答案。如说：

> 水盛气也，故入而杀人。火阴在内，故杀人，壮于水也。金木微气，故不能自杀人也……水土阳在内，故可入其中。
>
> 阳生阴煞，火中无生物，水中反有生物何？生者以内火，阴在内，故不生也。

----

① 《姓名》。
② 《嫁娶》。

> 水火独一种，金木多品何？以为南北阴阳之极（水北火南）也，得其极故一也。东西非其极也，故非一也。
>
> 水火不可加人功为用，金木加人功何？火者盛阳，水者盛阴者也。气盛不变，故不可加人功为人用。金木者不能自成，故须人加功为人用也。
>
> 木所以浮，金所以沉何？子生于母之义……一说木畏金，金之妻庚，受庚之化，木者法，其本柔，可曲直，故浮也。①

如此等等。

本来，关于男女婚嫁年龄的规定，应该从生理学和社会习俗加以解释。人见面互相下拜，再拜，也是社会习俗的规定，涉及文明和道德的起源，问题并不简单。至于金木水火土的物理属性，更需要结合生产和生活实践，从其本身特性结构的分析入手，借助各种认识手段，才能逐步弄清。但在白虎观会议的经学家看来，这些都十分简单，只要把它纳入阴阳五行模式，推演一番，问题就迎刃而解了。结果，所有这些日常生活现象和事物性质，被弄得牵强附会，莫明其妙。

在汉代，由于经学的长期统治，经学家们已习惯于这种思维模式，认为由这种模式提供的答案具有公理一样的自明性，是天经地义的，因而既不需要论证，也无须再受实践的检验。它自身既是答案，又是检验是否真理的标准。这些答案在当时也很能使人们感到一种满足，以为真的对客观事物做出了研究。只有在认识回到正常的状态以后，人们才发现这些答案十分荒唐，十分空洞，十分无聊，十分繁琐。这种思维方式，经过《白虎通》的法典化，以名词解释的形式大量向人们灌输，结果就把民族的认识走入迷途，完全堵塞了达到真善美的道路。

六　白虎观会议的历史命运

白虎观会议证明，人们的思想一旦走上了神学经学的道路，把自

---

① 《五行》。

己的不符合实际及生活发展的认识,宣布为教条和永恒的真理,只许论证、引申、发挥,而不许加以怀疑、鉴别、批判、舍弃,代之以符合实践及其发展的新认识,它就只能越来越荒谬,越来越离奇,越来越远离真理,无可挽救地走向破产。

汉代和谶纬合流的经学,发展到白虎观会议时期,它的愚昧荒谬,违情悖理,空洞无聊已经暴露无遗了。经学家越是致力于重振它的权威,越是企图用它的理论、思想普遍地说明自然、社会、人生的一切现象,以显示它的万能、正确,就越是把它的愚昧和荒谬推到极端,从而遭到理性的怀疑和反对。经学家越是想统一思想,弥合分歧,它的分歧就越是集中,尖锐,无法掩饰。在《白虎通》记录的一问一答中,可以看出,经学家讨论的问题确是极其广泛的,罗列的各种观点也是极其全面详尽的,但是罗列不等于统一,统一不等于有理。相反,它使神学经学丑态毕露,矛盾百出,走向了绝路。

学术的发展道路只能是百家争鸣,求同存异,取长补短,排除谬误,发展真理,在比较和斗争中由学术自身做出优劣的裁判和选择。人为地强制地追求统一,是不可能达到目的的。汉代经学重师法家法,但由师法发展出家法,又由家法而"自别为家",不断"推陈出新",繁衍出各种不同的学术观点,本来是由学术发展的规律决定的。白虎观会议统一思想的企图,不能不遭到失败。白虎观会议以后,不仅今文和古文的斗争更激烈了,经学内部的歧义和自由立说也更发展了。永元十四年,徐防上疏说:

> 伏见太学试博士弟子,皆以意说不修家法,私相容隐,开生奸路。每有策试,辄兴争讼,议论纷错,互相是非……今不依章句,妄生穿凿,以遵师为非义,意说为得理。轻侮通术,寖以成俗。[1]

徐防所反映的正是学术发展的正常情况。

因此,白虎观会议作为统一学术思想的会议,是一次彻底的失败。但是尽管如此,白虎观会议以后,统一经学的努力,却一直没有

---

[1] 《后汉书·邓张徐张胡列传》。

终止。到东汉末年，虽然今古文学的斗争以何休、郑玄为代表，仍然十分激烈，但统一的经学终于出现了。古文经学和今文经学以及谶纬，三者在马融、郑玄的注经中实现了融合。《后汉书》说，郑玄"念述先圣之元意，思整百家之不齐"[1]，旁通六艺，兼得诸家，博采谶纬，遍注群经，确实把经学统一了。但这种统一没有挽救经学破产的命运，相反，正是这种统一，停止了经学的发展。就在这统一的经学出现时，以王符、崔寔、仲长统、荀悦为代表的社会批判思潮兴起了，而同时两支新的思想力量涌现了。一支是与汉代经学相对立的玄学思潮，一支是佛道为代表的宗教思想。它们迅速发展，终于取经学而代之。由此中国哲学进入了以本体论为特征的魏晋玄学新阶段。

所以白虎观会议，从实质来看，是经学走向破产的标志。

---

[1] 《张曹郑列传》。

第十七章

王充思想剖析

在天人感应、谶纬迷信泛滥,思想界一片黑暗、混乱,见不到人类理智的清醒的光辉的时候,王充及其杰出著作《论衡》的出现,高举起"疾虚妄"的旗帜,提倡实知、知实的科学精神,主张一切从事实出发,依靠自己理性的周密分析,以做出结论,而不盲从和迷信。真如黑格尔所说,是一次"壮丽的日出"。

王充大约生于公元 27 年,卒于公元 100 年[①],会稽郡上虞县人。家庭以"贾贩为事",是破落小地主。先世原籍魏郡元城(今河北大名县),世祖王贺,是武帝时锦衣御史。王充先辈数世从军有功,曾祖父王勇,被封为会稽郡阳亭。王莽篡汉,失去封爵,以农桑为业。祖父王汎,避仇迁居至钱塘,以商贩为生。父亲王诵,与豪家丁伯等结怨,全家又从钱塘迁至上虞。王充家世有任侠传统,这对王充的思想可能发生了相当积极的影响。

王充大约在十五六岁时,赴洛阳入太学,从班彪学习。不守章句,"博通众流百家之言"。[②] 大约三十二岁以后(即明帝永平二年后)回故乡,担任上虞县掾功曹,不久升任会稽郡都尉府掾功曹,郡太守五官功曹从事(五官掾),由于政见不合,被"贬黜抑屈"。大约元和三年(公元 86 年)至章和二年(公元 88 年),又应扬州刺史董勤的征辟,到九江担任刺史府治中从事。不久回乡,一直以著述为事。

---

① 徐敏:《王充哲学思想探索》定为公元 97 年。
② 《后汉书·王充王符仲长统列传》。

王充主要著作有《讥俗节义》、《政务》、《论衡》和《养性》。现存《论衡》八十一篇，其余已佚。

一 元气自然论剖析

王充哲学思想的核心或基本概念是元气自然论。[①] 分析王充的思想体系，首先应对他的元气自然论进行深入的剖析。

元气自然论是由元气和自然两个概念组成的。分析自然概念之前，先分析气这一范畴。

气在中国思想史上是一个古老的范畴，在老子提出自然概念之前，气的范畴已经产生了。不过在先秦还没有元气之名。"元气"是汉代才提出的。西汉初，《春秋繁露》和《淮南子》中首先出现了元气思想。《春秋繁露·王道篇》说："王正则元气和顺，风雨时，景星见，黄龙下。"《淮南子·天文训》说："道始于虚霩，虚霩生宇宙，宇宙生元气（原无'元'字，依庄逵吉校补），元气（原无元字，依逵吉校补）有涯垠，清阳者薄靡而为天，重浊者凝滞而为地。"在这两部著作中，元气被认为是天地由以产生的原始的气。董仲舒和《淮南子》以后，元气概念得到了广泛运用，成为哲学、天文学、医学、音乐等各领域极为流行的思想。

在董仲舒思想体系中，由元气构成的自然之天和神灵之天存在着内在的矛盾。因为气是像泥和水一样的以自己为本原的客观存在，具有物质实体的属性。那么由它组成的自然之天如何能有道德属性并能成为神灵呢？这种逻辑上的矛盾，成为两汉哲学思想运动的出发点，它不可能长久存在而不予以解决。或者"打倒天国"，使元气成为宇宙、自然的惟一本原，予问题以唯物主义的解决，或者明确肯定元气是由神产生的，从而予问题以神学的解决。谶纬走着后一条路线，而王充则采取前一条路线，继承桓谭，给予汉代的神学目的论以有力的打击。

王充认为，元气是世界的基元。天地间的一切，包括天上的日月

---

① 参阅任继愈主编《中国哲学史》第二册，人民出版社出版。

星辰，地上的飞潜动植，都是由元气构成的。他说：

> 夫日者，火之精也。①
> 雷者，太阳之激气也。②
> 虫，风气所生。③
> 阴阳之气，凝而为人。④
> 凡天地之间，阴阳所生，蛟（蚑）蛲之类，蜫蠕之属，含气而生。⑤
> 万物之生，皆禀元气。⑥

总之，日、月、水、火、雷、虫、蜫蠕等等都是由气构成的。"物随气变，"⑦ 各种物类之不同，也是由于构成的气的不同所致。人也是由气构成的。不过人具有精神和智慧。"人，物也，万物之中有智慧者也。其受命于天，禀气于元，与物无异"。⑧

王充认为人的精神智慧来源于精气，即一种精细的具有精神属性的气。王充说："夫人所以生者，阴阳气也。阴气主为骨肉，阳气主为精神。人之生也，阴阳气具，故骨肉坚、精气盛。精气为知，骨肉为强。故精神言谈，形体固守。骨肉精神，合错相持，故能常见而不灭亡也。"⑨

所以王充的气一元论思想是很明确的。有一种说法，认为王充不是气一元论者，因为王充所说"天地合气，万物自生"，万物指有生命之物，不包括金木水火土等无生命之物在内，因而世界有两个本原，气只是本原之一。其实，金木水火土，按汉代人的说法，是由"五行之气"构成的。如董仲舒说，"天地之气分为阴阳，判为四时，

---

① 《论衡·感类篇》。下引只注篇名。
② 《雷虚篇》。
③ 《商虫篇》。
④ 《论死篇》。
⑤ 《商虫篇》。
⑥ 《言毒篇》。
⑦ 《讲瑞篇》。
⑧ 《辨祟篇》。
⑨ 《订鬼篇》。

列为五行"。《白虎通》说："人生而应八卦之体，得五行之气以为常。"所谓"五行"就是金木水火土。王充也说人怀五常之气。"五常之气"就是五行之气。故《论死篇》说："凡能害人者，皆五行之物。金伤人，木殴人，土压人，水溺人，火烧人。……不为物，则为气矣。"五行或者是物或者是气。《言毒篇》说，"物为糜屑者多，唯一火最烈，火气所燥也"。《遣告篇》说："火金殊气，故能相革。"《诘术篇》说："水胜火，火贼金，五行之气不相得。"又说："五谷万物皆禀气矣。"明确肯定五行之物就是五行之气，五谷万物是禀气而生的。故《齐世篇》说："古之水火，今之水火也。今气为水火也，使气有异，则古之水清火热，而今水浊火寒乎？"王充认为古今气不异，故由气构成的水火也古今无异。

不仅如此，在王充看来，鬼怪之类的虚幻不实之物也是由气构成的。《论死篇》说："鬼神，阴阳之名也。"《订鬼篇》说："鬼者，人所见得病之气也。……其气像人形而见。""天地之气为妖者，太阳之气也。""鬼者，老物精也。"《庄子》说："通天下一气尔。"王充继承和发挥了《庄子》这一思想。

王充有时把气与天地并提，认为天和地是体（形体），不是"宣夜说"①所讲的气。但天地之体是否有产生和形成的历史呢？如果追问这个问题，王充还是归因于气的。他说："说《易》者曰：'元气未分，混沌为一'。儒书又言：'溟涬濛澒，气未分之类也。及其分离，清者为天，浊者为地。如说《易》之家、儒书之言，天地始分，形体尚小，相去近也……儒书之言，殆有所见。"又说，"含气之类，无有不长。"②现在的天地那样高远广大，就是因为历年长久，聚气众多的缘故。天地之能成为"施气"的源泉，也是因为历年长久，聚气众多。

在王充思想中，生死是有机物的特征。天地、五行，虽然是由气分化而成的，但这种自然过程不能称为生死，故王充又说，"阴阳不

---

① 当时天文学有三家学说：宣夜说、盖天说、浑天说。宣夜说认为天是气。"天了无质""无所根系"。盖天、浑天认为天是体。王充是主张盖天说的。参阅《晋书·天文志》。
② 《谈天》。

生故不死","天地不生故不死"。①

总之，王充肯定元气是构成天地万物的基元，他的元气一元论思想是明确的。

但是由于谶纬神学的影响，王充的元气概念也保留着一定的神秘主义的成分；同时由于元气是一种具体物质，无法阐明世界的多样性以及精神的起源与作用，因而在面对诸如道德、命运、万物的区别以及精神与物质的具体关系这些复杂问题时，他就不能不发生种种混乱，而使元气概念包含种种客观上背离唯物主义的属性，以至认为有"五常之气"、"善气"、"恶气"、"仁之气"② 等等，这些气还能直接决定人的命运。这就倒退了，倒向了神秘主义。这是一种悲剧。它说明，停留于朴素唯物主义的立场，要彻底坚持唯物主义路线是不可能的。这是王充元气思想的局限性。

自然概念最早是由《老子》提出的。"道法自然"。《老子》以自然概念坚持道的独立性，否定"人格神"的权威。这使自然概念具有反神学的意义。但老子的道又具有神秘性，因此与它结合并作为它的属性的自然概念也具有神秘主义的特征。在两汉，《淮南子》和严遵的《道德指归》对自然概念有较多的发挥。王充的自然概念是直接继承《老子》并发挥《淮南子》和《指归》的思想的。

王充自然概念的主要含义是：（1）自然、社会现象和过程的客观性（神是不存在的）。（2）自然、社会现象和过程的必然性。（3）元气运动和变化的自发性，即事物运动和变化的动力、泉源在元气自身，不在外部。这三种意义是相互联系的，凡神学活动的一切领域，王充都用这样的自然思想去进行批判，从而使自然思想在《老子》中具有的无神论意义得到了特别光辉的发展。

当时神学目的论宣传"天故生人"，"故生万物"，王充以自然思想批判说：

> 天地合气，万物自生，犹夫妇合气，子自生矣。万物之生，含血之类，知饥知寒，见五谷可食，取而食之，见丝麻可衣，取

---

① 《道虚》。
② 《本性》。

而衣之。或说以为天生五谷以食人，生丝麻以衣人，此谓天为人作农夫桑女之徒也，不合自然，故其义疑，未可从也。①

又如神学目的论说，天故生灾异，瑞祥以谴告人君，王充批判说：

> 故天瑞为故，自然焉生？无为何居。
> 夫天无为，故不言灾变，时至，气自为之。②

王充曾批评"道家论自然，不知引物事以验其言行，故自然之说未见信也"③。王充看出了老子自然观念脱离实际，脱离唯物主义基础以及由此产生的消极、抽象、神秘的根本弱点，所以在继承老子思想时，自觉地把自然概念与元气相结合，并用之于无神论的实践，从而克服了"道家论自然"的缺点，使自然观念富有战斗无神论的唯物主义特色，并获得了丰富的内容和强大的生命力，在中世纪，成为科学和理性的旗帜，成为反神学迷信的思想武器。这是王充自然概念的精华和伟大的贡献。

但是王充的自然概念还具有下列两种消极的含义。一是：任何被认为产生或可能产生的现象（包括有神论所认为的某些神秘的现象），都是自然的；另一种是：任何事物、现象、过程，它的产生发展及其终结都是自然而然，不需要任何原因与条件，也是没有原因和条件的。前一种含义，如：

> 或曰："太平之应，河出《图》，洛出《书》。不画不就，不为不成。天地出之，有为之验也。张良游泗水之上，遇黄石公授太公书，盖天佐汉诛秦，故命令神石为鬼书授人，复为有为之效也。"曰："此皆自然也。夫天安得以笔墨而为《图》、《书》乎？天道自然，故《图》、《书》自成。……自然之化，固疑难知，外若有为，内实自然。……黄石授书，亦汉且兴之象也。

---

① 《自然篇》。
② 同上。
③ 同上。

> 妖气为鬼，鬼象人形，自然之道，非或为之也。"①

这种自然思想，表面上反对了神学和迷信，但事实上却在"自然"的名义下为神学留下了活动的地盘。

关于第二种含义，王充有这样的说法：

> 世谓秋气击杀谷草，谷草不任雕伤而死。此言失实。夫物以春生夏长，秋而熟老，适自枯死，阴气适盛，与之会遇。何以验之？物有秋不死者，生性未极也。夫人终鬼来，物死寒至，皆适遭也。②
>
> 美恶是非，适相逢也。
>
> 夫高祖命当自王，信、良之辈时当自兴，两相遭遇，若故相求。③

这种否认事物相互联系与相互影响，否认因果存在，强调偶然、自生的观点④，作为一种萌芽，就是以后郭象《庄子注》中所充分膨胀了的独化论思想，它同样可以导致神秘主义。

因此，综合来看，王充的元气自然论具有两方面的特征。一方面具有唯物主义的反神学的战斗性格，这在中世纪是最可宝贵的性格；另一方面，由于上述的弱点和局限，又没有能摆脱弥漫于两汉的天人感应的神秘主义思想⑤。只有同时看到这两个方面，才可能对王充元气自然论做出切合实际的评价。

二 "实知"、"知实"的理性精神

王充在汉代哲学史上的杰出贡献，是在于力图摆脱神学经学的思

---

① 《自然篇》。
② 《偶会篇》
③ 同上。
④ 参见吴虞《〈论衡〉的构成及其唯物主义的特点》，《哲学研究》1962年第4期。
⑤ 见《感虚篇》《商虫篇》等。

维模式的束缚，以"实知"、"知实"的理性精神对一切世俗迷信及神学经学的荒谬结论进行系统的批判。

如《白虎通》说："天之为言巅也，居高理下，为人镇也。"这种道德目的论的说法，予天以神秘的意义。王充分析说，"如实论之，天，体也，非气也。"①"夫天亦远，使其为气，则与日月同；使其为体，则与金石等。"②"天地，含气之自然也。"③因此，天不具有任何道德的意义与目的。

经学家以五行作为模式解释一切，得出种种荒唐的结论。王充指出，用这种模式去解释许多事物，是会自相矛盾的。他说，按五行家的说法，"午，马也；子，鼠也；酉，鸡也；卯，兔也"。王充说，如果如此，"水胜火，鼠何不逐马？金胜木，鸡何不啄兔？亥，豕也；未，羊也；丑，牛也；土胜水，牛羊何不杀豕？……"④王充指出："凡万物相刻贼，含血之虫则相服，至于相啖食者，自以齿牙顿利，筋力优劣，动作巧便，气势勇桀。"⑤与五行完全无关。

谶纬神学神化孔子，说"圣人前知千岁，后知万世"，是"生而知之"的圣人。王充举出孔子言行的十六条材料，证明孔子不能生知。王充说，孔子"今耳目闻见与人无别，遭事睹物与人无异，差贤一等尔，何以谓神而卓绝？"⑥圣贤和普通人的不同，仅在于更为聪明，具有更多的智慧，而在认识上，圣人同样必须遵循着普通人所遵循的思维规律，不能逾越，也无法逾越。因此，必有许多事物是圣人不能认识的，也必然有许多认识也是错误的，或自相矛盾的。王充指出，孔子语冉子先富而后教之，教子贡去食而存信。王充说："食与富何别？信与教何异？二子殊教，所尚不同，孔子为国，意何定哉？"⑦孔子"行道于公山，求食于佛肸，孔子之言无定趋也。"王充说：一个人"言无定趋，则行无常务矣"。"孔子周流不用，岂独有

---

① 《谈天篇》。
② 《感虚篇》。
③ 《谈天篇》。
④ 《物势篇》。
⑤ 同上。
⑥ 《知实》。
⑦ 《问孔》。

以乎?"① 这就不仅给予谶纬以有力的批判,也使孔子居于和常人平等的地位,从而恢复了人人具有的理性的尊严与地位。

谶纬神化《五经》,认为是天书,高出于诸子之上。对这种迷信说法,王充也给予有力的批判。王充说:"今五经遭亡秦之奢侈,触李斯之横议,燔烧禁防。……汉兴,收《五经》,经书缺灭而不明,篇章弃散而不具。晁错之辈,各以私意,分拆文字,师徒相因相授,不知何者为是。"② 这样错乱伪造的东西,如何能高出于诸子之上呢?王充认为与五经相比,诸子更为可信。他说:"《易》据事象,《诗》采民以为篇,《乐》须民欢,《礼》待民平。四经有据,篇章乃成。《尚书》、《春秋》,采掇《史记》。《史记》兴,无异书。以民事一意,六经之作皆有据。由此言之,书亦为本,经亦为末。末失事实,本得道质。折累二者,孰为玉屑?"③ 就是说"史书"比"经"更有价值。书是本,经是末,对神化"五经"的企图给予沉重的打击。

王充列举大量儒家经典和《论语》上的言论,指出它们并不都是正确的。如《尚书》赞美尧"协和万国"。王充说,万国是夸大的。"言协和方外,可也;言万国,增之也。""夫唐之与周,俱治五千里内。周时诸侯千七百九十三国",加上夷狄等四海之外,"并合其数,不能三千……《尚书》云万国,褒增过实"④。又如"《易》曰:丰其屋,蔀其家,窥其户,阒其无人也"。王充说,"非其无人也,无贤人也"。《尚书》曰:"毋旷庶官",旷是空的意思。王充说,"以少言之,可也;言空而无人,亦尤甚焉。"《论语》曰:"大哉,尧之为君也,荡荡乎民无能名焉。"王充说,"言荡荡,可也,乃欲言民无能名,增之也。四海之大,万民之众,无能名尧之德者,殆不实也"。儒书说,"尧、舜之民,可比屋而封。"王充说,"称尧之荡荡,不能述其可比屋而封;言贤者可比屋而封,不能议让其愚。"⑤ 这两种说法是矛盾的,不能并存。这里所举虽然只是一些实例,但王充的目的和矛头是自觉地对准汉代神化五经的倾向的。

---

① 《问孔》。
② 《书解篇》。
③ 同上。
④ 《艺增篇》。
⑤ 同上。

王充提出一个总的原则，说："凡天下之事不可增益，考察前后，效验自列。自列，则是非之实，有所定矣。"[1]他希望人们都能用这样的原则，仔细审校历史和圣贤的言论，以得出自己的结论，而不要盲从。指出所谓"圣人以名号达天意"，所谓经书所载字字是真理的说法，实在是无稽之谈。

对当时书本上的一切知识和结论，王充也都用事实和理性的逻辑审察检验一番，看看是否具有道理。如邹衍说："方今天下，在地东南，名赤县神州。"王充说："天极为天中，如方今天下在地东南，视极当在西北。今正在北方，今天下在极南也。以极言之，不在东南，邹衍之言非也。"[2]又邹衍说，"天地之间，有若天下者九。"王充推算说："案周时九州，东西五千里，南北亦五千里；五五二十五，一州者二万五千里。天下若此九之，乘二万五千里，（得）二十二万五千里"。而今天下至少东西十万，南北十万里，相承百万里。比邹衍所说要大得多了。王充说，"今从东海上察日，及从流沙之地视日，小大同也。相去万里，小大不变，方今天下得地之广少矣。"又说："洛阳，九州之中也，从洛阳北顾，极正在北。东海之上，去洛阳三千里，视极亦在北。推此以度，从流沙之地视极，亦必复在北焉。东海、流沙，九州东西之际也，相去万里，视极犹在北者，地小居狭，未能辟离极也。"[3]如此等等。这种推论显示出的科学精神和实事求是的态度，是十分宝贵的。在分析评论中王充许多见解并不正确，但值得注意的是，就是在一些错误看法中，王充用以做出结论的方法，仍然是从事实出发，进行逻辑思考和推理，所坚持的仍然是"实知"、"知实"的科学态度，仍然充满着理性的分析精神。

王充总结自己的分析与认识方法，在认识论上提出三个相互联系的环节：

（1）一切真知以感性经验和亲身见闻为基础，"须任耳目以定情实"，"如无闻见，则无所状"[4]。反对离开感性经验去认识事物，坚

---

[1]《语增篇》。
[2]《谈天篇》。
[3] 同上。
[4]《实知篇》。

持了认识论的唯物主义。

（2）在感性认识的基础上，对认识内容进行逻辑的分析、推理，"以心意议"，"以心原物"，从而去伪存真，使认识成为真正可靠的认识。如何进行逻辑的分析和推论？王充提出了"揆端类推"、"方比类物"、"案兆察迹"、"原始见终"等方法。他说：

> 事莫明于有效，论莫定于有证。……唯圣心贤意，方比物类，为能实之。①

> 凡圣人见祸福也，亦揆端类推，原始见终，从间巷论朝堂，由昭昭察冥冥。②

> 先知之见，方来之事，无达视洞听之聪明，皆案兆察迹，推原事类。③

> 夫论不留精澄意，苟以外效立事是非，信闻见于外，不诠订于内，是用耳目论，不以心意议也。夫以耳目论，则以虚象为言；虚象效，则以实事为非。是故是非者不徒耳目，必开心意。墨议不以心而原物，苟信闻见，则虽效验章明，犹为失实。④

这里王充反复强调的"方比物类"、"揆端类推"、"原始见终"、"由昭昭察冥冥"、"案兆察迹"、"推原事类"、"推原往验，以处来事"，指的都是理性思维在感觉基础上的比较、分析、归纳、综合，排除虚象，以揭示规律和本质的作用，是认识在感性基础上向理性的推移运动。

（3）一切结论都要用事实和效果加以检验。王充说：

> 凡论事者，违实不引效验，则虽甘义繁说，众不见信。事有证验，以效实然。⑤

---

① 《薄葬篇》。
② 《实知篇》。
③ 同上。
④ 《薄葬篇》。
⑤ 《知实篇》。

这些，在神学经学的思维方式统治人们思想的时代，真正是人类理性的辉煌的胜利。

但是，应该指出，王充并不真正懂得理性认识与感性认识的本质区别；并不真正懂得理性认识的特点是离开具体的抽象，在抽象中以概念为基础，由判断推理而获得对事物的本质的认识。这种认识，远离感性经验，甚至可以与感官印象、经验相矛盾，而实际上则更深入更全面地认识与把握了事物的本质。在王充看来，即便经过"心意诠订于内"的认识，还是具有感性经验的形态，只不过是排除了其中的虚假不实、相互矛盾的成分而已。因此，王充的认识论并没有真正摆脱经验论的束缚。这就使他的认识论受到了极大的局限。

三 无神论的经验教训

王充对汉代以天人谴告为中心的所有各种神学迷信，一一进行了分析、批判。《论衡》全书八十四篇，大多数篇都是批判各种神学迷信的。如：

《物势篇》批判了"天地故生人"的神学目的论。王充指出天地故生人的说法是错误的。他说："此言妄也。夫天地合气，人偶自生也。犹夫妇合气，子则自生也。"

《奇怪篇》批判了"圣人之生，不因人气，更禀精于天"的说法，指出"物生自类本种……牝牡之会，皆见同类之物，精感欲动，乃能授施。……今龙与人异类，何能感于人而施气？"

《变虚篇》、《福虚篇》、《祸虚篇》批判了各种天能赏善罚恶的迷信，指出："斯言或时贤圣欲劝人为善，著必然之语，以明德报；或福时适遇者以为然。如实论之，安得福祐乎！"[1]《感虚篇》、《异虚篇》、《龙虚篇》、《雷虚篇》，对各种怪异和"雷为天怒"、"龙乘雷以升天"以及天人感应之说的迷信进行批判。《道虚篇》批判了神仙方士、长生不死之说。《寒温篇》、《变动篇》、《明雩篇》、《顺鼓篇》、《感类篇》指出，大旱、洪水以及气候的变化与人君政治无关。《遭虎篇》、《商虫篇》批判虎、虫为害与人事政治有关的迷信。《订

---

[1] 《福虚篇》。

鬼篇》、《论死篇》、《死伪篇》、《纪妖篇》则对人死为鬼及各种鬼妖之说,进行了分析和批判。其他《四讳》、《讯日》、《卜筮》、《辨祟》等篇对种种卜筮择日和讳俗、禁忌,进行了批判和否定。总之,不论当时社会流行的或书本上所记载的神学迷信,都没有逃过王充批判的眼光。这种批判,犹如黑夜中的火炬,照亮着人们以理性追求真知的道路。在中国无神论思想上,树立了一座丰碑。

那么王充运用的无神论的基本方法有哪些呢?归纳起来有:(1)揭露有神论的前提——神的超人性在逻辑上的矛盾;揭露种种迷信说法的具体的逻辑矛盾。(2)对有神论做出神学解释的种种现象进行科学的考察和解释。(3)提倡发扬理性和知识,对有神论的认识论基础予以批判。(4)揭露有神论产生的社会历史根源及心理原因。(5)以否认神的超人性的存在为前提而做出逻辑的推论。(6)对神学的种种现象做出自然论的解释。这些方法和内容中,第一二三四种是成功的,第五种是失败的,第六种有成功也有失败(前面已论述不再赘述)。而之所以成功和失败,都和其认识论的优点和局限有直接的关系。

神学目的论的前提是神具有大智大慧的超人性。王充的批判方法是以此为前提,揭露其不可避免的逻辑矛盾,如当时的神学迷信认为,"天地故生人""故生万物"。王充批判说:"如天故生万物,当令其相亲爱,不当令之相贼害也。或曰:'五行之气,天生万物。以万物含五行之气,五行之气更相贼害'。曰:'天自当以一行之气生万物,令之相亲爱,不当令五行之气反使相贼害也。'或曰:'……贼害相成也。……不能相制,不能相使,不相贼害,不成为用……'曰:'天生万物欲令相为用,不得不相贼害也。则生虎狼蝮蛇及蜂虿之虫,皆贼害人,天又欲使人为之用邪?'"[①]

就是说,既然人和万物是神有目的有计划创造出来的,那么,按照逻辑,神在创造万物时,当令其相亲爱,不当令其相贼害;然而事实上,万物却是相贼害的。这就证明万物不是根据神的统一目的创造的。神学家辩解说,这是天用五行之气创造万物,五行之气互相贼害的缘故。王充说,既然如此,天如何不用一行之气生万物而偏要用五

---

① 《物势篇》。

行之气呢？而且人的一身俱怀五行之气，"五藏在内，五行气俱"，五藏岂不要相互贼害？且生活中所谓五行之物相贼胜的说法，是矛盾百出，根本不能成立的。由此可见，天地故生人、故生万物的说法是十分荒谬的。这里王充批判的成功，就是由于善于应用理性思维对神学目的论的前提及结论之间的逻辑矛盾，进行周密的分析和推论。对这种矛盾的揭露，仅凭经验和事实，将认识停留在感性阶段，是无法达到的。

王充对天出灾异谴告的神学说教的批判，也是这方面的成功的例证。按照谴告说，人君犯错误，天出灾异谴告，令其改正错误；如果不听，则降大灾以惩罚。王充说：人君犯错误是由于平庸无能。既然如此，天为何不命尧舜这样的圣君治理国家，而偏要让平庸无能之辈犯错误而不断谴告呢？王充说：

> 天能谴告人君，则亦能故命圣君。择才若尧、舜，授以王命，委以王事，勿复与知。今则不然，生庸庸之君，失道废德，随谴告之，何天不惮劳也。①

这里王充首先抓住谴告说的前提——君为天所命，和其结果——不断谴告的逻辑矛盾，予以揭露，从而证明这种说法是不能成立的。接着又指出：

> 凡言谴告者，以人道验之也。人道，君谴告臣，上天谴告君也。谓灾异为谴告，夫人道，臣亦有谏君，以灾异为谴告，而王者亦当时有谏上天之义，其效何在？②

本来神学是"人学"的升华。神的超人性是以和人以及和"人道"的一致为前提的。王充指出，既然如此，人道臣有谏君之义，天和君之间亦当如此。然而后一方面却是不存在的。由此可见前一种关系也是编造的。

---

① 《自然篇》。
② 同上。

在《感类》、《雷虚》等各篇中，王充对各种世俗迷信如雷为天怒杀人的迷信的批判；对"四讳"的批判；对"信岁时，信日"，"世俗起士兴功，岁月有所食，所食之地必有死者"等等迷信的批判；对人死为鬼的批判，都采取了这种揭露逻辑矛盾的方法。

历史证明，从逻辑上揭露神学的自相矛盾，以否定神的存在，是无神论对有神论进行批判的行之有效的方法。虽然，这种方法只能从种种特殊具体的论断中证明神学的荒谬；而种种特殊具体的论断的荒谬，在有神论看来往往并不证明神本身不存在，而不过是证明这些具体论断制造者的荒谬和拙劣。但是由于每一时代有神论用以证明神存在的种种论断总是特殊的具体的。一般通过个别而存在。神的至高无上、普遍有效的神性，也是通过种种具体的神迹、显示和神学论断而表现的；因此揭露神学在每一时代证明神灵存在的种种具体论断的荒谬，也就是对于神的一般存在本身的批判。所以，这种方法一直是无神论使用的最有力的方法。伟大的生物学家达尔文在创立生物进化论而否定上帝目的论时，也采取了这种方法。面对自然界中生物保护自己的手段的无限巧妙时，他自问道：如果上帝需要创造那样丰富多样、无限神妙的保护色以免使弱小者被强敌蚕噬的话，那么为什么上帝不在开始创造它们时，就使它们相互亲爱呢？你看，这和王充否定神学目的论的论据不是完全一样的吗？所以王充的成功的思维经验，一直到今天，仍然保持着它的借鉴的意义。这是王充重视理性的先进的认识论的光辉胜利。

王充批判有神论的另一种方法，是把科学与迷信加以对立。例如，当时神学家散布说，雷是天怒，雷击人是天对于有罪者的惩罚。王充说，雷是火，不是天怒。"何以验之"？王充提出五大证据：

> 以人中雷而死，即询其身，中头则须发烧燋，中身则皮肤灼燌（同焚），临其尸上闻火气，一验也。道术之家，以为雷烧石色赤，投入井中，石燋井寒，激声大鸣，若雷之状，二验也。人伤于寒，寒气入腹，腹中素温，温寒分争，激气雷鸣，三验也。当雷之时，电光时见，大若火之耀，四验也。当雷之击时，或燔人室屋及地草木，五验也。夫论雷之为火有五验，言雷为天怒无

一效。然则雷为天怒，虚妄之言。①

这里王充既运用了确切的事实和科学实验材料，又在这些基础上进行归纳、比较、分析，从而抽象出"雷为火"的结论，这结论是符合科学的，很能令人信服，这就给了迷信者的无稽之谈以有力的批判。

又如当时的迷信认为，人死有知，能为鬼害人。王充说：

> 人之所以聪明智慧者，以含五常之气也；五常之气所以在人者，以五藏在形中也。五藏不伤，则人智慧；五藏有病，则人荒忽。荒忽则愚痴矣。人死，五藏腐朽，腐朽则五常无所托矣，所用藏智者已败矣，所用为智者已去矣。形须气而成，气须形而知。天下无独燃之火，世间安得有无体独知之精。②

这种批判，运用的生理知识是错误的，但体现的却是科学的态度。对"天雨谷"，学道成仙等迷信的批判，王充也尽量利用当时积累的自然知识成果。

王充十分推崇知识，他把知识和道德并列，作为人贵于万物的标志。他说："天地之性，人为贵，贵其知识也。"③ 而知识是什么？王充认为，就是理性对历史经验和自然现象进行的批判的考察与分析。这种态度在中世纪是十分难能可贵的。

王充很注意揭露有神论产生的社会历史根源及心理原因。指出像"谴告"这种事情，包括它的名称，都是衰乱之世才出现的。王充说，上古的时候，人们没有开化，"乍自以为马，乍自以为牛，纯德行而民朣朦，晓惠之心未形生也"，这时没有礼，也没有对非礼的谴告。"诰誓不及五帝，要盟不及三王，交质子不及五伯。德弥薄者信弥衰。心险而行诐，则犯约而负教；教约不行，则相谴告；谴告不改，举兵相灭。由此言之，谴告之言，衰乱之语也，而谓之上天为

---

① 《雷虚篇》。
② 《论死篇》。
③ 《别通篇》。

之,斯盖所以疑也。"① 这在实质上是指出了灾异谴告说产生的社会历史原因。

王充依据历史在忠、敬、文循环中发展的理论,指出:"夏所承唐、虞之教薄,故教以忠;唐、虞以文教,则其所承有鬼失矣。"王充说:"上教用敬,君子敬,其失也,小人鬼。"② 又说,"行尧、舜之德,天下太平,百灾消灭,虽不逐疫,疫鬼不往。行桀、纣之行,海内扰乱,百祸并起,虽百逐疫,疫鬼犹来。衰世好信鬼,愚人好求福"。③ 鬼神是社会政治败乱、人民痛苦多病、自己无力、只好求助于鬼神保佑的结果。

王充又指出:"凡天地之间有鬼,非人死精神为之也,皆人思念存想之所致也。致之何由？由于疾病。人病则忧惧,忧惧见鬼出。""人病亦气倦精尽,目虽不卧,光以乱于卧也,故亦见人物象。"④ 这种解释,虽然并不科学,但王充认为鬼神的产生是精神错乱或思念存想的产物,也是确有根据的。

以上这些方法都是成功的。

但王充的批判方法也有一些是失败的。如《左传》上记载一种迷信,说宋景公说了三句善话,老天爷听了,给他延寿二十一年。王充批判说:

> 夫天体也,与地无异。诸有体者,耳咸附于首。体与耳殊,未之有也。天之去人,高数万里,使耳附天,听万里之语,未能闻也。人坐楼台之上,察地之蝼蚁,尚不见其体,安能闻其声。……今天之崇高非直楼台,人体比于天,非若蝼蚁于人也。谓天闻人言,随善恶为吉凶,误矣。⑤

这里,王充所用的逻辑推论,是下列的三段论式:

甲　大前提:诸有体者,耳咸附于首("体与耳殊,未之闻

---

① 《自然篇》。
② 《齐世篇》。
③ 《解除篇》。
④ 《订鬼篇》。
⑤ 《变虚篇》。

　　　　小前提：今天体也。
　　　　结　论：故耳附于首。
　　乙　大前提：凡有耳之类，只能听数里。
　　　　小前提：天为体，有耳。
　　　　结　论：只能听数里。（今天去人数万里，故不能闻人言，故不能祸福与人。）

又：

　　四夷入诸夏，因译而通。同形均气，语不相晓。虽五帝三王不能去译独晓四夷，况天与人异体、音与人殊乎？人不晓天所为，天安能知人所行。使天体乎，耳高不能闻人言；使天气乎，气若云烟，安能听人辞？[①]

变成三段论式是：
　　甲　大前提：凡能听之类皆需有耳。
　　　　小前提：今天为气，无耳。
　　　　结　论：故天不能听人言。
　　乙　大前提：同形均气，异类，语不相晓。
　　　　小前提：天与人异类，音与人殊、语不相晓。
　　　　结　论：天不能听人语，故不能祸福于人。

这些三段推论的共同特点是：大前提、小前提都是不承认神的超人性，以神的超人性的不存在为不证自明的东西。历史和实践表明：承认神的超人性，正是神学赖以存在的基础。对自然力量的超人性的惶惑与畏惧，在古代是自然崇拜的基础，在以后它又和社会作为异己的力量一起，成为宗教信仰的基础，因此摆在无神论者面前的任务，不在于简单地宣布不存在神的超人性，而在于证明不存在超人的神。王充在上面使用的方法却恰恰不是论证，而是以不证自明的论断为基础而进行逻辑的推论。这当然是要失败的。迷信者会反问：何以神不能超人？何以神需要耳才能听？一旦提出了这样的问题，王充是无法

---

① 《变虚篇》。

回答的。《论衡》中就记载了这样的反问。在《雷虚篇》中,当王充提出:"今钟鼓无所悬着,雷公之足无所蹈履,安得而为雷"时,迷信者反驳说:"如此固为神。如必有所悬着,足有所履,然后而为雷,是与人等也,何以为神?"这反驳是很有意思的。果然王充束手无策,退却了;先是承认"神者,恍惚无形,出入无门,上下无垠,故谓之神",即承认神的超人性,接着又说:"如无形,不得为之图象;如有形,不得谓之神。"把问题归结为"图象"的错误,实际上承认了神的超人性。

这里,王充的失败,认识论上的原因就在于没有真正摆脱经验论的局限性。今耳目所见,神无手、无耳、无口,故神不能为吉凶祸福,不能生物……这样的反驳是没有力量的。王充还不懂得:感性认识的局限性,不懂得表象不能把握整个运动,例如它不能把握秒速三十万公里的运动,只有思维才能把握这样的认识论的道理。因此,在这些推论中,他终于陷入了狭隘经验论而不自觉。

但是,尽管存在着这些缺点与局限,然而瑕不掩瑜,王充无神论的基本点是十分光辉的。由于它密切地和唯物主义自然观以及唯物主义认识论相结合;由于它推崇理性,推崇知识,推崇科学;肯定感性认识是认识的基础而又自觉地强调理性认识的指导作用;强调实验和事实对认识的检验作用;因此它的无神论在整个中世纪是达到了很高的水平的。在王充哲学思想和中世纪哲学思想中,他的无神论是最有价值的部分,是人类和我们民族的智慧和骄傲,在今天仍然焕发着夺目的光彩。

四 命定论的逻辑推演

当时神学迷信认为,人的贫贱卑下,穷居废颓,疾病死亡或富贵尊荣,都是由于操行善恶引起的,是天对人的赏罚。王充否定这种神学的说教,认为这些与神无关,也与人的操行无关,而是由气所命定的。他说:

有死生寿夭之命，亦有贵贱贫富之命。①

自王公逮庶人，圣贤及下愚，凡有首目之类，含血之属，莫不有命。命当贫贱，虽富贵之，犹涉祸患矣。命当富贵，虽贫贱之，犹逢福善矣。故命贵，从贱地自达；命贱，从富位自危。故夫富贵若有神助，贫贱若有鬼祸。②

命定论与福善祸淫说的对立，实质是自由与必然的对立。福善祸淫说实际是以神学形式出现的意志自由思想。它肯定人对自己的命运负有确定的责任。神的赏罚是人的行为所必然引起的。因此人对自己的命运取得了形式上的自由。借助于"神"这种心灵上的幻想与安慰，人实现了"自由"与必然的统一。神成为人的行为必然引起某种效果并获得某种效果的条件与保证。但是这种极端原始、粗糙的神学说教与现实生活的矛盾是如此显著，以致很早就受到进步思想家的揭露和批判。司马迁就曾指出过这种矛盾，认为"倘所谓天道，是耶，非耶？""余甚惑焉"③。王充也是看到了这个矛盾的。在《命义篇》中，他几乎逐字逐句地重复了司马迁的批判，说："行恶者，祸随而至，而盗跖、庄蹻横行天下，聚党数千，攻夺人物，断斩人身，无道甚矣，宜遇其祸，乃以寿终。……颜渊、伯牛，行善者也，当得随命，福祐随至，何故遭凶？""屈平、伍员之徒，尽忠辅上，竭王臣之节，而楚放其身，吴烹其尸。行善当得随命之福，乃触遭命之祸，何哉？"④ 又说："天下善人寡，恶人众。善人顺道，恶人违天。然夫恶人之命不短，善人之年不长。……何哉？"⑤ 面对这些矛盾，王充认为神学的祸善福淫说是不能成立的。

封建社会是等级特权社会。人的命运是由他所处的阶级和等级地位决定的。当时现实存在的社会情况是："才高行厚，未必保其必富贵；智寡德薄，未可信其必贫贱。""怀银纡紫，未必稷、契之才；

---

① 《命禄篇》。
② 同上。
③ 《史记·伯夷列传》。
④ 《命义篇》。
⑤ 《福虚篇》。

积金累玉，未必陶朱之智。"① "处尊居显，未必贤……位卑在下，未必愚。"② 对这种不合理的社会现实，王充十分痛恨和愤慨。但是他不懂得产生这种情况的社会与阶级根源，找不到问题的答案与出路，因此，他把问题引向了"意志自由"的反面，得出了一切都是与人的行为无关的命定的结论。在王充那里，命定论被强调到如此绝对的程度，以致人的任何的"自由"和主观努力都被完全否定了。他说：

> 命贫以力勤致富，富致而死；命贱以才能取贵，贵至而免。才力而致富贵，命禄不能奉持，犹器之盈量，手之持重也。器受一升，以一升则平，受之如过一升，则满溢也；手举一钧，以一钧则平，举之过一钧，则踬仆矣。前世明是非，归之于命也，命审然也。
>
> 天性，犹命也。越王翳逃山中，至诚不愿，自冀得代。越人熏其穴，遂不得免，强立为君。而天命当然，虽逃避之，终不得离。故夫不求自得之贵欤！
>
> 信命者，则可幽居俟时，不及劳精苦形求索之也。③

这就是说，人对自己的行为及其后果没有任何责任。人成为命运的傀儡。机械的绝对的必然性彻底地排斥和吞噬了人的"自由"。这种机械的必然性不具有人格神的形式，然而实质却仍然是一种超人间的力量。它和神处于同一的地位，并具有同神一样的不为人所知所晓的神秘性。因此，它实质上也还是一种神。王充把这种力量的来源归之于元气和神秘的星象，说："天有百官，有众星。天施气，而众星布精，天所施气，众星之气在其中矣。人禀气而生，食气而长，得贵则贵，则贱则贱；贵或秩有高下，富或资有多少，皆星位尊卑小大之所授也。"④ 这里，虽然他主观上还在坚持元气自然论，但在实际上已

---

① 《命禄篇》。
② 《逢偶篇》。
③ 《命禄篇》。
④ 《命义篇》。

完全回到了神学。星象成为实质与神无别的神灵。由形而上学地强调机械的必然性而陷入宿命论，又由宿命论而陷入变相的有神论，这就是王充在解答自由与必然这样的社会问题时陷入的悲剧。用形而上学处理必然和自由的关系以反对有神论，是不可能真正反对有神论的。一个在现实中掌握不了自己命运的人，在思想中也不可能掌握自己的命运。这就是王充提供给我们的深刻的理论思维的经验教训。

然而命定论同样不能避免像司马迁所感叹的那种矛盾。王充说：

> 墨家之论，以为人死无命。儒家之议，以为人死有命。言有命者，见子夏言"死生有命，富贵在天"。言无命者，闻历阳之都一宿沉而为湖；秦将白起坑赵降卒于长平之下，四十万众同时皆死；春秋之时，败绩之军，死者蔽草，尸且万数；饥馑之岁，饿者满道，温气疫疠，千户灭门。如必有命，何其秦、齐同也？①

无数不同境遇和不同"命运"的人，同时遭受同样的灾祸与命运，这对命定论确实是难于解决的矛盾。由此，王充提出了偶然性范畴，试图用偶然性来限制和修正作为宿命论的绝对必然性。但在这里王充的思想方法上的形而上学更充分暴露了。一方面，他强调偶然性，说：

> 蝼蚁行于地，人举足而涉之。足所履，蝼蚁笮死；足所不蹈，全活不伤。火燔野草，车辙所致，火所不燔，俗或喜之，名曰幸草。夫足所不蹈，火所不及，未必善也。（足）举火行，有适然也。
>
> 俱行道德，祸福不均；并为仁义，利害不同……有偶然也。②

就是说，一切都是偶然的，没有任何必然性。但另一方面，他又说：

---

① 《命义篇》。
② 《幸偶篇》。

"凡人遇偶及遭累害，皆由命也"①，又认为任何偶然性都是简单的直接的必然性，即没有任何偶然性。

正如他的命定论反对神学而终于不可避免地陷入神学一样，王充对必然和偶然的形而上学的割裂，也把他带到了另一种神秘主义的结局。

在王充生活的封建社会中，残酷的阶级剥削、压迫，经常发生的天灾人祸，都是人们无法抗御的异己力量。这种力量，正如"人足"之于"蝼蚁"；"大火"、"车轹"之于"野草"，"罗网"之于"禽兽"，"刀斧"之于"竹林"，是人们无法了解和抗拒的。王充看到了在"幸偶"背后的这种神秘的可怖的异己力量。他曾感慨地说："以圣人之才，犹不幸偶。庸人之中，被不幸偶，祸必众多矣！"② 所以他的偶然论是深深地渗透了神学的阴影的。

又是命，又是偶然性，又是不可知的神秘的力量。那么人的现实的"命运"究竟是如何决定呢？王充最后提出了命、禄、幸偶等等几种因素的排列组合论，以图克服简单的命定论或幸偶论所不可避免的矛盾。他说：

> 人有命，有禄，有遭遇，有幸偶。命者，贫富贵贱也；禄者，盛衰兴废也。以命当富贵，遭当盛之禄，常安不危；以命当贫贱，遇当衰之禄，则祸殃乃至，常苦不乐。遭者，遭逢非常之变。……命善禄盛，遭逢之祸，不能害也。历阳之都，长平之坑，其中必有命善禄盛之人，一宿同填而死。遭逢之祸大，命善禄盛不能却也。譬犹水火相更也，水盛胜火，火胜盛水。
>
> 故夫遭遇幸偶，或与命禄并，或与命离。遭遇幸偶，遂以完成，遭遇不幸偶，遂以败伤，是与命并者也。中不遂成，善转为恶，若是与命禄离者也。故人之在世，有吉凶之性命，有盛衰之祸福，重以遭遇幸偶之逢，获从生死而卒其善恶之行，得其胸中之志，希矣。③

---

① 《命禄篇》。
② 《幸偶篇》。
③ 《命义篇》。

就是说:"命"只是决定人的"命运"的潜在的可能性,它的实现,还取决于某种偶然性(遭逢幸偶)。命大祸小,可以逢凶化吉;命小祸大,则由吉变凶,犹如水盛胜火,火盛胜水。现实的命运是由两种"力量"的对比决定的。王充用这种排列组合形式的多种可能性以解决宿命论或纯粹的幸偶论所不可避免的矛盾,应该说形式上是成功的。但实质上对于现实的"命运",人们还是只能困惑莫解,而无可奈何!

总之,由反对神学目的论开始,到实质上仍然是神秘主义的宿命论告终。出发点——反对神学目的论,经过片面地强调必然性,否认人的自由;割裂必然性与偶然性;以及形式主义地排列组合必然性与偶然性而仍然在宿命论的泥潭中不能自拔;这就是王充命定论的逻辑结构与思维路径。

普列汉诺夫指出:"关于自由与必然的问题——这个旧的,然而永远是新的问题产生在十九世纪的唯心主义者面前,正如它产生在前一世纪的形而上学者面前一样,正如它产生在提出存在与思维之间的关系问题的所有一切哲学家面前一样。这个问题,像斯芬克斯一样向每个这样的思想家说:'请你解开我这个谜,否则我便吃掉你的体系,'"① 历史证明,古代的思想家对于解答这个斯芬克斯之谜是无能为力的。从先秦以来,许多有名的思想家如老子、孔子、墨子、孟子、庄子,都企图解开这个斯芬克斯之谜,而没有取得成功。到了汉代,董仲舒回复到了墨子的有神论,一方面宣扬目的论,一方面又在灾异谴告的神学形式下,强调学问事功,以人参天,承认人的主观能动性的作用。王充反对董仲舒的有神论,然而却又回到了否认人的任何能动性的命定论。历史前进了,自然观上的唯物主义思想大踏步前进了,但在社会问题上,在自由与必然这样的斯芬克斯之谜上,人们的思想却总是在两个极端间徘徊、犹豫、矛盾、挣扎、反复。这里的深刻的原因就在于时代条件和生产规模的狭小以及剥削阶级的狭隘眼界,限制了人们的思想。他们不可能掌握和解决问题产生的社会与阶级根源。王充的悲剧是必然的。

---

① 《论一元论历史观之发展》,三联书店 1965 年版,第 87 页。

五　黄老自然思想与儒家伦理思想的矛盾

王充认为"五经"与法令相比，儒生与文吏相比，经义与世俗政治事务比，儒生与儒学占有更重要的地位，他说，儒是本，政治吏事是末。"儒生所学者，道也；文吏所学者，事也……事末于道。""儒生治本，文吏理末，道本与事末比，定尊卑之高下，可得程矣"。①

王充指出：

> 夫"五经"亦汉家之所立，儒生善政大义，皆出其中。董仲舒表《春秋》之义，稽合于律，无乖异者。然则《春秋》，汉之经，孔子制作，垂遗于汉。论者徒尊法家（指法令家），不高《春秋》，是暗蔽也。《春秋》、"五经"义相关穿，既是《春秋》，不大"五经"，是不通也。②

王充认为，真正的儒学贵在"通仁义之文，知古今之学"，"心自通明，览达古今"③，"道达广博"，不能像现在的儒生一样，仅守一经章句。他说："夫古今之事，百家之言，其为深多也，岂徒师门高业之生哉！"他赞扬董仲舒、唐子高、谷子云、丁伯玉，"策既中实，文说美善，博览膏腴之所生也。使四者经徒能摘，笔徒能记，不见古今之书，安能建美善于圣王之庭乎？"④ 在王充看来，诸子的思想都是围绕《春秋》之"王意"，以阐释《春秋》为旨趣的。因此，《春秋》是全部政治思想的核心与应该遵循的标准。

然而在天道观上，王充却自觉地背离儒家而遵循黄老自然思想。这就不能不使他的儒家仁义道德及伦理思想受到很大的冲击。

这首先表现在，王充的"物偶自生"思想对儒家宗法伦理的根

---

① 《程材篇》。
② 同上。
③ 《别通篇》。
④ 同上。

基产生了极大的破坏作用。

按儒家目的论的说法，天地产生万物，犹如父母生育子女一样，是由目的所支配的恩义道德关系。因此孝是地之义，是天之经。按王充的说法，则天地与万物，父母与子女其相生相育是纯粹偶然的关系。"夫人之施气也，非欲以生子，气施而子自生矣。"① "人生何以异于六畜？" "人，物也，子亦物也。子生与万物之生何以异？"② "人生于天地也，犹鱼生于渊，虮虱生于人也，因气而生，种类相产。"③ 这就使儒家的孝道失去了依据。既然骨肉如路人，大家偶然地来到世间，偶然地聚会又偶然地离去，犹如身上长了虮虱一样，那么，还有什么骨肉恩义可言呢？"血浓于水"，就无从谈起了，忠孝仁义最多只能是社会所立的强制的规约。《后汉书·孔融传》说，融"与白衣祢衡，跌荡放言，云：'父之与子，当有何亲？论其本意，实为情欲发耳！子之与母亦复奚为，譬如寄物瓶中，出则离矣'。既而与衡更相赞扬"。孔融这种否定儒教的警世骇俗的言论，不必是直接由《论衡》而来，但两者思想根源上的密切关系是十分明显的。④

儒家重人事（礼义等），黄老崇自然，两者不能相容，这一点王充是自觉到的，他说："说（指儒教）合于人事，不入于道义，从道不随事，虽违儒家之说，合黄、老之义也。"⑤ 然而他却儒道兼综，这就不能不造成思想的混乱。例如，从儒家立场出发，王充主张性善论，说"夫上世之士，今世之士也，俱含仁义之性"，"俱怀五常之道"。人之所以能为天下贵，是由于"人民禀善气而生"⑥。这实质上是目的论思想。而按照自然论，王充又指出，"天地合气，物偶自生"⑦。"人，物也，物，亦物也。"⑧ "人在天地之间，犹虮虱之着人身也"⑨，否定了人怀五常之气的说法。

---

① 《自然篇》。
② 《四讳篇》。
③ 《物势篇》。
④ 参见余英时《中国知识阶层史论（古代篇）汉晋之际士之新自觉与新思想》。
⑤ 《自然篇》。
⑥ 《齐世篇》。
⑦ 《物势篇》。
⑧ 《齐世篇》。
⑨ 《卜筮篇》。

从儒家的立场出发，王充认为仁、义、礼是人性所本有的，从自然论看，王充又接受老子的观点，认为"礼者忠信之薄，乱之首也"。伦理道德是社会混乱的产物，与人性是矛盾的。①

按照自然的观点，王充认为，"夫人之性，犹逢纱也。在所暂染而善恶变矣"，就是说，人性犹如一张白纸："蓬生麻间，不扶自直；白纱入缁，不染自黑"，没有先验的善恶。虽然，"论人之性，定有善有恶。其善者，固自善矣；其恶者，故可教告率勉，使之为善"。但王充在这里所谓善恶，是就后天的行为而说的。"初生意于善，终以善；初生意于恶，终以恶。"善恶是由生以后的不同意向而区分的，否定先验的人性善，但是王充又采孟子式的先验道德的说法，肯定人的本性中会有先验的道德。认为"人含五常之性"，"夫人有不善，则乃性命之疾也"②。因而又自相矛盾地否定了自然论的观点。

王充的时代，东汉的名教纲常的统治达到了鼎盛时期。所以，虽然王充引进了自然论，对儒家纲常名教造成了"破坏"，但这种"破坏"作用是潜伏着的。到了汉末和魏晋，时代条件变化了，人们由觉察到名教的虚伪，进而发出了对名教的攻击，这时王充的思想就起着酵母和催生的作用。因此魏晋名教与自然的争论，可以看作王充这种思想矛盾的继续与发展。

六 "定贤"辩论的时代和思想意义

汉代实行察举，实际上弊伪丛生，名不副实，所以东汉末年关于人物品题与才性的辩论，十分发达。刘劭的《人物志》，对这一问题做了系统的总结。刘劭以前，王充的《定贤篇》可以看作汉末盛行的人物品题与鉴别的先导。

在《定贤》篇中，王充说："世人且不能知贤，安能知圣乎？世人虽言知贤，此言妄也。"王充分析当时各种定贤标准，指出这些标准都是不能成立的。例如：

---

① 无怪乎清人赵坦说："周秦而下，诸子百家杂出，以消圣人之道，背仁义者莫如申韩，王充之《论衡》则又甚焉。"（《宝甓斋文录》卷上《书〈论衡〉后》）
② 《率性篇》。

1. 世俗以仕宦得高官，"身富贵为贤"。王充说，富贵属于天命，贤不肖则属于才性。两者性质不同，高官者未必有德，位卑者未必无才。因此，以富贵为贤是错误的。

2. 世俗"以事君调合寡过为贤"。王充说："夫顺阿之臣，佞幸之徒是也……未可以谓贤。"就是说，"调合寡过"，不仅不是贤，且可以是贤德的反面。

3. 世俗"以朝廷选举皆归善为贤"。王充说："选举多少，未可以知实"。被许多人推举的不一定贤，不为人所知而未被荐举的，可能正是大贤（如虞舜）。王充揭露当时察举作伪的实况说，"广交多徒，求索众心者，人爱而称之。清直不容乡党，志洁不交非徒，失众心者，人憎而毁之"。故"称誉多而小大皆言善者，非贤也"。以称誉定贤否，也是不行的。

那么是否善人之所称，恶人所毁的人是贤呢？王充认为这也难说。因为称誉人的所谓贤人、恶人，是否真是贤人和恶人，是难于断定的。那么，

4. 以众所归附，宾客云合者为贤乎？
5. 以居位治人，得民心歌咏之为贤乎？
6. 以居职有成功见效为贤乎？
7. 以孝于父，弟于兄为贤乎？
8. 以全身免害，不被刑戮，…为贤乎？
9. 以委国去位，弃富贵，就贫贱为贤乎？
10. 以避世离俗，清身洁行为贤乎？
11. 以义举千里，师将朋友无废礼为贤乎？
12. 以明经带徒聚众为贤乎？
13. 以通览古今，秘隐传记无所不记为贤乎？
14. 以权诈卓谲，能将兵御众为贤乎？
15. 以辩于口，言甘辞巧为贤乎？
16. 以清洁自守，不降志辱身为贤乎？
17. 以敏于赋颂，为弘丽之文为贤乎？

王充说，这些都不能定贤，因为所有这些说法和做法全都可以弄虚作假，并受各种偶然、外在因素的支配，而把事情弄得黑白颠倒，是非混淆。

以居位得民心来说，田成子欲专齐政，以大斗贷、小斗收而收买民心。勾践为了报会稽之耻，吊死问病，附循其民。他们虽然得到了人民的拥护，但"诚心不加"，完全是为了个人的功利目的，实属"伪诱属其民"不仅算不得贤，其行为本身也是该受谴责的。以居职有成功来说，一个人做事能否取得成功，偶然因素很多。"有时当自乱，虽用术，功终不立者；亦有时当自安，虽无术，功犹成者。""故时当乱也，尧、舜用术，不能立功；命当死矣，扁鹊行方，不能愈病"。"志善不效成功，义至不谋就事。义有余，效不足，志巨大而功细小，智者赏之，愚者罚之。""必谋功不察志，论阳效不存阴计"，则荆轲、豫让、伍子胥、张良就要被否定了。所以单纯以事业的成败论人的贤德是不行的。

以孝悌来说，"父兄不慈，孝悌乃章，舜有瞽瞍，参有曾晳，孝立名成，众人称之"。但是如果一个人没有父兄，或者父兄慈良，他的孝悌之名，就无法实现了。

以名节而论，"大贤寡可名之节，小贤多可称之行"，"世不危乱，奇行不见，主不悖惑，忠节不立"。"鸿卓之义，发于颠沛之朝，清高之行，显于衰乱之世"。所以名节也是不能决定一个人的贤德的。

王充指出，如果排除外在和偶然的因素，仅就贤德本身来观察，那么定贤的惟一标准只能是心善。他说："必欲知之，观善心也。夫贤者，才能未必高也而心明，智力未必多也而举是。"那么心善又如何鉴别呢？王充回答说，"必以言。有善心，则有善言。以言而察行，有善言，则有善行矣。""故心善，无不善也，心不善，无能善。""故治不谋功，要所用者是；行不责效，期所为者正。"

从伦理学和哲学思想的建树来说，王充的"定贤"思想，实际是董仲舒"正其谊不谋其利"的翻版，并没有正面的意义和思想价值。但联系王充所处的时代及其对魏晋玄学的影响，则这一思想的意义却是不能忽视的：因为第一，这种辩论对当时流行的伦理价值观念，有否定与破坏的作用。第二，对魏晋从人物自身品题人物，有先导的作用。

汉代尚名节。"驯至东汉，而其风益盛。盖当时荐举征辟，必采名誉，故凡可以得名者必全力赴之。"① 这就产生了许多沽名钓誉的虚伪无耻之徒。所谓"举秀才，不知书；察孝廉，别父居；寒素清白浊如泥，高第良将怯如鸡"②。王充"定贤"思想对这种风气是致命的批判。

东汉尚经学。明帝、章帝时，经学享受了空前的尊宠和荣誉。王充对经学大师的否定，对经学是一种打击。

东汉尚清高。王莽之世，许多人隐遁，光武时又有像严陵这样以清高著称的名士。王充指出，"去贵取贱，非其志也"，这种人的作为违反人情，是不能算贤的。也有反世俗潮流的意义。

东汉尚阀阅，"以族举德"，"以位命贤"。③ 王充痛斥这种依靠势族窃居高位的人，骂他们"任胸中之知，舞权利之诈，以取富寿之乐，无古今之学，蜘蛛之类也"④。所以王充"定贤"思想的批判意义，在当时是十分巨大的。

王充否定外在的事功、名节、荣誉、地位可以决定人的价值，而以"心善"和"言"作为贤人的标准，这就提出了这样的观念，即人的价值（贤）不在于外在的方面而在于人的自身，在于他的精神（心志）言谈。这正是魏晋人的价值观念的要义。所以王充的定贤思想，可以说是从东汉到魏晋价值观念所发生的转折。

当然和魏晋不同，魏晋所谓人的价值在于自身（人的风神与思辨），并不指言论的社会道德意义，而王充作为"心善"的主要表现的言论，正是指"正是"之言、"得实"之言，从而把孔子及其《春秋》、桓谭及其《新论》，以及他自己和《论衡》，树立成为圣贤的楷模，仍然没有超出儒家的思想。但王充由此而突出《新论》和《论衡》的伦理道德和政治价值，其时代意义则是十分重大的。王充在《定贤篇》中说：

> 故孔子不王，作《春秋》以明意。案《春秋》虚文业，以

---

① 赵翼：《廿二史札记》。
② 《抱朴子外篇·名宾》。
③ 《潜夫论·论荣篇》。
④ 《别通篇》。

知孔子能王之德。孔子圣人也，有若孔子之业者，虽非孔子之才，斯亦贤者之实验也。

周道弊，孔子起而作之，文义褒贬是非，得道理之实，无非僻之误，以故见孔子之贤，实也。

世间为文者众矣，是非不分，然否不定，桓君山论之，可谓得实矣。论文以察实，则君山汉之贤人也。

孔子不王，素王之业在于《春秋》，然则桓君山素丞相之迹，存于《新论》者也。

王充这样突出孔子《春秋》和桓谭的《新论》，真正的目的是要突出《论衡》。但这不是王充个人的自负，而是他对时代精神和历史使命的自觉。

在谶纬泛滥，学术思想领域是非颠倒，人妖混淆，真理和理智被压抑、窒息的时代，"疾虚妄"，作"实论"，发展实事求是的科学态度和认识方法，确实在当时具有头等重要的时代和历史意义。王充说：

《诗》三百，一言以蔽之，曰："思无邪。"《论衡》篇以十数，亦一言也，曰："疾虚妄。"①

是故《论衡》之造也，起众书并失实，虚妄之言胜真美也。故虚妄之语不黜，则华文不见息；华文放流，则实事不见用。故《论衡》者，所以铨轻重之言，立真伪之平……其本皆起人间有非，故尽思极心，以讥世俗。……华伪之文灭，则纯诚之化日以孳矣。②

《论衡》细说微论，解释世俗之疑，辩照是非之理……俗传蔽惑，伪书放流……浮妄虚伪，没夺正是。心愤涌，笔手扰，安能不论？③

---

① 《佚文篇》。
② 《对作篇》。
③ 同上。

王充所处的时代，东汉王朝的统治处在全盛时期，但社会贫富贵贱的分化对立日益严重，庶族寒门备受打击压抑。对此，王充充满着悲愤和不平。"周道弊，孔子作《春秋》"。王充认为："汉世弊"，才要桓谭和他作《新论》和《论衡》。他说："故夫贤圣之兴文也，起事不空为，因因不妄作，作有益于化，化有补于正。"① 因此王充提出以"善心"和"善言"作定贤的标准，抽象看，是消极的，为个人的，实际上是积极的，战斗的，为社会和时代的。② 王充希望有一个新的理想之世出现，在那里不再像他的时代那样，贤者受压抑打击，而虚伪不实之徒得以逞能。

七　王充哲学提出的两个问题

王充哲学提出了两个问题，一个问题是，王充重逻辑分析和证验的认识论和自然思想，为什么没有带来自然知识的成果？第二个问题是，王充的无神论为什么不能彻底，相反，一些有名的学者甚至认为，王充仍然是有神论③。第一个问题，涉及中国哲学的特质，第二个问题涉及王充无神论思想的内在弱点，需要进行认真的分析。

先分析第一个问题。

从儒家思想来看，其哲学思想的特点属于伦理的类型。所谓伦理类型，不是说儒学研究的对象和内容仅是伦理问题，它不研究一般哲学的基本问题，不研究物质和精神的关系，而是说，儒家哲学研究的重心和兴趣是伦理问题。儒家哲学往往透过伦理去研究和阐述一般的哲学世界观、认识论和方法论，因此它的哲学思想无不打上伦理的烙印。

---

① 《对作篇》。
② 徐复观：《两汉思想史·王充论考》说，王充"为了伸张自己，不惜在《定贤篇》中，把当时一切衡定人品的标准，完全推翻，而只归于'立言'之上；因为他除了'立言'这件事以外，一切都与当时论人的标准不合"。徐先生太看重了王充个人的遭遇对《论衡》的影响，以为王充到处在发泄私愤。徐先生忽略了王充思想的时代意义，忽略了王充对时代、历史使命的自觉。在"立言"这件事上，王充正好不是为了个人，而是为了社会和时代进步的需要。
③ 参阅钱钟书《管锥编》第四册，第1422页。

以儒家论述世界本原的两大系统——《洪范》和《周易》而论，两者讲阴阳、五行，和印度哲学讲地水火风，古希腊哲学讲水和原子，十分相近。但在印度和古希腊哲学中，它们是纯客观的物质元素，不是对象化、伦理化了的实体。在儒家哲学中，则阴阳五行却被赋予了人生日用以及刑德、善恶的性质。"八卦"被认为是由乾坤所生六个子女组成的家庭，相互之间的关系是父母和子女及兄弟姊妹的关系。五行也是如此。[①] 因此儒家关于世界本原的学说是属于伦理类型的。

儒家哲学的认识论研究知行关系，但其所谓知，基本内容是对道德的认识和"觉语"，"行"是道德的践履。知行关系是道德认识与道德践履的关系。虽然儒家哲学也有一般的知识论，但内容单薄，且往往是围绕道德上的知行关系而阐发和展开的。儒家哲学的这种特点就是所谓"贤人作风"。它研究的主要问题——"内圣外王"之道，"圣"是伦理的标准，王则是由伦理发而为政教，即圣在修齐治平上的表现。因此，由儒家哲学不能触发自然科学的成果是很显然的。

那么崇尚自然的道家哲学是否也是如此？道家崇尚自然，是反人文主义的思想体系，因此许多学者认为，道家的思想不是伦理型的。王充哲学的自然思想来自黄老，因此王充哲学也同样地不是伦理型的。

从形式上看，道家思想的出发点与实质确是儒家的反面。然而从本质上看，道家的自然思想，包括王充的自然思想在内，却仍然属于伦理的类型。这里的关键在于，道家哲学思想的出发点和结论虽然与儒家相反，然而两者围绕的轴心及探讨、关注的中心问题却是共同的，即都是伦理和修齐治平的问题，只不过两家的出发点和看法相反而已。犹如正数与负数，实数与虚数，或磁的南极与北极，虽是正相反对的对立的两极，但其产生的根源、土壤却是同一的一样，继承黄老自然思想的王充，虽然用自然思想批判谶纬迷信，但是它的批判所要达到的目标，却和董仲舒一样，是一种理想政治的实现。王充的自然思想不能引发对自然知识的追求，其根本原因就在这里。

因此尽管王充提倡"实知"和"知实"，但其"实知"的内容，

---

① 参阅附录《〈月令〉图式和董仲舒的目的论及其对宋明理学的影响》。

仍然是儒家的经学、历史知识以及伦理、道德、政治知识。他所关心的仍然是修齐治平的儒家理想的实现。所以尽管他利用了当时不少的自然知识来反对谶纬迷信，并在反谶纬迷信中推进了对自然知识的认识，但王充的目的和兴趣并不在于这些知识。王充在批判谶纬迷信以后，没有把人们的兴趣引向对自然的考察，相反，他认为人的最有价值、最值得珍贵的东西，仍然是它的道德品质和其在社会上的作为与地位。故在《定贤》篇中，王充所树立的理想人格和奋斗的目标，仍然是《孔子》及《春秋》，所理想的社会是没有虚妄和欺骗，而重视"实知"即真正"尚贤"的社会。

在思维方式上，王充没有根本摆脱阴阳五行的思维模式，而仍然在阴阳五行的框架上思维。他虽然认为五行说有很多的矛盾（如五脏相生相克等等），但他自己并没有找到新的世界结构，因此当谈到人性等等问题时，他就完全接受经学家的五常之气及天人合一的说法，而和他的自然思想走了相背离的道路。

关于第二个问题。

王充的无神论在中国古代达到了很高水平。他的突出优点是对人格神观念的坚决彻底的反对。不论在任何地方、任何形式和场合，只要有人格神的观念，王充就以自然论为武器进行批判、揭露其虚妄和矛盾。但是王充的自然思想仅仅与目的、故为即人格神观念相矛盾和冲突，而并不与泛神论基础上的妖异鬼怪观念相冲突。相反，在王充的自然观中，还逻辑地包含着、容许着妖异和鬼怪现象，因为在王充看来，这些现象同样是自然的现象。

从本质上看，王充是认为，自然现象如果是正常的发展，那么它是与人有利的，是健康的，是常态。但"自然"也会有不正常的发展。在这种情况下产生的现象，就会是不正常的，它表现为怪异，它会对人不利甚至有害。例如阳气，在正常情况下，它有利于万物的生长繁茂，是人的精神智慧（精气）的来源。它依存于人的形体，贮存于五脏之内，发而为人的智慧、思维活动。但在特定条件下，阳气积聚太多，太强烈，也可以为毒、为妖。在离开人的形体以后，可以暂时积聚，表现为没有形体的恍惚无形的像，这就是妖异。

在中国传统思想中，什么东西都可以成精，有木精、石精、水精、老鼠精、狐狸精等等。这些精都有它的物质基础，都是由物精发展而成的。其奥秘就是积聚的物精甚多，超出了正常的水平。如《左传》昭公七年，子产说："人生始化曰魄，既生魄，阳曰魂。用物精多，则魂魄强，是以有精爽，至于神明。匹夫匹妇强死，其魂魄犹能冯依于人，以为淫厉。"就是说，魂是精气构成的。精气依附形体，表现为人的聪明智慧，人死了，如果生前积聚的精气多，魂魄强，就可以成为神明。

《国语·楚语》说："昭王问于观射父曰：'《周书》所谓重黎实使天地不通者何也？若无然，民将能登天乎？'对曰：'非此之谓也。古者民神不杂，民之精爽不携贰者，而又能齐肃衷正，其智能上下比义，其圣能光远宣朗，其明能光跃之，其聪能听彻之，如是，其明神降之，在男曰觋，在女曰巫'。"这里，精爽与神明有内在的联系，民之精爽不携二者，就是明神。精爽、神明都是立足于精气之上的。

《管子》说：

> 能专乎，能一乎，能毋卜筮而知凶吉乎？能止乎？能已乎？能毋问于人而自得之于己乎？故曰思之，思之不得，鬼神教之，非鬼神之力也，其精气之极也。①

> 凡物之精，此则为生。下生五谷，上为列星，流于天地之间，谓之鬼神。藏于胸中，谓之圣人。②

《大戴礼·曾子天圆篇》说：

> 阳之精气曰神，阴之精气曰灵。神灵者，品物之本也。

五谷、列星、万物、鬼神、圣人都被认为是由精气构成的。

中国古代关于祭祀的基本原理也是认为，精气是人、鬼联系的桥梁。《管子·五行》篇说：

> 修概水上，以待乎天堇，反五藏以视不亲。治祀之下，以观

---

① 《心术下》。
② 《内业》。

地位。货暶神庐，合于精气。

"神庐"指祠庙。货暶神庐是说，以上好的珍品祭祀神。这样就可以感召精气，使祭祀者与鬼神相联系。

《礼记·郊特牲》说："魂气归于天，形魄归于地，故祭求诸阴阳之义。"《祭义》说："气也者神之盛也，魄也者鬼之盛也。合鬼与神，教之至也。""众生必死，死必归土，此之谓鬼。骨肉毙于下，阴为野土，其气发扬于上，为昭明。君蒿凄怆，此百物之精也，神之著也。"

所以，在中国古代，一方面是像西方那样的上帝观念不能持久存在；另一方面，淫祀妖异之说却有长久而深厚的根基，一直到宋明理学，所谓"鬼神者乃二气之良能也"，也仍然一方面是无神论的命题，一方面又是有神论和淫祀的基础。

王充关于气的思想，正是中国古代的这种泛神论思想。一方面气被认为是物质，另一方面又被认为是精神。一方面，气的存在及其运动、变化，没有目的、意识，另一方面，带有目的、意识的精神现象，又是由气产生、依存于气的。故关于鬼神，王充完全采《礼记》的说法：

鬼神，阴阳之名也。阴气逆物而归，故谓之鬼；阳气导物而生，故谓之神。神者，伸也。申复无已，终而复始。人用神气生，其死复归神气。阴阳称鬼神，人死亦称鬼神。[1]

夫魂者，精气也。[2]

这就是王充的无神论思想之容许妖异魂魄鬼神现象存在的根本原因，也是王充和中国古代无神论思想的根本弱点。

八 寒门细族的知识分子代表的典型意义

王充出身于寒门细族，是寒门细族知识分子的代表。他一生虽有

---

[1] 《论死篇》。
[2] 《纪妖篇》。

短暂的时期从政，担任下级官吏，但基本上是从事著述，以研究学术思想为职业的。王充的思想，作为这个阶层的知识分子及其愿望的反映，具有典型的意义。

东汉，豪强地主或士族地主发展了强大的势力。以刘秀为首的南阳豪族集团，夺取政权以后，采取了一系列措施，以保护与发展这一集团的地位与利益：如以数量众多的土地分封功臣；皇室和功臣联婚；荫庇；实行荐举，由豪族地主全面垄断仕路等等。这样做的结果，一方面空前地激化了他们和农民的矛盾；一方面也加剧了士族与寒门庶族的矛盾。

皇权是豪强士族的代表，但两者之间的矛盾也是十分尖锐的。皇权需要士族支持，但对士族又充满着怀疑，防范着它们对政权的过分的干涉和野心。在这种复杂的关系中，寒门庶族及其知识分子，一方面仇恨与不满豪强贵族，一方面对皇权又充满幻想和依赖。他们往往拥护皇权、反对豪强。这种复杂矛盾，在王充思想中的反映，就是他对皇权和豪族采取着不同的态度。

王充拥护与歌颂皇权。在《宣汉篇》中，他说，"夫太平以治定为效，百姓以安乐为符。""汉之高祖、光武，周之文、武也。文帝、武帝、宣帝、孝明、今上，过周之成、康、宣王。非以身生汉世，可褒增颂叹，以求媚称也；核事理之情，定说者之实也。"[①] 王充认为汉代的隆盛圣明，值得歌颂，是有实在的政绩作根据，不是媚上和虚美。王充列举汉盛于周的五条证据：

（1）今上（章帝）即命，奉成持满，四海混一，天下定宁，物瑞已极，人应斯隆。

（2）今亦天下修仁，岁遭运气，谷颇不登，回路无绝道之忧，深幽无屯聚之奸。

（3）今匈奴、鄯善、哀牢贡献牛马。

（4）周时仅治五千里内，汉氏廓土收荒服之外。……古之戎狄，今为中国；故之躶人，今被朝服；古之露首，今冠章甫；古之跣跗，今履高舄。

---

① 《宣汉篇》。

(5) 以盘石为沃田,以桀暴为良民,夷坎坷为平均,化不宾为齐民,非太平而何?①

王充说:

建初孟年,无妄气至,岁之疾疫也。比旱不雨,牛死民流,可谓剧矣。皇帝敦德,俊义在官,第五司空股肱国维,转谷振赡,民不乏饿,天下慕德,虽危不乱。民饥于谷,饱于道德,身流在道,心回乡内。以故道路无盗贼之迹,深幽回绝无劫夺之奸。以危为宁,以困为通,五帝、三王,孰能堪斯哉!②

王充认为:"孔子、周之文人也,设生汉世,亦称汉之至德矣!"③ 因此他写《恢国》、《顺颂》、《宣汉篇》,歌颂汉的盛德,他认为绝不违反"疾虚妄"的宗旨而是耿耿公心,效法孔子的榜样的。

然而王充攻击豪强大族,对他们垄断仕路有强烈的不满。他说:"处尊居显,未必贤,遇也;位卑在下,未必愚,不遇也。"④ "怀银纡紫,未必稷、契之才;积金累玉,未必陶朱之智。或时下愚而千金,顽鲁而典城。"⑤ 他对包括自己在内的贤能之士被排除于仕途之外,感到愤愤不平。对堵塞贤路的"佞人",王充更为愤恨,他写《答佞篇》,专门揭露佞人的种种卑鄙伎俩,指出他们"食利专权","迎合上心","损下益上,愁民说主","误设计数,烦扰农商",毁谤贤能,阴塞贤路,是"恶中之巧者"。王充说,"圣王刑宪,佞在恶中",对大佞应该绳之以法。

王充揭露吏治的腐败,指出文吏"无篇章之诵,不闻仁义之语。长大成吏,舞文巧法,徇私为己;勉赴权利。考事则受赂,临民则采渔,处右则弄权,幸上则卖将。一旦在位,鲜冠利剑。一岁典职,田

---

① 《宣汉篇》。
② 《恢国篇》。
③ 《佚文篇》。
④ 《逢偶篇》。
⑤ 《命禄篇》。

宅并兼"①。他说官场的风习使官吏们无不巧取豪夺，成为专门害人的坏蛋。"俗吏无以自修，身虽拔进，利心摇动，则有下道侵渔之操矣。"②

王充一生仕途坎坷，但他正直不阿。他深有体会地指出："卑位固常贤儒之所在也。遵礼蹈绳，修身守节，在下不汲汲，故有沉滞之留。沉滞在能自济，故有不拔之扼。其积学于身也多，故用心也固。"③像严遵、扬雄一样，王充选择了"不戚戚于富贵，不汲汲于贫贱"，"达则兼善天下，贫则独善其身"的道路，而终于在"独善其身"下，以正直清高了结了一生。

王充自述自己的为人和志趣说：

> 在乡里慕蘧伯玉之节，在朝廷贪史子鱼之行。见污伤不肯自明，位不进亦不怀恨。
>
> 贫无一亩庇身，志佚于王公；贱无斗石之秩，意若食万钟。
>
> 得官不欣，失位不恨，处逸乐而欲不放，居贫苦而志不倦。淫读古文，甘闻异言。
>
> 好进故自明，憎退故自陈。吾无好憎，故默无言。
>
> 孔子称命，孟子言天，吉凶安危，不在于人。……故归之于命，委之于时，浩然恬忽，无所怨尤。福至不谓己所得，祸到不谓己所为。故时进意不为丰，时退志不为亏。不嫌亏以求盈，不违险以趋平，不鬻智以干禄，不辞爵以吊名，不贪进以自明，不恶退以怨人。同安危而齐死生，均吉凶而一败成。
>
> 身与草木俱朽，声与日月并彰，行与孔子比穷，文与扬雄为双，吾荣之。身通而知困，官大而德细，于彼为荣，于我为累。
>
> 富材羡知，贵行尊志，体列于一世，名传于千载，乃吾所谓异也。④

---

① 《程材篇》。
② 《状留篇》。
③ 同上。
④ 《自纪篇》。

支配与活跃于这些自述中的思想,是儒道思想的混合物。儒家思想,使王充"富材羡知,贵行尊志",正直清高,鄙视官场黑暗,势利小人,决不与世俗同流合污,并且把一切委之天命。道家的思想则使他恬淡无怨,甚至"齐死生,一成败",而在恬淡中又怀着深深的不平和愤恨。王充的时代,寒门庶族力量弱小,对于豪强的专横不法,垄断仕路,是无能为力的。因此他看不到前途、出路和反抗的力量。他选择个人洁身自好的道路是必然的。以后仲长统、王符、荀悦在某种程度上,所走的道路都是王充这一道路的继续。

九　王充哲学的历史地位

王充哲学结束了董仲舒两汉神学经学体系的统治。正如费尔巴哈打倒黑格尔的"天国",恢复唯物主义的权威,而确立了自己在德国近代哲学发展中的地位一样,王充也以打倒"天国",恢复唯物主义的权威,确立了自己在两汉哲学史中的地位。但是王充对董仲舒思想的天人感应的非神论方面,又是继承了的。天人关系是两汉哲学探讨的共同问题。在探讨与解决这个问题时,王充所迈出的步伐是否定了他的神学方面,而否定天人感应中的非神论方面,则是王充没有做到的。

王充著作在他生时,仅在东吴一带流传,没有产生巨大的影响,但以王充为代表的无神论思潮却一直在发展,在汉末形成了强大的力量。应劭说:"自高祖受命,郊祀祈望,世有所增。武帝尤敬鬼神,于时盛矣。至平帝时,天地六宗以下及诸小神凡千七百所,今营寓夷泯,宰器阙亡。盖物盛则衰,自然之道。"[1] 王充的自然思想,则为魏晋玄学的产生和发展提供了思想资料。《后汉书·王充传》注引袁山松书说:"充所作《论衡》,中土未有传者。蔡邕入吴始得之,恒秘玩以为谈助。其后王朗为会稽太守,又得其书,及还许下时人称其才进。或曰:'不见异人,当得异书'。问之,果以《论衡》之益。"又说:"王充所著《论衡》,北方未有得之者。蔡伯喈常到江东得之,叹其文高,度越诸子。及还中国,诸儒觉其谈论更远,嫌得异书。或搜

---

[1] 《风俗通·祀典》。

求至隐处,果得《论衡》。"① 经过蔡邕、王朗的媒介,王充的无神论思想,自然思想,在中原发生影响,对魏晋玄学的产生起了催发的作用。

王充及《论衡》的出现,是王充个人天才的表现,但一个人的天才只能在时代精神、民族智慧的培育下才能成熟并开花结果。

王充的时代,经学已经走下坡路了。神学经学的荒谬、烦碎、无聊、矛盾百出,使它名誉扫地。王充后期,章帝企图重振经学的权威与统治,但白虎观会议的争论,更加暴露了经学的无可救药的矛盾与荒谬。王充年轻时,从著名经学家班彪学习,但却"才高而不苟作","论说始若诡于众,极听其终,众乃是之"。独立探索的精神极为强烈,像初升的太阳一样,经学的黑幕再也窒息不了理性的成长与发展了。王充是吸育着时代的理性精神而成长起来的。

和王充同时代的许多人如班固、谢夷吾,才华横溢,但是由于摆不脱经学和官场名利的牵累,思想上平庸俗落,王充则能跳出名利和经学的双重藩篱。"淫读古文,甘闻异言",对各家的优点、长处和弱点,采取分析批判、兼收并蓄的态度,一概不为所限。既不为儒家经典所限,也不为孔子所限;既不为今文经学所限,又不为古文经学所限。政治上基本坚持儒家的思想,但对黄老自然思想则备极推崇,摄取吸收,使之成为自己思想的组成部分。对于神仙方术采取批判态度,而对其自然科学的实验与探索则加以吸收和肯定。他能超出他的时代而成为一代思想的天才和巨匠,这种融会百家的治学态度,起了极大的作用。

王充的时代,无神论和黄老自然思想逐渐形成时代潮流。有影响的班氏家族中,班嗣"虽修儒学,然贵老子之术"②。班固则在《两都赋》中以黄老的"至治之世"作为政治的最高目标。王充之前不久,桓谭写下了著名的无神论著作《新论》。宋均和第五伦则杀神巫,提出"令鬼神有知,不妄饮食民间;使其无知,又何能祸人!"司录校尉赵兴亦"不邮讳忌,每入官舍,辄更缮修馆宇,移穿改筑,故犯妖禁,而家人爵禄,益用丰炽,官至颍川太守。"王充著作的无神论及自然思想,正是时代的无神论和自然思想的发展与集中表现。

---

① 《书钞》九十八,《御览》六〇二引。
② 《汉书叙传》。

第十八章

《太平经》的思想特点及其与道教的关系

《白虎通》以后，经学思想开始没落，出现了道教和谶纬向宗教的发展，《太平经》开始在政治思想领域产生重大影响。

一 关于《太平经》成书的情况

关于《太平经》的产生，有两种说法。一种认为"先有本文若干卷，后来崇道的人继续扩增，逐渐成为一百七十卷"①；一种认为并无本文若干卷，"是当时秘密流传的原始道教中很多人的著作，经过逐步积累最后汇集而成"。② 两种说法的共同点是：（一）《太平经》是最早的道教经典；（二）有一个广泛存在的民间道教或原始道教；（三）有逐渐增多的或众多的崇道者或道教徒造作道书，《太平经》就是在此基础上编成或扩增而成的。这两种说法中，我以为前一种说法更有道理。因为一种宗教的产生，必有某种"教义"为之先行，不然，众多的人自发创作，要形成一部有共同宗旨和中心的巨著，不大可能。

不过，我觉得两种说法所依据的理由，都不一定牢靠。如"卷帙浩大，非一人所能作"，就很难说。《史记》一百多卷，篇幅不可

---

① 王明：《太平经合校前言》，中华书局1960年版。
② 卿希泰：《中国道教思想史纲·道教的起源和民间道教的兴起》，四川人民出版社1980年版。

谓不大；《论衡》现存的也有八十多卷。何以《太平经》一百七十卷，就一定是许多人经过很长时间无计划地自发写成的？至于早已存在一个民间道教并有许多道教徒创作道书，就更是以《太平经》是道教经典而作的推论了。①

关于《太平经》的形成，史料缺佚，详情已无可考，可作为依据的原始材料，只有《后汉书》和《太平经》，先看《太平经》自己的说法。《太平经》卷四十一《佚古文名书诀》②说：

> 今天地开辟以来久远，河雒出文出图，或有神文书出，或有神鸟狩持来，吐文积众多，本非一也。圣贤所作，亦复积多，毕竟各自有事。天师何疑、何睹、何见，而一时示教下古众贤明，共拘校古今之文人辞哉？……然，有所睹见，不敢空忘愁下古贤德也。今吾迺见遗于天下，为大道德之君解其承负，天地开辟以来，流灾委毒之谪。古今天文圣书贤人辞以备足，但愁其集居，各长于一事耳。今案用一家法也，不能悉除天地之灾变，故使流灾不绝，更相承负后生者……实过在先生贤圣，各长于一，而俱有不达，俱有所失。天知其不俱足，故时出河雒文图及他神书，亦复不同辞也。……是故天使吾深告敕真人，付文道德之君，以示诸贤明，都并拘校，合天下之文人口诀辞，以上下相足，去其复重，置其要言要文诀事，记之以为经书，如是迺后天地真文正字善辞，悉得出也。……其为道迺拘校天地开辟以来，天文、地文、人文皆撰简得其善者，以为洞极之经，帝王案用之，使众贤共迺力行之，四海四境之内，灾害都扫地除去，其治洞清明，状与天地神灵相似，故名为大洞极天之政事也。

同书卷九十一《拘校三古文法》也有大致相同的说法：

---

① 认为顺帝以前，已有许多道教徒存在并在创作道书，这种说法，没有史料根据。东汉出现的原始道教组织，如太平道，五斗米道，他们信奉的经典是《老子》、《老子想尔注》，与《太平经》是两个不同的思想系统。

② 据王明《太平经合校》，以下只注卷数、篇名。

> 天师之书，乃拘校天地开辟以来，前后贤圣之文，河雒图书神文之属，下及凡民之辞语，下及奴婢，远及夷狄，皆受其奇辞殊策，合以为一语，以明天道。

据这些自述，可以看出：(1)《太平经》的目的是"为大道德之君解其承负，天地开辟以来，流灾委毒之谪"，使"灾害都扫地除去，其治洞清明，状与天地神灵相似"。(2)所以要编写本书，是因为《河》、《洛》文图及其他神书，以及圣贤经传，内容虽极充分，但"各长于一，而俱有不达"；且"各作一事，亦复不同辞，是故各有不及，各有短长"，"不能悉除天地之灾变"，有加以统一的必要。《史记·日者列传》诸少孙说，武帝时，占问某天是否可以娶妇，五行家、堪舆家、建除家、从辰家、历家、天人家、太一家争辩不决，最后只好由皇帝来裁决。这很典型地反映了两汉神学迷信众多，"吉凶相反"，"各作一事，亦复不同辞"的情况。针对这种情况，《太平经》企图建立统一的神学。(3)为了建立这个神学体系，编辑者多方搜罗，以致"下至奴婢，远及夷狄，皆受其奇辞殊策，合以为一语，以明天道"[①]。因此《太平经》不是作为一种前所未有的道教"教义"出现的，也不是众多的道教徒在不同时间不同地方自发创作的，而是综合已有的汉代神学迷信加以改编而成的。

据《太平经》说，书的内容由三部分组成："一曰神道书，二曰覈事文，三曰去浮华记"。"神道书"就是作为全书理论思想基础的阴阳五行的神学理论。"核事文"即"兴国广嗣"之术，这是书的社会政治思想和"救世"的实际措施。书中的"分别贫富法"，"一男二女法"，"兴善以恶法"，"事死不得过生法"，"草木方诀"，"生物方诀"等等，当属于这一类。"去浮华记"则可能指对它所不赞成的种种理论和方术的批判。如卷四十八《三合相通诀》说，"今者承负，而文书众多，更文相欺，尚为浮华，贤儒俱迷，共失天心。天既生文，不可复流言也"。卷四十九《急学真法》说，"中古以来，有善道者皆相教闭藏，不肯传与弟子，反以浮华伪文教之；为是积久，故天道今独以大乱矣"。书中的"去浮华诀"及其他类似的文字，当属于这一类。因此它的编辑或

[①] 《太平经》内容庞杂，就是由这种情况决定的。

编写，是有计划和组织的，是由于一个集体（众贤明）完成的。

《后汉书·郎𫖮襄楷传》说：

> 初，顺帝时，琅邪宫崇诣阙，上其师于吉于曲阳泉水上所得神书百七十卷，皆缥白素朱介青首朱目，号《太平清领书》。其言以阴阳五行为家，而多巫觋杂语。有司奏崇妖妄不经，乃收藏之。后张角颇有其书焉。

桓帝时，襄楷上书说：

> 前者宫崇所献神书，专以奉天地顺五行为本，亦有兴国广嗣之术。其文易晓，参同经典，而顺帝不行。①

《太平经》在宫崇献给顺帝时，已有完整的一百七十卷，正式名称是《太平清领书》。它何以要编为一百七十卷？何以取名"太平"？何以"皆缥白素、朱介、青首、朱目"？《太平经》自己也有解释：编为一百七十卷，是因为"夫一者，乃数之始起。……故数起于一，而止十二。干之本。五行之根也。故一以成十，百而备也"②。取"七"是因为"阴阳建破，以七往来，还复其故……故作《太平经》一百七十卷，像天地为数，应阴阳为法，顺四时五行以五行，不敢失铢分也"③。书的装帧颜色，它的解释是"吾道乃丹青之信也，青者生仁而有心；赤者太阳，天之正色也"④。强调了仁爱和忠君的思想。以"太平"名书，则因为书的目的是欲使"帝王立致太平"⑤。由此可见，《太平经》从形式到书名，也都是经过了严格计划的。

《太平经》以后成了道教的经典。但它在创作者心目中是否是作为"道书"编辑的？在它出世后是否被人们认作"道书"？很值得怀疑。当时人们并没有把它看作道书。襄楷只称为"神书"。"神书"

---

① 《后汉书·郎𫖮襄楷传》。
② 《太平经》卷一百三十七至一百五十三。
③ 同上。
④ 《太平经》卷一百一十六《阙题》。
⑤ 《太平经》卷十八至三十四，《和三气兴帝王法》。

的意思有二：（一）书是神授予的，像张良黄石授书或《河图》、《洛书》；（二）内容是"神学"。但"神书"并不就是"道书"。《太平经》作者自己也曾未说是道书，只说是"天书"，"天书"就是神书。《三国志·张鲁传》称张道陵创作"道书"，不说神书，可能是反映了两者之间的差别的。襄楷还说《太平经》"参同经典"，即和儒家的经典一致。由此又可推知，襄楷等又是把它当作儒家的著作的。书中屡以"儒"、"贤儒"为宣传、表扬或要求的对象，更使人相信它原是"儒"的书。如卷四十八《三合相通诀》说："尚为浮华，贤儒俱迷，共失天心，天既生文，不可复流言也。"卷四十四《案书明刑德法》说："或有愚人反好刑，宜常观视此书，以解迷惑，务教人为善儒，守道与德。"又说："伤一正气，天气乱；伤一顺气，地气逆；伤一儒，众儒亡；伤一贤，众贤藏。"卷四十三《大小谏正法》说："贤儒又畏事，因而蔽藏，忠信伏匿，真道不得见。"卷四十九《急学真法》说："天地灾怪，万类不空也，贤儒宜各深思□□。"卷六十五《王者赐下法》说："他书非正道文，使贤儒迷迷，无益政事，非养其性。"卷九十六《守一入室知神戒》说："出此文，令德君以示诸贤儒"，等等。如果它不是为儒而写，以儒书自居，何以要这样对儒寄予厚望呢？因此，《太平经》被认作早期道教的经典，是后来的事，经历了一个过程。①

二 神道理论

《太平经》在当时被襄楷等看成儒家著作，是因为《太平经》的理论基础——阴阳五行是汉代儒家的理论，其社会政治思想也是儒家的思想。

《太平经》神道理论的核心，是以天为最高神的神学系统。卷十八至三十四《调神灵法》说：

> 百神自言为天吏为天使，群精为地吏为地使，百鬼为中和

---

① 关于《太平经》的成书过程及其性质，可靠的原始材料除《后汉书·郎顗襄楷传》及《太平经》本书的说法外，后来的材料都是逐渐附会的。

使，此三者，阴阳中和之使也，助天地为理，共兴利帝王。

《解承负诀》说：

帝王其治不和，水旱无常，盗贼数起，反更急其刑罚，或增之重益纷纷，连结不解，民皆上呼天。县官治乖乱，失节无常，万物失伤，上感动苍天，三光勃乱多变，列星乱行。……天威一发，不可禁也。

卷三十五《分别贫富法》说：

天者最神，故真神出助其化也。

《太平经》分人为奴婢、善人、贤人、圣人、仙人、真人、神人等数等。卷五十六至六十四《阙题》说：

成真不止入神，神不止乃与皇天同形。故上神人舍于北极紫宫中也，与天上帝同象也，名天心神，神而不止，乃踰天（指与地相对的天空）而上，但承委气，有音声教化而无形，上属天上，忧天上事。

这种专管天上事的"委气神人"，又名"委气之公，一名大神"，是"上皇神人之尊者"，但它仍在天君之下，"为上主领群神，各有所部"①。"今者天都举，故乃录委气之人、神人、真人、仙人、道人、圣人、贤人，皆当出辅德君治。"② 委气神人，"常在天君左侧，主为理明堂文之书，使可分别，曲领大职。"③ 所以无论在天地、自然、

---

① 《太平经》卷一百三十七至一百五十三。
② 《太平经》卷四十五《起土出书诀》。
③ 《太平经》卷四十二《九天消先王灾法》说："其无形委气之神人职在理元气，大神人职在理天，真人职在理地，仙人职在理四时，大道人职在理五行，圣人职在理阴阳，贤人职在理文书，皆授语。凡民职在理草木五谷，奴婢职在理财货。"这里，天指与地相对的上天、天空，不是最高的天神。天神在这里名为"皇天"。"委气神人"、"大神人"、"真人"等，都是由"皇天"署职的。

神灵、神仙系统中，天君都是最高的。"天君者则委气，故名天君，尊无上。"①

在《太平经》中，全部神学概念，如"天道"、"天心"、"天意"、"天道意"、"天心意"、"天统"、"天地心"、"天命"、"天使"、"天吏"等等，都是以最高神——天为基础。在《老子想尔注》等道家和道教著作中作为最高概念的道，在《太平经》中也是从属于"天"的，故说："道者，乃天所案行也。"②"天者，乃道之真，道之纲，道之信，道之所因缘而行也。"③

《太平经》的传授者，自命为"天师"。卷三十五《分别贫富法》说："今天师既加恩爱，乃怜帝王在位，用心愁苦，不得天意，为其每具开说，可以致上皇太平之路。""天师"传达"天意"（即《太平经》），"为皇天解承负之仇，为后土解承负之殃，为帝王解承负之厄，为百姓解承负之过，为万二千物解承负之责"④。《太平经》说："师者，正谓皇天神人师也；曰者，辞也，吾乃上辞于天，亲见遣，而下为帝王万民具陈，解亿万世诸承负之谪也。吾者，我也，我者，即天所急使神人也。"⑤天师又自述说："吾始学之时，同问于师，非一人也，久久道成德就，乃得上与天合意，乃后知天所欲言，天使太阳之精神来告吾，使吾语；故吾者乃以天为师。虽喻真人，响天不欲言，吾不敢妄出此说，天必诛吾。"⑥

因此，可以说，《太平经》全书是建筑在"天神"观念的基础上的，如果没有"天"这一最高的神学概念，它就会失去依据和基础，就不可能成为现在的《太平经》。

《太平经》专"以奉天地阴阳五行为本"⑦。然而其阴阳五行理论是直接发挥"易纬"和"京房易学"的⑧。如卷六十九《天谶干

---

① 《太平经》卷一百三十七至一百五十三。
② 《太平经》卷三十五《分别贫富法》。
③ 《太平经》卷九十六《忍辱象天地至诚与神相应大戒》。
④ 《太平经》卷三十七《五事解承负法》。
⑤ 《太平经》卷三十九《解师策书诀》。
⑥ 同上。
⑦ 《后汉书·郎顗襄楷传》。
⑧ 汤用彤早就指出："《太平经》中阴阳五行诸说极多，颇难一时检查其出处。唯颇疑其中学说多合于谶纬"（《往日杂稿》）。这是很切要的论断。

支相配法》说：

> 天门地户界者，以巽初生东南角，乾初生西北角，以东北为阳，以西南为阴。子初九，午初六，以东为阳，西为阴。立春于东北角，立秋于西北角，以东南为阳，西北为阴。此名为天地八界，分别阴阳位。

这里"天地八界"，因袭《乾凿度》的封位说。其他卷四十《分解本末法》，卷四十四《案书明刑德法》等等，也与此类似。如《分解本末法》说：

> 万物始萌于北，元气起于子，转而东北，布根于角，转在东方，生出达，转在东南，而悉生枝叶，转在南方而茂盛，转在西南而向盛，转在西方而成熟，转在西北而终。物终当更反始，故为亥。……亥者，核也，乃始凝核也，故水始凝于十月也。壬者，任也，已任必滋日益巨。故子者，滋也，三而得阴阳中和气，都具成而更反初起，故反本名为甲子。

这里元气按八卦的时令方位，于一年之间循环一周，也是承袭《乾凿度》的。故卷七十二《斋戒思神救死诀》说："八卦乾坤，天地之体也"，对《乾凿度》的八卦为体思想，做了极好的概括。

在《太平经》中，阴阳刑德学说占有重要地位。《太平经》认为，王者的政治及人民的生产与生活，都应根据一年的阴阳刑德分布，作相应的安排与改变。万物乐德畏刑，好生厌杀，因此王者的政治也应该尚德。"天将兴之者，取象于德；将衰败者，取法于刑。"①"德常与实者同处，刑与空无物同处。"② 这是继承董仲舒的。

《太平经》的五行思想也来自谶纬或董仲舒。如卷六十九《天谶支干相配法》说：

---

① 《太平经》卷四十四《案书明刑德法》。
② 同上。

> 天常谶格法，以南方固为君也。故曰在南方为君也，火在南方为君……四时，盛夏在南方为君，五祀，灶在南方为君，五藏，心在南方为君。君者，法当衣亦，火之行也。是故君有变怪，常与阳相应，非得与他行相应也。阳者日最明，为众光之长，故天谶常以日占君盛衰也。

《太平经》中，五行及其相应的方位、服色及与五脏、君臣等对应关系，全系发挥《月令》、《易纬》、《白虎通》的思想。归纳起来有：

> 木为：君、东方、肝、青色、仁、龙、文、少阳；
> 火为：君、南方、心、赤色、养、章、太阳；
> 金为：臣、西方、义、少阴；
> 水为：民、北方、养木、太阴；
> 土为：民或中央。

《太平经》于五行主要讲木、火、金、水。前二者是君，后两者一为臣，一为民，由此引申出君臣关系和君民关系的政治结论。《太平经》不大讲土，仅卷七十二《五神所持诀》说："土也，五行之主也。"但卷十八至三十四《安乐王者法》说："土者不即化，久久即化，故称后土。三者（金水土）佐职，臣象也。"

《太平经》的宗旨是为帝王解除承负之灾，求得"天下太平"。所以它以汉为火德，竭力证明"火"是君的正位，也是天的正位，正处在兴盛时期。它说：

> 火能化四行自与五，故得称君象也。木（原文为本，王明校改）性和而专，得火而散成灰。金性坚刚，得火而柔。土性大柔，得火而坚成瓦。水性寒。得火而温。火自与五行同，又能变化无常，其性动而上行。[1]

---

[1] 《太平经》卷十八至三十四《安乐王者法》。

《太平经》认为，汉皇朝虽然面临灾害，但老天爷保佑它，降天师传授《太平经》解除灾害，使皇帝兴国广嗣，因此汉朝的统治可以永远巩固。

三 神学体系的内在矛盾

《太平经》的神学体系也存在矛盾，这是汉代神学体系所固有的矛盾，也是《太平经》神学理论的一个突出的特征。矛盾表现在两方面：（一）天是最高的人格神，但同时就是构成宇宙万物的"自然"之天本身。按照基督教神学的说法，神灵之天——上帝是在宇宙万物之前、之上的，是创造者。因此两者是不同的实体，这就在形式上避免了神和自然的矛盾。但按照汉代神学和《太平经》的说法，两者不是割裂的，而是同一的。这就不可避免地出现下列矛盾，即："一方面，神（天）应该在自然、宇宙、气之上、之外、之前存在；另一方面由于两者是同一的，它又要在自然、宇宙、气之中、之后。因此在《太平经》中，有时，气是由天产生的。如说：

> 故天之为象法也，乃尊无上，反卑无下，大无外，反小无内。包养万二千物，善恶大小，皆利祐之，授以元气而生之。……故能为天，最称神也。①

有时又说，气是最初的元始的东西。

> 天地未分，初起之时，乃无有上下日月三光，上下洞冥，洞冥无有分理。②

（二）作为规律，必然性的阴阳五行的机械运行和神的自由意志的矛盾。《太平经》中有这样的说法："土得王则金大相，金大相则使兵革数动，乾兑之气作，西北夷狄猾盗贼数起……是者自然法也。天地

---

① 《太平经》卷九十八《为道败成戒》。
② 《太平经》卷一百九十《三者为一家阳火数五诀》。

神灵，不能禁止也。"① 神所不能禁止的东西，当然是与神矛盾的东西。不仅如此，《太平经》甚至承认人可以利用"五行休王"的机械运行规律而做到"兴衰由人"，如说"是故天下人所兴用者，王自生气，不必当须四时五行气也。故天法，凡人兴衰，乃万物兴衰，贵贱一由人"②。与此相应，《太平经》一方面认为阴阳的相爱或分争，是完全受神意支配的。"天地不乐，阴阳分争。"③ 一方面又认为阴阳是按照自身的辩证法规律运动而完全与神无关的。"夫阳极者能生阴，阴极者能生阳，此两者相传，比若寒尽反热，热尽反寒，自然之术也。"④ "相背分争，阴阳相尅贼害，不可禁止也。"⑤

这种矛盾是有历史根源的。天神系统是殷周以来的传统的儒学宗教迷信，但阴阳五行理论在它产生的时候，虽然是神秘主义的，但却不是神学的。它吸收和融化了自然科学的成分。这两个体系，到了后来，开始混而为一。以董仲舒为代表的今文经学，更企图在阴阳五行学说的基础上，建立统一的足以囊括和解释宇宙万物的神学理论，因而把两者合一起来了，但同时也把两者间的差别、矛盾带到神学体系的内部。神的自由意志和阴阳五行的机械运行是无法合一的；神和自然的矛盾是无法消融的。在董仲舒体系中这个矛盾十分显著。在《太平经》中，气虽然神化了，但阴阳五行作为一个巨大系统的自身的特性，并不可能完全被消融、被神学化。这就是《太平经》的上述矛盾产生的原因。这种矛盾的解决可以导致无神论，即由"兴衰由人"，"不可禁止"，而直接推翻神学。但在神学体系的束缚、钳制下，《太平经》并没有做出这种结论。它的矛盾仍然是神学体系内部的矛盾。

四 社会政治思想

《太平经》的社会政治思想是以神学形式出现的儒家思想。它宣

---

① 《太平经》卷六十五《断金兵法》。
② 《太平经》卷六十五《兴衰由人诀》。
③ 《太平经》卷一百十五至一百十六《阙题》。
④ 《太平经》卷三十六《守三实法》。
⑤ 《太平经》卷一百十五至一百十六《阙题》。

传帝王尊严无上，神圣不可侵犯；宣传农民造反是大逆不道；宣传"三纲"，要求绝对地维护君、父和师（天师、神职人员）的权威；宣传封建的伦理道德，以忠、孝为首要义务；宣传仁爱、仁政、"兴帝王"、"致太平"，为巩固封建统治服务。

《太平经》宣称，人世间的奴婢、民、将相、帝王的等级制度是由气直接决定的。天地间有帝气、王气、相气、侯气、微气。故人世间有帝王、将相、臣民、奴婢。帝王气"最尊无上"[①]，"夫王气与帝气相通，相气与宰辅相应，微气与小吏相应，休气与后宫相同，废气与民相应，刑死囚气与狱罪人相应"。[②]《太平经》认为这个尊卑等级制度是不能违背的，违反了就是大逆不道，要受承负之灾。

《太平经》鼓吹阳尊阴卑是天道。它说：

> 天法，阳数一，阴数二。故阳者奇，阴者偶。是故君少而臣多。阳者尊，阴者卑，故二阴当共事一阳，故天数一而地数二也，故当二女共事一男也。[③]

> 生人，阳也。死人，阴也。事阴不得过阳。阳，君也。阴，臣也。事臣不得过君。事阴反过阳，则致逆气……事阴过阳，……此过之大者也。[④]

《太平经》鼓吹三纲，说：

> 子不孝，弟子不顺，臣不忠，罪皆不与于赦。令天甚疾之，地甚恶之，以为大事，以为大咎也，鬼神甚非之，故为最恶下行也。[⑤]

> 天地至慈，唯不孝大逆，天地不赦。[⑥]

夫为人臣子及弟子为人子，而不从君父师教令，皆应大逆

---

① 《太平经》卷一百十五至一百十六《某诀》。
② 《太平经》卷十八至三十四《行道有优劣法》。
③ 《太平经》卷三十五《分别贫富法》。
④ 《太平经》卷三十六《事死不得过生法》。
⑤ 《太平经》卷九十六《六极六竟孝顺忠诀》。
⑥ 《太平经》卷四十五《起土出书诀》。

罪，不可复名也。①

《太平经》鼓吹"均平"。但它关于均平的思想比之乐纬《叶图徵》是大的倒退。《叶图徵》的"太平"思想，核心是反对土地兼并和商业盘剥。《太平经》则避开了这一实质问题。它说："平者乃言其治太平均，凡事悉理，无复奸私也；平者，比若地居下，主执平也。……比若人种善得善，种恶得恶。人与之善用力，多其物。"②所谓"凡事悉理，无复奸私"，不过是要求统治者清平廉正，依法办事。所谓"种善得善，种恶得恶"，善恶的标准不外三纲六纪等封建法纪。这对于农民恰恰是一种欺骗和威胁。

《太平经》产生和流传在东汉末年，这时农民起义如火如荼，连绵不断，即将成为燎原之势，在这种情况下，《太平经》号召"阴阳者要在中和"；提倡友爱、仁慈；君、臣民"合成一家"，"并力共忧"③，"并力同心，共成一国"。④ 完全是为销蚀农民的反抗斗争，巩固腐朽的封建统治服务的。

有些论著说《太平经》反映了农民的要求和愿望。这需要具体分析。例如"天道助弱"思想。表面看，这是为被压迫的弱小者农民说话的。其实，它所谓的"弱"正是指帝王和少数剥削者、统治者。它说：

> 夫弱者，道之用也；寡者，道之要也。故北极一星，而众星属，以寡而御众也……是故国王极寡，而天下助而治，助寡之效也。父母极强，反助婴儿，是强助弱之效也。上善之人寡而弱，不善之人强而众；众则寡矣，强则弱矣。故君子求弱不求强，求寡不求众。故天道祐之。⑤

受压迫剥削的农民大众被认为是强而不善的；帝王等一小撮剥削者压

---

① 《太平经》卷四十七《上善臣子弟子为君父师得仙方诀》。
② 《太平经》卷四十八《三合相通诀》。
③ 《太平经》卷十八至三十四《和三气兴帝王法》。
④ 《太平经》卷四十八《三合相通诀》。
⑤ 《太平经》卷一百三十七至一百五十三。

迫者被认为是弱而寡的。"天道助寡，助弱"，天老爷要永远保佑他们。显然，只有站在封建统治者的立场上，面对汉末强大起来的农民造反力量感到恐惧，才会提出这种思想。

又如它反对"多智反欺不足者，或力强反欺弱者，或后生反欺老者"。表面看，和墨子"兼爱"思想类似。实际上，所谓"力强者"也系指敢于反抗斗争的农民。例如，"此不成善人，自成盗贼，死尚成恶鬼，用力强梁，其死皆不得用。"① 又说："勇于则行害人，求非其有，夺非其物，又数害伤人，与天为怨，与地为咎，与君子为仇，帝王得愁焉。"② 还明确指出："夫以严畏智诈师罚胜人者，是正乃寇盗贼也；夫寇盗贼亦专以此胜服人，君子以何自分别，自明殊异乎！"③ 卷三十五《分别贫富法》也说："夫以怒喜猛威服人者，盗贼也。"这说明《太平经》的手法是在类似"兼爱"思想的词句下，反对农民的斗争和反抗。

又如"周急济穷"思想。表面上这表现了对农民的特殊的仁爱。但是实际上，这是作为"六罪"中的一罪提出的。与它并列的"五罪"，不仅全部是为了维护封建阶级的利益，而且五罪中的一项，恰恰是反对"周急济穷"的。它说：

> 天地乃生凡财物可以养人者，各当随力聚之，取足而不穷。反休力而不作之自轻，或所求索不和，皆为强取人物，与中和为仇，其罪当死明矣。④

又说：

> 天生人，幸使其人人自有筋力，可以自衣食者，而不肯力为之，反致饥寒，负其先人之体。而轻休其力，不为力可得衣食，反常自言愁苦饥寒。但常仰多财家，须而后生，罪不除也。或身

---

① 《太平经》卷六十七《六罪十治诀》。
② 同上。
③ 《太平经》卷四十七《服人以道不威诀》。
④ 《太平经》卷六十七《六罪十治诀》。

即坐，或流后生。①

就是说，谁要向财主提出"周急济穷"的要求，就是"强取人物"，"仰多财家"，就是"与中和为仇"，"罪不除也"。所以《太平经》的"仁爱"的说教，不仅是空洞的、贫乏的，也是十分虚伪的。

一般地说，每一个皇朝末年，社会阶级矛盾激烈，统治阶级面临深刻的危机的时候，就会提出种种周急济穷、减免租税、节力爱人，甚至限田、均田的建议，以图缓和矛盾，巩固统治。皇帝的《诏书》中，也会不断出现"务崇恩施，以康我民"，"庶望群吏，惠我劳民"，"蠲除贪秽，以祈休祥"之类的词句。但这些都是站在封建统治的立场上发出的，不能认为是农民愿望要求的反映。《太平经》中的某些"均财"、"均化"、"济穷"的空洞的呼吁，正是这种性质的言论。②

五　谶纬向宗教的转化

《太平经》的基本理论来自谶纬，但它和谶纬又有重大的区别。这就是它在谶纬神学的基础上，引进了神仙方术及社会因素，使谶纬由神学向着正式宗教的方向转化。

如前所述，谶纬的特点是完全立足于政治之上的。《太平经》也具有这种特点。但《太平经》同时引进了大量社会因素，开始立足于社会之上，强调天国和尘世的排斥，精神和肉体的对立，把追求尘世痛苦的解脱和精神心灵的慰藉，提到了重要地位。这就向着宗教方向迈出了决定性的一步。卷七十一《致善除邪令人受道戒文》说：

　　天上度世之士，皆不贪尊贵也。但乐活而已者，亦无有奇道也。

　　子好道如此，成事，得上天之阶矣。

---

① 《太平经》卷六十七《六罪十治诀》。
② 参看拙作《读〈太平经〉》，《齐鲁学刊》1982年第3期。

《太平经》认为凡人所学，目标在求官："大贤学可得大官，中贤学者可得中官，愚人学者可得小吏。"① 这些都不如学道。因为学道可以得"大度"。"中贤学之，亦可得大寿，下愚为之，可得小寿"②，"故人无道之时，但人耳，得道则变易成神仙；而神上天，随天变化，即是其无不为也。"③

《太平经》宣扬种种神灵显示，类如基督教《圣经》所描绘者。如卷七十一《致善除邪令人受道戒文》说：

> 真人曰，吾身尝中于大邪，使吾欲走言，吾欲当为人主，后当飞仙上天。吾受其言，信之大喜。后反三月病癫疾，见神人天师言，心中大悦喜，吾亲尝中如此矣，几为剧病，后癫疾自止得愈。遂得数千岁。

《太平经》说："今承负之后，天地大多灾害，鬼物老精凶殃尸咎非一，尚复有风湿疽疥，今下古得流灾众多，不可胜名也。或一人有百病，或有数十病。"④ "故天遣诸真人来具问至道要……可除天地之间人所病苦邪恶之属。"⑤《太平经》吹嘘说："七工师（指卜卦者、大医、刺经脉者、针灸者、长于劾者、祀者、使神自导视鬼者），各除一病。""这去七病，其余病自若在，不尽除去。"⑥ 只有相信《太平经》才能除去全部灾害。

《太平经》向人们许诺种种摆脱尘世痛苦，成为神人，到上天享受无上幸福的方法。这些方法共约五种："一事名为元气无为。二为凝靖虚无。三为数度分别可见。四为神游出去而还反。五为大道神与四时五行相类。""第一元气无为者，念其身也，无一为也，但思其身洞白，若委气而无形，常以是为法，已成则无不为无不知也。"⑦

---

① 《太平经》卷七十一《致善除邪令人受道戒文》。
② 同上。
③ 《太平经》卷七十一《真道九首得失文诀》。
④ 《太平经》卷七十二《斋戒思神救死诀》。
⑤ 同上。
⑥ 同上。
⑦ 《太平经》卷七十一《真道九首得失之诀》。

这种方法可使人成为"委气神人",是天神下的最高等级。"二为虚无自然者,守形洞虚自然,无有奇也;身中照白,上下若玉,无有瑕也,为之积久久,亦度世之术也,此次元气无为象也"。"三为数度者,积精还自视也,数头发下至足,五指分别,形容身外内,莫不毕数,知其意,当常以是为念,不失铢分,此亦小度世之术也。"① 这种方法与气功类似,可能是对气功的神化。"四为神游出去者,思念五藏之神,昼出入,见其行游,可与语言也;念随神往来,亦洞见身耳,此者知其吉凶,次数度也"。"五为大道神者,人神出,乃与五行四时相类,青赤白黄黑,俱同藏神,出入往来,四时五行神吏为人使,名为具道,可降诸邪也。"② 这些方法实际是约许人们灵魂上天的廉价门票。

《太平经》还发展了仪式、道诫、教喻等一系列宗教信仰所必需的外在形式,如"修一却邪法","以乐却灾法","调神灵法","解承负诀","守一入室知神戒","敬事神十五年太平诀","斋戒思神救死诀","六罪十治诀"等等,要点是斋戒、祭祀、静思、为善、求神福祐。

宗教以灵魂不死观念为基础,如基督教有原罪观念,佛教讲神不灭、轮回、因果报应。《太平经》则讲"承负",以它作为引导"信教"的依据。在纬书中有"承负"一词,不过仅作文字的解释,《太平经》所谓"承负"则完全不同,是说先人的罪行或功德可以流及后辈。生前的罪恶,可以"流传魂神","其魂神独见责于地下,与恶气合处"。③ 甚至"天地既怒,及其比伍,更相承负"④。承负的时限:"帝王三万岁相流,臣承负三千岁,民三百岁。"⑤《太平经》也有转世相生的观念,它说:"先人之身,常乐善无忧,反复传生。"⑥ 如果子孙不肖、犯罪,就会"愁其魂魄"。⑦《太平经》声称,它可

---

① 《太平经》卷七十一《真道九首得失之诀》。
② 《太平经》卷七十一《真道九首得失之诀》。
③ 《太平经》卷四十《努力为善法》。
④ 《太平经》卷四十五《起土出书诀》。
⑤ 《太平经》卷十八至三十四《解承负诀》。
⑥ 《太平经》卷四十《努力为善法》。
⑦ 同上。

以断绝承负，使前此的一切旧账，一笔勾销，它说："吾承天道法，开大吉之门，闭其凶恶之路，开天太平之阶"①，人们只要为善去恶，祭祀，诚心相信《太平经》，都是可以成神，或享受太平的。它号召说："幸欲报天地之功而得寿者，努力信道勿懈。"② 在《太平经》中反复宣传的"守一明法"，所谓"守一"，就是专心诚意，一心信奉《太平经》，按《太平经》的教导办事。

《太平经》也有种种方士所宣传的神仙方术，但不占主要地位，因为《太平经》认为，人的年命是由天曹、神吏掌管的，是命定的。它说："故言司命，近在胸心，不离人远，司人是非，有过辄退，何有失时，辄减人年命。"③ 人要延年益寿，关键是努力行善。"殊能思行天上之事，得天神要言用其诫，动作使可思，可易命籍，转在长寿之曹。"相反，"积过累之甚多，乃下主者之曹，吸取其人魂，考问所为"④。《河图·纪命符》说："天地有司过神，随人所犯轻重，以夺其算。纪恶事大者，夺纪，过小者夺算，随所犯轻重，所夺有多少也。人受命，得寿，自有本数。"《太平经》正是继承和发挥纬书这一思想的。

在《太平经》中，成仙也是命定的。神人，真人，仙人，道人，圣人，贤人，"六人生各自有命"⑤。要成仙，首先要有仙录。"白日升天之人，求生有籍，著文北极天君内簿。"⑥ 道术家宣传修炼可以成仙，《太平经》说："重生者独得道人，死而复生，尸解者耳。是者，天地所私，万万未有一人也。"⑦ 基本上否定修炼成仙的思想。

道术家求长生，"或饮小便，或自倒悬"，甚至"食粪"。⑧ 如"自号王百齐"者，"载盐往来太原、上党，所过辄为粪除而去，陌

---

① 《太平经》卷四十九《急学真法》。
② 同上。
③ 《太平经》卷一百十四《见诫不触恶诀》。
④ 同上。
⑤ 《太平经》卷七十一《致善除邪令人受道戒文》。
⑥ 《太平经》卷一百十一《大圣上章诀》。
⑦ 《太平经》卷七十二《不用大言无效诀》，这与前面讲的成神方法有些矛盾，显出《太平经》的思想的驳杂性质。
⑧ 《后汉书·方术传》。

上号为道士"。① 可能与道术家的这种修炼方法有关。《太平经》则痛斥这种行为。

道术家讲爱精啬气。《太平经》则予以神学化。它说:"欲思还精,皆当斋戒香室中,百病自除;不斋戒,则精神不肯返人也。皆上天共诉人,所以人病积多,死者不绝。"② "精神"是斋戒祭祀的对象,不是黄、老所说的精气。故说:"精神不可不常守之,守之即长寿,失之即命穷。人之得道者,志念耳;失道者,亦志念耳。"③ "此道之根柄也。阴阳之枢机,神灵之至意也。"④ "故圣人教其守一,言当守一身也。念而不休,精神自来,莫不相应,百病自除,此即长生久视之符也。"⑤ 基本要点是斋戒思善,使神不离身,以得到神的福祐。

《太平经》的仙人是政治化的,仙人应该辅助大道德之君治理国家。它说:"神、真、仙、道、圣、贤、凡民、奴、婢,此九人有真信忠诚,有善真道乐,来为德君辅者,悉问其能而仕之,慎无署非其职也,亦无逆去之也。"⑥《太平经》认为,为了成仙,应立大功于天地和帝王。"人无大功于天地,不能治理天地之大病,通阴阳之气,无益于三光四时五行天地神灵,故天不予其不死之方仙衣也。"⑦ "今天上积奇方仙衣,乃无亿数也,但人无大功,不可而得之耳。"⑧ 因此,《太平经》中的仙人是世俗的、功利的,也就是说是用儒家的入世思想改造了的。

由于上面的特点,《太平经》的成仙思想虽然某些部分被张道陵的天师道所吸收,但同时也受到了早期道教的抵制和批判。

六 《太平经》与方士化的儒生

《太平经》作为"儒书",它的作者很可能是类似襄楷这种深信

---

① 《后汉书·第五轮传》。
② 《太平经》卷十八至三十四《阙题》。
③ 《太平经》卷一百五十四至一百七十《是神去留效道法》。
④ 《太平经》《和合阴阳法》。
⑤ 《太平经》卷一百三十七至一百五十三。
⑥ 《太平经》卷九十六《守一入室知神戒》。
⑦ 《太平经》卷四十七《上善臣子弟子为君父师得仙方诀》。
⑧ 同上。

谶纬的方士化了的儒生。

东汉谶纬泛滥，大量儒生信奉谶纬形成了一种思潮。如杨厚，祖父善图谶学，父杨统，精"河洛书及天文推步之术"，作内谶二卷解说。杨厚"少学统业，精力思述"，顺帝时，"陈汉三百五十年之厄"，又"修黄老，教授名生，上名录者三千余人"①。顺帝时太尉李固，明于风角、星筭、河图、谶纬，迷信"灾变"、"天意"。②申屠蟠"博贯五经，兼明图纬"。姜肱，"博通五经，兼明星纬。士之来就学者三千余人"③。郎𫖯，父亲"善风角、星筭、六日七分，能望气占候吉凶"，"𫖯少传父业，兼明经典"。襄楷本人也"善天文阴阳之术"，别人还说他"假借星宿，伪托神灵"④。桓帝本人则好神仙事，常派使者祠老子，并在宫中立黄老祠，奉老子为教主。所以神仙方术连同谶纬都得到了统治集团的倡导和扶植，在东汉中后期占有支配性的影响。《太平经》很可能就是这股思潮的产物。⑤

在这股思潮中，谶纬系统居于主导地位。据《后汉书·方术传》所载，当时流行的方术包括阴阳推步，神经怪牒，玉策金绳，河洛之文，龟龙之图，箕子之术（阴阳五行之术），师旷之书（占灾异之书），纬候之部，钤决之符（指兵法《玉钤篇》、《玄女六韬要诀》等）以及风角、遁甲、七政、元气、六日七分、逢占、日者、挺专、须臾，孤虚之术，望云肖气，推处祥妖和神仙方术等等，而其核心是阴阳灾异和天官星历。所以《方术传》称张衡为"阴阳之宗"，称郎𫖯"咎徵最密"。在其余的"斑斑名家"之中，亦多系精通阴阳、谶纬者，如郭宪，少师事东海王仲子，善弄"厌火"之术。高获，师事司徒欧阳歙，"善天文，晓遁甲，能役使鬼神"。谢夷吾，任荆州刺史，第五伦荐其"少膺儒雅，韬合六籍，推考星度，综校图录，探赜圣秘，观变历徵，占天知地，与神合契"。郭凤，博士，"好图谶，善说灾异，吉凶应占，先自知死期"。杨由，少习《易》，明"七政，元气，风云占候，为郡文学掾"。李南，"少笃学，明于风

---

① 《后汉书·苏竟杨厚列传》。
② 《后汉书·李杜列传》。
③ 《后汉书·周黄姜中屠列传》。
④ 《后汉书·郎𫖯襄楷传》。
⑤ 参阅朱伯崑《张角与〈太平经〉》，载《中国哲学》第九辑。

角"。李郃,父颉,以儒学称,官至博士。郃袭父业,"通五经",善河洛风角。段翳,"习《易经》,明风角"。廖扶,"习《韩诗》,《欧阳尚书》,教授常数百人","专精经典,尤明天文,谶纬,风角、推步之术"。折像,"通京氏易,好黄老言","自知亡日"。樊英,"习京氏易,兼明五经,又善风角、星算、河洛七纬,推步灾异",受业者四方至。安帝初,徵为博士,著《易》章句,世名樊氏学,以图纬教授,朝廷待若神明。唐檀,"习《京氏易》、《韩诗》、《颜氏春秋》,尤好灾异星占"。公沙穆,"习《韩诗》、《公羊春秋》、尤锐思河、洛推步之术",明晓占候。许曼,善占卜之术,时人方之前世京房。单飏,"善明天宫,算术,举孝廉,稍迁太史令,侍中"。韩说,"博通五经,尤善图谶之学",与议郎蔡邕友善。这些人基本上是儒生、官吏,而谶纬、《易》、河洛推步是他们所熟研的,《太平经》由这类人写成,故《太平经》推崇《河洛》、《易》,属意于儒,并不是偶然的①。

就其本源来说,《太平经》和《包元太平经》可能有直接继承关系②。《汉书·李寻传》说:

> 成帝时,齐人甘忠可诈造《天官历》、《包元太平经》十二卷,以言"汉家逢天地之大终,当更受命于天,天帝使真人赤精子,下教我此道"。忠可以教重平夏贺良,容丘丁广世,东郡郭昌等。中垒校尉刘向奏忠可假鬼神罔上惑众,下狱治服,未断病死。贺良等坐挟学忠可书以不敬论,后贺良等复私以相教。哀帝初立,司隶校尉解光亦以明经通灾异得幸,白贺良等所挟忠可书。事下奉东都尉刘歆,歆以为不合五经,不可施行。而李寻亦好之。……时郭昌为长安令,劝寻宜助贺良等。寻遂白贺良等皆待诏黄门,数召见,陈说"汉历中衰,当更受命。成帝不应天命,故绝嗣。今陛下久疾,变异屡数,天所以谴告人也。宜急改

---

① 《太平经》反复推崇《河图》《洛书》及《易》,宣称"今天师言,乃都合古今河洛神书善文之属"(卷八十八《作来善宅法》)。"易者理阴阳气,八风为节,与六甲同位,阴阳同体,与天地连身,故为神道也"(卷一百十五至一百十六《阙题》),等等。

② 参阅喻青松《论道教的起源和形成》,载《历史研究》1963年第5期。

元易号,乃得延年益寿,皇子生,灾异息矣"。……哀帝久寝疾,几其有益,遂从贺良等议。

从这段材料看,《包元太平经》的性质当与京房易学及易纬是同类的。所谓"汉家逢天地之大终","当更受命"等等,是当时谶纬流行的思潮。故《汉书·律历志》说:"《易》九厄曰:初入元,百六、阳九"。孟康注曰:

> 《易传》也,所谓阳九之厄,百六之会者也。此"易传"即易纬。元延元年,谷永对成帝说:"夫去恶夺弱,迁命贤圣,天地之常经,百王之所同也。……时世有中季,天道有盛衰。陛下承八世之功业,当阳数之标季(孟康曰:至平帝乃三七二百一十岁之厄,今已涉向其节纪),遭无妄之卦运,直百六之灾厄。三难异科,杂焉会同"①。

谷永这段话也是根据"天官历"和京房易学的。《汉书》说他"于天官、京氏易最密,故善言灾异"。由此可以推知,甘忠可、夏贺良等所谓"汉历中衰",其所造《天官历》、《包元太平经》当和谷永是一类的思想。

《汉书》又说,李寻"独好《洪范》灾异,又学天文、月令、阴阳。事丞相翟方进,方进亦善星历"。可见天文、星历、阴阳、月令在西汉末年极有势力。李寻根据所学"星历"、"灾异"预言"汉家有中衰厄会之象","且有洪水为灾"。② 他重视《包元太平经》,引夏贺良见哀帝,亦可能是因为《天官历》、《包元太平经》和他所学星历、阴阳、灾异是一类的东西。《汉书》称《天官历》、《包元太平经》为"谶书"③ 或"赤精子之谶"④,更明确地指出了它的谶书性质。

从哀帝诏书看,哀帝转述甘忠可《包元太平经》的内容也不外

---

① 《汉书·谷永杜邺传》。
② 《汉书·眭两夏侯京翼李传》。
③ 《汉书·王莽传》。
④ 《汉书·哀帝纪》。

天地"大运","考文正理","推历定纪","应天心","陈灾异","再受命"等等，与神仙方术是无关的。

"真人赤精子"，许多著作解为赤松子。"赤松子"在汉代为传说中的仙人，但也有不为仙人者，如"帝喾师赤松子。"① 实际上，"赤精子"与"赤松子"当有别。"真人"，照汉末的看法并非神仙，而是指享天命为天子者。如《后汉书·刘玄刘盆子列传》载方望有言："前安定公婴，平帝之嗣，虽王莽篡夺，而尝为汉主。今皆云刘氏真人，当更受命。"《后汉书·桓帝纪》："建和二年冬十月，长平陈景自号黄帝子，署置官属。又南顿管伯亦称'真人'并图举兵。"《三国志·魏书·武帝纪》说："初，桓帝时有黄星见于楚、宋之分，辽东殷馗善天文，言后五十岁当有真人起于梁师之间，其锋不可当。至今凡五十年，而公（曹操）破绍，天下莫敌矣。"又《易·远期谶》曰："言居东，西有午，两日并光日居下。其为主，反为辅。五八四十，黄气受，真人出。"② 这些地方所讲的真人都指真命天子，故真人赤精子，可能暗指刘邦。刘邦为赤帝子，亦即赤精子，刘邦下教甘忠可此道，言"汉家当更受命"云云，与情理更为妥当。

从名称看，"包元太平经"包元之意与《春秋·元命包》之名称相类③，也是当时纬书中流行的观念。故"明天文历数"、精习谶纬的郅恽，上王莽书中，就有"含元包一，甄陶品类，显表纪世，图录预设"的话，可见"包元"是与谶纬相联系的。李贤注说，"太极元气，合三为一，谓三才未分，包而为一。"④ 以后《太平经》以三合为一的思想为全书宗旨，认为天地、人、阴阳、和气三者相通，天下就能太平，可以说正是其来有自的。

要之，《包元太平经》及《太平经》的作者都是方士化的儒生，其思想属于儒家谶纬系统。甚至《太平经》中包含的神仙方术，也

---

① 《白虎通义》。
② 《三国志·魏书·文帝纪》引。
③ 参阅汤一介《关于〈太平经〉成书问题》，载《中国文化研究集刊》第1辑。
④ 《周易集解》（李鼎祚）引郑玄说，"春秋纬云：河以通乾出天苞，洛以流坤吐地符。河龙图发，洛书龟感。河图有九篇，洛书有六篇也。"汉代，元、玄都指天。天苞、苞元其义相通，是与乾、与天、与君父相联系。据刘向、刘歆的说法，"河图"是八卦，故"包元"属易学系统。《包元太平经》可能是与"易纬"有关的。

可能由谶纬思潮发展而来。西汉末年《诗纬》及《河图》中就有好些神仙方术的描述，如"太华之山上有明星玉女，主持玉浆，服之成仙"，"少室之上巅，亦有白玉膏，服之即得仙道"等等。关于西王母的记载亦复不少。甚至西汉末年所谓道士西门惠君，亦并不指信奉黄老道术者，其特点也是精于天官、星历、谶纬。故《太平经》谈神仙方术，与其承继儒书、谶纬，作为儒书的性质并不矛盾。

七　黄老道与《老子想尔注》

东汉道教思想的正统或正宗是"黄老道"。它是由《春秋繁露》所谓"古之道士有言曰：'将欲无陵，固守一德'。此言神无离形，则气多内充，而忍饥寒也"[①]，及神仙方术发展而来，与《太平经》是两个系统。

《后汉书·郎顗襄楷传》说，桓帝"宫中立黄老、浮屠之祠。此道清虚，贵尚无为，好生恶杀，省欲去奢……浮屠不三宿桑下，不欲久生恩爱，精之至也。天神遗以好女，浮屠曰：'此但革囊盛血'。遂不眄之。其守一如此，乃能成道。"这里"守一"是专一；"精之至也"是专精致志的意思。黄老道与浮屠相通，在当时人看来，其宗旨都是"无为"、"清虚"、"省嗜欲"。

属于黄老道思想系统的，在东汉有张修首创的五斗米道和张角的太平道。

《后汉书·皇甫嵩朱儁列传》说：

> 初，巨鹿张角自称大贤良师，奉事黄老道，畜养弟子，跪拜首过，符水咒说以疗病，病者颇愈，百姓信向之。角因遣弟子八人使于四方，以善道教化天下，转相诳惑。十余年间，众徒数十万，连结郡国，自青、徐、幽、冀、荆、杨、兖、豫八州之人，莫不毕应。遂置三十六方。……讹言"苍天已死，黄天当立，岁在甲子，天下大吉"。……角等知事已露，晨夜驰敕诸方，一时俱起。皆著黄巾为标帜，时人谓之'黄巾'，亦名为'蛾贼'。

[①]　《循天之道》。

杀人以祠天。角称'天公将军',角弟宝称'地公将军',宝弟梁称'人公将军'。所在燔烧官府,劫略聚邑,州郡失据,长吏多逃亡。旬日之间,天下响应,京师震动。

《典略》说:

> 熹平中,妖贼大起,三辅有骆曜。光和中,东方有张角,汉中有张修。骆曜教民缅匿法,角为太平道,修为五斗米道。太平道者,师持九节杖为符祝,教病人叩头思过,因以符水饮之,得病或日浅而愈者,则云此人信道,其或不愈,则为不信道。修法略与角同,加施静室,使病者处其中思过。又使人为奸令祭酒,祭酒主以《老子》五千文,使都习,号为奸令。为鬼吏,主为病者请祷。请祷之法,书病人姓名,说服罪之意。作三通,其一上之天,著三上,其一埋之地,其一沉之水,谓之三官手书。使病者家出米五斗以为常,故号曰五斗米师。[①]

《三国志·张鲁传》说:

> 鲁遂据汉中,以鬼道教民,自号"师君"。其来学道者,初皆名"鬼卒"。受本道已信,号"祭酒"。各领部众,多者为治头大祭酒。皆教以诚信不欺诈,有病自首其过,大都与黄巾相似。诸祭酒皆作义舍,如今之亭传。又置义米肉,县于义舍,行路者量腹取足;若过多,鬼道辄病之。犯法者,三原,然后乃行刑。不置长吏,皆以祭酒为治,民夷便乐之。

太平道与五斗米道都信奉老子。五斗米道还明令诵读《老子》五千文。

太平道与五斗米道是如何把老子思想变成道教教义的,由《老子想尔注》可以约略考见。

《老子想尔注》,《隋书·经籍志》,《唐书·经籍志》,《新唐

---

① 《三国志·张鲁传》注引。

书·艺文志》未著录，唐初陆德明《经典释文序录》在《老子》下载有《想余注》二卷，说"不知何人，一云张鲁，或云刘表"。唐玄宗《道德真经疏·外传》与五代杜光庭《道德真经广义》都列有老子《想尔》二卷，下云"三天法师张道陵所注"。此书现在仅存敦煌莫高窟所出六朝写本残卷，现藏大英博物院。饶宗颐先生《老子想尔注校笺》做了详细考订，可参阅。

比较一下《太平经》和《想尔注》，可以看出两者思想有极大差别。这种差别是儒学谶纬系统与黄老道教系统的差别。

《太平经》以天为最高概念，传教者自称天师，代天宣教。《想尔注》则以道为最高概念，道诫是权威的教义。《想尔注》说，"吾，道也，帝先者，亦道也。""一者道也。……散形为气，聚形为太上老君①，常治昆仑，或言虚无，或言自然，或言无名，皆同一耳。""天地像道"，"道气在间，清微不见，含血之类，莫不钦仰"，"立天地，常法道行如此"，"道至尊"。

《太平经》讲长生成仙，虽重视守气、清静、寡欲，求形体精神的合一，但不占主要地位。《想尔注》则以此为得道要津。《想尔注》通篇所论，几乎都围绕这个要点，如：

> 自威以道诫，自劝以长生，于此致当。
> 情性不动，喜怒不发，五藏皆和同相生，与道同光尘也。
> 精结为神，欲令谷神不死，当结精自守。
> 阴阳之道，以若结精为生。
> 不知长生之道，身皆尸行耳。
> 求长生者，不劳精思求财以养身，不以无功劫君取禄以荣身，不食五味以恣，衣弊履穿不与俗争，即为后其身也。而以此得仙寿。
> 精结成神，阳气有余，务当自爱，闭心绝念，不可骄欺阴也。

---

① 《隶续》收录的东汉道教刻石《五君杯盘文》，载有"大老君、西海君、东海君、仙人君、真人君"。洪适谓："其文唯'大老君'三字最大，盖尊老子也。"《想尔注》以"太上老君"为"道"的化身，最尊老子，《太平经》则无一词及老子。《太平经钞》甲部来自《灵书紫文》尊老子，是后来伪补的，与《太平经》无关。见王明《太平经合校·前言》。

自然道也，乐清静。

　　道人当自重精神，清静为本。

　　专精无为，道德常不离之。

　　身常当自生，安精神为本。

　　道常无欲，乐清静，故令天地常正。

《想尔注》的这些思想和襄楷所概括的黄老道要点，是完全一致的。

《老子想尔注》还多处批判了《太平经》的思想。例如，《太平经》反复宣传"仙人有仙录"，"求生有籍"，"死而复生，尸解者耳，是者，天地所私，万万未有一人也"。①《想尔注》批判说，"先为身，不劝民真道可得仙寿，修善自勤，反言仙自有骨录，非行善所臻，云无生道，道书欺人，此乃罪盈三千，为大恶人"。

又如《太平经》主张祭祀、斋戒，《想尔注》则说："行道者生，失道者死，天之正法，不在祭祀祷祠也。道故禁祭祀祷祠，与之重罚。"②

《太平经》以气为神，有形容、颜色、服饰，说："天地自有神宝，悉自有神精光，随五行为色。"又说："四时五行之气来入人腹中，为人五藏精神，其色与天地四时色相应也；画之为人，使其三合"③等等。《想尔注》则说："世间常伪伎，因出教授，指形名道，令有处所，服色长短有分数，而思想之，苦极无福报，此虚诈耳。"《想尔注》注重"结精自守"。它的"精"指精气，道气，认为"道明不可见知，无形象也"。故对《太平经》以气为神，有形象的观点批评之。

八　《太平经》何以成为道教经典

《太平经》在襄楷时代既然与黄老道无关，而是"参同经典"的

---

① 《太平经》卷七十二《不用大言无效诀》。

② 《太平经》信奉"中蒌太乙道"，主张毁坏神坛，废除淫祀。青州黄巾军致曹操檄文中说"昔在济南，毁坏神坛，其道乃与中黄太乙同，似若知道，今更迷惑"（《三国志·魏书·武帝纪》注引）。《老子想尔注》禁祭祀祷祠，正与此相合，《太平经》则正好相反。参阅朱伯崑《张角与〈太平经〉》，载《中国哲学》第九辑。

③ 《太平经》卷七十二《斋戒思神救死诀》。

儒家著作，它何以会成为道教的经典呢？这有一个过程，其中首先是张角，然后是葛洪起了极大作用。

《太平经》受到统治集团的冷遇后，张角"颇有其书"。虽然学术界有不少文章指出，张角的太平道与《太平经》的教义是恰相对立的，但不能否认，《太平经》中确有一些思想又是可以为农民所利用的。如《太平经》卷四十三《大小谏正法》说："天之于帝王最厚矣，故万般误变（指灾异谴告）以致之。不听其教，故废而致之，天地神明不肯复谏正也，灾异日增，人民日衰耗，亡失其职。"东汉末年正是这种情况。这便预许了革命和改朝换代的权利，承认人民起义是合于天道的行为。

又说："天地之性，下亦革谏其上，上亦革谏其下，各有所长短，因以相补，然后天道凡万事，各得其所。"这种"下亦革谏其上"的主张，也是有利于农民斗争的。

《太平经》甚至许诺奴婢们升入天国的权利。卷四十二《四行本末诀》说："阳极当反阴，极于下者当反上。故阴极反阳，极于末者当反本。……今若九人，上极为委气神人，下极奴婢。下学得上行，上极亦得复下行。……天道固如循环也。"这对奴婢们虽是廉价的安慰，但确也能使奴婢们受到鼓舞。

更为主要的是，《太平经》关于解除承负，享受太平，成仙，天道"助弱"以及崇奉天神、符水治病、天地共财等说法，从字面看，都是符合农民心理的，比《想尔注》更有吸引力，所以张角感觉到兴趣，加以利用，是很自然的。这就使《太平经》正式和太平道发生了联系。① 到晋时，由于葛洪的道儒结合的官方立场，正好与《太平经》一致，《太平经》更受到了推崇。从此以后，《太平经》就被正式承认为道教的重要经典了。

---

① 完全宗教化的儒学是和儒学的基本传统和基本思想特点相矛盾的，儒学经由谶纬变成宗教的企图，《太平经》是一种尝试。但是它失败了。皇帝宁愿信浮屠和黄老道，不愿接受《太平经》。《后汉书·襄楷传》说"有司奏崇妖妄不经，乃收藏之"。这是儒学企图宗教化的失败。这种失败证明在中国要建立本土宗教。只能走黄老道的道路，而不能有另一条道路——儒教的道路（指正式宗教）。《太平经》由于思想庞杂，许多思想都是道教可以吸收利用的。它成为道教经典是不足为奇的。

第十九章

汉末经学的衰落与党锢之祸

东汉中后期一个极为引人注目的现象是：官办经学刚刚达到了它的荣华和声誉的峰巅，就急剧地跌落下来，一蹶不振。政治统治刚刚达到繁盛、强大的顶点，就危机四起，险象丛生，摇摇欲坠。事情来得那样突然，从表面看，真好像是皇帝的短命，或者个人的爱好，起了决定性的作用。偶然因素在又一次扮演历史主角的角色。[①]

《后汉书·儒林传》说：

> 及邓后称制，学者颇懈。时樊准，徐防并陈敦学之宜，又言儒职多非其人，于是制诏公卿妙简其选，三署郎能通经术者，皆得察举。自安帝览政，薄于艺文。博士倚席不讲，朋徒相视怠散。学舍窘敝，鞠为园蔬，牧儿荛竖，至于薪刈其下。顺帝感翟酺之言，乃更修黉宇，凡所造构二百四十房，千八百五十室。试明经下第补弟子，增甲乙之科员各十人，除郡国耆儒皆补郎、舍人。本初元年，梁太后诏曰："大将军下至六百石，悉遣子就学，每岁辄于乡射月一飨会之，以此为常"。自是游学增盛，至三万余生。然章句渐疏，而多以浮华相尚，儒者之风盖衰矣。

[①] 任继愈主编《中国哲学发展史》第二卷认为：经学的破坏主要是来自于王权本身所遭遇到的两种偶然性的破坏。一种偶然性，是专制皇帝的意志的偶然性，一种是"东汉末年由于'自然的偶然性（出生）'，一百多年来没有生殖出一个成年的皇帝"。母后、外戚、宦官专权，王权不能反映国家的意志。

然而儒学的衰落，当然不是安帝等个人爱好的变化，而是不可逆转的历史潮流与趋势。所以尽管邓太后及顺帝采取挽救措施，也无可奈何花落去，所谓"章句渐疏，而多以浮华相尚，儒者之风盖衰矣"，经学昔日的良辰美景再也无法恢复了。

党锢以后，整个经学元气伤残殆尽，更是奄奄一息。

历史的谜底在哪里？是否国家权力对"家法"的支持，束缚和压抑了学术的发展？① 是否皇帝的短命使政权发生危机，宦官外戚专权失去了经学家的支持和信任？都不是。解开历史谜底的锁匙，是在皇权和士族及其知识分子的复杂矛盾关系之中。本章将探索这种矛盾的由来与发展及党锢之祸的影响与原因。

一　皇权与士族的矛盾

如前所述，王莽的灭亡与东汉的建立，士族起了决定性的作用。因此士族及其代表（包括知识分子）在东汉初期，享受了空前的尊宠和荣誉。尊养"三老""五更"，皇帝本人还以充当经学大师的门生为荣幸。士族与皇权的蜜月、联姻，使双方都得到最大的利益，换来了东汉前期的安定与繁荣。

然而在封建社会，皇权既是至高无上的，又是极端孤立的。皇权是社会上特别是地主阶级中各种势力、集团觊觎争夺的对象。因此皇权的实际行使，需要在整个地主阶级中，找到一个最忠实于它的势力和集团。它依赖这个集团，把权力委托它，同时也把财富、名誉地位赠送给它，使它成为统治阶级中的特权集团。一旦失去了这个集团的支持和忠心，皇帝变成了孤家寡人，皇权就要没落，统治危机就要发生了。王弼《周易注》说："处上独立，近远无助，危莫甚焉。"正是指这种情况。

秦始皇曾经是中国封建皇朝中第一个"孤家寡人"。他在削平六国，统一天下，建立中央封建专制集权的帝国以后，集大权于一身，

---

① 徐防严格"家法"的建议当然对经学的发展起了阻碍的作用，正如王夫之指出的："徐防……乃首所建白，禁博士弟子之臆说，坐以不修家法之罪，离析圣道，锢蔽后起之聪明，精义隐而浮文昌，道之不亡也几何哉"（《读通鉴论》卷七），但这不是主要的。

"昼决狱，夜理书"，什么人也不相信，连子弟亲戚在内。结果，一遇风浪，秦朝统治者孤立无援，二世而亡。

鉴于秦代速亡的教训，刘邦实行分封。刘氏子弟分据要津，割地为王，犬牙交错，拱卫中央。但是曾几何时，战国的局面就重演了。分封意味着战争，割地孕育着叛乱。同姓骨肉，一变而为仇雠死敌。到武帝时，父子相残，骨肉之恩扫地以尽。武帝临终时，只能"画周公负成王图"，把政权托付给外姓大臣，把政权的安危寄托在几个托孤大臣的个人忠心之上。虽然由于霍光不负所望，政权没有发生危机，但霍氏家族却由此占据权力要津，盘根错节，发展为巨大的政治势力，终于演出了毒杀皇后、危害太子的惊险场面。皇权又一次面临被人任意宰割的危险。这些，使宣帝开始求助于宦官。仲长统说："孝宣之世，则以弘恭为中书令，石显为仆射。中宗严明，二竖不敢容错其奸心也。后暨孝元，常抱病而留好于音乐，悉以枢机委之石显，则昏迷雾乱之政起，而仇忠害正之祸成矣。"① 到了成帝，一切依赖外家，结果是王莽篡汉。所以西汉政权可以说是在外戚（吕后）、大臣、外戚这几个政治集团与势力的循环执政中结束的。

鉴于西汉的教训，光武重新把权力集中在自己手里。仲长统说："光武帝愠数世之失权，忿疆臣之窃命，矫枉过直，政不任下，虽置三公，事归台阁。"② 虽然如此，但就和士族的关系而论，光武、明帝是一直防范外戚而依靠士族的。

前面讲过，武帝独尊儒术以后，社会上迅速形成了士族这一新的社会与政治力量。西汉末，士族已经具有强大力量，东汉士族力量更加发展，出现了所谓"四世五公"，"四世太尉"的强宗大族。这种强宗大族势力具有如下的特点：一方面道貌岸然，和经学及知识分子有千丝万缕的联系，享有巨大的社会声望和士族中名门望族的支持；

---

① 《全后汉文》卷八十九。王先谦：《汉书补注·霍光传》于宣帝辄使中书令出取封事下，引何焯曰："使中书令出取，不关尚书，一时以防权臣壅蔽。然自以浸任宦竖矣。成帝以后，政出外家，有太后为之内主，故宦竖又得挠。不然，霍显之后，必有五侯十常侍之祸。"这种看法是很对的。

② 《后汉书·仲长统传》。《后汉书·朱浮列传》载朱浮上疏光武，也指出："陛下疾往者上威不行，下专国命。即位以来，不用旧典，信刺举之官，黜鼎辅之任；至于有所劾奏，便加免退。覆案不关三府，罪谴不蒙澄察。"

一方面却又权欲熏心，贪得无厌。它既是一种政治力量，又是一种社会力量；既是一种经济力量，又是一种道义力量。它从皇权那里取得权力，却又以阶级公利的代表和监督者自居；它既为皇权压迫人民，却又企图充当人民的代言人，常常讲些拯救黎元，减轻负担和痛苦的言论，似乎代表着社会的公德和良心。它时时刻刻要把皇权置于自己的控制之下，变成自己的忠实仆人和工具。因此它和皇权的矛盾是不可避免的。它连同其代表的整个士族及经学知识分子和皇权的联姻、蜜月是注定不能长久的。

分析东汉末年的两大家族曹操和袁绍，就可以看出：一方面，东汉的士族具有何等巨大的力量；另一方面，皇权对他们又是如何的提心吊胆，周密防范。

袁氏从章帝以来，"四世五公"，在汉末是最有力量和声望的士族代表。章帝时袁安为司徒，生子京、敞。袁京为蜀郡太守，袁敞为司空。京子汤为太尉。汤四子：平、成、逢、隗。袁平、袁成为左中郎将，袁逢、袁隗为三公。袁绍就是袁逢的庶子，过继袁成为子①。《三国志》注引《英雄记》说，袁成"壮健有部分，贵戚权豪自大将军梁冀以下，皆与结好，言无不从"。袁绍"幼使为郎，弱冠除濮阳长，有清名"，以后"隐居洛阳，不妄通宾客，非海内知名，不得相见。又好游侠，与张孟卓、何伯求、吴子卿、许子远、伍德瑜等，皆为奔走之友，不应辟命"。暴露出巨大的政治野心。因此引起了皇权的深深的猜忌。中常侍赵忠谓诸黄门曰，"袁本初坐作身价，不应呼召而养死士，不知此儿欲何所为乎？"② 可以说，袁家的一举一动，无不是在皇权的密切监视之中了。而袁绍，确实也是有巨大政治野心的。王夫之说："关东之起兵以诛董卓也，自袁绍始。故绍之抗卓也，曰：'天下健者，岂惟董公？'其志可知已。及其集山东之兵，声震天下，董卓畏缩而劫帝西迁以避之……始志锐不可当，而犹然栖迟若此，无他，早怀觊觎之志，内顾卓而外疑群公，且幸汉之亡于卓

---

① 司马光《资治通鉴》以袁绍为袁成所生（《汉纪》四十八）。本书采《三国志·魏书》注的说法。
② 《三国志·魏书·董二袁刘传》注。

而已得以逞也！"① 王夫之的观察是中肯的。不过王夫之不懂得阶级分析，仅看成袁绍个人的野心，就表面而肤浅了。

曹操是士族势力的另一类型的代表。曹家虽然不像袁绍那样具有浓厚而典型的士族特征，但它与士族的关系是由来已久的。曹操的祖父曹腾，顺帝时为小黄门，官至中常侍大长秋，桓帝时继任本职。在宫内三十余年，历事四帝，未尝有过。司马彪《续汉书》说，曹腾"好进达贤能"。其所称荐者，虞放、边韶、延固、张温、张奂、堂谿典等，"皆致位公卿而不伐其善。"所以曹腾实际上是以宦官身份而与士族及其知识分子深相结纳的政治势力。在这样的家世背景下，曹操年轻时，所作所为，完全以士族代表身份出现。如反宦官、反奸邪，举奏不避贵戚，打击"近习宠臣"，成了最激进而又最有政治头脑的士族领袖。曹操得志后，网罗大批名士文人，父子率先吟诗作文，成为文坛领袖，更取得了像王粲这样的知识、文学世家的衷心支持。所以曹操实际上也是士族政治势力的代表。

果然，东汉皇朝在经受农民起义的打击以后，也就由这两大士族势力宰割吞食了。

由此可以看出，东汉皇权和士族的关系，确是十分复杂的，既相互依赖，又相互防范和争夺。因此一方面经学在东汉有强大的社会基础，只要士族在发展，就不会衰落，东汉中后期，官学虽然颓废了，私学却仍然能大规模发展，其秘密就在这里②。另一方面则皇权与经学的联姻，经学大师官方政治地位的提高也绝不可能长久。它必然要由亲密而疏远，受到皇权的抑制和冷遇。安帝"薄于艺文"，"学校凋敝，鞠为园蔬"，桓帝崇奉老子、浮屠，灵帝别立鸿都门学，以书画诗赋技艺进士，一反对传统经学的提倡，从本质上看，就是由这种情况造成的。

---

① 《读通鉴论》卷九。袁术称帝时，曾说："今刘氏微弱，海内鼎沸。吾家四世公辅，百姓所归，欲应天顺民。"又归帝号于袁绍说："汉之失天下久矣，天子提挈，政在家门；豪雄角逐，分裂疆宇，此与周之末年七国分势无异，卒强者兼之耳"（《三国志·魏书·董二袁刘传》注）。袁家的野心确实由来已久，而"政在家门"的形势也是由来已久的。

② 如姜肱，士之远来就学者三千余人；刘淑，立精舍讲授，诸生常数百人；郭泰，党事起，闭门教授，弟子以千数；檀敷，立精舍教授，常数百人；谢该，门徒常数百千人；刘梁延聚生徒数百人。

二　皇权与宦官

对于东汉皇权来说，除士族以外，它所能信赖和依靠的力量只能是宦官和外戚。而在和外戚、士族的矛盾斗争中，他又只能紧紧依靠宦官。

宦官本来是皇帝的仆役，并非一种政治力量，但在一定条件下，它又代表着皇权最黑暗腐朽的方面，成为皇权最为放心最为亲近的势力。在各种政治力量的分离组合中，惟有宦官是与皇权共生存的。没有皇权，就没有宦官，而宦官就个人说，只是一团肉身，是孤孤零零的皇室奴仆。因此在皇权看来，宦官就是自己。在最孤立无援或受制于人的时候，只有宦官能扮演皇权最忠实卫士的角色。宦官时时刻刻像警犬一样，注视着大臣士族的言行，惟恐任何不轨之势力，成为威胁皇权的隐患。东汉时，皇权在危难的时候，如果需要进行种种密谋策划，它无不是通过宦官去进行。其结果，或者同归于败，或者在斗争中取得胜利，而使皇权对宦官的依赖日益加深，并终于成为宦官的工具。

宦官没有人格，其社会地位极为卑贱，常常被士族蔑视地称为"阉竖"，羞与为伍。因此宦官与士族是天然地充满着对立和仇视的。事实上两者的利益也不能相容。只要宦官掌握了权力，它就必然拿士族开刀，在社会上把各种流氓、无赖，各种没有名望、地位、知识、良心的分子提拔起来，授予官爵，赠予权力和财富，使之充当鹰犬，成为自己的社会政治和权力基础。而士族、知识分子的固有地位和利益则备受排挤、打击。因此东汉中后期，随着皇权对士族的疏远，对宦官的重用，士族与宦官（或外戚）发生了尖锐的矛盾冲突。

一般说来，士族与皇权或外戚与皇权的斗争越是剧烈，政局越是不稳，皇权和宦官就越是相依为命。东汉政权从和、安时起，越来越深地依赖宦官①。和帝依赖郑众，安帝时宦官樊封等人专权。桓帝依靠宦官以铲除外戚。结果东汉的皇权日益成为宦官手中的玩物。

---

① 这并不是由于皇帝幼小、无能。事实上，和帝、桓帝都很有计谋和魄力。东汉政权之依赖宦官，既是政治格局决定的，又是皇帝自觉选择的。

在士族反宦官的斗争中，皇权总是维护宦官而给予士族的代表以疏远和打击。

士族和宦官的矛盾既然不可调和，皇权和士族的冲突也就无法调节。皇权既然信任宦官而疏远士族，所以官方经学的衰落是必然的。反过来士族由此而日益疏远皇权并企图取而代之，也是必然的。到了汉末，曹魏终于完成了这个历史的必然进程。

王夫之在论述东汉政权为什么依赖宦官时，深刻指出：

> 孝和之世，袁安、任隗、丁鸿为三公，何敞、韩稜为尚书，皆智勇深沉，可与安国家者也。窦宪之党，谋危社稷，帝阴知而欲除之，莫能接大臣与谋，不得已而委之郑众。宦寺之亡汉自此始。非和帝宠刑人，疏贤士大夫之咎也！微郑众，帝其危矣。揆所自始，其开自光武乎！崇三公之位，而削其权，大臣不相亲也；授尚书以政，而卑其秩，近臣不自固也。故窦宪缘之制和帝不得与内外臣僚相亲，而唯与阉宦居。非宪能创锢蔽之法以钳天子与大臣也，其家法有旧矣。……西汉之亡也，张禹、孔光悬命于王氏之手而宗社移矣。光武弗知惩焉，原其疑于非所疑者，使冲人孤立于上，而权臣制之，不委心脊于刑人，将谁委乎？明主一怀疑而乱以十世，疑之灭德甚矣哉！[1]

王夫之的分析是切合历史情况的。比之将东汉委政于宦官，归因于皇帝的幼小和皆愚，无疑深刻多了。事实上和帝的信任宦官，就不是由于昏弱或幼小；桓帝依靠宦官，铲除外戚，显示了空前的政治手腕和勇气，不啻是策划密谋的老手，也非昏庸幼弱之徒可比。所以王夫之的看法是很深刻的。虽然王夫之没有看到武光之疑并非一时的失误，而是封建社会权力分配的政治格局所必然决定的。但他指出东汉后期的宦官专权，起因于光武对大臣的防范，是由来已久的"家法"[2]，

---

[1] 《读通鉴论》卷七。

[2] 汉末对士族大臣的防范日益严密，灵帝时，朝议以州郡相党，人情比周，乃制婚姻之家及两州人士不得相对监临。至熹平四年，复有三互法。婚姻之家及两州人不得交互为官（参阅《资治通鉴·汉纪》四十九）。

不能不说接触到了事情的本质。

三　士族反宦官外戚的斗争

皇权越是疏远士族，信用宦官、外戚，皇权与士族的矛盾就是剧烈、深化，士族知识分子利用经学对皇权的批评，也就越是尖锐、升级。

一般地说，经学总是以地主阶级整体利益的代表者自居的。经学的传统和信条是："公天下"、"让贤"、"禅让"，是"汤武革命，顺乎天而应乎人。"在经学家看来，皇帝个人只不过是"天命靡常"的工具。一旦脱离了经学的信条，违背了整体的利益，就可以换马。

宣帝时，盖饶宽上书，提出："五帝官天下，三王家天下，家以传子，官以传贤，若四时之运，功成者去，不得其人，则不居其位。"① 盖饶宽的要求，触动了皇帝的大忌，以致被迫自杀，事情迅速平息下去。不过盖饶宽虽然被迫自杀，但他敢于这样肆无忌惮地提出让权要求，无疑是反映了已经强大起来的士族的力量的。宣帝过分依赖刑深法治和宦官，引起了士族的不满。经学通过盖饶宽的上书，第一次表明了它要享有更多政治权力和地位的呼声和愿望。

西汉元成之世，政治黑暗腐败，社会矛盾激化，政权产生空前危机，于是元延元年，谷永向成帝上书，再次警告说："臣闻天生蒸民，不能相治，为立王者以统理之，方制海内非为天子，列土封疆非为诸侯，皆以为民也。垂三统，列三正，去无道，开有德，不私一姓，明天下乃天下之天下，非一人之天下也。"王者失德，失道妄行，"终不改寤，恶洽变备，不复谴告，更命有德。"②

成帝时，甘忠可还伪造《天官历》及《包元太平经》，宣称："汉家逢天地之大终，当更受命。"向皇帝大肆施加政治压力，其实质是要求把政权从外戚手里拿过来，成为士族或整个地主阶级的公利品。

东汉和安以后，随着皇权对外戚和宦官日益依赖，经学对皇权的批评，对外戚、宦官的斗争就越来越激烈和集中。

---

① 《汉书·盖饶宽传》。
② 《汉书·谷永传》。

和帝时，外戚窦宪专权，司徒丁鸿上疏说：

> 故日食者，臣乘君，阴陵阳；月满不亏，下骄盈也。……今大将军（窦宪）虽欲敕身自约，不敢潜差，然而天下远近皆惶怖承旨，刺史二千石初除谒辞，求通待报，虽奉符玺，受台敕，不敢便去，久者至数十日。背王室，向私门，此乃上威损，下权盛也。①

安帝时期，宦官樊丰及侍中周广、谢恽擅权，太尉杨震上疏说：

> 地者阴精，当安静承阳，而今动摇者，阴道盛也。其日戊辰，三者皆土，位在中宫，此中臣近官盛于持权用事之象也……②

顺帝封乳母宋娥为山阳君，外戚梁冀为襄邑侯，左雄上疏说：

> 孝安皇帝封江京、王圣等，遂致地震之异。永建二年，封阴谋之功，又有日食之变。数术之士，咸归咎于封爵。
>
> 先帝封野王君，汉阳地震，今封山阳君而京师复震，专政在阴，其灾尤大。臣前后瞽言封爵至重，王者可私人以财，不可以官，宜还阿母之封，以塞灾异。③

李固、黄琼、杜乔反宦官、外戚的斗争，更为典型激烈。阳嘉二年，李固向顺帝上书说：

> 今梁氏戚为椒房，礼所不臣，尊以高爵，尚可然也。而子弟群从，荣显兼加，永平建初故事，殆不如此。宜今步兵校尉冀及诸侍中还居黄门之官，使权去外戚，政归国家，岂不休乎！

---

① 《后汉书·丁鸿传》。
② 《后汉书·杨震传》。
③ 《后汉书·左雄传》。

> 又诏书所以禁侍中尚书中臣子弟不得为吏察孝廉者，以其秉威权，容请托故也。而中常侍在日月之侧，声势振天下，子弟禄仕，曾无限极。虽外托谦默，不干州郡，而谄伪之徒，望风进举。今可为设常禁，同之中臣。①

李固要求"罢退宦官，去其权重，裁置常侍二人，方直有德者，省事左右；小黄门五人，才智闲雅者，给事殿中"。认为只有这样，才能"论者厌塞，升平可致也"②。

杜乔的言论更为尖刻，上书说：

> 今梁氏一门，宦者微孽，并带无功之绂，裂劳臣之土，其为乖滥，胡可胜言！夫有功不赏，为善失其望；奸回不诘，为恶肆其凶。③

桓帝时宦官侯览专权，杨秉上书尖锐指出：

> 旧典，宦竖之官，本在给使省闼，司昏守夜。而今猥受过宠，执政操权。其阿谀取容者，则因公襃举，以报私惠；有忤逆于心者，必求事中伤，肆其凶忿。居法王公，富拟国家，饮食极肴膳，仆妾盈纨素，虽季氏专鲁，穰侯擅秦，何以尚兹！④

反对外戚和宦官的斗争之所以如此激烈，当然是因为这些势力腐朽、黑暗，影响着地主阶级政权的巩固。但直接的原因则是外戚和宦官垄断仕路，侵占了士族的政治权力。如杨震上疏指出：

> 周广谢恽（侍中）兄弟，与国无肺腑枝叶之属，依倚近倖奸佞之人，与樊丰、王永分威共权，属托州郡，倾动大臣。⑤

---

① 《后汉书·李杜列传》。
② 同上。
③ 同上。
④ 《后汉书·杨震列传》。
⑤ 同上。

桓帝时，杨秉又指出：

> 内外吏职，多非其人，自顷所征，皆特拜不试，致盗贼跋扈，怨讼纷错。旧典，中臣子弟不得居位秉势，而今枝叶宾客布列职署，或年少庸人，典据守宰，上下忿怨，四方愁毒。①

针对宦官、外戚垄断仕路的情况，左雄提出："乡部亲民之吏，皆用儒生清白任从政者，宽其负筭，增其秩禄，吏职满岁，宰府州郡乃得辟举。"②又请求"征海内名儒为博士，使公卿子弟为诸生"。李固也向顺帝说："陛下拨乱龙飞，初登大位，聘南阳樊英、江夏黄琼，广汉杨厚，会稽贺纯，策书嗟叹，待以大夫之位。"今"一日朝会，见诸侍中并皆年少，无一宿儒大人可顾问者，诚可叹息。宜征还厚等，以副群望"③。李固极力推荐的周举、杜乔、杨伦、尹存、王恽、何临、房植，这些人都是士族、经学之士的代表，所以东汉反对宦官外戚的斗争，其阶级政治背景仍然是皇权和士族的矛盾。

四　党锢之祸与经学的没落

这种矛盾斗争终于酿成为"党锢之祸"。

《后汉书·李杜列传》说："初顺帝时，诸所除官，多不以次，及固在事，奏免百余人。"此等既怨，又希望冀旨，遂共作飞章，虚诬固（李固）罪曰："太尉李固，因公假私，依正行邪，离间近戚，自隆支党。至于表举荐达，例皆门徒，及所辟召，靡非先旧。"就是说李固拉帮结伙，自成了一派。这种煽动，触中了皇帝的大忌，种下了党锢的祸根。因此党锢之祸实质上是宦官、外戚、皇权共同排斥打击士族及经学知识分子所演出的惨剧。

所以《后汉书·党锢列传》论第一次党锢之祸说：

---

① 《后汉书·杨震列传》。
② 《后汉书·左周黄列传》。
③ 《后汉书·李杜列传》。

> 时河内张成善说风角，推占当赦，遂教子杀人。李膺为河南尹，督促收捕，既而逢宥获免。膺愈怀愤疾，竟案杀之。初，成以方伎交通宦官，帝亦颇谇其占。成弟子牢修因上书诬告膺等养太学游士，交结诸郡生徒，更加驱驰，共为部党，诽谤朝廷，疑乱风俗。于是天子震怒，班下郡国，逮捕党人，布告天下，使同忿疾，遂收执膺等。

所以党锢的起因和借口，实在是微乎其微，不过是李膺杀了张成的儿子。但由于张成背后是宦官、皇权，后者对士族、知识分子及其巨大势力和影响早已深存戒心，因此，一旦有人发难，统治者就迫不及待，大举收捕诛杀。"使者四出，相望于道"，以迅雷不及掩耳之势，毫不留情地向他们开刀。

第一次打击，并没有使矛盾彻底解决，于是灵帝时，又策划了第二次和第三次、四次的打击。《后汉书·党锢列传》说：

> 张俭乡人朱并，承望中常侍候览意旨，上书告俭与同乡二十四人别相署号，共为部党，图危社稷。以俭及檀彬、褚凤、张肃、薛兰、冯禧、魏玄、徐乾为"八俊"，田林、张隐、刘表、薛郁、王访、刘祇、宣靖、公绪恭为"八顾"，朱楷、田槃、疏耽、薛敦、宋布、唐龙、嬴咨、宣褒为"八及"，刻石立碑，共为部党，而俭为之魁。灵帝诏刊章捕俭等。大长秋曹节因此讽有司奏捕前党故司空虞放，大仆壮密，长乐少府李膺，司隶校尉朱寓，颍川太守巴肃，沛相荀翌，河内太守魏朗，山阳太守翟超，任城相刘儒，太尉掾范滂等百余人，皆死狱中……又州郡承旨，或有专尝交关，亦离祸毒。其死徙废禁者，六七百人。

经过多次严重打击以后，经学的根基就像盛夏的草木遭了霜打一样，只能萎谢凋零，奄奄一息了。《资治通鉴》说："天下豪杰及儒学有行义者，宦官一切指为党人。"[①] 所以经学的没落，固然是它的繁琐、支离、荒谬造成的，主要的原因则是统治阶级内部矛盾发展，

---

① 《汉纪》四十八。

皇权自己把它摧残镇压下去的。

党锢事件反映了皇权（官场）与封建知识阶层的矛盾，而这种矛盾在汉代是由来已久的。

在《论衡》中，王充对这种矛盾曾有细致的观察，王充说：

> 儒生不习于职，长于匡救，将相倾侧，谏难不惧。案世间能建蹇蹇之节，成三谏之议，令将检身自敕，不敢邪曲者，率多儒生。阿意苟取容幸，将欲放失，低嘿不言者，率多文吏。文吏以事胜，以忠负。儒生以节优，以职劣。

> 儒生无阀阅，所能不能任剧，故陋于选举，佚于朝廷。……守古循志，案礼修义，辄为将相所不任，文吏所毗戏。不见任则执欲息退，见毗戏则意不得。

> 文吏幼则笔墨，手习而行，无篇章之通，不闻仁义之语。长大成吏，舞文巧法，徇私为己，勉赴权利。考事则受赂，临民则采渔，处右则弄权，幸上则卖将。一旦在位，鲜冠利剑。一岁典职，田宅并兼。性非皆恶，所习所为者违圣教也。①

> 文吏贪爵禄，一日居位，辄欲图利以当资用，侵渔徇身，不为将官显名。虽见太山之恶，安肯扬举毛发之言。事理如此，何用自解于尸位素餐乎？儒生学大义，以道事将，不可则止，有大臣之志，以经勉为公正之操，敢言者也。②

汉代由于独尊儒术，大力发展经学，社会上儒生数量急剧扩大。日益增多的儒生，手捧经书，志行高洁，自以为"修大道"，"有经艺之本"，"道胜于事"。③ 很看不起文吏及官场的所作所为。对官场的阿谀逢迎，贪赃枉法，更切齿痛恨。因此强烈地发展起怀才不遇和对官场政治激烈批评的情绪。封建社会学而优则仕，只有做官一条出路，而仕路狭窄，大批儒生成为在野的知识分子。文吏们又是很看不起他们的。讽刺挖苦，认为他们不过是一堆死守章句、不晓事理的废

---

① 《论衡·程材篇》。
② 《论衡·量知篇》。
③ 《论衡·谢短篇》。

品。这两部分人一直互相攻击,在东汉末年,由于宦官专权,更发展而为儒生对宦官及其子弟的痛斥,并对皇权进行激烈指责,而在太学学生集中的地方,很自然地形成议论朝政、品评人物的学生运动。

《后汉书·党锢列传》说:

> 逮桓灵之间,主荒政缪,国命委于阉寺,士子羞与为伍,故匹夫抗愤,处士横议。遂乃激扬名声,互相题拂,品覈公卿,裁量执政,婞直之风,于斯行矣。

所谓士子、处士,正是广大的儒学知识分子。所谓"品覈公卿,裁量执政",正是对朝政的激烈批评和指责。所谓"与阉寺羞与为伍",则是对宦官及依附于皇权、宦官的权力的鄙视、蔑视,在道义上显示自己的清高,正义,不苟权贵。

《后汉书·党锢列传》又说:

> 流言转入太学,诸生三万余人,郭林宗、贾伟节为其冠,并与李膺、陈蕃、王畅更相褒重。学中语曰:"天下模楷李元礼,不畏强御陈仲举。天下俊秀王叔茂。"又渤海公族进阶,扶风魏齐卿,并危言深论,不隐豪强。自公卿以下,莫不畏其贬议,屣履到门。

在第一次党锢之祸以后,空前残酷的镇压不仅没有使这般抗议批评浪潮消失,相反,范围更为扩大,显示出空前强大的舆论和道义力量。"海内希风之流,遂共相标榜,指天下名士,为之称号",出现了"三君"、"八俊"、"八顾"、"八及"、"八厨"的美称。所有的名士,包括在朝和在野的,只要反对宦官,坚持正义而具有一定影响的,都被包括在内,虽只三十五人,实际是当时知识分子和清议[①]的代表。试解剖几个典型。

三君之一的刘椒,祖父刘称,司颖校尉。椒少学明五经,遂隐

---

① 党锢中,郑玄、何休这样有影响的专以注经为业的经学家也包括在内。其他如夏馥、孔昱、何顒、郭林宗是未入仕途的知识分子,细察党人的家世背景,衣冠世族者甚多,如刘椒、李膺、孔昱、尹勋、羊陟、张俭、陈翔等。

居，立精舍讲授，诸生常数百人。"州郡礼请，王府连辟，并不就。"桓帝强请，拜议郎，迁尚书，侍中、虎贲中郎将。"上疏以为宜罢宦官，辞甚切直。""灵帝即位，宦官潜椒与窦武等通谋，下狱自杀。"①

八俊之一的李膺，祖父修，安帝时为太尉，父益，赵国相。……教授常千人。顺帝时，"与廷尉冯绲，大司农刘祐等共同心志，纠罚奸佞"，诸举邪臣，诛杀宦官张让弟张朔，威震禁内，"诸黄门常侍皆鞠躬屏气，休沐不敢复出宫省"。②

太学生领袖郭林宗，博通坟籍，清高自恃，不应辟举。范滂谓其"隐不违亲，贞不绝俗，天子不得臣，诸侯不得友"，是处士横议，清高傲世的典型。在汉末官场浑浊、政治黑暗腐败的情况之下，代表着封建知识分子正直善良、追求光明和未来的封建时代的理想和希望。

这些人，可以说是两汉经学所培养出来的优秀之才，是士族及知识分子的代表与希望所在，也是经学传统——以三百篇当谏书、以《春秋》当一王之法，密切联系政治，为政治服务——在好的方面的集中表现。但他们在党锢之祸中，被一网打尽，或者死里逃生，成为惊弓之鸟。这样，随着他们的被摧残、杀戮、镇压，经学作为一种特定的社会政治力量，也就只能烟消云散了。遭受党锢之祸的经学大师郑玄，开始引《老》注《易》，并拒绝征召，逃避政治，就透露了个中的消息。司马光说：

> 党人生昏乱之世，不在其位。四海横流，而欲以口舌救之。臧否人物，激浊扬清，撩虺蛇之头，跷虎狼之尾，以至身被淫刑，祸及朋友，士类歼灭，而国以随亡，不亦悲夫！夫唯郭泰，既明且哲，以保其身。申屠蟠见几而作，不俟终日，卓乎其不可及已。③

所以到魏晋时期，名士们身处竹林，清谈玄远，远离政治，党锢之祸的前车之鉴，无疑起了极大的作用。

---

① 《后汉书·党锢列传》。
② 《后汉书·党锢列传》。
③ 《资治通鉴·汉纪》五十六。

第二十章

汉末社会批判思潮的兴起及其与魏晋思想的联系

随着经学的衰落，政治统治的腐败，汉末社会批判思潮就兴盛起来，出现了社会批判思潮的代表人物王符、崔寔和仲长统。

一 王符的社会批判思想

王符字节信，安定临泾人。"少好学，有志操，与马融、窦章、张衡、崔瑗等友善。""自和、安之后，世务游宦，涂者更相荐引，而符独耿介不同于俗，以此遂不得升进。志意蕴愤，乃隐居著书三十余篇，以讥当时失得，不欲彰显其名，故号曰《潜夫论》。"[1]

《潜夫论》大约完成于桓帝时，反映了和安之世及汉末的社会矛盾与政治弊端。从《潜夫论》看，东汉社会在和安以后，确实是衰败腐烂，无可救药了。它的灭亡是必然的。

分析《潜夫论》提供的材料，可以看出，导致汉末社会矛盾激化、政治混乱的主要原因，是植根于奴隶制残余基础上的工商业急剧扩张，严重地瓦解和腐蚀了封建社会借以安定繁荣的根基——小生产的农民个体经济。由于大批农民弃农经商，浮游城市，农业生产受到

---

[1] 《后汉书·王充王符仲长统列传》。

严重破坏。《潜夫论·务本》① 篇说：

> 今民去农桑，赴游业，披采众利，聚之一门，虽于私家有富，然公计愈贫矣。

《浮侈》篇说：

> 今举世舍农桑，趋商贾，牛马车舆，填塞道路，游手为巧，充盈都邑。治本者少，浮食者众。商邑翼翼，四方是极。今察洛阳，浮末者什于农夫，虚伪游手者什于浮末。是则一夫耕，百人食之，一妇桑，百人衣之。以一奉百，孰能供之？天下百郡千县，市邑万数，类皆如此，本末何足相供？则民安得不饥寒？饥寒并至，则安能不为非？

《潜夫论》说，商业的发展，不仅使人们弃农经商，而且使社会风习侈靡。为了挥霍享受，满足贪欲，人们不择手段地弄钱发财，或"事口舌，而习调欺，以相诈绐"；"或以谋奸合任为业"；"或以游敖博弈为事"；"或丁夫世不傅犁锄，怀丸夹弹，携手遨游。或取好土作丸卖之"；"或作泥车、瓦狗、马骑、倡俳，诸戏弄小儿之具以巧诈"；或"起学巫视，鼓舞事神，以欺诬细民，荧惑百姓"；"或栽好缯，作为疏头，令工采画，雇人书祝（事鬼神），虚饰巧言，欲邀多福"。② 总之，无论男女老幼，都在为钱而奔波、忙碌，只要能弄钱，不管是经商、演戏、求神、弄鬼、欺诈、赌博，什么都可以干。于是田地荒芜，生产凋敝，社会的贫富分化与对立也愈趋严重。

豪门贵族积累了大量财富，挥霍无度，"衣服、饮食、车舆、文饰、庐舍，皆过王制。""从奴仆妾，皆服葛子升越，筩中女布，细致绮縠，冰纨锦绣。犀象珠玉，虎魄瑇瑁，石山隐饰，金银错缕，麋麂履舄，文组彩继，骄奢潜主，转相夸诧。"以婚丧嫁娶来说，"富贵嫁娶，车軿各十，骑奴侍童，夹毂节引。富者竞欲相过，贫者耻不

---

① 以下引《潜夫论》，只注篇名。
② 《浮侈篇》。

逮及。是故一飧之所费,破终身之本业"。又厚葬久丧,"一棺之成,功将千万。夫既其终用,重且万斤,非大众不能举,非大车不能挽"。"或至刻金缕玉,檽梓梗楠,良田造茔,黄壤致藏,① 多埋珍宝偶人车马,造起大冢,广种松柏。庐舍祠堂,崇侈上僭。"宠臣贵戚,州郡世家,"每有丧葬,都官属县,各当遣吏亲奉,车马帷帐,贷假待客之具,竞为华观……作烦扰扰,伤害吏民"。王符感慨地说:"今天下浮侈离本,潜奢过上,亦已甚矣。"②

王符认为"国之所以为国者,以有民也;民之所以为民者,以有谷也;谷之所以丰殖者,以有人功也;功之所以能建者,以日力也"。国家安定的最重要的基础,是农业发展,而发展农业生产的重要条件是政治清明,能保证农民全部时间可以安心农耕。但是汉末的情况恰恰相反。"百官乱而奸宄兴,法令鬻而役赋繁","万官挠民,令长自衒",老百姓根本没有心思和财力去进行农耕,不仅如此,且往往为了讼冤狱,"辄连日月,举室释作,以相赡视"。"比事讫,竟亡一岁功"③。繁重的赋役、官司、应付差事,加之"酒徒无行之人,传空引满,啁啾骂詈,昼夜鄂鄂……或殴击责主,入于死亡"④。社会秩序一片混乱。农业生产无法进行,所以国家的亡败是不可避免了。

对汉末其他种种弊端,如沽名钓誉;以阀阅取仕;朋党窃权;官场贪污腐败;贡举不实等等,《潜夫论》也有详尽揭露。如《务本》篇指出:

> 今世多务交游以结党助,偷世窃名以取济渡。夸末之徒,从而尚之,此逼贞士之节,而骇世俗之正者也。

《论荣》篇指出:

---

① 黄壤当为黄肠。《汉书·霍光传》、《后汉书·梁商传》、《周礼》方相氏郑玄注,以及崔寔《政论》皆为黄肠。
② 《浮侈》。
③ 《爱日》。
④ 《断讼》。

今观俗士之论也，以族举德，以位命贤。……无是能而处是位，无是德而居是贵。

《贤难》、《明暗》篇指出：

今世主之于士也，目见贤则不敢用……众小朋党而固位，谗妒群吠謁贤。……以面誉我者为智，谄谀己者为仁，处奸利者为行，窃禄位者为贤尔。

当涂之人，恒嫉正直之士……故上饰伪辞以障主心，下设威权以固士民。

《考绩》篇指出：

今……令长守相不思立功，贪残专恣，不奉法令，侵冤小民……侍中、博士谏议之官，或处位历年，终无进贤嫉恶、拾遗补阙之语，而贬黜之忧。群僚举士者，或以顽鲁应茂才，以桀逆应至孝，以贪饕应廉吏，以狡猾应方正，以谀谄应直言，以轻薄应敦厚，以空虚应有道，以嚚闇应明经，以残酷应宽博，以怯弱应武猛，以愚顽应治剧。名实不相副，求贡不相称。富者乘其材力，贵者阻其势要，以钱多为贤，以刚强为上。凡在位所以多非其人，而官听所以数乱荒也。

《实贡》篇指出：

举世多党而用私，竞比质而行趋华。贡士者，非复依其质干，准其材行也，直虚造空美，扫地洞说……虚张高誉，强蔽疵瑕，以相诳耀，有快于耳，而不若忠选实行可任于官也。

《三式》篇指出：

当今列侯，率皆袭先人之爵，因祖考之位，其身无功于汉，无德于民，专国南面，卧食重禄，下殚百姓，富有国家，此素餐之甚者也……坐作奢僭，骄育负责，欺枉小民，淫恣酒色，职为乱阶，以伤风化。

刺史守相，率多怠慢，违背法律，废忽诏令，专情务利，不邮公事。细民冤结，无所控告。

《救边》、《劝将》、《边议》、《实边》篇指出：

往者羌虏背叛，始自凉并，延及司隶，东祸赵魏，西钞蜀汉，五州残破，六郡削迹，周回千里，野无孑遗。

历察其败，无他故焉，皆将不明于变势，而士不劝于死敌也。

任将帅者……或阿亲戚，使典官兵……太守令长，皆奴怯畏便不敢击。放散钱谷，殚尽府库，乃复从民假贷，强夺财货。千万之家，削身无余，万民匮竭，因随以死亡……

由这些揭露可知，汉代社会在和安以后，确实从根基上腐烂透了。在和安之世及以后为什么无数明经或正直清高之士不受征召，要遁世隐居？为什么安帝时经学会急剧衰落，以浮华相尚？为什么皇帝只能依赖宦官、奸邪，不能有所作为？从根本上说，就是因为社会已经腐烂，风气已经完全颓蔽、淫秽，道德败坏，财利至上，不是任何个人的力量能整治挽救的。

王符虽然是最早的社会批判思潮的代表，但王符并没有和经学分离，而仍然是今文经学的信奉者。王符相信天道、鬼神、灾异感应。他说：

帝以天为制，天以民为心，民之所欲，天必从之。①
天道赏善而刑淫。②
以仁义费于彼者，天赏之于此。以邪取于前者，衰之

---

① 《遏利》。
② 《述赦》。

于后。①

圣王之建百官也,皆以承天治地,牧养万民者也。②

凡人君之治,莫大于和阴阳。阴阳者,以天为本。天心顺则阴阳和,天心逆则阴阳乖。天以民为心,民安乐则天心顺,民愁苦则天心逆……君臣法令善则民安乐,民安乐则天心慰,天心慰则阴阳和。……是故天心阴阳,君臣、民氓、善恶相辅至而代相征也。③

王者法天而建官,自公卿以下,至于小司,辄非天官也。④

太古之时,烝黎初载,未有上下而自顺序,天未事焉,君未设焉。后稍矫虔,或相凌虐,侵渔不止,为萌巨害。于是天命圣人,使司牧之,使不失性,四海蒙利,莫不被德,佥共奉戴,谓之天子。⑤

可以看出,无论关于自然、人事或历史观,王符都没有摆脱今文经学的传统观点。

对于鬼神卜筮,王符的思想近于折中调和,他说:

圣王之立卜筮也,不违民以为吉,不专任以断事。⑥

凡人吉凶,以行为主,以命为决。行者,已之质也;命者,天之制也。……巫觋祝请,亦其助也,然非德不行。⑦

圣人甚重卜筮,然不疑之事,亦不问也。甚敬祭祀,非礼之祈,亦不为也。⑧

王符所反对的是世俗对卜筮的过分依赖和迷信,所谓"俗人筮

---

① 《遏利》。
② 《考绩》。
③ 《本政》。
④ 《忠贵》。
⑤ 《班禄》。
⑥ 《卜列》。
⑦ 《巫列》。
⑧ 《卜列》。

（汪继培疑为狎）于卜筮，而祭非其鬼，岂不惑哉！"

对梦列、看相等，王符也采折中观点，虽有所批判，但并不从根本上否定。

王符的世界图式也是汉代传统的宇宙生成论思想。《本训》篇说：

> 上古之世，太素之时，元气窈冥，未有形兆，万精合并，混而为一，莫制莫御。若斯久之，翻然自化，清浊分别，变成阴阳。阴阳有体，实生两仪。天地壹郁，万物化淳，和气生人，以统理之。

又说：

> 是故，天本诸阳，地本诸阴，人本中和。三才异务，相待而成。各遵其道，和气乃臻，机衡乃平。

这种中和观念，在《河上公老子章句》、《道德指归》和同时期的《太平经》中都有阐述和发挥。

基于天人感应，王符提出了"道德之用，莫大于气"的说法。认为"道者，气之根也，气者，道之使也。必有其根，其气乃生。必有其使，变化乃成"。这里所谓"生"，是从感应的观点立论的，不是指道产生气。相反道德的作用是通过气表现的。所以说"变异吉凶，何非气然"。"气运感动，亦诚大矣。变化之为，何物不能。"

总之，一方面是传统的经学思想，一方面是对社会政治的批判，两者并居共处，这就是王符思想的特点。

今文经学从董仲舒以来，本来就有关心民谟国事的传统，一直包含着社会批判思潮的成分，其间禹贡、鲍宣、夏侯胜、盖饶宽、冀奉、李寻、谷永、师丹等人更是佼佼名世者。王符的社会政治批判思想是这个传统的发展与集中的表现。

虽然如此，但由于其社会批判的矛头是把人们的注意力引向实际问题的研究，它的发展对于皓首穷经、死守章句的经学，又终归是不利的。它促进了汉代神学经学的衰落与"灭亡"。

二 崔寔的社会批判思想

崔寔字子真，一名台，字元始。涿郡安平（今河北涿县）人，祖父崔骃，父崔瑗皆以文名。崔寔好典籍，桓帝初除为郎，后拜议郎，与边韶、延笃等著作东观。以后出任五原太守，又征拜议郎，与诸儒博士杂定五经。以后又拜辽东太守。大约灵帝建守年间卒①。所著《政论》，大约开始于桓帝初年，陆续写作，完成于任辽东太守以后。

崔寔对当时社会政治的腐败与风俗的淫弊，有深刻的观察。他说当时存在三患。第一患是：奢僭。商人百工竞为"僭服"、"淫器"；"婢妾皆代琪掭之饰而被织文之衣"，"馀黄甘而厌文绣"；"玩饰匿于怀袖，文绣弊于帷帱"。影响所及，普天之下，莫不奢僭。第二患是，弃农经商。无用之器贵，本务之业贱。"农桑勤而利薄，工商逸而入厚。故农夫辍耒而雕镂，女工投杼而刺绣，躬耕者少，末作者众。"弄得仓廪空虚，"百姓穷困而为寇"，或"饥馁流死，上下相匿"，国家的根本受到腐蚀动摇。第三患是：厚葬。父母死了，为之"高坟大寝"，"响牛作倡"，"辒梓黄肠，多藏宝货"。人人以此为荣，以致为了厚葬，不惜倾家荡产，结果，"穷厄既迫，起为盗贼"②。这三患，崔寔认为是天下之患。它确实集中地反映了汉末风俗败坏和社会危机的严重情况。

崔寔指出，纵观历史，每一朝代经历了开国的繁荣和中兴以后，一定是走下坡路。因为"世主承平日久，俗渐弊而不寤，政寖衰而不改，勿乱安危，逸不自睹。或荒耽嗜欲，不恤万机；或耳蔽箴诲，厌伪忽真……"因此，一味因循，不思振作，于是江河日下，终至不可收拾。对比汉代的情况，正是如此。崔寔说："自汉兴以来，三百五十余岁矣，政令垢玩，上下怠懈，风俗凋敝，人庶巧伪，百姓嚣然，咸复思中兴之救矣。"③崔寔认为汉代的情况，已是到了非改不

---

① 参阅《后汉书·崔骃列传》。
② 《全后汉文》卷四十六。
③ 同上。

可的时候了。他把希望寄托在中兴,希望皇帝能起用贤哲,毅然改革。但他又清醒地看到,改革的阻力重重,没有什么希望。因此他选择了明哲保身的道路,"以世方阻乱,称疾不视事"①,由悲观而隐遁。

崔寔长时期出入官场,历任太守,对汉末官场的黑暗,看得十分清楚。从他的揭露,可以看到,汉代腐朽的封建国家机器,已经在自行瓦解离析了。崔寔说:

> 今典州郡者,自违诏书,纵意出入。每诏书所欲禁绝,虽重恳恻,骂詈极笔,由复废舍,终无悛意。故里语曰:州郡记,如霹雳;得诏书,但挂壁。②

皇帝的诏书,等于废纸,各地州郡一切自行其是,官吏们无法无天,他们对老百姓的欺压榨取,也就更加肆无忌惮了。崔寔说:

> 今官之接民,甚多违理,苟解面前,不顾先哲。作使百工,及从民市,辄设计加以诱来之。器成之后,更不与直。老弱冻饿,痛号道路。守关告哀,终不见省。历年累岁,乃才给之。又云逋直,请十与三。此逋直岂物主之罪邪?不自咎责,反复灭之,冤抑酷痛,足感和气。……是以百姓创艾,咸以官为忌讳,遁逃鼠窜,莫肯应募,因乃捕之,劫以威势。

这种随意的诱骗、捕杀,"复灭",掠夺,使老百姓视官府为寇仇,"亡命蓄积,群辈屯聚",③ 除了铤而走险,已别无生路。

针对汉末的乱世情况,崔寔主张严刑深罚,以法治治国。作为一个"出入典籍"、"与诸儒杂定五经"的儒家经学之徒,崔寔这种思想变化,是有时代意义的。崔寔说:

---

① 《后汉书·崔骃传》。
② 《全后汉文》卷四十六。
③ 同上。

> 呼吸吐纳，虽度纪之道，非续骨之膏。盖为国之道，有似理身，平则致养，疾则攻焉。夫刑罚者，治乱之药石也，德教者，兴平之粱肉也。夫以德教除残，是以粱肉理疾也；以刑罚理平，是以药石供养也。方今承百王之弊，值厄运之会，自数世以来，政多恩贷，驭委其辔，马骀其衔，四牡横奔，皇路险倾，方将钳勒鞿鞚以救之，岂暇鸣和銮清节奏从容平路哉。①

崔寔认为孝宣帝严刑峻法，破奸雄之胆，海内肃清，天下熙熙，这种霸政是医治现在社会的良药。如果不是这样，而仍然死守儒家的老套，以德教为先，就是不识时务了。崔寔说："圣人执权，遭时定制，步骤之差，各有云施。"② 因此他的一些具体的政治主张，如"参以霸政"，"深其刑而重其罚"，反对"大赦"，主张"宜十岁以上，乃时一赦"，以及严格尊卑等级，"明法度以闭民欲"，等等，可以说都是建筑在"遭时定制"这一思想基础上的。

经济上，崔寔推崇井田制。他说：

> 昔者圣王立井田之制，分口耕耦地，各相副适，使人饥饱不偏，劳逸均齐，富者不足僭差，贫者无所企羡。③

崔寔认为，实行井田可以抑止兼并，防止贫富不均。但他没有明确提出应该在当时实行，只是希望政府组织移民，把徐、兖、冀三州人稠土狭之民，转移到凉州宽阔之地，以赡贫困。

崔寔还写了《四月民令》。从形式上看，这只是一份一年十二个月的农事安排，但实际上有重要的思想意义。因为这份"月令"，与《吕氏春秋》或《礼记》的"月令"不同：（1）它的对象是民，不是君；（2）是人民生产与生活活动的安排，不是国家、君主的政治活动；（3）特别突出了耕读为本的思想。除了安排每一月份的生产活动，还特别提出了儿童的学习；（4）除了农业，还注意到畜牧业、

---

① 《全后汉文》卷四十六。
② 同上。
③ 同上。

林业、食品加工；（5）除了男耕，还重视女织；（6）强调了家族宗族的宗法情谊。如三月，"冬谷或尽，椹麦未熟，乃顺阳布德，振赡穷乏，务施九族，自亲者始。无或蕴财，忍人之穷；无或利名，罄家继富。度入为出，处厥中焉"。九月，"存问九族孤寡老病不能自存者，分厚彻重，以救其寒"。十月，"敕丧纪，同宗有贫窭久丧不堪葬者，则纠合宗人，共与举之，以亲疏贫富为差，正心平敛，无相逾越"。① 因此，这是一幅从生产到生活、从男耕到女织的全面的乡村自然经济的理想风俗画。从《四民月令》可以看到，汉末排斥商业，要求回复到淳朴的宗法情谊和自然经济生活的高涨的热情和呼声。

崔寔的《政论》对仲长统影响很大，故仲长统曾提出，《政论》之书，"凡为人主，宜写一通，置之坐侧"。② 崔寔对汉末社会政治弊端的揭露，对改良政治的建议，以及关于井田、自然经济等思想，在仲长统著作中都得到了发挥。

三 仲长统的社会批判思想

仲长统，字公理，山阳高平人。"少好学，博涉书记，赡于文辞。年二十余，游学青、徐、并、冀之间。""敢直言，不矜小节，默语无常，时人或谓之狂生，每州郡命召，辄称疾不就。""尚书令荀彧闻统名，奇之，举为尚书郎。后参丞相曹操军事。每论说古今及时俗行事，恒发愤叹息。因著论名曰《昌言》，凡三十四篇，十余万言。"③《昌言》全书多佚，《后汉书》本传存《理乱》、《损益》、《法诫》三篇，《全后汉文》收有一些残篇片断。

和《潜夫论》以及《政论》不同，《昌言》基本是在汉朝结束（名存实亡）后写的，是对两汉四百年的历史经验教训的总结，因而哲理和概括性比《潜夫论》和《政论》更强。

仲长统不仅摆脱了经学的樊篱，且深受道家思想的影响，因而又代表着汉末经学衰落以后，知识分子由避害遁世而向老、庄及刑名思

---

① 《全后汉文》卷四十七。
② 《后汉书·崔骃列传》。
③ 《后汉书·王充王符仲长统列传》。

想的过渡。

在一篇赋中，仲长统表达自己的志趣说：

> 蹰躇畦苑，游戏平林。濯清水，追凉风，钓游鲤，弋高鸿。讽于舞雩之下，咏归高堂之上。安神闺房，思老氏之玄虚。呼吸精和，求至人之仿佛。与达者数子，论道讲书，俯仰二仪，错综人物。弹南风之雅操，发清商之妙曲。逍遥一世之上，睥睨天地之间。不受当时之责，永葆性命之期。①

就情趣和精神境界而言，可以说，这已超越汉世而进入魏晋了，不再是汉代名士之流而属于魏晋陶渊明羲皇上人之俦了。魏晋风度，已开先声。恰如一只春燕，仲长统毋宁是新时代新风尚即将来临的预兆和象征。

在《明志诗》中，他说：

> 至人能变，达士拔俗。……人事可遗，何为局促？
> 大道虽夷，见几者寡。任意无非，适物无可。……百虑何为，至要在我。
> 叛散五经，灭弃《风》、《雅》。百家杂碎，请用从火。抗志山栖，游心海左。元气为舟，微风为柁。遨翔太清，纵意容冶。②

"叛散五经，灭弃风雅"，仲长统思想真正经历了离经叛道的洗礼，所以他能接受道家、法家的思想影响而对汉代兴亡的历史教训，做出经学所不能做出的更深刻的总结。

在《理乱》篇中，仲长统提出，朝代兴亡的规律，是如下的三部曲：开始是新朝代的建立。这时，胜者为王，败者为寇，王朝的开国人物经过角智斗力而取得了胜利。他们认为"布德生民，建功立

---

① 《后汉书·王充王符仲长统列传》。
② 同上。

业，流名百世者，唯人事之尽耳，无天道之学焉"①。因此一切都奋发有为，兢兢业业，政治上一番清明景象。此后则继体守文之君，依靠祖宗留下的江山，"贵在常家，尊在一人"。由于敌对势力削平了，"天下晏然，归于一心"，王朝度过一段平静时期。然后末世来临，"君臣宣淫，上下同恶，荒废庶政，弃亡人物，澶漫弥流，无所底极"。统治者"熬天下之脂膏，斫生人之骨髓"，人民则被搜刮压榨，无以为生。于是"怨毒无聊，祸乱并起"，"土崩瓦解，一朝而去"。仲长统说："存亡以之迭代，政乱从此周复"，这种循环往复的三部曲，是"天道常然之大数。"这里"大数"是规律，"天道"不指天命，而是人事、人道。这对传统的经学观点是有力的否定。

仲长统纵观春秋、战国至秦汉的历史，看出历史愈是往后发展，祸乱愈是频繁，社会的残夷破灭也就愈是厉害。他说，楚汉用兵之苦，甚于战国，王莽之乱，"残夷灭亡之数，又复倍乎秦项"，"以及今日（东汉末），名都空而不居，百里绝而无民者，不可胜数。此则又甚于亡新之时也"。仲长统认为历史是必然地这样江河日下的。他看不到光明和出路，悲观地感叹说："不知来世圣人，救此之道，将何用也！"

仲长统指出，所谓社会正义是虚伪的空谈，实际上社会通行的原则是角智斗力，智诈者取胜。因此"小人贵宠，君子困贱"是世情的常态。他说，"汉兴以来，相与同为编户齐民，而以财力相君长者，世无数焉"。"豪人之室，连栋数百，膏田满野，奴婢千群，徒附万计。船车贾贩，周于四方；废居积贮，满于都城。琦赂宝货，巨室不能容；马牛羊豕，山谷不能受。妖童美妾，填乎绮室；倡讴（妓）伎乐，列乎深堂。宾客待见而不敢去，车骑交错而不敢进。三牲之肉，臭而不可食；清醇之酎，败而不可饮。睇盼则人从其目之所视，喜怒则人随其心之所虑。此皆公侯之广乐，君长之厚实也。"②这些财富权势从何而来？全都不是由于命好，由于德高，而是依靠智诈，巧取豪夺而来的。"奸人擅无穷之福利，而善士挂不赦之罪辜。"人妖颠倒，是非混淆。"清洁之士，徒自苦于茨棘之间。"他们的身

---

① 《全后汉文》卷八十九。
② 《后汉书·王充王符仲长统列传》。

教言传，对于社会的腐败风习，是没有任何损益作用的。

仲长统观察到分封制的弊病，指出分封的结果必然"上有篡叛不轨之奸，下有暴乱残害之贼"。因为"时政凋敝，风俗移易，淳朴已去，智慧已来"，亲属骨肉之间互相残杀是必然的。因此他认为分封制绝不能再实行了。

那么如何治理社会？仲长统提出十六条措施："明版籍（户口）以相数阅，审什伍以相连持，限夫田以断并兼，定五刑以救死亡，益君长以兴政理，急农桑以丰委积，去末作以一本业，敦教学以移情性，表德行以厉风俗，覈才艺以叙官宜，简精悍以习师田，修武器以存守战，严禁令以防僭差，信赏罚以验惩劝，纠游戏以杜奸邪，察苛刻以绝烦暴。"① 从户口、赋税、土地、生产到法纪等都谈到了。内容是全面的，但基本上是刑德并用，而以法治为本的思想。其中断兼并，实行井田，又是最基本的措施。

仲长统说：

> 井田之变，豪人货殖，馆舍布于州郡，田亩连于方国。身无半通青纶之命，而窃三辰龙章之服；不为编户一伍之长，而有千室名邑之役；荣乐过于封君，势力侔于守令。财赂自营，犯法不坐。刺客死士，为之投命。至使弱力少智之子，被穿帷败，寄死不敛，冤枉穷困，不敢自理。虽亦由网禁疏阔，盖分田无限使之然也。今欲张太平之纪纲，立至化之基趾，齐民财之丰寡，正风俗之奢俭，非井田实莫由也。②

由于商业资本积聚的财富，投资于购买土地，两者相互促进，使土地兼并恶性地发展起来。"馆舍布于州郡，田亩连于方国。"豪族地主成为汉末最强大的势力，他们凭借雄厚的经济实力，在政治上颐指气使，作威作福，"荣乐过于封君，势力侔于守令"。把老百姓弄得冤枉穷困，无以为生，只能铤而走险。所以仲长统认为，"太平至化"的根本在于实行井田制度。

---

① 《损益篇》。
② 同上。

有些论著说，汉末土地兼并问题引起的是社会危机，不是经济危机。其实这是一件事情的两个方面。① 土地兼并的发展，不仅引起了贫富严重分化的社会危机，而且由于土地兼并是和货殖相结合的，大批农民弃本从末，产生了农业生产危机即经济危机，由此又引起了法纪混乱，官逼民反的政治危机。所以仲长统抓住土地兼并这一点，是发挥崔寔思想而比王符深刻多了。

西汉初年，董仲舒已经指出土地兼并和自由买卖，使"里有公侯之富，邑有人君之尊"，但其规模一定较东汉末年为小。而且由于地广人稀，有大量荒地可以开垦，兼并所引起的土地问题不会十分严重。故在董仲舒建议中，田租、口赋、盐铁国营是造成社会贫困的重要因素。王符则着重指出，豪人货殖及兼并引起政治腐败混乱，社会贫富分化，冤狱丛生，便小民无告，铤而走险，问题的情况和性质显然和董仲舒时有所不同。董仲舒的建议代表工商利益，要求盐铁私营，仲长统的建议则主要是针对商业货殖的，实质是要求全面恢复小农的自然经济，以制止豪人货殖及由此引起的财富积聚和土地兼并。仲长统的理想是每一地主享有八家佃户每家一百亩耕田的供应，以享受小地主田园的乐趣。这种模式正是魏晋名士如陶渊明等人的生活理想和思想先导。

四 "本末"、"名实"与魏晋思想

从和魏晋思想的联系看，汉末社会批判思潮提出的本末和名实问题值得注意。

王符思想，无论是揭露社会弊端，或提出种种改良建议，理论上作为指导的是关于本末的观念。在《潜夫论·务本》中他说："凡为治之大体，莫善于抑末而务本，莫不善于离本而饰末。""夫富民者，以农桑为本，以游业为末。""百工者以致用为本，以巧饰为末。""商贾者，以通货为本，以鬻奇为末。""教训者，以道义为本，以巧辩为末。""辞语者，以信顺为本，以诡丽为末。""列士者，以孝悌

---

① 参见陈启云《关于东汉史的几个问题》，载《燕园论学集》，北京大学出版社 1984 年版。

为本,以交游为末。""孝悌者,以致养为本,以华观为末。""人臣者,以忠正为本,以媚爱为末。"总之,"慎本略末犹可也,含本务末则恶矣。"①

王符的本末论,是从实际社会政治弊端观察所做出的结论,不是一种本体论的思辨,但是它和以后王弼的本末之辨两者却又有其思想上的一致和联系。因为在王弼思想中占有重要地位的本末之辨,如果还原为世俗的社会政治语言,其内容的大部分,正是王符提出的崇本抑末要求。所不同的是,王弼让这种要求以哲理的思辨的形态出现,王符则仍然在经学的框架上思考问题,因而只能就事论事。

试看王弼崇本抑末的部分社会实际内容吧。王弼说:

> 食母,生之本也。人皆弃生民之本,贵末饰之华,故曰"我独欲异于人"。②
> 夫以道治国,崇本以息末;以正治国,立辟以攻末。③

这里"守母以存其子,崇本以举其末",使"刑名具有而邪不生,大美配天而华不作"④,和王符的"崇本抑末"内容是相近的。

不仅如此,王符还提出了性情与习俗的本末关系,指出:

> 民有性,有情,有化,有俗。情性者,心也,本也;化俗者,行也,末也。末生于本,行起于心。是以上君抚世,先其本而后其末,顺其心而理其行。心精苟正,则奸匿无所生,邪意无所载矣。⑤

虽然王符的"正心",内容仍然是儒家的老套,但这段话具有抽象一

---

① 仲长统也指出"廉隅贞洁者,德之令也;流逸奔随者,行之污也。风有所从来,俗有所由起。病其末者刈其本,恶其流者塞其源"(《全后汉文》卷八十九)。
② 《老子道德经注》第二十章。楼宇烈《王弼集校释》认为"食母"指道。实际上这里是指"食"。
③ 《老子道德经注》第五十七章。
④ 《老子道德经注》第三十八章。
⑤ 《潜夫论·德化篇》。

般的理论形式,即以心为本,行为、俗化为末。这样,移风易俗就归结为"闲邪在乎存诚,不在去末"的王弼玄学命题了,所以王符曾说:"恬淡无为,化之本也。"① 王弼的《老子指略》就发挥着这类思想。如说:

> 夫邪之兴也,岂邪者之所为乎?淫之所起也,岂淫者之所造乎?故闲邪在乎存诚,不在善察;息淫在乎去华,不在滋章;绝盗在乎去欲,不在严刑;止讼存乎不尚,不在善听。故不攻其为也,使其无心于为也。
> 唯在使民爱欲不生,不在攻其为邪也。故见素朴以绝圣智,寡私欲以弃巧利,皆崇本以息末之谓也。
> 望誉冀利以劝其行,名弥美而诚愈外,利弥重而心愈竞。

虽然王弼所谓存诚,并不就是儒家的正心,但两相比较,思路或问题的提法不是又很接近吗?

从东汉至魏晋的社会进程看,大力发展庄园经济,崇尚农耕,甚至一度以谷帛代货币,取消商业,可以说是生产上的崇本抑末。提倡自然无为②,否定神学经学的种种迷信和象数之论,是学术思想上的崇本抑末。由王符提出本末问题到实际上解决这个问题,历史走了几十年的时间,经历了剧烈的社会动荡,虽然实际上由于魏晋士族更为腐化享乐,社会更为侈靡,并没有能真正解决抑止奢侈等问题,但历史从来是复杂的,所能给人们看到的,只能是一个隐隐约约的发展的大致轮廓。这个发展轮廓则确是如王符所描绘的。

除本末问题外,鉴于选举失实和官吏大臣尸位素餐,政权瘫痪,王符、仲长统等还提出了循名察实及对官吏的考绩问题。先秦法家的刑名之学,由此再度得到恢复和重视。

王符说:

> 贤愚在心,不在贵贱;信欺在性,不在亲疏。……苟得其

---

① 《潜夫论·实贡篇》。
② 曹丕黄初二年(221年)"罢五铢钱,使百姓以谷帛为币"(《晋书·食货志》)。

人，不患贫贱；苟得其材，不嫌名迹。①

是故选贤贡士，心考覈其清素，据实而言，其有小疵，勿强衣饰，以壮虚声。②

是故有号者必称于典，名理者必效于实，则官无废职，位无非人。③

仲长统说：

天下之士有三可贱。慕名而不知实，一可贱。④

这种名实、刑名的讨论，到建安时期演变为曹操的刑名法治和名理之学，对魏晋玄学也产生了直接影响。

---

① 《本政》。
② 《实贡》。
③ 《考绩》。
④ 《全后汉文》卷八十九。

第二十一章

许慎、郑玄、虞翻与两汉经学的终结

东汉经学的衰落，不只是因为受到皇权的歧视、打击，大批经学之士受到镇压、摧残；也不只是农民起义的大火烧毁了经籍，使大师们无法重操旧业，或由于农民思想武器的批判，使经学威信扫地。因为这些虽然使经学受到惨重打击，但却不可能使它从本质上，从自身的形态与生命上灭亡。历史昭示的真理十分明显：秦始皇焚书坑儒，使儒学遭受惨重打击，但并没有使儒学绝迹，相反在汉代，它死而复生，登上了统治的宝座，经历了几百年的独尊和繁衍。西汉农民起义的大火，使经学受到沉重打击，许多经学大师无法重操旧业，但它也没有可能烧毁"经学"，相反它在东汉取得了空前的繁荣。思想发展的规律是：如果它自身是有生命力的，社会还需要它，那么它就会像一个怪物一样，砍掉它的一个脑袋，它还会死而复生，长出两个甚至三个脑袋来。

经学的没落当然是时代造成的，但更重要的是它自己造成的，因此是本质的衰落。经学终结的内在原因是在于，一方面它发展到了它的极端和顶点，从而堵塞了自己继续发展的道路；另一方面，它又为自己找到了向前发展的新路，准备好了自己下一阶段的发展形态，从而自己否定了自己。

经学包括两方面的内容，一方面是它的学术成果，如名物训诂、历史陈述及经验教训的总结等等，这一方面它不存在否定与被取代的问题。另一方面是经学哲学思想及其所采取的特殊神学经学的形态，这一方面的发展则创造了否定自己的真正的对立面。

东汉后期经学哲学及经学的瓦解和终结，在许慎、郑玄的经学和虞翻的易学中有集中表现。分析许慎、郑玄的经学和虞翻易学，可以十分清楚地看到经学如何自己为自己的终结创造了条件。

一 《说文解字》与经学

"许慎，字叔重，汝南召陵人。性淳笃，少博学经籍，马融常推敬之。时人为之语曰：'五经无双许叔重。'为郡功曹，举孝廉，再迁除洨长。卒于家。"（《后汉书·儒林列传下》）约生于光武建武三十年（公元54年）至明帝永平元年（公元58年），卒于桓帝建和元年至三年（公元147—149年）[1]，主要活动于和帝时期。著作有《说文解字》（安帝建光元年即公元121年定稿）及《五经异义》等。

清代乾嘉学派时，"家家许郑"，汉学如日中天。《说文解字》（以下简称《说文》）及郑玄所代表的名物训诂之学被认为是汉学的代表。但实际上，在学术为政治服务，经义与政治相结合，以及以阴阳五行、天人感应论述天人关系这些基本点上，许慎、郑玄与今文经学是没有区别的。《说文》实际是《尔雅》的另一种形式的继续。在学风上，深受董仲舒《公羊春秋》学之"深察名号"与"名者，名其真也，名其情也"的经学信念及思想之影响。

《说文》的编排，以一开始，以亥结束，计五百四十部首，系汉易象数思想之表现。六为阴之变，九为阳之变，六九五十四而十倍之。而"十，数之具也。一为东西，一为南北，则四方中央备矣"。"亥，十月，微阳起，接盛阴。……亥而生子，复从一起。"此生生不息之周期，被认为既是天道，也是人道（字道），《说文》即是它的反映。

《说文》所收九千多字，绝大多数与经学无关。关乎政治、礼制、道德教化与经义的文字，其释义则是一种经学，或者是两者的结合，而非文字学。如：

"天，颠也，至高无上，从一大。"颠是声，由声引义。这是董仲舒式的经学方法。"至高无上"，不仅是对与地相对之苍苍青天的形容，亦表示对天的敬畏。基本上沿袭《白虎通》，而删削其神学的成分。

---

[1] 据梅季《说文解字·序》，参见岳麓书社2002年版《说文解字今释》。

"地，元气初分，轻清阳为天，重浊阴为地，万物所陈列也。""日，实也。太阳之精不亏，从口一，象形。""月，阙也。太阴之精，象形。"基本上沿袭《白虎通》的解释。

社会政治方面：

"王，天下所归往也。董仲舒曰：'古之造文者，三画而连其中谓之王。'三者，天地人也；而参通之者，王也。'孔子曰：'一贯三为王'。凡王之属，皆从王。"完全采董的说法。引孔子之言，出于纬书。

"人，天地之性最贵者也。"

"民，众萌也，从古文之象。凡民之属皆从民。""氓，民也，从民，亡声，读若盲。"董仲舒说："民者冥也，民之为言，盲也。""冥"是同声引义的方法。甲骨文，民，字形为一目被残之象。据郭沫若的说法，民在殷商就是奴隶。为防其逃亡，常残其一目。许的说法与董一脉相承。

"士，事也。数始于一，终于十，从一从十。孔子曰：'推十合一为士。'凡士之属，皆从士。"采董仲舒之说。

"封，诸侯之地也，从土从寸，守其制度也。公侯百里，伯七十里，子男五十里。"采今文《王制》之说。

"姓，人所生也。古之神圣母感天而生子，故曰天子。从女从生，生亦声。《春秋传》曰：'天子因生以赐姓。'"采今文经说法。

关于干支及五行与方位的字，《说文》一采《太乙经》之说，如以人头为甲，乙像人颈，丙承乙，像人肩。如此等等。一采阴阳五行年历方位之说，如以甲乙配东方，春季；丙丁配南方，夏季；戊己为中宫；庚辛配西方，秋季；壬癸配北方，冬季，冬至一阳生等。皆今文经学及孟喜易学思想。

数目字多据《易》今文或谶纬，如：

"一，惟初太始，道立于一，造分天地，化成万物。凡一之属，皆从一。"这是《易纬·乾凿度》的说法。凡一之属的字，如元、天、吏、帝，皆无形中渗透进这种意识。

"三，天地人之道也。"

"四，阴数，象四分之形。"

"五，五行也。从二（即天地上下），阴阳在天地间交午也。"

"九，阳之变也。"

皆据《易》学阴阳五行思想。

其他，如："示，天垂象，见吉凶，所以示人也。从二，三，垂日月星也。观乎天文，以察时变，示神事也。"

"屯，难也。象草木之初生，屯然而难。从草贯一。一，地也，尾曲。《易》曰：'屯，刚柔始交而难生。'"屯，在《周易》屯卦中，原意为屯驻、屯积、屯兵之屯。加金旁为钝。钝为不锋利的、迟钝、不进。屯驻等是其引申与运用。字形如刀锋穿过皮革或木草而弯曲。以屯为草木初生、为难，系据《易传》，为后出之经义。

部首的字，地位重要，具统帅部属全部文字的作用。《说文》许多部首的解说渗透阴阳五行思想，从而实际把该部所有字，统在阴阳五行之下，如干支字、五行字、数目字及心部玉部等。《说文》："心，人心，土藏，在身之中，象形。博士说以为火藏。凡心之属皆从心。""玉，石之美，有五德：泽润以温，仁之方也。……凡玉之属皆从玉。"从而把从心从玉的全部文字，统在阴阳五行之下。

在文字的来源上，《说文》引古文经本作根据。于字义的用例，则引《易》孟氏；《书》孔氏；《诗》毛氏；礼《周官》；《春秋》左氏和古文《论语》《孝经》。其中，孟喜《易》是今文。还广引了《春秋公羊传》、《墨翟书》、《国语》、《司马法》、《明堂月令》、《少仪》、《汉令》、《尔雅》及董仲舒、扬雄、刘歆、淮南王、吕不韦，等等。马宗霍《说文解字引经考》说："《说文》称礼者二十八字，有八字所引见《周官》，一字见《礼记》，两字则说《周官》之事，两字则称《礼》，兼称《周官》。其专属《仪礼》者七字，无一字在郑注所云'古文'之内。余则或出《毛诗传》，或出《礼说》，或出《礼纬》，或则不知所出，而亦以《礼》称之。"说明许之引书，打破了今古文经学的界限。《说文》言礼制有九十五字，皆称"周礼"，其所谓"周礼"，包据《左传》《礼记》《仪礼》等在内，非单指《周官》；说明其"周礼"观念是综合今古文各家的，并无古文经学的特定立场。

《说文解字记》说："盖文字者，经艺之本，王政之始，前人所以垂后，后人所以识古，故曰本立而道生，知天下之至啧而不可乱也。"说明他作本书是为了讲经明经，是为政治服务的。

《说文》虽以经义说字，但比之谶纬与《白虎通》，它删掉了其更为牵强附会与神学的说法，也扫荡了当时随意虚构比附的说法。《说文》将文字的形成，归纳为象形、指事、会意、形声、转注等六种方法，为科学地研究汉字的起源与初义，奠定了方向与方法论基础，展现出全新的学风。这对结束经学对思想与学术的统治，起了极有益的作用。

二 《五经异义》

许有《五经异义》（以下简称《异义》），讨论五经经义的不同说法。皮锡瑞在《经学历史·经学中衰时代》中说："许慎《五经异义》分今古文说甚晰。"意思是说，许古文立场鲜明，乃东汉今古文学派斗争两不相容之表现。但实际上，这种论同异的学术风气，是西汉石渠阁会议即开始的。东汉章帝令贾逵撰欧阳、大小夏侯尚书（皆今文）古文同异，又撰齐鲁韩《诗》（皆今文）与毛诗异同。白虎观会议也讨论五经异同。这些异同虽然皆由皇帝裁决，具法典性质，但也利于学术的自由。许以学者个人身份从事著述、讨论，虽然着眼点和欲达到的目的并不是要削弱经学，但实际上则把整个经学特别是官方经学的权威削弱，而使它更学术化了。

《异义》全书列举《诗》《书》《礼》《易》《春秋》今古文在礼制、社会制度及经义上的不同说法，然后下一评判；虽然结论大多采古文尚书说、左氏说、周礼说，但亦引用不少今文经说以为证。如："诗鲁说，丞相匡衡以为殷中宗周成宣王皆以时毁。古文尚书说，经称中宗，明其庙宗而不毁。谨案：春秋公羊御史大夫禹贡说，王者宗有德、庙不毁，宗而复毁，非尊德之义。""公羊说存二王之后，所以通乎三统之义。礼戴说云：天子存二代之后，犹尊贤也。尊贤不过二代。古春秋左氏说，周家封夏殷二王之后，以为上公；封黄帝尧舜之后，谓之三恪。谨案：治鲁诗韦玄成、治易施雠等说，引外传曰，三王之乐可得观乎？如王者所封三代而已，与左氏说同。"这是打通今古文、无所谓今古文界线的说法。

《异义》亦有直接赞同今文说而不同意古文者。如："公羊说，国灭君死正也。故《礼运》云：'君死社稷，无去国之义'。《左传》

说，昔大王居豳，狄人攻之，乃逾梁山而邑岐山，故知有去国之义。谨案：《易》曰：'系遯有疾，厉。蓄臣妾，吉'，知诸侯无去国之义也。""未逾年之君，立庙不？公羊说云，未逾年，君有子则书葬立庙，无子则不葬，恩无所录也。左氏说，臣之事君，悉心尽思不得录。君父有子则为立庙，无子则废也。或议曰……案：礼云，臣不殇君，子不殇父，君无子而不为立庙，是背义弃礼，罪之大者也。""凡君非礼杀臣，公说子可复仇，故子胥伐楚，《春秋》贤之。左氏说，君命天也，是不可复仇。曰：子思云，今之君退人若将坠诸渊，无为戒首，不亦善乎！子胥父兄之诛，坠渊不足喻。伐楚使吴首兵，合于子思之言也。"这三条，无异于说左氏不仅非如贾逵所云，深于君父大义，相反，竟是大有罪于君父。这无疑对古文左氏欲立为经的企图，是有力的打击。

《异义》谓："礼戴说，王制云，五十不从力征，六十不与服戎。易孟氏、韩诗说，年二十行役，三十受兵，六十还兵。古周礼说，国中自七尺以及六十，野自六尺以及六十有五皆征之。谨案，五经说皆不同，是无明文所据。汉承百王而制二十三而役，五十六而免。六十五已老而周复征之，非用民义。"这对古周礼是严厉的批评。

《异义》指出，公羊春秋奉为根据的鲁哀公十四年孔子见麟受命之说，是相矛盾的。"公议郎更始、待绍刘更生等议石渠，皆以为吉凶不并，端灾不兼。今麟为周亡天下之异（公羊说），则不得为瑞，以应孔子至。"从根本上否定了今文（也包括《左传》在内）种种孔子受命为汉制法的说法。

就整体说，《异义》比较同异的结果，所有经说都成为讨论的对象，不仅扫荡了所谓师法、家法，也开了自由、研讨的学风。

三 郑玄的遍注群经

"郑玄，字康成，北海高密人，师事京兆弟五元先，通京氏易、公羊春秋。从东郡张恭祖受周官、礼记、左氏春秋、韩诗、古文尚书。……又师事马融。所注周易、尚书、毛诗、仪礼、礼记、论语、孝经、尚书大传，又著六艺论、毛诗谱、驳许慎五经异义、答林孝存周礼难，凡百余万言。玄经传洽孰，称为纯儒，齐鲁宗之。"（《后汉书·郑玄传》范晔赞其"括囊大典,网罗众家,删裁繁诬,刊改漏失,自是学者略知所归"。马宗霍《中国经学史》引张融曰:"玄注渊深广博,两汉四百余年,未有伟于玄者。"京师谓康成为经神。郑玄可说是汉代最大的集大成的经学学者。

从经学指导思想看,郑的遍注群经,从一个方面说,是今文经学兼容了古文经学的名物训诂成果,而更有学术性与生命力,丰富了内容;从另一方面看,则是古文经自觉地统一于正统经学,而成为它的一部分。从此终结了所谓今古文的斗争,而同时为整个经学的终结创造了条件。

郑玄并不反对今文经学的基本观点和立场。在《驳五经异义》中,郑维护孔子见麟受命的公羊说,说:"洪范五事,二曰言,言作从,从义,乂治也,言于五行属金。孔子时,周道衰亡,已有圣德,无所施用,作《春秋》以见志。其言少从以为天下法,故应之以金兽性仁之瑞(指麟)。贱者获之,则知将有贱人受命而行之。受命之征已见,则于周将亡,事势然也。兴者为瑞,亡者为灾,其道则然,何吉凶不并、瑞灾不兼之有乎?"完全接受孔子受命为素王,为汉立法这一说法,并明确指出:"孔子既西狩获麟,自号素王,为后世受命之君,制明王之法。"(《六艺论》〈左氏正义〉一)

郑玄认为"六艺者图(指河图)所生也"。"《河图》《洛书》皆天神言语,所以教告王者也。""太平嘉瑞,图书之出,必龟龙衔负焉。黄帝、尧舜、周公是其证也。""《尚书纬》云:'孔子求书,得黄帝玄孙帝魁之书,迄于秦穆公,凡三千二百四十篇。断远取近,取可以为世法者,百二十篇。以百二十篇为《尚书》,十八篇为《中候》。"对谶纬的说法完全接受。(《六艺论》)

但郑玄的实际注经工作,旁征博引,完全破除今古文经说的界限。如《周礼郑注》,除征引杜子春、郑司农等前辈学者,还广泛征引《司马法》、《礼记》〈王制〉、〈郊特牲〉、〈明堂月令〉、〈祭义〉等篇及今文尚书说,公羊春秋说,等等。郑之《驳五经异义》,既采今文说,亦采古文说,而驳左氏、周礼说,亦成为重要内容。他的《发墨守》、《砭膏肓》、《起废疾》,以公羊家的立场和观点批评何休的公羊学,使何休惊叹:"康成入吾室,操吾戈,以伐我乎!"(《后汉书·张曹郑列传》)有力地削弱了公羊春秋和今文经说的权威。

郑玄注经的方法论特点，是不再拘泥前人的经说，而往往按以己意，如：《诗》齐鲁韩，《春秋》公羊，认为圣人皆无父，感天而生。左氏说圣人皆有父。许慎依据《尧典》及《礼谶》，赞成左氏说。郑玄驳斥说："诸言有感生得无父，有父则不感生。此皆偏见之说也。"他引《诗·商颂》及汉高祖之母为例，又引自然界之感生现象，结论说："况乎天气，因人之精就而神之，反不使生贤圣乎?!"虽然没有跳出神秘思想，但对以往之说，则一概予以否定。

关于《诗》，他说："诗者，弦歌讽喻之声也。自书契之兴，朴略尚质，而称不为谄，目谏不为谤，君臣之接如朋友然，在于恳诚而已。斯道稍衰，奸伪以生，上下相犯；及其制礼，尊君卑臣，君道刚严，臣道柔顺，于是箴谏者希，情志不通，故做诗者以诵其美而讥其过。"对尊君卑臣，表达不满，也表现出历史变化的观点。

《周礼注》《仪礼注》《孝经注》等等，不仅名物训诂完备，有助于恢复"六艺"原来的学术面貌，使古籍能被读懂，得以承传、研习，亦极多新意新说。

这种新的学风及其特重名物训诂和从事实出发的精神，对结束汉代经学旧学，开创新学，有良好的影响。王弼继承郑玄易学，而有新的易注并开辟出魏晋玄学，是与郑之学风的这种影响分不开的。

四 郑玄《易》注的理性因素

汉末注《易》的另一位大师是郑玄。郑玄，字康成，北海高密人。生于顺帝永建二年（公元127年），卒于建安五年（公元200年）。少为乡啬夫，入太学受业，师事京兆第五元先，通《京氏易》、《公羊春秋》、《三统历》、《九章算术》。又从东郡张恭祖学《周官》、《礼记》、《左氏春秋》、《韩诗》、《古文尚书》等，后师事马融。在灵帝时，坐党禁锢十四年，注《周易》、《尚书》、《毛诗》等等，凡百万余言，是东汉末年网罗众家、融贯古今文的经学大师。[①]

郑玄易学本于费直，其认识的出发点和基础，也是经验主义，与虞翻一样，采互体，消息，爻辰等方法以说《易》。其典型例证如：

---

① 参阅《后汉书·张曹郑列传》。

☷，乾下坤上，泰卦。六五爻辞为："帝乙归妹，以祉元吉。"郑玄注说："五，爻辰在卯，春，为阳中，万物以生。生育者嫁娶之贵仲春之月。嫁娶，男女之礼，福禄大吉。""归妹"是嫁女之意，那么何以郑玄说是嫁娶并说是吉利呢？他用爻辰时令来加以解释。按照十二消息卦之说，建卯建辰为二月，三月。二月，三月是春天，万物生长萌发，是生育的季节。因此，得出爻辞"帝乙归妹"，是嫁娶并十分吉利的意思。但实际上，爻辞的本意是讲殷纣王嫁女予文王的故事。帝乙是人名，就是纣王。

又如☵，坎上坎下，坎卦。上六爻辞："击用徽纆，宾于丛棘，三岁不得，凶。"郑玄注说："击，拘也。爻辰在巳，巳为蛇。蛇之蟠屈，似徽纆也。三五瓦体艮，又与震同体，艮为门阙，于木为多节。震之所为，有丛拘之类。门阙之内有丛木，多节之木，是天子外朝左右九棘之象也。外朝者，所以询事之处也。"为了说明"徽纆"，郑玄在这里求助于爻辰。按爻辰，上六为巳，巳的属象为蛇。蛇色黑而蟠屈，象徽纆（拘系人用的绳索。刘表：三股为徽，两股为纆，皆索名）。然后又用互体的办法，引进各种卦象，来进行解释。所以在基本方法上，郑玄与虞翻是一致的。

但比较起来，郑玄用得较多的是互体。如：☰离下乾上，同人卦。卦辞：同人于野，亨。郑玄注说："乾为天，离为火。卦体有巽，巽为风。天在火上，炎上而从之，是其甚同于天也。火得风然后炎上益炽，是犹人君在上施政教，使天下之人和同而事之，以是为人和同者，乃君之所为也，故谓之同人。风行无所有偏，偏则会通之德大行，故曰同人于野，亨。"这里巽卦是由互体，即同人的二三四爻引出的；引进了巽的卦象风，然后用天、火、风三者的关系来附会人君的政教与天下和同的关系。所以它和虞翻易学并没有什么本质区别的。

但是郑玄和虞翻又有所不同。虞翻把易学引入了经验主义的死胡同，郑玄却为易学向义理方向的发展揭示了新出路。这个新出路就是郑玄开始突破注易的经验主义思想方法及象数模式，而为易学增加了理性主义的成分。这表现在三个方面。

1. 郑玄清除了虞翻大量使用的连互和反对之象，而多采用本卦卦象或互体。这种化繁为简，寓含有理性的某种要求。

2. 不少卦的说明仅限于用本卦卦象，目的在于借象以明理。

3. 完全不求助于卦象，而直接以义理解《易》的卦辞和爻辞。为了说明这三点，下面举一些实例。如：

䷣离下坤上，明夷卦。郑玄注说："夷，伤也。日出地上，其明乃光，至其入地，明则伤矣，故谓之明夷。日之明伤，犹圣人君子有明德而遭乱世，抑在下位，则宜自艰，无干事政，以避小人之害也。"①"明夷"的卦象下为离，象日，上为坤，象地，整个卦象象征日入地中。故郑玄借象以发挥"君子有明德遭乱世，抑在下位，则宜自艰，无干政事，以避小人之害"的义理。这里君子，小人为卦象的引申，以离代表光明，为君子，坤为阴类，代表小人。但所谓"遭乱世……宜自艰，无干政事，以避小人之害"之义理，则与原卦无关，不过是借象加以发挥而已。这种发挥，超出了感性经验和卦象的局限，是道德和哲理的结晶。

又如䷰，离下兑上，革卦。郑玄注说："革，改也。水火相息而更用事。犹王者受命，改正朔，易服色，故谓之革也。"革，改也，这是义理的解释。郑玄借卦象水火的上下相灭相生的关系作为说明。离为火在下，兑为水在上，是水灭火之象。但郑玄特别强调的是"相息"，即生长之意，故说更用事。由此进一步发挥出"王者改正朔易服色"的一番道理。这番道理也是与卦象无关而纯是义理的阐释了。

又如䷳，艮下艮上，艮卦。郑玄注说："艮为山，山立峙各于其所，无相顺之时，犹君在上，臣在下，恩敬不相与通。"② 这里卦象艮为山，只起类比作用。由此引发出君臣关系应相顺相通的义理。这义理是与卦象完全无关的。实际上是将特定的义理赋予了卦象，而使卦象具有了新的内涵。

王弼说："象生于意，故可寻象以观意。"③ 郑玄实际上在上述卦象的解释中做到了这一点，只不过没有能概括出这个原则观点而已。

因此，从某些方面说，郑玄《易注》为王弼的新的观点提示了

---

① 李鼎祚：《周易集解》。
② 同上。
③ 王弼：《周易略例·明象》。

方向。王弼的天才，不过是在于，能敏锐地把握住这个方向，加以发展并进而作出新的哲学概括而已。

比较一下虞翻、郑玄、王肃和王弼的《易》注，就可以看出：它们的区别，形式上是一种不断删繁就简的过程，而实质上，则标志着魏晋玄学清醒的理性对汉代繁琐神秘的经验主义思想方法的胜利。例如：

☰ 乾卦。九三爻辞：君子终日乾乾，夕惕若，无咎。

虞翻注说："谓阳息至三，二变成离，离为日，坤为夕。"这里仅以卦象和变卦说明日、夕之所由来，与义理无所涉及。

郑玄注说："三于三才为人道，有乾德而在人道，君子之象。"指出九三是君子的象征。按易六爻代表天道、地道、人道，其中九三、九四为人道。而人分为君子小人，唯君子具有阳刚之德，故九三为君子之象。这是义理的解释。

王弼沿着这样的路数进一步发挥说："处下体之极，居上体之下，在不中之位，履重刚之险。上不在天，未可以安其尊也；下不在田，未可以宁其居也。纯修下道，则居上之德废；纯修上道，则处下之礼旷。故终日乾乾，至于夕惕犹若厉也。居上不骄，在下不忧，因时而惕，不失其几，虽危而劳，可以无咎。"以卦位代表君子的处境，然后发挥出君子怎样修德才能无咎的道理，对于郑玄的思想做了进一步的发展。

又如 ☲，震下兑上，随卦。卦辞：元、亨、利、贞、无咎。

虞翻注说："否上之初，刚来下柔，初上得正，故元亨利贞，无咎。"没有作义理的解释。

郑玄注说："震动也，兑说也。内动之以德，外说之以言，则天下之人，咸慕其行，而随从之，故谓之随也。"发挥出一套君子进德修业的道理。

王弼则说："震刚而兑柔也。以刚下柔，动而之说，乃得随也。"

比较三者的解释，可以看也，虞翻重在卦象的变化，郑玄和王弼则重在随之为随的义理和所以然的解释。

又如 ☶，巽下艮上，蛊卦。卦辞：元亨，利涉大川。先甲三日，后甲三日。

如前所述，虞翻仅以卦象解释何谓先甲三日，后甲三日。郑玄则说:"甲者造作新令之日。甲前三日,取改过自新,故用辛也。后甲三日,取丁宁之意,故用丁也。"完全取卦辞的义理之意。王弼也指出:"甲者,创制之令也。创制不可责之以旧,故先之三日,后之三日,使令治而后乃诛也。"实际是发挥郑玄的观点。

又如䷒,兑下坤上,临卦。卦辞:元亨利贞,至于八月有凶。

虞翻用卦象牵强附会地对此加以解释。郑玄则说:"临,大也。阳气自此浸而长大。阳浸长矣,而有四德,齐功于乾,盛之极也。人之情盛则奢淫,奢淫则将亡,故戒以凶也。"王弼说:"阳转进长,阴道日消,君子日长,小人日忧,大亨以正之义。八月阳衰而阴长,小人道长,君子道消也,故曰有凶。"郑玄、王弼都以阴阳喻人事(君子小人),以阴阳消长喻君子小人在朝廷势力的消长进退,指出由吉变凶的所以然在于或者是盛则奢淫,奢淫则将亡;或者是小人道长,君子道消,力量对比有了变化,是以义理方法注《易》的。

又如䷓,坤下巽上,观卦。卦辞:观盥而不荐,有孚颙若。

郑玄指出这是"宗庙之象也"。王弼发挥说:"王道之可观者,莫盛乎宗庙,宗庙之可观者,莫盛于盥也。至荐简略,不足复观,故观盥而不观荐也。"这里王弼、郑玄都是根据马融的解释。马融说:"盥者,进爵灌地以降神也。此是祭祀盛时。及神降,荐牲,其礼简略,不足观也。国之大事,唯祀与戎。王道可观,在于祭祀。祭礼之盛,莫过初盥降神。故孔子曰:禘自既灌而往者,吾不欲观之矣。此言及荐简略,则不足观也。"而不论马融、郑玄或王弼,在这里都是借卦象发挥自己对《易》的义理的了解。

又如䷕,离下艮上,贲卦。卦辞:贲亨。小利有攸往。

郑玄以卦象说明这卦辞的义理,说:"贲,文饰也。离为日,天文也。艮为石,地文也。天文在下,地文在上。天地二文相饰成贲者也。犹人君以刚柔仁义之道,饰成其德也。刚柔杂,仁义合,然后嘉会礼通,故亨也。"王弼发挥说:"刚柔不分,文何由生?故坤之上六来居二位,柔来文刚之义也。柔来文刚,居位得中,是以亨。乾之九二分居上位分,刚上而文柔之义也。刚上文柔,不得中位,不若柔来文刚,故小利有攸往。"两者都以贲卦象征人事义理,对这义理加以说明。不过一者直接以本卦卦象为喻,一者则,以变卦为喻。

又如䷖,坤下艮上,剥卦。《彖辞》说,"剥,剥也。柔变刚也,不利有攸往，小人长也。"郑玄解释说，"阴气侵阳，上至上五，万物零落，故谓之剥也。五阴一阳，小人极盛，君子不可以有所之，故不利有攸往也。"王弼发挥说："处剥之时，居得尊位，为剥之主者也。剥之为害，小人得宠，以消君子者也。"也是借卦象以明义理。

又如☷，艮下兑上，咸卦。卦辞：咸亨，利贞，取女吉。郑玄注说："咸，感也。艮为山，兑为泽，山气下，泽气上，二气通而相应，以生万物，故曰咸也。其于人也，嘉会礼通，和顺于义，干事能正。三十之男，有此三德，以下二十之女，正而相亲说，取之则吉也。"王弼发挥说："天地万物之情，见于所感也。凡感之为道，不能感非类者也。故引取女以明同类之义也。同类而不相感应，以其各亢所处也。"两者都由天地万物而谈到男女聘娶。不过郑玄由卦象而引出道理，王弼则直接郑玄而不再点出卦象。

又如☰，乾下兑上，夬卦。卦辞：夬扬于王庭。郑玄注说："夬，决也。阳气浸长，至于五，五尊位也，而阴先之，是犹圣人积德说天下以渐消去小人，至于受命为天子，故谓之夬。"王弼则说："夬者，明法而决断之象也。""夬之为义，以刚决柔，以君子除小人者也。而五处尊位，最比小人，躬自决者也。"两者所发挥的义理也是相同的。

由此可见，王弼的《易》注是对郑玄《易》注的理性因素的发挥，而其方向是由郑玄提示的。

五　引《老》注《易》的开始

郑玄不仅为《易》注输入了大量理性因素，指出了由象数到义理的发展方向，而且以《老》解《易》，提出了"无"，"有"，"自生"，"自成"，"自通"，"自彰"，"自得"，"理"，"本体"等范畴，预示着王弼以《老》注《易》的新风尚。

在《乾坤凿度》注中，郑玄注"太易始著，太极成；太极成，乾坤行"说："太易，无也，太极，有也。太易从无入有，圣人知太易，有理未形，故曰太易。"

注"性无生，生复体"说："生与性，天道精，还复归本体，亦是从无入有"，"易理顺时变化，不著一方。"

注"天数一,九,二十五"说:"一者无也,用之为九,数成为用,尽二十五。"

注"地数二,六,三十"说:"二者有,偶也。""圣人通变,尽万物之理。"

注"坤道成"说:"以元气不侵害,万物自彰。"

在《乾坤凿度》注中,注"易者易也,变易也,不易也,管三成为道德苞籥"说:"管,统也。德者,得也。道者,理也,籥者,要也。"

注"易者以言其德也,通情无门,藏神无内也"说:"效易无为,故天下之性莫不自得也。"

注"光明四通,效易立节"说:"效易者,寂然无为之谓也。"

注"根著浮流,气更相实"说:"根著者,草木也,浮流者人兼鸟兽也。此皆言易道无为,故万物得以自通也。"

注"虚无感动,清静炤哲"说:"炤明也。夫惟虚无也,故能感天下之动。惟清净也,故能炤天下之明。"

注"移物致耀,至诚专密"说:"移,动也。天确尔至诚,故物得以自动。寂然,皆专密,故物得以自专也。"

注"上古之时,人民无别,群物无殊,未有衣食器用之利"说:"天地气淳,人物恬悴,同于自得,故不相殊别。人虽有此而用之,故行而无迹,事而勿传也。"

注"质者无文,以天言,此易之意"说:"夫何为哉,亦顺其自通而已耳。"

注"八卦成列……阴阳之体定,神明之德通,而万物各以其类成矣"说:"万物是八卦之象,定其位,则不迁其性,不淫其德矣。故各得自成者也。"

注"太易者未见气也,太初者气之始也"说:"以其寂然无物,故名之为太易,元气之所本始。太易既自寂然无物矣,焉能生此太初哉。则太初者,亦忽然而自生。"

注"气形质具而未离,故曰浑沦"说:"虽合此三始,而犹未有分判。老子曰:'有物浑成,先天地生'。"

注"极天地之变,尽万物之情,明王事也"说:"王者亦当穷天地之理,类万物之情。"

贯穿于这些注中的思想，有四个要点：

1. 自然无为，物性自得，故反复说："忽然而自生"，"自成"，"自通"，"自得"，"自动"，"自专"，"自彰"。总之，"易道无为""天下之性莫不自得"。

2. 本体寂然虚无清静。"惟虚无也，故能感天下之动，惟清静也，故能始天下之明。"

3. 从无入有，有生于无。"太易无也，太极有也，太易从无入有。""一者，无也。"

4. 以理释道。"道者理也"，提出穷天地万物之理。

这些思想都是以后王弼及魏晋玄学反复加以发挥的。

因此，郑玄的易学确实既是汉易经验论和象数学的终结，又是以义理解《易》和引《老子》自然无为思想以注《易》的开始。虽然这些在郑玄《易》注中只是一些枝杈、幼芽、命题，是涓涓细流，但一有合适的条件，它就会变成参天大树，变成滔滔江河。魏晋时期以《老》解《易》，及种种玄学思想不正是郑玄这些思想的发展吗？

六　虞翻象数易学的特征

虞翻，字仲翔，会稽余姚人。曾任太守王朗功曹。孙策时，为富春长。孙权以为骑都尉，由于获罪，徙交州。在那里，讲学不倦，门徒常数百人。除注《易》外，又训注《老子》、《论语》、《国语》。[①]虞翻虽活动于三国时期，但从哲学思想看，他的易学是汉代神学经学的经验主义和神秘主义发展到极端的表现。因此从虞翻易学可以看出，汉代的经学由于经验主义和神秘主义，它不可避免地要被否定和走向灭亡而为新的哲学形态所取代。

《周易》的认识论基础，本来是经验主义。所谓"仰观天文，俯察地理"，"近取诸身，远取诸物"。认为圣人制易的基本方法是观物和取象。观物取象是一种感性认识手段而非理性对规律的抽象方法。《系辞》虽然提出"形而上者谓之道，形而下者谓之器"，但并未赋予"形上""形下"以后来理学家赋予的意义。

---

① 参见《三国志·吴书·虞陆张骆陆吾朱传》。

《周易》的基本认识方法是观物取象，所以《系辞》说："意者象也。""彖者言乎象者也。""立象以尽意，设卦以尽情伪。""八卦成列，象在其中矣。"因此"象"范畴是《周易》哲学思想的基础。

从表面上看，象范畴是与"类"范畴相当的。在《易传》中不相同的事物被划分为八种最基本的象，似乎是八个大类；但实际上象与类范畴有极大差别。类作为认识范畴，是以事物本身具有的同异属性为基础的。有某种共同属性的事物，属于按这一属性划分的一类。如诸多不同的牛属牛类，马属马类，牛马等属动物类。荀子说："水火有气而无生，草木有生而无知，禽兽有知而无义，人有气有生有知亦且有义也。"荀子说的就是一种分类。类范畴是科学的。可以作为认识的范畴，但象则不同，在《周易》中，象的划分虽有某种根据，可是随意性极大，因而是很不科学的。以基本的八卦之象来说，《易传》认为：

乾：为天，为圆，为君，为玉，为金，为寒，为冰，为大赤，为良马，为老马，为瘠马，为木果。

坤：为地，为母，为布，为釜，为吝啬，为均，为子母牛，为大舆，为文，为众，为柄，其于地也，为黑。

震：为雷，为駹，为玄黄，为旉，为大涂，为长子，为决躁，为苍筤竹，为萑苇。其于马也，为善鸣，为馵足，为作足，为的颡。其于稼也，为反生，共究为健，为蕃鲜。

巽：为木，为风，为长女，为绳直，为工，为白，为长，为高，为进退，为不果，为臭。其于人也，为宣发，为广颡，为多白眼，为近利市三倍，其究为躁卦。

坎：为水，为沟渎，为隐伏，为矫揉，为弓轮。其于人也，为加忧，为心病，为耳痛，为血卦，为赤。其于马也，为美脊，为亟心，为下首，为薄蹄，为曳，其于舆也，为多眚，为通，为月，为盗。其于木也，为坚多心。

离：为火，为日，为电，为中女，为甲胄，为戈兵。其于人也，为大腹，为乾卦，为鳖，为蟹，为蚌，为龟。其于木也，为折上槁。

艮：为山、为径路，为小石，为门阙，为果蓏，为阍寺，为指,为拘,为鼠,为黔喙之属。其于木也,为多节。

兑:为泽,为少女,为巫,为口舌,为毁折,为附决。其于地也,为刚卤,为妾,为羔。

这些就是所谓八卦之象,是最基本的易象。那么这些象的划分是否有某些道理呢?可能也有某些道理,如乾为天,为阳,坤为地,为阴,引申有尊卑、方圆、刚柔等性质区别。因此,君、父、金属乾。但何以寒和冰属乾?这大概是根据气候的划分,乾为十月,冬至,或西北、冰寒之地因此为寒和冰。为圆,是因为天圆地方。为玉,是玉象征君子,君子属于贵族,类为君父,是统治者。那么何以为大赤?为老马?瘠马?驳马?果木?就令人莫名其妙了。坤为布,为吝啬,也许与母,与妇女持家有关。为均,与大地的均平有关。为子母牛,与坤的属性温顺有关。为大舆,与牛与地有关。为文,为柄,则令人莫名其妙。其他震为决躁,其于马为善鸣,等等。都是令人不解的,也可以说是牵强附会,随意比附的。

在勉强有联系的同象事物中,划分的根据或为物类本身的属性,或为外部的联系,或为表面形貌相似,或由连类推引而成,等等,所以,象不能成为科学意义上的认识论范畴。

《易》借助象进行推理和吉凶判断,本意也不是以之作为认识范畴,而不过是借象以明理。但是在汉易特别是虞翻易学中,"象"却成为一个基本范畴,以致明理这一推求所以然之故的理性认识任务,不是依赖在实践基础上由感性到理性的认识的推移运动来完成,而恰恰是把理性的认识归结为感性的具体的易象和经验,以致易卦的每句话、每个字都被认为应该还原为一个卦象,因而他的《易》注就把《易》的文意弄得十分繁琐、牵强,越注越使人们的思想和易学本身走入不成其为哲学和学术的易象的死胡同。举几个例,如:

䷎,艮下坤上,谦卦。卦辞:谦亨,君子有终。虞翻注解说:

乾上九来之坤(指九三阳爻由乾而来),与履旁通(履卦为䷥,兑下乾上,六爻与谦对应而相反),天道下济,故亨。

☰☴，巽下艮上，蛊卦。卦辞：元亨，利涉大川。先甲三日，后甲三日。虞翻注说：

> 先甲三日，后甲三日，谓初变成乾（初爻由阴变阳为乾），乾为甲，至二成离（九二由阳变阴为☲离），离为日，谓乾三爻在前，故先甲三日，贲时也。变三至四，体离（九三与六四爻再变而成噬嗑卦☲，九四居外卦离火之上），至五成乾（四爻已变为阳爻，六五又变成阳爻，故离上成为乾卦），乾三爻在后，故后甲三日，无妄时也。

☲，离下离上，离卦。卦辞：离利贞，亨。《象》曰："明两作离，大人以继明，照于四方。"虞翻注说：

> 两，谓日与月也。乾五之坤成坎，坤二之乾成离。离坎日月之象，故明两作离。

又：

> 乾五，大人也。乾二五之光，继日之明。坤为方。二五之坤，震东兑西，离南坎北，故曰照于四方。

这些注的共同点是用卦变、旁通、互体等方法，使一卦成为乾、坤、震、兑、离、坎六卦，象征天地日月东西南北等，然后用这些卦象解说卦辞爻辞的意义，因而把卦辞的解释弄得十分牵强附会。又如：

☲，坤下离上，晋卦。卦辞：晋康侯用锡马蕃庶，昼日三接。虞翻注说：

> 观四之五，晋，进也。（观卦的六四变为阳爻，六五变为阴爻，成为晋卦。）坤为康，康，安也。初动体屯（晋卦初爻变为阳爻成震，下离上☲噬嗑卦，连互成屯卦，屯卦下为震）震为侯，故曰康侯。震为马，坤为用，故用锡马。艮（互体含☶）为多，坤为众，故蕃庶。离日在上，故昼日，三阴在下，故三接矣。

康侯本是人名,"康侯锡马蕃庶,昼日三接"是说周武王的弟弟康叔将成王赐给他的马匹用来繁殖。经过虞翻用易象加以解释,就支离破碎,令人莫名其妙了。如此等等。

这种解释,把《周易》卦爻辞中原来包含义理的一些历史故事或哲理名言,都变为毫无意义的独立的字、词,然后引出与此相应的易象。用易象加以解释、说明,本卦易象不足,则用互体、旁通、变爻等方法引进需要的易象。因此,说来说去,无非是把卦辞爻辞包含的义理,还原为可感可见的各种实物或气候、阴阳关系、物类关系等等。因此,在虞翻《易》注中,认识过程不是由感性到理性,经过飞跃使认识摆脱感性经验的局限和羁绊(先秦原始易学本来经历了这个过程,好不容易才摆脱卦象而发展出《系辞》等理性认识成果),而是相反,把理性的东西还原为感性,使之重新返回到种种具体的形象和经验之中。这就不能不使认识被引入了迷途,堵塞了易学向前发展的道路。

所以汉代易学发展到虞翻,它的经验主义也发展到了顶点,不可能再往前发展了。

七 儒道互补与汉末风尚

汉末理性因素和《老子》思想日益在易学中抬头,扩大影响,并非突然产生的现象。随着经学的衰落,社会批判思潮的兴起,黄老思想进一步扩大影响,向经学渗透,乃是必然的。

黄老和儒家,作为两种思想体系,本来既有互斥的一面,又有互补的一面;而就双方的学者来说,有时强调对立,有时却并不强调也并不自觉到这种对立,相反双方不仅相互吸收,且还认为两者的基本原则和目标是一致的。在汉末,如像后来宋明理学那样视老子思想为异端的观点还不存在。相反,"孔子问礼于老聃",或"孔子师老聃"却是一直流传的佳话,是经学家引以为荣而毋须否认的历史事实。[①]

《史记·老子韩非列传》说:"孔子适周,将问礼于老子。老子

---

① 在反映桓灵时期社会风尚、观念的嘉祥武氏祠石刻中,"孔子见老子"的故事被刻画得极为庄严、隆重,在整个石刻故事中,占有突出地位。

曰：'子所言者，其人与骨皆已朽矣，独其言在耳。且君子得其时则驾，不得其时则蓬累而行。吾闻之，良贾深藏若虚，君子盛德，容貌若愚，去子之骄气与多欲，态色与淫志，是皆无益于子之身。'"《史记·孔子世家》载：孔子与南宫敬叔适周见老子问孔。"老子送之曰：'……聪明深察而近于死者，好议人者也。博辨广大危其身者，发人之恶者也。为人子者毋以有己，为人臣者毋以有己。'"在这两段对话中，老子认为礼的根本精神是简朴、实诚，去骄气与多欲、贪色与淫志。勿聪明深察，勿博辨广大，与人为善而以宽恕待人。这种原则和精神，在汉代儒者们看来，正是礼所应该遵循和体现的精神。

所以在汉代，可以看到这样的历史现象：每当社会风俗淫弊、奢华不实、虚伪之风高涨时，儒者们就会自发地倾向于《老子》。每当有神论泛滥弄得社会乌烟瘴气的时候，儒者们也会从黄老思想寻求治疗和抑止的药方。这与其说是一些思想家的个人自觉，毋宁说是由社会倾向所自发形成的趋势。正如在两股道上跑的马车一样，当一方面倾斜得太厉害，有翻车的危险时，人们就会自发地向另一方倾斜，以寻求安全和出路。

东汉后期的社会弊端使许多经学思想家都倾向老子，兼习《老子》。如享有极高声誉的大儒马融，有《老子》和《淮南子》注。永初二年，当羌人叛乱，米谷腾贵，马融陷于饥困时，曾谓友人曰："古人有言，左手据天下之图，右手刎其喉，愚夫不为。所以然者，生贵于天下也。今以曲俗咫尺之羞，灭无赀之躯，殆非老、庄所谓也。"① 可谓深受老庄思想的影响。又如顺帝时期朝廷奉若神明的杨厚，也"修黄老，教授门生，上名录者三千余人"②。郎𫖮上书亦常引《老子》。③ 注易名家虞翻则有《老子注》，郑玄亦可能有《老子注》，故《南齐书》王僧虔《诫子书》曾说："汝开《老子》卷头五尺许，未知辅嗣何所道，平叔何所说，马郑何所指。"④ 因此郑玄以老子思想注《易》，正是时代风习使然，不值得奇怪的。

---

① 《后汉书·马融列传》。
② 《后汉书·苏竟杨厚列传》。
③ 《后汉书·郎𫖮襄楷传》。
④ 《南齐书·王僧虔传》，参阅王利器《郑康成年谱》，古籍出版社1984年版。

归纳起来，汉末老子思想的影响有五个方面：（1）自然论和无神论思想，如郑玄在《乾坤凿度》中所发挥者。（2）俭朴无华，崇尚诚实的道德原则。如《潜夫论》所引："弃利约身，无怒于人"，①"知己曰明，自胜曰强"，②"恬淡无为，化之本也"③。郑玄所引"多藏必厚亡"④。仲长统所引"纯朴已去，智惠已来"⑤。（3）崇本抑末的救世方案。如郑玄所引"法令滋章，盗贼多有"⑥，王符崇本抑末的主张等等。（4）个人修养的情趣与理想。如仲长统、蔡邕、张衡，远及王充、班固，都以黄老恬淡为生活修养的理想。（5）以老子为教主，为崇拜对象，如太平道和桓帝宫中祠黄老浮屠，提倡清虚无为等。

　　这种趋向和风尚在魏晋进一步发展，就有"三玄"的出现，有王弼的以《老》注《易》，又以儒注《老》，从而形成了儒道结合的新经学或玄学，最终结束和取代了汉代神学经学的学术形态。

---

① 《遏利》。
② 《慎微》。
③ 《实贡》。
④ 《大学注》。
⑤ 《昌言·损益》。
⑥ 《礼运注》。

附录

一 《月令》图式和董仲舒的目的论及其对宋明理学的影响

一

世界各民族思想文化特性的形成，受诸多复杂因素的影响，事过境迁，时至今日，要加以分疏，已十分困难。为什么中国民族会发展出东方中国特质的文化，西方会发展出古希腊科学精神和基督教为代表的文化，印度发展了佛教式的宗教文化？无疑要归因于各民族所处自然环境和物质生产及生活条件的差别。其中主要起作用的因素，当是社会经济的发展和生产方式的特征；但地区、地理环境以及由它影响的交换方式的特点，无疑也起了重大作用。归根结底，各民族都是自己所处自然环境长期发展的产物。它的思维、文化特质是与这自然环境相适应，而不是与之相矛盾的。

梁漱溟先生曾说："印度文明之所由产生，大约因天然赐予之厚，生活差不多不成问题。他们享有温热的天气，沃腴的土地，丰富的雨量，果树满山，谷类遍地，不要怎样征服自然才能取得自己的物质需要，而且天气过热也不宜于操作，因此饱足之余，就要来问那较高的问题了。"① 法国著名史学家丹纳（Hippolyte Adotphe Taine）分析荷兰的绘画艺术时，亦指出，"尼德兰的主要特征是'冲积土'，就是河流把淤泥带到出口地方，积聚为陆地。单单从'冲积土'这个名词上，就产生出无数的特点，构成全区的外部地形，不仅构成地理的外貌和本质，并且构成居民及其事业的特色、精神与物质方面的

---

① 《东西文化及其哲学》。

性质。"① 丹纳对于古希腊雕塑及科学精神之产生，亦归因于希腊所处的环境：气候非常温和，遍地丘陵，土地贫瘠，物产不丰和人民以航海为生等。这些看法，虽然都失之简单，但考虑到自然条件对文化的影响是不错的。

中国民族所处的特殊地理位置和自然条件对中国文化的特质和思维方式无疑亦产生过重大影响，其集中表现，我以为是在于这样的事实：即在中国古代，产生了以《月令》为代表的文化和思维模式，长期居于主导地位，并对科学、艺术、哲学、伦理道德，产生了深刻而广泛的影响。

以《月令》为代表的文化和思维模式，包含着如下的特征：

（一）农业生产居于中心地位。全部图式是围绕农业生产安排并用以指导和调整农事活动的。如孟春，东风解冻，草木繁动，蛰虫始振，农事上，修封疆，禁止伐木、覆巢、杀幼畜、称兵；仲春，玄鸟至，雷声发，始电，蛰虫咸动，农事上，耕在野，禁止竭川泽、焚山林等。国家的全部政治活动都服从时令的安排。

（二）图式的时间、空间观念是以自我（主体）为中心、以五为单位、以农业生态为内容和标志的，除了东西南北四方，特别突出了土主中央的地位。时间划分，除了春夏秋冬四季，亦特别突出了土旺四季的作用。土即"自我"，即主体的象征；因而图式的时空观念是以自我为中心、主客观双方有机联系的具体的时间和空间。

在西方，古希腊很早就产生了纯时间与空间观念。亚里士多德在其范畴表中，分析了时间与空间范畴，从时间与空间本身加以界说。时空单位是客观的时空的量度。这种时空观对近代自然科学的发展无疑起了极其有利的作用。但在《月令》图式中，时间却是与空间结合的。东方与春季相结合，由木主持；南方与夏季相结合，由火主持；西方与秋季相结合，由金主持；北方与冬季相结合，由水主持；土则兼管中央与四季。作为地上及地上皇权的代表，土在天人关系中，实际是人的代表。因此，不仅没有脱离特定空间的纯时间观念，亦没有脱离特定时间的纯空间观念；不仅没有脱离主体而存在的纯客观的时空观念，亦没有脱离时空和客观的纯主体方面。天人一体。时间与空间、天与人，构成一内在联系的有机整体。

在《月令》图式中，时间不是直线流逝而是循环往复的，空间不是无限扩展而是随时间流转的。时间的量度虽有年、月、日等计量

---

① 《艺术哲学》，第24页，人民文学出版社，1983年。

单位，但与空间相联系的天干地支占重要地位，而且其基本的标志和内容是特定的农业物候。

这样的时空观念，使得中国古代的自然科学不可能走与近代西方相同的发展道路，其艺术审美观亦具有自己的特点。

（三）支配时空变化的内在力量是"五行"，是阴与阳，是气。所谓"阴阳者，四时之大经也"；"天地之气，合而为一，分为阴阳，列为四时，判为五行"，"五殊二实，二本则一"。气弥漫充盈于太虚之中，无处不在，无时不在；因而既不存在没有气（阴阳）的时间，所谓"阴阳无始，动静无端"，亦不存在没有气（阴阳）的空间，所谓"太虚无形，气之本体"。"气泱然太虚，升降飞扬，未尝止息。"所谓"无"，不过是气的一种初始的状态，从而排斥了真空观念；除斥了"刚体"、"质点"这种产生近代自然科学所必需的物质形态的观点，而形成了"有机体是消息"这种和现代控制论相类似的思维方式，开辟了重视信息和系统方法的科学研究途径。

（四）天人一体，天人相与，天人感应。一方面，天起决定作用，人事活动应顺从时令的安排，否则要招致巨大的灾难；另一方面，人也可以反作用于天，引起天气的异常变化，如"孟春行夏令"，则"风雨不时"，行秋令则"疾风暴雨数至"，等等。

具有这些特点的《月令》图式，产生在古代东方的中国，是因为中国古代文明的发源地是关中、河南，即华北平原的中心。夏、商、周都在这一地区建都立国，发育出高度的文化。对于四周万国林立的边僻小国而言，这个文化由于成熟极早，远远地高出于四邻之上，因而它形成以自我为中心的特殊观念是很自然的。

在华北，农耕者以自我为中心而环视四周，观察一年四季的变化，给他深刻印象的是：大地回春时，东风化雨，万物复苏，因此，东方为木、为生、为春，农事上开始耕耘。夏天，赤日炎炎，万物繁茂。太阳从南方直射，热风从南方吹来，于是南方为热、为火、为养。秋天，西风萧瑟，万物成熟收获，于是西方为金、为白。冬天，北方的清冽寒风吹遍大地，万物收藏，于是北方为水、为黑……

很显然，这样的图式，在以工商航海为生，地区狭小，气候变化不大的古希腊或基本上是热带气候的印度，是不可能产生的；在以农耕为生而僻处一隅，或聚居于深山老林、刀耕火种的民族，也是不可能产生的。唯有具备中国这种位置和自然条件，又以农耕为生的民族，才能产生这种图式并随着农业的发展和封建社会的成熟而愈来愈居于主导的地位。

《月令》的成书可能较晚，但不会晚于战国末年。因为吕不韦已将其汇编入《吕氏春秋》。其最早的起源，则可追索到商代的甲骨文记事。甲骨文中，已有五方观念并发现有小麦拔节到抽穗期间整整一旬的气象记录。这个记录的特点正是把天气与农业生态即天与人，从实用价值的角度联系起来。卜辞的五方观念也是与农业相联系的。西周初年的《诗经·豳风·七月》，记载了七个月的自然现象和农事活动。而《夏小正》，则按一年十二个月编排了气候、物候、农事、祭祀、政治的活动，到《管子·四时》篇中，更明确地在理论上指出："唯圣人知四时，不知四时，乃失国之基。不知五谷之故，国家乃路"。指出"东方曰星，其时曰春，其气曰风，风生木与骨"，"春行冬政则雕，行秋政则霜，行夏政则欲"，等等，图式发生了越来越大的影响。到《吕氏春秋》时，这个图式就逐渐取得了对于中国文化、思维的主导地位。

《吕氏春秋》作为一部为统一后的国家政策和政治活动提供指导思想与方针的著作，它确定以十二纪为首，统帅按时令进行的政治活动，是这个图式即将上升为国家的政治指导思想的表示，不久秦始皇以这个图式为根据，宣布自己是继承水德，在政治方面应按水德办事。表明图式在统一后的实际政治与文化生活上，确已发生指导作用（虽然秦始皇对这个图式的理解是取其所需，完全是实用主义的）。到汉代，经过《淮南子》和董仲舒的阐释，到《礼记》成书时，被编入作为儒家的经典，《月令》在政治、文化、学术上的指导地位就完全确定了。可以说，一直到鸦片战争、由西方大规模输入自然科学以前，这个图式始终居于中国文化和思维的主导与统治地位。分析中国文化及思维方式的特质，不能离开这个图式。

二

在先秦，《月令》图式虽然早已产生，并在国家的政治和思想文化生活中，逐渐居于主导地位，但并没有人从理论上对图式的天人关系做出解释。图式的天人关系虽然暗含目的论的精神，但也没有人从理论上给予说明。因此，到汉代，发生了《淮南子》和董仲舒对图式的两种不同的解释，产生了自然论与目的论的对立。

《淮南子》继承《老子》思想，予图式以自然论的说明。它认为图式所示的天人关系，其基础是气。《泰族训》说："天之与人，有以相通也。故国危亡而天文变，世惑乱而虹蜺见，万物有以相连，精浸有以相荡也"。《览冥训》说："昔者师旷奏白雪之音，而神物为之下降，风雨暴至，平公癃病，晋国赤地。庶女叫天，雷电下击。夫瞽师庶女，位贱尚薎，权轻飞羽，然而专精厉意，委务积神，上通九天，激厉至精"。这里天人感应的基础是"精祲"、"至精"、"精"、"神"、"神物"，即气的一种具有精神属性的形态。因此在《淮南子》中，天人感应不过是一种自然的事实与现象。

在《淮南子》的自然论系统中，人在天地间的出现亦是纯粹自然的事实。人之所以为天下贵，高出于万物之上，虽然是由于有较高的智慧，但"智慧"正如动物之勇力一样，也是一种自然的现象。《诠言训》说：

> 洞同天地，浑沌为朴，未造而成物，谓之太一。同出于一，所为各异，有鸟、有鱼、有兽，谓之分物。方以类别，物以群分。性命不同，皆形于有。隔而不通，分而为万物，莫能反宗。故动而谓之生，死而谓之穷。皆为物矣，非不物而物物者也。物物者，亡乎万物之中。稽古太初，人生于无，形于有，有形而制于物。能反其所生，若未有形，谓之真人。真人者未始分于太一者也。

就是说人与自然物是没有本质区别的，人能反其所生，若未有形，才能不为物制，与太一同体，而成为真人。《淮南子》崇尚这样的真人，认为是人的理想状态。所以它对儒家人文观点进行了一系列的攻击，提出人的价值不是向社会、事功、文化追求，而在于延续自然所赋予的生命。《齐俗训》说："率性而行谓之道，得其天性之谓德。性失然后贵仁，道失然后贵义。是故仁义立而道德迁矣，礼乐饰则纯朴散矣。是非形则百姓眩矣"。认为只有否定社会的文化道德、礼乐政制等，人才可以复旧到自己的本性而成为真人、完人。

所以，《淮南子》的自然论为其反人文主义思想提供了宇宙观的基石。

董仲舒对图式的目的论解释，则恰恰堵住了这种可能性，而为人及其文化在天人关系中的崇高地位树立了基础。

在董仲舒目的论思想中，天人关系不是自然物之间的关系，而是人与人化了的自然之间的关系。因此自然与文化（人）不是对立的，而是同一的。人是宇宙的目的与中心。"举凡一切皆归之以奉人。"人既是天的发展的最高表现，又是它的终极目的，"天、地、阴、阳、水、火、木、金、土,九与人而十者,天之数毕也"。这样,人在宇宙中就具有突出的地位。它不仅是真,不仅是善,不仅是美,而是真善美三者的统一。

人是"真",因为它能认识自然,它的智慧和认识是自然的赋予,又是自然用以认识自己的手段。它可以"知天"。它是善,因为它明诗书,知礼义,懂人伦,与禽兽有别。它的德性"化天理而义",是伦理化了的"自然"的体现。它是美,因为它由天地中和之气而生,而"中和"是美的最本质的特征。所有天地间其他的生物都是禀赋有偏,参差不全的,自然赋予它以形体,则缺少精神;多有阴气,则缺少阳气;多有阳气,则缺少阴气。故或为动、植、飞、潜,或为妖异鬼怪。唯有人是阴阳二气均衡的产物。"中和者,天地之大美也","致中和,天地位焉,万物育焉"。人是中和的产物,故亦可以致中和,与天地参而化育万物。

这样,人的文化(其主要内容即真、善、美及其物化的表现)就不仅不是与人的发展相矛盾的,而恰恰是人的发展完善所必需的;不仅不是与自然相矛盾的,而恰恰是符合自然发展的本性和要求的。

由目的论所引导,董仲舒提出了一系列关于文化、道德与自然(天)相统一的观点。

关于道德,他说:

> 仁,天心。①
> 察于天之意,无穷极之仁也。人之受命于天也,取仁于天而仁也。②

关于礼乐,他说:

> 何谓本?曰:天、地、人,万物之本也。天生之,地养之,人成之。天生之以孝悌,地养之以衣食,人成之以礼乐,三者相为手足,合以成体,不可一无也。③
> 正朔服色之改,受命应天;制礼作乐之异,人心之动也。二者离而复合,所为一也。④

---

① 《春秋繁露·俞序》。
② 《春秋繁露·王道通三》。
③ 《春秋繁露·立元神》。
④ 《春秋繁露·楚庄王》。

关于人性，他说：

> 天之生人也，使之生义与利，利以养其体，义以养其心。心不得义不能乐，体不得利不能安。①
> 天生民性，有善质而未能善，于是为之立王以善之，此天意也。②

就是说，自然与人是由伦理道德相联结的，故两者能在精神感情上息息相通。人心与天命，虽然形式不同，但由于有着统一的目的，故本质是同一的，两者能离而复合，殊途同归。而人性的完善，则是天意的本然。这样，董仲舒的目的论，就为其人文主义思想树立了宇宙观的基石。

经过董仲舒的解释，《礼记》的月令图式，真正成了儒家哲学的蓝图与根基。

三

在汉代，目的论与自然论思想的对立一直是很尖锐的。武帝"罢黜百家，独尊儒术"，目的论随同董仲舒的《公羊春秋》经学思想，上升为社会、政治、文化的支配思想。但自然论并没有销声匿迹。《淮南子》以后，不仅有《老子河上公章句》、《道德指归》和《太玄》坚持和发展自然论思想，而且王充的《论衡》还以自然论为武器，对目的论展开了系统深入的批判。到魏晋玄学时，自然论终于成为社会学术的主导思想。

魏晋时期，名教出于自然和天地以无为心。万物"自生"、"自成"、"独化"等观念，十分流行，目的论被赶出了哲学思想的领地。

但是到了宋明时期，当儒学一方面吸收佛老、一方面又致力于排除佛老的影响取得了成功、出现了理学这种哲学形态时，目的论思想就又一次成了中国哲学的内在的主导的精神。

自然界，除人以外，并不存在有意识的目的现象，但是凡自然界存在着反馈和"自我调节"系统的地方，确又可以看到一种类似目的的现象在起作用。这种现象包含着机械论所不能解释的两个特点：

---

① 《春秋繁露·身之养重于义》。
② 《春秋繁露·深察名号》。

(1) 事物自身存在运动的动力和方向。(2) 支配事物运动的内部原因，可以在一定的"自由度"中，定出某种特殊目标并驱使事物向这一目标运动，而不管初态如何，并不顾外力的干扰和反对。因此，在目的现象占优势的领域，如生物学或以生命为内在精神的哲学中，目的论就有着长久而广泛的影响。宋明理学正是以生命为内在精神的哲学，所以它含具目的论精神是很自然的。

从表面看来，宋明理学是反对目的论的，如张载认为世界的本原是气。程朱体系中，理是一"冲漠无朕"，无计度、无情意、不能经营造作的世界。程颐说："天地之化，自然生生不穷"[1]，"道则自然生万物"[2]。朱熹还明确指出："人物之生，或遇清明醇和之气，或遇邪恶驳杂之气，皆偶然相值，非有安排"[3]，近于老庄自然偶然论的答案。但实际上，这只是理学的一个方面，是其吸收融合佛老思想的方面。除此以外，还有另一方面，这就是对于孔孟和汉代目的论思想的继承和发挥，而这一方面同样是很重要的。

在理学家中，不论张载、二程还是朱熹和王夫之，目的论思想都很鲜明。因为和佛老不同，他们都承认"天地以生物为心"的思想；都继承和发挥《易传》"天地之大德曰生"的传统和"元者善之长也"的宇宙至善观念，并实际上继承着汉人"天常以爱利为意"的阴阳五行图式。所以他们关于人生的目的和意义，关于人在宇宙间的地位，关于天人合一的理论，就不能不强烈地打上目的论的印记。

张载有句名言，叫"为天地立心"，"为生民立命"。如果要问，人何以能为天地立心？又为天地立何种心？回答只能是：天地原本有心，故人能为其立心。这里所谓"心"，包括两方面的意义：(1) 指目的，(2) 指聪明智慧。天地虽然没有灵明，没有聪明智慧，但它有目的，即以生物为心。故人能因其聪明智慧而自觉为之立心。

在张载看来，没有人，天地不能自觉其有生物之心；但人如不以天地生物之心为心，则其智慧灵明也将流入为恶之一途，而不可能"善继天地之志"。所以张载说："大其心，则能体天下之物，物有未体，则心为有外。"[4] 有外之心，即不能"合天心"，所谓"合天心"，即以天地生物之心为心，如此以达"民吾同胞，物吾与也"之

---

[1] 《二程遗书》卷十五。
[2] 同上。
[3] 《孟子集注》。
[4] 《正蒙·大心》。

精神境界。

在《西铭》中，张载集中论述了天人关系，提出："乾称父，坤称母。予兹藐焉，乃混然中处。故天地之塞吾其体，天地之帅吾其性。民吾同胞，物吾与也。"① 试分析一下，这里不正是董仲舒关于人与人化了的自然同类这一思想的体现吗？人是天地的目的或中心，因此它的形体、德性是天所赋予的，而在实际上，天则成为人的一部分，具有人的伦常和德性。如果天人之间不存由内在"目的"所支配的关系，它何以能如此和谐？如此一体？故《西铭》接着说："知化则善述其事，穷神则善继其志。"这里"其"指天。意思是说，天有"其事"，"其事"由人的"知化"来完成；有"其志"，"其志"由人的穷神来继承与继续。天之事和天之志，统一地体现神天的"目的"，这目的决定着人生的意义和心性的内容与根源。

张载又说："生有先后，所以为天序，小大高下，相并而相形焉，是谓天秩。天之生物也有序，物之既形也有秩。知序然后经正，知秩然后礼行。"② 天之生物本来无序。生物的发展虽然表现为由低到高的规律性现象，但并非天之生物故意使然。但张载却认为这里存在着"天序"、"天秩"，这就是目的论的说法了。《尚书·皋陶谟》说："天叙有典，天秩有礼"。董仲舒说："君臣、父子、夫妇，皆取诸阴阳之道。"张载所谓"知序然后经正，知秩然后礼行"，正是这种思想的继承。

在二程和朱熹思想中，目的论也是十分鲜明的。程颢说：

> 万物之生意最可观，此元者善之长也，斯所谓仁也。③
> 天地之大德曰生，生之谓性。④

程颐说：

> 心譬如谷种，生之性便是仁也。⑤

---

① 《西铭》。
② 《正蒙·动物篇》。
③ 《二程遗书》卷二十一。
④ 《二程遗书》卷二上。
⑤ 《二程遗书》卷十八。

> 在天为命，在义为理，在人为性，主于身为心，其实一也。①

朱熹说：

> 天地以生物为心者也，而人物之生，又各得夫天地之心以为心者也。故语心之德，虽其总摄贯通，无所不备，然一言以蔽之，则曰仁而已矣。②
> 盖仁之为道，乃天地生物之心即物而在，情之未发而此体已具，情之既发而其用不穷，诚能体而存之，则众善之源，万行之本，莫不在是。③
> 此心何心也，在天地则泱然生物之心，在人则温然爱人利物之心，具四德而贯四端者也。④

这些说法，不是充满着目的论的精神吗？如果人不是宇宙的"目的"，何以天赋予它以五行之秀的形体与德性呢？如果人不是天地"目的"的体现，何以能"得夫天地之心以为心"呢？所以周敦颐的《太极图说》论述宇宙演化生成时，其系列的最终点是"乾道成男，坤道成女"，而以圣人"主之以中正仁义而主静，立人极焉"作为完成，"人极"被认为是太极的体现。

继承周敦颐的朱熹在阐释"太极"思想时，反复发挥说：周子所谓太极，是"天地人物万善至好底表德。""太极本无此名，原只是个表德。"又说"人人有一太极，物物有一太极。"⑤ 物物虽有太极，但只有人能推，物不能推。这些说法，不过是说，宇宙是"至善"，是仁。宇宙按这内在的"至善"生生不已，最终生出了人。而唯有人的出现，它的生生系列才得以完成。故天地由太极（至善）而生生不已，"太极"则由人（圣人）而复归到自身。正如黑格尔的宇宙精神，作为最初的始原，它把自己外化为自然，并经过演化的诸多阶段，最后产生人，并经过精神和认识的由低到高的发展，在黑格

---

① 《二程遗书》卷十八。
② 《仁说》。
③ 同上。
④ 同上。
⑤ 《语类》卷九十四。

尔哲学中重新回归到自己一样，在朱熹体系中，"太极"这极好至善的表德，亦使天地生生不已，最后产生人并经过人的修养、觉悟，而复归到自己。所以朱熹说：

>太极图首尾相因，脉络贯通。首以阴阳变化之原，其后即以人所禀受明之。自唯人也得其秀而最灵，所谓最灵，纯粹至善之性也，是所谓太极也。形生神发，则阴阳动静之为也，五性感动则阳变阴合而生水火木金土之性也。善恶分则成男女之象也。万事出则万物化生之义也。至圣人定之以中正仁义而主静，立人极焉，则又以得乎太极之全体，而与天地混合而无间矣。①

和黑格尔不同的是：黑格尔的宇宙精神是人的认识、智慧、人的理性精神的体现，朱熹的"太极"则主要是"天地生物之心"的目的与"至善"。在黑格尔哲学中，智慧、认识和理性的反思占有主要地位，在朱熹思想中，则道德的体察和修养占有中心地位。

在目的论思想中，目的被认为是物的生生不已的动力和根源，能制约运动的趋向，具有能动的特性。朱熹关于"太极"的思想亦具有这种特点。所以朱熹一再指出："圣人谓之太极者，所以指夫天地万物之根也。"②"不言无极，则太极同于一物，而不足为万化之根。"③所谓"根"不同于中国哲学一般所讲的"本体"，它既有萌发、生长的意思，又有动力、向上的含义。正如植物之生、之向上、之完成生命发展的全过程，其源在于"根"、由根所发动一样；万物之能生生不已，完成生命的全过程，朱熹认为也在于有太极做它的根本。根是根本之意。

这种目的论的精神，直到王夫之体系中还有强烈的反映。王夫之说："父母载乾坤之德以生成，则天地运行之气，生物之心在是，而吾之形色天性，与父母无二，即与天地无二也。"④ 这里如此强调天地生物之心和敬天、事天，目的论色彩是很明显的。所以王夫之注"天地之帅，吾其志"说："帅者，志也，所谓天地之心也。天地之心，性所自出也。"注"知化则善述其事，穷神则善继其志"说：

---

① 《朱子语类》卷九十四。
② 《答杨子直第一》，《朱子文集》卷四十五。
③ 《答陆子美》，《朱子文集》卷三十六。
④ 《张子正蒙注》。

"化者天地生物之事；父母必教育其子，亦此事也。……神者，天地生物之心理，父母所生气中之理，亦即此也"。注"惟与人为善，则广吾爱而弘天地之仁"说："盖生我者，乾坤之大德"。"无往而不体生成之德，何骄怨之有。"[1]

当然王夫之批判了程朱，指出理不离气，理是气之理，气之刚健条理即是理。但若问理的内涵与实质，则其回答仍然是"当然之则"，即仁义礼智所体现的封建道德及其伦常等级秩序。所以王夫之反复指出，性"以健顺五常之理融会于清通，生其变化，而有滞有息，则不足以有太和之本体，而用亦不足以行矣。""识知者，五常之性所与天下相通而起用者也。知其物乃知其名，知其名乃知其义，不与物交，则心具此理，而名不能言，事不能成。""故善气恒于善，恶气恒于恶，治气恒于治，乱气恒于乱，屈伸往来顺其故而不妄。不妄者，气之清通，天之诚也"[2]，等等。总之概括起来，有如下几点：(1) 性即理；(2) 心具此理。"静而百理皆备，心无不正"。而此理此性即人之所以为人者；(3) 太虚之气纷然杂陈，有治、乱、善、恶，但其条理顺而不妄。而这些其原都在于"天地生物之心"。

由此可见，对宋明理学的精神，不能离开汉代"天人合一"而求解。它和董仲舒的目的论的区别，只在于一者更多地具有神学的形式；一者则摆脱了神学的外在形式，而使"目的"完全内涵于天地自然之中。

许多论著忽视理学这种目的论精神，以至或者把它归结为中国式的新实在论；或者把理学的逻辑结构说成是"理—气—物—理"，而取消了"太极"的特殊地位及其涵具的目的意义；甚或认为理学是儒学其表而佛道其实，从而都不能很好地把握理学之作为中国哲学的民族特性。

把理学归结为新实在论，这种看法忽略了程朱所谓"理"，固然是"所以然"，是抽象的原理、法则，但其精神却是在农业环境中成长起来的中国民族"生生之谓易"，和"天地之大德曰生"的精神。因此其所谓理，归结到最后，只是一个"极好至善的表德"，是仁，是天地生物之心。

以朱熹给仁下的定义"仁者，心之德而爱之理"来说，新实在论为何能有这样的思想和说法呢？"心之德"，有些著作解为心之本

---

[1] 《张子正蒙注》。
[2] 同上。

体。按新实在论，心之本体，是心之所以然，即心之所以为心者，心之理。它如何能是仁呢？实际上朱熹所谓"仁者心之德而爱之理"，是说仁是人的先验道德意识（心——意识）。这道德意识的根源则是天地生生不已的仁德。

按新实在论，仁作为"爱之理"，亦只能指爱之所以为爱者，即爱之概念或"标准"，并不含道德的意义，亦不能包括它的反面憎之理，但在朱熹与孔孟思想中，则仁是可以包括爱与憎两方面的。"唯仁者能好人，能恶人。"恻隐包含同情与憎恶，都可以是仁德的表现。所以实际上朱熹这里所讲的"爱之理"，不仅是爱之所以为爱者，爱之形而上，更重要的是指爱所体现所遵循的道德准则，这准则并非爱之所以为爱者。

按新实在论的形上形下之分，朱熹所讲的"心统性情"，"心包万理"，"心之理是太极"等，这些说法都是不通的；朱熹肯定"宇宙的心"的说法，也是不可理解的。而从目的论的角度看，则朱熹这些话都是很自然的。朱熹说，"必须兼广大流行底意看，又须兼生意看。且如程先生言仁者天地生物之心，只天地便广大，生物便流行，生生不穷"。又说："心是个没思量底，只会生"，"心是动底物事。"① 这些话所描绘的心或宇宙的心，无非就是宇宙的至善或目的。正因为这目的是"生"，所以它能流行，能生生不息。朱熹说："志是心之所之一直去底，意又是志之经营往来底，是那志底脚。凡营为谋度往来，皆意也。"② "生意"即生之营为谋度往来，使"生"趋向于"至善"的意志或意向。新实在论所描绘的"宇宙的心"，则只能是僵死的没有思量的"逻辑结构"，是绝不会有"生意"的。

在朱熹思想中，太极是理之极致与众理之全。因此所谓"物物有一太极"，其含义包括现实性及可能性两方面的意义，就现实性言，每一物不仅具有构成本物的特殊的理，亦具有天地万物之理。如桌子，除具有桌子之理，还有阴阳动静之理，圆之理，方之理，木之理等。其含具的理可以说是无量的。从发展或可能性而言，则每一物虽具有理之极致或众理之全，但终归只是一潜在的可能性。如人有气、有生、有知、亦且有义，体现着"理之全"和"理之极致"。牛马则仅有气之理，生之理，知之理，或部分的义之理；草木则仅有气之理，生之理。然虽如此，其潜在的发展可能性则是存在的。如果不

---

① 《朱子语类》卷五。
② 同上。

具这种潜在的可能性或趋向至善的能力,物何以能由气而生、而知、而义呢?这种物所含具的趋向于至善的能力,亦即宇宙内在目的的体现。所以朱熹说:"天下之物,至细至微者,亦皆有心,只是无知觉处也。且如一草一木,向阳处便生,向阴处便憔悴,他有个好恶在里。"①。因此和周敦颐哲学类似,朱熹哲学的最高范畴,应是太极。

$$太极——理\genfrac{<}{>}{0pt}{}{气}{物}人\genfrac{<}{>}{0pt}{}{心}{性}——太极$$

才能较好地体现朱熹哲学的逻辑结构与其含具之精神。

  梁漱溟先生曾经指出,儒家哲学的实质是一个生字。"在儒家思想中,这一个生字是最重要的观念";"孔家没有别的,就是要顺着自然道理顶活泼流畅地去生发"。如果儒家的思想可以概括为"生"的哲学,那么佛家的思想则可以概括为"无生"的哲学。因此,梁先生指出,那种认为儒佛同源的人,是完全错误的,他们的错误在于"在这边看见一句话,在那边看见一句话,觉得两下很相像,就说他们道理可以相通,意思就契合了。"② 应该说梁先生的批评是打中要害的,很能抓住儒家哲学(包括宋明理学)的根本精神。

  不过,梁先生似乎忽略了儒道思想的区分。照梁先生所说,"孔家没有别的,就是要顺着自然道理顶活泼流畅地去生发",这话如何能划清儒道两家思想的界限呢?剽剥儒墨,"蔽于天而不知人"的庄子,不也是主张顺着自然道理顶活泼流畅地去生发吗?可是庄子他却把文化道德都否定了。实际上儒家不只是以生为自然的流行,而且是以"生"为天地之大德,为"天地生物之心"的发现与流行。由此才引出了"天命之谓性,率性之谓道,修道之谓教",引出了"致中和,天地位焉,万物育焉"和《西铭》所阐发的"为天地立心"和"事天""敬天"的道理。所以,关于"生"亦是有儒家目的论与道家自然论的区分和对立的。

  总之,以理学完全为新实在论或佛家思想的观点,都忽视了儒家哲学的"生"的精神;忽视了这"生"所包含的宗法伦理和孝的精神,因而也就把理学的内在的目的论思想完全舍弃了。

---

  ① 《朱子语类》卷四。
  ② 《东西文化及其哲学》。

四

在中国，影响支配中国民族文化和思想的是儒家和道家两大思想体系。但是儒家思想无疑又享有主导的地位。这里的原因，当然在于儒家的政治主张、伦常道德观念符合巩固封建统治的需要，但这还不是根本的原因。根本原因是在于：儒家哲学的"生"的精神、目的论精神更符合中国古代民族文化包括《月令》在内的固有传统与特征。

就传统来说，每一民族文化、精神的最早表现是它的远古神话。分析中国古代的神话，如盘古开天地、羿射十日、女娲补天等，可以看到，它们都反映出强烈的目的论精神。

羿射十日，这种神话的目的论意义十分鲜明。"十日"，比现在的温度高十倍的大地，是于人类和生命不相宜的。为了使它恰恰符合生命和人类幸福生活的需要，不多不少，应该是一日。而世界果然也被安排得如此。原来它是由人自己改造，从而体现这一特定目的的。

女娲补天，说明不仅如今的天地是人类劳作的产物，人类生活之有美好的环境，克服了水灾，赶走了恶禽猛兽，也是人自己劳作的结果。

盘古的神话认为，天地是盘古、即人自己开辟的。① 而这一英雄劳作的目的是为了使天地适合于人类的生存和繁衍。所以天和地之间留下了光明和广大的空间，充满了人类所需的空气、雨露。因此，在盘古神话中，自然不是人的异己的对立物，不是高踞于人类之上的超人的力量，而是人自身的产物，是他的身体和目的的客观化和自然化的体现。

在中国的哲人面前，"天"一开始就不是纯粹的自然对象。人和自然的关系，一开始就不是人与纯客观自然的关系，而是人与其加工改造过的人化了的自然的关系。这对象因其不是纯客观的对象，因而与人不是隔绝冷漠的；因其是经人加工改造、有利于人的生活的，因而是人感到亲切的。

在中国哲学的最早的源头《洪范》和《周易》中，天人关系就打上了目的论的印记。

---

① 盘古神话晚出，其源来自印度，但在中国影响甚大。之所以如此，是因为这神话的精神符合中国固有的文化传统。参阅何新《诸神的起源》。

在《洪范》中，作为世界本原的金木水火土，其属性无一不是与人的实践（目的）密切联系的。以"土爱稼穑"而论，"稼穑"是人的实践活动。宜于稼穑的属性，惟有依赖于人的生产实践才有意义。宜与不宜，正是由人的生产目的所选定的。"木曰曲直"，"金曰从革"，其实践印记都很明显，只是"水曰润下，火曰炎上"，似乎是纯客观的属性，但《洪范》接着说，"润下作咸，炎上作苦"，还是和人的主观活动联系了起来。所以《左传》说："天生五材，民并用之，废一不可。"《尚书·大传》说："水火者，百姓之所饮食也。金木者，百姓之所兴作也。土者，万物之所资生也，是为人用。"《国语·郑语》说："先王以土与金木水火杂，以成万物。"五行的属性，全是在与人的实践的密切关系中被观察和被体认的，不像印度或古希腊那样，是纯自然的对象。

《周易》的制作，据《易传》的解释，是"远取诸物，近取诸身"，目的是"以前民用"。所以人连同它的实践目的，构成了三才之道的中心环节。

因此，中国民族文化的源头，可以说就渗透着强烈的目的论精神。

宗白华先生说，"因为中国人由农业进于文化，对于大自然……是父子亲和的关系，没有奴役自然的态度。"[1]《月令》图式体现这种精神，儒学从孔、孟起，亦极好地体现出这种传统与精神。

孔子说："天何言哉，四时行焉，百物生焉"；"逝者如斯夫，不舍昼夜"。孟子说："君子上下与天地同流"；"反身而诚，乐莫大焉"。《礼记》说，"礼者，天地之序也，乐者，天地之和也。"《诗纬》发挥说："诗者，天地之心也"。这些话，无不表现出儒家"高度地把握生命与最深度地体验生命底精神境界。"[2] 所以文化在原始儒学中具有崇高的地位，被认为是宇宙生命精神的体现与结晶。孔子说"兴于诗，立于礼，成于乐"。文化成为天人关系的实质与基础。

综合地看，全部儒家思想都是围绕着宇宙是"生生而又条理"这一总观念展开的。儒家由"生生"发展出"元者善之长也"，"观吾生，观其生"，"仁之美者在于天"等宇宙至善思想；由"条理"发展出礼、乐以及宗法等级秩序和所以然与当然皆是天理的思想。儒家哲学是这两方面的结合，所以能最集中地表现中华民族由农业而走

---

[1] 《艺术与中国社会》。
[2] 同上。

向文化、走向人生、走向国家和世界的民族特质。这就是儒学能够长久而深刻地影响民族气质的最关键的原因。

从认识上看，道家的自然论思想，强调自然现象的机械性和规律性，反映了自然现象一方面的本质与特征。它由此否定目的论、有神论，为清醒的理性认识的发展提供了基础与推动力。然而它忽视人与物的质的区别，忽视文化、伦理、道德的作用，不懂得人的本质不仅是自然发展的产物，更重要的是社会关系，即人自己的实践和历史、文化的产物。人由于劳动、语言、交往、生产，组成社会而和自然对立以后，对人的发展最具影响的力量，不是自然而是人自己的创造性活动，是荀子所说的"人为"或"伪"。自然论强调在阶级社会中文化和道德具有矛盾二重性，但不是立足于克服它的消极影响，而是企图取消文化和社会本身，从而走到了历史的倒退观点，归根结底违反了人性发展的内在要求。

儒家的目的论思想则强调文化和人的实践和创造活动的价值，但它的立足点是有神论或变相的有神论。因此它不能正确理解人与文化的本质，也不可能正确理解自然的本质，理解人与自然的真实的关系。它虽然为文化、伦理、道德、人的实践活动建立了一个宇宙观基础，肯定了文化、道德和社会对人的发展的决定性的意义，但由于它赋予这些以神学和目的论的解释，阻碍了人们对真实的自然关系和社会关系的正确理解，使理性不能正常健康的发展，因此它对于社会的前进和人的健全发展，包括对科学发展所起的作用也是十分消极的。

立足今日，总结过去，瞻望将来，我们无论对道家自然论或儒家目的论哲学，看来都应持一分为二的分析批判态度，而不能盲目地继承和赞颂。

（本文是出席 1985 年 7 月 15—18 日在纽约举行的第四届国际中国哲学讨论会的论文。本届会议的主题是"论自然、人性与文化"。）

二 董仲舒思想研究的几个问题

一 今古文经学

这是汉代学术与思想史研究带有全局性的问题,但学界的论述极为混乱,对此加以澄清,有利于学术的进步。

传统的说法,今古文经学是对立的两派。从经学史的角度对此加以论述的是周予同先生。我在《汉代思想史》(增补版)第十五章《刘歆与西汉正统经学的终结》中对此已作系统评述,说明其不能成立。冯友兰先生《中国哲学史新编》则从唯物主义与唯心主义两条路线斗争加以论述,以刘歆、扬雄、桓谭、王充为古文经学代表,认为他们是唯物主义,今文经学以董仲舒为代表,是唯心主义和神秘主义。今文经学把孔子由人变成了神,古文经学则把孔子由神变成了人。[1] 等等。

实际上,董之《公羊春秋》学只讲孔子是素王,与尧、舜、禹、汤、文、武一样,是人而非神。谶纬才把孔子变成了神,但今文经学与谶纬是两回事。谶纬起于哀平之际,董及西汉其他今文学者如孟喜、京房、后苍、戴胜、戴德等,皆不知有谶纬。引谶纬入经,是东汉的学者,又主要是被认为是古文经学的学者,如郑兴、贾逵等。《后汉书·方术列传》:"汉自武帝颇好方术,天下怀协道艺之士莫不负策抵掌,顺风而届焉。后王莽矫用符命,及光武尤信谶言,士之赴趣时宜者皆驰骋穿凿,争谈之也。故王梁、孙咸名应图箓,越登槐鼎之任;郑兴、贾逵以附同称显,桓谭、尹敏以乖忤沦败,以是习为内

---

[1] 冯友兰:《中国哲学史新编》(中),人民出版社1998年版,第235页。

学,尚奇文,贵异数,不乏于时矣。"郑玄也大讲谶纬。故冯先生的持论并不能成立。扬雄、桓谭、王充则不属经学范畴。

汉人无今文经学与古文经学之名,更无古文经学乃与今文经学对立之学派的观念。汉人口中的"古"有多种含义:古义、古文、古学。《汉书·儒林传》谓:"丁宽复从周王孙受古义,作《易说》三万言,训故举大谊而已,以授田王孙,王孙授施仇、孟喜、梁丘贺。"此"古义",刘大钧先生有详论,其内容即卦气说之类,[①] 正是汉代的今文《易学》。其体裁——"训古、举大谊",为经学学者所通用。

经籍版本文字有"古文""今文"之别。先秦六国文字书写的为"古文",将其改为汉隶的是"今文"。汉隶之前秦已用秦隶。秦简如《放马滩田律》《日书》《睡虎地秦简》等和汉隶字体是一样的;相对于大篆及六国古文如《郭店楚简》等,它即是今文。《日书》《睡虎地秦简》汉初当亦存在。这部分书汉人并不会以之为"古文"。

《尚书》,汉初由伏生传授,伏生原为秦博士,他藏于山岩屋壁的《尚书》是秦隶写的还是六国古文字写的,不可知。但传授时已为汉隶今文。鲁恭王坏孔子宅出现的《古文尚书》,孔安国以今文读之,当其被传授时,也是隶写为今文的。

《论语》有齐、鲁、古三家。《古论》为孔壁所出古文《论语》,版本内容与齐、鲁不同,它在传授时,也是隶写的。义理解释上三家皆属今文经学。事实上,《齐论》《鲁论》原也是古文本,汉时隶写为今文。

礼有《礼古经》,内容即《仪礼》十七篇。此所谓"古"包括时间概念,相对于《礼记》之为今而言。古文《仪礼》出孔子宅中,传《礼古经》的学者后仓、戴德、戴胜等皆为今文学者。郑玄注"三礼",义理和哲理上亦为今文经学思想。

《易》,一直流传,汉之前可能已有秦隶本。《汉书·艺文志》说:"汉兴,田何传之,讫于宣元,有施、孟、梁丘、京氏列于学官,而民间有费、高二家之说。刘向以中古文易经校施、孟、梁丘经,或脱去'无咎''悔亡',唯费氏经与古文同。"对这段论述学界多有误解。实际上,文字原意是所有汉代易学,包括民间的费、高二氏之说,皆由田何传授,只是费、高未能立于学官而已。也就是说,二家并无田何之外的传授来源。从版本说,费氏经虽在民间传授,但也必

---

① 刘大钧:《周易概论·卦气说探原》,巴蜀书社2008年版。

是用汉隶书写的。它们与施、孟等版本的区别是没有脱去"无咎""悔亡",与中古文易完全吻合;所谓"与古文同",正是指这一点。如果它本身是古文,且用古文传授,就不会用这种措辞了。徐复观先生《中国经学史的基础》有专节论费氏易,早已指出了这点。① 《后汉书·儒林列传》谓:"又有东菜费直传易,授琅邪王横(《汉书》作'璜')为费氏学,专以古字,号古文易",后一句是范晔加上的,并没有根据。费、高两家之易,高相"专说阴阳灾异",与京氏同。《后汉书·儒林列传》所谓"陈元郑众皆传费氏易,其后马融亦为其传,而授郑玄。玄作易注,荀爽又作易传,自是费氏兴而京氏遂微。"这并非说费氏易一直以古文本传授。《后汉书》卷三十五《郑玄列传》明言玄"师事京兆第五元先,始通京氏易,公羊春秋,三统历,九章算术。"其学术功底与基础乃今文经学。郑氏易学以谶纬与爻辰说易,是京氏易的一支。

《左传》《周官》被公认为古文经学的经典。但《左传》西汉起即有传承;自张苍、贾谊至刘歆、王莽,已有四五代学人之多,它早已用汉隶书写并作了训诂。张苍、贾谊都讲阴阳五行,其《左传》学也必会贯彻这种思想。刘歆校阅皇家藏书,看到了《左传》古文本,特为喜爱,说明他向尹咸、翟方进学习的是今文《左传》。故《汉书·艺文志》仅称《春秋》古经,《左传》则称《左氏传》。刘歆欲立《左传》为官学,不过是要为今文经学输进新成员、新血液,使其能更好地为当时的政治需要服务而已。《汉书》卷三十六《刘歆传》:"及歆校秘书,见古文左氏春秋传,歆大好之。时丞相史尹咸以能治左氏,与歆共校经传,歆从咸及丞相翟方进受,质问大义。"翟方进及尹咸所治的《左传》,不仅文字为今文隶写了的,义理亦无所谓"古文学派"的特点。翟方进主要习公羊春秋。"初,《左氏传》多古字古言,学者传训诂而已。"如果《左氏传》不是今文隶写了的,就不会有"多"这种形容词了。"及歆治左氏,引传文以解经,转相发明,由是章句义理备焉。"刘歆的所谓"治",首先当是将原今文本中的"古字古言"全部改隶为"今文今言(指名词术语)",然后引传文释经。如杜预《春秋左传集解第一》,《释文》谓:"旧夫子之经与丘明之传各卷(意谓版本各自分开),杜氏合而释之。"刘歆引传文释经即杜预一类的工作。

东汉传《左传》的学者有郑兴父子及贾逵。《后汉书·郑范陈贾

---

① 徐复光:《中国经学史的基础》,台北:学生书局1982年版,第101页。

张列传》说:"郑兴少学《公羊春秋》,晚善《左氏传》,遂积精深思,通达其旨,同学者皆师之。天凤中,将门人从刘歆讲正大义,歆美兴才,使撰条例、章句、传诂,及校《三统历》。……兴好古学,尤明《左氏》《周官》,长于历数,自杜林、桓谭、卫宏之属,莫不斟酌焉。世言《左氏》者多祖于兴,而贾逵自传其父业,故有郑、贾之学。"郑兴传授的《左传》已非古文书写。"兴好古学",与之相对的"今学"除指立于官学的十四博士学之外,谶纬之学亦为今学。"古学"的"古"亦指时间,如《左传》为左丘明作,亲见夫子,早于《公羊》《谷梁》,《周官》为周公所作等。《毛诗传》称为古学,亦是因其被认为是子夏所传,并非皆古文传授。

"歆美兴才,使撰条例、章句、传诂。"章句、传诂,如丁宽之《易章句》及《论语章句》《毛诗传》等,为汉代经学通行之体裁。"条例"比较特殊,一般仅为《春秋》三传所有,如公羊《春秋》之胡母生《条例》,何休《公羊解诂条例》及刘歆、郑兴《左传》条例、郑众《春秋难记条例》、贾逵《春秋左氏经传朱墨例》等。条例体裁如杜预《春秋左传集解》隐公元年条引《传例》曰:"公不与小敛,故不书日……"刘歆、郑兴之"条例",内容已不可知。今《汉书·五行志》有刘歆的一些说法,如:隐公三年,"二月己巳,日有食之"。《谷梁传》:"言日不言朔,食晦。"《公羊传》:"食二日。"董仲舒、刘向以为:"其后戎执天子之使,郑获鲁隐,灭戴,卫、鲁、宋咸杀君。""《左氏》刘歆以为:'正月二日,燕、越之分野也。凡日所躔而有变,则分野之国失政者受之。人君能修政,共御厥罚,则灾消而福至;不能,则灾息而祸生。故经书灾而不记其故,盖吉凶亡常,随行而成祸福也。'"这是"条例"。下面接着说:"周衰,天子不班朔,鲁历不正,置闰不得其月,月大小不得其度。史记日食,或言朔而实非朔,或不言朔而实朔,或脱不书朔与日,皆官失之也。"讲原因。(《五行志第七下之下》)庄公七年:"四月辛卯夜,恒星不见,夜中星陨如雨。"刘歆以为:"昼象中国,夜象夷狄。夜明,故常见之星皆不见,象中国微也。'星陨如雨',如,而也,星陨而且雨,故曰'与雨偕也',明雨与星陨,两变相成也。《洪范》曰:'庶民惟星。'《易》曰:'雷雨作,解。'是岁,岁在玄枵,齐分野也。夜中而星陨,象庶民中离上也。雨以解过施,复从上下,象齐桓行伯,复兴周室也。周四月,夏二月也,日在降娄,鲁分野也。先是,卫侯朔奔齐,卫公子黔牟立,齐帅诸侯伐之,天子使使救卫。鲁公子溺颛政,会齐以犯王命,严弗能止,卒从而伐卫,逐天王所立。不义至甚,而自以为功。民去其上,政繇下作,尤著,故星陨于鲁,天事常象也。"(同上)所谓"是岁,岁在玄枵,齐分野也。"是按《钟律书》所作结论。刘以此讲灾异,而以《左传》所记史事证之。"如,而也",以"如"为连词,既星殒,又大雨。这是其"训诂"。要之,刘歆《左传》思想性质与今文《公羊》学无异,是京房易学同一系类。其灾异思想与董仲舒的公羊灾异、刘向的《洪范》灾异、京房灾异可并列为四大灾异系统。

郑兴《左氏学》的思想特点由其光武建武七年三月的《上疏》可以看出,他说:"《春秋》以天反时为灾,地反物为妖,人反德为乱,乱则妖灾生。往年以来,谪咎连见,意者执事颇有阙焉。案《春秋》'昭公十七年夏六月甲戌朔,日有食之'。传曰:'日过分而未至,三辰有灾,于是百官降物,君不举,避移时,乐奏鼓,祝用币,史用辞。'今孟夏,纯乾用事,阴气未作,其灾尤重。夫国无善政,则谪见日月,变咎之来,不可不慎,其要在因人之心,择人处位也。尧知鲧不可用而用之者,是屈己之明,因人之心也。"这种"古学"与丁宽师从周王孙所受"古义"及董仲舒《春秋繁露》是一个类型。

据《后汉书·郑范陈贾张列传》:"贾徽从刘歆受《左氏春秋》,兼习《国语》《周官》,又受古文《尚书》于涂恽,学《毛诗》于谢曼卿,作《左氏条例》二十一篇。逵悉传父业,弱冠能诵《左氏传》及五经本文,以大夏侯《尚书》教授,虽为(研习之意)古学,兼通五家《谷梁》之说……尤明《左氏传》《国语》,为之解诂五十一篇。肃宗降意儒术,特好古文《尚书》《左氏传》。建初元年,诏逵入讲北宫北虎观,南宫云台。帝善逵说,使发出《左氏传》大义长于二传者。"这里只说《古文尚书》,没有提古文《左传》。其《左传大义》,清黄奭《黄氏逸书考》收有残篇,一条说:"春秋,春为阳中,万物以生;秋为阴中,万物以成。人君动作不失其'中'也。"一条说:"孔子作《春秋》,乃览史记,就是非之说,立素王之法。"完全是今文之说。其所上《条奏》云:"臣逵摘出左氏三十事尤为著名者,斯皆君臣之正义,父子之纪纲。其余同《公羊》者十有七八,或文简小异,无害大体。至于祭仲、纪季、伍子胥、叔术之属,《左氏》义深于君父,《公羊》多任于权变,其相殊绝,固以甚远。"又说:"五行家无以证图谶,明刘氏为尧后者,而《左氏》独有明文。五经家者言颛顼代皇帝而尧不得为火德。《左氏》以少昊代皇帝,即《图谶》所谓帝宣也。如令尧不得为火,则汉不得为赤。其所发明,补益实多。"由此可见，其上承刘歆之左氏《条例》《大义》，不仅内容、学风与今文经学无异，且引"图谶"入经，比西汉今文经学更政治化、神学化。

刘歆本人的著作，一是由其父刘向开始而由其完成的《七略》，一是《钟律书》。《七略》反映刘歆的经学思想。

《七略》"六艺"排列，以《易》为首，次《书》《诗》《礼》《乐》《春秋》；与汉初董仲舒、《史记》沿袭先秦说法，以《诗》列首，次《书》《礼》《乐》《易》《春秋》不同。《七略》谓："六艺之文，《乐》以和神，仁之表也。《诗》以正言，义之用也。《礼》以明体，明者著见，故无训也。《书》以广听，知之术也。《春秋》以断事，信之符也。五者盖五常之道，相须而备，而《易》为之原，故曰：'《易》不可见，则乾坤或几乎息矣！'言与天地为终始也。至于五学，世有变改，犹五行之更用事焉。""六艺"中的"五艺"依据仁义礼智信排列，而以《易》为"五常之原"，故列《易》为首。《汉书·五行志》说："伏羲氏继天而王，受《河图》，刻而画之，八卦是也。禹治洪水，赐《洛书》，法而陈之，《洪范》是也。……《河图》《洛书》相为经纬，八卦九章相为里。昔殷道弛，文王演《周易》。周道敝，孔子述《春秋》，则乾坤之阴阳，效《洪范》之咎征，天人之道灿然著矣。"（引刘歆之说）这列《易》为首，认为《易》是天道。故刘歆心目中的《易》乃孟喜、京房"易著阴阳四时五行"之天道《易》。《书》乃董仲舒、欧阳、大小夏侯和向、歆父子"五行灾异"之《书》。《庄子·天下篇》："《诗》以道志。"《七略》改为"《诗》以正言"，反映三家《诗》以"三百篇当谏书"的新观点。《春秋》则为公羊学"为汉立法"之《春秋》。刘歆之"五经"观即今文经学家之"五经"学的概括，非"古儒学"之思想反映。

《七略》诸子排次，以儒家为首，谓："儒家者流，盖出于司徒之官，助人君顺阳阳、明教化者也。游文于六经之中，留意于仁义之际，祖述尧、舜，宪章文、武，宗师仲尼，以重其言，于道最为高。……唐、虞之隆，殷、周之盛，仲尼之业，已试之效者也。""顺阴阳"成为儒学的根本。于"道"为最高，乃对"独尊儒术"的肯定。"已试之效者也"，从历史、政治方面肯定儒学是实践证明了的真理。此乃西汉今文经之"儒学"观，非先秦儒学观。

"道家者流，盖出于史官，历记成败存亡祸福古今之道，然后知秉要执本，清虚以自守，卑弱以自持，此君人南面之术也。合于尧之克攘，《易》之嗛嗛，一谦而四益，此其所长也。及放者为之，则欲绝去礼学，兼弃仁义，曰独任清虚可以为治。"是董独尊儒学后之道家观。

"五行者，五常之形气也。……言进用五事以顺五行。貌、言、视、听、思心失而五行之序乱，五星之变作，皆出于律历之数而分为一者也。其法亦起五德终始，推其极则无不至。"对"五行"的评论，以《洪范》为中心，认为人君政治失错，引起"五行之序乱"，发生灾异。刘歆精于律历，故谓"出于律历之数而分为一者也。"

《钟律书》反映刘歆的哲学思想，提出"太极元气"的说法，说"太极元气，函三为一。"冯友兰先生认为这就是以元气为宇宙万物本原，是唯物主义思想。实际上这是纬书"太极含元吐气"说法的概述，是一种神学思想。以"三"为一个单元，本于音律，但刘歆机械地套用于时历，谓"极，中；元，始也。行于十二辰。始动于子，参之于丑，得三，又参之于寅，得九。又参之于卯，得二十七。又参之于辰，得八十一。参之于巳……得十七万七千一百四十七。此阴阳合德，气钟于子，化生万物者也。"（《汉书·律历志上》）沿袭今文经学和纬书神化"三"这一数字。纬书《春秋·元命苞》谓："阳气，数成于三"，"阳立于三"，"阳数始于一，成于三"。"中宫大帝，其北极星下一明者为太一之光，含元气以斗布常。"（《春秋·文耀钩》）"天皇大帝，北辰星也，含元秉阳，舒精吐光。"（《春秋·合诚图》）刘歆以"中"释"太极"，以"始"释"元"，袭用此义。不仅非唯物主义，相反乃神秘主义思想。

《钟律书》本为《三统历谱》。王莽天凤年间，刘歆与郑兴等校订《钟律书》，目的是使其能更好地为王莽之政治需要服务。其"三统"以黄钟为天统，林钟为地统，太族为人统。天统数九，地统六，人统八，发挥乾九坤六与《说卦》及董仲舒"天生之，地养之，人成之"之思想。

王莽自称虞舜之后。《钟律书》说："书曰：'予欲闻六律五声八音七始咏，以出内五言，女听。'予者，帝舜也。言以律吕和五声，施之八音，合之成乐。七者，天地四时人之始也。顺以歌咏五常之言，听之则顺乎天地，序乎四时，应人伦，本阴阳，原情性，风之以德，感之以乐，莫不同乎一。惟圣人为能同天下之意。故帝舜欲闻之也。今广延群儒，博谋讲道，修明旧典，同律、审度、嘉量、平衡、钧权、正准、直绳、立于五则，备数和声，以利兆民，贞天下于一，同海内之归。"露骨地歌颂王莽受有天命。班固收入《汉书·律历志》时，声明"删其伪辞，取正义，著于篇"，但上面这段话却保留了下来。

《周官》成书于秦末，以秦隶书写，有如《日书》《睡虎地秦简》，其中保留一些"古文古言"，故杜子春等皆称其为"故书"，《汉书·艺文志》著录亦仅称《周官经》。[①] 义理方面，《周官》以阴阳五行为纲，系今文哲理系统。

　　关于诗学，齐、鲁、韩三家诗为今文，立于学官。《毛诗故训传》西汉未立于学官，被认为是古文经学。《汉书·艺文志》："《毛诗故训传》三十卷。""又有毛公之学，自谓子夏所传，而河间献王好之，未得立。"《毛诗故训传》，训诂详尽。今本《毛诗》，《关雎》之前有长篇序文，称《大序》；每诗之前有序，称《小序》。郑玄为《毛诗》作《笺》，遂行于后世。

　　从文字看，《毛诗故训传》早已是今文。从义理看，亦是以"三百篇当谏书"，与三家齐、鲁、韩宗旨无异。它解《周南》《召南》，以"周"为文王、周公，"召"为召公。"南"乃王化自北而南，比三家诗更政治化与道德化。《汉广》："南有乔木，不可休息。汉有游女，不可求思。汉之广矣，不可泳思。江之永矣，不可方思……"《鲁诗》说，"江妃二女，……出游于江汉之湄，逢郑交甫。见而悦之，……求女之佩。女与之，稍后视佩，空怀无物，二女亦不见。"《韩诗》说："游女，汉神也。言汉神时见，不可得而求之。"上博竹简《孔子诗论》谓：《汉广》"不求不可得，不攻不可能，智恒也"。"恒"，巫恒。巫能通神，故谓其智如"恒"，能知二女为神女也。此种浪漫情怀，乃楚文化之特产，其滥觞则是《楚辞》、宋玉《高唐赋》《神女赋》。与此相较，《毛诗故训传》显然不如《鲁诗》《韩诗》之富有文学情趣。《毛诗序》则谓："文王之道被于南国，美化行乎江汉之域，无思犯礼，求而不可得也。"突显文王的王教德化，比《鲁说》《韩诗》更远离诗之本义。

　　《后汉书·儒林列传上》："毛公（毛苌），赵人也。治《诗》，为河间献王博士，授同国贯长卿。长卿授解延年。延年为阿武令，授徐敖。敖授九江陈侠，为王莽讲学大夫。由是言《毛诗》者，本之徐敖。"在这传授系列中的《毛诗》，当然是隶写了的。《后汉书·儒林列传下》："卫宏字敬仲，东海人也。少与河南郑兴俱好古学。初，九江谢曼卿善《毛诗》，乃为其训。宏从曼卿受学，因作《毛诗序》，

[①] 参阅本书《汉代思想史》第十五章《刘歆与西汉正统经学的结局》第二节《刘歆与〈左传〉及〈周官〉》第400—405页及金春峰《〈周官〉之成书及其反映的文化与时代新考》，（台北）东大图书公司1993年版。

善得《风雅》之旨，于今传于世。后从大司空杜林更受《古文尚书》，为作《训旨》。时济南徐巡师事宏，后从林受学，亦以儒显，由是古学大兴。光武以为议郎。宏作《汉旧仪》四篇，以载西京杂事；又著赋、颂、诔七首，皆传于世。中兴后，郑众、贾逵传《毛诗》，后马融作《毛诗传》，郑玄作《毛诗笺》。"指出《大序》和《小序》是卫宏所作，这当是事实。

《序》是一种体裁——述全书篇章要旨及先后次序，有如《史记·太史公自序》、《淮南子·要略》、严遵《道德指归》、扬雄《法言·序》、《汉书·叙传》。这是汉时才流行的著作体裁。先秦诸子及《吕氏春秋》，无此体例。《书序》，刘起釪指出乃汉成帝时张霸所作。① 《易·序卦》成书亦晚。② 三家诗及《毛诗故训传》无《序》。以《关雎》为例。《鲁诗》说："周道废，诗人本之衽席，《关雎》作。""后妃之制，夭寿治乱存亡之端也。是以佩玉晏鸣，《关雎》叹之，知好色之伐性短年，离制度之生无厌，天下将蒙化陵夷而成俗也。故咏淑女，几以配上，忠孝之笃，仁厚之作也。""周之康王夫人晏出朝，《关雎》预见，思得淑女以配君子。""周衰而诗作，盖康王时也。康王德缺于房，大臣刺晏，故诗作。""昔周康王承文王之盛，一朝晏起，夫人不鸣璜，宫门不击柝，《关雎》之人，见几而作。""周渐将衰，康王晏起，毕公喟然，深思古道，感彼关雎，性不双侣，愿得周公，配以窈窕，防微消渐，讽谕君父。孔氏大之，列冠篇首。"这是王先谦辑录鲁诗学者司马迁《史记》、刘向《列女传》《说苑》《新序》等的说法，既非鲁诗《关雎》诗序，亦与《毛诗序》说法不同。

《左传》隐公二年，郑武公、庄公为平王卿士。周、郑交质。君子评论说："信不由中，质无益也。明恕而行，要之以礼，虽无有质，谁能间之？苟有明信，涧、溪、沼、沚之毛，蘋、蘩、蕰、藻之菜，筐、筥、锜、釜之器，潢、污、行、潦之水，可荐于鬼神，可羞于王公，而况君子结二国之信，行之以礼，又焉用质？风有《采蘩》《采蘋》，雅有《行苇》《泂酌》，昭忠信也。""君子"据认为是左丘明，说明其时无《诗序》，故所引之诗《小雅》与《国风》诗旨皆"昭忠信也"。上博楚简《孔子诗论》亦无"序"可言。

---

① 刘起釪《尚书说略》，载《经史说略——十三经说略》，北京燕山出版社2000年版，第37页。
② 参见金春峰《〈周易〉经传梳理与郭店楚简思想新释》《八〈周易〉卦序和〈序卦〉的成书时代与思想特色》，中国言实出版社2004年版。

《大序》谓:"诗者,志之所之也……",这是讲诗的内容。"情发于声,声成文谓之音。"这是讲诗的歌曲。全段文字抄自《乐记》。"故诗有六义焉"则抄自《周官》。王莽、刘歆时,《周官》立于学官,正是受到经学家重视之后。

《大序》说:"《关雎》,后妃之德也,'风'之始也,所以风天下而正夫妇也,故用之乡人焉,用之邦国焉。"与三家诗说法相同。

《小序》的特点是简单化、齐一化。《小序》解《周南》《召南》,一律解为:"后妃之德","后妃之本","后妃之志","后妃之所致","后妃之化","后妃之美"。"文王广德所及","文王道化行也","化文王之政","被文王之化","纯被文王之化"等。这种格式化的题解,说明其出自一人,道德教条化的倾向十分浓烈。西汉,后妃外戚之患酷烈,前有吕后,中有霍氏与上官氏,成哀之世有王氏。有鉴于此,刘向引《鲁诗》上谏,又作《列女传》。班昭写《女箴》。《汉书·外戚传下》,班固感叹说:"《易》著吉凶而言谦盈之效,天地鬼神至于人道靡不同之。夫女宠之兴,由至微而体至尊,穷富贵而不以功,此固道家所畏,祸福之宗也。序自汉兴,终于孝平,外戚后庭色宠著闻二十有余人,然其保位全家者,唯文、景、武帝太后及邛成后四人而已。至如史良娣、王悼后、许恭哀后身皆夭折不辜,而家依托旧恩,不敢纵恣,是以能全。其余大者夷灭,小者放流,呜呼!鉴兹行事,变亦备矣。"《周南》《召南》,《毛序》一律解为美后妃之德,这一时代背景可提供说明。

卫宏与郑兴、贾逵俱好古学,从杜林学《古文尚书》,对《左传》《尚书》等历史掌故非常熟悉。故许多诗序与《尚书》《左传》相合,如《诗序》说《鸱鸮》:"周公救乱也,成王未知周公之志,公乃为诗以遗王,名之曰《鸱鸮》焉。"即抄自《尚书·金縢》。如此等等。两汉之际,刘歆作《左传》章句条例与《钟律书》等,创作之风盛行。卫宏作《诗序》是不奇怪的。但并没有与三家诗不同的新学风。

总之,以古文经学为一与今文经学对立的学派,从文字到义理宗旨与学风皆与今文学派不同,这种流行说法是不能成立的。

二 如何理解"董仲舒首推阴阳,为儒者宗"这句话?

阴阳观念西周时已出现。《周易》古经卦爻辞中虽无阴阳观念,但后世命名的它的阴爻阳爻两个符号,实代表编纂者心目中的两个对立观念。以后经《象传》《彖传》《文言》《说卦》《系辞》的解说，《庄子·天下篇》所讲"易以道阴阳"，遂成为《周易》全部思想的精准的概括。

"五行"观念起源也很早。在《尚书·洪范》篇中它得到系统的论述。《吕氏春秋·十二纪》《管子·五行》及《管子·四时》篇中，它成为一种"政令"，《礼记》称之为《月令》，《淮南子》称之为《时则训》。在政治与思想上它与《周易》并立而为先秦两大文化思想系统。

但董仲舒以前，两大系统并未内在统一。"五行"究竟是什么？其运行秩序何以如此？内涵与动力为何？人们实际是不了解的。《吕氏春秋》《月令》《时则训》讲"五行"，实际只是一种年历，有如《夏小正》，不过贯穿天人感应，增加了"时历"没有的从天文天象运行到物候和人主的起居等项目，以"五行"加以统帅而已。

"《易》以道阴阳"，《庄子》这句话中所讲阴阳并不是指"天道"。帛书《要》中，孔子以《损》《益》两卦概括《周易》思想，虽借用时历变化说明人事盛衰的道理，但并未构成天道时律易。阴阳五行并未成为一个体系，更未如董仲舒一样，提出了一个由阴阳之气运行而造成的宇宙时历变化之规律性图式，并把"五行"纳入其中，成为贯穿天地人的宇宙统一运行图式。只有董做到了这点，董说：

"天地之气，合而为一，分为阴阳，判为四时，列为五行。"（《春秋繁露·五行相生》，以下仅注篇名）

"阴阳虽异，而所资一气也。阳用事则此气为阳，阴用事则此气为阴。阴阳之时虽异，而二体常存，犹如一鼎之水而未加火，纯阴也；加火极热，则更阳矣。"（《董子文集·雨雹对》）

"天之常道，相反之物也不得两起，故谓之一。一而不二者，天之行也。阴与阳，相反之物也，故或出或入，或右或左。春俱南，秋俱北，夏交于前，冬交于后，并行而不同路，交会而各代理，此其文与?! 天之道，有一出一入，一休一伏，其度一也。"（《天道无二》）

"金木水火各奉其主，以从阴阳，相与一力而并功，其实非独阴阳也，然而阴阳因之以起，助其所主。故少阳因木而起，助春之生也；太阳因火而起，助夏之养也；少阴因金而起，助秋之成也；太阴因水而起，助冬之藏也。阴虽与水并气而合冬，其实不同，故水独有丧而阴不与焉，是以阴阳会于中冬者，非其丧也。"（《天辨在人》）

这种天道运行图式是董首先提出的，"首推阴阳"——"首推"的第一个意义即在于此。

"首推"的第二个意义是赋予这个图式以"目的论"的哲学意义,并以之论证人的福祉是阴阳五行如此运转的目的所在,从而使图式成为论证"天地之性人为贵"的人文主义思想。董说:

"天常以爱利为意,长养为事,春夏秋冬皆其用也。"(《王道通三》)

"天地之精所以生物者,莫贵于人。"(《人副天数》)

"天覆育万物,既化而生之,又养而成之,事功无已,终而复始,凡举归之以奉人。"(《王道通三》)

这样的两个重大内涵与意义,都是董首次提出的,这使先秦的旧阴阳五行思想起了质的变化,是哲学思想在汉代的全新的进展。

董的阴阳五行思想除哲学,包括政治、伦理道德思想等之外,还包括神学、自然科学或自然知识。如"人副天数"等即是自然科学性质,中医《黄帝内经》亦大讲。神学部分影响较大的是其灾异谴告说。

战国至汉代,神学迷信特别流行,如占星术,《史记·天官书》所述及民间流行的种种《日书》、时日禁忌等。董不讲这些,而讲"灾异谴告",讲灾异由人君政治不当所引起,当救之以"德"。这固然是神学迷信的说法,但矛头向上,只是对当政者言,实际上是"贬天子,退诸侯,讨大夫,以达王事"的一种"神道设教"。"首推阴阳"也包括这一部分。

"为儒者宗","宗"是宗师。作为动名词,即为儒者所遵循、景仰,视为宗师。那么儒者包括哪些?只是公羊派的儒者吗?还是包括了所有各派儒学学者,如《礼学》《易学》《尚书学》等各派儒者?答案是肯定的。是否包括刘歆、郑兴、贾逵、马融、郑玄、许慎等被认为是"古文经学"的学者?答案也是肯定的。因为以上各家都以董阐述的新阴阳五行理论为共同的宇宙图式与天人关系思想的基础。

以《易学》而言,《京房易传》谓:"吉凶之道,子午分时。立春正月节在寅,坎卦初六,立秋同用……"(《京氏易传》卷下)此"子午分时,吉凶之道",即午为阳之极盛,而一阴随之滋长,垢卦。子为阴之极盛,而一阳随之生长,复卦。阳为生长,为吉,至午极盛而变为凶。阴为肃杀,为凶,至子而极盛生阳,变为吉。吉凶即天道所示,掌握了这点就可趋吉避凶。故京房说:"运机布度,气运转易,主者亦当则天而行,与时消息,安而不忘仁,将以顺性命之理。极著龟之源,重三成六,能事毕矣。""卜筮非袭于吉,唯变所适,穷理尽性于兹矣。"(《京房易传》卷下)用阴阳运行表述则为:"阴从午,阳从子，子午分行，子左行，午右行，左右凶吉，凶吉之道，子午分时。"（《京房易传》卷下）这种说法正是董仲舒所讲的阴阳运行图式，即："阴与阳，相反之物也，故或出或入，或左或右。春俱南，秋俱北，夏交于前，冬交于后，并行而不同路，交会而各代理，此其文与?! 天之道，有一出一入，一休一伏，其度一也。"（《春秋繁露·天道无二》）"天有两和，以成二中。岁立其中，用之无穷，是北方之中用合阴，而物始动于下；南方之中用合阳，而养始美于上。其动于下者，不得东方之和不能生，中春是也；其养于上者，不得西方之和不能成，中秋是也。然则天地之美恶在？两和之处，二中之所来归，而遂其为也。"（《春秋繁露·循天之道》）董这里所讲"中、和"，作为规律是自然的，但所以为"大美"，为"达理"，则因体现"天"之生养万物而"归之以奉人"的"至善"之目的。京房"子午分时，吉凶生焉"亦为董此种思想之运用，故董"首推阴阳，为儒者宗"的"儒者"包括京房在内，而刘歆《钟律书》是继承与发挥京房《易学》的。郑兴、贾逵等人的《左传》条例、义理又是继承与发挥刘歆思想的。由此可知，儒者包括了所谓"古文经学"的儒者。

《礼记》内容庞杂，各篇作者与时代不一。《曲礼》（上下）及《檀弓》（上下）保留了孔子与弟子讨论丧制等材料。《缁衣》《表记》《坊记》体裁、内容相似，为先秦作品。郭店楚简有《缁衣篇》。《礼记》中《王制》为汉博士作品。除《王制》外，有学者指出《礼运》为汉人作品。但也有学者认为，《礼运》为《孔子家语》中的一篇，乃孔子与弟子论礼之言。本文认为《礼运》出于西汉，乃汉儒对"礼"的诠释。因《礼运》以阴阳五行诠释礼，表现大一统后之天人一体的大礼乐观，与孔孟及荀子对"礼"的论述，思想完全不同。

孔、孟、荀皆从社会伦理论"礼"。《礼运》则说："故天秉阳，垂日星。地秉阴，窍于山川。播五行于四时，和而后月生也，是以三五而盈，三五而阙。五行之动，迭相竭也。五行、四时、十二月，还相为本也。五声、六律、十二管，还相为宫也。五味、六和、十二食，还相为质也。五色、六章、十二衣，还相为质也。……故人者，天地之心也，五行之端也，食味、别声、被色而生者也。故圣人作则（制礼），必以天地为本，以阴阳为端，以四时为柄，以日星为纪，月以为量，鬼神以为徒，五行以为质，礼义以为器，人情以为田，四灵以为畜。"这与董仲舒"王道之三纲，可求于天"之观念相一致。

"播五行于四时"即董仲舒"天地之气，合而为一，分为阴阳，判为四时，列为五行"（《春秋繁露·五行相生》）说法之浓缩，非先秦《尚书.洪范》之"五行说"。

先秦音乐史，《管子》讲五音六律，《吕氏春秋·地圆》讲十二旋宫。京房由五音十二律发展为六十旋宫。（见于《后汉书·律历志》）。"五声、六律、十二管，还相为宫也。"是京房音律思想之反映。京房自谓学于焦延寿。由此可确证，《礼运》是汉代孝宣之世的作品。

"故人者，其天地之德，阴阳之交，鬼神之会，五行之秀气也。"以"五行之秀气"为人之贵，预设了"木仁、金义、火礼、水智、土信"，人生而具五常之伦理道德，和董仲舒的思想一致。

《礼记》之《乡饮酒义》《燕义》《昏义》《郊特牲》《祭统》《丧服四制》解释《仪礼》的《士昏礼》《乡饮酒礼》《乡射礼》《燕礼》《丧服》，其解释所用的基本理论框架也是阴阳五行思想，故《礼记》学者是以董之阴阳五行思想为"宗"的。

《诗》学，在汉代的今文经学中，齐、鲁、韩三家及《毛诗》，皆是"以三百篇作谏书"作为宗旨，由文学演变为解决当时政治、社会、伦理、道德问题的指导思想著作。冀奉所讲的齐诗"终始五际"，更是灾异之说。

汉代，为中国文化学术做出了巨大贡献的史学——司马迁的《史记》和班固的《汉书》，其指导思想亦为董之经学哲学所涵盖。《史记》以孔子为"世家"，与诸侯王同列而与诸子有别，是据《公羊春秋》尊孔子为"素王"的思想。在《史记·叙》中，司马迁特别引了董仲舒所说："上明三王之道，下辨人事之纪，别嫌疑，明是非，定犹豫，善善恶恶，贤贤贱不肖，存亡国，继绝世，补敝起废，王道之大者也。"（《汉书·司马迁传》）表明这是他写作《史记》的指导思想。班固对《史记》虽有"论大道，则先黄老而退六经"的批评，但主要是就司马谈《六家要旨》说的。对司马迁，则赞扬其"幽而发愤，乃思乃精，错综群言，古今是经。勒成一家，大略孔明。"（《汉书·叙传》）写作《汉书》的指导思想，班固自己的说法是，"叙帝皇，列官司，建侯王，准天地，统阴阳，阐元极，步三光……，穷人理，该万方。纬六经，缀道纲。"贯彻的亦是董仲舒与司马迁的以历史为"礼义之大宗"的思想。《汉书》中的《天文志》《五行志》宣扬徵咎，《艺文志》赞扬孔子"因史立法"，都表现了浓烈的今文经色彩。

许慎《说文解字》也不例外，凡涉及宇宙图式与天人关系之"字""词"的解释，皆采董之阴阳五行思想。

故"儒者"包括所有汉代经学学者，而非仅仅公羊学者，非仅仅今文经学学者，亦包括所谓"古文经学学者"。连王充也说"孔子为素王，董仲舒为素丞相"。

董仲舒在汉代经学与学术中的"宗师"地位，是历史的事实，非史学的溢美。

三　几种解释范式的评析

阐释董仲舒思想有哲学、经学两种大的范式。

经学史，如清代经学学者的经学史，周予同的经学史，今人的经学史，重点在讲经学源流，未能深入哲学，这里暂置不论。

哲学，如各种中国哲学史的有关章节。

我的《汉代思想史》等，也可算一种范式。

哲学史这种范式的特点是重概念分析，如冯友兰先生《中国哲学史新编》讲董仲舒，分十三节，第一节讲中国封建社会的经济基础和上层建筑；第二节讲董仲舒和公羊春秋，汉武帝和董仲舒；第三节讲公羊春秋和汉朝的政策；第四节讲董仲舒所讲的《春秋》的"微言大义"；第五节讲董仲舒的政治纲领；第六节讲董仲舒关于"天"的宗教化思想；第七节讲董仲舒关于气和阴阳五行的学说；第八节讲董仲舒的神秘主义的天人感应论；第九节讲董仲舒的人性论；第十节讲董仲舒的封建主义的社会和伦理思想；第十一节讲董仲舒的历史观；第十二节讲董仲舒的逻辑思想；第十三节讲春秋公羊学和中国社会的两次大转变。[①] 内容充实详尽；但对董仲舒的目的论哲学无专节论述，更没有以人学哲学为中心以凸显其"天地之性人为贵"的思想。董仲舒思想的活的灵魂与时代精神被遮蔽不显了。

劳思光《新编中国哲学史》、牟宗三《中国哲学十九讲》则是一种判教的方法，认为孔孟心性论之道德主体哲学乃儒学正宗，董为气化宇宙中心论，是儒学的倒退。

有些著作则仍然以阶级观点为指导，或以"五四"民主与科学为标准评价董仲舒，把两千年前的"历史"拉到"五四"，大批董的神学、专制、迷信。以为这样讲是"古为今用"，在进行"启蒙"；

---

① 冯友兰：《中国哲学史新编》（中），人民出版社1998年版，第46—99页。

不知这是反历史主义的，不是在"启蒙"，而是在制造"愚昧"、"专横"，与"启蒙"精神是背道而驰的。

汉代，真正巩固了大一统中央集权的政治性国家，结束了几百年的封建割据局面，为中国以后两千年的政制和政局、疆域、民族融合、文化发展奠定了基础，是中国历史上完成了了不起的建树的朝代。封建割据是战争，是祸乱，是破坏，是民不聊生，是贫困、野蛮。故统一是历史的要求、人民的要求。董仲舒的经学思想是顺应这一要求的。没有经学提供的政治思想与政策指导，汉代不可能长治久安，也不可能取得种种伟大的成就。鄙视、蔑视、肆意贬抑、抹黑的种种说法，是反历史主义的、反科学的。

金春峰
2015.3.16
2015.5.24 修改

后 记

　　1962年至1965年我在北京大学做中国哲学史专业的研究生时，攻读的是宋明理学。虽然第一年读通史资料，也包括有两汉部分，但对汉代思想丝毫也没有引起兴趣。1961年、1962年学术界对董仲舒思想进行了广泛的讨论。一般地说，我对每次中国哲学史讨论都是极为关注的，甚至写文章参与其事，但恰恰这场争论我没有多加注意。可能也浏览过一些文章，但以后一点印象也没有了。

　　1978年十一届三中全会，给民族带来了蓬勃生机。实事求是的科学态度与作风在全国兴起。这给了我的学术研究以新的方向和巨大的力量与勇气。我重新检查了在北大的经历，深深感到，如同政治思想领域一样，学术领域的主观武断、否定一切，随意批判，上纲上线，不实事求是，这种作风，不仅会使学术本身深受其害，也会使人们的思想极易受"左"的影响，从而给社会主义事业带来损失。应该拔本塞源，端正学术研究的态度，在思想史的评价与研究中，真正树立起实事求是的科学精神。于是写了正确评价唯心主义以及论董仲舒的文章。就这样开始了两汉思想的研究。

　　当完成这部著作的时候，首先要感谢丁伟志、谢韬、何柞榕同志。因为当时和他们素不相识，但他们却热情地支持了那篇论董仲舒思想的文章。特别是丁伟志同志，对文章做了中肯的分析、评价，提出了极好的修改意见，从而使它能在当时享有盛誉的《中国社会科学》1980年第6期上刊登。没有他们，特别是丁伟志同志的热情支持，这篇可能引起"非议"的文章，就很难发表，发表了也很难有较大的影响。那么这几年的研究也许就要走上另外的道路和方向了。

　　感谢中国社会科学出版社的同志，他们对本书的写作起了很大的督促作用，做了认真的编辑、审稿工作，在出版上给予了大力支持。

　　本书正在写作时，冯友兰先生完成了《新编中国哲学史》第三册，任继愈先生送来了他主编（任继愈、孔繁、余敦康、牟钟鉴、韩敬、钟肇鹏、李申等撰写）的《中国哲学发展史（秦汉）》，李泽厚同志送来了《中国古代思想史论》等书稿。他们对秦汉思想的新颖、深刻、系统、翔实的论述，使人深受鼓舞。这些精彩的精神劳作成果，激励着自己奋发努力。于是对照思考，或补充，或发挥，或商榷，或另觅新路，受益是极大的。

在写作过程中，1984 年 5 月，从汤一介同志处借到了徐复观先生的《两汉思想史》；10 月从李泽厚同志那里看到了余英时先生的《中国古代知识阶层史论》。虽然我不同意徐、余两先生的某些观点或研究的方法，但他们的细致的分析，有些是很有说服力和启发性的。余先生提出的"士族"概念，我在本书中引用极多，成为分析宣元时期儒学确立统治地位与东汉经学衰落的重要概念之一，更需在这里特别提出。虽然"士族"不是新的概念，但国内学术界一般认为它的形成是在魏晋时期，并未应用于分析西汉和东汉初期的历史现象和思想学术问题。

本书写作中，还参考了汤用彤先生的旧著，侯外庐先生等主编的《中国思想通史》第二册，以及唐兰、张岱年、周予同、吕思勉、顾颉刚、王明、冯契、王利器、张舜徽、徐敏、丁伟志、李学勤、庞朴、钟肇鹏、汤一介、朱伯崑、陈启云、肖萐父、李锦全、陈俊民、刘蔚华、卿希泰、张军夫、方克立、刘长林、孙实明、谷方、熊铁基、喻青松、周桂钿等许多学者的论文及著作，有些在注中已标出，有些则不便作注。有些是正面引用，有些是商榷性的，但商榷本身也是深受启发的表现。

我的字迹潦草，全靠张淑贞同志在工作家务之余，辛勤整理抄写，为此节省了许多时间，也趁此机会致衷心谢意。

作　者
1985 年 4 月 12 日